THE CORE OF
CORPORATE FINANCE

핵심 재무관리

이재하 & 한덕희

박영사

머리말

본서는 현대 기업의 재무와 관련된 가장 핵심적인 주제들을 체계적으로 다루고 있다. (1) 기업은 여러 투자안들 중에서 기업가치의 극대화를 위해 과연 어느 것을 채택하여야 하는가? (2) 다양한 투자안들을 어떠한 방식으로 비교하고 평가하여야 하는가? (3) 기업이 필요로 하는 자금을 조달하는 방법은 어떤 것이 있는가? (4) 기업가치를 극대화하는 자기자본과 타인자본의 비율이 존재하는가? (5) 기업에 자금을 공급하는 주주와 채권자가 기업에 요구하는 자기자본비용과 타인자본비용을 어떻게 추정할 수 있는가? (6) 주식과 채권의 가치를 산출하는 가치평가모형은 어떠한 것이 있는가? (7) 기업이 노출되어 있는 재무위험을 관리하기 위해 선물 및 옵션을 어떻게 활용할 수 있는가? 본서는 이상의 주제들을 다음과 같이 크게 네 편으로 나누고, 알기 쉬운 문장과 사례들을 통한 간단하고 직관적인 설명과 함께 순차적으로 다룬다.

제1편은 재무관리의 기초개념으로서 주식회사의 특징을 설명하고, 재무관리의 목표가 기업가치의 극대화가 되어야 함을 보인다. 또한, 재무제표에 대한 이해를 바탕으로 기업의 이해관계자들이 영업의사결정, 투자의사결정, 재무의사결정으로 구성되는 기업정책의 효율성을 평가하고 합리적인 의사결정을 내리는 데 도움을 주는 다양한 재무비율들에 대해 알아본다. 그리고 재무이론의 가장 기본적인 개념인 화폐의 시간가치를 다룬다.

제2편은 기업의 가치평가와 투자결정이론을 다룬다. 확실성하에서의 투자의사결정이론을 살펴본 후, 기업가치 극대화에 적합한 투자안 평가방법인 순현가법을 중심으로 다양한 투자평가방법들을 알아본다. 이러한 평가방법들을 실제 투자안에 적용하여 투자의사결정을 하는 과정을 자세히 다루며, 불확실성하의 투자결정이론인 기대효용이론과 포트폴리오이론을 다룬다. 또한 현대 재무이론에서 가장 중요한 이론 중 하나인 자본자산가격결정모형(CAPM)과 차익거래가격결정모형(APT)에 대해서 설명하고, 위험을 고려한 투자안 평가방법과 기업의 자금조달수단인 채권과 주식의 가치평가에

대해서 살펴본다.

제3편은 자본구조이론과 배당정책을 다룬다. 기업운영자금 공급자인 주주와 채권자의 자금을 기업이 사용하는 대가에 해당하는 자기자본비용과 타인자본비용에 대해서 알아본다. 기업가치를 극대화시킬 수 있는 자기자본과 타인자본의 최적비율이 존재하는지에 대한 자본구조이론을 깊이 있게 다룬 다음, 파산비용, 대리인비용, 정보불균형 등이 존재할 경우의 자본구조이론들을 살펴본다. 또한 기업의 배당정책과 기업가치가 서로 무관하다는 이론, 고배당과 저배당을 선호하는 고객이 따로 있다는 고객효과, 배당이 기업의 미래가치에 대한 정보를 가진다는 정보효과에 대해서도 설명한다.

제4편은 재무관리와 관련된 기타 중요한 이슈들인 리스금융, 인수합병, 파생상품, 국제재무관리에 대해서 학습한다. 임차인이 단기간 동안 임차하는 형태인 운용리스와 자금조달의 원천으로 볼 수 있는 금융리스에 대해서 설명하고, 인수합병의 이득과 비용에 대한 분석과 함께 인수합병전략들을 살펴본다. 원자재 및 상품 등의 가격변동위험, 이자율위험, 외환위험 등에 대한 위험관리를 위해 기업이 활용할 수 있는 대표적인 위험관리수단인 선물, 옵션에 대해서 배운다. 또한 환율이 물가 및 이자율과 어떠한 평형관계를 이루는지 살펴보고, 선물환 및 단기금융시장을 이용한 환위험관리전략에 대해서 알아본다.

본서는 대학의 재무관리 강의교재로 적합하며, 대학에서 반드시 다루어야 하는 재무이론 및 모형을 쉬운 예를 들어 설명하고 독자들의 이해를 돕기 위해 예제들과 함께 각 장마다 핵심정리를 준비하였다. 본문의 내용을 차분히 이해하고 예제를 통해 실력을 다지면 각 장마다 마련된 공인회계사(CPA) 기출문제를 포함한 연습문제들을 쉽게 풀 수 있을 것이다.

끝으로 사랑하는 가족들의 성원에 항상 감사하며, 박영사의 안종만 회장, 조성호 이사, 전채린 과장 및 임직원 여러분에게 감사의 뜻을 표한다.

2020년 2월

이재하 · 한덕희

차 례

PART 02
가치평가와 투자결정

CHAPTER 4 확실성하의 투자결정

CHAPTER 7　불확실성하의 투자결정: 기대효용이론

CHAPTER 8　불확실성하의 선택대상: 포트폴리오이론

PART 03
자본구조와 배당정책

CHAPTER 12 자본비용

CHAPTER 13 자본구조이론

PART 04
재무관리 기타 주제

CHAPTER 15 리스금융

CHAPTER 18　파생상품과 위험관리: 옵션 Ⅰ

CHAPTER 19　파생상품과 위험관리: 옵션 Ⅱ

CHAPTER 20 국제재무관리

재무관리의 목표

학습개요

본 장에서는 현대 기업의 대부분 형태인 주식회사에 대해서 살펴본 후, 기업의 자금조달과 투자에 관한 의사결정을 다루는 재무관리에서 재무관리자의 역할이 무엇인지 살펴본다. 또한 재무관리의 목표가 기업가치 극대화임에 대해서 학습한다.

학습목표

- 주식회사
- 재무관리자의 역할
- 재무관리의 목표

01 주식회사의 특징

기업은 영리를 얻기 위하여 재화나 용역을 생산하고 판매하는 조직체로 정의된다. 현대 기업의 형태와 관련하여 우리나라 상법에서는 출자자가 어떠한 책임을 지느냐에 따라 합명회사(general partnership), 합자회사(limited partnership), 유한책임회사(limited liability company), 유한회사(private company) 및 주식회사(corporation)의 다섯 종류로 구분하고 있다.

합명회사는 2명 이상이 공동으로 출자하여 전원이 무한으로 연대해서 기업의 채무에 대해서 직접 책임을 지는 기업형태를 말한다. 합자회사는 기업의 채무에 대해서 무한책임을 지는 출자자와 출자금액을 한도로 유한책임을 지는 출자자로 구성되는 회사이다. 합자회사의 경영은 무한책임을 지는 출자자가 하며, 유한책임을 지는 출자자는 오직 회사의 감시권만 가지고 이익의 분배만 받는다.

유한책임회사는 2011년 4월 상법개정으로 도입된 회사 형태이다. 유한책임회사는 출자금액을 한도로 기업의 채무에 대해서 책임지는 유한책임 출자자로 구성된다. 주식회사나 유한회사와 달리 이사나 감사를 둘 필요가 없고 정기적으로 주주총회나 이사회를 개최할 필요가 없기 때문에 중소규모기업이나 신속한 의사결정이 필요한 회사가 많이 이용하는 회사형태이다.

유한회사는 자신들의 출자금액을 한도로 기업의 채무에 대해서 유한책임을 지는 출자자로 구성된다. 하지만 주식회사와 달리 회사채를 발행할 수 없고 회사를 설립할 때 최초로 출자한 자본 이외에 자본금을 증액할 수 없다. 따라서 대규모의 자금조달이 필요할 경우 한계가 있다. 유한회사는 제3자의 돈을 끌어올 수 없기 때문에 주식회사와 달리 외부감사를 받아서 재무제표를 공개할 의무가 없다. 회사경영을 위한 자금이 풍부하여 제3자의 돈을 끌어올 필요가 없을 경우에 유한회사 형태를 취하기도 한다.

주식회사는 대규모 자금조달이 용이하고 자금의 운용이 효율적으로 이루어져 많은 나라에서 가장 보편적인 기업형태로 자리 잡고 있다. 주식회사의 중요한 특징으로는 소유와 경영의 분리, 출자자의 유한책임, 자본의 증권화를 들 수 있다. 주식회사만이 갖는 이러한 특징은 다른 형태의 회사에 비해 기업경영을 위한 자금조달을 훨씬 수월하게 한다.

1. 소유와 경영의 분리

기업의 경영이 어느 특정 자본가 혹은 출자자와 분리되어 경영에 관한 전문지식을 갖춘 전문경영자에 의해 이루어지는 것을 소유(ownership)와 경영(management)의 분리라고 한다. 일반적으로 주식 수만큼 기업의 소유권을 가진 수많은 주주들은 전문경영지식이 부족하며, 이들이 모두 기업경영에 직접 참여하거나 기업을 통제하는 것은 어렵다. 따라서 주주들이 전문경영자를 고용하여 기업경영을 맡긴다.

소유와 경영을 분리할 경우 경영자가 교체되더라도 기업의 소유주인 주주가 그대로이면 주식회사는 존속할 수 있다는 장점이 있다. 하지만 만약 경영자가 주주의 이익이 아니라 자신의 이익을 위해 행동한다면 경영자와 주주 간에 갈등이 생길 수 있다. 경영자가 자금을 호화로운 사무실이나 기타 특권적 소비에 사용하면 주주의 이익에 해를 끼치게 된다. 이러한 경영자와 주주 간의 갈등을 대리인 문제(agency problem)[1]라고 한다.

2. 출자자의 유한책임

회사의 규모가 커지고 직원 수가 많아지게 되면 회사 운영을 위한 보다 많은 자본을 충족하기 위해 타인의 돈을 쓰게 된다. 타인자본의 사용에는 여러 제약과 한계가 있으며 회사가 망할 경우 타인까지 같이 크게 손해를 볼 수 있다. 이에 자기가 출자한 금액만큼만 책임을 지는 유한책임제도가 나타났고 이를 근거로 주식회사가 생겨났다.

주식회사는 자신이 출자한 금액을 한도로 유한책임을 지는 주주로만 구성되고 주식회사의 주주들은 기업채무에 대해 자신들의 지분율에 비례하여 제한된 책임을 갖는

---

[1] Chapter 13 자본구조이론 참조.

다. 즉, 주식회사 주주의 책임은 주주가 가진 주식의 인수가액을 한도로 책임을 진다는 것이며, 이러한 주주의 유한책임이 주식회사의 고유한 본질적인 특징이 된다.

엄밀히 말하면 주주의 책임은 회사에의 출자의무이기 때문에 주주라기보다는 주식인수인으로서 책임이라고 할 수 있다. 주식의 인수가액을 한도로 재산상 출자를 하여 주주가 된 이후에는 회사나 채권자에 대하여 어떠한 책임을 지지 않는다. 따라서 기업이 망하면 주주는 본인이 주식에 투자한 돈만 잃게 되고 회사나 채권자에 대해서 더 이상의 채무부담이 없기 때문에 주식의 가격은 음(−)이 될 수 없다.

이처럼 주주는 출자금액을 한도로 책임을 지기 때문에 안심하고 자신의 경제적 능력에 맞추어 투자할 수 있을 뿐만 아니라 기업입장에서도 대중들로부터 많은 자본을 쉽게 조달할 수 있다. 현대 기업 중 주식회사가 압도적으로 많은 이유도 주식을 단위로 자본을 구성하여 자본집중이 용이하고 주주의 유한책임으로 사업의 손실 위험이 제한되는 등 공동기업의 목적을 가장 충실히 달성할 수 있기 때문이다.

3. 자본의 증권화

주식회사는 영리를 목적으로 하며 실질적으로 자본금 중심의 단체로서 사원의 결합관계가 순전한 자본적인 결합인 전형적인 물적회사이다. 따라서 주식회사는 자본을 가져야 하고 자본 없이는 성립할 수 없다. 우리나라 상법에서는 자본금을 전부 주식으로 분할하도록 되어 있으며, 발행주식의 액면총액을 자본금이라고 한다.

회사가 자본금을 증가시키고자 하면 그만큼 주식이라는 유가증권을 발행하면 된다. 주식매도로 들어오는 자금은 기업운영자금으로 사용되고 회사의 채권자에 대한 최소한도의 담보액이며 회사신용의 기초가 된다. 주식은 액면가 100원, 200원, 500원, 1,000원, 2,500원, 5,000원까지 다양하게 있으며 거래소에서 매매함으로써 다른 사람에게 양도가 가능하다. 또한 주주 간의 주식거래는 기업전체의 자본에 영향이 없기 때문에 기업은 자본상태의 변화 없이 안정적인 경영을 수행할 수 있다.

SECTION 02 재무관리자 및 재무관리의 목표

1. 재무관리자

현대의 가장 보편적인 기업형태는 대규모 자금조달이 용이하고 효율적인 자금 운용이 이루어지는 주식회사이다. 대부분의 주식회사는 특정 자본가 혹은 출자자와 분리되어 경영에 대한 전문지식을 갖춘 전문경영자에 의해 기업경영이 이루어진다. 경영자는 기업의 소유주인 주주의 이해관계를 대변하고 이들을 위해 의사결정을 한다.

기업의 경영자 중 자금조달과 투자에 관한 재무활동과정은 재무관리자(financial manager)가 맡고 있다. 재무관리자는 〈그림 1-1〉과 같이 최고재무경영자(CFO: chief financial officer)와 최고재무경영자 아래의 재무담당자(treasurer) 및 회계담당자(controller)로 구성된다. 재무담당자는 현금 및 신용관리, 자금계획 및 지출 등의 재무계획을 담당하고, 회계담당자는 회계 및 세금관리, 경영정보시스템 등을 담당한다.

〈그림 1-2〉는 금융시장에서 자금을 조달하여 실물자산에 투자한 후, 투자 결과

그림 1-1 • 재무관리자

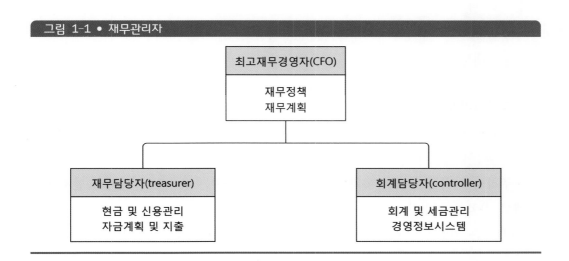

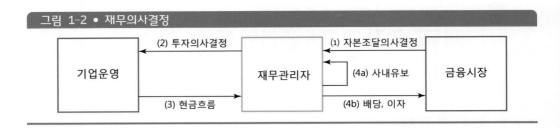

그림 1-2 • 재무의사결정

벌어들인 현금의 일부는 투자자에게 이자 혹은 배당으로 나눠주고 나머지는 재투자를 위해 사내에 유보시키는 기업의 재무활동과정을 보여준다. 재무활동과정에서 재무관리자는 중요한 두 가지 의사결정을 한다.

첫째, 재무관리자는 금융시장에서 주식이나 채권을 매도하여 기업의 운영자금을 조달함으로써 기업의 장기투자를 뒷받침하는 장기자금을 획득하고 관리하는 의사결정인 자금조달의사결정(financing decision)을 한다. 이는 자기자본(주식)과 타인자본(채권)의 구성비율을 얼마로 할지 그리고 어떻게 저렴한 비용으로 원하는 자금을 조달할지에 대한 의사결정이다. 자금조달의사결정의 결과는 재무상태표의 대변에 부채 및 자본으로 나타난다.

둘째, 재무관리자는 조달된 자금으로 기업이 어떠한 실물자산에 어떻게 투자할지에 대한 의사결정인 투자의사결정(investment decision)을 한다. 투자의사결정은 자본예산(capital budgeting)이라고도 부른다. 투자의사결정의 결과는 재무상태표의 차변에 자산으로 나타난다.

2. 재무관리의 목표

재무관리자의 재무의사결정은 주주를 위한 의사결정이다. 그렇다면 주주의 입장에서 볼 때 최상의 재무의사결정은 무엇인가? 이는 주주의 부를 극대화하는 의사결정이다. 따라서 재무관리의 목표를 주식가치의 극대화로 잡을 수 있다.

주식의 가치와 부채의 가치를 합한 총자본의 가치는 총자산의 가치와 일치한다. 부채의 가치가 일정하다고 가정할 경우, 주식가치를 극대화하면 총자산이 극대화되고, 이는 곧 기업가치가 극대화되는 것을 의미한다. 이에 재무관리의 궁극적 목표가 주식가치의 극대화 혹은 기업가치의 극대화라고 볼 수 있다. 본서는 이러한 재무관리의 목표를 달성하기 위한 제반 재무의사결정들에 대해 자세히 고찰한 후, 그 밖의 재무관리와 관련된 특수주제들에 대해 살펴본다.

1. 주식회사의 특징

- 소유와 경영의 분리

- 출자자의 유한책임

- 자본의 증권화

2. 재무관리자

- 투자의사결정: 실물자산에 대한 투자의사결정

- 자본조달의사결정: 장기자금을 획득하고 관리하는 의사결정

- 재무담당자: 현금 및 신관리, 자금계획 및 지출 등
  - 투자의사결정: 실물자산에 대한 투자의사결정
  - 자본조달의사결정: 장기자금을 획득하고 관리하는 의사결정

- 회계담당자: 회계 및 세금관리, 경영정보시스템 등

3. 재무관리의 목표

- 기업가치 극대화＝총자산(총자본) 극대화＝주식가치 극대화＝주주부의 극대화

연습문제 Practice Problems

1. 다음 우리나라 상법상 허용되는 회사가 아닌 것은? (   )

   ① 주식회사   ② 유한회사

   ③ 유한공사   ④ 유한책임회사

2. 다음 중 중소규모회사나 신속한 의사결정이 필요한 회사가 많이 이용하는 회사형태는? (   )

   ① 합명회사   ② 유한책임회사

   ③ 합자회사   ④ 유한회사

3. 주식회사의 특징이 아닌 것은? (   )

   ① 소유와 경영의 분리   ② 무한책임

   ③ 자본의 증권화   ④ 전문경영자

4. 다음 중 성격이 다른 업무영역은? (   )

   ① 현금관리   ② 신용관리

   ③ 자금계획   ④ 세금관리

5. 기업의 장기자금을 획득하고 관리하는 재무관리자의 의사결정은? (   )

   ① 자금조달결정   ② 투자결정

   ③ 배당결정   ④ 재무분석

6. (2014 CPA) 재무관리의 목표에 관한 설명으로 가장 적절한 것은? (   )

   ① 배당수익률 극대화   ② 고객가치 극대화

   ③ 주당순이익 극대화   ④ 내부수익률 극대화

   ⑤ 자기자본가치 극대화

연습문제 해답

1. ③

2. ②

3. ②

4. ④

5. ①

6. ⑤

재무제표와 경영분석

학습개요

본 장에서는 대표적인 재무제표인 재무상태표와 손익계산서에 나와 있는 계정과목들을 바탕으로 재무비율을 계산하여 경영분석에 활용하는 방법을 다룬다. 재무비율분석은 기업의 수익성, 성장성, 활동성, 유동성, 레버리지, 시장가치분석으로 나뉘며 기업정책이 얼마나 효율적으로 수행되는지를 보여준다.

학습목표

- 수익성분석
- 성장성분석
- 활동성분석
- 유동성분석
- 레버리지분석
- 시장가치분석

01 재무제표의 개요

　　재무제표는 기업의 경영활동 결과를 나타낸다. 따라서 재무제표의 다양한 계정과목을 분석하여 기업이 이익은 많이 내고 있는지 대한 수익성, 빚은 적당하고 잘 갚을 수 있는지에 대한 안정성, 판매한 물건 값은 잘 회수되는지에 대한 유동성, 앞으로 더 발전할 것인지에 대한 성장성 등을 평가할 수 있다. 대표적인 재무제표로 재무상태표(statement of financial position)와 손익계산서(income statement)가 있다.[1]

　　재무상태표는 기업의 결산기말을 기준으로 기업의 자산, 부채, 자본에 대한 정보를 제공하는 재무보고서이다. 재무상태표는 〈표 2-1〉과 같이 위에서 아래로 자산, 부채, 자본을 나타내는 보고식과 왼쪽(차변)에 자산, 오른쪽(대변)에 부채와 자본을 나타내는 계정식이 있다.

　　자산의 합계와 부채 및 자본의 합계는 언제나 일치해야 한다. 재무상태표를 작성할 때 자산 및 부채의 계정과목들은 유동성이 높은 순서로 나타낸다. 1년 내에 현금화가 가능한 유동자산과 만기가 1년 미만인 유동부채가 먼저 나오고, 비유동자산과 비유동부채가 그 다음에 나온다.

　　손익계산서는 기업이 1년이라는 회계연도 동안 얼마나 벌고 썼으며 이익은 얼마나 내었는지를 보여준다. 기업의 본질적인 영업활동으로 인한 손익과 영업외적인 요인으로 인한 손익을 모두 고려하여 최종적으로 당기순이익을 계산한다.

　　〈표 2-2〉의 손익계산서에서 제품이나 서비스를 판매한 총액인 매출액에서 제품이나 서비스에 들어간 원가비용인 매출원가를 차감하여 매출총이익을 계산한다. 매출총이익에서 광고선전비, 인건비, 연구개발비, 임차료, 감가상각비 등과 같이 영업과 기업관리에 들어간 비용인 판매비와 관리비를 차감하여 기업의 영업활동 결과로 발생하는 영업이익을 계산한다. 법인세비용차감전순이익은 영업이익에 기업의 재무활동으로 인한 금융수익을 더하고 금융비용을 차감하여 계산한다. 법인세비용차감전순

1　우리나라 대부분의 기업은 1월 1일부터 12월 31일까지를 한 회계연도로 하고 있으며, 재무제표는 금융감독원 전자공시시스템(dart.fss.or.kr)의 사업보고서에서 찾아볼 수 있다.

이익에서 법인세비용을 차감하여 최종적으로 주주에게 귀속되는 당기순이익을 계산한다.

표 2-1 ● 재무상태표

K전자 (단위: 억원)

	20X1. 12. 31	20X2. 12. 31	20X3. 12. 31
자산			
유동자산	394,963	439,523	606,037
현금및현금성자산	27,187	22,694	20,303
단기금융상품	112,695	134,006	274,633
단기매도가능금융자산	6,560	12,589	14,885
매출채권	152,162	172,966	177,490
미수금	15,806	17,576	27,346
선급금	9,587	8,839	10,077
선급비용	11,217	10,918	13,731
재고자산	54,514	53,264	58,805
기타유동자산	5,235	6,671	8,767
비유동자산	781,035	893,118	942,223
유형자산	430,325	398,089	414,394
무형자산	24,478	24,649	24,953
장기선급비용	30,489	29,247	29,518
기타비유동자산	326,232	470,379	502,876
자산총계	1,175,998	1,332,641	1,548,260
부채			
유동부채	269,699	247,703	275,979
매입채무	69,835	57,851	57,421
단기차입금	42,592	30,346	28,116
미지급금	65,092	44,235	54,046
미지급비용	50,278	54,698	59,527
기타유동부채	41,902	60,573	76,869
비유동부채	21,730	26,059	48,572
사채	830	721	661
장기미지급금	6,977	7,756	7,690
기타비유동부채	13,923	17,582	40,222
부채총계	291,429	273,762	324,552
자본			
자본금	8,975	8,975	8,975
주식발행초과금	44,039	44,039	44,039
이익잉여금(결손금)	887,355	1,053,065	1,220,294
기타자본항목	−55,800	−47,201	−49,601
자본총계	884,569	1,058,879	1,223,708
자본과부채총계	1,175,998	1,332,641	1,548,260

표 2-2 • 손익계산서

K전자 (단위: 억원)

	20X1. 1. 1 부터 20X1. 12. 31 까지	20X2. 1. 1 부터 20X2. 12. 31 까지	20X3. 1. 1 부터 20X3. 12. 31 까지
수익(매출액)	1,208,160	1,412,064	1,583,721
매출원가	904,062	994,320	1,107,315
매출총이익	304,098	417,744	476,406
판매비와관리비	206,517	232,639	258,336
영업이익(손실)	97,581	185,104	218,070
기타영업외수익	31,605	28,601	31,303
기타영업외비용	11,917	6,210	7,922
금융수익	40,031	32,040	39,189
이자수익	39,48	3,517	6,496
외환거래이익	35,483	28,488	32,519
파생상품이익	600	35	174
금융비용	42,116	32,057	38,467
이자비용	2,524	1,349	1,189
외환거래손실	39,386	30,447	37,243
파생상품손실	206	261	35
법인세비용차감전순이익(손실)	115,183	207,479	242,173
법인세비용	14,701	33,493	62,877
당기순이익(손실)	100,482	173,985	179,295
주당이익			
기본주당이익(손실)	670	1,156	1,189
희석주당이익(손실)[1]	669	1,155	1,189

주: 1) 기업의 발행주식수를 증가시킬 수 있는 전환사채 및 신주인수권부사채 등의 전환을 고려하여 계산함

02 재무비율분석

재무비율분석은 재무상태표와 손익계산서의 계정과목들을 가지고 다양하게 여러 비율들을 분석하여 기업정책의 효율성을 평가하는 것이다. 기업정책은 영업의사결정, 투자의사결정, 재무의사결정으로 구성되고, 이러한 결정이 얼마나 잘 이루어졌는지에 따라 기업의 가치가 좌우된다.

〈표 2-3〉과 같이 수익성과 성장성을 분석하여 영업의사결정에 대한 평가를 내릴 수 있다. 활동성분석을 통해 투자의사결정을 평가하고, 유동성과 레버리지를 분석하여

표 2-3 ● 비율분석의 분류

기업정책	재무분석	주요 평가 내용	주요 재무비율
영업의사결정에 대한 평가	수익성분석	투자자본에 대한 경영성과 평가 이익창출능력 평가	총자산순이익률 자기자본순이익률 매출액순이익률
	성장성분석	기업외형 및 이익규모의 증가 평가 기업경쟁력과 미래수익창출능력의 간접측정	매출액증가율 총자산증가율 순이익증가율
투자의사결정에 대한 평가	활동성분석	자산의 효율적 활용정도 평가 투자관리의 유효성 평가	매출채권회전율 재고자산회전율 유형자산회전율 총자산회전율
재무의사결정에 대한 평가	유동성분석	단기채무지급능력 평가	유동비율 당좌비율 순운전자본구성비율
	레버리지분석	장기채무지급능력 평가	부채비율 자기자본비율 이자보상비율 비유동비율 비유동장기적합률
기업가치에 대한 평가	시장가치분석	주가로 평가되는 기업가치를 평가	주가수익비율 주가장부가비율 q비율

재무의사결정을 평가할 수 있다. 각 분석 분야별로 해당되는 재무비율들이 〈표 2-3〉에 정리되어 있다.

1. 수익성분석

수익성비율(profitability ratio)은 이익창출능력을 측정하는 지표이다. 기본적으로 수익성비율은 투자자본에 대한 투자이익의 형태인 투자수익률(ROI: return on investment)로 분석하기 때문에 투자자본과 투자이익이 무엇인지에 따라 분석의 초점이 조금씩 달라진다.

(1) 총자산순이익률

총자산순이익률(ROA: return on assets)은 당기순이익을 총자산으로 나눈 비율이다. 총자산은 총자본이라고도 부르며, 자기자본과 타인자본을 모두 합한 것이다. 기업에 자기자본과 타인자본을 조달하여 투자한 결과 과연 얼마만큼의 순이익을 내었는지를 보여주는 비율이다. 총자산순이익률은 자산 1원당 창출된 순이익의 크기를 나타낸다.

총자산순이익률은 매출액순이익률과 총자산회전율로 분해함으로써, 매출액 대비 당기순이익을 비교하여 제품의 마진이 얼마인지 확인할 수 있는 동시에 매출을 위해 총자산을 얼마나 효율적으로 이용했는지를 동시에 살펴볼 수 있다.

$$총자산순이익률(ROA) = \frac{당기순이익}{총자산} \tag{2-1}$$

$$= \frac{당기순이익}{매출액} \times \frac{매출액}{총자산}$$

$$\downarrow \qquad\qquad \downarrow$$

$$(매출액순이익률) \quad (총자산회전율)$$

$$\downarrow \qquad\qquad \downarrow$$

$$제품의\ 마진 \qquad 총자산의\ 효율적\ 이용도$$

→ 20X2년: $\dfrac{173,985}{(1,175,998+1,332,641)/2} \times 100 = 13.87\%$

20X3년: $\dfrac{179,295}{(1,332,641+1,548,260)/2} \times 100 = 12.45\%$

식(2-1)에서 당기순이익 대신 영업이익을 대입하면 총자산영업이익률이 구해진다. 이 비율은 금융수익과 금융비용을 고려하는 당기순이익이 아니라 영업이익을 투자이익으로 삼기 때문에 자본조달의사결정에 대한 평가는 하지 않는다. 대신에 생산, 판매, 관리라는 핵심영업활동에 대한 효율성을 평가한다.[2]

$$\text{총자산영업이익률} = \frac{\text{영업이익}}{\text{총자산}} \qquad\qquad (2\text{-}2)$$

→ 20X2년: $\dfrac{185,104}{(1,175,998+1,332,641)/2} \times 100 = 14.76\%$

20X3년: $\dfrac{218,070}{(1,332,641+1,548,260)/2} \times 100 = 15.14\%$

K전자의 총자산순이익률은 20X2년 13.87%에서 20X3년 12.45%로 낮아졌다. 하지만 핵심영업활동 측면에서 보면 총자산영업이익률이 14.76%에서 15.14%로 오히려 증가하여 영업은 효율적으로 이루어졌으나 자본조달 측면에서 다소 효율성이 내려가 총자산수익률이 낮아졌다고 볼 수 있다.

(2) 자기자본순이익률

자기자본순이익률(ROE: return on equity)은 자기자본 1원당 창출된 순이익의 크기를 나타낸다. 이 비율은 총자산이 아니라 자기자본을 투자자본으로 삼기 때문에 주주의 입장에서 주주가 투자한 금액에 대해 기업이 얼마만큼의 순이익을 내었는지를 보여주는 비율이 된다.

식(2-3)에서 보듯이 자기자본순이익률은 총자산순이익률과 총자산을 자기자본으

---

2 총자산순이익률과 총자산영업이익률을 계산할 때 분자의 당기순이익은 회계기간 동안의 수치이므로 분모의 총자산은 회계기간의 결산기말 시점에서의 수치 대신 기초금액과 기말금액의 평균치를 사용한다.

로 나눈 재무레버리지로 분해할 수 있다. 총자산순이익률은 기업이 자산을 얼마나 잘 이용하였는가를 나타내고, 재무레버리지는 총자산 규모가 자기자본에 비해서 얼마나 큰지를 나타낸다. 기업이 자산을 잘 이용하고 있는 상황에서 총자산 규모가 자기자본에 비해 크다면 자기자본순이익률은 커질 것이다.

또한 자기자본순이익률은 매출액순이익률과 총자본회전율 그리고 부채비율로 분해할 수도 있다. 매출액순이익률을 통하여 원가통제의 효율성을 파악하고, 총자본회전율에서는 자본이용의 효율성을 파악하며, 부채비율에서는 자본조달의 효율성을 살펴볼 수 있다.

K전자의 자기자본순이익률이 20X2년 17.90%에서 20X3년 15.71%로 낮아졌는데 그 원인을 살펴보면 재무레버리지(1.2908 → 1.2621)는 거의 변화가 없는 반면, 총자산수익률(13.87% → 12.45%)이 낮아졌기 때문인 것으로 보인다.

$$\text{자기자본순이익률(ROE)} = \frac{\text{당기순이익}}{\text{자기자본}} \tag{2-3}$$

$$= \frac{\text{당기순이익}}{\text{총자산}} \times \frac{\text{총자산}}{\text{자기자본}}$$

$$= \frac{\text{당기순이익}}{\text{매출액}} \times \frac{\text{매출액}}{\text{총자산}} \times \frac{\text{총자산}}{\text{자기자본}}$$

$$= \frac{\text{당기순이익}}{\text{매출액}} \times \frac{\text{매출액}}{\text{총자산}} \times \frac{1}{\text{자기자본비율}}$$

$$= \frac{\text{당기순이익}}{\text{매출액}} \times \frac{\text{매출액}}{\text{총자산}} \times \left(1 + \frac{\text{총부채}}{\text{자기자본}}\right)$$

↓	↓	↓
매출액순이익률	총자본회전율	부채비율
↓	↓	↓
원가통제의 효율성	자본이용의 효율성	자본조달의 효율성
↓	↓	↓
높을수록 효율적	높을수록 효율적	낮을수록 효율적

→ 20X2년: $\dfrac{173,985}{(884,569+1,058,879)/2} \times 100 = 17.90\%$

혹은 $13.87\% \times 1.2908 = 17.90\%$

20X3년: $\dfrac{179,295}{(1,058,879+1,223,708)/2} \times 100 = 15.71\%$

혹은 $12.45\% \times 1.2621 = 15.71\%$

(3) 매출액순이익률

매출액순이익률(ROS: return on sales)은 당기순이익을 매출액으로 나눈 비율이다. 매출액순이익률은 매출액 1원당 얼마의 순이익을 남길 수 있는지를 나타내므로 기업 경영활동의 전체적인 효율성을 측정하는 지표가 된다. 매출액순이익률은 특히 원가통제의 효율성을 가늠하는 데 도움이 되며, 비율이 높을수록 원가통제가 효율적으로 이루어짐을 뜻한다. K전자의 경우 20X3년에 매출이 늘었지만 원가가 상대적으로 더 큰 비율로 늘어나서 매출액순이익률이 낮아진 것으로 나타났다.

$$\text{매출액순이익률(ROS)} = \frac{\text{당기순이익}}{\text{매출액}} \tag{2-4}$$

→ 20X2년: $\dfrac{173,985}{1,412,064} \times 100 = 12.32\%$

20X3년: $\dfrac{179,295}{1,583,721} \times 100 = 11.32\%$

2. 성장성분석

성장성비율(growth rate)은 기업의 성장성을 측정하는 지표이다. 성장의 주체를 매출액, 총자산, 순이익으로 구분하여 성장성을 종합적으로 평가할 수 있다.

(1) 매출액증가율

기업의 정상적인 영업활동에서 발생하는 매출액이 커진다는 것은 시장점유율이 커지고 외형적으로 그만큼 신장세를 보인다는 의미이고 매출액증가율(sales growth rate)은 식(2-5)로 측정한다.

$$매출액증가율 = \frac{당기매출액 - 전기매출액}{전기매출액} \tag{2-5}$$

$$\rightarrow \; 20X2년: \; \frac{1,412,064 - 1,208,160}{1,208,160} \times 100 = 16.88\%$$

$$20X3년: \; \frac{1,583,721 - 1,412,064}{1,412,064} \times 100 = 12.16\%$$

(2) 총자산증가율

총자산증가율(total assets growth rate)도 기업외형의 성장 규모를 측정한다. 매출액증가율은 손익계산서 항목을 이용하여 분석하지만 총자산증가율은 재무상태표 항목을 이용하게 된다. 자산가치재평가가 이루어지면 재무상태표에 기록된 장부가액이 더 이상 실제가치와 같지 않게 된다.

이 점에 유의하여 장부가액에 근거한 총자산증가율의 의미를 해석하여야 한다. 또한 총자산증가율이 매출액증가율보다 크다는 것은 매출액증가에 비해 자산에 대한 투자가 상대적으로 과대하다는 것을 나타낸다.

$$총자산증가율 = \frac{기말총자산 - 기초총자산}{기초총자산} \tag{2-6}$$

$$\rightarrow \; 20X2년: \; \frac{1,332,641 - 1,175,998}{1,175,998} \times 100 = 13.32\%$$

$$20X3년: \; \frac{1,548,260 - 1,332,641}{1,332,641} \times 100 = 16.18\%$$

K전자의 경우 20X2년에는 총자산증가율(13.32%)이 매출액증가율(16.88%)보다 낮

아서 자산 투자가 효율적이었으나, 20X3년에는 정반대로 매출액증가율이 감소하고 총자산증가율은 증가하는 현상이 나타나 자산 투자가 과대한 것으로 보인다.

(3) 순이익증가율

순이익증가율(net profit growth rate)은 전년도에 비해 당해 연도의 이익이 얼마나 증가하였는지를 나타내며, 실질적인 성장을 측정하는 지표이다. 외형성장을 나타내는 매출액증가율보다 실질성장을 나타내는 순이익증가율이 높은 것이 더 바람직하다.

$$순이익증가율 = \frac{당기순이익 - 전기순이익}{전기순이익} \tag{2-7}$$

$$\rightarrow \ 20X2년: \ \frac{100,482 - 173,985}{100,482} \times 100 = 73.15\%$$

$$20X3년: \ \frac{179,295 - 173,985}{173,985} \times 100 = 3.05\%$$

K전자의 매출액증가율은 20X2년도에 16.88%에서 20X3년도에 12.16%로 하락하였고 순이익증가율도 73.15%에서 3.05%로 급격히 하락하였다. K전자는 외형적인 성장이 감소하였으며, 실질적인 성장은 거의 정체되었음을 알 수 있다.

3. 활동성분석

활동성분석은 기업이 자산을 활용하여 얼마나 효율적으로 매출을 실현하는지를 측정하는 것이다. 매출을 실현하는 데 이용되는 자산으로 매출채권, 재고자산, 유형자산 등이 있다. 각 자산에 대해 매출액이 몇 배로 실현되었는지를 계산하기 위해 매출액을 자산으로 나누어 활동성을 측정한다.

(1) 매출채권회전율

매출채권회전율(receivables turnover ratio)은 매출액을 매출채권으로 나눈 비율로서, 매출채권 한 단위 투자하여 얼마의 매출을 올렸는지를 나타낸다. 매출채권에 비해 매출이 많으면 매출채권회전율이 높게 된다. 적은 매출채권으로 많은 매출을 실현시키므로 매출채권이라는 자산이 효율적으로 이용되고 있음을 의미한다.

$$\text{매출채권회전율} = \frac{\text{매출액}}{\text{매출채권}} \tag{2-8}$$

$$\rightarrow \ 20\text{X2년:} \ \frac{1,412,064}{(152,162 + 172,966)/2} = 8.69\text{회}$$

$$20\text{X3년:} \ \frac{1,583,721}{(172,966 + 177,490)/2} = 9.04\text{회}$$

K전자의 20X2년 매출채권회전율은 8.69회로 계산되어 1년 동안 매출채권의 8.69배만큼 매출액이 실현되었음을 나타내고 있다. 이는 매출채권이 매출액으로 현금화되는 속도가 0.115년(=1/8.69)임을 의미한다. 이 0.115년을 매출채권평균회수기간이라고 한다. 매출채권평균회수기간은 연 단위이므로 365일을 곱하면 일단위로 전환된다. 매출채권회수기간이 길어질수록 매출채권이 매출액으로 현금화되는데 그만큼 더 오래 걸리기 때문에 기업은 자금압박을 받게 된다.

$$\text{매출채권회수기간} = \frac{1}{\text{매출채권회전율}} \tag{2-9}$$

$$\rightarrow \ 20\text{X2년:} \ \frac{1}{8.69} = 0.115\text{년} \ \rightarrow \ 0.115\text{년} \times 365\text{일} = 42\text{일}$$

$$20\text{X3년:} \ \frac{1}{9.04} = 0.11\text{년} \ \rightarrow \ 0.11\text{년} \times 365\text{일} = 40\text{일}$$

(2) 재고자산회전율

재고자산회전율(inventory turnover ratio)은 매출액을 재고자산으로 나눈 비율로서, 재고자산 한 단위 투자하여 얼마의 매출을 올렸는지를 나타낸다. 재고자산에 비해 매출이 많으면 재고자산회전율이 높게 된다. 적은 재고자산으로 많은 매출을 실현시키므로 재고자산이 판매활동에 효율적으로 이용되고 있음을 의미한다.

$$재고자산회전율 = \frac{매출액}{재고자산} \qquad (2\text{-}10)$$

$$\rightarrow \quad 20X2년: \quad \frac{1,412,064}{(54,514+53,264)/2} = 26.20\,회$$

$$20X3년: \quad \frac{1,583,721}{(53,264+58,805)/2} = 28.26\,회$$

K전자의 20X2년 재고자산회전율은 26.20회로 계산되어 1년 동안 재고자산의 26.20배 만큼 매출액이 실현되었음을 나타내고 있다. 이는 재고자산이 판매되어 현금으로 회수되는데 13.87일(=0.038년×365일 ← 0.038년=1/26.20)이 소요되었음을 의미한다. 20X3년에는 재고자산회전율이 다소 높아져 재고자산회수기간이 하루 정도 줄어든 것으로 나타났다.

$$재고자산회수기간 = \frac{1}{재고자산회전율} \qquad (2\text{-}11)$$

$$\rightarrow \quad 20X2년: \quad \frac{1}{26.20} = 0.038년 \ \rightarrow \ 0.038년 \times 365일 = 13.87일$$

$$20X3년: \quad \frac{1}{28.26} = 0.035년 \ \rightarrow \ 0.035년 \times 365일 = 12.78일$$

(3) 유형자산회전율

유형자산회전율(property, plant and equipment turnover ratio)은 매출액을 유형자산으로 나눈 비율을 말한다. 〈표 2-1〉의 재무상태표를 보면 자산은 유동자산과 비유동자산으로 구성된다. 유형자산회전율은 비유동자산 중에서 공장이나 기계 등과 같은 유형자산에 한 단위 투자하여 얼마의 매출을 올렸는지를 나타낸다.[3] 유형자산에 비해 매출이 높으면 유형자산회전율이 높게 된다. 유형자산에 자금이 적게 묶여 있는데 많은 매출이 실현된다면 유형자산이 효율적으로 이용되고 있음을 의미한다.

---

3 기계와 같은 유형자산의 경우 내용연수가 끝나가면서 거의 감가상각 되었을 경우 장부가로 기록된 유형자산의 가치가 매우 낮기 때문에 유형자산회전율이 매우 높게 계산된다. 이렇게 높게 나타나는 비율을 그대로 해석하면 활동성분석에 오류가 발생할 수 있음에 주의해야 한다.

유형자산회전율 $= \dfrac{\text{매출액}}{\text{유형자산}}$ (2-12)

$\rightarrow$ 20X2년: $\dfrac{1,412,064}{(430,325+398,089)/2} = 3.41$회

20X3년: $\dfrac{1,583,721}{(398,089+414,394)/2} = 3.90$회

식(2-13)을 보면, K전자의 경우 20X2년도에 유형자산이 현금으로 회수되는데 106.95일이 소요되었으나, 20X3년도에 93.44일이 소요되어 유형자산이 더 효율적으로 이용된 것으로 나타났다.

유형자산회수기간 $= \dfrac{1}{\text{유형자산회전율}}$ (2-13)

$\rightarrow$ 20X2년: $\dfrac{1}{3.41} = 0.293$년 $\rightarrow$ 0.293년 $\times$ 365일 $=$ 106.95일

20X3년: $\dfrac{1}{3.90} = 0.256$년 $\rightarrow$ 0.256년 $\times$ 365일 $=$ 93.44일

(4) 총자산회전율

총자산회전율(total assets turnover ratio)은 매출액을 총자산으로 나눈 비율로서, 기업 전체 자산의 이용효율성을 총괄적으로 나타내고 있다. K전자의 20X2년도 총자산회전율은 1.13회로서 1년 동안 총자산의 1.13배 만큼 매출액이 실현되었다. 또한 총자산 금액만큼 매출액이 실현되는데 323.03일이 소요되었다. 20X3년도에는 총자산 이용의 효율성이 전년도와 거의 비슷한 수준이었다.

총자산회전율 $= \dfrac{\text{매출액}}{\text{총자산}}$ (2-14)

$\rightarrow$ 20X2년: $\dfrac{1,412,064}{(1,175,998+1,332,641)/2} = 1.13$회

20X3년: $\dfrac{1,583,721}{(1,332,641+1,548,260)/2} = 1.10$회

26 PART 1 | 재무관리의 기초개념

$$총자산회수기간 = \frac{1}{총자산회전율}$$
(2-15)

$\rightarrow$ 20X2년: $\dfrac{1}{1.13} = 0.885년 \rightarrow 0.885년 \times 365일 = 323.03일$

20X3년: $\dfrac{1}{1.10} = 0.909년 \rightarrow 0.909년 \times 365일 = 331.79일$

4. 유동성분석

유동성분석은 기업의 단기채무지급능력을 측정하는 것이다. 만기 1년 미만인 유동부채를 효율적으로 상환하려면 현금화가 가능한 유동자산을 충분히 보유하고 있어야 한다. 유동자산과 유동부채의 금액을 비교하는 방법에 따라 세 가지로 유동성을 분석할 수 있다.

(1) 유동비율

유동비율(current ratio)은 유동자산을 유동부채로 나눈 비율로서, 기업의 단기부채인 유동부채를 상환하기에 충분한 유동자산을 보유하고 있는지를 파악할 수 있다. 유동비율이 100% 이상이 되어야 유동성이 확보되었다고 볼 수 있다.

유동비율이 높을수록 채권자에게 더 안전한 것으로 평가되지만, 경제상황이나 기업이 속한 산업의 특성 및 기업의 규모에 따라 적정한 유동비율의 크기는 달라질 수 있다.

$$유동비율 = \frac{유동자산}{유동부채}$$
(2-16)

$\rightarrow$ 20X2년: $\dfrac{439,523}{247,703} \times 100 = 177.44\%$

20X3년: $\dfrac{606,037}{275,979} \times 100 = 219.59\%$

(2) 당좌비율

유동자산 중에서 재고자산의 경우 현금으로 전환이 늦거나 어려울 수 있으며, 재고자산의 평가방법에 따라 재고자산의 가치도 달라질 수 있다. 이 점을 고려하여 식 (2-17)과 같이 유동자산 중에서 재고자산을 빼고 당좌자산[4]만을 가지고 유동부채의 상환능력을 측정한 것이 당좌비율(quick ratio)이다.

유동비율은 높은데 당좌비율이 낮게 나타나면 재고자산의 현금화에 대한 상황을 잘 감안하여 유동성을 분석해주어야 한다. 만일 재고자산이 쉽게 현금화되지 않는 상황이면 기업의 단기채무지급능력에 문제점이 있다고 보아야 한다.

$$당좌비율 = \frac{당좌자산}{유동부채} \qquad\qquad (2\text{-}17)$$

$$\rightarrow 20\text{X}2년: \quad \frac{439,523 - 53,264 - 6,671}{247,703} \times 100 = 153.24\%$$

$$20\text{X}3년: \quad \frac{606,037 - 58,805 - 8,767}{275,979} \times 100 = 195.11\%$$

K전자의 유동자산은 기타유동자산을 포함하고 있으며 기타유동자산도 현금 전환이 어려울 수 있다고 보고 당좌비율 계산 시 유동자산에서 재고자산과 기타유동자산을 뺀 것을 당좌자산으로 보아, 20X2년의 당좌비율은 153.24%, 20X3년의 당좌비율은 195.11%로 계산한다.

(3) 순운전자본구성비율

순운전자본구성비율(net working capital to total assets ratio)은 유동자산에서 유동부채를 차감한 순운전자본이 총자본에서 얼마나 차지하고 있는지를 나타낸 비율이다. 순운전자본이 양(+)의 값을 가지면 유동자산으로 유동부채를 상환할 수 있지만, 음(−)의 값을 가지면 상환할 수 없음을 의미한다. 순운전자본구성비율은 기업의 파산이

---

4 판매과정을 거치지 않고 즉각적으로 현금화할 수 있는 자산으로 현금 및 현금등가물, 단기금융상품, 단기매도가능금융자산, 매출채권, 단기대여금, 미수금, 미수수익, 선급금, 선급비용 등이 포함된다.

나 부실을 예측할 때 도움이 된다.

$$순운전자본구성비율 = \frac{순운전자본}{총자본} = \frac{유동자산 - 유동부채}{총자본} \qquad (2\text{-}18)$$

$$\rightarrow \quad 20X2년: \frac{439,523 - 247,703}{1,332,641} \times 100 = 14.39\%$$

$$20X3년: \frac{606,037 - 275,979}{1,548,260} \times 100 = 21.32\%$$

5. 레버리지분석

레버리지[5]분석은 기업의 장기채무지급능력을 측정하는 것이다. 기업의 자기자본과 타인자본 간의 비율인 자본구조는 경영위험의 정도에 따라 영향을 받는다. 현금흐름예측이 용이하고 경영위험이 낮은 기업은 타인자본에 대한 의존도를 어느 정도 높일 수 있을 것이다. 자기자본과 타인자본의 조합을 평가하고 기업이 채무 상환을 효율적으로 수행할 수 있는지를 여러 각도에서 분석할 수 있다.

(1) 부채비율

부채비율(debt ratio)은 식(2-19)와 같이 재무상태표의 총부채를 자기자본으로 나누어 계산한다. 부채비율은 채권회수의 안정성을 측정하며, 일반적으로 100% 이하일 때 안정적이라고 본다. 부채비율은 결산기말 시점에서만 계산되기 때문에 정태적 비율이다. 주주의 1원 투자에 대해서 얼마나 차입했는지에 대한 정보로 이용할 경우 이자보상비율(=영업이익/이자비용)과 같은 동태적 비율과 병행하여 판단하는 것이 바람직하다.

$$부채비율 = \frac{총부채}{자기자본} \qquad (2\text{-}19)$$

---

5 타인자본의 의존도를 레버리지(leverage)라고 한다.

$$\rightarrow \text{20X2년: } \frac{273,726}{1,058,879} \times 100 = 25.85\%$$

$$\text{20X3년: } \frac{324,552}{1,223,708} \times 100 = 26.52\%$$

(2) 자기자본비율

자기자본비율(stockholders' equity to total assets ratio)은 식(2-20)과 같이 총자본에서 자기자본이 차지하는 비중을 보여준다. 우리나라 은행의 경우 자기자본비율을 대출심사의 중요한 기준으로 삼고 있다. 일반적으로 자기자본이 총자본에서 50% 이상 차지할 때 양호하다고 본다.

$$\text{자기자본비율} = \frac{\text{자기자본}}{\text{총자본}} \tag{2-20}$$

$$\rightarrow \text{20X2년: } \frac{1,058,879}{1,332,641} \times 100 = 79.46\%$$

$$\text{20X3년: } \frac{1,223,708}{1,548,260} \times 100 = 79.04\%$$

(3) 이자보상비율

이자보상비율(interest coverage ratio)은 식(2-21)과 같이 영업이익을 이자비용으로 나누어 계산하며, 기업이 이자지급을 위해 충분히 영업이익을 내었는지를 보여준다. 기업의 재무의사결정이 잘 이루어지면 이자지급이 수월할 것이므로, 이자보상비율을 통해 재무의사결정에 대한 평가도 할 수 있다. 이자보상비율이 1배 이하이면 영업활동으로 벌어들인 이익으로 이자비용을 낼 수 없는 기업을 의미하므로 부실기업예측이나 퇴출기업심사 등에 유용한 비율이다.

$$\text{이자보상비율} = \frac{\text{영업이익}}{\text{이자비용}} \tag{2-21}$$

$$\rightarrow \text{20X2년: } \frac{185,104}{1,349} = 137.22\text{배}$$

$$\text{20X3년: } \frac{218,070}{1,189} = 183.41\text{배}$$

(4) 비유동비율

비유동비율(non-current ratio)은 식(2-22)와 같이 비유동자산을 자기자본으로 나눈 것이다. 일반적으로 비유동자산은 장기적으로 운용되는 자산이기 때문에 가장 안정적이고 장기성자산인 자기자본으로 조달하는 것이 기업의 장기 안정성 측면에서도 바람직하다.

따라서 이 비율은 조달된 자금이 유동자산과 비유동자산에 합리적으로 배분되어 기업의 안정성이 확보되었는지를 판단하는 척도가 된다. 통상적으로 100% 이하이면 양호한 것으로 판단한다. 만약 비유동비율이 100%를 넘으면 비유동자산에 투입된 자본이 자기자본뿐만 아니라 타인자본에서도 조달하고 있음을 의미한다.

$$\text{비유동비율} = \frac{\text{비유동자산}}{\text{자기자본}} \tag{2-22}$$

$$\rightarrow \text{20X2년: } \frac{893,118}{1,058,879} \times 100 = 84.35\%$$

$$\text{20X3년: } \frac{942,223}{1,223,708} \times 100 = 77.00\%$$

(5) 비유동장기적합률

중화학공업이나 기간산업의 경우 거액의 투자자금이 필요한데 이를 모두 자기자본으로만 조달하는 것은 현실적으로 어렵다. 일반적으로 기업은 자기자본 외에 장기부채로 자본을 조달하여 투자한다. 이에 비유동비율을 확대하여 자기자본에 비유동부채까지 고려한 비유동장기적합률(non-current assets to net worth and non-current liability ratio)로 자본배분의 안정성을 측정한다.

$$비유동장기적합률 = \frac{비유동자산}{자기자본 + 비유동부채} \tag{2-23}$$

$$\rightarrow \ 20\text{X}2년: \ \frac{893,118}{1,058,879 + 26,059} \times 100 = 82.32\%$$

$$20\text{X}3년: \ \frac{942,223}{1,223,708 + 48,572} \times 100 = 74.06\%$$

6. 시장가치분석

(1) 주가수익비율

P/E비율로 불리는 주가수익비율(PER: price-to-earnings ratio)은 주가와 주당순이익 간의 비율로서, 기업의 순이익(이익창출능력)에 비해 주가가 어떻게 평가되고 있는가를 판단하는 지표이다.

$$주가수익비율(PER) = \frac{주가}{주당순이익} \tag{2-24}$$

주가수익비율이 높다는 것은 이익에 비해 주가가 상대적으로 높다는 의미이므로 그만큼 기업가치에 비해 주가가 고평가 되어 있다고 볼 수 있다. 반대로 주가수익비율이 낮으면 이익에 비해 주가가 상대적으로 낮다는 것을 의미하므로 그만큼 기업 가치에 비해 주가가 저평가되어 있다고 볼 수 있다. 따라서 주가수익비율이 낮은 주식(저PER주)을 사 놓으면 나중에 주가가 올라가서 이익을 볼 수도 있다는 관점에서 주가수익비율이 낮은 주식(저PER주)을 매수하기도 한다.

하지만 주가수익비율을 계산할 때 분자인 주가는 미래의 기업가치를 반영하여 형성되고 분모의 주당순이익은 이미 지난 과거의 성과로 계산된다. 따라서 주가와 주당순이익을 근거로 계산한 주가수익비율에 의한 주가수준 평가는 정확하지 않은 점에 주의해야 한다.

일반적으로 기술집약적이거나 벤처기업 같은 경우 미래의 기업가치를 높게 보아 이익에 비해 주가가 매우 커서 주가수익비율이 높게 나타나는 반면, 안정적인 수익을 내지만 성장가능성이 크지 않은 음식료업종과 같은 기업은 주가수익비율이 낮게 나타 난다. 이외에도 주가수익비율은 개별 기업 간, 산업 간, 국가 간 주가수준을 상대적으로 비교평가하거나 미래주가를 예측하는 데에도 활용된다.

(2) 주가장부가비율

주가장부가비율(PBR: price-to-book ratio)은 주식의 장부가격(book value) 대비 시장가격(market value)의 비율이다. 시장이 얼마나 이 기업을 긍정적으로 평가하는지를 보여주는 척도로 주가장부가비율을 이용한다.

$$주가장부가비율(PBR) = \frac{주가(시장가치)}{주가(장부가치)} = \frac{주가(시장가치)}{\left(\dfrac{총자산 - 총부채}{발행주식수}\right)} \tag{2-25}$$

식(2-25)의 주가장부가비율에서 분모의 (총자산－총부채)/발행주식수＝총자본/ 발행주식수로 재무상태표상의 장부가치로 나타나는 1주당 주가를 의미한다. 이는 주 주입장에서 재무상태표상의 원가에 해당하는 주주지분의 자산가치를 나타낸다.

기업의 미래수익에 대한 전망이 좋을 경우 시장에서 이 기업의 가치는 높게 평가 될 것이므로 주가(시장가치)가 상승한다. 따라서 주가장부가비율이 높을수록 장부가비 율이 높을수록 기업의 미래에 대해서 투자자들이 밝게 기대하고 있다고 볼 수 있다.

(3) q비율

Tobin의 q비율은 기업이 보유한 금융자산(부채와 자본)의 시장가치를 실물자산의 대체원가로 나눈 비율로서, 자산에 대한 증권시장에서의 평가액과 실물시장에서의 평 가액을 비교하는 것이다. 식(2-26)에서 대체원가란 당해자산을 재조달하는 데 소요되 는 원가, 즉 현재 보유하고 있는 자산과 동일한 자산을 시장에서 구입할 때 지불하여 야 하는 금액을 말한다.

$$q비율 = \frac{금융자산(부채와 자본)의 시장가격}{실물자산의 대체원가} \tag{2-26}$$

q비율이 높은 기업은 성장 가능성이 높은 기업임을 의미하고 q비율이 낮은 기업은 경쟁이 심하거나 사양산업에 속하는 경우가 많다. Tobin은 q비율이 1을 초과하면 실물자산의 시장가치가 대체원가보다 큰 가치를 가지므로 기업이 투자하려는 유인을 갖게 되고, q비율이 1이 될 때 투자를 중단한다고 하였다.[6]

또한 q비율은 기업의 인수합병의 의사결정과 관련해서도 이용할 수 있는 비율이다. 어떤 기업이 새로이 사업을 시작할 때 그 사업을 위한 실물자산을 직접 취득하는 방법과 그 사업을 하고 있는 기업을 인수합병하는 두 대안 중 어느 것이 유리한지 판단할 때 사용하기도 한다. q비율이 1보다 작을수록 실물자산의 대체원가가 높기 때문에 실물자산을 직접 취득하기 보다는 인수합병이 보다 유리하다.

---

6 J. Tobin, "A General Equilibrium Approach to Monetary Theory," *Journal of Money, Credit and Banking*, February 1969, pp. 15-29.

핵심정리 Summary

1. 재무비율분석

- ■ 수익성분석

  - 총자산순이익률(ROA) $= \dfrac{당기순이익}{총자산} = \dfrac{당기순이익}{매출액} \times \dfrac{매출액}{총자산}$

  - 총자산영업이익률 $= \dfrac{영업이익}{총자산}$

  - 자기자본순이익률(ROE) $= \dfrac{당기순이익}{자기자본}$

    $$= \dfrac{당기순이익}{총자산} \times \dfrac{총자산}{자기자본}$$

    $$= \dfrac{당기순이익}{매출액} \times \dfrac{매출액}{총자산} \times \dfrac{총자산}{자기자본}$$

    $$= \dfrac{당기순이익}{매출액} \times \dfrac{매출액}{총자산} \times \dfrac{1}{자기자본비율}$$

    $$= \dfrac{당기순이익}{매출액} \times \dfrac{매출액}{총자산} \times \left(1 + \dfrac{총부채}{자기자본}\right)$$

  - 매출액순이익률(ROS) $= \dfrac{당기순이익}{매출액}$

- ■ 성장성분석

  - 매출액증가율 $= \dfrac{당기매출액 - 전기매출액}{전기매출액}$

- 총자산증가율 $= \dfrac{\text{기말총자산} - \text{기초총자산}}{\text{기초총자산}}$

- 순이익증가율 $= \dfrac{\text{당기순이익} - \text{전기순이익}}{\text{전기순이익}}$

■ 활동성분석

- 매출채권회전율 $= \dfrac{\text{매출액}}{\text{매출채권}}$

- 매출채권회수기간 $= \dfrac{1}{\text{매출채권회전율}}$

- 재고자산회전율 $= \dfrac{\text{매출액}}{\text{재고자산}}$

- 재고자산회수기간 $= \dfrac{1}{\text{재고자산회전율}}$

- 유형자산회전율 $= \dfrac{\text{매출액}}{\text{유형자산}}$

- 유형자산회수기간 $= \dfrac{1}{\text{유형자산회전율}}$

- 총자산회전율 $= \dfrac{\text{매출액}}{\text{총자산}}$

- 총자산회수기간 $= \dfrac{1}{\text{총자산회전율}}$

■ 유동성분석

- 유동비율 $= \dfrac{\text{유동자산}}{\text{유동부채}}$

- 당좌비율 $= \dfrac{\text{당좌자산}}{\text{유동부채}}$

- 순운전자본구성비율 $= \dfrac{\text{순운전자본}}{\text{총자본}} = \dfrac{\text{유동자산} - \text{유동부채}}{\text{총자본}}$

■ 레버리지분석

- 부채비율 $= \dfrac{\text{총부채}}{\text{자기자본}}$

- 자기자본비율 $= \dfrac{\text{자기자본}}{\text{총자본}}$

- 이자보상비율 $= \dfrac{\text{영업이익}}{\text{이자비용}}$

- 비유동비율 $= \dfrac{\text{비유동자산}}{\text{자기자본}}$

- 비유동장기적합률 $= \dfrac{\text{비유동자산}}{\text{자기자본} + \text{비유동부채}}$

■ 시장가치분석

- 주가수익비율(PER) $= \dfrac{\text{주가}}{\text{주당순이익}}$

- 주가장부가비율(PBR) $= \dfrac{\text{주가(시장가치)}}{\text{주가(장부가치)}} = \dfrac{\text{주가(시장가치)}}{\left(\dfrac{\text{총자산} - \text{총부채}}{\text{발행주식수}}\right)}$

- q비율 $= \dfrac{\text{금융자산(부채와 자본)의 시장가격}}{\text{실물자산의 대체원가}}$

연습문제 Practice Problems

1. 기업의 영업의사결정에 대한 평가에 사용되는 재무비율이 아닌 것은? (　　)

   ① 총자산순이익률　　　　　　　　② 매출액순이익률
   ③ 총자산증가율　　　　　　　　　④ 매출채권회전율

2. 총자산순이익률이 15%, 매출액순이익률이 6%일 때 총자산회전율은 얼마인가? (　　)

   ① 1.8회　　　　　　　　　　　　② 2회
   ③ 2.5회　　　　　　　　　　　　④ 3.0회

3. 매출액순이익률 2%, 총자산회전율 4회, 재무레버리지(=총자산/자기자본) 200%일 경우 자기자본순이익률(ROE)은 얼마인가? (　　)

   ① 18%　　　　　　　　　　　　② 20%
   ③ 22%　　　　　　　　　　　　④ 24%

4. 활동성비율의 특징이 아닌 것은? (　　)

   ① 자산이용의 효율성을 분석하는 비율이다.
   ② 투자의사결정의 유효성을 평가할 수 있다.
   ③ 매출액을 기준으로 회전율로 측정한다.
   ④ 회전율이 높다는 것은 이익이 크다는 것을 의미한다.

5. 유동성분석과 관련된 설명으로 틀린 것은? (　　)

   ① 유동비율은 단기부채의 상환능력을 측정하며 높을수록 효율적이다.
   ② 재고자산의 유동성이 의문 시 될 경우 유동부채를 당좌자산으로 나눈 유동비율을 이용한다.
   ③ 순운전자본구성비율은 기업의 파산 및 부실예측에 많이 이용된다.
   ④ 순운전자본구성비율은 순운전자본을 총자본으로 나눈 비율을 의미한다.

6. 레버리지비율이 아닌 것은? (　　)

　　① 부채비율　　　　　　　　　　② 이자보상비율

　　③ 비유동장기적합률　　　　　　④ 총자산회전율

7. 매출액이 1,000만원이고 재고자산회전율이 5회전, 유동자산이 5,200만원, 유동부채 4,000만원일 때 당좌비율은 얼마인가? (　　)

　　① 125%　　　　　　　　　　　　② 150%

　　③ 170%　　　　　　　　　　　　④ 200%

8. 매출액 200억원인 A기업의 유동자산 50억원, 유동부채 30억원, 총자산회전율 2회일 경우 순운전자본구성비율은 얼마인가? (　　)

　　① 14%　　　　　　　　　　　　　② 17%

　　③ 20%　　　　　　　　　　　　　④ 24%

9. A기업의 총자산은 200억원, 총부채는 160억원, 주가장부가비율 2.5, 주당순이익 1만원, 발행주식수 10만주일 경우 주가수익비율(PER)은 얼마인가? (　　)

　　① 8배　　　　　　　　　　　　　② 10배

　　③ 12배　　　　　　　　　　　　　④ 14배

10. (2003 CPA) 갑을기업의 전년도 자기자본순이익률(ROE)은 6%로 업계 평균 10%에 비해 상대적으로 저조하다. 내부검토결과, 매출액순이익률(profit margin)은 1%, 총자산회전율은 2.0으로 업계 평균과 비슷한 것으로 나타나 이 부분에서의 개선보다는 자본구조의 변경을 통해 현재 자기자본순이익률을 업계 평균 수준으로 끌어 올리려고 한다. 이 목표를 달성하기 위한 갑을기업의 적정 부채비율은 얼마인가? (　　)

　　① 200%　　　　　　② 300%　　　　　　③ 400%

　　④ 500%　　　　　　⑤ 600%

11. (2012 CPA) 다음 자료에서 당좌비율(quick ratio: Q)을 계산했을 때 가장 적절한 것은? 단, 1년은 365일이고 회전율은 매출액에 대하여 계산한다. (　)

> 매출채권 120억원   　　　재고자산회전율 10회
> 유동부채 140억원   　　　매출채권회수기간 60일
> 유동비율 150%

① $Q \leq 50\%$ 　　　　　　　　② $50\% < Q \leq 75\%$

③ $75\% < Q \leq 100\%$ 　　　　④ $100\% < Q \leq 125\%$

⑤ $Q > 125\%$

12. (2014 CPA) 재무비율의 이름과 경제적 의미를 짝 지운 내용이 가장 적절하지 않은 것은? (　)

① 주가수익비율-수익성 　　　　② 매입채무회전율-활동성

③ 이자보상비율-레버리지 　　　④ 당좌비율-유동성

⑤ 총자본투자효율-생산성

13. (2017 CPA) 재무비율에 관한 설명으로 가장 적절하지 않은 것은? (　)

① 회계적 이익을 가능한 한 적게 계상하는 회계처리방법을 사용하는 기업의 경우 주가수익비율(PER)은 상대적으로 높게 나타날 수 있다.

② 자산의 시장가치가 그 자산의 대체원가보다 작은 경우 토빈의 q(Tobin's q)는 1보다 작다.

③ 매출액순이익률이 2%, 총자산회전율이 3.0, 자기자본비율이 50%일 경우 자기자본순이익률(ROE)은 3%이다.

④ 유동비율이 높은 기업은 유동성이 양호한 상태라고 판단될 수 있으나, 과도하게 높은 유동비율은 수익성 측면에서 비효율적일 수 있다.

⑤ 주가장부가비율(PBR)은 일반적으로 수익전망이 높은 기업일수록 높게 나타난다.

1. ④

2. ③

답

$$총자산순이익률(ROA) = \frac{당기순이익}{총자산} = \frac{당기순이익}{매출액} \times \frac{매출액}{총자산}$$

$$= 매출액순이익률 \times 총자산회전율$$

$$\rightarrow 0.15 = 0.06 \times 총자산회전율 \rightarrow 총자산회전율 = \frac{0.15}{0.06} = 2.5회$$

3. ④

답

$$자기자본순이익률(ROE) = \frac{당기순이익}{자기자본} = \frac{당기순이익}{매출액} \times \frac{매출액}{총자산} \times \frac{총자산}{자기자본}$$

$$= 매출액순이익률 \times 총자산회전율 \times 재무레버리지$$

$$= 0.02 \times 4 \times 3 = 24\%$$

4. ④

5. ②

6. ④

7. ①

답

$$재고자산회전율 = \frac{매출액}{재고자산} \rightarrow 재고자산 = \frac{1,000만원}{5} = 200만원$$

$$당좌비율 = \frac{당좌자산}{유동부채} = \frac{(유동자산 - 재고자산)}{유동부채} = \frac{5,200만원 - 200만원}{4,000만원} = 1.25$$

8. ③

답

$$\text{총자산회전율} = \frac{\text{매출액}}{\text{총자산}} \rightarrow \text{총자산}(=\text{총자본}) = \frac{200\text{억원}}{2} = 100\text{억원}$$

$$\text{순운전자본구성비율} = \frac{\text{순운전자본}}{\text{총자본}} = \frac{\text{유동자산} - \text{유동부채}}{\text{총자본}} = \frac{50\text{억원} - 30\text{억원}}{100\text{억원}} = 20\%$$

9. ②

답

$$\text{주가장부가비율}(PBR) = \frac{\text{주가(시장가치)}}{\left(\dfrac{\text{총자산} - \text{총부채}}{\text{발행주식수}}\right)} \rightarrow 2.5 = \frac{\text{주가(시장가치)}}{\left(\dfrac{200\text{억원} - 160\text{억원}}{100,000}\right)}$$

$$\rightarrow \text{주가} = 100,000\text{원}$$

$$\text{주가수익비율}(PER) = \frac{\text{주가}}{\text{주당순이익}} = \frac{100,000\text{원}}{10,000\text{원}} = 10\text{배}$$

10. ③

답

③ $\text{자기자본순이익률}(ROE) = \dfrac{\text{당기순이익}}{\text{자기자본}} = 10\% \rightarrow \text{당기순이익} = (0.1)(\text{자기자본})$

$$\text{총자산순이익률}(ROA) = \frac{\text{당기순이익}}{\text{총자산}} = \frac{\text{당기순이익}}{\text{매출액}} \times \frac{\text{매출액}}{\text{총자산}}$$

$$= \text{매출액순이익률}(ROS) \times \text{총자산회전율}$$

$$= 1\% \times 2 = 2\%$$

따라서, $\dfrac{\text{당기순이익}}{\text{총자산}} = \dfrac{(0.1)(\text{자기자본})}{\text{자기자본} + \text{타인자본}} = 0.02 \rightarrow \text{타인자본} = (4)(\text{자기자본})$

$$\text{부채비율} = \frac{\text{총부채}}{\text{자기자본}} = \frac{(4)(\text{자기자본})}{\text{자기자본}} = 400\%$$

11. ③

답

③ $\text{유동비율} = \dfrac{\text{유동자산}}{\text{유동부채}} \rightarrow 150\% = \dfrac{\text{유동자산}}{140\text{억원}} \rightarrow \text{유동자산} = 210\text{억원}$

$$\text{매출채권회수기간} = \frac{1}{\text{매출채권회전율}} \rightarrow 60\text{일} = \frac{365\text{일}}{\text{매출채권회전율}}$$

$$\rightarrow \text{매출채권회전율} = 6.0833$$

$$\text{매출채권회전율} = \frac{\text{매출액}}{\text{매출채권}} \rightarrow 6.0833 = \frac{\text{매출액}}{120\text{억원}} \rightarrow \text{매출액} = 730\text{억원}$$

$$\text{재고자산회전율} = \frac{\text{매출액}}{\text{재고자산}} \rightarrow 10\text{회} = \frac{730\text{억원}}{\text{재고자산}} \rightarrow \text{재고자산} = 73\text{억원}$$

$$\text{당좌비율} = \frac{\text{당좌자산}}{\text{유동부채}} = \frac{\text{유동자산} - \text{재고자산}}{\text{유동부채}} = \frac{210\text{억원} - 73\text{억원}}{140\text{억원}} = 97.86\%$$

$$\therefore \ 75\% < Q \leq 100\%$$

12. ①

13. ③

답

③ $\text{자기자본순이익률(ROE)} = \dfrac{\text{당기순이익}}{\text{자기자본}} = \dfrac{\text{당기순이익}}{\text{총자산}} \times \dfrac{\text{총자산}}{\text{자기자본}}$

$\qquad = \dfrac{\text{당기순이익}}{\text{매출액}} \times \dfrac{\text{매출액}}{\text{총자산}} \times \dfrac{\text{총자산}}{\text{자기자본}}$

$\qquad = \text{매출액순이익률} \times \text{총자산회전율} \times \dfrac{1}{\text{자기자본비율}}$

$\qquad = 0.02 \times 3 \times \dfrac{1}{0.5} = 12\%$

화폐의 시간가치

학습개요

본 장에서는 재무관리자의 의사결정에 필요한 기본 개념인 화폐의 시간가치에 대해서 다룬다. 단리와 복리의 개념, 미래 현금흐름의 현재가치, 현재 현금흐름의 미래가치에 대해서 살펴보고, 일정한 현금흐름이 무한히 계속 발생하는 영구연금의 현재가치에 대해서 배운다. 또한 일정한 기간 동안 일정한 현금흐름이 발생하는 연금의 현재가치와 연금의 미래가치에 대해서 학습한다.

학습목표

- 현재가치
- 미래가치
- 영구연금의 현재가치
- 연금의 현재가치
- 연금의 미래가치
- 복리기간과 연실효이자율

현재가치와 미래가치

1. 화폐의 시간가치

1년 전에 5,000원인 짜장면 한 그릇 가격이 현재 5,500원이라고 하면 짜장면을 사기 위해서 1년 전보다 500원을 더 줘야 한다. 이는 오늘 5,000원의 가치가 1년 전의 5,000원의 가치보다 더 낮아진 것이고, 1년 전과 동일한 짜장면을 사기 위해서 오늘 지불한 5,500원이 1년 전에 지불한 5,000원과 동일한 가치라는 것을 의미한다.

그렇다면, 현재의 돈과 동일한 가치를 가지는 미래의 돈은 어떻게 구할 수 있을까? 이자를 고려하면 된다. 예를 들어, 은행에 100만원을 예금하고 1년 후에 원금 100만원과 이자 10만원을 받을 경우 오늘 100만원의 가치와 미래 110만원의 가치는 동일하며, 이자 10만원은 화폐의 1년 동안의 시간가치(time value of money)에 해당된다. 이 경우 이자율은 10%이고, 미래의 돈을 같은 가치의 현재의 돈으로 전환하거나 현재의 돈을 같은 가치의 미래의 돈으로 전환할 때 사용된다.[1] 재무의사결정을 할 때 가장 기본이 되는 개념이 화폐의 시간가치이다.

2. 미래가치

화폐의 시간가치인 이자는 계산방법에 따라 단리와 복리로 나눌 수 있다. 단리(simple interest)는 이자가 재투자되지 않고 매 기간마다 원금에 대해서만 이자가 발생하는 것을 말한다. 예를 들어, 원금 100만원을 연 10% 이자로 2년간 예금할 경우 2년 후에 받게 되는 원리금은 단리일 경우에는 100만원 $\times (1+0.1 \times 2) = 120$만원이 된다.

단리를 적용하여 구하는 미래가치는 〈그림 3-1〉과 같이 나타낼 수 있고, 일반적으로 현재시점의 화폐가치인 현재가치 PV(present value)를 r의 이자율로 n기간

---

1   100만원 $\times (1+10\%) = 110$만원 혹은 110만원$/(1+10\%) = 100$만원

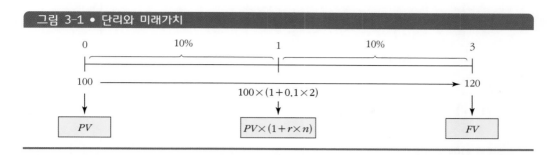

그림 3-1 • 단리와 미래가치

투자할 경우 미래시점의 화폐가치인 미래가치 FV(future value)는 식(3-1)로 구할 수 있다.

$$FV = PV(1 + r \times n) \tag{3-1}$$

복리(compound interest)는 이자가 재투자되어 매 기간마다 원금에 대한 이자뿐만 아니라 이자에 대한 이자까지 발생하는 것을 말한다. 예를 들어, 원금 100만원을 연 10% 이자로 2년 간 예금할 경우 2년 후에 받게 되는 원리금을 복리로 계산하면, 현재 100만원이 1년 후에는 이자까지 합쳐서 100만원 $\times (1 + 0.1) = 110$만원이 된다.

그리고 1년 후의 110만원을 10% 이자 받는 곳에 1년 더 예금한다면 2년 후에는 110만원 $\times (1 + 0.1) = [100$만원 $\times (1 + 0.1)] \times (1 + 0.1) = 100$만원 $\times (1 + 0.1)^2 = 121$만원이 된다. 따라서 단리로 계산할 경우의 이자 20만원에 비해 복리로 계산할 경우의 이자는 이자에 대한 이자인 1만원이 더 발생하여 21만원이 됨을 알 수 있다.

복리를 적용하여 구하는 미래가치는 〈그림 3-2〉와 같이 나타낼 수 있고, 일반

그림 3-2 • 복리와 미래가치

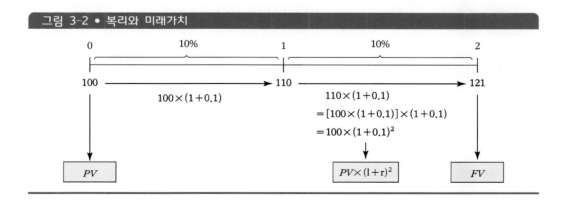

적으로 현재시점의 화폐가치인 현재가치 PV(present value)를 r의 이자율로 n기간 투자할 경우 미래시점의 화폐가치인 미래가치 FV(future value)는 식(3-2)로 구할 수 있다.

$$FV = PV(1+r)^n = PV \times FVIF_{r,n} \tag{3-2}$$

식(3-2)에서 $(1+r)^n$은 n기간 동안 매 기간 r의 이자율로 투자된 1원의 미래가치이자요소(FVIF: future value interest factor)라고 부르며 $FVIF_{r,n}$으로 표현한다. 이처럼 현재의 투자금액이 증가하여 미래에 얼마가 되는지를 나타낸 것[2]을 미래가치라고 하고, 현재가치를 미래가치로 계산할 때 사용하는 이자율을 수익률이라고 한다.

예제 미래가치

현재 100만원을 매년 4%의 이자를 주는 정기예금을 할 경우, 6년 후에 받는 금액은 얼마인가?

[답]

$$FV = PV(1+r)^n = PV \times FVIF_{4\%,6} = (1,000,000)(1+0.04)^6 = 1,265,319원$$

예제 미래가치와 수익률

A는 2년 후에 113만원짜리 컴퓨터를 구입하고자 현재 가지고 있는 100만원을 정기예금하여 2년 후에 113만원을 만들고자 한다. A는 2년 동안 매년 얼마의 이자율을 받는 곳에 현재 가지고 있는 100만원을 정기예금해야 하는가?

[답]

$$FV = PV(1+r)^n = 100(1+r)^2 = 113 \rightarrow (1+r)^2 = 113/100 \rightarrow r = \sqrt{1.13} - 1 = 6.3\%$$

---

2 단리에 의한 미래가치 계산보다 복리에 의한 미래가치 계산이 일반적으로 많이 사용되므로 본서에서의 미래가치는 복리계산과정으로 설명한다.

예제 복리 72의 법칙

매년 10%로 복리계산되는 정기예금을 할 경우 현재 1원이 원금의 2배인 2원이 되는데 걸리는 기간은 얼마인가?

[답]

$$FV = PV(1+r)^n = 1(1+0.1)^n = 2 \quad \to \quad \log(1.1)^n = \log 2 \quad \to \quad n\log 1.1 = \log 2$$

$$\to \quad n = \frac{\log 2}{\log 1.1} = 7.2: \text{투자원금이 2배가 되는 기간이 7.2년}$$

3. 현재가치

미래시점의 화폐가치가 현재시점에서는 얼마나 가치가 있는지를 나타낸 것이 현재가치(PV: present value)이고, 미래가치를 현재가치로 계산할 때 사용하는 이자율을 할인율이라고 한다. 식(3-2)로부터 현재가치 PV는 식(3-3)으로 나타낼 수 있다.

식(3-3)에서 $1/(1+r)^n$은 1원을 n기간 동안 매 기간당 r의 이자율로 할인한 현재가치이자요소(PVIF: present value interest factor) 또는 할인계수(discount factor)라고 부르며 $PVIF_{r,n}$으로 표현한다.

$$PV = \frac{FV}{(1+r)^n} = FV \times PVIF_{r,n} \tag{3-3}$$

예제 현재가치

매년 3% 이자를 받을 경우 5년 후에 받게 되는 목돈 5,000만원의 현재가치는 얼마인가?

[답]

$$PV = \frac{FV}{(1+r)^n} = FV \times PVIF_{3\%,5} = \frac{50,000,000}{(1+0.03)^5} = 43,130,439원$$

SECTION

02 영구연금

영구연금은 만기일이 없이 일정액의 현금흐름이 무한히 지속되는 경우의 현금흐름을 말한다. 이 영구연금의 전형적인 예로 영구채권을 들 수 있다. 영구연금의 현재가치는 미래에 발생하는 매 기간마다의 현금흐름을 각각 할인한 현재가치를 모두 더하면 된다.

예를 들어, 매년 100만원의 이자가 영원히 발생하고 할인율이 10%인 영구채권의 현금흐름 형태는 100만원이라는 일정한 현금흐름이 무한히 발생하는 영구연금이다. 따라서 현재가치는 식(3-4)와 같이 매년도 말 현금흐름인 이자 100만원의 현재가치를 모두 더하여 구한다.

$$PV = \frac{100}{(1+0.1)^1} + \frac{100}{(1+0.1)^2} + \frac{100}{(1+0.1)^3} \cdots \tag{3-4}$$

식(3-4)의 양변에 $1/(1+0.1)$을 곱하면, 식(3-5)가 된다.

$$\left[\frac{1}{1+0.1}\right]PV = \frac{100}{(1+0.1)^2} + \frac{100}{(1+0.1)^3} + \frac{100}{(1+0.1)^4} \cdots \tag{3-5}$$

그림 3-3 • 영구연금의 현재가치

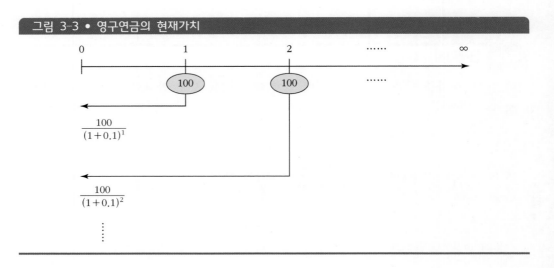

식(3-4)에서 식(3-5)를 차감하면 식(3-6)으로 정리된다.

$$\left[1 - \frac{1}{1+0.1}\right] PV = \frac{100}{(1+0.1)}$$

$$\rightarrow PV = \frac{\dfrac{100}{1+0.1}}{1 - \dfrac{1}{1+0.1}} = \frac{100}{0.1} = 1{,}000만원^3 \tag{3-6}$$

이제, 영구연금의 현재가치를 일반화해보자. 위의 예에서 매년 발생하는 현금흐름을 C라고 하고 할인율을 r이라고 한다면, 영구연금의 현재가치는 매 기간 발생하는 현금흐름 C를 할인율 r로 할인한 현재가치를 모두 더하여 식(3-7)과 같이 나타낼 수 있다.

$$PV = \frac{C}{(1+r)^1} + \frac{C}{(1+r)^2} + \frac{C}{(1+r)^3} + \cdots$$

$$\rightarrow PV = \frac{\dfrac{C}{(1+r)}}{1 - \dfrac{1}{(1+r)}} = \frac{C}{r} \tag{3-7}$$

예제 영구연금의 현재가치

매년 100만원씩 현금흐름이 무한히 발생하는 영구연금이 있다. 할인율이 4%일 때 현재가치를 구하시오.

[답]

$$PV = \frac{C}{r} = \frac{1{,}000{,}000}{0.04} = 25{,}000{,}000원$$

---

3 $a + ax + ax^2 + \cdots = \dfrac{a}{1-x}$ 이고, 여기서 $a = \dfrac{100}{1+0.1}$, $x = \dfrac{1}{1+0.1}$ 이므로 $\dfrac{\dfrac{100}{1+0.1}}{1 - \dfrac{1}{1+0.1}} = \dfrac{100}{0.1} = 1{,}000만원$

연금의 현재가치와 연금의 미래가치

1. 연금의 현재가치

연금이란 일정금액의 현금흐름이 일정기간 동안 계속 발생하는 현금흐름 형태를 말한다. 예를 들어, 100만원을 10년 동안 매년 받는 경우 연금에 해당한다. 만약 할인율이 10%라면 100만원을 연금으로 10년 동안 매년 받는 대신 현재 일시불로 받으면 얼마를 받을 수 있을까? 이는 매년 받는 100만원의 현재가치를 구하여 모두 더하면 되는데, 이것을 연금의 현재가치라고 한다.

$$\frac{100}{(1+0.1)^1} + \frac{100}{(1+0.1)^2} + \frac{100}{(1+0.1)^3} + \cdots + \frac{100}{(1+0.1)^{10}} = 614.46 \text{만원}$$

이러한 연금의 현재가치를 일반화해보자. n기간 동안 매 기간마다 발생하는 현금흐름을 C, 할인율을 r이라고 할 때 현금흐름의 현재가치는 매 기간의 현금흐름의 현재가치를 모두 더하여 식(3-8)과 같이 계산한다.

그림 3-4 • 연금의 현재가치

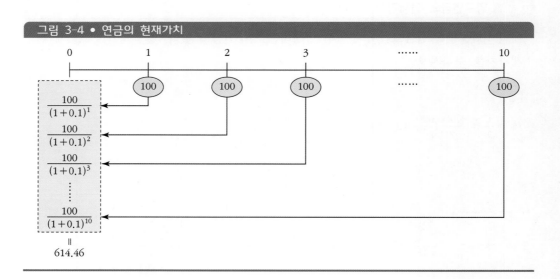

$$PV(\text{연금}) = \frac{C}{(1+r)^1} + \frac{C}{(1+r)^2} + \frac{C}{(1+r)^3} + \cdots + \frac{C}{(1+r)^n} \tag{3-8}$$

식(3-8)의 양변에 $1/(1+r)$을 곱하면 식(3-9)가 된다.

$$\left[\frac{1}{(1+r)}\right]PV(\text{연금}) = \frac{C}{(1+r)^2} + \frac{C}{(1+r)^3} + \frac{C}{(1+r)^4} + \cdots + \frac{C}{(1+r)^{n+1}} \tag{3-9}$$

식(3-8)에서 식(3-9)를 차감하여 정리하면 식(3-10)이 된다.

$$\left[1 - \frac{1}{(1+r)}\right]PV(\text{연금}) = \frac{C}{(1+r)^1} - \frac{C}{(1+r)^{n+1}}$$

$$\rightarrow \left[1 - \frac{1}{(1+r)}\right]PV(\text{연금}) = \frac{C}{(1+r)}\left[1 - \frac{1}{(1+r)^n}\right]$$

$$\rightarrow PV(\text{연금}) = \frac{\dfrac{C}{(1+r)}\left[1 - \dfrac{1}{(1+r)^n}\right]}{\left[1 - \dfrac{1}{(1+r)}\right]}$$

$$\rightarrow PV(\text{연금}) = C\left[\frac{1}{r} - \frac{1}{r(1+r)^n}\right] = C \times PVIFA_{r,n} \tag{3-10}$$

식(3-10)에서 $1/r - 1/[r(1+r)^n]$을 연금의 현가이자요소(PVIFA: present value interest factor for an annuity)라고 하며, $PVIFA_{r,n}$으로 표현한다. $PVIFA_{r,n}$는 1기간 말부터 시작하여 n기간 동안 매 기간 말에 1원씩 발생하는 연금의 현재가치를 나타낸다.

예제 연금의 현재가치

10년 동안 매년 200만원씩 받는 연금의 할인율이 5%이다. 연금의 현재가치는 얼마인가?

[답]

$$PV(\text{연금}) = C \times PVIFA_{r,n} = C\left[\frac{1}{r} - \frac{1}{r(1+r)^n}\right]$$

$$= 2,000,000\left[\frac{1}{0.05} - \frac{1}{0.05(1+0.05)^{10}}\right] = 15,443,470원$$

2. 연금의 미래가치

연금의 현재가치는 일정기간 동안 발생하는 현금흐름인 연금을 현재시점의 가치로 계산한 것이다. 반면, 연금의 미래가치는 일정기간 동안 발생하는 현금흐름인 연금을 미래시점의 가치로 계산한 것이다. 따라서 연금의 미래가치는 매 기간 발생하는 현금흐름 하나하나를 모두 미래가치로 계산하여 더해도 되지만 연금의 현재가치를 한 번에 미래가치로 계산해도 된다.

예를 들어, 할인율이 10%이고 100만원을 10년 동안 매년 받는 연금이 있다고 하자. 매년 받는 100만원을 하나씩 10년 후의 미래가치로 계산하여 모두 더해도 되지만 이 연금의 현재가치인 614.46만원을 10년 후의 미래가치로 계산해도 된다.

$$FV = 100(1+0.1)^9 + 100(1+0.1)^8 + \cdots + 100(1+0.1)^0$$

$$= 614.46(1+0.1)^{10}$$

그림 3-5 • 연금의 미래가치

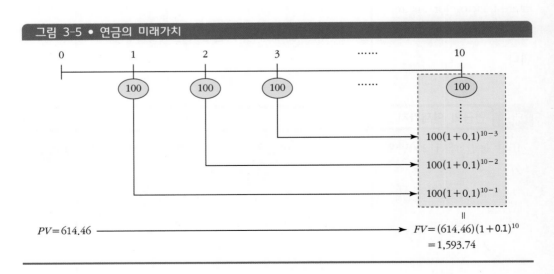

$$= 1,593.74만원$$

　　연금의 미래가치계산을 일반화해보자. n기간 동안 매 기간마다 발생하는 현금흐름을 C, 할인율을 r이라고 하면, 연금의 미래가치는 매 기간 현금흐름의 미래가치를 모두 더하거나, 매 기간 현금흐름의 현재가치를 모두 더한 연금의 현재가치를 바로 미래가치로 계산하여 식(3-11)로 나타낼 수 있다.

$$FV(연금) = C(1+r)^{n-1} + C(1+r)^{n-2} + \cdots + C(1+r)^{0}$$

$$\rightarrow \quad FV(연금) = [PV(연금)](1+r)^{n}$$

$$\rightarrow \quad FV(연금) = C\left[\frac{1}{r} - \frac{1}{r(1+r)^{n}}\right](1+r)^{n}$$

$$\rightarrow \quad FV(연금) = C\left[\frac{(1+r)^{n}}{r} - \frac{1}{r}\right] = C \times FVIFA_{r,n} \tag{3-11}$$

　　식(3-11)에서 $(1+r)^{n}/r - 1/r$을 연금의 미래가치이자요소(FVIFA: future value interest factor for an annuity)라고 하며, $FVIFA_{r,n}$으로 표현한다. $FVIFA_{r,n}$은 1기간 말부터 시작하여 n기간 동안 매 기간 말에 1원씩 발생하는 연금의 미래가치를 나타낸다.

예제　연금의 미래가치

10년 동안 매년 200만원씩 받는 연금의 할인율이 5%일 경우 10년이 되는 시점에서 이 연금의 가치는 얼마인가?

[답]

$$FV(연금) = C \times FVIFA_{r,n} = C\left[\frac{(1+r)^{n}}{r} - \frac{1}{r}\right]$$

$$= 2,000,000\left[\frac{(1+0.05)^{10}}{0.05} - \frac{1}{0.05}\right] = 25,155,785원$$

혹은 앞의 예제에서 $PV(연금) = 15,443,470원$이므로

$$FV = [PV(연금)](1+r)^{n} = 15,443,470 \times (1+0.05)^{10} = 25,155,785원$$

04 복리기간과 연실효이자율

현재 100원이 연이자율 10%로 6개월마다 복리계산된다고 하자. 이는 실제로 6개월마다 5%의 이자 5원(=100원×5%)을 지급한다는 의미이다. 그렇다면 연 10%의 이자를 1년에 한번 지급하는 경우와 6개월마다 5%의 이자를 1년에 두 번 지급하는 경우가 동일할까?

복리계산의 경우 이자에 대한 이자가 붙기 때문에 두 경우는 동일하지 않게 된다. 연 10%의 이자를 1년에 한번 지급하는 경우의 1년 후 가치는 110원[=100원×(1+0.10)]이 된다. 6개월마다 5%의 이자를 1년에 두 번 지급하는 경우의 1년 후 가치는 110.25원[=100원×(1+0.05)×(1+0.05)]이 된다. 이는 처음 6개월 동안 발생한 이자 5원에 대해서 두 번째 6개월 동안 5%의 이자 0.25원이 추가적으로 더 발생했기 때문이다.

따라서 6개월마다 복리계산되는 연 10%의 이자율과 1년마다 복리계산되는 연 10.25%가 동일한 것이 된다. 여기서 연 10%를 표면이자율이라고 하고 복리계산횟수를

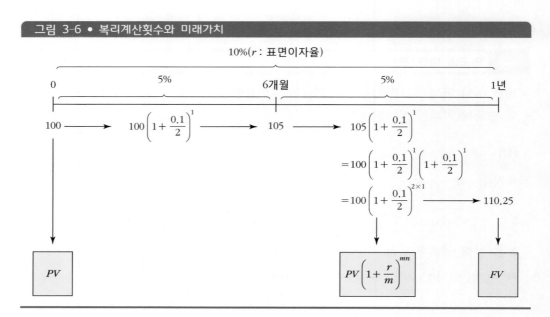

그림 3-6 • 복리계산횟수와 미래가치

고려하여 실제로 발생하는 이자율인 연 10.25%를 연실효이자율(EAR: effective annual rate)이라고 한다.

복리계산횟수를 고려한 미래가치의 경우 표면이자율을 r, 현재가치를 PV, 미래가치를 FV, 1기간 동안 복리계산되는 횟수를 m이라고 표시하면 n기간 후의 미래가치의 일반식은 〈그림 3-6〉에서 나타냈듯이 식(3-12)와 같다.

$$FV = PV\left(1 + \frac{r}{m}\right)^{mn} \tag{3-12}$$

예제 **복리계산횟수와 미래가치**

현재 1,000만원이 연이자율 4%로 매 6개월마다 복리계산되는 경우 3년 후에는 얼마가 되는가?

[답]

$$FV = PV\left(1 + \frac{r}{m}\right)^{mn} = 10,000,000\left(1 + \frac{0.04}{2}\right)^{2\times3} = 11,261,624원$$

연실효이자율을 고려한 미래가치의 경우 현재가치를 PV, 미래가치를 FV, 연실효이자율을 r_e라고 표시하면 n년도 말의 미래가치의 일반식은 〈그림 3-7〉에서 나타냈듯이 식(3-13)과 같다.

그림 3-7 • 연실효이자율과 미래가치

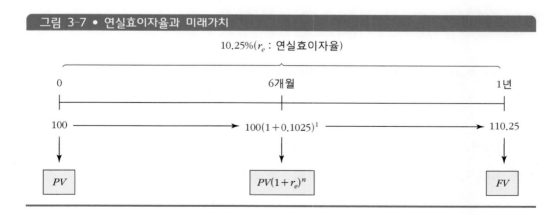

$$FV = PV(1 + r_e)^n \tag{3-13}$$

식(3-12)의 미래가치와 식(3-13)의 미래가치는 동일하므로 연실효이자율은 식 (3-14)와 같이 계산할 수 있다.

$$PV\left(1 + \frac{r}{m}\right)^{mn} = PV(1 + r_e)^n \rightarrow r_e = \left(1 + \frac{r}{m}\right)^m - 1 \tag{3-14}$$

예제 | **연실효이자율과 미래가치**

현재 1,000만원이 연이자율 4%로 (1) 매6개월 (2) 매월 복리계산되는 경우의 연실효이자율을 계산하고 연실효이자율을 이용하여 3년 후 미래가치를 구하시오.

[답]

(1) $r_e = \left(1 + \frac{r}{m}\right)^m - 1 = \left(1 + \frac{0.04}{2}\right)^2 - 1 = 0.0404$

$FV = PV(1 + r_e)^n = 10,000,000 \times (1 + 0.0404)^3 = 11,261,624$원

(2) $r_e = \left(1 + \frac{r}{m}\right)^m - 1 = \left(1 + \frac{0.04}{12}\right)^{12} - 1 = 0.04074$

$FV = PV(1 + r_e)^n = 10,000,000 \times (1 + 0.04074)^3 = 11,272,669$원

이처럼 1기간에 2회 이상 복리계산되는 경우에는 복리계산기간과 이자율을 조정해야 한다. 만약 연간 복리계산횟수 m을 늘려 m이 무한에 가깝도록, 즉 연속복리계산을 하면 미래가치는 다음과 같이 나타낼 수 있다.

$$FV = \lim_{m \to \infty} PV\left(1 + \frac{r}{m}\right)^{mn} = PV \lim_{m \to \infty}\left(1 + \frac{r}{m}\right)^{mn} = PV \lim_{m \to \infty}\left(1 + \frac{1}{\left(\frac{m}{r}\right)}\right)^{\left(\frac{m}{r}\right)(rn)}$$

여기서, $m/r = x$로 치환하면 자연지수 $e = \lim_{x \to \infty}\left(1 + \frac{1}{x}\right)^x = 2.7182\cdots$이 됨을 이용하여 식(3-15)로 나타낼 수 있으며, 이때 r을 연속복리수익률[4]이라고도 한다. 또한 이

경우의 연실효이자율 r_e는 식(3-16)과 같다.

$$FV = PV \left[\lim_{x \to \infty} \left(1 + \frac{1}{x}\right)^x \right]^{rn} = PV\,e^{rn} \tag{3-15}$$

$$PV\,e^{rn} = PV\,(1 + r_e)^n \rightarrow r_e = e^r - 1 \tag{3-16}$$

---

4 $n{=}1$로 가정하면, $FV = PV\,e^r \rightarrow e^r = \dfrac{FV}{PV} \rightarrow \log_e(e^r) = \log_e\left(\dfrac{FV}{PV}\right) \rightarrow r\log_e e = \log_e\left(\dfrac{FV}{PV}\right)$
$\rightarrow r = \log_e\left(\dfrac{FV}{PV}\right) \rightarrow r_t = \ln\left(\dfrac{P_t}{P_{t-1}}\right)$

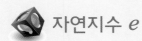 자연지수 e

현재가치(PV)가 1원, 이자율(r)이 100%일 경우 1년 후의 미래가치(FV)를 구해보자.

이자지급기간(횟수)	원리금: $FV = PV\left(1 + \dfrac{r}{m}\right)^{m \cdot n}$
1년($m=1$)	$FV = 1\left(1 + \dfrac{1}{1}\right)^{1 \cdot 1} = 2$
1개월($m=12$)	$FV = 1\left(1 + \dfrac{1}{12}\right)^{1 \cdot 12} = 2.6130353$
1시간($m=365 \times 24$)	$FV = 1\left(1 + \dfrac{1}{365 \times 24}\right)^{(365 \times 24) \cdot 1} = 2.7181255$
1분($m=365 \times 24 \times 60$)	$FV = 1\left(1 + \dfrac{1}{365 \times 24 \times 60}\right)^{(365 \times 24 \times 60) \cdot 1} = 2.7181542$
무한대($m=\infty$)	$FV = \lim_{m \to \infty}\left(1 + \dfrac{1}{m}\right)^{m \cdot 1} = 2.7182818 \cdots = e$

핵심정리

1. 화폐의 시간가치

- 화폐의 시간가치 = 이자

2. 미래가치와 현재가치

- 미래가치: $FV = PV(1+r)^n = PV \times FVIF_{r,n}$

- 현재가치: $PV = \dfrac{FV}{(1+r)^n} = FV \times PVIF_{r,n}$

3. 영구연금

- $PV = \dfrac{C}{r}$

4. 연금의 현재가치와 연금의 미래가치

- 연금의 현재가치: $PV = C\left[\dfrac{1}{r} - \dfrac{1}{r(1+r)^n}\right] = C \times PVIFA_{r,n}$

- 연금의 미래가치: $PV = C\left[\dfrac{(1+r)^n}{r} - \dfrac{1}{r}\right] = C \times FVIFA_{r,n}$

5. 복리기간과 연실효이자율

■ 표면이자율 r, 1기간 동안 복리계산되는 횟수 m일 경우 n기간 후의 미래가치

$$FV = PV\left(1 + \frac{r}{m}\right)^{n \times m} = PV\left(1 + r_e\right)^n \qquad 단, \ r_e = \left(1 + \frac{r}{m}\right)^m - 1$$

■ 연속복리계산: $FV = PV\,e^{rn} \qquad 단, \ r_e = e^r - 1$

연습문제

1. 다음 설명 중 틀린 것은? (   )

   ① 현재의 돈과 미래의 돈을 연결해 주는 연결고리 역할은 이자율이다.
   ② 이자는 미래의 소비를 희생한 대가이다.
   ③ 화폐의 시간가치는 항상 양(+)의 값을 갖는다.
   ④ 할인율이 4%인 영구채권의 이자가 매년 200만원일 경우 이 영구채권의 현재가치
      는 5,000만원이다.

2. 200만원을 연 10%의 단리이자로 3년간 매년 예금할 경우와 복리이자로 매년 예금할
   경우의 3년도 말의 미래가치는 각각 얼마인가? (   )

   ① 260, 266   ② 263, 268
   ③ 275, 280   ④ 281, 288

3. 현재 1,000원이 연 4%로 분기마다 복리계산된다고 할 때 2년 후의 미래가치는 얼마
   인가? (   )

   ① 1,215.43원   ② 1,130.51원
   ③ 1,059.72원   ④ 1,082.86원

4. 현재 1,000원이 연 4%로 분기마다 복리계산될 경우 연실효이자율은 ? (   )

   ① 4.1%   ② 4.5%
   ③ 4.8%   ④ 5.2%

5. 할인율이 연 5%일 때 2년 후에 받게 되는 2,000원의 현재가치는 얼마인가? (   )

   ① 1,695원   ② 1,754원
   ③ 1,814원   ④ 1,960원

6. 3년 동안 매년 말에 100만원씩 연 5%의 이자율로 예금할 경우 3년 후의 연금의 미래 가치는 얼마인가? (   )

① 315.25만원 　　　　　　　　　　② 322.62만원

③ 325.45만원 　　　　　　　　　　④ 329.68만원

7. 매년 말 100만원씩 4년간 받을 연금을 연 4%로 할인하여 현재 일시금으로 받을 경우 얼마를 받아야 하는가? (   )

① 355만원 　　　　　　　　　　　② 363만원

③ 375만원 　　　　　　　　　　　④ 381만원

8. A는 은행으로부터 주택자금대출을 1억원 받았다. 원금과 이자는 올해 말부터 10년 동안 균등상환하기로 하였다. 대출에 대한 이자율이 연 4%일 경우 A가 은행에 지급해야 하는 원리금은 얼마인가? (   )

① 11,251,355원 　　　　　　　　② 12,005,450원

③ 12,329,088원 　　　　　　　　④ 13,288,624원

9. 지금부터 매년 초에 일정액을 적립하여 5년 후에 1억원을 모으고자 한다. 연이자율이 4%이고 분기마다 이자가 계산될 경우 매년 적립해야 하는 금액은 얼마인가? (   )

① 14,728,490원 　　　　　　　　② 15,397,640원

③ 16,843,270원 　　　　　　　　④ 17,721,110원

10. (2006 CPA) 다음 세 가지 경품의 현재가치를 할인율 10%를 적용하여 계산하였더니 모두 100원으로 동일하게 나타났다.

> 경품 1: 현재부터 W원을 매년 영구히 받는다.
> 경품 2: 1년 후에 상금 X원을 받는다.
> 경품 3: 1년 후에 상금 Y원, 2년 후에 상금 X원을 받는다.

변수 W, X, Y에 관한 다음 관계식 중 옳지 않은 것은? (   )

① $100 < X + Y$ 　　　② $X > Y$ 　　　③ $W < 10$

④ $Y < 10$ 　　　　　　⑤ $Y > W$

11. (2010 CPA) 동일한 횟수의 연금을 기초에 받는 경우(선불연금: annuity due)와 기말에 받는 경우(일반연금: ordinary annuity)에 대한 설명으로 가장 적절한 것은? (단, 이자율은 0보다 크고 일정하며, 복리계산은 연 단위로 이루어진다고 가정한다.) (   )

① 현재가치와 미래가치 모두 선불연금은 일반연금에 (1+이자율)을 곱해서 얻을 수 있다.

② 현재가치와 미래가치 모두 일반연금은 선불연금에 (1+이자율)을 곱해서 얻을 수 있다.

③ 현재가치의 경우 선불연금은 일반연금에 (1+이자율)을 곱해서, 미래가치의 경우 일반연금은 선불연금에 (1+이자율)을 곱해서 얻을 수 있다.

④ 현재가치의 경우 일반연금은 선불연금에 (1+이자율)을 곱해서, 미래가치의 경우 선불연금은 일반연금에 (1+이자율)을 곱해서 얻을 수 있다.

⑤ 현재가치와 미래가치 계산에 있어 선불연금과 일반연금 중 어느 연금이 클 것인가는 이자율에 따라 달라진다.

12. (2015 CPA) 올해로 31세가 된 투자자 A는 32세말($t=2$)부터 매 1년마다 납입하는 4년 만기의 정기적금 가입을 고려하고 있다(즉, $t=2 \sim 5$ 기간에 4회 납입). 투자자 A는 36세말($t=6$)부터 40세말($t=10$)까지 매년 3,000만원이 필요하다. 이자율과 할인율이 연 10%일 때, 투자자 A가 32세말부터 4년간 매년 말에 납입해야 할 금액에 가장 가까운 것은? 단, PVIFA(10%, 4년)=3.1699, PVIFA(10%, 5년)=3.7908, PVIF(10%, 5년)=0.6209이다. (   )

① 2,450만원   ② 2,475만원   ③ 2,500만원
④ 2,525만원   ⑤ 2,550만원

13. (2016 CPA) 이자율과 할인율이 연 10%로 일정할 때 아래의 세 가지 금액의 크기 순서로 가장 적절한 것은? (단, PVIFA(10%, 6)=4.3553, FVIFA(10%, 6)=7.7156) (   )

> A: 5차년도부터 10차년도까지 매년 말 255원씩 받는 연금의 현재가치
> B: 5차년도부터 10차년도까지 매년 말 96원씩 받는 연금의 10차년도 말 시점에서의 미래가치
> C: 3차년도 말에서 45원을 받고 이후 매년 말마다 전년 대비 5%씩 수령액이 증가하는 성장형 영구연금의 현재가치

① A>B>C   ② A>C>B   ③ B>C>A
④ C>A>B   ⑤ C>B>A

14. (2018 CPA) 김씨는 2017년 1월 1일에 원리금 균등분할상환 조건으로 100,000원을 차입하였다. 원리금은 매년 말 1회 상환하며 만기는 5년이다. 이자율은 연4%이고, 당해 발생이자는 당해에 지급된다. 다음 중 가장 적절하지 않은 것은? 단, PVIFA(4%, 5) ＝4.45180이며, 모든 금액은 반올림하여 원단위로 표시한다. (   )

① 매년 원리금상환액은 22,463원이다.

② 2018년 1월 1일 기준 차입금 잔액은 81,537원이다.

③ 2018년 원리금상환액 중 원금상환액은 19,202원이다.

④ 2019년 원리금상환액 중 이자지급액은 1,880원이다.

⑤ 매년 원리금상환액 중 원금상환액이 차지하는 부분은 만기가 다가올수록 커진다.

15. (2018 CPA) 할인율이 연 10%로 일정할 때, 주어진 현가표를 참조하여 계산한 세 가지 금액 a, b, c의 크기 순서로 가장 적절한 것은? 단, 현재시점은 1차년도 1월 1일이다. (   )

구분	$n=3$	$n=4$	$n=5$	$n=6$	$n=7$
PVIF(10%, n)	0.7513	0.6830	0.6209	0.5645	0.5132
PVIFA(10%, n)	2.4869	3.1699	3.7908	4.3553	4.8684

a. 현재 3,200원을 대출받고 1차년도부터 매년 말 800원씩 갚아 나가면 상환 마지막 해 말에는 800원보다 적은 금액을 갚게 된다. 상환 마지막 해 말에 갚아야 하는 금액

b. 4차년도부터 8차년도까지 매년 말 110원씩 받는 연금의 현재가치

c. 1차년도부터 5차년도까지 매년 초 70원씩 받는 연금의 현재가치

① a＞b＞c   ② a＞c＞b   ③ b＞a＞c

④ b＞c＞a   ⑤ c＞b＞a

연습문제 해답

1. ②

2. ①

   답

   단리의 경우: $200(1+0.1\times3)=260$

   복리의 경우: $200(1+0.1)^3=266$

3. ④

   답

   $$FV=PV\left(1+\frac{r}{m}\right)^{mn}=1,000\left(1+\frac{0.04}{4}\right)^{4\times2}=1,082.86원$$

4. ①

   답

   $$r_e=\left(1+\frac{r}{m}\right)^m-1=\left(1+\frac{0.04}{4}\right)^4-1=0.041$$

5. ③

   답

   $$PV=\frac{FV}{(1+r)^n} \;\rightarrow\; PV=\frac{2,000}{(1+0.05)^2}=1,814원$$

6. ①

   답

   $$FV(연금)=100\,(1+0.05)^2+100\,(1+0.05)^1+100$$

   $$=C\times FVIFA_{r,n}=C\left[\frac{(1+r)^n}{r}-\frac{1}{r}\right]=100\left[\frac{(1.05)^3}{0.05}-\frac{1}{0.05}\right]=315.25만원$$

7. ②

답

$$PV = \frac{100}{(1+0.04)^1} + \frac{100}{(1+0.04)^2} + \frac{100}{(1+0.04)^3} + \frac{100}{(1+0.04)^4}$$

$$= C \times PVIFA_{r,n} = C\left[\frac{1}{r} - \frac{1}{r(1+r)^n}\right] = 100\left[\frac{1}{0.04} - \frac{1}{0.04(1.04)^4}\right] = 363만원$$

8. ③

답

$$100,000,000 = \frac{x}{(1+0.04)} + \frac{x}{(1+0.04)^2} + \cdots + \frac{x}{(1+0.04)^{10}} = xPVIFA_{4\%,10}$$

$$PVIFA_{4\%,10} = \left[\frac{1}{0.04} - \frac{1}{0.04(1.04)^{10}}\right] = 8.1109$$

$$\therefore \ x = \frac{100,000,000}{PVIFA_{4\%,10}} = \frac{100,000,000}{8.1109} = 12,329,088원$$

9. ④

답

$$r_e = \left(1 + \frac{r}{m}\right)^m - 1 = \left(1 + \frac{0.04}{4}\right)^4 - 1 = 0.0406$$

$$FV(연금) = C(1+0.0406)^5 + C(1+0.0406)^4 + \cdots + C(1+0.0406)^1 = 1억원이고$$

$$C(1+0.0406)^5 + C(1+0.0406)^4 + \cdots + C(1+0.0406)^1$$

$$= C\left[\frac{(1+r)^n}{r} - \frac{1}{r}\right](1+r) = C\left[\frac{(1.0406)^5}{0.0406} - \frac{1}{0.04}\right](1+0.0406) = C(5.6430)\ 이다.$$

$$\therefore \ C(5.6430) = 1억원 \quad \rightarrow \quad \frac{1억원}{5.6430} = 17,721,110원$$

10. ④

답

④ $W + \dfrac{W}{0.1} = 100 \ \rightarrow \ W = 9.09원$

$\dfrac{X}{1.1} = 100 \ \rightarrow \ X = 110원$

$$\frac{Y}{1+0.1}+\frac{110}{(1+0.1)^2}=100 \;\rightarrow\; Y=10원$$

11. ①

답

① 선불연금의 현재가치 $PV=C+C\left[\dfrac{1}{r}-\dfrac{1}{r(1+r)^{n-1}}\right]=\dfrac{C(1+r)^n-C}{r(1+r)^{n-1}}$ 이다.

연금의 현재가치 $PV=C\left[\dfrac{1}{r}-\dfrac{1}{r(1+r)^n}\right]$ 에 $(1+r)$ 을 곱하면,

$PV=\dfrac{C(1+r)^n-C}{r(1+r)^{n-1}}$ 이 된다. 따라서 선불연금의 현재가치는 일반연금의 현재가치에 $(1+r)$ 을 곱한 것과 동일하다.

한편, 연금의 미래가치의 경우는 다음과 같다.

$FV(선불연금)=C(1+r)^n+C(1+r)^{n-1}+\cdots+C(1+r)$

$FV(연금)=C(1+r)^{n-1}+C(1+r)^{n-2}+\cdots+C(1+r)^0$ 에 $(1+r)$ 을 곱하면,

$FV(연금)=C(1+r)^n+C(1+r)^{n-1}+\cdots+C(1+r)$ 이 되어 선불연금의 미래가치도 일반연금 미래가치에 $(1+r)$ 을 곱한 것과 동일하다.

12. ①

답

① $C\times PVIFA(10\%,\ 4년)=3{,}000만원\times PVIFA(10\%,\ 5년)\times PVIF(10\%,\ 4년)$

$\therefore\ C=\dfrac{3{,}000만원\times 3.7908\times 0.6830}{3.1699}=2{,}450만원$

13. ②

답

② A 현재가치 $=255\times 4.3553\times\dfrac{1}{(1+0.01)^4}=758.6원$

B 10년 후 미래가치 $=96\times 7.7156=740.7원$

C 현재가치 $=\dfrac{45}{0.1-0.05}\times\dfrac{1}{(1+0.1)^2}=743.8원$

14. ④

답

① 매년 원리금상환액 $\times 4.4518=100{,}000원$

$\therefore$ 매년 원리금상환액 $=22{,}463원$

② 2018년 1월 1일 차입금 잔액 $=100{,}000원+100{,}000원\times 0.04-22{,}463원=81{,}537원$

③ 2018년 원금상환액 = 22,463원 − 81,537원 × 0.04 = 19,202원

④ 2019년 이자지급액 = (81,537원 − 19,202원) × 0.04 = 2,493원

⑤ 만기에 근접할수록 차입금 잔액이 점차 감소하므로 원리금상환액 중 이자지급액은 매년 감소하고 원금상환액은 매년 증가한다.

15. ③

답

a. 5차년도 말까지 800원씩 상환하는 경우 매년 말 800원의 현재가치는 3,023.64원이고, 6차년도 말까지 800원씩 상환하는 경우 매년 말 800원의 현재가치는 3,484.24원이므로 상환 마지막 해는 6차년도이다.

$$\therefore \ \text{마지막 해(6차년도) 말 상환액} = \frac{3,200원 - 800원 \times 3.7908}{0.5645} = 296.47원$$

b. 110원 × 3.7908 × 0.7513 = 313.28원

c. 70 + 70 × 3.1699 = 291.89원

$$\therefore \ b > a > c$$

02

가치평가와
투자결정

확실성하의 투자결정

학습개요

본 장에서는 확실성하에서의 소비-투자 결정 문제에 대해서 설명하고 이 과정에서 금융시장이 얼마나 중요한 역할을 하는지 다룬다. 투자결정은 미래의 소비를 위하여 현재의 소비를 얼마나 포기해야 하는가를 결정하는 것이며, 현재소비와 미래소비의 실행가능한 교환관계를 나타내는 생산기회곡선과 현재소비와 미래소비에 대한 자신의 주관적 교환관계를 나타내는 무차별곡선에 대해서 설명한다. 생산기회곡선 및 무차별곡선에 대한 이해를 바탕으로 생산시장만 존재할 경우, 자본시장만 존재할 경우, 생산시장과 자본시장이 동시에 존재할 경우의 최적소비-투자결정에 대해서 학습한다.

학습목표

- 생산기회곡선
- 무차별곡선
- 시장기회선
- 최적소비-투자결정
- Fisher의 분리정리

01 최적소비-투자결정: 생산시장만 존재

개인이나 기업이 경제행위를 할 때 효용을 극대화하기 위하여 현재 가지고 있는 부(wealth)에서 현재 얼마를 소비하고 미래 소비를 위해서는 얼마를 투자하느냐는 매우 중요한 의사결정이다. 본 장에서는 투자자가 미래수익이 어떻게 될 것인지를 확실하게 안다는 확실성(perfect certainty)의 가정하에서 투자자의 효용극대화를 위한 최적소비-투자의사결정에 대해서 다룬다. 특히, 자본시장 존재의 중요성을 살펴보기 위해 생산시장만 존재하는 경우, 자본시장만 존재하는 경우, 자본시장 및 생산시장이 동시에 존재하는 경우로 구분해서 최적소비-투자에 대하여 설명한다.

1. 생산기회곡선과 무차별곡선

(1) 생산기회곡선

자본시장이 존재하지 않는다면 사람들은 현재 소비를 더 하기 위해서 미래의 소득을 근거로 자본시장에서 차입하는 것이 불가능하게 된다. 또한 미래에 더 풍요롭게 생활하기 위하여 현재 소득 중 일부를 저축하여 미래로 소비를 이연하는 것도 불가능하게 된다. 이처럼 자본시장이 존재하지 않으면 소비의 시간적 이전이 불가능하게 되어 소비자는 자신의 효용을 극대화하기 위하여 현재소비는 현재의 소득규모에 맞추고 미래소비는 미래의 소득규모에 맞추어야 하는 불편함이 존재한다.

본 절에서는 자본시장이 존재하지 않고 오로지 생산시장만 존재하는 경우에 개인이나 기업의 효용극대화를 위한 합리적인 소비-투자결정이 어떻게 이루어지는가를 살펴보고자 한다. 실제로 기업이 자본시장에 대한 투자 외에도 기계나 공장 등의 실물자산, 즉 생산시장에 투자를 하는 경우도 많이 있다.

예를 들어, 현재소득이 1,000만원인 사람이 A투자안, B투자안, C투자안에 투자한다고 하자. A투자안의 투자비용은 400만원이고 투자수익률은 60%, B투자안의 투

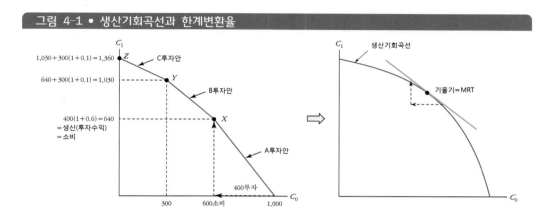

그림 4-1 • 생산기회곡선과 한계변환율

자비용은 300만원이고 투자수익률은 30%, C투자안의 투자비용은 300만원이고 투자수익률은 10%이다.

〈그림 4-1〉의 왼쪽 그림에서 X점, Y점, Z점은 현재소비(C_0)와 미래소비(C_1)의 조합을 나타낸다. X점을 보면, 현재 최초의 부 1,000만원에서 600만원을 소비하고 400만원(=1,000만원−600만원)을 투자할 경우 미래의 생산, 즉 투자수익은 640만원 (=400(1+0.6))이 되고 640만원을 미래소비로 사용한다.

마찬가지로 Y점은 600만원을 현재소비하는 대신 300만원만 현재소비하고 나머지 300만원은 30%의 투자수익률을 얻을 수 있는 B투자안에 추가로 투자할 경우 미래생산은 1,030만원(=640+300(1+0.3))이 되고 생산한 1,030만원을 미래에 소비하게된다. Z점은 현재 최초의 부 1,000만원에서 400만원을 A투자안, 300만원을 B투자안, 300만원을 C투자안에 투자할 경우 현재소비는 0이 되고 미래생산은 1,360만원(= 1,030만원+300(1+0.1))이 되어 생산한 1,360만원을 미래에 소비하게 된다.

이와 같이 실물자산에 투자할 수 있는 생산시장만 존재하는 경우 현재시점에서 주어진 소득의 일부 또는 전부를 실물자산에 투자함으로써 미래시점의 부가 증가하게 되고, 투자하고 남은 현재재화는 현재에 소비하고 생산시장을 이용하여 얻게 되는 미래재화는 미래에 소비해야 함을 의미한다.

만일 투자안이 A, B, C 세 개가 아니라 무수히 많이 존재할 경우 〈그림 4-1〉의 오른쪽과 같이 부드러운 곡선을 얻을 수 있는데 이를 생산기회곡선(production opportunity curve)이라고 한다. 투자안에 투자하는 투자금액과 이에 대한 투자수익들을 나타낸 선인 생산기회곡선은 투자기회곡선(investment opportunity curve) 혹은 생산기회집합(production opportunity set)이라고도 한다.

이처럼 투자자는 투자수익률이 높은 투자안에 우선적으로 투자하기 때문에 생산기회곡선은 원점에 대해서 오목한 형태로 나타난다. 생산기회곡선의 한 점에서 그은 접선의 기울기는 한계전환율(MRT: marginal rate of transformation)이라고 하며, 이는 현재소비(C_0) 1단위를 투자(P_0)하여 얻을 수 있는 미래소비(C_1)(=미래생산(P_1))를 나타낸다.

이러한 한계전환율을 수학적으로 나타내보자. 생산기회곡선에서 현재소비(C_0) 1단위 투자(감소)($-\partial C_0$)분의 한계생산액인 $-\partial C_0 \times MP_{C_0}$은 미래소비($C_1$) 1단위 증가($\partial C_1$)분의 한계생산액인 $\partial C_1 \times MP_{C_1}$으로 전환할 수 있으므로 다음과 같이 나타낼 수 있다.[1]

$$MRT = \frac{\partial C_1}{\partial C_0} = -\frac{MP_{C_0}}{MP_{C_1}} = -(1+MRR) \tag{4-1}$$

여기서, MP_{C_0}: 현재소비(C_0)의 한계생산액

MP_{C_1}: 미래소비(C_1)의 한계생산액

MMR: 한계수익률(marginal rate of return)

위의 예에서 X점과 같이 현재소비 400만원을 소비하지 않고 투자하면 미래생산(=미래소비)은 640만원, 즉 현재투자 1단위당 미래수익은 1.6단위가 되어 한계수익률(MRR)이 60%가 됨을 알 수 있다. 마찬가지로 Y점은 300만원을 투자하여 390만원의 수익을 내기 때문에 현재 투자 1단위당 미래수익은 1.3단위가 되어 한계수익률(MRR)이 30%이다. 또한 Z점은 300만원을 투자하여 330만원의 수익을 내기 때문에 한계수익률(MRR)은 10%가 된다.

한편, 〈그림 4-1〉의 생산기회곡선은 원점에 대해서 오목한 형태로 나타나는데 이는 한계생산물체감의 법칙(law of diminishing marginal product) 혹은 수확체감의 법칙(law of diminishing returns)이 적용되기 때문이다. 농업부문에서 발견된 수확체감의 법

---

1 $-\partial C_0 \times MP_{C_0} = -\partial C_1 \times MP_{C_1} \rightarrow \frac{\partial C_1}{\partial C_0} = -\frac{MP_{C_0}}{MP_{C_1}}$

칙은 다른 생산요소들은 고정시켜 놓고 한 가변요소를 증가시킬 때 어느 단계를 지나면 그 가변요소의 한계생산물이 점점 감소하는 현상을 말한다.

예를 들어, 1,000평의 논을 경작할 때 농부 1명 보다는 2명, 2명보다는 3명의 한계생산물이 더 클 수 있으나 농부가 점점 많아져 어느 정도를 넘어서면 사람끼리 부딪쳐 일을 할 수 없게 됨에 따라 농부 한 사람의 한계생산물이 줄어들게 된다.

(2) 무차별곡선

생산시장만 존재할 경우 생산기회곡선상의 투자자의 효용을 극대화하려면 생산기회곡선상의 어느 점에서 투자자의 최적소비-투자결정이 이루어져야 하는가? 이는 투자자의 만족도에 따라 달라질 것이다. 이를 살펴보기 위하여 먼저, 투자자의 무차별곡선에 대해서 설명한다.

사람들이 재화나 서비스를 소비함으로써 주관적으로 느끼는 만족도를 총효용(utility) 또는 단순히 효용이라고 한다. 일반적으로 효용이란 주관적인 만족이기 때문에 효용의 크기를 객관적으로 측정하기 어렵지만, Menger,[2] Jevons,[3] Walras[4] 등의 한계효용학파 창시자들은 합리적인 소비행태를 설명하기 위해서 1860년대에 효용을 기수적으로 측정할 수 있다고 가정하여 효용의 크기를 측정하였다.

예를 들어, 배가 고플 때 빵 한 개를 먹으면 배고픔이 해소되어 만족을 느끼게 되는데, 그 만족의 총량을 빵 한 개에 대한 총효용이라고 한다. 그런데 상품의 소비량이 변하면 일반적으로 소비자의 총효용도 변한다. 빵 한 개에서 두 개, 세 개 등으로 빵을 점점 더 많이 소비하게 되면 처음 빵 한 개를 먹었을 때보다 느끼는 만족도(총효용)는 점점 줄어든다.

이처럼 어떤 상품 X를 소비했을 때 총효용의 변화분(∂U)을 소비량의 변화분(∂X)으로 나눈 값을 상품 X의 한계효용(marginal utility)이라고 하고 $MU = \partial U / \partial X$로 나타낸다. $MU = \partial U / \partial X$에서 분모인 소비량의 변화분이 1이라면 한계효용은 총효용의 변

---

2 Carl Menger, "Principles of Economics," 1871.

3 William Stanley Jevons, "The Theory of Political Economy," 1871.

4 Léon Walras, "Éléments d'économie politique pure," 1874.

화분(∂U)이 된다. 따라서 한계효용은 소비량이 1단위 증가(감소)할 때 총효용의 증가(감소)분을 의미한다.

한계효용이론에서는 소비량이 증가(감소)할수록 한계효용이 감소(증가)하는 것이 일반적인 현상이라고 보며 이를 한계효용체감의 법칙이라고 한다. 즉, 소비량이 증가할수록 한계효용이 체감한다는 것은 소비량이 증가함에 따라 총효용의 증가함이 둔화된다는 것이다.

이처럼 한계효용이론에서는 하나의 상품에 대해서만 생각하여 그 상품의 소비량에서 얻을 수 있는 효용을 기수적으로 측정[5]할 수 있다고 가정하였으나, 일반적으로 어떤 상품을 소비할 때 그 상품을 다른 상품과 같이 소비하게 되면 효용이 달라진다. 이에 Pareto,[6] Slutsky,[7] Hicks[8] 등은 1920년대에 여러 상품조합으로 효용의 서수적 측정[9]을 제시한 무차별곡선이론을 발전시켰다.

무차별곡선이론에서는 소비자에게 동일한 효용을 주는 상품의 조합들에 대해서 소비자들은 무차별하다고 말하고, 무차별한 상품의 조합들을 이은 곡선을 무차별곡선(indifference curve)이라고 한다. 현재소비(C_0)와 미래소비(C_1)의 조합에 대해서 생각해 보자. 현재소비와 미래소비의 조합은 무수히 많은데, 이 중에서 소비자가 느끼는 만족도가 동일한 조합도 있을 것이다.

예를 들어, 소비자에게 동일한 만족을 주는 현재소비와 미래소비의 조합표가 〈표 4-1〉과 같다고 할 경우, 현재소비 3단위와 미래소비 7단위로 구성되는 조합인 C

---

5 기수적 효용은 효용을 양적으로 측정하는 것을 말한다. 예를 들어, 사과 1개의 효용이 2이고 배 1개의 효용이 4라면 배의 효용은 사과의 효용보다 2배 크다고 측정한다.

6 Vilfredo Pareto, "Summary of Some Chapters of a New Treatise on Pure Economics by Professor Pareto,." Translated by John S. Chipman, Giornale degli economisti e annali di economia 67 (3): 453-504, (1900) 2008.
Vilfredo Pareto, "Manual of Political Economy," Translated by Ann S. Schwier, New York: Augustus M. Kelley, (1906) 1971.

7 Eugen Slutsky, "Sulla teoria del bilancio del consumatore," Giornali degli economisti e rivista di statistica, 3rd ser., 51 (July): 1-26, 1915.

8 John R. Hicks, and Roy G. D. Allen, "A Reconsideration of the Theory of Value," Economica, 1934.

9 서수적 효용은 크기의 순서로만 측정된 효용이다. 예를 들어, 배 1개의 효용이 사과 1개의 효용보다 2배 크다고 하는 것이 아니라 그냥 더 크다고만 측정한다. 즉, 배의 효용이 사과의 효용보다 더 크지만 얼마나 더 큰지는 표시하지 않는다.

조합	A	B	C	D	E	F
현재소비(C_0)	1	2	3	4	5	6
미래소비(C_1)	18	11	7	5	4	3.5

표 4-1 • 동일한 만족을 주는 현재소비와 미래소비의 조합표

와 현재소비 5단위와 미래소비 4단위로 구성되는 조합인 E는 무차별하여 소비자가 이 두 조합에서 얻는 만족도는 동일함을 나타낸다.

현재소비와 미래소비를 양축으로 하는 평면에 〈표 4-1〉의 조합을 선으로 연결하여 나타낸 곡선이 〈그림 4-2〉에 나타낸 무차별곡선이다. 즉, 무차별곡선상의 모든 점들은 소비자에게 동일한 총효용 $U(C_0, C_1)$을 주는 현재소비와 미래소비의 여러 가지 조합을 나타낸 곡선을 말한다.

무차별곡선상에서 미래소비를 덜(더) 하는 대신 현재소비를 더(덜) 함으로써 종전과 동일한 효용수준을 유지할 수 있다. 무차별곡선의 한 점에서 그은 접선의 기울기는 한계대체율(MRS: marginal rate of substitution)이라고 한다.

그림 4-2 • 무차별곡선

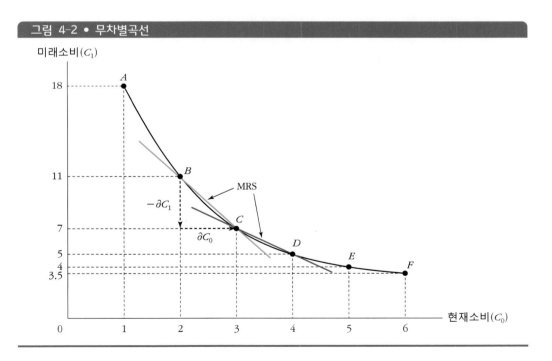

한계대체율(MRS)은 현재소비(C_0) 한 단위를 감소(증가)시킬 때 종전과 동일한 효용을 유지하기 위하여 증가(감소)시켜야 하는 미래소비(C_1)를 나타내기 때문에 소비자의 현재소비 1단위에 대한 미래소비의 주관적인 교환비율(시간선호율(rate of time preference)) r은 시장이자율로 해석할 수 있다.

예를 들어, $MRS=2$는 현재소비를 1단위 증가(감소)시키고 미래소비를 2단위 감소(증가)시키면 종전과 동일한 만족을 유지하게 됨을 의미한다. 따라서 $MRS=2$인 소비자에게 현재소비 1단위를 더하고 미래소비 2단위를 줄이라고 제의하면, 소비자입장에서는 제의받은 경우와 종전의 현재소비와 미래소비 조합을 그대로 소비하는 경우가 무차별하기 때문에 이 교환제의를 받아들일 수 있다.

이러한 한계대체율을 수학적으로 나타내보자. 무차별곡선에서 현재소비(C_0) 1단위 감소($-\partial C_0$)분의 한계효용인 $-\partial C_0 \times MU_{C_0}$과 미래소비($C_1$) 1단위 증가($\partial C_1$)분의 한계효용인 $\partial C_1 \times MU_{C_1}$은 동일한 효용수준이므로 다음과 같이 나타낼 수 있다.[10]

$$MRS = \frac{\partial C_1}{\partial C_0} = -\frac{MU_{C_0}}{MU_{C_1}} = -(1+r) \tag{4-2}$$

여기서, MU_{C_0}: 현재소비(C_0)의 한계효용
MU_{C_1}: 미래소비(C_1)의 한계효용
r: 시차선호율인 시장이자율

한편, 〈그림 4-2〉에서 무차별곡선은 우하향하면서 원점에 대해서 볼록한 형태를 취하는데, 이는 무차별곡선이론에서는 사람들이 한 상품의 소비량을 감소시키게 되면 그 상품에 대한 중요성을 상대적으로 높게 평가하는 것이 일반적인 현상이라고 보기 때문이다. 즉, 미래소비를 현재소비로 계속 대체해 갈 때 현재소비 1단위를 더 얻기 위해서 포기하고자 하는 미래소비량은 점점 작아질 것이다.

예를 들어, 〈표 4-2〉에서 A점은 현재소비를 1단위 미래소비를 18단위를 가지고 있는 조합인데 상대적으로 더 중요한 현재소비를 1단위 더 얻기 위해 상대적으로 덜 중요한 미래소비를 7만큼 비교적 많이 포기하여 B점을 취하게 되는데, 이 경우 MRS

---

10 $-\partial C_0 \times MU_{C_0} = \partial C_1 \times MU_{C_1} \rightarrow \frac{\partial C_1}{\partial C_0} = -\frac{MU_{C_0}}{MU_{C_1}}$

표 4-2 • 한계대체율체감의 법칙

조합	A	B	C	D	E	F
현재소비(C_0)	1	2	3	4	5	6
미래소비(C_1)	18	11	7	5	4	3.5
현재소비(C_0)의 증가분		1	1	1	1	1
미래소비(C_1)의 감소분		7	6	2	1	0.5
MRS		7	6	2	1	0.5

는 7이 된다. B점은 A점에 비해 현재소비의 중요성이 적어지고 미래소비의 중요성이 커지게 되어 현재소비를 1단위 더 얻기 위해 미래소비를 종전처럼 7단위를 포기하려 하지 않고 이보다 작은 6단위를 포기하여 C점을 취하게 되며, 이 경우 MRS는 6으로 줄어들게 된다.

이처럼 동일한 효용을 유지하면서 미래소비를 현재소비로 계속 대체해 나갈 경우 미래소비량으로 평가한 현재소비 1단위의 가치는 점점 작아지는 것이 일반적인 현상인데 이러한 현상을 한계대체율체감의 법칙(law of diminishing marginal rate of substitution)이라고 하며, 이 때문에 무차별곡선이 원점에 대해서 볼록하게 나타난다.

2. 최적소비-투자결정

생산시장만 존재하는 경제 하에서 투자자나 소비자의 효용극대화를 위해 소비-투자를 어떻게 결정하는가를 살펴보자. 투자자나 소비자는 현재시점에서 현재 가지고 있는 부의 일부 또는 전부를 실물자산에 투자하여 미래시점의 부를 증가시켜 얻는 미래의 부와 현재의 부의 조합을 소비함으로써 효용(utility)을 증가시키고자 한다. 그렇다면 효용을 최대로 증가시킬 수 있는 최적생산점(＝최적소비점)은 어떻게 구할 수 있는가?

〈그림 4-3〉은 투자자나 소비자가 생산시장에 투자하여 어떻게 효용을 극대화하는지 보여준다. 현재 w_0의 부를 가지고 있는 사람이 $w_0 - y_0$만큼을 투자하면 미래에 y_1만큼의 소득을 벌어 미래소비에 사용할 수 있는 A점이 된다. 이 경우 투자에 대한

그림 4-3 • 생산기회곡선

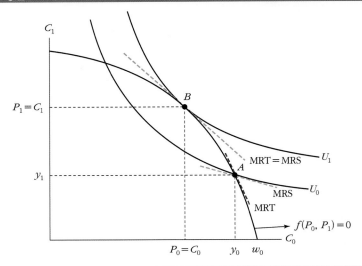

보상인 MRT가 현재소비를 줄이는 대신 미래소비를 늘려서 느끼는 만족도인 MRS보다 더 크기 때문에 더 높은 투자수익을 얻는 곳에 투자하여 효용을 더 높일 수 있다.

따라서 이 투자자는 $y_0 - C_0$만큼 더 투자하여 미래에 $C_1 - y_1$만큼 더 소비하여 자신의 효용을 극대화한다. 즉, 효용을 극대화하기 위한 최적소비-투자결정은 MRT(생산기회곡선의 기울기)와 투자자의 주관적 시간선호율인 MRS(무차별곡선의 기울기)가 일치하는 B점까지 투자가 이루어진다.

위의 설명은 다음과 같은 최적화계획을 이용하여 직접적으로 유도할 수 있다. 현재생산량을 P_0, 미래생산량을 P_1, 생산함수는 $f(P_0, P_1) = 0$이라고 하자. 여기에서 생산함수 $f(P_0, P_1) = 0$은 일정기간 동안 생산과정에서 생산물을 생산하기 위하여 사용하는 생산요소에 해당하는 현재생산량(P_0)과 미래생산량(P_1)을 투입하여 생산할 수 있는 최대생산량을 나타낸다.

그리고 생산시장만 존재하기 때문에 생산기회곡선이 곧 소비기회선이 되어 생산한 만큼 소비($P_0 = C_0$, $P_1 = C_1$)한다. 최적생산점은 주어진 생산함수 하에서 효용을 극대화시키는 생산점이므로 식(4-3)과 같이 표현할 수 있다.

$$Max \ U(P_0, P_1)$$

$$s.t \ f(P_0, P_1) = 0 \qquad\qquad\qquad (4\text{-}3)$$

식(4-3)에서 최적생산점(최적소비-투자점)은 라그랑지함수에서 효용극대화 조건을 이용하여 다음과 같이 풀 수 있다.

$$Max \ L = U(P_0, P_1) + \lambda[f(P_0, P_1)]$$

$$\left.\begin{array}{l} \dfrac{\partial L}{\partial P_0} = \dfrac{\partial U}{\partial P_0} + \lambda\dfrac{\partial f}{\partial P_0} = 0 \\[3mm] \dfrac{\partial L}{\partial P_1} = \dfrac{\partial U}{\partial P_1} + \lambda\dfrac{\partial f}{\partial P_1} = 0 \end{array}\right\} \Rightarrow \dfrac{\partial U/\partial P_0}{\partial U/\partial P_1} = \dfrac{\partial f/\partial P_0}{\partial f/\partial P_1} \rightarrow MRS = MRT \qquad \cdots ①$$

$$\dfrac{\partial L}{\partial \lambda} = f(P_0, P_1) = 0 \qquad\qquad\qquad\qquad\qquad \cdots ②$$

따라서 투자자나 소비자의 효용을 극대화하는 최적생산점을 얻기 위해서 ① MRS $= MRT$(무차별곡선의 기울기와 생산가능곡선의 기울기는 일치해야 한다) ② $f(P_0, P_1) = 0$ (최적소비-투자점은 생산가능곡선상에 존재해야 한다)이라는 두 조건을 만족해야 한다.

| 예제 | 생산시장만 존재할 경우의 최적소비-투자결정 |

생산시장만 존재하는 경제의 경우 현재 100만원을 가지고 있는 투자자 A의 효용함수 $U(C_0, C_1) = C_0 \cdot C_1$이고, 생산함수는 $P_1 = 100 - 0.02P_0^2$이다. 이 투자자의 최적소비-투자결정은 어떻게 이루어지는가?

[답]

$$MRS = \dfrac{\partial C_1}{\partial C_0} = -\dfrac{\partial U/\partial C_0}{\partial U/\partial C_1} = -\dfrac{C_1}{C_0} = -\dfrac{P_1}{P_0}$$

($\because$ 생산시장만 존재할 경우 최적생산점(P_0, P_1) = 최적소비점(C_0, C_1))

$$MRT = \dfrac{\partial C_1}{\partial C_0} = -\dfrac{MP_{C_0}}{MP_{C_1}} = -\dfrac{\partial f/\partial P_0}{\partial f/\partial P_1} = -0.04P_0$$

($\because \ P_1 = 100 - 0.02P_0^2 \rightarrow f = 0.02P_0^2 + P_1 - 100$)

$$\therefore \ MRS = MRT: \ -\frac{P_1}{P_0} = -0.04P_0 \ \rightarrow \ P_1 = 0.04P_0^2 \qquad \cdots \ ①$$

한편, $P_1 = 100 - 0.02P_0^2 \qquad \cdots \ ②$

①과 ②에서, $P_0(=C_0) = 40.82$만원, $P_1(=C_1) = 66.65$만원.

따라서 현재소득 100만원에서 40.82만원은 현재 소비하고 59.18만원($=100$만원-40.82만원)은 투자하여 미래에 66.65만원을 생산하여 소비함으로써 이 투자자는 최대효용을 2,720.65($=C_0 \cdot C_1 = 40.82 \times 66.65$)만큼 얻게 된다.

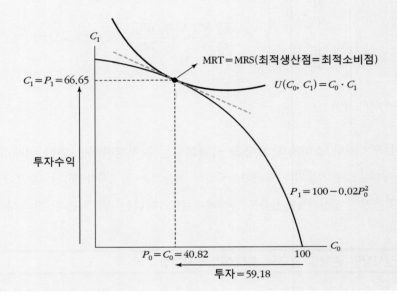

02 최적소비–투자결정: 자본시장만 존재

1. 시장기회선

자본시장이 존재하면 미래소득을 근거로 자본시장에서 차입하거나 저축을 통하여 현재소득을 미래로 이연하는 것이 가능하게 된다. 즉, 자본시장을 이용하여 시장이자율 r로 차입 또는 대출을 통하여 현재의 부를 미래로 가져가거나 미래의 부를 현재로 가져올 수 있어서 현재소비를 얼마하고 미래소비를 얼마할지에 대한 소비형태를 마음대로 조정하여 효용을 극대화할 수 있다.

예를 들어, 확실성하의 세계에서 미래소득(y_1)이 1,200만원이고, 현재소득(y_0)이 1,000만원인 사람이 있다고 하자. 이 사람이 현재소득 1,000만원을 모두 현재소비 할 수도 있지만 이 중 300만원을 자본시장에서 이자(6%)를 받고 대출하고 현재소비를 700만원으로 줄일 수도 있다. 반대로 자본시장을 통하여 이자(6%)를 주고 400만원을 차입하여 현재소비를 1,400만원으로 늘릴 수도 있다.

그렇다면, 현재소득을 모두 자본시장을 통해 대출한다면 어떻게 될까? 현재소비는 0이 되고 한 기간 후인 미래에는 미래소득 1,200만원과 대출금에 대한 원리금 1,060만원(=1,000만원×(1+0.06))이 들어와서 총 2,260만원을 소비할 수 있다.

반대로 자본시장을 통하여 미래소득을 모두 현재로 가져오게 되면 미래소비는 전혀 안 하게 되고 미래소비의 현재가치만큼을 현재소득에 더하여 현재소비를 현재소득보다 더 많이 늘릴 수 있다. 즉, 미래소득 1,200만원의 현재가치인 1,132만원(=1,200만원/(1+0.06))을 자본시장을 통해 차입하여 현재소득 1,000만원과 함께 총 2,132만원을 현재소비하고 미래에는 1,132만원 차입에 대한 원리금 1,200만원(=1,132만원×(1+0.06))을 갚고 소비를 하나도 안 할 수 있다.

이처럼 현재소득(y_0)과 미래소득(y_1)을 가지고 있는 사람이 자본시장에서 차입 또는 대출을 통해서 소비형태를 얼마든지 조정할 수 있으며 〈그림 4-4〉와 같이 이 사람이 선택할 수 있는 모든 가능한 소비형태를 나타낸 직선을 자본시장선(capital market

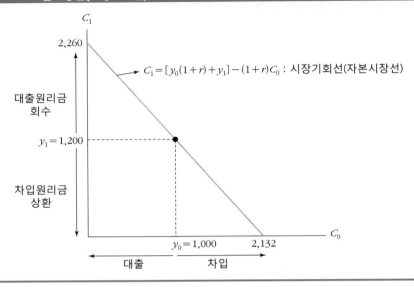

그림 4-4 · 자본시장선(시장기회선)

line) 또는 시장기회선(market opportunity line)이라고 한다.

　이제, 시장기회선을 일반화시켜 보자. 투자자가 벌어들이는 금액 이상으로 소비할 수 없으므로 현재소비할 수 있는 최대금액은 현재소득과 미래소득의 현재가치의 합이 되며 이를 식(4-4)로 표시할 수 있다.

$$C_0 + \frac{C_1}{1+r} = y_0 + \frac{y_1}{1+r} \tag{4-4}$$

　식(4-4)의 우변은 소득의 총현재가치이고 좌변은 소비의 총현재가치이며, 총소득만큼 총소비하는 것을 나타낸다. 식(4-4)를 소비평면에 나타내기 위해 $C_1 = [y_0(1+r) + y_1] - (1+r)C_0$으로 정리하면, y축은 C_1, x축은 C_0, 기울기는 $-(1+r)$, 절편은 $y_0(1+r) + y_1$인 직선형태의 시장기회선(자본시장선)이 된다.

2. 최적소비-투자결정

　시장이자율로 소득의 일부를 자유롭게 이동시킬 수 있는 자본시장만 존재할 경우, 시장기회선상의 무수히 많은 현재소비와 미래소비의 조합이 존재하는데 시장기회

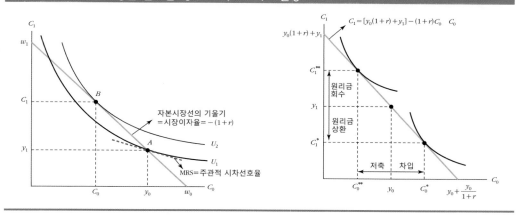

그림 4-5 • 자본시장만 존재할 경우 최적소비-투자결정

선 위의 어느 점에서 사람들의 효용이 가장 높겠는가? 이는 시장기회선과 개인의 무차별곡선이 만나는 점이 된다.

〈그림 4-5〉의 확실성하의 경제에서 현재소득과 미래소득은 (y_0, y_1)이다. 이 소득조합을 그대로 현재와 미래에 소비할 경우 이 사람이 느끼는 만족도는 A점이다. A점에서의 무차별곡선과 접하는 접선의 기울기인 MRS는 주관적인 시간선호율을 나타내는데, 이 주관적인 시간선호율(개인이 생각하는 시장이자율=주관적 요구수익률)이 자본시장에서의 객관적인 시장이자율보다 낮다. 따라서 투자자는 소득을 모두 현재소비하는 것이 아니라 소득 중 일부를 자본시장에서 대출(=자본시장에 투자)하여 주관적 요구수익률보다 더 높은 수익률을 얻을 수 있다.

결국, 자본시장에서 현재 $(y_0 - C_0)$만큼 투자(=저축=대출)하고 한 기간 후의 미래시점에 $(C_1 - y_1) = [(y_0 - C_0)(1+r)]$만큼을 더 소비함으로써 투자자의 효용은 B점에서 극대가 됨을 알 수 있다. 즉, 투자자의 효용이 극대화되는 최적소비-투자는 B점에서 이루어지고 이는 시장기회선의 기울기 $-(1+r)$[11]과 MRS가 일치하는 점임을 알 수 있다.

위의 설명은 다음과 같은 최적화계획을 이용하여 직접적으로 유도할 수 있다. 효

---

11 기울기 $= \dfrac{\text{소득의 미래가치}}{\text{소득의 현재가치}} = -\dfrac{y_0(1+r)+y_1}{y_0+y_1(1+r)^{-1}} = -\dfrac{y_0(1+r)+y_1}{\dfrac{y_0(1+r)+y_1}{(1+r)}} = -(1+r)$

용함수를 $U(C_0, C_1)$이라고 할 때 최적소비-투자결정은 식(4-5)를 풀면 된다.

$$Max \ U(C_0, C_1)$$

$$s.t \quad C_0 + \frac{C_1}{1+r} = y_0 + \frac{y_1}{1+r} \quad (\text{소비의 현재가치} = \text{소득의 현재가치}) \tag{4-5}$$

식(4-5)에서 최적소비-투자점은 라그랑지 함수에서 효용극대화 조건을 이용하여 다음과 같이 풀 수 있다.

$$Max \ L = U(C_0, C_1) + \lambda \left[y_0 + \frac{y_1}{1+r} - C_0 - \frac{C_1}{1+r} \right]$$

$$\frac{\partial L}{\partial C_0} = \frac{\partial U}{\partial C_0} - \lambda = 0 \qquad \rightarrow \quad \lambda = \frac{\partial U}{\partial C_0}$$

$$\frac{\partial L}{\partial C_1} = \frac{\partial U}{\partial C_1} - \lambda \frac{1}{1+r} = 0 \ \rightarrow \ \lambda = \frac{\frac{\partial U}{\partial C_1}}{\frac{1}{1+r}}$$

$$\Rightarrow \ 1+r = \frac{\partial U / \partial C_0}{\partial U / \partial C_1} = MRS \quad \cdots ①$$

$$y_0 + \frac{y_1}{1+r} - C_0 - \frac{C_1}{1+r} = 0 \qquad \cdots ②$$

따라서, 최적소비-투자점을 얻기 위해서 ① $MRS = (1+r)$ (무차별곡선의 기울기와 자본시장선의 기울기는 일치해야 한다) ② $C_0 + \frac{C_1}{1+r} = y_0 + \frac{y_1}{1+r}$ (현재소비와 미래소비는 가능한 소득범위 내에서 이루어져야 한다. 즉, 최적소비-투자점은 자본시장선상에 존재해야 한다)라는 두 조건을 만족해야 한다.

예제 **자본시장만 존재할 경우 최적소비-투자결정**

자본시장만 존재할 경우 어떤 투자자의 효용함수 $U(C_0, C_1) = C_0 \cdot C_1$이다. 어떤 사람의 현재소득($y_0$)은 1,000만원이고 미래소득($y_1$)은 2,200만원이며, 10%의 이자율로 차입하거나 대출할 수 있다고 하자. 이 사람의 최적소비-투자결정은 어떻게 이루어지는가?

[답]

$$MRS = (1+r) \rightarrow \frac{\partial U/\partial C_0}{\partial U/\partial C_1} = \frac{C_1}{C_0} = (1+0.1) \rightarrow C_1 = 1.1C_0 \qquad \cdots \text{①}$$

$$C_0 + \frac{C_1}{1+r} = y_0 + \frac{y_1}{1+r} \rightarrow C_0 + \frac{C_1}{1+0.1} = 1,000 + \frac{2,200}{1+0.1}$$

$$\rightarrow C_1 = 3,300 - 1.1C_0 \qquad \cdots \text{②}$$

①과 ②를 연립하여 풀면, $C_0 = 1,500$만원, $C_1 = 1,650$만원

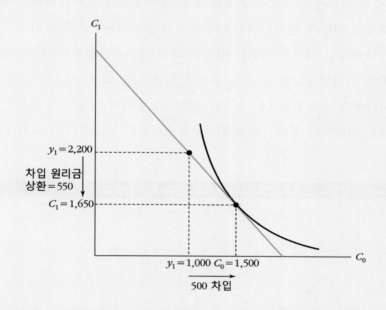

따라서 자본시장을 이용하여 시장이자율 10%로 500만원을 차입하여 현재소득 1,000만원과 합하여 1,500만원을 현재소비하고 한 기간 후의 미래에는 미래소득 2,200만원에서 550만원을 현재시점으로 이전하여 소비에 사용하였으므로 1,650만원만 소비함으로써 이 투자자는 최대효용을 $2,475,000(= C_0 \cdot C_1 = 1,500 \times 1,650)$만큼 얻게 된다.

1. 최적소비–투자결정

생산시장과 자본시장이 모두 존재할 경우 개인의 효용을 극대화하기 위하여 최적
소비–투자결정을 어떻게 할까? 최적소비–투자결정은 기본적으로 소비의 기대만족(기
대효용)을 극대화하는 의사결정이다. 이러한 최적소비–투자결정을 생산시장과 자본시
장을 결합하여 나타낸 〈그림 4-6〉을 통하여 살펴보자.

어떤 사람에게 소득조합 (y_0, y_1)이 A점으로 주어져 있다고 하자. 이 사람은 먼
저 생산시장을 이용하여 투자기회의 한계투자수익률인 한계변환율(MRT)과 주관적 시

그림 4-6 ● 생산시장과 자본시장이 모두 존재할 경우 최적소비–투자결정

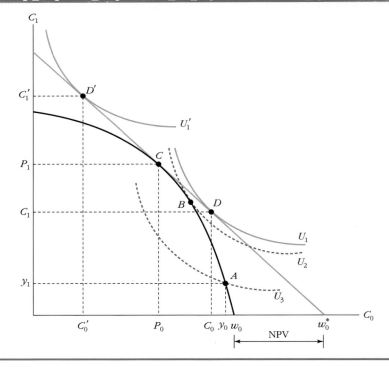

차선호율(MRS)이 일치하는 B점까지 투자를 확대할 것이다. 이는 자본시장이 존재하지 않을 경우의 최적소비-투자결정과 동일하다.

　하지만 이제는 생산시장과 함께 자본시장도 존재하므로 B점에서 투자를 멈추는 것이 아니라 자본시장을 이용하여 투자를 더 할 수 있다. 즉, B점에서 자본시장선의 기울기인 차입 혹은 대출이자율을 나타내는 시장이자율이 생산가능곡선의 기울기인 MRT보다 낮다.

　다시 말하면, B점에서는 투자수익률이 차입이자율인 시장이자율보다 크기 때문에 투자수익률과 시장이자율이 일치하는 C점까지 계속 투자, 즉 $(y_0 - P_0)$만큼 투자하여 미래시점에 P_1의 투자수익을 얻게 됨으로써 C점에서 (P_0, P_1)의 생산액을 얻게 된다. 이처럼 최적생산은 누구에게나 〈그림 4-6〉의 C점에서 이루어지고 있다.

　이는 주어진 부 w_0을 가지고 생산의 기회를 이용하여 그 부를 최대로 늘린 것, 즉 투자의 순현가(NPV: net present value)[12]를 최대로 만든 것이다. NPV는 투자에 의해 발생되는 현금유입의 현재가치와 현금유출의 현재가치를 합한 금액으로 순투자수익을 의미한다.

　〈그림 4-6〉에서 현재 w_0의 부를 가지고 있는 사람이 만약 $(w_0 - y_0)$만큼을 투자하면 미래에 y_1만큼을 벌게 되고, $(w_0 - P_0)$만큼 투자하면 미래에 P_1만큼 생산하여 벌게 된다. 따라서 $(w_0 - P_0)$만큼 투자할 때 투자에 의해 발생하는 미래현금유입 P_1의 현재가치는 $P_1/(1+r)$이고 현금유출의 현재가치는 $(w_0 - P_0)$이 되므로 NPV는 다음과 같이 최대가 되며 이때 최적생산점은 C점이 된다.

$$NPV = PV\,(현금유입) + PV\,(현금유출)$$

$$= \frac{P_1}{(1+r)} - (w_0 - P_0)$$

$$= (w_0^* - P_0) - (w_0 - P_0)$$

$$= w_0^* - w_0$$

　즉, MRT와 $(1+r)$이 같아지는 점(생산기회곡선의 기울기와 시장기회선의 기울기가

일치하는 점)에서 투자로 인한 NPV가 극대화되므로 최적투자결정은 객관적인 순현가 극대화 기준에 의해서 결정된다고 할 수 있다.

이와 같이 생산시장을 이용하여 부의 현재가치를 극대화한 후에 자본시장을 이용한 차입 및 대출을 통하여 개인의 효용을 극대화하는 최적소비결정을 하게 된다. 즉, 자본시장에서 $(C_0 - P_0)$만큼 차입하여 현재소비를 C_0만큼 하고 미래소비를 C_1만큼 하는 D점에서 자신의 효용을 극대화하거나, $(P_0 - C_0^*)$만큼 대출하여 현재소비를 C_0^*만큼 하고 미래소비를 C_1^*만큼 하는 D'점에서 자신의 효용을 극대화할 수 있다.

2. Fisher의 분리정리

생산시장과 자본시장이 모두 존재할 때 투자자나 소비자의 효용을 극대화하는 최적소비-투자결정은 생산시장을 이용하여 한계투자수익률이 시장이자율과 같아질 때까지 생산을 한 후, 자본시장을 이용하여 차입 또는 대출을 통하여 개인의 소비형태를 조정함으로써 그 사람의 효용을 극대화하는 최적소비조합을 찾게 된다. 이러한 과정을 생산시장에서 생산가능한 생산함수를 이용하여 생산하고, 소비는 가능한 생산범위 내에서 이루어져야 한다는 제약조건하에 개인의 효용을 극대화하기 위한 최적화계획을 이용하여 계량화할 수 있다.

$$Max \ U(C_0, C_1)$$
$$s.t \quad f(P_0, P_1) = 0$$
$$C_0 + \frac{C_1}{1+r} = P_0 + \frac{P_1}{1+r} \tag{4-6}$$

식(4-6)을 다음의 라그랑지함수로 풀면,

$$Max \ L = U(C_0, C_1) + \lambda[f(P_0, P_1)] + \mu\left[P_0 + \frac{P_1}{1+r} - C_0 - \frac{C_1}{1+r}\right]$$

$$\frac{\partial L}{\partial P_0} = \lambda \frac{\partial f}{\partial P_0} + \mu = 0$$

$$\left.\frac{\partial L}{\partial P_1} = \lambda \frac{\partial f}{\partial P_1} + \mu \frac{1}{1+r} = 0\right\} \Rightarrow \frac{\partial f/\partial P_0}{\partial f/\partial P_1} = (1+r) \qquad \cdots ①$$

$$\frac{\partial L}{\partial \lambda} = f(P_0, P_1) = 0 \qquad \cdots ②$$

$$\frac{\partial L}{\partial C_0} = \frac{\partial U}{\partial C_0} - \mu = 0$$

$$\left.\frac{\partial L}{\partial C_1} = \frac{\partial U}{\partial C_1} - \mu \frac{1}{1+r} = 0\right\} \Rightarrow \frac{\partial U/\partial C_0}{\partial U/\partial C_1} = (1+r) \qquad \cdots ③$$

$$\frac{\partial L}{\partial \mu} = P_0 + \frac{P_1}{1+r} - C_0 - \frac{C_1}{1+r} = 0 \qquad \cdots ④$$

따라서, 생산시장과 자본시장이 모두 존재하는 경우, 최적소비-투자결정은 다음과 같이 서로 독립적인 별개의 두 단계로 분리되어 있음을 알 수 있는데, 이를 Fisher의 분리정리(fisher separation theorem)라고 한다.

첫 번째 단계는 투자결정(investment decision) 또는 생산결정(production decision)으로서 다음 두 조건식을 만족하는 최적생산결정에 의한 부의 극대화이다. 즉, 한계투자수익률이 객관적인 시장이자율과 일치할 때까지 투자를 확대함으로써 최적투자액을 결정한다.

① MRT $= \dfrac{\partial f/\partial P_0}{\partial f/\partial P_1} = (1+r)$: 생산기회곡선의 기울기와 시장기회선의 기울기가 일치

② $f(P_0, P_1) = 0$: 최적소비-투자점은 생산기회곡선상에 존재

두 번째 단계는 자금조달결정(financing decision) 또는 소비결정(consumption decision)으로서 다음 두 조건식을 만족하는 최적소비결정에 의한 효용의 극대화이다. 즉, 주관적 시차선호율과 시장이자율이 일치하도록 시장기회선을 따라 대출하거나 차입함으로써 최적소비조합을 결정한다.

$$① \quad \text{MRS} = \frac{\partial U / \partial C_0}{\partial U / \partial C_1} = (1 + r): \text{무차별곡선의 기울기와 시장기회선의 기울기가 일치}$$

$$② \quad P_0 + \frac{P_1}{1 + r} = C_0 + \frac{C_1}{1 + r}: \text{최적소비점은 투자기회곡선에 접하는 시장기회선상에 존재}$$

Fisher의 분리정리는 기업재무 측면에서 다음의 두 가지 중요한 의미를 갖는다. 첫째, 투자자의 효용함수와 무관하게 이루어지는 최적생산결정은 그 투자의 NPV를 극대화시키는 투자여야 하며, 이는 기업의 투자의사결정 시에 NPV가 적용되어야 한다는 이론적 근거를 제시한다.

둘째, 최적생산결정이 투자자의 효용함수와 무관하게 이루어진다는 것은 투자자들이 투자의사결정을 다른 사람, 즉 기업의 경영자에게 위임할 수 있음을 의미하고 이는 소유와 경영의 분리에 대한 이론적 근거를 제시한다.

기업재무 측면에서 볼 때 소유와 경영이 분리되어 주주의 대리인으로 행동하는 경영자는 기업의 이익을 현재의 소비목적으로 사용할 수 있는 배당으로 주주에게 지급하는 것과 더 많은 미래소비를 위하여 예정된 생산시장에 투자할 목적으로 이익을 사내에 유보하는 대안에 관해 선택해야 한다.

이때 경영자는 주주의 부를 극대화하는 목표를 달성하기 위하여 다양한 주주들의 주관적 효용함수에 상관없이 투자안의 투자수익률(MRT)이 시장이자율(시장에서 결정되는 기회자본비용)과 정확하게 일치할 때까지 투자를 확대함으로써 주주의 부를 w_0에서 w_0^*로 극대화시킬 수 있다.

$(P_0, \ P_1)$에서 최적생산결정이 된 후에 주주는 기업으로부터 배당이라는 현금을 받아서 자신들의 욕구에 따라 현재소비를 하거나 미래소비를 위해 저축(투자)을 하여 자신들의 효용을 극대화할 것이다. 이처럼 Fisher의 분리정리는 재무관리의 목표인 주주부의 극대화에 이론적인 타당성을 제시한다.

예제 생산시장과 자본시장이 모두 존재할 경우 최적소비–투자결정

A의 현재부(w_0)는 20,000원이고, 효용함수 $U(C_0,\,C_1)=C_0\cdot C_1$, 생산함수 $P_1=180$ $(20,000-P_0)^{1/2}$이다. 차입과 대출이자율 $r=4\%$이다.

(1) 현재와 미래의 최적생산량과 최적투자액을 구하시오.

(2) 현재와 미래의 최적소비량을 구하고 시장기회선을 도출하시오.

(3) 위의 결과를 그림으로 나타내시오.

[답]

(1) 투자결정(생산결정)

$\quad$① $MRT=\dfrac{\partial f/\partial P_0}{\partial f/\partial P_1}=(1+r)\ \rightarrow\ 90(20,000-P_0)^{-1/2}=(1+0.04)$ $\qquad\cdots$ ⓐ

$\quad$② $f(P_0,\,P_1)=0\ \rightarrow\ P_1=180(20,000-P_0)^{1/2}$ $\qquad\cdots$ ⓑ

$\quad\therefore$ ⓐ와 ⓑ에서 $P_0^*=12,511$, $P_1^*=15,577$, 최적투자액 $=20,000-12,511=7,489$

(2) 자금조달결정(소비결정)

$\quad$① $MRS=\dfrac{\partial U/\partial C_0}{\partial U/\partial C_1}=(1+r)\ \rightarrow\ \dfrac{C_1}{C_0}=1.04\ \rightarrow\ C_1=1.04C_0$ $\qquad\cdots$ ⓒ

$\quad$② $P_0+\dfrac{P_1}{1+r}=C_0+\dfrac{C_1}{1+r}\ \rightarrow\ 12,511+\dfrac{15,577}{1+0.04}=C_0+\dfrac{C_1}{1+0.04}$ $\qquad\cdots$ ⓓ

$\quad\therefore$ ⓒ와 ⓓ에서 $C_0^*=13,744$, $C_1^*=14,294$

$\quad$또, $PV=12,511+\dfrac{15,577}{1+0.04}=27,489\ \rightarrow\ 27,489(1+0.04)=28,588$

$\quad\therefore$ 시장기회선: $C_1=28,588-1.04C_0$

(3)

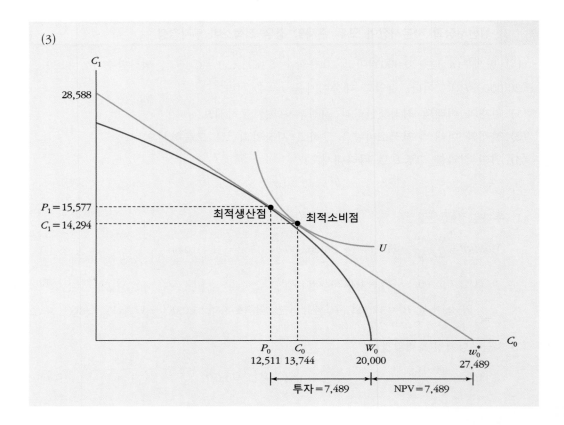

핵심정리

1. 생산기회곡선과 무차별곡선

- 생산기회곡선
  - 투자금액과 이로 인한 투자수익률들을 나타낸 선
  - 원점에 대해서 오목한 형태: 한계생산물체감의 법칙(수확체감의 법칙)이 적용
  - $MRT = \dfrac{\partial C_1}{\partial C_0} = -\dfrac{MP_{C_0}}{MP_{C_1}} = -(1 + MRR)$

- 무차별곡선
  - 동일한 총효용 $U(C_0,\ C_1)$을 주는 현재소비와 미래소비의 여러 가지 조합을 나타낸 곡선
  - 원점에 대해서 볼록한 형태: 한계대체율체감의 법칙이 적용
  - $MRS = \dfrac{\partial C_1}{\partial C_0} = -\dfrac{MU_{C_0}}{MU_{C_1}} = -(1 + r)$

2. 최적소비-투자결정: 생산시장만 존재

- 생산기회곡선: $f(P_0,\ P_1) = 0$

- 최적소비-투자결정: ① $\mathrm{MRS} = \mathrm{MRT}$
  ② $f(P_0,\ P_1) = 0$

3. 최적소비-투자결정: 자본시장만 존재

- 시장기회선: $C_0 + \dfrac{C_1}{1+r} = y_0 + \dfrac{y_1}{1+r}$ $\rightarrow$ $C_1 = [y_0(1+r) + y_1] - (1+r)C_0$

- 최적소비-투자결정: ① $\mathrm{MRS} = (1+r)$

$$② \quad C_0 + \frac{C_1}{1+r} = y_0 + \frac{y_1}{1+r}$$

4. 최적소비-투자결정: 생산시장과 자본시장 모두 존재

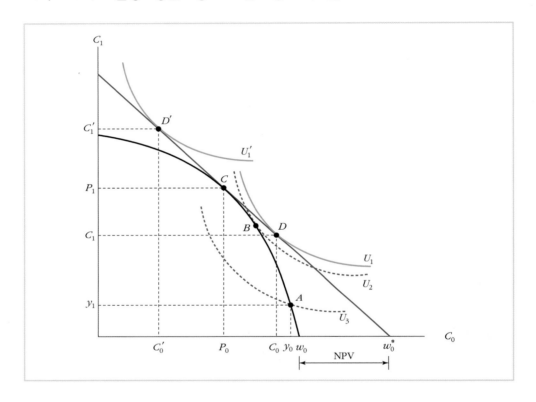

- Fisher의 분리정리
  - 투자결정(investment decision) 또는 생산결정(production decision)

    $\rightarrow$ ① $\mathrm{MRT} = \dfrac{\partial f / \partial P_0}{\partial f / \partial P_1} = (1+r)$

    ② $f(P_0,\, P_1) = 0$

  - 자금조달결정(financing decision) 또는 소비결정(consumption decision)

    $\rightarrow$ ① $\mathrm{MRS} = \dfrac{\partial U / \partial C_0}{\partial U / \partial C_1} = (1+r)$

② $P_0 + \dfrac{P_1}{1+r} = C_0 + \dfrac{C_1}{1+r}$

- Fisher의 분리정리의 의미
  - 기업의 투자의사결정 시에 NPV가 적용되어야한다는 이론적 근거를 제시
  - 소유와 경영의 분리: 주주부의 극대화에 대한 이론적 타당성을 제시

CHAPTER 4 | 확실성하의 투자결정   99

※ [1~6] 다음 그림은 생산시장과 자본시장의 투자기회를 나타낸 것이다. A의 현재부(w_0)
는 550억원이다. 다음 물음에 답하시오.

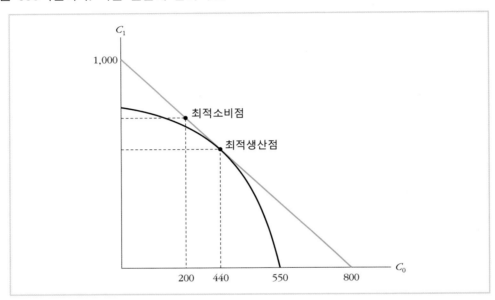

1. 시장이자율은 얼마인가? (　　)

　① 10%　　　　　　　　　　② 15%

　③ 20%　　　　　　　　　　④ 25%

2. A의 현재소비와 미래소비는 각각 얼마인가? (　　)

　① 200억원, 300억원　　　　② 440억원, 700억원

　③ 200억원, 750억원　　　　④ 440억원, 800억원

3. 현재 실물자산에의 투자금액과 실물자산에의 투자로 미래의 최적생산은 각각 얼마인가? (   )

① 110억원, 450억원
② 200억원, 440억원
③ 350억원, 550억원
④ 440억원, 800억원

4. 실물자산에 투자할 경우의 평균수익률은 얼마인가? (   )

① 100%
② 225%
③ 309%
④ 412%

5. 실물자산 투자의 NPV는 얼마인가? (   )

① 200억원
② 250억원
③ 360억원
④ 600억원

6. A의 부의 현재가치는 얼마인가? (   )

① 600억원
② 800억원
③ 1,000억원
④ 1,300억원

7. 다음 Fisher의 분리정리에 관한 설명으로 옳지 않은 것은? (   )

① 생산결정과 소비결정은 별개의 의사결정이다.
② 최적소비점은 생산기회곡선상에 존재한다.
③ NPV 극대화가 되도록 투자의사결정을 해야 한다.
④ 주주부의 극대화에 이론적인 타당성을 제시한다.

연습문제 해답

1. ④

   답

   $800(1+r) = 1,000 \ \rightarrow \ r = 25\%$

2. ③

   답

   현재소비 = 200억원, 미래소비 = $(800-200)(1+0.25) = 750$억원

3. ①

   답

   현재 투자금액 = $550-440 = 110$억원

   미래의 최적생산 = $(800-440)(1+0.25) = 450$억원

4. ③

   답

   $\dfrac{450-110}{110} = 3.09 \ \rightarrow \ 309\%$

5. ①

   답

   $800-550 = 250$억원

6. ②

   답

   $550 + NPV = 550 + 250 = 800$억원

7. ②

   답

   ② 최적소비점은 투기기회곡선에 접하는 시장기회선상에 존재한다.

투자결정기준: 자본예산 I

학습개요

본 장에서는 기업재무 분야의 핵심내용인 자본예산에 대해서 다룬다. 기업은 여러 투자안에 대해서 투자의사결정을 내린다. 투자안의 선택여부에 대한 결정은 순현가법, 내부수익률법, 수익성지수법, 회수기간법, 평균회계이익률법을 활용할 수 있다. 이러한 다섯 가지의 투자결정기준 중에서 주주부의 극대화에 적합한 평가방법인 순현가법의 우월성과 다른 방법들의 장단점에 대해서 학습한다.

학습목표

- 순현가법
- 내부수익률법
- 수익성지수법
- 회수기간법
- 평균회계이익률법

01 순현가(NPV)법

일반적으로 유형자산에 대한 투자결정에 따라 기업의 성공과 실패가 결정되며, 이러한 투자로부터 얻게 되는 양(+)의 순현금흐름을 획득함으로써 주주부의 극대화가 이루어진다. 따라서 기업경영에 있어서 투자결정문제는 기업가치를 결정하는 가장 중요한 문제이다.

자본예산(capital budgeting)이란 1년 이상의 장기적인 투자안을 평가하여 어느 투자안에 자본을 투자할지에 대한 투자계획을 수립하는 것을 말한다. 투자결정을 할 때 투자를 할지 말지 또한 투자를 한다면 어느 투자안을 선택할지 등에 대한 평가기준이 무엇보다 중요하다고 할 수 있다.

투자결정 시 많이 사용하는 평가기준으로 ① 순현가법(NPV: net present value), ② 내부수익률법(IRR: internal rate of return), ③ 수익성지수법(PI: profitability index), ④ 회수기간법(payback period), ⑤ 평균회계이익률법(AAR: average accounting rate of return)이 있다.

1. 순현가법의 개념

어떤 투자에 소요되는 비용보다 투자로 인해 벌어들이는 금액이 더 크다면 가치가 창출되고 이로 인해 기업의 소유주인 주주의 부가 커진다고 할 수 있다. 투자결정을 할 때 투자에 소요되는 비용은 현금유출에 해당하고 투자로 벌어들이는 미래의 금액은 현금유입에 해당한다. 이때 현금유입과 현금유출의 발생시점이 다르기 때문에 직접 비교할 수 없다. 따라서 투자로 인해 발생하는 모든 현금유입(+)과 현금유출(−)을 적절한 할인율로 할인한 현재가치로 평가할 필요가 있다.

〈그림 5-1〉에서 나타낸 바와 같이 현재 C_0만큼 투자(현금유출)하고 n기간까지 매 기간 말에 현금유입이 발생할 경우, 현금유입의 현가와 현금유출의 현가를 식(5-1)과 같이 현재시점에서 평가하여 순현가(NPV)를 계산한다. 만일 현금유입의 현가가 현금

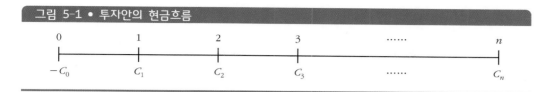

그림 5-1 • 투자안의 현금흐름

유출의 현가보다 더 크다면 NPV가 양($+$)의 값을 가지고, 이는 주주에게 가치가 창출되고 이로 인해 주주의 부가 커지게 되는 것을 의미한다.

$$NPV = PV(\text{현금유입}) + PV(\text{현금유출})$$

$$= \frac{C_1}{(1+r)^1} + \frac{C_2}{(1+r)^2} + \cdots + \frac{C_n}{(1+r)^n} - C_0$$

$$= \sum_{t=1}^{n} \frac{C_t}{(1+r)^t} - C_0 \tag{5-1}$$

NPV계산 시 현금흐름을 할인할 때 적용하는 적절한 할인율(r)은 자본비용(cost of capital)이다. 자본사용에 대한 대가를 의미하는 자본비용은 투자를 결정하고 투자안의 가치를 평가하는데 매우 중요한 역할을 한다.

일반적으로 기업은 채권자와 주주로부터 자금을 조달한다. 채권자는 타인자본(부채)을 기업에게 공급하고 주주는 자기자본(주식)을 기업에게 공급하는 대신 자신들이 제공한 자본사용에 대한 대가, 즉 자신들의 자본제공에 대한 위험을 보상할 수 있는 수익률을 요구한다.[1]

이를 기업측면에서 보면 자금사용에 대한 비용이 되고, 자본공급자(채권자와 주주)측면에서 보면 비슷한 위험을 가진 다른 투자안에 투자했을 때 얻을 수 있는 투자수익률인 총자본($=$타인자본$+$자기자본)의 기회비용(opportunity cost)이 된다. 이와 같이 어떤 투자안에 자본을 투자하기 위해서는 채권자에게는 채권자가 요구하는 이자를

---

1 자본비용은 새로운 투자로부터 최소한 벌어들여야 하는 수익률로서 투자자가 요구하는 요구수익률 (required rate of rate of return)이라고 한다. 또한 어떤 투자안의 경제성이 인정되면 그 투자안의 수익률이 자본비용을 뛰어넘어야 한다는 의미에서 장애율(hurdle rate)이라고도 하고, 자본비용이 미래에 들어올 현금흐름을 할인하여 현재의 가치를 계산할 때 할인율로 사용되기 때문에 자본환원율(capitalization rate)이라고도 한다.

제공하고 부채의 원금을 상환할 수 있어야 한다. 주주에게도 주주가 기대하는 배당금을 지급할 수 있을 정도의 충분한 현금흐름을 투자안으로부터 벌어들여야 한다.

즉, 투자로부터 벌어들이는 현금흐름이 자본공급자인 채권자와 주주가 요구하는 수익률인 자본비용 이상을 초과할 때에만 주주에게 부의 혜택(재무관리의 목표와 일치)이 돌아가는 양($+$)의 NPV가 실현되므로 채권자와 주주가 제공한 자본비용 이상의 수익을 얻을 수 없는 투자는 포기해야 한다.

따라서 어떤 투자안에 투자할지 말지를 결정할 때 원칙적으로 검토대상인 개별 투자안별로 자본비용을 추정해야 한다. 하지만 자본비용은 직접적으로 관측되지 않기 때문에 여러 가지 가정과 추정치를 사용하여야 할 뿐 아니라 투자안의 분석에 사용되는 자본비용이 예를 들어, 투자안의 현금흐름에 대한 위험이 클수록 자본비용이 커지는 것과 같이 해당 투자안의 특성에 따라 결정되는 어려움 등이 있기 때문에 검토대상인 개별 투자안별로 자본비용을 추정하기가 쉽지 않다.

이에 실무에서는 기업의 가중평균자본비용(WACC: weighted average cost of capital)을 자본비용으로 추정한 후 회사의 평균적인 투자안과 검토 중인 투자안의 위험을 비교하여 자본비용을 조정하기도 하지만, 검토 중인 투자안의 위험이 기업의 평균적인 위험을 가진 투자안과 동일한 위험을 가진다는 가정과 검토 중인 투자안은 투자 후 투자종료시점까지의 기간 동안 일정한 목표자본구조를 가진다는 가정하에서 기업의 가중평균자본비용을 투자안의 자본비용으로 사용하기도 한다.

기업의 가중평균자본비용을 투자안의 자본비용으로 사용한다는 것은 가중평균자본비용이 투자를 위해 추가적인 자본조달로 인해 기업에게 발생되는 한계자본비용(MCC: marginal cost of capital)으로서 기업의 평균적인 위험을 가진 투자에 대해 요구하는 요구수익률이라는 의미를 가진다.

기업의 가중평균자본비용을 추정하는 보편적인 방법은 투자에 사용된 자본의 원천에 대한 자본비용을 계산한 후 이를 각 자본원천의 비중으로 가중평균하여 구한다. 다시 말하면, 기업을 자기자본과 타인자본으로 구성된 하나의 포트폴리오로 생각하여 자기자본 사용에 대한 비용인 자기자본비용(r_e)과 타인자본 사용에 대한 비용인 타인자본비용(r_d)을 각각의 시장가치[2]로 가중평균하여 식(5-2)와 같이 구한다.[3]

$$WACC = \left(\frac{S}{S+B}\right)r_e + \left(\frac{B}{S+B}\right)r_d(1-t) \tag{5-2}$$

여기서, S: 자기자본, B: 타인자본, r_e: 자기자본비용
r_d: 타인자본비용, t: 법인세율

식(5-2)의 가중평균자본비용을 계산할 때 타인자본비용은 법인세절세효과를 고려해야 한다. 예를 들어, 법인세가 40%일 때 어느 기업이 타인자본비용(부채) 100억원을 사용하고 있고 이에 대한 이자가 10억원이라고 하자.

이때 이 기업이 부담하는 부채의 실제 이자비용은 10억원이 아니라 이자비용의 존재로 인해 4억원(=10억원×0.4)만큼 법인세를 덜 내기(이자의 법인세절세효과) 때문에 6억원(=10억원×(1−0.4))이 된다. 이와 같이 타인자본비용은 기업이 실제로 부담하는 이자비용으로 고려해줘야 한다.

한편, 투자안을 평가할 때 투자안의 요구수익률인 자본비용으로 할인하는 NPV 법은 자금을 재투자할 때도 자본비용으로 재투자할 수 있다고 암묵적으로 가정하고 있다. 식(5-1)의 양변에 $(1+r)^n$을 곱해주면, 식(5-3)이 되고, 식(5-3)의 우변은 매 기간에 발생하는 현금흐름을 투자종료시점인 n년도까지 다시 투자할 경우 자본비용 r로 수익률을 얻고 있음을 나타낸다. 이는 투자로 벌어들이는 매 기간의 현금흐름을 재투자할 경우 투자수익률이 자본비용 r이라는 의미이다.

$$NPV = \frac{C_1}{(1+r)} + \frac{C_2}{(1+r)^2} + \cdots + \frac{C_n}{(1+r)^n} - C_0$$

$$\rightarrow [NPV(1+r)^n + C_0(1+r)^n] = C_1(1+r)^{n-1} + C_2(1+r)^{n-2} + \cdots + C_n \tag{5-3}$$

---

2 일반적으로 기업은 기업이 달성하려고 노력하는 자본구조(capital structure), 즉 자기자본과 타인자본의 구성비율인 목표자본구조를 가지고 있다. 기업의 목표자본구조를 알고 있다면 기업의 가중평균자본비용 계산에 목표자본구조를 사용해야 하지만 목표자본구조를 알 수가 없을 경우 자기자본과 타인자본의 시장가치(market value)로 구한 현재의 자본구조가 기업의 목표자본구조를 나타낸다고 가정하여 가중평균자본비용 계산의 가중치로 사용할 수 있다.

3 Chapter 13 자본구조이론 참조.

2. 순현가법의 평가기준

$NPV > 0$이 되는 투자안은 현금유입의 현가가 현금유출의 현가보다 커서 가치를 창출하게 되므로 $NPV > 0$인 투자안을 채택하는 것으로 의사결정을 한다.

> NPV > 0 → 투자안 채택
>
> NPV < 0 → 투자안 기각

예를 들어, S기업이 현재 1,000만원이 소요되고 기대현금흐름이 〈표 5-1〉과 같은 A투자안과 B투자안을 고려하고 있다고 하자. 두 투자안의 자본비용은 10%일 경우, A투자안과 B투자안의 NPV는 다음과 같다.

$$NPV_A = \frac{400}{(1+0.1)^1} + \frac{600}{(1+0.1)^2} + \frac{300}{(1+0.1)^3} + \frac{-100}{(1+0.1)^4} - 1,000 = 16.60$$

$$NPV_B = \frac{500}{(1+0.1)^1} + \frac{600}{(1+0.1)^2} + \frac{-300}{(1+0.1)^3} + \frac{500}{(1+0.1)^4} - 1,000 = 66.53$$

두 투자안이 어느 하나 또는 모두를 선택할 수 있는 상호독립적인 투자안(mutually independent projects)이라면 A투자안과 B투자안 모두 0보다 큰 NPV값을 가지므로 두 투자안 모두 채택한다. 만약, 두 투자안 중에서 하나의 투자안이 선택되면 나머지 투자안은 자동적으로 기각되는 상호배타적인 투자안(mutually exclusive

표 5-1 • NPV법에 의한 투자안 평가

연도 말	A투자안의 현금흐름	B투자안의 현금흐름	(A+B)의 현금흐름
0	−1,000	−1,000	−2,000
1	400	500	900
2	600	600	1,200
3	300	−300	0
4	−100	500	400
NPV	16.60	66.53	83.13

projects)이라면 NPV가 더 큰 B투자안을 채택한다.

3. 순현가법의 특징

NPV법은 주주부의 극대화를 달성하는 평가법이며, 다음의 특징을 갖고 있다. 첫째, 투자안의 모든 현금흐름을 사용한다. 둘째, 현금흐름을 자본비용으로 할인함으로써 화폐의 시간적 가치를 고려한다. 셋째, 자금을 재투자할 때도 자본비용으로 재투자할 수 있다고 가정한다. 넷째, 가치가산의 원칙(value additivity principle)이 성립한다.

가치가산의 원칙이란 A투자안의 NPV와 B투자안의 NPV를 개별적으로 구하여 더하는 것과 A투자안의 현금흐름과 B투자안의 현금흐름을 합하여 NPV를 구하는 것의 결과가 동일하다는 의미이다. 가치가산의 원칙은 다른 투자안과 결합하여 나타날 수 있는 수많은 투자안 조합을 검토하지 않고 개별 투자안에 근거하여 투자안을 분석할 수 있게 해준다.

$$NPV_A + NPV_B = 16.60 + 66.53 = 83.13$$

$$NPV_{A+B} = \frac{900}{(1+0.1)^1} + \frac{1,200}{(1+0.1)^2} + \frac{0}{(1+0.1)^3} + \frac{400}{(1+0.1)^4} - 2,000 = 83.13$$

예제 **순현가(NPV)법**

기대현금흐름이 아래와 같은 상호배타적인 A투자안과 B투자안을 고려하고 있다. 두 투자안의 자본비용이 8%일 때 NPV법으로 채택여부를 결정하시오.

(단위: 만원)

연도 말	A투자안의 현금흐름	B투자안의 현금흐름
0	−500	−700
1	400	300
2	100	200
3	−200	−100
4	100	−50
5	100	600

[답]

$$NPV_A = \frac{400}{(1+0.08)^1} + \frac{100}{(1+0.08)^2} + \frac{-200}{(1+0.08)^3} + \frac{100}{(1+0.08)^4} + \frac{100}{(1+0.08)^5} - 500 = -61.10$$

$$NPV_B = \frac{300}{(1+0.08)^1} + \frac{200}{(1+0.08)^2} + \frac{-100}{(1+0.08)^3} + \frac{-50}{(1+0.08)^4} + \frac{600}{(1+0.08)^5} - 700 = 41.46$$

$\rightarrow NPV_B > 0$: B투자안 채택

엑셀의 NPV함수를 이용하여 NPV를 다음과 같이 계산할 수 있다. NPV함수는 'NPV(할인율, 현금흐름1, 현금흐름2, …)'로 나타나는데, 할인율은 기업의 자본비용을 적용하면 되고, 현금흐름1, 현금흐름2, …은 현금이 발생하는 시간 간격이 같아야 하며 각 기간 말에 발생해야 한다.

NPV함수를 이용하여 순현가를 계산할 때 주의할 점은 현재투자금액에 해당하는 PV(현금유출)금액은 NPV함수에서 고려되지 않으므로 따로 더해줘야 한다. 즉, A투자안은 '$NPV(B1, B5:B9) + B4$', B투자안은 '$NPV(B1, C5:C9) + C4$'로 계산한다.

	A	B	C
4	0	-500	-700
5	1	400	300
6	2	100	200
7	3	-200	-100
8	4	100	-50
9	5	100	600
10	NPV	=NPV(B1,B5:B9)+B4	41.46

함수 인수

수식 결과= -61.10

확인   취소

02 내부수익률(IRR)법

1. 내부수익률의 개념

내부수익률(IRR: internal rate of return)은 현금유입의 현가와 현금유출의 현가를 같게 만드는 할인율이다. 즉, NPV를 0으로 하는 할인율로서, 식(5-4)로 구한다.

$$NPV = 0 = \frac{C_1}{(1+IRR)^1} + \frac{C_2}{(1+IRR)^2} + \cdots + \frac{C_n}{(1+IRR)^n} - C_0 \qquad (5\text{-}4)$$

예를 들어, 현재 2,000만원을 투자하여 1차년도에 1,400만원, 2차년도에 500만원, 3차년도에 700만원을 얻을 수 있는 투자안이 있다고 하자. 이 투자안의 내부수익률은 다음과 같이 구할 수 있다.

$$NPV = 0 \ \rightarrow \ \frac{1,400}{(1+\text{할인율})^1} + \frac{500}{(1+\text{할인율})^2} + \frac{700}{(1+\text{할인율})^3} - 2,000 = 0$$

$$\rightarrow \ \text{할인율} = IRR = 16.96\%$$

식(5-4)의 IRR은 엑셀의 'IRR(현금흐름, 추정값)함수'를 사용하여 계산할 수 있다. 〈그림 5-2〉의 IRR함수에서 추정값(Guess)은 할인율을 의미한다. 엑셀에서 추정값의 초기값으로 10%가 설정되어 있다. 추정값에 아무것도 입력하지 않으면 자동으로 10%부터 시작하여 식(5-4)의 우변을 계산한다. 이렇게 계산된 우변값이 좌변인 0과 같을 때까지 반복하여 계산하여 나오는 할인율이 IRR이다.

위의 예에서 할인율이 변하면 그에 따라 NPV도 달라진다. 예를 들어, 할인율이 0%이면 NPV는 600만원이 된다.

$$NPV = \frac{1,400}{(1+0)^1} + \frac{500}{(1+0)^2} + \frac{700}{(1+0)^3} - 2,000 = 0 \ \rightarrow \ NPV = 600$$

할인율이 10%이면 NPV는 211.9만원이 되고, 할인율이 20%이면 NPV가 -81만

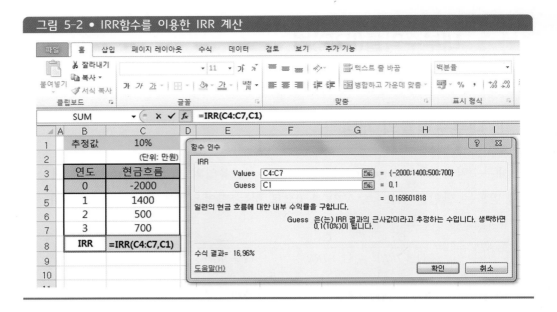

그림 5-2 • IRR함수를 이용한 IRR 계산

연도	현금흐름
0	-2000
1	1400
2	500
3	700
IRR	=IRR(C4:C7,C1)

추정값 10%
(단위: 만원)

원이 된다.

$$NPV = \frac{1,400}{(1+0.1)^1} + \frac{500}{(1+0.1)^2} + \frac{700}{(1+0.1)^3} - 2,000 = 0 \ \rightarrow \ NPV = 211.9$$

$$NPV = \frac{1,400}{(1+0.2)^1} + \frac{500}{(1+0.2)^2} + \frac{700}{(1+0.2)^3} - 2,000 = 0 \ \rightarrow \ NPV = -81$$

이와 같이 NPV가 0보다 크면 할인율을 더 높이고 0보다 작으면 할인율을 다시 낮춰서 NPV가 0이 되는 할인율인 $IRR = 16.96\%$를 시행착오법(try and error)으로 찾아낸다. 〈그림 5-3〉의 NPV곡선은 할인율을 0%에서부터 30%까지 차례로 변화시키면서 구해낸 NPV를 연결하여 그린 것이다.

2. 내부수익률법의 평가기준

〈그림 5-3〉에서 $IRR = 16.96\%$는 현금유입의 현가와 현금유출의 현가를 동일하게 만드는 할인율이며, 현재시점에서 현금유출($-$)이 있고 투자종료시점까지 현금유입($+$)이 발생하는 투자형 투자안의 투자수익률에 해당한다.

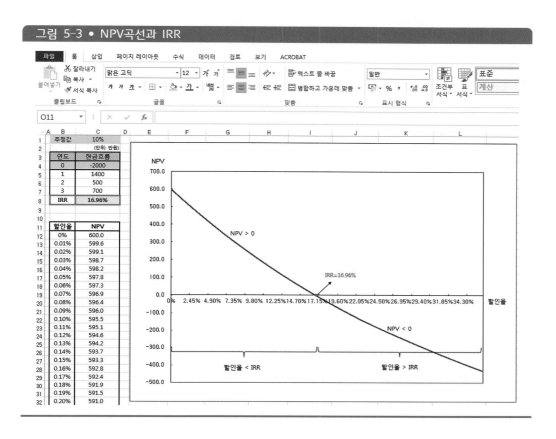

그림 5-3 • NPV곡선과 IRR

예를 들어, 투자기간이 1년인 경우 현재 100원을 투자하여 1년 후에 120원의 현금유입을 기대할 수 있는 투자안의 투자수익률은 $(120-100)/100=20\%$이다. 한편, 이 투자안의 IRR은 $120/(1+IRR)=100 \rightarrow IRR=120/100-1=20\%$가 된다. 따라서 IRR은 그 투자안의 투자수익률을 의미함을 알 수 있다.

〈그림 5-3〉에서 할인율이 IRR보다 작은 구간에서는 IRR(투자수익률)이 자본비용인 할인율보다 더 커서 $NPV>0$이 되어 투자안을 채택하게 된다. 반면 할인율이 IRR보다 큰 구간에서는 $NPV<0$이 되어 투자안이 기각된다.

> IRR > 자본비용(r) （＝NPV>0） → 투자안 채택
> IRR < 자본비용(r) （＝NPV<0） → 투자안 기각

3. 내부수익률법의 장점 및 문제점

(1) 내부수익률법의 장점

내부수익률은 첫째, 모든 현금흐름을 고려하고 둘째, 현금흐름을 할인하기 위하여 화폐의 시간가치를 이용하며 셋째, 이해하기 쉽고 의사소통에 편리하다는 장점이 있다.

(2) 내부수익률법의 문제점

1) 평가기준의 변동 및 복수의 IRR 발생

① 차입형 투자안

투자형 투자안의 현금흐름 형태와 반대로 현재시점에서 현금유입(+)이 발생하고 이후에는 현금유출(−)이 발생하는 차입형 투자안에서는 투자형 투자안의 의사결정기준이 그대로 적용되지 않는다는 문제점이 있다.

예를 들어, 자본비용이 10%일 때 현재 100만원이 들어오고 1년도 말에 70만원이 나가고 2년도 말에 50만원이 나가는 K투자안이 있다고 하자. 이 투자안의 IRR은 다음과 같이 13.90%로 계산된다.

$$NPV = \frac{-70}{(1+IRR)^1} + \frac{-50}{(1+IRR)^2} + 100 = 0 \quad \rightarrow \quad IRR = 13.90\%$$

IRR(13.90%)이 자본비용(10%)보다 크므로 이 투자안을 채택해야 할까? 먼저, 이 투자안의 NPV는 다음과 같이 음(−)의 값으로 손실이 발생하는 투자안이므로 순현가법에 의하면 채택하지 않는다.

$$NPV = \frac{-70}{(1+0.10)^1} + \frac{-50}{(1+0.10)^2} + 100 = -4.96 < 0$$

차입형 투자안의 경우 현재 돈이 들어온다는 것은 다른 사람으로부터 차입했다는 의미로 본다. 그리고 이후부터 돈이 나가는 것은 차입한 원리금을 갚는 것으로 보아 이때 적용하는 할인율은 차입이자율에 해당된다.

따라서 투자형 투자안과 달리 차입형 투자안의 IRR은 투자수익률이 아니라 차입이자율을 의미하기 때문에 투자형 투자안의 평가기준을 그대로 적용할 수 없다. 차입형 투자안에 대해서는 투자형 투자안의 평가기준과 반대로 IRR(차입이자율)이 자본비용보다 작을 경우에 투자안을 채택해야 하며, 이러한 평가기준의 결과는 순현가법에 의한 결과와 동일하게 나타난다.

> IRR < 자본비용·(r) (= NPV > 0) → 투자안 채택
> IRR > 자본비용·(r) (= NPV < 0) → 투자안 기각

위의 차입형 투자안의 예는 어느 투자자가 자금을 차입할 때 만약 금융시장을 이용하는 경우 10%의 자본비용으로 100만원을 빌려올 수 있다고 볼 수 있다. 하지만 위의 투자안을 통해 100만원을 빌려오는 경우에는 13.90%의 높은 차입이자율을 지급해야 하기 때문에 이 투자안을 기각하고 금융시장을 이용하는 것이 유리하다.

② 혼합형 투자안

투자형 투자안과 차입형 투자안 이외에 만약 현금흐름형태가 현금유입(+)과 현금유출(−)이 섞여 있는 현금흐름 형태인 혼합형 투자안의 경우의 IRR은 어떻게 될까?

예를 들어, 현재 100만원이 나가고 1년 후에는 250만원이 들어오고 2년 후에는 155만원이 나가는 투자안이 있다고 하자. IRR은 현금흐름의 할인가치가 0이 되게 하는 투자수익률이므로 다음 식에서 구할 수 있다.

$$NPV = \frac{250}{(1+IRR)^1} + \frac{-155}{(1+IRR)^2} - 100 = 0$$

$$\rightarrow \ 100(1+IRR)^2 - 250(1+IRR)^1 + 155 = 0^{[4]}$$

$$\rightarrow \ (1+IRR) = \frac{250 \pm \sqrt{250^2 - 4 \times 100 \times 155}}{2 \times 100}$$

---

4 $ax^2 + bx + c = 0 \ \rightarrow \ x = \frac{-b \pm \sqrt{b^2 - 4ac}}{2a}$

그림 5-4 • 복수의 IRR

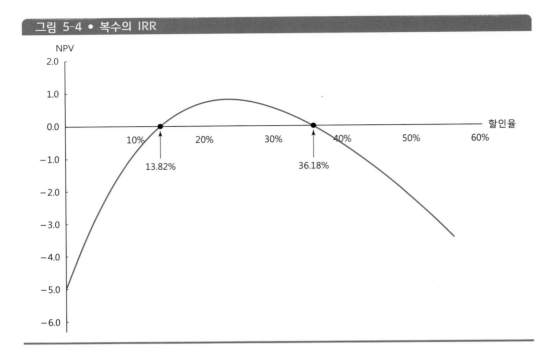

$\rightarrow$ $IRR = 13.82\%,\ 36.18\%$

따라서 IRR이 복수로 존재한다. 이러한 현금흐름의 NPV곡선은 〈그림 5-4〉와 같이 나타나는데 NPV곡선에서 NPV를 0으로 만드는 할인율 IRR이 두 개 존재하는 것을 알 수 있다.

만일 이 투자안의 자본비용이 15%라면 NPV법에 의하면, NPV가 200.19로 양(+)의 값을 가지므로 투자안을 채택한다.

$$NPV = \frac{250}{(1+0.15)^1} + \frac{-155}{(1+0.15)^2} + 100 = 200.19 > 0$$

하지만 IRR법에 의하면 복수의 IRR이 나오므로 어느 것을 기준으로 삼아 투자안을 채택해야 하는지 정할 수 없다. 이러한 복수의 IRR문제를 해결하기 위해 투자기간 동안의 현금유입은 투자안으로부터 자본비용으로 현금을 빌려오는 차입으로 보고, 현금유출은 투자안에 대출이자율(투자안의 수익률과 동일한 내부수익률)로 현금을 빌려

주는 대출로 생각하여 내부수익률을 구할 수 있다.[5]

자본비용이 15%일 경우, 현재 100만원을 내부수익률로 투자할 경우 1년 후의 미래가치는 $100(1+IRR)$이다. 이 금액과 1년 후의 현금유입액인 250만원의 차액인 $250-100(1+IRR)$은 기업이 자본비용으로 차입한 순차입액이다. 이 순차입액의 미래가치인 2년도 말의 순차입액의 원리금 $[250-100(1+IRR)](1+r)$이 2차년도 말에 투자하는 155만원이다. 따라서 다음과 같은 관계식을 얻을 수 있다.

$$[250-100(1+IRR)](1+r)=155$$

$$\rightarrow \ [250-100(1+IRR)](1+0.15)=155$$

$$\rightarrow \ IRR=15.22\%$$

따라서 내부수익률 15.22%가 자본비용 15%보다 크기 때문에 이 투자안을 채택한다.

2) 가치가산원칙의 불성립

IRR법은 가치가산의 원칙이 성립하지 않는다. 예를 들어, 현재 1,000만원이 투자되는 C투자안과 D투자안의 현금흐름이 〈표 5-2〉와 같다고 하자.

표 5-2 • IRR법에 의한 투자안 평가

연도 말	C투자안의 현금흐름	D투자안의 현금흐름	(C+D)의 현금흐름
0	−1,000	−1,000	−2,000
1	600	400	1,000
2	300	600	900
3	300	300	600
IRR	11%	15%	13% ($\neq 11\%+15\%$)

C투자안과 D투자안의 IRR은 각각 11%, 15%이다. 하지만 두 투자안의 현금흐름

---

5 D. Teichroew, *An Introduction to Management Science: Deterministic Models*, Wiley, New York, 1964, pp. 78-82.

을 합한 투자안의 IRR은 13%가 되어 가치가산의 원칙이 성립하지 않기 때문에 경영자는 투자안을 독립적으로 고려할 수 없는 어려움을 겪는다.

$$C투자안:\ 0 = \frac{600}{(1+IRR)^1} + \frac{300}{(1+IRR)^2} + \frac{300}{(1+IRR)^3} - 1,000 \ \rightarrow\ IRR = 11\%$$

$$D투자안:\ 0 = \frac{400}{(1+IRR)^1} + \frac{600}{(1+IRR)^2} + \frac{300}{(1+IRR)^3} - 1,000 \ \rightarrow\ IRR = 15\%$$

$$(C+D)투자안:\ 0 = \frac{1,000}{(1+IRR)^1} + \frac{900}{(1+IRR)^2} + \frac{600}{(1+IRR)^3} - 2,000 \ \rightarrow\ IRR = 13\%$$

3) 재투자수익률 가정의 비현실성

IRR법은 각 투자안에 자금을 재투자를 할 경우 IRR만큼의 수익률을 얻을 수 있다고 가정한다. 이는 식(5-4)의 양변에 $(1+IRR)^n$을 곱해주면, 식(5-5)가 되고, 식(5-5)의 우변을 보면 매 기간에 발생하는 현금흐름을 투자종료시점인 n년도까지 다시 투자할 경우 IRR로 수익률을 얻고 있음을 알 수 있다. 즉, 투자로 벌어들이는 매 기간의 현금흐름을 재투자할 경우 투자수익률이 IRR임을 의미한다.

$$C_0 = \frac{C_1}{(1+IRR)^1} + \frac{C_2}{(1+IRR)^2} + \cdots + \frac{C_n}{(1+IRR)^n}$$

$$\rightarrow\ C_0(1+IRR)^n = C_1(1+IRR)^{n-1} + C_2(1+IRR)^{n-2} + \cdots + C_n \tag{5-5}$$

표 5-3 • NPV법과 IRR법의 재투자수익률 가정

연도 말	E투자안의 현금흐름	F투자안의 현금흐름	(F−E)의 현금흐름
0	−1,000	−1,000	0
1	900	200	−700
2	400	500	100
3	100	900	800
NPV	224	271	47 (=271−224)
IRR	27.52%	21.76%	14.29% (≠21.76%−27.52%)

그림 5-5 • 피셔의 수익률

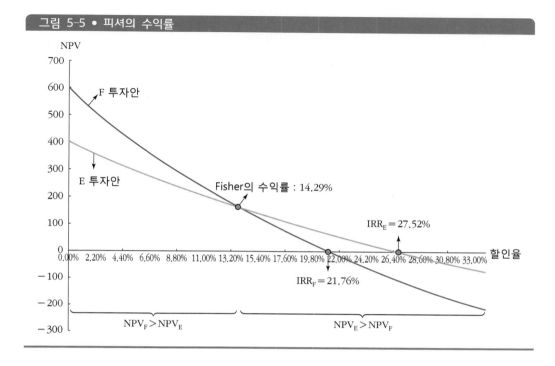

그림 5-5 • 피셔의 수익률

예를 들어, 자본비용은 10%이고, 현재 1,000만원이 소요되고 기대현금흐름이 〈표 5-3〉과 같은 상호배타적인 E투자안과 F투자안이 있다고 하자. E투자안과 F투자안 중에서 NPV법은 F투자안을 선택하고 IRR법은 E투자안을 선택하여 서로 상반된 평가결과를 나타낸다. 왜 상반된 평가결과가 나타날까? 이는 NPV법과 IRR법의 재투자수익률의 가정이 서로 다르기 때문이다.

구체적으로 E투자안과 F투자안의 NPV곡선을 나타낸 〈그림 5-5〉를 보면, E투자안의 NPV와 F투자안의 NPV를 같게 하는 할인율인 Fisher의 수익률을 기준으로 상반된 의사결정결과가 나타난다.[6] Fisher의 수익률은 두 투자안의 현가를 같게 만드는 할인율이므로 F투자안의 현금흐름에서 E투자안의 현금흐름을 차감한 투자형 현금흐름의 할인율로 찾을 수 있다.

---

6 Armen A. Alchian, "The Rate of Interest, Fisher's Rate of Return over Costs and Keynes' Internal Rate of Return," *The American Economic Review*, 45, 1955.

$$(F-E)\text{투자안:} \quad 0 = \frac{-700}{(1+IRR)^1} + \frac{100}{(1+IRR)^2} + \frac{800}{(1+IRR)^3} - 0$$

$$\rightarrow IRR = 14.29\% \text{ (Fisher의 수익률)}$$

〈그림 5-5〉에서 할인율이 Fisher의 수익률보다 낮은 (할인율＜Fisher의 수익률) 구간에서는 F투자안이 E투자안보다 NPV가 높고, 할인율이 Fisher의 수익률보다 높은 (할인율＞Fisher의 수익률) 구간에서는 E투자안이 F투자안보다 NPV가 높다.

따라서, NPV법에 의해 평가할 경우 할인율은 자본비용인 10%로 Fisher의 수익률보다 낮으며, 이 경우 F투자안의 NPV가 271만원으로 E투자안의 NPV인 224만원보다 높기 때문에 F투자안을 채택한다.

$$NPV_E = \frac{900}{(1+0.1)^1} + \frac{400}{(1+0.1)^2} + \frac{100}{(1+0.1)^3} - 1{,}000 = 224\text{만원}$$

$$NPV_F = \frac{200}{(1+0.1)^1} + \frac{500}{(1+0.1)^2} + \frac{900}{(1+0.1)^3} - 1{,}000 = 271\text{만원}$$

하지만, IRR법에 의해 평가할 경우, E투자안의 IRR이 27.52%로 F투자안의 IRR 21.76% 보다 더 높게 나타남에 따라 E투자안이 채택된다.

$$E\text{투자안:} \quad 0 = \frac{900}{(1+IRR)^1} + \frac{400}{(1+IRR)^2} + \frac{100}{(1+IRR)^3} - 1{,}000 \rightarrow IRR = 27.52\%$$

$$F\text{투자안:} \quad 0 = \frac{200}{(1+IRR)^1} + \frac{500}{(1+IRR)^2} + \frac{900}{(1+IRR)^3} - 1{,}000 \rightarrow IRR = 21.76\%$$

이와 같이 NPV법과 IRR법이 상반된 결과가 나타나는 것은 NPV법은 재투자수익률을 자본비용으로 가정하고 있고, IRR법은 재투자수익률을 IRR로 가정하고 있기 때문이다. 즉, NPV법에서는 매년 벌어들이는 현금흐름을 E투자안과 F투자안 모두 10%의 자본비용만큼의 투자수익률을 얻는 곳에 재투자한다고 가정한다. 하지만 IRR법에서는 E투자안은 27.52%(IRR)로 재투자하고 F투자안은 21.76%(IRR)로 재투자한다고 가정한다.

이를 직접 비교하기 위해 E투자안과 F투자안을 각각의 재투자수익률로 재투자했을 때의 가치를 계산하여 보자. 현재시점에서 E투자안과 F투자안의 투자금액은 동일하므로 비교할 필요가 없고 현금유입을 각각의 재투자수익률로 재투자할 경우의 종가인 미래가치를 비교해보면 다음과 같이 상반된 결과가 나타난다.

NPV법의 경우, 기업의 자본비용으로 재투자하였을 때 다음과 같이 E투자안의 종가는 1,629만원, F투자안의 종가는 1,692만원으로 F투자안의 가치가 더 크므로 F투자안을 채택한다.

$$E투자안: \quad 900(1+0.1)^2 + 400(1+0.1)^1 + 100 = 1,629만원$$
$$F투자안: \quad 200(1+0.1)^2 + 500(1+0.1)^1 + 900 = 1,692만원$$

IRR법의 경우, IRR로 재투자하였을 때 E투자안의 종가는 2,073.60만원, F투자안의 종가는 1,805.31만원으로 E투자안의 가치가 더 크므로 E투자안을 선택한다.

$$E투자안: \quad 900(1+0.2752)^2 + 400(1+0.2752)^1 + 100 = 2,073.60만원$$
$$F투자안: \quad 200(1+0.2176)^2 + 500(1+0.2176)^1 + 900 = 1,805.31만원$$

IRR법에서 투자종료기간 동안 지속적으로 초기의 높은 투자수익률인 IRR로 재투자수익률을 얻을 수 있다는 가정은 한계투자수익률이 체감하는 현실에 맞지 않으며, 이보다는 투자기간 동안에는 기업이 최소한 투자수익률로 요구하는 자본비용으로 재투자수익률을 얻는다는 NPV법의 가정이 보다 합리적이다.

4. 내부수익률법의 조정

(1) 수정내부수익률법

투자기간 중의 재투자수익률로 인한 NPV법과 IRR법의 상반된 결과는 IRR법의 재투자수익률 가정이 다르기 때문이므로 IRR법에서도 자본비용으로 재투자한다고 가정할 경우 NPV법과 동일한 결과를 얻을 수 있다.

IRR법에서 투자기간 중의 현금흐름을 자본비용으로 재투자한다고 가정하여 구한 내부수익률을 수정내부수익률(MIRR: modified internal rate of return)이라고 한다.

〈표 5-3〉의 E투자안과 F투자안의 수정내부수익률은 〈식 5-6〉으로 구한다.

$$\frac{C_1(1+r)^{n-1}+C_2(1+r)^{n-2}+\cdots+C_n}{(1+MIRR)^n}-C_0=0 \tag{5-6}$$

E투자안: $\dfrac{900(1+0.1)^2+400(1+0.1)^1+100}{(1+MIRR)^3}-1,000=0 \;\rightarrow\; MIRR=17.66\%$

F투자안: $\dfrac{200(1+0.1)^2+500(1+0.1)^1+900}{(1+MIRR)^3}-1,000=0 \;\rightarrow\; MIRR=19.16\%$

따라서 $MIRR$법에 의하면 F투자안의 $MIRR$이 19.16%로 E투자안의 $MIRR$ 17.66%보다 더 크기 때문에 NPV법과 동일한 F투자안을 채택하게 된다.

(2) 증분내부수익률법

$MIRR$을 계산하여 NPV법과 IRR법의 상반된 결과를 조정하는 방법 외에도 증분내부수익률(incremental IRR)을 구하여 평가할 경우에도 NPV법과 동일한 결과를 얻을 수 있다. 〈표 5-3〉에서 E투자안 현금흐름과 F투자안 현금흐름의 증분인 $(F-E)$의 현금흐름의 IRR은 피셔의 수익률인 14.29%로서 자본비용 10%보다 크므로 F투자안을 채택한다.

SECTION

03 수익성지수(PI)법

1. 수익성지수의 개념

수익성지수(PI: profitability index)는 현금유입의 현가를 현금유출의 현가로 나눈 비율이다. *PI*는 투자된 1원에 의해 창출되는 가치를 나타내므로 상대적인 수익성의 크기를 보여주는 지표가 된다.

*PI*는 *NPV*와 매우 유사하다. *NPV*는 미래현금흐름인 현금유입의 현가와 최초투자액인 현금유출의 현가의 차이로 계산되는 반면, *PI*는 현금유입의 현가와 현금유출의 현가의 비율로 계산되는 점이 다르다.

$$PI = \frac{PV(현금유입)}{PV(현금유출)} \tag{5-7}$$

2. 수익성지수법의 평가기준

식(5-7)에서 현금유입의 현가가 현금유출의 현가와 동일하면 *PI*는 1의 값을 갖는다. 양(+)의 *NPV*를 갖는 투자안의 *PI*는 1보다 크고 음(−)의 *NPV*를 갖는 투자안의 *PI*는 1보다 작다. 투자안의 *PI*가 1보다 크면 채택하고 1보다 작으면 기각한다. 또한 상호배타적인 투자안일 경우 일반적으로 *PI*가 큰 투자안을 선택하면 된다.

> PI>1 (= NPV>0) → 투자안 채택
> PI<1 (= NPV<0) → 투자안 기각

3. 수익성지수법의 장점 및 문제점

(1) 수익성지수법의 장점

정부 등의 공공조직이나 기타 비영리조직의 투자성과를 측정하는 척도로 자주 이용되는 *PI*법은 첫째, 이해하기 쉽고 둘째, 의사소통에 편리하며 셋째, 투자에 사용될 자금이 제한되어 있는 자본할당의 경우에 유용하게 사용될 수 있다는 장점이 있다.

(2) 수익성지수법의 문제점

1) 재투자수익률 가정의 비현실성

자본비용이 10%일 때 1,000만원이 투자되는 G투자안과 10,000만원이 투자되는 H투자안의 현금흐름이 다음과 같다. G투자안과 H투자안은 상호배타적인 투자안이다. E투자안과 F투자안의 NPV와 PI를 각각 구하면 다음과 같다.

$$NPV_G = \frac{800}{(1+0.1)^1} + \frac{700}{(1+0.1)^2} + \frac{600}{(1+0.1)^3} - 1,000 = 757 \text{만원}$$

$$NPV_H = \frac{7,000}{(1+0.1)^1} + \frac{5,000}{(1+0.1)^2} + \frac{4,000}{(1+0.1)^3} - 10,000 = 3,501 \text{만원}$$

$$PI_G = \frac{\left[\frac{800}{(1+0.1)^1} + \frac{700}{(1+0.1)^2} + \frac{600}{(1+0.1)^3} \right]}{1,000} = \frac{1,757}{1,000} = 1.76$$

$$PI_H = \frac{\left[\frac{7,000}{(1+0.1)^1} + \frac{5,000}{(1+0.1)^2} + \frac{4,000}{(1+0.1)^3} \right]}{10,000} = \frac{13,501}{10,000} = 1.35$$

$$PI_{H-G} = \frac{\left[\frac{6,200}{(1+0.1)^1} + \frac{4,300}{(1+0.1)^2} + \frac{3,400}{(1+0.1)^3} \right]}{9,000} = 1.30$$

NPV법으로 평가할 경우에는 NPV가 큰 값을 갖는 H투자안을 선택하지만, PI법으로 평가할 때는 PI가 큰 G투자안을 선택하게 된다. NPV법과 PI법 중 어느

표 5-4 • PI에 의한 투자안 평가

연도 말	G투자안의 현금흐름	H투자안의 현금흐름	(H−G)의 현금흐름
0	−1,000	−10,000	−9,000
1	800	7,000	6,200
2	700	5,000	4,300
3	600	4,000	3,400
NPV	757	3,501	2,744 (=3,501−757)
PI	1.76	1.35	1.30 (≠1.76−1.35)

방법으로 의사결정하는 것이 맞을까?

　　NPV법에 의하여 H투자안을 선택하면 투자안으로 인해 기업의 가치가 3,501만원 증가한다. 하지만 PI법에 의해 G투자안을 선택하면 투자안으로 인해 기업의 가치가 757만원만 증가한다. 기업가치(주주부)의 극대화를 고려할 때 PI법보다는 NPV법에 의해 H투자안을 선택하는 것이 보다 타당하다.

　　PI법은 NPV법과 매우 유사한 평가방법임에도 불구하고 왜 위와 같은 상반된 평가결과가 나타날까? 이는 투자규모에 따른 재투자수익률의 가정이 서로 다르기 때문이다.

　　PI법에 의하면 G투자안은 1원 투자했을 때 1.76원을 벌 수 있는 투자안이고, H투자안은 1원 투자했을 때 1.35원을 벌 수 있는 투자안이다. PI법은 만약 H투자안과 동일한 투자규모로 투자하기 위해서 9,000원을 추가적으로 더 투자할 경우, 현재 선택한 G투자안의 투자수익률인 1.76의 PI를 얻을 수 있는 투자안에 투자할 수 있다고 가정한다.

　　반면, NPV법은 9,000원을 추가적으로 투자할 경우 자본비용과 동일한 투자수익률을 얻는다고 가정한다. 이러한 암묵적 가정은 한계투자수익률이 체감하는 점에 비추어 재투자로부터 자본비용만큼 투자수익률을 얻을 수 있다고 가정하는 NPV법이 PI법에 비해 보다 더 현실적이다.

2) 가치가산원칙의 불성립

　　PI법의 또 다른 한계점은 $PI(G) - PI(H) \neq PI(H-G) \;\rightarrow\; 1.76 - 1.35 \neq 1.30$이 되어 가치가산원칙이 성립하지 않기 때문에 독립적으로 투자안을 고려할 수 없다.

4. 수익성지수법의 조정

(1) 증분수익성지수법

　　상호배타적인 투자안에서 NPV법과 PI법의 상이한 결과는 재투자수익률 가정이 다르기 때문인데, 두 방법의 결과를 조정하는 방법으로 두 투자안의 증분현금흐름을 이용하여 *PI*를 계산하는 증분수익성지수(incremental PI)법을 사용하면 *NPV*법과 동일한 결과를 도출할 수 있다.

〈표 5-4〉에서 *G*투자안 현금흐름과 *H*투자안 현금흐름의 증분현금흐름은 투자규모가 큰 현금흐름에서 투자규모가 작은 현금흐름을 차감한 $(H-G)$의 현금흐름을 말한다. $(H-G)$ 현금흐름의 증분 *PI*는 1.30으로 1보다 크므로 *NPV*법과 동일한 *H*투자안을 채택한다.

(2) 가중평균수익성지수법

증분*PI*를 계산하여 *NPV*법과 *PI*법의 상반된 결과를 조정하는 방법 외에도 가중평균수익성지수(WAPI: weighted average PI)를 구하여 *NPV*법과 동일한 결과를 얻을 수도 있다. *WAPI*법은 투자규모 차이가 나는 금액을 *NPV*법과 마찬가지로 자본비용과 동일한 투자수익률을 주는 투자안인 $PI=1$(NPV=0)인 투자안에 투자한다고 가정하는 방법으로 다음과 같이 구할 수 있다.

$$G투자안: \ WAPI_G = \frac{1,000}{10,000}(1.76) + \frac{9,000}{10,000}(1.00) = 1.076$$

$$H투자안: \ WAPI_H = \frac{10,000}{10,000}(1.35) = 1.35$$

*H*투자안의 *WAPI* 1.35가 *G*투자안의 *WAPI* 1.076보다 크므로 *NPV*법과 동일한 결과인 *H*투자안을 채택하게 된다.

SECTION

04 회수기간(payback period)법

1. 회수기간법의 개념

실무에서는 투자된 자금이 얼마나 빨리 회수되는지에 많은 관심을 가지고 있기 때문에 회수기간(payback period)법이 사용되고 있다. 회수기간은 초기에 투자된 투자원금이 회수되는 데 걸리는 기간을 말한다. 예를 들어, 현재 1,000만원을 투자하여 1차년도에 450만원, 2차년도에 350만원, 3차년도에 300만원, 4차년도에 300만원이 들어오는 투자안이 있다고 하자.

이 투자의 최초 투자금액은 2차년도와 3차년도 사이에 모두 회수할 수 있다. 3차년도에 300만원이 들어오기 때문에 이 금액의 2/3만 있으면 투자원금이 모두 회수된다. 따라서 투자원금의 회수기간은 2년에 3차년도 현금흐름의 2/3가 회수되는 0.67년을 더한 2.67년이 된다.

2. 회수기간법의 평가기준

회수기간법에서는 투자안의 목표 회수기간과 실제 회수기간을 비교하여 목표 회수기간보다 실제 회수기간이 짧으면 투자원금이 목표보다 더 빨리 회수되므로 투자안을 채택하게 된다. 위의 예에서 만약 투자안의 목표 회수기간을 3년으로 정해 놓았을 경우 실제 회수기간 2.67년은 목표로 정해놓은 3년의 회수기간보다 투자원금이 더 빨리 회수되므로 이 투자안을 채택한다. 회수기간법에 의한 투자안의 평가기준은 다음과 같다.

> 투자안의 회수기간 < 목표 회수기간 → 투자안 채택
> 투자안의 회수기간 > 목표 회수기간 → 투자안 기각

| 예제 | 회수기간법 |

기대현금흐름이 아래와 같은 상호배타적인 G투자안과 H투자안을 고려하고 있다. 이 투자안의 목표 회수기간은 5년인 경우 회수기간법에 의해 채택여부를 결정하시오.

(단위: 만원)

연도 말	G투자안의 현금흐름	H투자안의 현금흐름
0	−1,000	−1,000
1	100	900
2	300	0
3	−200	−100
4	800	200
5	100	300

[답]

두 투자안 모두 목표 회수기간 보다 짧은 4년 만에 투자원금이 회수되어 회수기간법으로 평가할 경우 어느 투자안을 선택해도 무방하다. 하지만 H투자안이 초기에 투자원금의 대부분이 회수되고 회수기간 이후에도 G투자안보다 큰 금액이 들어오므로 직관적으로 봐도 H투자안이 보다 더 좋은 투자안이라고 할 수 있다.

3. 회수기간법의 장점 및 문제점

회수기간법은 간단하고 이해하기 쉽다는 단순함 때문에 예비적 판단기준으로 사용되고 있다. 하지만 회수기간법은 다음의 문제점이 있다. 첫째, 회수기간 동안의 현금흐름에 대한 화폐의 시간가치와 투자안의 위험을 무시하고 있다. 둘째, 원금이 모두 회수된 이후에도 발생할 수 있는 현금흐름을 고려하지 않는다. 셋째, 목표 회수기간의 선정이 자의적이라는 한계점이 있다.

따라서 회수기간법은 투자자금회수의 지표로써 투자안의 유동성을 나타낼 수 있을 뿐 수익성의 지표는 아니므로 회수기간법을 사용할 때는 투자안의 수익성을 고려할 수 있는 NPV나 IRR을 병행해서 사용해야 한다.

05 평균회계이익률(AAR)법

1. 평균회계이익률의 개념

평균회계이익률(AAR: average accounting rate of return)은 연평균순이익(average earnings)을 연평균장부가치(average book value)로 나눈 비율이다. 연평균순이익은 매해 매출총이익에서 감가상각비와 세금을 제하여 얻어지는 당기순이익의 투자기간 전체에 대한 평균값이며, 투자안의 연평균장부가치는 연평균투자액에 해당된다고 간주한다.

$$AAR = \frac{\text{세후 연평균순이익}}{\text{연평균장부가액}} \tag{5-8}$$

2. 평균회계이익률법의 평가기준

AAR법의 평가기준은 투자안의 AAR이 목표 AAR보다 클 경우 투자안을 채택하고, 작을 경우 투자안을 기각한다.

> 투자안의 AAR > 목표 AAR → 투자안 채택
> 투자안의 AAR < 목표 AAR → 투자안 기각

예를 들어, 가격이 4,000,000원인 새로운 기계의 구입 여부를 검토하고 있다고 하자. 이 기계의 내용연수는 4년이고, 잔존가치는 없으며 정액법으로 상각된다. 이 기계를 이용할 경우 매출총이익이 4년 동안 매년 2,000,000원이 될 것으로 기대된다. 법인세율은 30%이다. 이 기업의 목표 AAR이 20%일 경우 AAR법에 의해 평가할 때 이 기계를 구입해야 하는지 알아보자.

표 5-5 • 손익계산서

매 출 액	
매 출 원 가	
매 출 총 이 익	2,000,000
감 가 상 각 비	1,000,000(＝감가상각비＝4백만원/4년)
영 업 이 익 →	1,000,000
이 자 비 용	－
법인세차감전순이익	－
법 인 세	300,000(＝1,000,000×0.3)
당 기 순 이 익	700,000

먼저, 4년 동안 정액법에 의한 감가상각비는 매년 1,000,000원(＝4,000,000원/4년)이며, 아래의 손익계산서에 보듯이 4년 동안 매년 700,000원의 당기순이익이 발생할 것으로 기대된다. 따라서 세후 연평균순이익은 다음과 같이 700,000원이 된다.

$$세후\ 연평균순이익 = \frac{700,000 + 700,000 + 700,000 + 700,000}{4} = 700,000\ 원$$

연평균장부가액은 다음과 같이 매년 평균장부가액을 구한 후, 투자기간 동안의 매년 평균장부가액의 평균치를 구하면 된다.[7]

$$연평균장부가액 = [(4,000,000 + 3,000,000)/2 + (3,000,000 + 2,000,000)/2$$
$$+ (2,000,000 + 1,000,000)/2 + (1,000,000 + 0)/2]/4$$
$$= 2,000,000원$$

따라서 AAR은 35%(＝700,000원/2,000,000원)가 되고 이는 목표 AAR(20%)보다 크므로 투자안을 채택한다.

---

7 정액법에 의해 상각하고 잔존가치가 없는 경우의 연간평균장부가액은 초기장부가액 4,000,000원이 마지막에 0으로 끝나므로 (초기장부가액＋마지막장부가액)/2＝(4,000,000＋0)/2＝2,000,000원으로 구해도 된다.

3. 평균회계이익률법의 장점 및 문제점

AAR법은 회계적 자료를 바로 이용하므로 필요한 정보를 항상 쉽게 구할 수 있다. 하지만 AAR법은 첫째, 화폐의 시간적 가치를 사용하지 않고 둘째, 현금흐름과 시장가치가 아닌 회계적인 장부가치를 이용하여 계산하며 셋째, 목표 AAR의 선정이 자의적이라는 문제점이 있다.

핵심정리

1. 순현가(NPV)법

- NPV＝PV(현금유입)＋PV(현금유출)＝$\dfrac{C_1}{(1+r)^1}+\dfrac{C_2}{(1+r)^2}+\cdots+\dfrac{C_n}{(1+r)^n}-C_0$

- 자본비용(＝요구수익률＝장애율＝자본환원율)
  - 새로운 투자로부터 최소한 벌어들어야 하는 수익률

- 평가기준
  - NPV＞0 → 투자안 채택
  - NPV＜0 → 투자안 기각

- 특징
  - 투자안의 모든 현금흐름을 사용
  - 현금흐름을 자본비용으로 할인하여 화폐의 시간적 가치를 고려
  - 자본비용으로 재투자
  - 가치가산의 원칙이 성립

2. 내부수익률(IRR)법

- IRR
  - 현금유입의 현가와 현금유출의 현가를 같게 만드는 할인율
  - NPV를 0으로 하는 할인율
  - NPV＝0＝$\dfrac{C_1}{(1+IRR)^1}+\dfrac{C_2}{(1+IRR)^2}+\cdots+\dfrac{C_n}{(1+IRR)^n}-C_0$

■ 평가기준
- 투자형 현금흐름(IRR＝투자수익률)

  IRR＞자본비용(r)（＝NPV＞0）→ 투자안 채택

  IRR＜자본비용(r)（＝NPV＜0）→ 투자안 기각
- 차입형 현금흐름(IRR＝차입이자율)

  IRR＜자본비용(r)（＝NPV＞0）→ 투자안 채택

  IRR＞자본비용(r)（＝NPV＜0）→ 투자안 기각

■ 장점
- 모든 현금흐름을 고려
- 화폐의 시간가치를 이용
- 이해하기 쉽고 의사소통에 편리

■ 문제점
- 평가기준의 변동 및 복수의 IRR 발생
- 재투자수익률 가정의 비현실성: IRR로 재투자
- 가치가산원칙의 불성립

■ IRR법의 개선
- 수정내부수익률(MIRR)법: $\dfrac{C_1(1+r)^{n-1}+C_2(1+r)^{n-2}+\cdots+C_n}{(1+MIRR)^n}-C_0=0$
- 증분내부수익률(incremental IRR)법: Fisher의 수익률

3. 수익성지수(PI)법

■ PI＝$\dfrac{PV\,(현금유입)}{PV\,(현금유출)}$

■ 평가기준
- PI＞1（＝NPV＞0）→ 투자안 채택
- PI＜1（＝NPV＜0）→ 투자안 기각

- 장점
  - 쉬운 이해
  - 의사소통에 편리
  - 자본할당의 경우에 유용하게 사용

- 문제점
  - 재투자수익률 가정의 비현실성: 투자안의 투자수익률로 재투자
  - 가치가산원칙의 불성립

- PI법의 개선
  - 가중평균수익성지수(WAPI)법
  - 증분수익성지수(incremental PI)법

4. 회수기간법

- 회수기간: 초기에 투자된 투자원금이 회수되는데 걸리는 기간

- 평가기준
  - 투자안의 회수기간 < 목표 회수기간 → 투자안 채택
  - 투자안의 회수기간 > 목표 회수기간 → 투자안 기각

- 장점
- 이해하기 쉬움

- 문제점
  - 회수기간 동안의 현금흐름에 대한 화폐의 시간가치와 투자안의 위험을 무시
  - 원금이 모두 회수된 이후에 발생하는 현금흐름을 고려하지 않음
  - 목표 회수기간의 선정이 자의적

5. 평균회계이익률법

■ 평균회계이익률(AAR) = $\dfrac{\text{세후 연평균순이익}}{\text{연평균장부가액}}$

■ 평가기준
- 투자안의 AAR > 목표 AAR → 투자안 채택
- 투자안의 AAR < 목표 AAR → 투자안 기각

■ 장점
필요한 정보인 회계자료를 항상 쉽게 구할 수 있음

■ 문제점
- 시간적 가치를 사용하지 않음
- 현금흐름과 시장가치가 아닌 회계적인 장부가치를 이용하여 계산
- AAR의 선정이 자의적

연습문제 Practice Problems

1. 다음 중 성격이 다른 것은? (   )

① 자본비용   ② 평균수익률

③ 장애율   ④ 자본환원율

2. 여러 투자안들 중에서 하나의 투자안이 선택되면 나머지 투자안이 자동적으로 기각되는 투자안은? (   )

① 독립적 투자안   ② 종속적 투자안

③ 상호배타적 투자안   ④ 보완적 투자안

3. 다음 중 화계의 시간적 가치가 고려된 투자평가기준은? (   )

① NPV법, IRR법, PI법   ② 회수기간법, AAR법, IRR법

③ AAR법, PI법, NPV법   ④ PI법, AAR법, IRR법

4. NPV법에 대한 다음 설명으로 옳지 않은 것은? (   )

① NPV는 주주의 부를 극대화하는 목표에 적합한 투자평가기준이다.

② 자금을 재투자할 경우에는 IRR로 재투자 한다고 암묵적으로 가정한다.

③ 투자안의 모든 현금흐름을 자본비용으로 할인한다.

④ 가치가산의 원칙이 성립하는 유일한 투자평가기준이다.

5. IRR에 대한 다음 설명으로 옳지 않은 것은? (   )

① 현금유입의 현가와 현금유출의 현가를 같게 하는 할인율이다.

② 순현가를 0으로 하는 할인율이다.

③ 투자형 투자안의 평가기준을 차입형 투자안에도 적용할 수 있다.

④ 투자형 현금흐름에서 투자수익률을 의미한다.

6. NPV법과 IRR법에 대한 다음 설명 중 옳은 것은? (   )

① NPV법과 IRR법의 평가결과는 항상 일치한다.
② NPV법과 IRR법의 재투자수익률 가정은 같다.
③ NPV법과 IRR법 모두 가치가산 원칙이 성립한다.
④ NPV법과 IRR법 모두 현금흐름 개념을 이용한다.

7. NPV법과 PI법에 관한 설명으로 적절하지 못한 것은? (   )

① NPV법과 PI법 모두 화폐의 시간가치를 고려한다.
② NPV법은 가치가산의 원칙이 성립하지만 PI법은 성립하지 않는다.
③ NPV법의 재투자수익률 가정이 PI법의 재투자수익률 가정보다 합리적이다.
④ NPV법과 PI법 모두 기업가치의 극대화에 적합한 평가방법이다.

8. 다음 두 투자안에 대한 설명으로 틀린 것은? 단, 자본비용은 10%이고 목표회수기간은 2년이다. (   )

연도 말	현금흐름	
	투자안 A	투자안 B
0	−100만원	−200만원
1	70만원	0
2	30만원	200만원

① 독립적인 투자안일 경우 NPV법에 의하면 두 투자안 모두 기각한다.
② 상호배타적인 투자안일 경우 PI법에 의하면 투자안 A를 채택한다.
③ 상호배타적인 투자안일 경우 회수기간법에서는 두 투자안이 차이가 없다
④ 두 투자안의 IRR은 투자수익률 개념이다.

9. (1998 CPA) 순현가법과 내부수익률법에 관한 다음 설명 중 틀린 것은? (   )

① 순현가법은 투자로부터 발생되는 현금흐름을 시장이자율로 재투자할 수 있다고 가정한다.
② 내부수익률법은 투자로부터 발생되는 현금흐름을 내부수익률로 재투자할 수 있다고 가정한다.
③ 두 투자기법 모두 가치의 가산원칙을 만족시킨다.
④ 두 투자기법 모두 화폐의 시간가치를 반영한다.
⑤ 두 투자기법이 경우에 따라서는 서로 다른 투자결정을 내린다.

10. (2004 CPA) 자본예산에서 순현가법과 내부수익률법의 평가결과가 다른 경우, 순현가법을 따르는 것이 바람직하다고 한다. 다음 중 순현가법의 우위를 설명하는 이유로 옳지 않은 것은? (   )

① 순현가법에서는 할인율로 재투자한다고 가정하고 있으나, 내부수익률법에서는 내부수익률로 재투자한다고 가정하고 있다.

② 내부수익률법에 의할 경우, 내부수익률이 존재하지 않거나 또는 내부수익률이 복수로 존재하는 경우가 있을 수 있다.

③ 할인율이 매기 변동하는 경우, 내부수익률법에 이를 반영하는 것은 곤란하지만, 순현가법에서는 비교적 용이하게 이를 반영할 수 있다.

④ 여러 개의 투자안을 결합하는 분석을 실시하는 경우, 순현가법은 개별투자안의 순현가를 독립적으로 구하여 합산하면 되지만, 내부수익률법은 개별투자안의 내부수익률을 독립적으로 구하여 합산하는 방법을 사용할 수 없다.

⑤ 투자규모가 다른 투자안을 비교하는 경우, 순현가는 각 투자안의 투자규모에 대비한 상대적 성과에 대한 정보를 제공하지만, 내부수익률은 절대적 성과에 대한 정보만 제공한다.

11. (2005 CPA) 자본예산의 투자안 경제성 평가방법에 대한 다음의 설명 중 가장 옳지 않은 것은? (   )

① 할인회수기간은 회수기간보다 길다.

② 내부수익률(IRR)법의 재투자수익률에 대한 가정을 자본비용으로 수정한 수정내부수익률(MIRR)법에서는 2개 이상의 IRR이 나오지 않는다.

③ 내부수익률(IRR)이 자본비용보다 큰 경우, IRR값은 MIRR값보다 큰 값을 가진다.

④ 현금유입의 양상이 다르거나 투자수명이 다른 상호배타적인 두 개의 투자안은 투자규모가 동일하다면, MIRR법과 수익성지수(PI)법의 평가결과는 NPV법의 평가결과와 같다.

⑤ 순현재가치(NPV)법은 재투자수익률로 자본비용을 가정하고, 가치의 가산원리가 성립하며, 투자액의 효율성을 고려한 방법이다.

12. (2007 CPA) (주)성우의 CFO는 현재 100억원을 투자해야 하는 3년 수명의 상호배타적인 투자안 A와 투자안 B를 고려하고 있다. 두 투자안은 잔존가치 없이 3년간 정액법으로 감가상각되며 3년간 당기순이익은 투자안의 현금흐름과 같다. 두 개의 투자안 모두 자본비용은 20%이다. 투자의사결정과 관련된 다음의 내용 중 가장 옳지 않은 것은? (   )

투자안	현금흐름			IRR	NPV
	1년 후	2년 후	3년 후		
A	+40억원	+60억원	+90억원	34.4%	27.1억원
B	+60억원	+60억원	+60억원	36.3%	26.4억원

① 회수기간법에 의하면 A의 회수기간이 2년으로 B의 회수기간 1.67년보다 더 길기 때문에 B를 선택한다.

② 평균회계이익률(AAR)법에 의하면 A의 AAR이 26.67%로 B의 AAR 20%보다 더 크기 때문에 A를 선택한다.

③ 내부수익률(IRR)법에 의하면 A의 IRR이 B의 IRR보다 더 작으므로 B를 선택한다.

④ 증분내부수익률(IRR)법에 의하면 A의 현금흐름에서 B의 현금흐름을 차감한 현금흐름의 IRR인 1.9%가 영(zero)보다 크므로 A를 선택한다.

⑤ 수익률지수(PI)법에 의하면 A의 PI인 1.27이 B의 PI인 1.26보다 크므로 A를 선택한다.

13. (2014 CPA) 투자규모와 내용연수가 동일한 상호배타적인 투자안 A와 투자안 B를 대상으로 투자안의 경제성을 평가한다. 순현재가치(NPV)법에 의하면 투자안 A가 선택되나, 내부수익률(IRR)법에 의하면 투자안 B가 선택된다. 투자안 A에서 투자안 B를 차감한 현금흐름(투자안 간의 증분현금흐름)의 내부수익률은 10%이다. 투자안들의 내부수익률은 모두 자본비용보다 높고 두 투자안의 자본비용은 동일하다. 다음 설명 중 가장 적절하지 않은 것은? (   )

① 순현재가치법과 내부수익률법의 결과가 다른 이유는 내용연수 내 현금흐름에 대한 재투자수익률의 가정을 달리하기 때문이다.

② 투자안 A의 순현재가치와 투자안 B의 순현재가치는 모두 0원보다 크다.

③ 두 투자안의 순현재가치를 동일하게 만드는 할인율은 10%이다.

④ 내부수익률법이 아닌 순현재가치법에 따라 투자안 A를 선택하는 것이 합리적이다.

⑤ 투자안의 자본비용은 10%보다 높고 투자안 A의 내부수익률보다 낮은 수준이다.

14. (2017 CPA) 상호배타적인 투자안 A, B가 있다. 두 투자안의 투자규모 및 투자수명은 같으며, 투자안 A의 내부수익률(IRR)은 16%, 투자안 B의 내부수익률은 20%이다. 자본비용이 7%일 때 투자안 A의 순현가(NPV)가 투자안 B의 순현가보다 높다. 다음 설명 중 가장 적절한 것은? 단, 현재(0시점)에 현금유출이 발생하고, 이후 현금유입이 발생하는 투자형 현금흐름을 가정한다. (   )

① 자본비용이 7%보다 클 때 투자안 A의 순현가는 투자안 B의 순현가보다 항상 높다.

② 두 투자안의 순현가를 같게 하는 할인율은 7%보다 높다.

③ 자본비용이 5%일 때 투자안 B의 순현가는 투자안 A의 순현가보다 높다.

④ 투자안 B는 투자안 A에 비하여 투자기간 후기에 현금유입이 상대적으로 더 많다.

⑤ 자본비용이 16%일 때 투자안 B의 순현가는 0이다.

1. ②

2. ③

3. ①

4. ②

5. ③

6. ④

7. ④

답

NPV법은 현금유입의 현가와 현금유출의 현가의 차이로 계산되어 기업가치의 증분을 나타내지만 PI법은 현금유입의 현가와 현금유출의 현가의 비율로 계산되어 수익률을 나타내는 개념이다.

8. ②

답

① $NPV_A = \dfrac{70}{(1+0.1)^1} + \dfrac{30}{(1+0.1)^2} - 100 = -12만원$

$NPV_B = \dfrac{0}{(1+0.1)^1} + \dfrac{200}{(1+0.1)^2} - 200 = -35만원$

NPV를 직접 계산하지 않아도 시간가치를 고려해보면 투자안 A의 100만원 현금유출에 비해 현금유입의 현재가치가 더 작고, 투자안 B의 200만원 현금유출에 비해 현금유입의 현재가치가 더 작다는 것을 직관적으로 알 수 있다.

② $PI_A = \dfrac{\left[\dfrac{70}{(1+0.1)^1} + \dfrac{30}{(1+0.1)^2}\right]}{100} = 0.88$

$$PI_B = \frac{\left[\dfrac{0}{(1+0.1)^1} + \dfrac{200}{(1+0.1)^2} \right]}{200} = 0.83$$

9. ③

10. ⑤

답

⑤ 투자규모가 다른 투자안을 비교하는 경우, 순현가는 각 투자안의 투자규모에 대비한 절대적 성과에 대한 정보를 제공하지만, 내부수익률은 상대적 성과에 대한 정보만 제공한다.

11. ⑤

답

⑤ NPV법은 재투자수익률로 자본비용을 가정하고, 가치의 가산원리가 성립하지만, 투자액의 효율성을 고려하지 않는다. 투자액의 효율성을 고려하는 방법은 수익성지수(PI)법이다.

12. ④

답

② A의 $AAR = \dfrac{\text{세후 연평균순이익}}{\text{연평균장부가액}} = \dfrac{(40+60+90)/3}{(100+0)/2} \rightarrow 26.67\%$

B의 $AAR = \dfrac{\text{세후 연평균순이익}}{\text{연평균장부가액}} = \dfrac{(60+60+60)/3}{(100+0)/2} \rightarrow 20\%$

④ 증분현금흐름($A-B$)은 다음과 같다.

	$t=0$	$t=1$	$t=2$	$t=3$
증분현금흐름	0	-20	0	30

따라서 증분내부수익률(IRR)법에 의한 증분IRR(Fisher의 수익률)은 다음과 같이 구한다.

$$0 = \frac{-20}{(1+IRR)^1} + \frac{0}{(1+IRR)^2} + \frac{30}{(1+IRR)^3} \rightarrow \frac{20}{(1+IRR)^1} = \frac{30}{(1+IRR)^3}$$

$\rightarrow$ 증분 $IRR = 22.47\%$. 증분IRR(22.47%) > 자본비용(20%)이므로 A투자안 채택

13. ⑤

답

⑤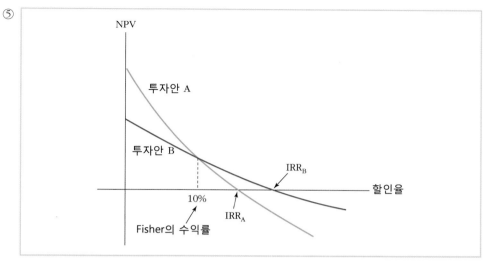

순현재가치(NPV)법에 의해 투자안 A가 선택되려면 자본비용이 Fisher의 수익률 10%보다 낮아야 한다.

14. ②

답

① 자본비용이 Fisher의 수익률보다 높은 구간에서는 투자안 A의 순현가가 투자안 B의 순현가보다 높지만, 자본비용이 Fisher의 수익률보다 낮은 구간에서는 투자안 A의 순현가가 투자안 B의 순현가보다 낮다.

② 자본비용이 7%인 경우에 NPV법의 의사결정결과와 IRR법의 의사결정결과가 상이하므로 두 투자안의 순현가를 같게 하는 할인율(Fisher의 수익률)은 7%보다 높다.

③ 자본비용이 5%일 때 투자안 A의 순현가는 투자안 B의 순현가보다 높다.

④ 투자안 A의 NPV곡선의 기울기가 보다 가파르므로, 투자안 A는 투자안 B에 비하여 투자기간 후기에 현금유입이 상대적으로 더 많다.

⑤ 투자안 B의 IRR이 20%이므로 자본비용이 16%일 때 투자안 B의 순현가는 0보다 크다.

투자의사결정: 자본예산 Ⅱ

학습개요

본 장에서는 전 장의 다양한 투자평가방법들을 적용하기 위해서 투자안의 현금흐름을 최초투자 시점, 투자기간 중, 투자종료 시점에서 어떻게 추정하는지에 대해서 자세히 살펴본다. 또한 투자기간이 서로 다른 경우의 투자안 평가, 자본제약이 있는 경우의 투자안 평가, 물가상승하에서의 투자안 평가, 조정현가(APV)법에 의한 투자안 평가방법에 대해서 다룬다.

학습목표

- 현금흐름 추정
- 투자기간이 다른 경우의 자본예산
- 자본제약하의 자본예산
- 물가상승하의 자본예산
- 조정현가(APV)법에 의한 투자안 평가

01 현금흐름의 추정

1. 현금흐름 추정 시 고려사항

본 절에서는 자본예산 평가방법 중 가장 우월한 NPV법에 의해 투자안을 평가할 경우 현금흐름을 어떻게 추정하는지에 대해서 살펴본다. 기본적으로 자본예산은 당기 순이익과 같은 회계적 개념에 기초를 두지 않고 현금흐름에 기초하여 의사결정을 하며, 특히 다음을 반드시 고려하여 추정해야 한다.

(1) 감가상각비

감가상각비는 현금흐름에 고려하지 않는다. 감가상각비는 일반적으로 기업에서 비용 중 가장 크고 중요하며 실제로 현금이 나가지 않는 비용이다. 예를 들어, 내용연수 10년이고 잔존가치가 없는 기계를 1억원에 구입한다고 하자.

현금지출 1억원은 현재시점에서 발생하지만, 정액법으로 감가상각한다고 할 경우 회계상으로는 10년 동안 매년 1천만원(=1억원/10년)씩 비용으로 인정하여 1억원을 매년 1천만원씩 지출한 것처럼 인위적으로 배분한다. 하지만 실제로 1억원의 현금이 나간 시점은 현재시점이지 10년 동안 1천만원씩 나간 것이 아니기 때문에 감가상각비는 현금유출로 보지 않는다.

(2) 이자비용과 배당금 등 금융비용

이자비용과 배당금 등 금융비용(financing cost)은 현금흐름에 고려하지 않는다. 이자비용과 배당금 등은 명백히 현금이 유출되는 자금조달비용에 해당한다. 자본예산에서 NPV를 구할 때 세후현금흐름을 이 자금조달비용이 반영된 할인율인 자본비용으로 할인한다. 자본비용은 기업의 가중평균자본비용을 사용하는데, 기업의 가중평균자본비용에 자기자본과 타인자본의 비율과 같은 자본조달 의사결정의 효과가 반영되어 있다.

　따라서 부채의 크기를 얼마로 하고 이에 대한 이자는 얼마를 지출할지 또한 배당을 얼마나 지급할지 등과 관련한 효과가 가중평균자본비용인 할인율을 산출할 때 반영되어 있다. 만약 이자 및 배당 그리고 이자의 절세효과를 현금흐름에 포함하여 자본비용으로 할인하게 되면 이중계산이 되기 때문에 할인율에 반영되어 있는 이자비용과 배당금 등의 현금유출과 이자의 절세비용과 같은 현금유입은 현금유출로 직접 차감하지 않는다.

(3) 매몰원가

　매몰원가(sunk cost)는 현금흐름에 고려하지 않는다. 이미 발생한 비용인 매몰비용은 돌이킬 수 없는 과거에 이미 발생한 비용이다. 예를 들어, 한 달 전에 새 자동차를 2천만원 주고 샀다고 하자. 한 달 사용하는 동안 이 자동차의 편의사양이 불편하고 엔진소음도 생각보다 크다고 하자. 이때 이미 산 자동차를 계속 사용할 것인가 아니면 더 좋은 차를 다시 살 것인가?

　이미 지불한 자동차 값인 2천만원은 환불이 불가능하므로 기발생원가 혹은 매몰원가이다. 이 돈은 이미 사용하여 없어진 돈이므로 새로운 차를 살지 말지에 대한 의사결정을 할 때 고려하지 말아야 한다. 따라서 현재와 미래의 현금흐름을 기초로 현재시점에서 의사결정을 할 때 과거에 발생한 매몰비용은 따로 고려하지 않아야 한다.

(4) 기회비용

　기회비용(opportunity cost)은 현금유출에 포함한다. 기회비용이란 투자안에 투자하지 않고 다른 곳에 투자했을 경우 기대되는 수입이다. 즉, 투자금액을 사용하여 벌어들일 기회를 포기함으로써 잃게 되는 수입을 말한다. 따라서 만약 투자금액을 투자안에 투자하지 않고 다른 곳에 사용했다면 벌어들일 수 있는 현금을 포기한 셈이므로 현금유출로 본다.

예를 들어, 기업이 임대료를 받고 있는 공장건물이 있다고 하자. 이 기업이 신제품을 생산하기 위하여 이 공장건물을 사용해야 된다고 하면 공장건물에 대한 임대료는 신제품생산을 위해 포기해야 하는 기회비용이 된다. 기회비용은 임대료수입으로 들어오는 현금흐름을 포기한 것이므로 현금유출로 본다.

(5) 잠식비용

잠식비용(erosion cost)은 한 기업 안에서 특정 부분에 대한 투자가 다른 부분의 매출을 잠식하는 것으로서 현금유출로 본다. 예를 들면, 신형노트북에 대한 투자를 늘리면 데스크탑에 대한 매출이 줄어들 수 있다. 이 경우 데스크탑에 대한 매출감소에 따른 손실이 잠식비용이 된다. 만약 신형노트북에 대한 투자가 없었다면 데스크탑에서 벌어들일 수 있는 현금이 신형노트북에 대한 투자로 인해 못 벌게 되었으므로 잠식비용을 현금유출로 본다.

(6) 자본적 지출

자본적 지출은 현금유출에 포함한다. 자본적 지출은 자산의 실질적인 가치를 증가시키는 현금유출로서, 유형자산의 신규투자 및 유형자산의 가치를 증가시키거나 내용연수를 증가시키는 개량 및 증설, 대체투자 등을 포함한다. 이러한 자본적 지출은 현재의 비용이 아니라 자산의 원가에 포함되므로 자본적 지출이 발생하는 시점의 현금유출로 포함시킨다. 하지만 자본적 지출로 인해 증가되는 감가상각비는 현금유출에 포함해서는 안 된다.

(7) 법인세 절세효과

법인세 절세효과(tax shield effect)는 현금유입에 포함한다. 감가상각비 자체는 현금유출이 아니지만 감가상각비라는 비용으로 인해 이익이 줄어든다. 따라서 감가상각비만큼 줄어든 이익에 세율을 곱하여 세금을 내기 때문에 결국 감가상각비에 세율을 곱해서 나온 금액만큼을 덜 지출하게 된다.

예를 들어, 간략히 매출이 100원, 감가상각비가 40원, 세율 20%라고 하자. 이때 세금은 $(100-40) \times 0.2 = 12$원을 내게 된다. 하지만 감가상각비가 없다면 $100 \times 0.2 = 20$원을 내야 한다. 즉, 감가상각비의 존재로 인해 8원$(=20-12=40 \times 0.2)$만큼의 세금이 덜 나가게 된다. 이를 법인세 절세효과라고 한다.

따라서 법인세 절세효과만큼 현금이 덜 나가므로 그 만큼을 벌어들인 것으로 보아 현금유입에 포함시킨다. 참고로, 이자비용도 회계상 비용이므로 이자비용에 대한 절세효과가 있다. 하지만 이자비용에 대한 절세효과는 현금유입으로 포함시키지 않는다. 왜냐하면, 현금흐름에 대한 이자비용의 효과는 할인율에 모두 반영하기 때문이다.

(8) 순운전자본

유동자산에서 유동부채를 차감한 순운전자본(net working capital)에 대한 투자는 투자에 필요한 단기자산에 대한 실제로 나간 순투자액을 의미하므로 현금유출에 포함한다. 즉, 순운전자본에 대한 투자는 매출채권과 재고자산 등에 대한 투자금액에서 투자안으로부터 발생하는 매입채무 및 단기차입금을 차감한 순투자액을 말한다.

이러한 순운전자본은 투자종료 시에는 처음에 투자되었던 재고자산은 모두 판매되고, 매출채권도 회수되며 매입채무는 지불되는 등 모두 현금으로 회수되므로 최초 투자 시의 순운전자본은 투자종료시점에 모두 회수되는 것으로 본다.

예를 들어, 어떤 투자로 인해 재고자산이 필요하여 1,000만원 어치의 재고자산을 샀다면 현금이 현재시점에서 1,000만원이 나간 것이다. 하지만 투자가 종료되면 쌓여 있던 재고자산을 모두 매각하여 1,000만원을 현금으로 회수한다고 본다.

> **예제** **순운전자본 변동에 따른 현금흐름**
>
> 최초 투자시점에 운전자본 10만원을 사용한 A기업이 1억원짜리 신기계를 들여와 향후 5년 동안 매년 매출액 100만원, 110만원, 130만원, 90만원, 140만원을 달성한다고 하자. 매출액의 증감에 따라 재고자산이나 매출채권 등에 대한 투자가 증감하여 매년도의 운전자금은 매년도 말에 매출액의 10%가 된다고 추정된다. 이 기업의 매년 소요

되는 운전자본은 얼마인가?

[답]

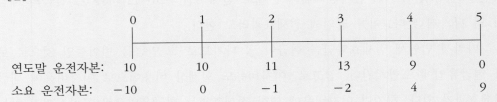

	0	1	2	3	4	5
연도말 운전자본:	10	10	11	13	9	0
소요 운전자본:	−10	0	−1	−2	4	9

올해 투자된 운전자본은 내년에 회수가 되고 그 다음해의 영업을 위해 재투자되는 과정을 반복하기 때문에 투자기간 중에 운전자본이 증가하거나 감소하다가 투자종료시점인 5년도 말에는 투자된 운전자본(현금유출)이 모두 회수된다. 따라서 5차년도 말의 운전자본은 0이 된다.

또한 전년도 말에 비해 운전자본이 증가했다는 것은 증가분만큼의 현금유출이 있다는 것을 의미하고 반대로 감소했다는 것은 감소분만큼 운전자본이 회수되어 현금유입이 있다는 것을 의미한다.

따라서 최초투자 시점에는 10만원의 현금유출이 있었는데 1년도말의 운전자본이 10만원으로 변동이 없으므로 추가로 소요되는 운전자본은 없다. 2년도말의 운전자본은 11만원이 되어 추가로 소요되는 운전자본은 1만원의 현금유출이 있게 된다. 4년도 말의 운전자본은 3년도 말의 운전자본보다 4만원 적어져 4만원이 회수되어 현금유입이 있다는 것을 의미한다. 투자종료 시점인 5년도 말에는 투자가 종료되어 모든 운전자본이 회수되므로 9만원의 현금유입이 있게 된다.

2. 현금흐름의 추정

자본예산의 투자안을 평가하기 위해 투자안으로 인해 발생하는 현금흐름을 추정해보자. 현금흐름은 최초투자 시의 현금흐름, 투자기간 중의 현금흐름, 투자종료 시의 현금흐름으로 크게 세 부분으로 나뉜다.

(1) 최초투자 시점의 현금흐름

최초투자 시점에서는 지출하는 자본적 지출을 포함한 투자액(ΔI_0)이 나간다. 또한 투자시작 시점에 필요한 재고자산 등을 사와야 하므로 순운전자본(ΔWC_0)도 나간다. 이때 주의할 점은 만약 투자 시점에 투자세액공제를 받는다면 이 금액만큼은 나가야 하는 금액이 절약된 것이므로 현금유입으로 본다.

한편, 투자시작 시점에 기존에 사용하던 기계 등의 자산을 판매한다면 판매대금(S_0)이 들어올 것이고 판매 시에 자산의 장부가액(ΔB_0)에 대비해 이익이 발생했다면 이익에 대한 세금($(S_0 - B_0) \cdot t$)이 나가야 할 것이다.

$$\Delta CF_0 = -\Delta I_0 + S_0 - (S_0 - B_0) \cdot t - \Delta WC_0 \tag{6-1}$$

(2) 투자기간 중의 현금흐름

최초시점에 투자한 이후 1차년도부터 투자종료 시점인 n차년도까지 벌어들이는 현금흐름은 기본적으로 정상적인 영업활동에서 실현되는 현금흐름인 영업현금흐름이 된다. 이때, 주의할 점은 회계상의 영업이익이 아니라 현금흐름 관점에서의 영업활동을 통해 실제로 들어오는 현금흐름이라는 것이다. 따라서 회계상의 영업이익을 영업현금흐름으로 다음과 같이 전환해야 한다.

예를 들어, 〈표 6-1〉의 손익계산서에서 영업이익 400만원은 매출액 1,000만원에서 영업비용 500만원과 감가상각비 100만원까지 차감하여 구해진 것이다. 하지만, 감가상각비는 실제로 현금유출이 없는 비용으로서 이익을 줄여주어 실제로 나가는 현금인 세금을 절약시킨다. 그러므로 영업현금흐름을 구할 때 다음과 같이 현금유출이 없는 감가상각비는 고려하지 않아야 하며 오직 감가상각비의 절세효과만 고려해야 한다.

표 6-1 • 손익계산서

매　　　출　　　액(ΔR)	1,000만원
영　업　비　용(ΔC)	500만원
감　가　상　각　비(ΔD)	100만원
영　업　이　익($\Delta EBIT$)	400만원
이　자　비　용(ΔI)	150만원
법인세차감전순이익(ΔEBT)	250만원
법　　　인　　　세(ΔT)	100만원($=250\times0.4$)
당　기　순　이　익	150만원

영업현금흐름＝영업활동으로 벌어들이는 현금흐름－영업활동으로 발생한 영업

이익에 대한 세금[1]

＝$(1,000$만원-500만원$)-(1,000$만원-500만원-100만원$)\times0.4$

＝$(1,000$만원-500만원$)(1-0.4)+(100$만원$)(0.4)=340$만원

$$\Delta CF_{1 \sim n} = (\Delta R - \Delta C)(1 - t) + \Delta D \cdot t \tag{6-2}$$

(3) 투자종료 시점의 현금흐름

투자종료 시점에서는 모든 영업활동이 종료되어 자산의 잔존가치가 존재한다면 이를 처분하여 처분가액(ΔS_n)을 받게 되고 특히 처분 시에 이익이 발생하면 세금

---

1 영업현금흐름은 식(6-2)의 방식 외에도 다음과 같은 다른 접근법에 의해 동일한 값을 구할 수 있다.
① 식(6-2)의 우변에 감가상각비를 가감하면,
영업현금흐름＝$(1,000$만원-500만원-100만원$)-(1,000$만원-500만원-100만원$)\times0.4+100$만원
　　　　　　＝340만원
　　　　　　＝영업이익$(1-t)$＋감가상각비
　　　　　　＝$EBIT(1-t)+D$
② 당기순이익에서 영업현금흐름으로 전환하기 위해서는 당기순이익을 영업이익으로 전환한 후, 이를 다시 영업현금흐름으로 전환하기 위해서 당기순이익에 이자비용의 순효과(이자비용과 이자비용의 절세효과)를 더해주어야 하고, 이익을 계산할 때 현금유출이 없는 감가상각비를 차감하여 구하므로 이를 다시 더해준다.
영업현금흐름＝150만원＋150만원-150만원$\times0.4+100$만원＝340만원
　　　　　　＝당기순이익＋이자비용－이자비용의 절세효과＋감가상각비
　　　　　　＝$NI+NI(1-t)+D$

$((\Delta S_n - \Delta B_n) \cdot t)$까지 내게 된다. 또한 투자종료 시에는 재고자산과 매출채권 등의 유동자산과 매입채무와 같은 유동부채가 더 이상 필요하지 않으므로 이를 청산하여 모두 현금으로 회수(ΔWC_n)된다고 본다.

$$\Delta CF_n = \Delta S_n - (\Delta S_n - \Delta B_n) \cdot t + \Delta WC_n \qquad (6\text{-}3)$$

식(6-1), 식(6-2), 식(6-3)과 같이 투자시작 시점, 투자기간 중, 투자종료 시점의 현금흐름은 어느 투자안에서나 공통적으로 발생하는 현금흐름이다. 여기에 각 시점에서 비정규적으로 그 해에만 발생하는 현금유입이나 현금유출이 발생하는 경우에는 그때마다 추가적으로 고려해 주어야 한다.

예제 | **자본예산**

S기업은 기존의 구형기계를 생산능력과 비용측면에서 효율적인 신형기계로 교체하는 것을 고려하고 있다. 장부가액 500,000원인 구형기계의 현재 시가는 700,000원이고 향후 10년 더 사용가능하다. 구형기계를 그대로 사용할 경우 매년 매출액은 400,000원이고 영업비용은 150,000원, 매년 감가상각비는 50,000원이 된다. 구형기계의 잔존가치는 0이지만 100,000원에 시장에 매각할 수 있다.

한편, 내용연수 10년인 신형기계의 취득가액은 1,200,000원이며 신형기계를 사용할 경우 S기업의 매년 매출액은 500,000원, 영업비용은 180,000원, 감가상각비는 매년 120,000원이 된다. 신형기계의 잔존가치도 구형기계와 마찬가지로 0이지만 시장에서 200,000원에 매각할 수 있다. 구형기계를 신형기계로 교체할 경우 110,000원의 순운전자본이 추가적으로 투자된다. 요구수익률이 10%, 법인세율이 40%일 경우 S기업은 신형기계로 교체해야 하는가? NPV법에 의해서 평가하고, IRR을 구하여 비교·설명하시오.

[답]

(1) NPV법에 의한 신형기계로의 교체 평가

① 투자안의 현금흐름

$$\Delta CF_0 = -\Delta I_0 + S_0 - (S_0 - B_0) \cdot t - \Delta WC_0$$
$$= -1,200,000 + 700,000 - (700,000 - 500,000)(0.4) - 110,000$$

$$=690{,}000원$$

$$\Delta CF_{1 \sim 10} = (\Delta R - \Delta C)(1-t) + \Delta D \cdot t$$
$$= [(500{,}000 - 400{,}000) - (180{,}000 - 150{,}000)](1 - 0.4)$$
$$+ (120{,}000 - 50{,}000)(0.4)$$
$$= 70{,}000원$$

$$\Delta CF_{10} = \Delta S_{10} - (\Delta S_{10} - \Delta B_{10}) \cdot t + \Delta WC_{10}$$
$$= (200{,}000 - 100{,}000) - [(200{,}000 - 100{,}000) - (0 - 0)](0.4) + 110{,}000$$
$$= 170{,}000원$$

② 투자안 평가

$$NPV = \frac{70{,}000}{(1+0.1)^1} + \frac{70{,}000}{(1+0.1)^2} + \cdots + \frac{70{,}000}{(1+0.1)^{10}} + \frac{170{,}000}{(1+0.1)^{10}} - 690{,}000$$

$$= -194{,}338원$$

따라서 $NPV < 0$이므로 신형장비로 교체하지 않는다.

(2) IRR법에 의한 평가

엑셀의 IRR함수로 구한 $IRR = 2.52\%$이다. 투자형 투자안의 현금흐름형태에서 IRR은 투자수익률을 의미하고, 투자수익률이 기업이 최소한 벌어들여야 하는 요구수익률인 10%보다 낮으므로 신형기계로 교체할 경우 손실을 보게 된다. 따라서 NPV법과 동일한 결과가 도출된다.

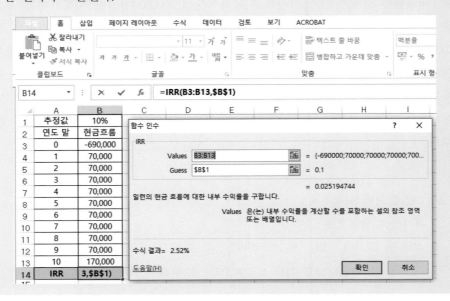

02 투자기간이 다른 경우의 자본예산

일반적으로 어느 투자안을 선택할지에 대한 투자의사결정을 할 때 모든 투자안의 투자기간이 동일한 경우는 드물다. 오히려 투자안들의 투자기간이 서로 다른 경우가 더 흔하다. 본 절에서는 투자기간이 서로 다른 상호배타적인 투자안을 서로 비교해 본다.

1. 반복투자가 불가능한 투자안

투자안의 경제적 수명기간인 투자기간이 서로 다른 A투자안과 B투자안이 있다고 하자. 자본비용이 10%라고 할 때, A투자안과 B투자안의 투자금액은 1,000만원으로 동일하지만 A투자안은 3년의 투자기간, B투자안은 4년의 투자기간을 가진다.

상호배타적인 두 투자안이 1회성 투자안으로 투자종료 이후에 다시 반복하여 투자할 수 없다면 어느 투자안에 투자해야 할까? 두 투자안의 투자기간이 다르므로 직접 비교는 의미가 없다. 그렇다면 투자기간이 다른 투자안은 비교가 불가능한가?

두 투자안의 투자기간을 동일하게 만들기 위해 투자기간이 짧은 투자안이 종료된 후에는 투자기간이 긴 투자안의 종료시점까지, 즉 4차년도에는 투자로 버는 현금이 없어서 현금흐름이 0으로 발생한다고 보고 이를 자본비용으로 할인한다고 가정하면,

표 6-2 ● 투자기간이 다른 투자안

연 도	A투자안의 현금흐름	B투자안의 현금흐름
0	−1,000	−1,000
1	500	300
2	400	300
3	400	300
4		500
NPV	85.65	87.56

두 투자안의 투자기간이 동일하게 된다.

이제, 상호배타적인 두 투자안의 투자기간이 동일하게 되었으므로 NPV를 계산하면 A투자안은 85.65만원, B투자안은 87.56만원으로 B투자안의 NPV가 더 크므로 B투자안을 선택한다.

$$NPV_A = \frac{500}{(1+0.1)^1} + \frac{400}{(1+0.1)^2} + \frac{400}{(1+0.1)^3} + \frac{0}{(1+0.1)^4} - 1,000 = 85.65만원$$

$$NPV_B = \frac{300}{(1+0.1)^1} + \frac{300}{(1+0.1)^2} + \frac{300}{(1+0.1)^3} + \frac{500}{(1+0.1)^4} - 1,000 = 87.56만원$$

2. 반복투자가 가능한 투자안

만약 A투자안과 B투자안이 1회성 투자가 아니고 기계와 같이 마모가 될 때마다 계속 교체해야 하는 투자안이라고 생각해보자. 이때 A투자안은 3년마다 B투자안은 4년마다 기계가 교체되므로 A투자안은 3년마다 투자가 반복되고 B투자안은 4년마다 투자가 반복된다.

이와 같이 반복투자가 가능할 경우에는 A투자안이 현금흐름을 창출하지 못하는 4차년도에도 B투자안은 현금흐름이 발생하기 때문에 1회성 투자로만 투자안을 분석하는 것은 적절하지 못하고 투자기간 전체를 분석하는 것이 타당하다. 투자기간 전체를 분석하는 방법으로 최소공배수 접근법과 연간등가가치 접근법이 있다.

(1) 최소공배수 접근법

두 투자안의 투자기간이 일치되는 기간을 전체분석기간으로 보아 투자안 분석을 실시한다. 즉, 투자안의 반복투자 주기의 최소공배수에 해당하는 기간까지 반복투자한다고 가정할 경우, 두 투자안의 투자기간이 동일하게 되므로 이 기간까지의 NPV를 계산한다.

예를 들어, A투자안과 B투자안의 투자기간의 최소공배수는 12년이다. 즉, A투자안은 4번 투자되고 B투자안은 3번 투자되면 투자기간이 12년으로 일치하게 된다.

표 6-3 • 반복투자가 가능할 경우의 NPV

연도	A투자안의 현금흐름	A투자안의 NPV	B투자안의 현금흐름	B투자안의 NPV
0	−1,000	85.65	−1,000	87.56
1	500	−	300	−
2	400	−	300	−
3	−600 (=400−1,000)	85.65	300	−
4	500	−	−500 (=500−1,000)	87.56
5	400	−	300	−
6	−600 (=400−1,000)	85.65	300	−
7	500	−	300	−
8	400	−	−500 (=500−1,000)	87.56
9	−600 (=400−1,000)	85.65	300	−
10	500	−	300	−
11	400	−	300	−
12	400	−	500	−
NPV	234.67		188.22	

이 경우 A투자안의 NPV는 234.67만원, B투자안의 NPV는 188.22만원으로 A투자안의 NPV가 더 크므로 A투자안을 선택하게 되어, 1회성의 투자안 분석과 완전히 상반된 결과를 나타낸다.

$$NPV_A = \frac{500}{(1+0.1)^1} + \frac{400}{(1+0.1)^2} + \frac{-600}{(1+0.1)^3} + \frac{500}{(1+0.1)^4} + \cdots + \frac{400}{(1+0.1)^{12}} - 1,000$$

$$= 85.65 + \frac{85.65}{(1+0.1)^3} + \frac{85.65}{(1+0.1)^6} + \frac{85.65}{(1+0.1)^9} = 234.67\text{만원}$$

$$= NPV(n) + \frac{NPV(n)}{(1+r)^n} + \frac{NPV(n)}{(1+r)^{2n}} + \frac{NPV(n)}{(1+r)^{3n}}$$

$$NPV_B = \frac{300}{(1+0.1)^1} + \frac{300}{(1+0.1)^2} + \frac{300}{(1+0.1)^3} + \frac{-500}{(1+0.1)^4} + \cdots + \frac{500}{(1+0.1)^{12}} - 1,000$$

$$= 87.56 + \frac{87.56}{(1+0.1)^4} + \frac{87.56}{(1+0.1)^8} = 188.22\text{만원}$$

$$= NPV(n) + \frac{NPV(n)}{(1+r)^n} + \frac{NPV(n)}{(1+r)^{2n}}$$

(2) 연간등가가치 접근법

연간등가가치(AEV: annual equivalent value) 접근법은 투자를 무한히 반복 투자하는 경우를 가정하여 분석하는 방법이다. 즉, 최소공배수 접근법에서는 투자기간을 최소공배수 기간까지 반복 투자한다고 가정한 반면 연간등가가치 접근법에서는 무한히 투자한다고 가정한 것이다.

투자안이 무한히 반복 투자된다면 결국은 무한투자기간이라는 동일한 투자기간을 갖는 투자안이 되기 때문에 투자안을 서로 비교분석할 수 있게 된다. 투자기간이 n인 투자안이 무한히 반복 투자되는 경우 매 투자기간의 NPV를 할인한 총NPV는 영구연금의 현금흐름과 동일하다.

$$NPV(n,\ \infty) = NPV(n) + \frac{NPV(n)}{(1+r)^n} + \frac{NPV(n)}{(1+r)^{2n}} + \frac{NPV(n)}{(1+r)^{3n}} + \cdots$$

$$= \frac{NPV(n)}{1 - \dfrac{1}{(1+r)^n}}$$

$$= NPV(n)\left[\frac{(1+r)^n}{(1+r)^n - 1}\right] \qquad (6\text{-}4)$$

$\rightarrow$ A투자안의 $NPV(3,\ \infty) = NPV(3)\left[\dfrac{(1+0.1)^3}{(1+0.1)^3 - 1}\right]$

$$= 85.65\left[\frac{(1+0.1)^3}{(1+0.1)^3 - 1}\right] = 344.41\text{만원}$$

B투자안의 $NPV(4,\ \infty) = NPV(4)\left[\dfrac{(1+0.1)^4}{(1+0.1)^4 - 1}\right]$

그림 6-1 ● 무한반복투자 시의 현금흐름

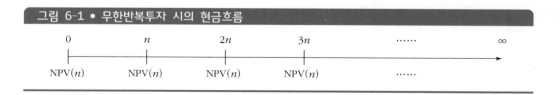

$$= 87.56 \left[\frac{(1+0.1)^4}{(1+0.1)^4 - 1} \right] = 276.23 만원$$

따라서 투자기간을 무한대로 동일하게 조정한 경우에 A투자안의 총NPV가 B투자안의 총NPV보다 더 크기 때문에 A투자안을 선택해야 한다. 그런데 무한히 매년 일정한 금액이 얼마가 되어야 그 일정한 금액의 현재가치가 $NPV(n, \infty)$가 될까? 〈그림 6-1〉에서 보듯이 $NPV(n, \infty)$이 되도록 무한히 매년 발생하는 현금흐름을 연간등가가치(AEV)라고 하고 영구연금의 현금흐름 형태와 동일하게 나타난다.

$$NPV(n, \infty) = \frac{AEV}{(1+r)^1} + \frac{AEV}{(1+r)^2} + \frac{AEV}{(1+r)^3} + \cdots$$

$$= \frac{AEV}{r}$$

$$\rightarrow \quad AEV = r \cdot NPV(n, \infty) \qquad\qquad (6\text{-}5)$$

$$= NPV(n) \left[\frac{r \cdot (1+r)^n}{(1+r)^n - 1} \right]$$

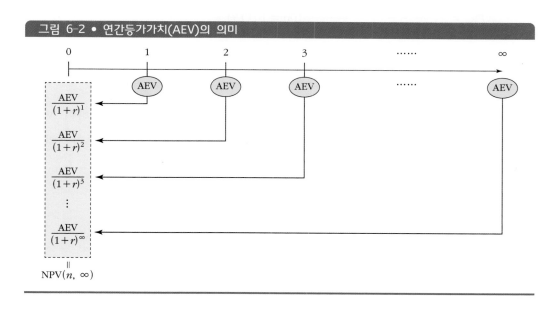

그림 6-2 • 연간등가가치(AEV)의 의미

$$= \left[\frac{NPV(n)}{PVIFA_{r,n}} \right]$$

$$\rightarrow A투자안의 \ AEV = r \cdot NPV(n,\infty) = (0.1)(344.41) = 34.44만원$$

$$B투자안의 \ AEV = r \cdot NPV(n,\infty) = (0.1)(276.23) = 27.62만원$$

따라서 A투자안의 AEV가 B투자안의 AEV보다 크기 때문에 A투자안을 선택해야 한다. 그럼 이와 같이 AEV에 의한 평가결과와 $NPV(n, \infty)$에 의한 평가결과가 항상 같게 되는가? AEV에 의한 평가결과와 $NPV(n, \infty)$에 의한 평가결과는 상호배타적인 투자안의 위험, 즉 자본비용이 동일할 경우에만 같아진다.

만약, 상호배타적인 투자안의 자본비용이 같지 않을 경우에는 AEV에 의한 평가결과와 $NPV(n, \infty)$에 의한 평가결과가 서로 다르게 나오는데, 이처럼 위험이 다를 경우에는 AEV에 의한 평가를 사용할 수 없다.

예를 들어, C투자안의 자본비용은 10%이고 D투자안의 자본비용은 40%라고 할 때 투자기간이 서로 다른 다음과 같은 C투자안과 D투자안이 있다고 하자. C투자안과 D투자안을 NPV법으로 평가하면 두 투자안 모두 NPV가 10만원으로 동일하므로 어느 투자안을 선택해도 상관없다.

$$NPV_C = \frac{70}{(1+0.1)^1} + \frac{56.1}{(1+0.1)^2} - 100 = 10만원$$

$$NPV_D = \frac{80}{(1+0.4)^1} + \frac{70}{(1+0.4)^2} + \frac{47.05}{(1+0.4)^3} - 100 = 10만원$$

한편, 두 투자안의 투자기간이 다르므로 반복투자가 가능하다고 가정하여 $NPV(n, \infty)$을 계산하면 다음과 같이 C투자안의 총NPV가 57.62만원으로 D투자안의 총 NPV 15.74만원 보다 더 크므로 C투자안을 선택한다.

$$C투자안의 \ NPV(2, \infty) = NPV(2) \left[\frac{(1+0.1)^2}{(1+0.1)^2 - 1} \right]$$

$$= 10 \left[\frac{(1+0.1)^2}{(1+0.1)^2 - 1} \right] = 57.62만원$$

표 6-4 • 투자기간이 다른 투자안과 NPV(n, ∞)

연 도	C투자안의 현금흐름	D투자안의 현금흐름
0	−100	−100
1	70	80
2	56.1	70
3		47.05
NPV	10	10
NPV(n, ∞)	57.62	15.74

$$D투자안의 \ NPV(3, \infty) = NPV(3)\left[\frac{(1+0.4)^3}{(1+0.4)^3 - 1}\right]$$

$$= 10\left[\frac{(1+0.4)^3}{(1+0.4)^3 - 1}\right] = 15.74만원$$

이는 NPV가 동일한 상호배타적인 두 투자안의 위험이 서로 다를 경우 자본비용 40%로 위험이 높은 D투자안의 총NPV인 $NPV(n, \infty)$가 자본비용 10%로 위험이 낮은 C투자안의 총NPV인 $NPV(n, \infty)$ 보다 작은 값을 가지므로 기업가치에 보다 적은 영향을 주는 것을 알 수 있다.

하지만 두 투자안의 AEV를 비교해보면 C투자안의 AEV 5.76만원보다 D투자안의 AEV 6.30만원이 더 크므로 D투자안을 선택하게 되어 $NPV(n, \infty)$에 의한 평가결과와 정반대의 결과가 나온다. 이는 위험이 낮은 C투자안보다 위험이 높은 D투자안의 낮은 $NPV(n, \infty)$에 높은 자본비용을 곱하여 D투자안의 AEV가 더 크게 계산되기 때문이다.

$$C투자안의 \ AEV = r \cdot NPV(n, \infty) = (0.1)(57.62) = 5.76만원$$
$$D투자안의 \ AEV = r \cdot NPV(n, \infty) = (0.4)(15.74) = 6.30만원$$

이러한 인위적인 균등배분액인 AEV에 비해 $NPV(n, \infty)$에 의한 평가결과는 어느 투자안이 실제로 기업가치에 더 크거나 작은 영향을 미치는지에 대해서 투자안의 총NPV를 비교하기 때문에 위험이 다를 경우에는 $NPV(n, \infty)$에 의해서 투자안을 분석해야 한다.

예제	생산설비 교체 (2007 CPA 2차)

신제품 생산라인을 도입할 예정인 P사는 동일한 성능을 지닌 두 기계 A와 B 중 하나를 선택하는 상호배타적 투자안을 평가 중이다. 기계 A는 내용연수가 2년이고 구입 및 설치비용이 100원이며 매년 말 유지비용이 20원 소요된다. 내용연수 만료 시 10원에 매각이 가능할 것으로 예상된다. 한편 기계 B는 내용연수가 3년이고 구입 및 설치비용이 100원이며 매년 말 유지비용이 30원 소요된다. 기계 B는 잔존가치가 없다. 모든 투자안 가치평가에 10%의 할인율이 적용된다. 법인세는 없다. (모든 수치는 소수점 셋째 자리에서 반올림하시오.)

연간할인율, 연수	10%, 2년	10%, 3년	10%, 4년
현가이자요소(PVIF)	0.8264	0.7513	0.6830
연금의 현가이자요소 (PVIFA)	1.7355	2.4868	3.1699

(1) 두 기계 A와 B 모두 내용연수 만기와 동시에 동일한 조건의 동종기계로 지속적으로 대체한다는 가정하에 최적 투자안을 선택하시오.

(2) 현재 외부업체가 기계 C를 개발하고 있으며 상용화가 될 확률이 50%이다. P사가 최초에 기계 A를 도입한 경우에 한해서 2년 후 시점($t=2$)에 기계 A 혹은 기계 C로 대체할 수 있다. 일단 대체할 기계가 결정되면 계속해서 동일 기계를 사용해야 한다. 기계 C의 성능은 기계 A와 동일하다. 내용연수 2년간 소요되는 기계 C의 비용의 현가는 2년 후 시점($t=2$)을 기준으로 100원이다. 물음 (1)과 동일한 가정하에 $t=0$시점에서 기계 A와 기계 B의 도입 안을 비교하여 최적투자안을 선택하시오.

[답]

(1) 두 기계 A와 B 모두 내용연수 만기와 동시에 동일한 조건의 동종기계로 지속적으로 대체한다고 가정하므로 두 기계의 비용의 연간등가가치인 연간등가비용(EAC: equivalent annual cost)을 계산하여 비교한다.

기계 A: 비용의 현가: $100+(20)(1.7355)-(10)(0.8264)=126.45$원

$$\rightarrow \text{비용의 연간등가가치}(=EAC) = \frac{NPV(n)}{PVIFA_{r,n}} = \frac{NPV(2)}{PVIFA_{10\%,2}} = \frac{126.45}{1.7355} = 72.86\text{원}$$

기계 B: 비용의 현가: $100 + (30)(2.4868) = 174.60\text{원}$

$$\rightarrow \text{비용의 연간등가가치}(=EAC) = \frac{NPV(n)}{PVIFA_{r,n}} = \frac{NPV(3)}{PVIFA_{10\%,3}} = \frac{174.60}{2.4868} = 70.21\text{원}$$

따라서 소요비용에 대한 연간등가가치인 EAC가 기계 B가 더 작기 때문에 기계 B를 선택한다.

(2) 2년이 1기간에 해당하고 1년의 표면이자율이 10%이므로 1기간(2년)의 표면이자율은 20%($=10\%\times2$)이다. 그리고 1기간에 이자를 두 번 지급하므로 1기간의 실효이자율은 다음과 같다.

$$r_e = \left(1 + \frac{r}{m}\right)^m - 1 \;\rightarrow\; r_e = \left(1 + \frac{0.2}{2}\right)^2 - 1 = 0.21$$

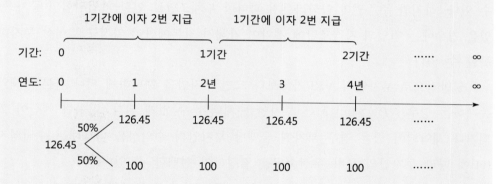

따라서 기계 A 혹은 기계 C로 대체할 경우의 $NPV(2, \infty)$와 소요비용에 대한 AEV인 EAC는 다음과 같다.

$$NPV(2,\infty) = 126.45 + (0.5)\left(\frac{126.45}{0.21}\right) + (0.5)\left(\frac{100}{0.21}\right) = 665.62\text{원}$$

$$\rightarrow AEV_A = r \cdot NPV(n,\infty) = r \cdot NPV(2,\infty) = (0.1)(665.62) = 66.56\text{원}$$

한편, 기계 B의 소요비용에 대한 AEV인 EAC는 다음과 같다.

$$\rightarrow AEV_B = \frac{NPV(n)}{PVIFA_{r,n}} = \frac{NPV(3)}{PVIFA_{10\%,3}} = \frac{174.60}{2.4868} = 70.21\text{원}$$

따라서 소요비용에 대한 연간등가가치인 EAC가 기계 A가 더 적기 때문에 기계 A를 선택한다.

03 자본제약하의 자본예산

일반적으로 자본시장이 합리적이고 효율적일 경우 투자안의 NPV가 양(+)의 값을 가질 경우 기업은 얼마든지 자금을 조달하여 투자함으로써 기업가치를 극대화할 수 있다. 하지만 주주권의 약화라든지 과다한 부채조달로 인한 기업위험의 증가 등이 있을 경우에는 기업의 자금조달에 제약이 가해져 자본예산이 일정규모 이상 투자하지 못할 수 있다.

일반적으로 투자안의 NPV가 0보다 크면 투자안을 채택하게 되나 자본에 제약이 존재하는 경우 $NPV > 0$인 모든 투자안을 채택할 수 없게 된다. 이처럼 예산이 고정되거나 제약되어 있는 경우 투자된 금액당 투자안의 수익성을 나타내는 수익성지수(PI)에 따라 투자안의 투자 우선순위를 결정하여 선택할 수 있다.

예를 들어, 자본비용이 10%이고 기업의 자본예산이 1,000만원인 상황에서 〈표 6-4〉

표 6-5 • 자본제약 하의 자본예산

연도	A투자안의 현금흐름	B투자안의 현금흐름	C투자안의 현금흐름	D투자안의 현금흐름
0	−600	−700	−300	−200
1	500	400	150	150
2	400	400	130	100
3	300	300	100	100
NPV	410.52	219.61	18.93	94.14
PI	1.68	1.31	1.06	1.47

와 같은 4개의 투자안이 있다고 하자. 이 4개의 투자안은 모두 수익성이 높은 투자안임에도 불구하고 투자할 수 있는 자본이 한정되어 있어 기업은 이 투자안들을 모두 다 선택할 수 없게 된다.

〈표 6-5〉의 A, B, C, D투자안 모두 $NPV > 0$이므로 만약 기업이 투자금액이 충분하여 1,800만원의 투자금액을 가지고 있다면 네 개의 투자안에 모두 투자하여 총 743.20만원($=410.52 + 219.61 + 18.93 + 94.14$)의 NPV를 얻을 수 있다. 하지만 이 기업은 자본제약이 존재하여 투자할 수 있는 자금이 1,000만원으로 한정되어 있기 때문에 네 개의 투자안에 모두 다 투자할 수는 없다.

이 경우 투자우선순위를 투자금액 한 단위당의 수익성을 따져서 정할 수 있다. 즉, 투자할 수 있는 1,000만원 범위 내에서 PI가 가장 큰 A투자안과 다음으로 수익성이 좋은 D투자안에 800만원($=600 + 200$)을 선택하게 된다. 만약 다른 조합의 투자안을 선택하면 예산을 초과하게 된다.

한편, 위의 투자안에서 만약 A투자안과 D투자안에 투자하고 남은 200만원을 투자안 중에서 부분적으로 선택할 수 있다면, A투자안과 D투자안 다음으로 PI가 높은 B투자안의 28.57%($=200/700$)를 선택한다. 즉, 부분선택이 가능할 경우에는 A투자안, D투자안, B투자안의 28.57%를 선택한다.

04 물가상승하의 자본예산

1. 이자율과 물가상승률

명목이자율은 화폐단위로 표시한 이자율로 물가상승률이 포함되어 계산된 이자율을 말하며, 실질이자율은 재화단위로 표시한 이자율로서 실질적으로 재화를 구매할 수 있도록 물가상승률로 조정된 이자율을 말한다. 명목이자율과 실질이자율은 어떠한 관계가 성립하는지 생각해보자.

예를 들어, 현재 컴퓨터의 가격이 100만원일 경우 컴퓨터를 사기 위해 명목이자율 10%로 100만원을 차입할 경우 1년 후에 $100(1+0.1)$의 금액을 상환해야 한다. 일반적으로 투자자는 실질적인 구매력에 관심이 있다. 따라서 110만원을 상환해야 하는 재화의 개수로 바꾸기 위해 1년 후의 컴퓨터 가격인 107만원으로 나누면 1.028 $(=(100(1+0.1))/107)$가 된다. 즉, 현재 100만원으로 100만원짜리 컴퓨터를 1개 구매할 수 있고, 1년 후에 상환해야 하는 110만원을 재화의 개수로 표현하면 1.028개가 된다. 이처럼 재화단위로 표시한 이자율인 2.8%를 실질이자율이라고 한다.

한편, 연초의 100만원짜리 컴퓨터가 시간이 지남에 따라 가격이 올라서 107만원이 되면 물가상승률이 7%($=(107$만원-100만원$)/100$만원$)$가 된다. $107=100(1+0.07)$이므로 $(1+0.028)=(100(1+0.1))/107$의 분모 107 대신에 $100(1+0.07)$을 대입하여 정리하면 $(1+0.028)=(1+0.1)/(1+0.07)$ → $(1+0.1)=(1+0.028)(0+0.07)$이다. 따라서 명목이자율과 실질이자율은 다음과 같은 관계가 성립한다.

$$(1+명목이자율)=(1+실질이자율)(1+물가상승률)^2 \qquad (6\text{-}6)$$

$$→ \quad 실질이자율=\frac{1+명목이자율}{1+물가상승률}-1$$

2. 현금흐름과 물가상승률

이자율을 물가상승률의 고려 여부에 따라 명목이자율과 실질이자율로 구분한 것과 마찬가지로 현금흐름도 명목현금흐름과 실질현금흐름으로 구분할 수 있다. 명목현금흐름(nominal cash flow)은 미래에 실제로 나타나는 화폐금액으로 물가상승률이 반영된 현금흐름이다. 실질현금흐름(real cash flow)은 투자시점의 화폐가치로 평가된 현금흐름으로서 명목현금흐름을 물가상승률로 할인하여(deflate) 물가상승효과를 제거하여 현재시점의 구매력으로 환산한 현금흐름을 말한다.

---

2 실질이자율에 물가상승률을 곱한 값은 현실적으로 매우 작은 값을 가지므로 0이라고 가정하여 (식 6-6)을 명목이자율≈실질이자율+물가상승률로 간략하게 나타낼 수 있다. Irving Fisher(1930)는 명목이자율은 실질이자율과 향후 예상되는 물가상승률의 합과 같다고 주장하였으며, 이를 피셔효과라고 한다.

예를 들어, 1,000만원을 주고 구입한 새 기계의 내용연수는 4년이고, 4년 후의 잔존가치는 100만원이라고 하자. 새 기계는 4년 동안 매년 225만원씩 감가상각 한다. 이때 매년도의 감가상각비 225만원은 명목현금흐름에 해당한다.

만약 물가상승률이 매년 5%라면 4년 동안 매년 동일하게 나타나는 명목 감가상각비 225만원은 1차년도 말에 $214.29(=225/(1+0.05)^1)$만원, 2차년도 말에 $204.08(=225/(1+0.05)^2)$만원, 3차년도 말에 $194.36(=225/(1+0.05)^3)$만원, 4차년도 말에 $185.11(=225/(1+0.05)^4)$만원의 실질 감가상각비가 된다. 하지만 4년 후의 잔존가치인 100만원은 현재 투자시점의 화폐가치로 계산한 것이므로 실질현금흐름이다. 이 잔존가치를 4년 후의 명목 현금흐름으로 전환하면 $121.55(=100(1+0.05)^4)$만원이 된다.

투자안을 평가할 때 투자안으로부터 들어오는 현금흐름과 이 현금흐름을 할인하는 할인율에 물가상승률을 일관되게 반영해야 한다. 즉, 명목현금흐름은 명목이자율로 할인하고, 실질현금흐름은 실질이자율로 할인해야 한다.

$$\sum_{t=1}^{n} \frac{\text{명목현금흐름}_t}{(1+\text{명목이자율})^t} = \sum_{t=1}^{n} \frac{\text{명목현금흐름}_t}{(1+\text{실질이자율})^t(1+\text{물가상승률})^t}$$
$$= \sum_{t=1}^{n} \frac{\text{실질현금흐름}_t}{(1+\text{실질이자율})^t} \qquad (6\text{-}7)$$

예제 | **물가상승하의 자본예산**

A기업은 신발을 생산하는 기계를 구입하고자 한다. 이 기계의 가격은 200억원이다. 기계의 내용연수는 5년이고, 잔존가치는 40억원이다. 감가상각은 정액법으로 계산하며, 감가상각비를 제외하고 계산한 첫해의 매출액에서 영업비용을 차감한 영업이익은 80억원이고, 이 금액은 매년 6%씩 증가할 것으로 예산된다. 투자종료 시점에서의 잔존가치는 명목가치로 처분된다. 물가상승률은 5년 동안 매년 8%로 일정한 것으로 기대되고, 명목이자율은 12%, 법인세율은 30%라고 할 때 이 투자안을 채택해야 하는가? 명목현금흐름과 실질현금흐름으로 구분하여 분석하시오.

[답]
(1) 투자안의 명목현금흐름

	0년	1년	2년	3년	4년	5년
최초투자액	−200					
영업이익(매년 6% 증가)		80	84.80	89.89	95.28	101.00
감가상각비(=(200-40)/5)		(32)	(32)	(32)	(32)	(32)
영업이익		48.00	52.80	57.89	63.28	69.00
1−법인세율(30%)		(14.4)	(15.84)	(17.37)	(18.98)	(20.7)
세후영업이익		33.60	36.96	40.52	44.30	48.30
감가상각비절세효과($\Delta D \cdot t$)		9.6	9.6	9.6	9.6	9.6
세후잔존가치[1]						53.14
명목현금흐름	−200	43.20	46.56	50.12	53.90	111.04

주1) $\Delta S_n - (\Delta S_n - \Delta B_n) \cdot t = [40(1+0.08)^5] - [[40(1+0.08)^5] - 40](0.3) = 53.14$

$$NPV = \frac{43.20}{(1+0.12)^1} + \frac{46.56}{(1+0.12)^2} + \frac{50.12}{(1+0.12)^3} + \frac{53.90}{(1+0.12)^4} + \frac{111.04}{(1+0.12)^5} - 200$$

$$= 8.62억원$$

따라서 $NPV > 0$이므로 기계를 구입한다.

(2) 투자안의 실질현금흐름

	0년	1년	2년	3년	4년	5년
최초투자액	−200					
영업이익[1]		74.07	72.70	71.36	70.03	68.74
감가상각비[2]		(29.63)	(27.43)	(25.40)	(23.52)	(21.78)
영업이익		44.44	45.27	45.95	46.51	46.96
1−법인세율(30%)		(13.33)	(13.58)	(13.79)	(13.95)	(14.09)
세후영업이익		31.11	31.69	32.17	32.56	32.87
감가상각비절세효과($\Delta D \cdot t$)[3]		8.89	8.23	7.62	7.06	6.53
세후잔존가치[4]						36.17
실질현금흐름	−200	40.00	39.92	39.79	39.62	75.57

주1) 실질영업이익 = 명목영업이익/(1+물가상승률)^t
주2) 실질감가상각비 = 명목감가상각비/(1+물가상승률)^t
주3) 실질감가상각비×0.3
주4) $\Delta S_n - (\Delta S_n - \Delta B_n) \cdot t = 40 - [(40 - 40/(1+0.08)^5](0.3) = 36.17$

$$실질이자율 = \frac{1+명목이자율}{1+물가상승률} - 1 = \frac{1+0.12}{1+0.08} - 1 = 3.70\%$$

$$NPV = \frac{40}{(1+0.037)^1} + \frac{39.92}{(1+0.037)^2} + \frac{39.79}{(1+0.037)^3} + \frac{39.62}{(1+0.37)^4} + \frac{75.57}{(1+0.037)^5} - 200$$

$$= 8.62억원$$

따라서 $NPV > 0$이므로 기계를 구입한다.

05 조정현가(APV)법에 의한 투자안 평가

투자안을 평가할 때 할인율로 사용되는 $WACC$[3]는 부채비율을 항상 동일하도록 조정하여 자본구조가 변함이 없다는 가정하에서 계산한다. 실제로 기업은 기계적으로 부채비율을 늘리거나 줄이지 않지만, 만약 기업의 자본구조에 중대한 변화가 있을 경우 에는 $WACC$의 계산이 유효하지 않게 된다. 이러한 경우에 조정현가법(APV: adjusted present value)을 사용하여 투자안을 평가할 수 있다.

조정현가(APV)법은 부채를 전혀 사용하지 않고 자기자본만으로 조달한 자금으로 투자할 경우의 기본NPV(base-case NPV)에 부채사용 시 기업가치에 미치는 효과를 따로 고려해서 계산하는 방법이다. 부채사용 시 기업가치에 미치는 효과는 ① 부채사용 에 따른 이자비용의 법인세 절세효과,[4] ② 파산비용 등의 재무적 곤경비용, ③ 부채 (채권)을 발행하는데 사용된 기채비용(인수자에 지급하는 인수수수료, 회계사 및 변호사에 게 지급하는 수수료, 증권의 인쇄비, 은행에 담보제공해야 할 경우의 기회비용, 보증사채의 경 우 보증에 따른 비용 등의 발행에 따른 제반비용), ④ 국가의 정책적 요구를 만족시키는 특정 투자안에 투자할 경우에 시장이자율보다 낮은 이자율로 자금을 차입하는 특혜금 융 등이 있다.

$$APV = 기본NPV + 이자비용의 \ 법인세절세효과의 \ PV - 파산비용의 \ PV$$
$$- 기채비용의 \ PV + 특혜금융효과의 \ PV$$

$$= \sum_{t=1}^{n} \frac{E(CF_t)}{(1+\rho)^t} - I_0 + 부채사용효과의 \ NPV \qquad (6\text{-}8)$$

여기서, ρ: 무부채기업의 자기자본비용

예를 들어, 투자기간이 4년이고 투자소요액이 100억원, 4년 동안 매년 31억원을 벌 수 있는 투자안을 고려하고 있는 S기업이 있다고 하자. 투자에 소요되는 자금은

---

3 Chapter 12 자본비용 참조.
4 Chapter 13 자본구조이론 참조.

전액 자기자본으로 조달하였으며, 이 경우 자본비용은 8%이고 S기업의 법인세율은 25%이다. 이 투자안의 기본NPV는 다음과 같이 계산한다.

$$NPV = \sum_{t=1}^{n} \frac{E(CF_t)}{(1+\rho)^t} - I_0 \rightarrow NPV = \sum_{t=1}^{4} \frac{31}{(1+0.08)^t} - 100 = 2.68억원$$

자기자본만으로 자금을 조달하여 투자할 경우의 기본NPV는 2.68억원으로 0보다 크므로 투자안을 채택하게 된다.

이제, S기업이 부채정책을 바꾸어 투자소요액의 일부인 50억원을 이자비용 5%로 조달하여 매년 12.5억원씩 갚기로 하고, 부채발행과 관련된 다른 비용은 없다고 가정해 보자. 이 경우 이 투자안을 채택해야 하겠는가? 부채를 사용하게 되면 이자비용의 절세효과만큼 기업가치가 증가하므로 부채를 사용하지 않을 경우의 기본NPV에 이자비용에 대한 법인세 절세효과의 현재가치를 더해줘야 한다.

$$PV(이자비용의\ 법인세\ 절세효과) = \frac{(50)(0.05)(0.25)}{(1+0.05)^1} + \frac{(37.5)(0.05)(0.25)}{(1+0.05)^2}$$
$$+ \frac{(25)(0.05)(0.25)}{(1+0.05)^3} + \frac{(12.5)(0.05)(0.25)}{(1+0.05)^4}$$
$$= 1.419억원$$

따라서 이 투자안의 현가는 기본NPV인 2.68억원과 이자비용의 절세효과의 현가 (PV)인 1.419억원을 더한 4.099억원으로 부채를 조달하여 투자안에 투자하게 된다.

이처럼 투자기간 중 기업의 자본구조인 자기자본과 타인자본 간의 비율이 변하게 되면 $WACC$를 이용하여 NPV를 계산하기 보다는 자본구조에 영향을 받지 않는, 즉 투자안의 영업위험(business risk)만 반영된 자기자본비용으로 할인한 기본NPV에 부채사용에 따른 효과의 NPV를 고려한 조정현가(APV)법으로 평가할 수 있다.

예제 | **조정현가(APV)법에 의한 투자안 평가(2009 CPA 2차)**

이동통신사업을 무부채로 경영해오고 있던 ABC기업은 새로운 이동통신 콘텐츠사업을 담당할 자회사 설립을 고려하고 있다. 해당 자회사의 설립에는 90억원이 소요되고, 설립 첫해에는 20억원의 세전영업이익이 발생한 후 매년 2%씩 영속적으로 늘어나며, 감가상각비는 없을 것으로 예상된다. 동종 콘텐츠회사인 XYZ기업의 경우 주식베타가 1.92이며, 부채비율(타인자본/자기자본)은 200%이다. 무위험이자율은 10%, 시장위험프리미엄은 10%, 그리고 법인세율은 30%이다. 금액은 억원 단위로 표기하고, 반올림하여 소수점 넷째 자리까지 계산하시오.

(1) ABC기업이 100% 주식발행만으로 자회사 설립을 고려할 경우, 순현가(NPV)를 이용하여 해당 투자안의 경제성을 평가하시오.

(2) ABC기업은 자회사 설립시 투자액의 1/3을 무위험부채를 통해 조달하고, 나머지는 주식으로 조달하려고 한다. 해당 투자안의 경제성을 조정현가(APV)법을 이용하여 평가하시오.

(3) ABC기업은 모든 투자안에 대해 18%의 필수수익률(cut-off rate)을 요구한다고 하자. 자회사 설립 투자안에 대한 내부수익률(internal rate of return)을 구하고, 투자여부를 판단하시오.

[답]

(1) Chapter 13 식(13-16): $\beta_S^L = \left[1 + (1 - t_c)\dfrac{B^L}{S^L}\right]\beta_S^U$

→ $1.92 = [1 + (1 - 0.3)(2)]\,\beta_S^U$

→ $\beta_S^U = 0.8$ 따라서 부채를 사용하지 않는 기업, 즉 자기자본만을 사용할 경우 자기자본비용은 SML선[5]을 이용하여 $\rho = 0.1 + (0.1)(0.8) = 0.18$이 된다.

→ $(기본)NPV = \dfrac{20억원(1 - 0.3)}{0.18 - 0.02} - 90억원 = -2.5억원$: 투자안 기각

(2) $APV = 기본NPV + 부채사용효과의 NPV$

   $= -2.5억원 + \left(90억 \times \dfrac{1}{3}\right)(0.3) = 6.5억원$: 투자안 채택

(3) $(기본)NPV = \dfrac{20억원(1 - 0.3)}{IRR - 0.02} - 90억원 = 0 \ \rightarrow \ IRR = 0.1756$

   따라서 $IRR(17.56\%) < 최저필수수익률(18\%)$이므로 투자안 기각

---

5 Chapter 9 자본시장균형이론 참조.

1. 현금흐름 추정 시 고려사항

- 감가상각비: 현금유출로 고려하지 않음

- 이자비용과 배당금 등 금융비용: 현금유출로 고려하지 않음

- 매몰원가: 현금유출로 고려하지 않음

- 기회비용: 현금유출

- 잠식비용: 현금유출

- 자본적 지출: 현금유출

- 순운전자본: 현금유출

- 법인세 절세효과: 현금유입

2. 현금흐름의 추정

- 최초투자 시점의 현금흐름: $\Delta CF_0 = -\Delta I_0 + S_0 - (S_0 - B_0) \cdot t - \Delta WC_0$

- 투자기간 중의 현금흐름: $\Delta CF_{1 \sim n} = (\Delta R - \Delta C)(1 - t) + \Delta D \cdot t$

- 투자종료 시점의 현금흐름: $\Delta CF_n = \Delta S_n - (\Delta S_n - \Delta B_n) \cdot t + \Delta WC_n$

3. 투자기간이 다른 경우의 자본예산

■ 반복투자가 불가능한 투자안
  • 투자기간이 짧은 투자안이 종료된 후에는 투자기간이 긴 투자안의 종료시점까지
    벌어들이는 현금흐름이 없다고 보고 NPV 계산

■ 반복투자가 가능한 투자안
  • 최소공배수 접근법

  $$NPV = NPV(n) + \frac{NPV(n)}{(1+r)^n} + \frac{NPV(n)}{(1+r)^{2n}} + \cdots + \frac{NPV(n)}{(1+r)^{mn}}$$

  • 연간등가가치(AEV) 접근법

  $$NPV(n, \infty) = NPV(n) + \frac{NPV(n)}{(1+r)^n} + \frac{NPV(n)}{(1+r)^{2n}} + \frac{NPV(n)}{(1+r)^{3n}} + \cdots$$

  $$= \frac{NPV(n)}{1 - \frac{1}{(1+r)^n}}$$

  $$= NPV(n)\left[\frac{(1+r)^n}{(1+r)^n - 1}\right]$$

  $$NPV(n, \infty) = \frac{AEV}{(1+r)^1} + \frac{AEV}{(1+r)^2} + \frac{AEV}{(1+r)^3} + \cdots = \frac{AEV}{r}$$

  $$\rightarrow AEV = r \cdot NPV(n, \infty) = NPV(n)\left[\frac{r \cdot (1+r)^n}{(1+r)^n - 1}\right] = \left[\frac{NPV(n)}{PVIFA_{r,n}}\right]$$

4. 자본제약하의 자본예산

■ 투자된 금액당 투자안의 수익성을 나타내는 수익성지수(PI)에 따라 우선순위 결정

5. 물가상승하의 자본예산

$$\sum_{t=1}^{n} \frac{\text{명목현금흐름}_t}{(1 + \text{명목이자율})^t} = \sum_{t=1}^{n} \frac{\text{명목현금흐름}_t}{(1 + \text{실질이자율})^t (1 + \text{물가상승률})^t}$$

$$= \sum_{t=1}^{n} \frac{\text{실질현금흐름}_t}{(1+\text{실질이자율})^t}$$

6. 조정현가(APV)법에 의한 투자안 평가

■ $APV = $기본$NPV + $이자비용의 법인세절세효과의 $PV - $파산비용의 PV
$\qquad - $기채비용의 $PV + $특혜금융효과의 PV

$$= \sum_{t=1}^{n} \frac{E(CF_t)}{(1+\rho)^t} - I_0 + \text{부채사용효과의 } NPV$$

여기서, ρ: 무부채기업의 자기자본비용

연습문제

1. (1999 CPA) (주)대한은 다음 7개의 서로 독립적인 투자안을 고려하고 있다. 각 투자안에 대해 부분적인 투자는 불가능하다. (예를 들면, 투자안 A의 경우 최초투자비용 4억원을 100% 투자하든지 아니면 포기하든지 선택해야 한다.) 현재 이 회사의 투자가능한 금액은 12억원으로 제한되어 있다. 다음 중 (주)대한의 기업가치를 가장 극대화시킬 수 있는 투자조합은 어느 것인가? (   )

투자안	최초투자비용	수익성지수(Profitability Index)
A	4억원	1.40
B	5억원	1.20
C	3억원	1.40
D	6억원	1.15
E	4억원	1.23
F	6억원	1.19

① A, F   ② B, F   ③ D, F

④ A, B, C   ⑤ A, C, E

2. (2000 CPA) M사는 임대건물의 신축과 주차장의 신축이라는 두 가지의 투자안을 고려하고 있다. 임대건물의 신축안은 초기투자액이 18억원이며, 1년 후에 24억원으로 매각할 수 있다고 한다. 주차장의 신축안은 단위당 1백만원을 초기투자하면 1년 후부터 매년 1백만원의 현금유입이 영구히 발생된다고 한다. 주차장의 신축단위에는 제한이 없고, 신축규모에 대하여 수익률이 일정하다고 가정한다. 할인율을 동일하게 연 20%로 적용할 경우, 양 투자안의 순현가(NPV)가 같아지기 위해서는 주차장을 몇 단위로 신축해야 하는가? (   )

① 10   ② 20   ③ 30

④ 40   ⑤ 50

3. (2008 CPA) (주)감마기업은 다음 네 개의 투자안을 검토하고 있다. 투자기간은 모두 1기간이며, 각 투자안에 적용되는 가중평균자본비용은 10%로 동일하다. 다음 설명 중 적절하지 않은 것은? (   )

투자안	투자액(t=0)	수익성지수(PI)
A	1억	1.2
B	1억	1.5
C	2억	1.5
D	3억	1.4

① 순현재가치(NPV)가 가장 큰 투자안은 D이다.

② 투자안 B와 투자안 C의 내부수익률(IRR)은 동일하다.

③ 투자안이 모두 상호배타적일 경우, 순현재가치법과 내부수익률법으로 평가한 결과는 상이하다.

④ 투자안이 모두 독립적이며 투자할 수 있는 총금액이 2억원으로 제약될 경우, 투자안 A와 투자안 B에 투자하는 것이 기업가치를 극대화시킬 수 있다.

⑤ 투자안이 모두 독립적이며 투자할 수 있는 총금액이 3억원으로 제약될 경우, 투자안 B와 투자안 C에 투자하는 것이 기업가치를 극대화시킬 수 있다.

4. (2004 CPA) 다음 중 순운전자본이 증가하는 경우는? (   )

① 다른 상황이 동일한 조건에서, 외상매출금이 증가하고 그만큼 단기차입금이 증가하였다.

② 다른 상황이 동일한 조건에서, 외상매출금이 증가하고 그만큼 재고자산도 증가하였다.

③ 다른 상황이 동일한 조건에서, 외상매입금이 감소하고 그만큼 외상매출금도 감소하였다.

④ 다른 상황이 동일한 조건에서, 외상매입금이 증가하고 그만큼 지급어음이 감소하였다.

⑤ 다른 상황이 동일한 조건에서, 매출채권이 감소하고 그만큼 단기차입금이 감소하였다.

5. (2004 CPA) 증분현금흐름(incremental cash flow)을 고려해 투자의사결정을 해야 하는 다음의 상황에서 가장 적절하지 못한 주장은? (   )

① 은행이 부실기업에 대한 추가 자금지원 여부를 검토할 때, 추가로 지원할 자금과 함께 이미 부도처리된 대출금에 대해서도 원금과 이자를 회수할 수 있는지 고려해야 한다.

② 100억원에 구입한 토지에 30억원을 들인 주차장 시설을 철거하고 상가건물을 신축할지 여부를 검토할 때, 장부가치인 120억원이 아니라 토지와 주차장시설을 매각하면 받을 수 있는 150억원(세후기준)을 비용으로 고려해야 한다.

③ 제주도의 한 호텔이 인근 골프장 인수여부를 검토할 때, 골프장 예약이 수월해짐에 따라 증가하는 투숙객으로부터 예상되는 수입과, 호텔 예약이 수월해짐에 따라 증가하는 골프장 이용객으로부터 예상되는 수입도 고려해야 한다.

④ 신제품발매 여부를 검토할 때, 원자재 추가구입에 따른 외상매입금의 증가와 재고자산 및 보관창고 비용의 증가 그리고 현금보유액의 증가도 고려해야 한다.

⑤ 공장직원을 해외로 교육연수 보낼지 여부를 검토할 때, 항공료와 등록금은 물론 해당 직원의 업무를 맡은 신규채용 임시직원에게 지급할 급여도 함께 고려해야 한다.

6. (2005 CPA) (주)한국은 기존의 생산라인 제어시스템을 교체하는 것을 고려하고 있다. 시스템이 교체되는 경우 (주)한국은 연간 약 50억원의 비용을 절감할 수 있을 것으로 예상된다. 신규시스템의 구입비용은 총 200억원이며 내용연수는 5년이다. 이 시스템은 정액법으로 감가상각되며 5년 사용 후 잔존 가치는 없을 것으로 예상된다. 현재의 시스템도 전액 감가상각되었고 시장가치는 없다. 한편, 신규시스템을 가동하기 위하여 순운전자본이 약 10억원 가량 추가로 필요하다. (주)한국의 법인세율은 20%이고 이 투자안에 대한 할인율은 15%라면 이 투자안의 순현가는 약 얼마인가? (   )

n=5	현재가치계수	연금의 현재가치계수
15%	0.4972	3.3522
20%	0.4019	2.9906

① 66억원   ② 49억원   ③ −44억원
④ −49억원   ⑤ −66억원

7. (2005 CPA) 하나기업은 5년 전에 기계를 4,000만원에 구입하였다. 구입했을 시 하나기업은 이 기계를 8년 동안 사용하며 8년 후 잔존가치는 없을 것으로 예상하였다. 하나기업은 이 기계를 현재 2,000만원에 매각할 예정이다. 자산처분 시점에서의 현금흐름으로 적절한 금액은 얼마인가? 감가상각비는 정액법으로 계산하며 법인세율은 30%이다. (　)

① 2,000만원　　　　　② 2,150만원　　　　　③ 1,500만원

④ 1,850만원　　　　　⑤ 1,650만원

8. (2010 CPA) (주)대한은 새로운 투자안을 순현재가치법으로 평가하여 사업의 시행여부를 결정하고자 한다. 상각대상 고정자산에 대한 총투자액은 15,000백만원으로 사업시작 시점에서 모두 투자되며 사업기간은 10년이다. 고정자산은 10년에 걸쳐서 정액법으로 감가상각되며 투자종료시점에서의 잔존가치 및 매각가치는 없다. (주)대한은 매년 동일한 수량을 판매한다. 제품의 단위당 판매가격은 100백만원, 제품 단위당 변동비는 40백만원, 감가상각비를 제외한 연간 총고정비용은 2,500백만원이다. 법인세율은 35%이며 할인율은 8%이다. 연간 예상제품판매수가 150개일 경우 이 투자안의 순현재가치(NPV)에 가장 가까운 것은 다음 중 어느 것인가? (단, 연 8%의 할인율에서 10년 만기 일반연금의 현가요소는 6.71이다.) (　)

① 15,669백만원　　　　② 16,873백만원　　　　③ 17,267백만원

④ 18,447백만원　　　　⑤ 19,524백만원

9. (2011 CPA) (주)대한은 초기자금이 663,000원 소요되는 3년 연한의 시설장비 투자안을 고려중이다. 이 투자안은 투자기간 동안 매년 매출을 285,000원 증가시킨다. 시설장비는 잔존가치를 0원으로 하여 투자기간 동안 정액법으로 감가상각된다. 한편 시설장비는 투자기간 종료시점에서 장부가치와 상이하게 50,000원에 처분될 것으로 추정된다. 이 투자안은 초기자금지출과 함께 25,000원의 순운전자본을 소요한다. 순운전자본은 투자기간 종료 후 전액 회수된다. 법인세는 30%, 요구수익률은 10%이다. 이 투자안의 순현가(NPV)와 가장 가까운 것은? (단, 감가상각비를 제외한 영업비용은 변동이 없다.) (　)

① 18,084원　　　　　② 19,414원　　　　　③ 20,455원

④ 21,695원　　　　　⑤ 22,754원

10. (2012 CPA) (주)민국은 신형기계를 도입하기로 하고 A형 기계와 B형 기계 두 기종을 검토 중이다. A형 기계의 구입원가는 10억원이고 매년 1억원의 유지비가 소요되며 수명은 2년이다. 한편 B형 기계는 구입원가가 14억원이고 매년 7천만원의 유지비가 소요되며 수명은 3년이다. 매년 두 기계로부터 얻는 미래 현금유입이 동일하며 일단 특정기계를 선택하면 그 기계로 영구히 교체해서 사용해야 한다. 현금흐름이 실질현금흐름이고 실질 할인율이 12%일 때 가장 적절하지 않은 것은? (　　)

① A형 기계의 총비용의 현가는 근사치로 11.69억원이다.
② B형 기계의 총비용의 현가는 근사치로 15.68억원이다.
③ A형 기계의 등가연금비용(equivalent annual cost)은 근사치로 6.92억원이다.
④ B형 기계의 등가연금비용(equivalent annual cost)은 근사치로 5.53억원이다.
⑤ A형 기계의 등가연금비용(equivalent annual cost)은 B형 기계의 등가연금비용(equivalent annual cost)보다 크다.

11. (2012 CPA) 자본예산에 관한 설명으로 가장 적절하지 않은 것은? (　　)

① 상호배타적인 투자안의 경우 투자규모 또는 현금흐름의 형태가 크게 다를 때 순현재가치법과 내부수익률법이 서로 다른 결론을 제시할 수 있다.
② 투자규모, 투자수명, 현금흐름양상이 서로 다른 상호배타적인 투자안을 내부수익률법으로 평가하는 경우 반드시 두 투자안의 *NPV* 곡선이 상호 교차하는지 여부를 검토해야 한다.
③ 두 개의 *NPV* 곡선이 교차하는 지점의 할인율을 Fisher 수익률이라고 한다.
④ 투자안의 경제성을 분석할 때 감가상각의 방법에 따라서 투자안의 현금흐름이 달라져서 투자안 평가에 영향을 미칠 수 있다.
⑤ 투자에 필요한 자금조달에 제약이 있는 경우 이 제약조건하에서 최적의 투자조합을 선택하는 의사결정을 자본할당(credit rationing)이라 하는데 이 경우 수익성지수법을 사용하면 항상 최적의 투자안 조합을 결정할 수 있다.

12. (2014 CPA) 탄산음료를 생산하는 H사는 현재 신개념의 이온음료 사업을 고려하고 있다. 이 투자안의 사업연한은 5년이며, 이온음료 생산에 필요한 설비자산의 구입가격은 1,000만원이다. 설비자산은 잔존가치가 0원이며 5년에 걸쳐 정액법으로 상각된다. 5년 후 설비자산의 처분가치는 없을 것으로 예상된다. 이온음료는 매년 500개씩 판매되고, 이 제품의 단위당 판매가격은 5만원, 단위당 변동비용은 3만원이며, 감가상각비를 제외한 연간 총고정비용은 300만원으로 추정된다. 한편 이온음료가 판매될 경우

기존 탄산음료에 대한 수요가 위축되어 탄산음료의 판매량이 매년 100개씩 감소할 것으로 예상된다. 탄산음료의 단위당 판매가격은 2만원, 단위당 변동비는 1만원이다. H사의 법인세율은 40%이고 투자안의 자본비용은 10%이다. 설비자산의 투자는 현 시점($t=0$)에서 일시에 이뤄지고, 매출 및 제조비용과 관련된 현금흐름은 매년 말($t=1\sim5$)에 발생한다. 이 투자안의 순현재가치(NPV)에 가장 가까운 것은? 단, 연 10%의 할인율에서 5년 연금의 현가요소(present value interest factor for an annuity)는 3.7908이다. (　　)

① 820만원 　　　　② 668만원 　　　　③ 516만원
④ 365만원 　　　　⑤ 213만원

13. (2015 CPA 수정) C기업은 기존의 기계설비를 새로운 기계설비로 교체할 것을 고려하고 있다. 기존의 기계설비는 3년 전 2,400만원에 취득했으며 구입 시 내용연수는 8년, 잔존가치는 없는 것으로 추정하였다. 기존의 기계는 현재 시장에서 1,000만원에 처분할 수 있다. 내용연수가 5년인 새로운 기계설비는 2,500만원이며 투자종료시점에서의 잔존가치 및 매각가치는 없다. 기존의 기계설비를 사용하는 경우에 매출액은 1,500만원, 영업비용은 700만원이고, 새로운 기계설비를 사용하는 경우 매출액은 1,800만원, 영업비용은 600만원이다. C기업의 감가상각방법은 정액법, 법인세율은 30%로 가정하였을 때, 새로운 기계설비를 도입할 경우 투자기간($t=1\sim5$) 동안 매년 발생하는 증분현금흐름은 얼마인가? (　　)

① 310만원 　　　　② 340만원 　　　　③ 370만원
④ 400만원 　　　　⑤ 430만원

14. (2016 CPA) B출판사는 현재 사용하고 있는 구형 윤전기를 대체할 3년 수명의 신형 윤전기 구입을 고려하고 있다. 구형 윤전기는 완전상각되어 있으며 잔존 시장가치도 없다. 72억원인 신형 윤전기를 구입함으로 인해 3년 동안 연간 매출액이 구형 윤전기에 비해 28억원 증가하고, 매출원가는 변동이 없을 것으로 추정한다. 신형 윤전기는 정액법으로 3년 동안 100% 감가상각할 예정이나 3년 후($t=3$) 처분가치는 6억원일 것으로 추정하고 있다. 윤전기를 도입하면 초기($t=0$)에 3억원의 순운전자본이 소요되며, 이 순운전자본은 3년 후 시점에서 전액 회수된다. 법인세율이 30%라면 3년 후 시점에서의 증분현금흐름은 얼마인가? (　　)

① 26.3억원 　　　　② 34.0억원 　　　　③ 35.8억원
④ 50.8억원 　　　　⑤ 52.6억원

15. (2018 CPA) (주)버젯은 내용연수가 3년인 기계를 구입하려고 한다. 이 기계는 정액법으로 상각되며, 3년 후 잔존가치는 없지만 처분가치는 1,000만원으로 예상된다. 이 기계를 도입할 경우($t=0$), 향후 3년 동안($t=1 \sim t=3$) 매년 6,000만원의 매출액과 3,000만원의 영업비용(감가상각비 제외)이 발생한다. 자본비용은 10%이고 법인세율은 30%이다. 순현가(NPV)법으로 투자안을 평가할 경우, (주)버젯이 기계 구입비용으로 지불할 수 있는 최대금액과 가장 가까운 것은? 단, PVIFA(10%, 3)=2.4869, PVIF(10%,3)=0.75130이다. (   )

① 7,536만원   ② 7,651만원   ③ 7,749만원
④ 7,899만원   ⑤ 7,920만원

1. ④

답

$NPV_A = 4 \times 1.4 - 4 = 1.6$억원

$NPV_B = 5 \times 1.2 - 5 = 1.0$억원

$NPV_C = 3 \times 1.4 - 3 = 1.2$억원

$NPV_D = 6 \times 1.15 - 6 = 0.9$억원

$NPV_E = 4 \times 1.23 - 4 = 0.92$억원

$NPV_F = 6 \times 1.1 - 6 = 0.6$억원

$NPV_{A+F} = NPV_A + NPV_F = 2.2$억

$NPV_{B+F} = NPV_B + NPV_F = 1.6$억

$NPV_{D+F} = NPV_D + NPV_F = 1.5$억

$NPV_{A+B+C} = NPV_A + NPV_B + NPV_C = 3.8$억

$NPV_{A+C+E} = NPV_A + NPV_C + NPV_E = 3.72$억

2. ⑤

답

임대건물 신축 시 $NPV = -18$억원$+ \dfrac{24억원}{1.2} = 2$억원　　… ①

주차장 신축 시 $NPV = x\left[-100만원 + \dfrac{100만원}{0.2} \right]$　　　… ②

①과 ②를 같게 만드는 x값은 50이다.

3. ④

답

① $PI = \dfrac{PV(현금유입)}{PV(현금유출)}$

　→ A투자안: $PV(현금유입) = 1.2 \times 1$억 $= 1.2$억 → $NPV_A = 1.2$억 $- 1$억 $= 0.2$억

　→ B투자안: $PV(현금유입) = 1.5 \times 1$억 $= 1.5$억 → $NPV_B = 1.5$억 $- 1$억 $= 0.5$억

　→ C투자안: $PV(현금유입) = 1.5 \times 2$억 $= 3$억 → $NPV_C = 3$억 $- 2$억 $= 1$억

$\rightarrow$ D투자안: PV(현금유입)$=1.4\times3$억$=4.2$억 $\rightarrow$ $NPV_D=4.2$억-3억$=1.2$억

② 1년 후 현금유입 $\rightarrow$ $\dfrac{CF_A}{1+0.1}=1.2$억 $\rightarrow$ $CF_A=1.2$억$(1+0.1)=1.32$억

$\rightarrow$ $\dfrac{CF_B}{1+0.1}=1.5$억 $\rightarrow$ $CF_B=1.5$억$(1+0.1)=1.65$억

$\rightarrow$ $\dfrac{CF_C}{1+0.1}=3$억 $\rightarrow$ $CF_C=3$억$(1+0.1)=3.3$억

$\rightarrow$ $\dfrac{CF_D}{1+0.1}=4.2$억 $\rightarrow$ $CF_D=4.2$억$(1+0.1)=4.62$억

A투자안의 IRR: $\dfrac{1.32억}{1+IRR_A}=1$억 $\rightarrow$ $IRR_A=1.32$억$/1$억$-1=32\%$

B투자안의 IRR: $\dfrac{1.65억}{1+IRR_B}=1$억 $\rightarrow$ $IRR_B=1.65$억$/1$억$-1=65\%$

C투자안의 IRR: $\dfrac{3.3억}{1+IRR_C}=2$억 $\rightarrow$ $IRR_C=3.3$억$/2$억$-1=65\%$

D투자안의 IRR: $\dfrac{4.62억}{1+IRR_D}=3$억 $\rightarrow$ $IRR_D=4.62$억$/3$억$-1=54\%$

③ NPV법은 D투자안을 선택하고 IRR법은 B투자안 또는 C투자안을 선택

④ 투자액이 2억원으로 제약될 경우, PI가 가장 큰 C투자안을 선택

⑤ 투자액이 3억원으로 제약될 경우, PI가 가장 큰 B투자안과 C투자안을 선택

4. ②

5. ①

답

① 매몰원가는 고려하지 않는다.

6. ③

답

$\Delta CF_0=-\Delta I_0+S_0-(S_0-B_0)\cdot t-\Delta WC_0=-210-10=-210$억원

$\Delta CF_{1\sim5}=(\Delta R-\Delta C)(1-t)+\Delta D\cdot t$

$=(0-(-50))(1-0.2)+(200/5)(0.2)=48$억원

$\Delta CF_5=\Delta S_5-(\Delta S_5-\Delta B_5)\cdot t+\Delta WC_5=10$억원

$\therefore$ $-210+(48)(3.3522)+(10)(0.4972)=-44.12$억원

7. ②

> 답

$$\Delta CF_n = \Delta S - (\Delta S - \Delta B) \cdot t + \Delta WC = 2{,}000 - (2{,}000 - 1{,}500)(0.3) = 2{,}150만원$$

$$감가상각비 = \frac{4{,}000 - 0}{8} = 500$$

현재시점에서 남은 자산의 가치 $= 4{,}000 - (5년 \times 500) = 1{,}500$

8. ②

> 답

$$\Delta CF_0 = -\Delta I_0 + S_0 - (S_0 - B_0) \cdot t - \Delta WC_0 = -15{,}000백만원$$

$$\Delta CF_{1 \sim 10} = (\Delta R - \Delta C)(1 - t) + \Delta D \cdot t$$

$$= [(100 - 40) \times 150개 - 2{,}500](1 - 0.35) + (15{,}000/10년)(0.35)$$

$$= 4{,}750백만원$$

$$\Delta CF_{10} = \Delta S_{10} - (\Delta S_{10} - \Delta B_{10}) \cdot t + \Delta WC_{10} = 0$$

$$\therefore NPV = -15{,}000 + (4{,}750)(6.71) = 16{,}873백만원$$

9. ①

> 답

$$\Delta CF_0 = -\Delta I_0 + S_0 - (S_0 - B_0) \cdot t - \Delta WC_0 = -663{,}000 - 25{,}000 = -688{,}000원$$

$$\Delta CF_{1 \sim 3} = (\Delta R - \Delta C)(1 - t) + \Delta D \cdot t$$

$$= (285{,}000 - 0)(1 - 0.3) + (663{,}000/3)(0.3) = 265{,}800원$$

$$\Delta CF_3 = \Delta S_3 - (\Delta S_3 - \Delta B_3) \cdot t + \Delta WC_3$$

$$= 50{,}000 - (50{,}000 - 0)(0.3) + 25{,}000 = 60{,}000원$$

$$\therefore NPV = -688{,}000 + \frac{265{,}800}{(1 + 0.1)} + \frac{265{,}800}{(1 + 0.1)^2} + \frac{265{,}800}{(1 + 0.1)^3} + \frac{60{,}000}{(1 + 0.1)^3} = 18{,}084원$$

10. ④

> 답

$$A총비용 \ 현가 = 10 + \frac{1}{(1 + 0.12)} + \frac{1}{(1 + 0.12)^2} = 11.69억원$$

$$B총비용 \ 현가 = 14 + \frac{0.7}{(1 + 0.12)} + \frac{0.7}{(1 + 0.12)^2} + \frac{0.7}{(1 + 0.12)^3} = 15.68억원$$

$$EAC_A = \frac{NPV(n)}{PVIFA_{12\%,2}} = \frac{11.69}{\left[\dfrac{1}{(1 + 0.12)} + \dfrac{1}{(1 + 0.12)^2}\right]} = 6.92억원$$

$$EAC_B = \frac{NPV(n)}{PVIFA_{12\%,3}} = \frac{15.68}{\left[\dfrac{1}{(1 + 0.12)} + \dfrac{1}{(1 + 0.12)^2} + \dfrac{1}{(1 + 0.12)^3}\right]} = 6.53억원$$

11. ⑤

12. ②

> 답
>
> $\Delta CF_0 = -1{,}000$만원
>
> $\Delta CF_{1\sim5} = (\Delta R - \Delta C)(1-t) + \Delta D \cdot t$
>
> $\qquad = [(5-3)(500\text{개}) - 300 - (2-1)(100\text{개})](1-0.4) + (200)(0.4) = 440$만원
>
> 감가상각비 $= \dfrac{1{,}000 - 0}{5} = 200$만원
>
> $\Delta CF_5 = \Delta S_5 - (\Delta S_5 - \Delta B_5) \cdot t + \Delta WC_5 = 0$
>
> $\therefore\ NPV = (440)(3.7908) - 1{,}000 = 668$만원

13. ②

> 답
>
> 신기계의 감가상각비 $= \dfrac{2{,}500 - 0}{5} = 500$만원
>
> 구기계의 감가상각비 $= \dfrac{2{,}400 - 0}{8} = 300$만원
>
> $\Delta CF_{1\sim5} = (\Delta R - \Delta C)(1-t) + \Delta D \cdot t$
>
> $\qquad = [(1{,}800 - 1{,}500) - (600 - 700)](1 - 0.3) + (500 - 300)(0.3) = 340$만원

14. ②

> 답
>
> $\Delta CF_{1\sim3} = (\Delta R - \Delta C)(1-t) + \Delta D \cdot t$
>
> $\qquad = (28 - 0)(1 - 0.3) + (72/3)(0.2) = 26.8$억원
>
> $\Delta CF_3 = \Delta S_3 - (\Delta S_3 - \Delta B_3) \cdot t + \Delta WC_3 = 6 - (6 - 0)(0.3) + 3 = 7.2$억원
>
> $\therefore$ 3년 후 시점에서의 증분현금흐름 $= 26.8 + 7.2 = 34$억원

15. ②

> 답
>
> $\Delta CF_0 = -I_0$
>
> $\Delta CF_{1\sim3} = (\Delta R - \Delta C)(1-t) + \Delta D \cdot t = (6{,}000 - 3{,}000)(1 - 0.3) + \left(\dfrac{I_0 - 0}{3}\right)(0.3)$
>
> $\Delta CF_3 = \Delta S_3 - (\Delta S_3 - \Delta B_3) \cdot t + \Delta WC = 1{,}000 - (1{,}000)(0.3)$

$$\therefore \ NPV = -I_o + \left[2{,}100 + \left(\frac{I_0 - 0}{3} \right)(0.3) \right](2.4869) + (700)(0.7513) > 0$$

$$\rightarrow \ I_0 < 7{,}651.17\text{만원}$$

07

불확실성하의 투자결정: 기대효용이론

학습개요

본 장에서는 투자자가 불확실성하에서 어떻게 투자선택결정을 하는가에 대해서 설명한다. 투자자의 위험에 대한 서로 다른 태도에 대해 이해하고 투자자 유형을 구분하여 배운 후, 기대효용 극대화라는 기대효용이론을 적용하기 위해서 미래 자산수익률이 정규분포를 따른다는 가정하에서 최선의 평균-분산 조합을 선택하는 방법에 대해서 학습한다.

학습목표

- 기대효용
- 위험회피형 투자자
- 위험중립형 투자자
- 위험선호형 투자자
- 평균-분산기준

01 기대효용이론

현실 세계에서 투자자는 선택대안에 대한 불확실성으로 그 선택의 결과가 어떻게 실현되는지 확실히 알 수 없는 경우가 많다. 예를 들어, 1부터 45까지의 수 중에서 6개의 서로 다른 수를 골라서 맞추는 로또의 1등 당첨확률은 8,145,060분의 1이다. 이러한 불확실한 로또를 살지 말지에 대한 결정이 불확실성하의 투자결정이 된다.

실제로 많은 사람들이 1등이 당첨될 확률이 낮은 로또와 같은 게임을 하고 있다. 이들은 비합리적이라서 로또를 할까? 비합리적이라서 로또를 하는 것이 아니라 단지 위험에 대한 태도가 다르기 때문에 로또에 참여하는 것이다. 위험에 대한 태도에 따라 투자자를 위험회피형, 위험중립형, 위험선호형으로 나눈다. 위험에 대한 태도를 구분 짓는 기준은 공정한 게임(fare game)에의 참가 여부이다.

공정한 게임(fair game)은 기대부(expected wealth)와 확실한 부가 동일한 게임을 말한다.[1] 예를 들어, 〈표 7-1〉과 같이 확실한 부가 1,000원이고, 동전 던지기를 하여 앞면이 나오면 100원을 얻고 뒷면이면 100원을 잃는 게임이 공정한 게임이다.

불확실한 게임의 기대부 $E(W) = (1,100)(0.5) + (900)(0.5) = 1,000$으로 이 게임에 참가하기 전에 가지고 있는 확실한 부 1,000원과 동일하다. 하지만 이 게임의 분산 $\sigma^2(W) = (1,100 - 1,000)^2(0.5) + (900 - 1,000)^2(0.5) = 10,000$이 되어 위험[2]이 매우 큼을 알 수 있다.

표 7-1 ● 동전 던지기 게임

상 황	부(W)	확 률
앞 면	1,000원 + 100원	0.5
뒷 면	1,000원 − 100원	0.5

---

1 현재 부가 없는 상황에서 동전 던지기를 하여 앞면이 나오면 h원을 따고 뒷면이 나오면 h원을 잃는 경우는 기대부가 0이 된다. 따라서 공정한 게임을 기대부가 0인 게임이라고도 한다.

2 Chapter 8 참조.

위험회피형 투자자는 이러한 공정한 게임을 하지 않는다. 반면, 위험중립형 투자자나 위험선호형 투자자는 공정한 게임에 참가한다. 그런데, 만약 100원을 게임 참가비로 내고 동전을 n번 던져서 최초로 앞면이 나오면 2^n원을 받고 게임이 끝나는 동전 던지기 게임이 있을 경우 위험회피형, 위험중립형, 위험선호형 투자자는 참가할까?

이 게임의 기댓값을 계산해보자. 첫 번째 던져서 앞면이 나오면 $2^1 = 2$원을 받고 끝나고 두 번째 던져서 앞면이 나오면 $2^2 = 4$원을 받고 끝난다. 따라서 이 게임의 기댓값은 무한대($= \infty = 2(1/2) + 2^2(1/2)^2 + 2^3(1/2)^3 + \cdots + 2^n(1/2)^n + \cdots = 1 + 1 + 1 + \cdots + 1 + \cdots$)이다. 이 게임의 기댓값을 보면 아무리 많은 돈을 내고 게임에 참가해도 게임에 참가하는 사람이 유리하다.

하지만 현실에서 이 게임에 참가하기 위해 누구도 무한히 큰 액수의 돈을 내려 하지 않을 뿐더러 실제로 참가비가 커지면 게임을 하려 하지 않는다.[3] 이는 우리가 투자의사결정에 사용하는 기댓값에 문제가 있음을 나타낸다. 즉, 기대효용이론에서는 불확실성하의 투자결정에서 중요한 기준은 기댓값이 아니라 기대효용(expected utility)이라고 본다.

1. 위험회피형 투자자

위험회피형 투자자(risk averse investor)는 동일한 수익률을 가진 두 투자안 중에서 위험이 더 낮은 투자안을 선택하며, 투자안의 위험이 높을수록 더 높은 수익률을 요구한다. 위험회피형 투자자는 위험을 부담하면 이에 상응하는 보상인 양($+$)의 위험프리미엄을 요구하기 때문에 이와 같이 기대부의 증가 없이 위험만 발생하는 공정한 게임에 참가하지 않는다. 그리고 이들은 불확실성을 줄이기 위해 보험에 가입한다.

위험회피형 투자자의 효용곡선은 어떻게 될까? 예를 들어, 총효용이 $U(W)$이고 확실한 부 1,000원을 가지고 있는 투자자가 동전 던지기를 하여 앞면이 나오면 100원을 얻고 뒷면이면 100원을 잃는 공정한 게임이 있다고 하자. 이 투자자의 게임에 참가할 때의 기대부 $E(W) = (1,100)(0.5) + (900)(0.5) = 1,000$이다.

---

3 18세기 스위스의 수학자 Daniel Bernoulli가 1738년에 러시아의 St. Petersburg에서 강의를 하며 착안했다고 해서 St. Petersburg 역설이라고 불린다.

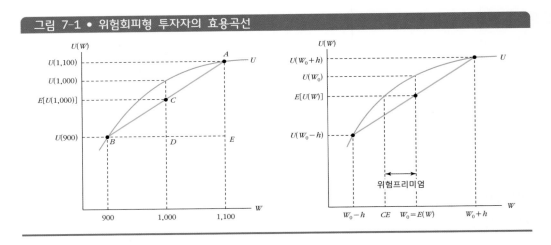

그림 7-1 • 위험회피형 투자자의 효용곡선

기대효용은 앞면이 나올 때의 효용과 뒷면이 나올 때의 효용을 평균한 것이므로 $E[U(W)] = U(1,100)(0.5) + U(900)(0.5)$로 표시된다. 기대효용을 그림으로 나타내면 $U(1,100)$과 $U(900)$의 평균이므로 〈그림 7-1〉의 왼쪽 그림에서 중간점 C이다. 왜냐하면, 이 중간점 C는 삼각형 ABE와 삼각형 CBD가 닮은꼴이고 선분 CD는 선분 AE의 1/2이기 때문이다.

위험회피형 투자자는 게임에 참가하지 않을 경우 얻게 되는 확실한 현재 부(W_0)의 효용 $U(W_0)$이 공정한 게임에 참가할 경우 얻을 수 있는 불확실한 부(W)의 기대효용 $E[U(W)]$[4]보다 더 크기 때문에 효용곡선은 원점에 대해 오목한 형태(concave)를 가지게 된다.

따라서 위험회피형 투자자의 효용곡선이 우상향의 형태가 되고 부가 증가할수록 총효용이 증가($U' > 0$)한다. 하지만 효용함수가 원점에 대해서 오목한 형태로서 부가 한 단위 증가함에 따른 부의 증가분에 대한 만족도는 점점 작아지므로 한계효용은 체감($U'' < 0$)한다.

〈그림 7-1〉 오른쪽 그림의 효용곡선에서 기대효용 $E[U(W)]$과 동일한 수준의 효용을 주는 확실한 부를 확실성등가(CE: certainty equivalent)라고 한다.[5] 또한 기대부

---

4 $U(W_0 + h)$와 $U(W_0 - h)$로부터 계산한다.

5 확실성등가는 게임에 참가함으로써 기대되는 불확실한 부(W)라는 위험포트폴리오의 수익과 동일한 효용을 가지기 위해 무위험투자가 제공해야 하는 수익이라고 해석할 수도 있다.

그림 7-2 • 위험회피정도

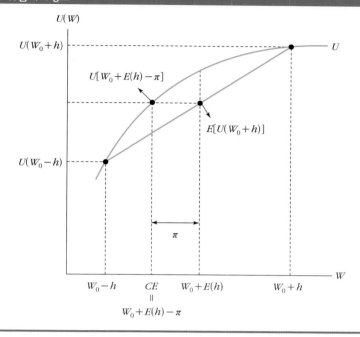

$E(W)$와 확실성등가(CE)의 차이를 위험프리미엄(risk premium)이라고 하는데 이것은 투자자가 게임에 의해서 발생하게 되는 위험을 제거하기 위해 기꺼이 지불(포기)하고자 하는 금액을 의미한다.

이와 같은 위험회피형 투자자의 효용곡선에서 Pratt(1964)[6]과 Arrow(1971)[7]는 위험회피정도를 구체적으로 제시하였다. Pratt-Arrow는 위험의 크기가 작고 현재 부를 W_0로 가지고 있는 사람이 h만큼을 따거나 잃어서 통계적으로 중립적인, 즉 $E(h) = 0$인 게임을 한다고 가정하여 〈그림 7-2〉와 같이 위험프리미엄을 나타내었다. 〈그림 7-2〉에서 불확실한 부의 기대효용과 확실성등가의 효용의 높이는 동일하므로 식(7-1)을 만족한다.

$$E[U(W_0 + h)] = U[W_0 + E(h) - \pi] \tag{7-1}$$

6 Pratt, J. W., "Risk Aversion in the Small and in the Large," Econometrica, January-April, 1964, pp. 122-136.

7 Arrow, K. J., "Essays in the Theory of Risk-Bearing," North-Holland, Amsterdam, 1971.

식(7-1)에서 좌변은 테일러전개식(Taylor's series approximation)[8]과 $E(h) = 0$, $E(h^2) = E(h - E(h))^2$임을 이용하여 식(7-2)와 같이 나타낼 수 있다.

$$E[U(W_0 + h)] = E\left[U(W_0) + hU'(W_0) + \frac{1}{2}h^2 U''(W_0)\right]$$

$$= E[U(W_0)] + E(h)U'(W_0) + \frac{1}{2}E(h^2)U''(W_0)$$

$$= U(W_0) + \frac{1}{2}\sigma_h^2 U''(W_0) \tag{7-2}$$

식(7-1)의 우변도 테일러전개식을 이용하여 식(7-3)과 같이 나타낼 수 있다.

$$U[W_0 + E(h) - \pi)] = U(W_0 - \pi) = U(W_0) - \pi U'(W_0) \tag{7-3}$$

식(7-2)와 식(7-3)에서, $U(W_0) + \frac{1}{2}\sigma_h^2 U''(W_0) = U(W_0) - \pi U'(W_0)$이므로 식(7-4)로 정리되며, 이것이 Pratt-Arrow가 제시한 위험프리미엄이다. 식(7-4)에서 $\frac{1}{2}\sigma_h^2$은 항상 양(+)의 값을 가지므로 위험프리미엄의 부호는 대괄호 안의 있는 식의 부호에 의해서 좌우된다.

$$\pi = \frac{1}{2}\sigma_h^2\left(-\frac{U''(W_0)}{U'(W_0)}\right) \tag{7-4}$$

식(7-4)의 대괄호 안에 있는 식은 주어진 부의 수준에서 위험회피정도를 의미하는 절대위험회피도(ARA: absolute risk aversion)로 정의한다.

$$\text{ARA} = -\frac{U''(W_0)}{U'(W_0)} \tag{7-5}$$

부가 증가할수록 위험자산에의 절대적 투자금액이 어떻게 변하는지는 ARA로 측정할 수 있다. 일반적으로 투자자의 부가 증가할수록 위험자산에의 투자금액이 증가

---

8 $f(x+h) = f(x) + \frac{f'(x)}{1!}h^1 + \frac{f''(x)}{2!}h^2 + \cdots + \frac{f^{(n)}(x)}{n!}h^n$

하기 때문에 부의 증가에 따른 *ARA*가 감소하는 것이 현실적이다.

예를 들어, 100억원을 가지고 있는 투자자가 50억원을 위험자산에, 50억은 무위험자산에 투자하고 있다고 하자. 이 투자자의 부가 110억원으로 증가할 경우 위험자산에 51억원 투자하고 무위험자산에 59억원을 투자한다. 이는 부가 증가할수록 위험자산에의 투자금액이 증가하여 덜 위험회피적이 되어 *ARA*가 감소한다.

한편, *ARA*에 부의 수준을 곱함으로써 식(7-6)의 상대위험회피도(RAR: relative risk aversion)를 정의할 수 있다. 상대적 위험회피도는 투자자의 부가 증가할수록 위험자산에의 투자비율이 어떻게 변하는지를 측정한다.

$$\text{RRA} = -W_0 \frac{U''(W_0)}{U'(W_0)} \tag{7-6}$$

예를 들어, 100억원을 가지고 있는 투자자가 위험자산과 무위험자산에 50억씩 각각 50%의 투자비율로 투자하고 있다. 투자자의 부가 10억원 더 증가하여 110억원이 될 경우, 이 투자자가 10억원을 추가로 투자할 때 위험자산에의 투자비율을 증가시켜 위험자산에 51%를 투자하고, 무위험자산에 49%를 투자했다고 하자.

이 경우 위험자산에의 투자금액은 총 55.1억원, 무위험자산에의 투자금액은 54.9억원이 된다. 이는 부의 증가로 위험자산에의 투자비율이 증가하여, *RRA*가 감소함을 의미한다. 하지만, 일반적으로는 투자자의 부가 증가하더라도 위험자산에의 투자비율은 일정하여 *RRA*가 일정하다.

재무관리에서는 위험회피형 투자자의 효용함수로 2차효용함수를 가정하고 있다. 예를 들어, 2차 효용함수 $U(W) = W - W^2$를 갖는 위험회피형 투자자의 *ARA*는 $2/(1-2W)$이고, *RRA*는 $2W/(1-2W)$로 부가 증가함에 따라 *ARA*와 *RRA* 모두 체증한다. 이처럼 2차효용함수의 가정은 현실적으로 부가 증가함에 따라 *ARA*가 감소하고 *RRA*가 일정하다는 사실과 맞지 않다는 한계점을 보여준다.

예제 위험회피형 투자자

동전던지기를 하여 앞면이 나오면 100만원을 따고 뒷면이 나오면 100만원을 잃는 게임이 있다. 효용함수 $U(W) = 2\sqrt{W}$ 인 투자자 A는 현재 200만원을 가지고 이 게임에 참여여부를 고려하고 있다. 다음 물음에 답하시오.

(1) 게임에 참가했을 경우 기대부는 얼마인가?

(2) 현재 부의 효용 $U(W_0)$과 기대효용 $E[U(W)]$를 구하고 게임에 대한 참가 여부를 결정하시오.

(3) 만약 게임에 참가해야 할 경우 발생하게 되는 위험을 제거하기 위해 보험을 들 경우 투자자 A가 기꺼이 지불하고자 하는 최대금액은 얼마인지 계산하시오.

[답]

(1) 기대부 $E(W) = (0.5)(200 + 100) + (0.5)(200 - 100) = 200$

(2) 현재 부의 효용 $U(W_0) = 2\sqrt{200} = 28.28$

기대효용 $E[U(W)] = (0.5)[U(300)] + (0.5)[U(100)] = (0.5)(2\sqrt{300}) + (0.5)(2\sqrt{100}) = 27.32$

확실한 현재 부(W_0)의 효용 $U(W_0)$이 28.28로 공정한 게임에 참가할 경우 얻을 수 있는 불확실한 부(W)의 기대효용 $E[U(W)] = 27.32$보다 더 크기 때문에 효용함수는 원점에 대해 오목한 형태(concave)를 가지는 위험회피형 투자자인 A는 이 게임에 참가하지 않는다.

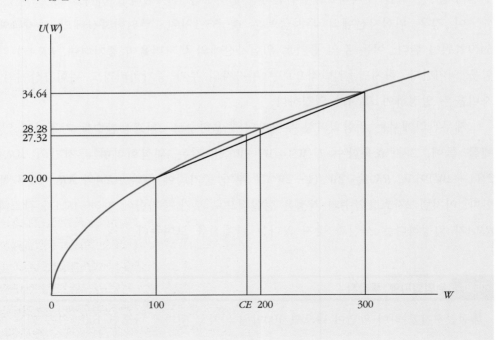

(3) $2\sqrt{CE}=27.32 \rightarrow CE=(27.32/2)^2=186.60$이므로 위험프리미엄＝기대부 $E(W)$－확실성등가$(CE) \rightarrow$ 위험프리미엄＝200－186.60＝13.4

따라서 게임에 의해서 발생하게 되는 위험을 제거하기 위해 기꺼이 지불(포기)하고자 하는 최대금액은 13.4만원이다.

한편, 일반적으로 위험회피형 투자자의 경우 기대수익률이 높아지면 효용이 올라가고 위험이 높아지면 효용이 낮아지는 속성을 가지며 이러한 속성과 일관성을 갖는 효용함수로 $U=E(r)-0.5A\sigma^2$을 고려할 수 있다. 여기에서 U는 효용가치(utility value), A는 위험회피계수로서 투자자의 위험회피의 정도를 나타낸다. A값이 클수록 U가 낮아지므로 위험회피도가 더 큰 투자자임을 의미한다. 계수 0.5는 단지 척도를 적절한 비율로 조정하기 위한 것이다.

예를 들어, 어느 위험회피형 투자자가 3정도의 위험회피도를 갖고 효용가치를 4%로 가진다면 이 투자자 효용함수는 $0.04=E(r)-0.5(3)\sigma^2$, 즉 $E(r)=0.04+1.5\sigma^2$으로 나타낼 수 있다. 이 경우 만약 이 투자자가 표준편차를 10%로 갖는다면 이에 상응하는 기대수익률은 5.5%가 되어야 하고 위험이 20%와 30%로 증가하면 기대수익률도

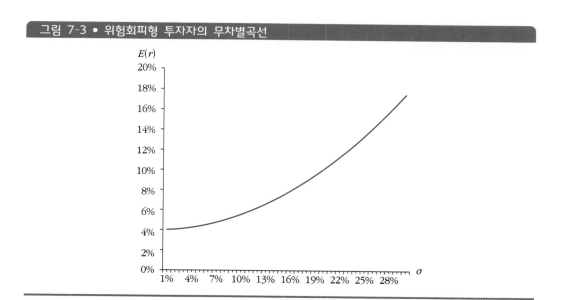

그림 7-3 • 위험회피형 투자자의 무차별곡선

각각 10%, 17.5%로 커져야 한다. 이들 점들을 평균-표준편차 평면에 나타낸 것이 〈그림 7-3〉이다. 〈그림 7-3〉에서 우상향 곡선상의 점들의 집합은 동일한 효용가치 (4%)를 가지는 모든 포트폴리오들을 연결한 선으로 무차별곡선(indifference curve)이라고 한다.

2. 위험중립형 투자자

위험중립형 투자자(risk neutral investor)는 위험의 수준과는 무관하게 기대수익률만으로 투자안을 선택한다. 이들은 기대부의 증가 없이 위험만 발생하는 공정한 게임에도 개의치 않고 참가한다.

따라서 공정한 게임에 참가하지 않을 경우 얻게 되는 확실한 현재 부(W_0)의 효용 $U(W_0)$와 공정한 게임에 참가할 경우 얻을 수 있는 불확실한 부(W)의 기대효용 $E[U(W)]$가 일치하게 된다. 즉, $U(W_0)=E[U(W)]$가 되어 위험중립형 투자자의 효용함수는 원점에 대해 직선형태를 가지게 된다. 위험중립형 투자자의 경우, 부가 증가할수록 효용도 증가($U'>0$)하지만, 한계효용은 일정($U''=0$)하다. 이 투자자에 있어서 확실성등가수익률은 단순히 기대수익률과 같다.

한편, 위험중립형 투자자의 무차별곡선은 〈그림 7-4〉의 오른쪽과 같이 수평선의

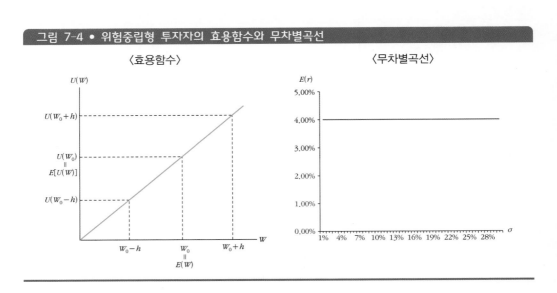

그림 7-4 ● 위험중립형 투자자의 효용함수와 무차별곡선

형태를 가진다. 이들의 의사결정은 오직 기대수익률만으로 이루어지고 위험은 전혀 고려대상이 아니므로 σ^2은 0이라고 할 수 있기 때문에 효용함수는 $U=E(r)$을 사용할 수 있다. 즉, 이 투자자의 효용은 기대수익률과 비례한다고 할 수 있다. 예를 들어, 어느 위험중립형 투자자의 효용가치가 4%라면 이 투자자 효용함수는 $0.04=E(r)$로 나타낼 수 있기 때문에 위험 수준에 상관없이 효용은 기대수익률과 항상 일치하게 된다.

3. 위험선호형 투자자

위험선호형 투자자(risk loving investor)는 동일한 수익률을 가지는 투자안 중에서 더 높은 위험을 가지는 투자안을 선택한다. 이들은 높은 수익률을 획득할 기회를 얻기 위하여 보다 큰 위험을 기꺼이 부담하려고 하는 투자자이기 때문에 공정한 게임에 참가한다.

게임에 참가하지 않을 경우 얻게 되는 확실한 현재 부(W_0)의 효용 $U(W_0)$보다 게임에 참가할 경우 얻을 수 있는 불확실한 부(W)의 기대효용 $E[U(W)]$가 더 크다. 즉, $U(W_0)<E[U(W)]$가 되므로 위험선호형 투자자의 효용함수는 〈그림 7-5〉의 왼쪽과 같이 원점에 대해 볼록한 형태(convex)를 가지게 된다. 위험선호형 투자자의 경우, 부가 증가할수록 효용도 증가($U'>0$)하고 한계효용도 체증($U''>0$)한다.

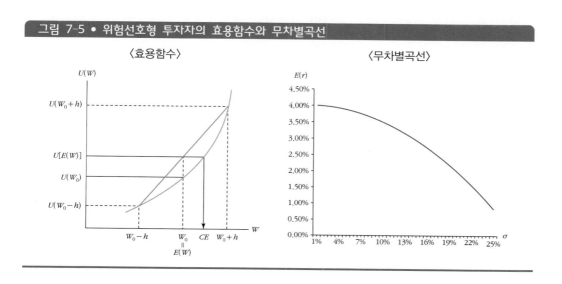

그림 7-5 • 위험선호형 투자자의 효용함수와 무차별곡선

한편, 위험선호형 투자자는 높은 수준의 수익을 획득하기 위해서 큰 위험도 기꺼이 부담하는 투자결정을 하기 때문에 이들의 효용함수는 $U = E(r) + 0.5A\sigma^2$으로 나타낼 수 있다. 예를 들어, 어느 위험선호형 투자자의 효용가치가 4%이고 위험회피계수가 1이라면 이 투자자 효용함수는 $0.04 = E(r) + 0.5(1)\sigma^2$ 즉, $E(r) = 0.04 - 0.5\sigma^2$으로 나타낼 수 있다. 이 효용함수의 기대수익률과 표준편차의 조합인 무차별곡선이 〈그림 7-5〉의 오른쪽에 나타나 있다.

평균-분산기준: 선택기준

투자자가 투자의사결정 시에 기대효용 극대화에 따라 의사결정할 때 각 투자안에 대한 기대효용을 계산해야 한다. 기대효용은 효용함수의 형태와 투자 대상인 미래 자산수익률에 대한 확률분포를 알아야 하는데, 현실적으로 구체적인 효용함수 형태나 정확한 미래 자산수익률의 분포를 알기가 어렵다.

기대효용이론을 적용하기 위해서 미래 자산수익률의 분포가 정규분포라는 가정하에서 최선의 평균-분산 조합을 선택할 경우에는 기대효용을 극대화할 수 있다. 즉, 어떤 자산의 수익률분포가 평균 $E(r)$과 분산 σ^2을 갖는 정규분포를 따른다고 가정하면 효용함수를 $U = U(E(r), \sigma^2)$와 같이 나타낼 수 있고, 기대효용은 $E(U) = f(E(r), \sigma^2)$으로 구할 수 있다. 이와 같이 미래 자산수익률의 평균과 분산(혹은 표준편차)만으로 투자자의 기대효용을 나타내는 것이 평균-분산기준이다.

평균-분산기준에 의해 투자안 혹은 자산을 어떻게 선택해야 투자자의 효용이 극대화되는지 살펴보자. 예를 들어, 〈그림 7-6〉과 같이 기대수익률이 10%, 표준편차가 12%인 A투자안, 기대수익률이 18%, 표준편차가 23%인 B투자안, 기대수익률이 10%, 표준편차가 23%인 C투자안이 있다고 하자. 세 투자안을 선택하기 위해서 우선 A투자안과 C투자안을 비교해 보면, A투자안과 C투자안의 기대수익률은 10%로 동일하

그림 7-6 • 지배원리와 투자자

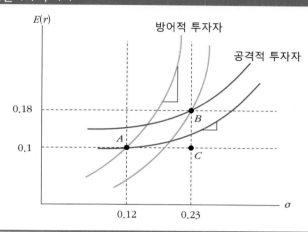

지만 C투자안의 위험(표준편차)이 더 높다. 따라서 A투자안과 C투자안 중에서는 A투자안을 선택한다.

다음으로 B투자안과 C투자안을 비교해 보면, B투자안과 C투자안의 위험(표준편차)은 23%로 동일하지만 B투자안의 기대수익률이 C투자안의 기대수익률보다 더 크다. 따라서 B투자안과 C투자안 중에서는 B투자안을 선택한다.

즉, 동일한 기대수익률을 가진 투자안(자산) 중에서는 위험이 작은 것이 큰 것을 지배하고 동일한 위험을 가진 투자안(자산) 중에서는 기대수익률이 큰 것이 작은 것을 지배한다는 지배원리(dominance principles)에 따라 보다 우월한 투자안을 선택하게 된다.

그렇다면 A투자안과 B투자안 중에서는 어느 것이 우월할까? A투자안과 B투자안은 지배원리에 의해서 우월관계를 구분할 수 없는 효율적인 투자안(자산)이 되는데 어느 것이 더 좋다고 쉽게 결론내릴 수가 없다. 두 투자안 중 어느 것이 더 좋다는 것은 어떤 투자자의 위험에 대한 주관적인 효용함수에 따라 선호대상이 달라지기 때문이다.

다시 말하면, 어떤 투자자는 A투자안이 B투자안보다 기대수익률이 낮지만 위험도 낮아서 좋다고 할 수 있고 또 다른 투자자는 B투자안이 A투자안보다 비록 위험이 더 크지만 그에 상응하여 기대수익률이 높기 때문에 좋다고 할 수도 있다.

이를 평균-분산이론에 의한 무차별곡선으로 설명하면 다음과 같다. 위험에 보다 민감한 방어적 투자자라면 자신의 기대효용을 극대화시키는 투자안으로 A투자안을 선택할 것이고 위험에 보다 둔감한 공격적 투자자는 B투자안을 선택하여 자신의 기대효용을 극대화시킬 것이다.

왜냐하면, 〈그림 7-6〉을 보면, 위험에 민감한 방어적 투자자는 위험을 아주 싫어하기 때문에 위험이 한 단위 증가하면 그에 대한 대가로 위험에 둔감한 사람보다 기대수익률이 많아야 기꺼이 위험을 감수할 것이므로 무차별곡선이 위험에 둔감한 공격적 투자자의 무차별곡선보다 기울기가 더 급격한 형태를 보인다.

따라서 방어적 투자자는 자신의 총효용을 나타내는 무차별곡선과 만나는 A투자안을 선택할 때 자신의 기대효용이 가장 크게 되고 공격적 투자자의 경우 공격적 투자자의 무차별곡선이 B투자안을 선택할 때 가장 기대효용이 커진다.[9]

결국 위험회피적인 투자자인 방어적 투자자와 공격적 투자자 모두 지배원리에 따라 투자안을 선택하는 것에는 동의하지만 투자자의 위험회피성향에 따라 투자안의 최종선택은 달라진다는 것이다.

---

9 원점에 대해서 볼록한 형태의 무차별곡선은 기본적으로 돈이 많을수록 좋다거나 상품을 많이 소비할수록 좋다는 인간의 기본적인 속성인 다다익선(the more, the better)의 결과로 원점에 대해서 멀리 떨어질수록 높은 만족수준을 나타낸다.

1. 위험에 대한 태도

- 공정한 게임: 기대부와 확실한 부가 동일한 게임

- St. Petersburg 역설

- 기대효용이론

① 위험회피형 투자자
- 공정한 게임에 참여 안 함.

- 원점에 대해서 오목한 형태의 효용곡선

- $U' > 0,\ U'' < 0$

- 확실성등가(CE): 기대효용 $E[U(W)]$과 동일한 수준의 효용을 주는 확실한 부

- 위험프리미엄: 기대부 $E(W)$와 확실성등가(CE)의 차이

- 절대적 위험회피도(ARA) $= -\dfrac{U''(W_0)}{U'(W_0)}$

- 상대적 위험회피도(RRA) $= -W_0\dfrac{U''(W_0)}{U'(W_0)}$

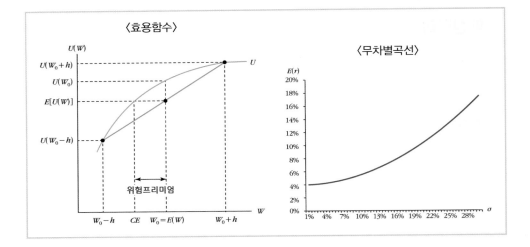

② 위험중립형 투자자
- 공정한 게임에 참여함.

- 원점에 대해서 우상향의 직선형태의 효용곡선

- $U' > 0$, $U'' = 0$

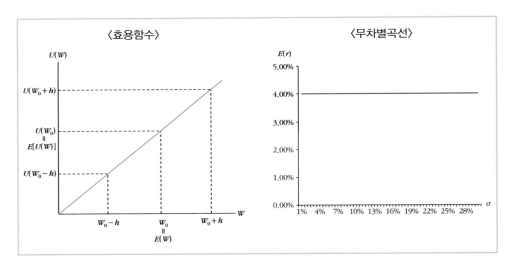

③ 위험선호형 투자자
- 공정한 게임에 참여함.

■ 원점에 대해 볼록한 형태의 효용곡선

■ $U' > 0$, $U'' > 0$

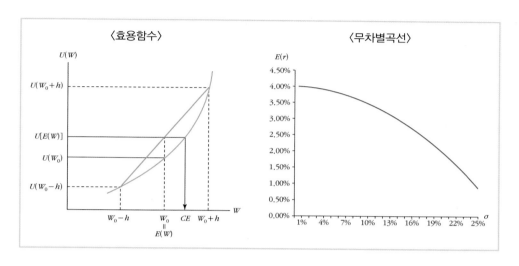

2. 평균-분산기준: 선택기준

■ 평균-분산기준
- 미래 자산수익률의 평균과 분산(혹은 표준편차)만으로 투자자의 기대효용을 나타 내는 것

■ 지배원리
- 기대수익률이 동일할 경우 위험이 낮은 투자안을 선택하고, 위험이 동일할 경우 기대수익률이 높은 투자안을 선택

■ 공격적 투자자

■ 방어적 투자자

1. 다음 설명 중 옳은 것은? (　　)

　① 위험회피형 투자자는 공정한 게임에 참가한다.
　② 위험중립형 투자자는 오직 위험에 의해서만 위험투자안을 판단한다.
　③ 위험회피형 투자자의 무차별곡선은 부(−)의 기울기를 갖는다.
　④ 위험회피형 투자자의 무차별곡선은 교차할 수 있다.
　⑤ 두 명의 위험회피형 투자자의 무차별곡선은 교차할 수 있다.

2. (2004 CPA) 아래 표에서와 같이 A, B, C 및 D 투자안의 호경기와 불경기 때의 수익률이 주어져 있다. 세 투자안 가운데 하나를 선택하는 경우, 다음의 설명 중 옳은 것을 모두 모아 놓은 것은? (　　)

투자안	호경기	불경기
A	10%	10%
B	13%	7%
C	14%	6%
D	15%	9%

단, 호경기와 불경기가 발생할 확률은 각각 1/2로 동일하다.

　　a. 위험회피적 투자자들 가운데에서도 D 투자안을 선택하는 투자자가 있다.
　　b. 위험중립적 투자자는 A 투자안, B 투자안 및 C 투자안을 동일하게 평가한다.
　　c. 위험선호적 투자자는 A 투자안과 B 투자안 중에서는 B 투자안을 선택한다.

　① a, b, c　　　　　② b, c　　　　　③ a, c
　④ a, b　　　　　　⑤ c

3. (2006 CPA) 자산 세 개(A, B, C)의 1년 후 시장상황에 따른 예상수익(단위: 원)은 다음
과 같다. 단, 1년 후 호황과 불황의 확률은 각각 50%이다.

	A자산	B자산	C자산
1년 후 수익(호황)	110	120	160
1년 후 수익(불황)	110	100	80

A자산의 현재가격은 100원이다. 다음 중 자산의 균형가격으로 성립될 수 없는 것은?
(   )

① 위험회피형 투자자만 있는 세계에서 B자산의 현재가격이 97원이다.
② 위험회피형 투자자만 있는 세계에서 C자산의 현재가격이 105원이다.
③ 위험선호형 투자자만 있는 세계에서 C자산의 현재가격이 115원이다.
④ 위험중립형 투자자만 있는 세계에서 B자산의 현재가격이 100원이다.
⑤ 위험중립형 투자자만 있는 세계에서 C자산의 현재가격이 107원이다.

4. (2012 CPA) 다음 그림에서 가로축은 투자안의 위험을 나타내고 세로축은 투자안의
기대수익을 나타낸다. 이 그림 중에서 위험중립형 투자자의 등기대효용곡선은 어느 것
인가? (   )

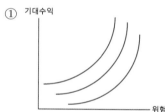

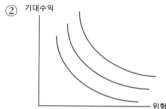

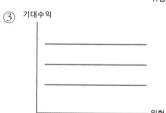

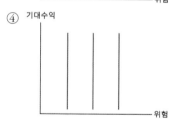

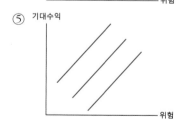

5. 어느 투자자의 효용함수가 $U = E(r) - 1.5\sigma^2$이다. 다음 보기에서 투자자의 기대효용을 극대화하는 기대수익률과 표준편차는 어느 것인가? (　　)

① 10%, 15%　　　　② 12%, 18%　　　　③ 8%, 10%

④ 6%, 10%　　　　⑤ 20%, 32%

6. 위험자산의 기대수익률은 10%이고 표준편차는 20%이다. 무위험자산의 수익률은 5%이다. 투자자의 효용함수가 $U = E(r) - A\sigma^2$일 경우, 투자자가 무위험자산과 위험자산 중 어느 하나를 달리 선호하지 않게 만드는 위험회피계수 A는 얼마인가? (　　)

① 1　　　　② 1.25　　　　③ 1.5

④ 2　　　　⑤ 2.5

※ [7~9] (CFA) 효용함수가 $U = E(r) - A\sigma^2$일 경우 질문에 답하시오.

투자	기대수익률	표준편차
1	0.12	0.30
2	0.15	0.50
3	0.21	0.16
4	0.24	0.21

7. A가 4일 경우 어느 투자안을 선택해야 하는가? (　　)

① 1　　　　② 2

③ 3　　　　④ 4

8. 위험중립투자자라면 어느 투자안을 선택하는가? (　　)

① 1　　　　② 2

③ 3　　　　④ 4

9. 효용함수에서 A는 무엇을 나타내는가? (　　)

① 투자자의 요구수익률

② 투자자의 위험회피도

③ 포트폴리오의 확실성등가수익

④ 위험 4단위당 수익률 1단위에 대한 선호

10. (2017 CPA) 위험회피적인 투자자 갑은 무위험자산과 위험자산 A를 이용하여 자신의 효용을 극대화하는 포트폴리오를 구성하고자 한다. 투자자 갑의 효용을 극대화하는 포트폴리오에서 위험자산 A가 차지하는 투자비중에 관한 다음 설명 중 옳은 것만을 모두 선택한 것은? 단, 위험자산 A의 기대수익률은 무위험수익률보다 높고, 투자자 갑의 효용함수는 $U = E(r_p) - \frac{1}{2} \times \gamma \times \sigma_p^2$과 같다고 가정한다. 여기서, $E(r_p)$와 σ_p는 각각 위험자산 A와 무위험자산이 결합한 포트폴리오의 기대수익률과 표준편차이다. 그리고 γ는 투자자 갑의 위험회피도(위험회피계수)이다. (   )

    a. 다른 조건은 일정할 때, 위험자산 A의 기대수익률이 높을수록 위험자산 A에 대한 투자비중도 높다.
    b. 다른 조건은 일정할 때, 투자자 갑의 위험회피도가 클수록 위험자산 A에 대한 투자비중도 높다.
    c. 다른 조건은 일정할 때, 위험자산 A의 표준편차가 클수록 위험자산 A에 대한 투자비중도 높다.

① a   ② b   ③ c
④ a, c   ⑤ b, c

11. 다음 중 기대효용이론과 관련된 설명 중 틀린 것은? (   )
① 불확실성하의 투자결정에서 중요한 기준은 기댓값이다.
② 효용함수의 1차 도함수는 0보다 크다.
③ 위험선호형 투자자의 부에 대한 효용함수의 1차 도함수와 2차 도함수는 모두 0보다 크다.
④ 효용은 선호의 가중치를 나타낸다.

12. 효용함수 $U(W) = \sqrt{W}$인 투자자 A는 현재 100만원을 가지고 있다. 동일한 확률을 가진 게임을 하여 이기면 20원을 받고 지면 20원을 주는 게임의 참여여부를 고려하고 있다. 투자자 A의 기대효용은 얼마인가? (   )
① 8.25   ② 9.17   ③ 9.95   ④ 10.40

13. 문12에서 확실성등가와 위험프리미엄은 각각 얼마인가? (   )
① 89, 2   ② 87, 1.5   ③ 96, 1.2   ④ 99, 1

연습문제 해답

1. ⑤

2. ①

> **답**

	기대수익률	분산
A:	0.10	0.0000
B:	0.10	0.0009
C:	0.10	0.0016
D:	0.12	0.0009

3. ⑤

> **답**

A자산의 현재가격이 100원이므로 시장이자율이 10%임을 알 수 있다. 따라서 위험중립형 투자자를 가정할 경우 각 자산에 대한 균형가격은 아래와 같다.

A자산: 100

B자산: $\dfrac{120}{1.1} \times 0.5 + \dfrac{100}{1.1} \times 0.5 = 100$

C자산: $\dfrac{160}{1.1} \times 0.5 + \dfrac{80}{1.1} \times 0.5 = 109.09$

위험회피형 투자자만 있는 세계에서는 이 가격보다 낮은 가격이, 위험선호형 투자자만 있는 세계에서는 이 가격보다 높은 가격이 균형가격으로 성립될 수 있다.

4. ③

> **답**

등기대효용곡선은 효용이 같아지는 점들을 모아 놓은 곡선으로 이는 동일한 효용가치를 가지는 모든 포트폴리오를 연결한 선인 무차별곡선을 의미한다. 위험중립형 투자자는 위험의 수준과 상관없이 기대수익률에 의해서 의사결정을 내리기 때문에 이들의 무차별곡선은 수평선의 형태를 지닌다.

5. ②

📘

① $U = 0.1 - (1.5)(0.15)^2 = 6.6625\%$

② $U = 0.12 - (1.5)(0.18)^2 = 7.14\%$

③ $U = 0.08 - (1.5)(0.1)^2 = 6.5\%$

④ $U = 0.06 - (1.5)(0.1)^2 = 4.5\%$

⑤ $U = 0.2 - (1.5)(0.32)^2 = 4.64\%$

6. ②

📘

무위험자산의 기대효용: $U = E(r) - A\sigma^2 \rightarrow U = 0.05 - A(0)^2 = 0.05$

위험자산의 기대효용: $U = E(r) - A\sigma^2 \rightarrow U = 0.1 - A(0.2)^2$

$\therefore \ 0.05 = 0.1 - A(0.2)^2 \rightarrow A = 1.25$

7. ③

📘

효용함수가 $U = E(r) - 4\sigma^2$이므로, 가장 높은 효용을 갖는 것을 택해야 한다.

투자	기대수익률 $E(r)$	표준편차 σ	효용 U
1	0.12	0.30	-0.24
2	0.15	0.50	-0.85
3	0.21	0.16	0.1076
4	0.24	0.21	0.0636

8. ④

📘

투자자가 위험중립형이라면 위험회피계수 $A = 0$이다. 즉, 위험중립형 투자자는 위험은 상관 없고 가장 높은 기대수익률을 주는 투자안을 선택하고 이때 가장 높은 효용을 가진다. 따라서 투자4가 가장 높은 기대수익을 주기 때문에 투자4를 택한다.

9. ②

10. ①

📘

기대수익이 증가하고 위험이 감소할수록 효용이 증가하므로 투자자 갑은 위험회피형 투자자이다.

11. ①

답

① 불확실성하의 투자결정에서 중요한 기준은 기대효용이다.

12. ③

답

기대효용 $E[U(W)] = (0.5)[U(120)] + (0.5)[U(80)] = (0.5)(\sqrt{120}) + (0.5)(\sqrt{80}) = 9.95$

13.

답

$\sqrt{CE} = 9.95 \rightarrow CE = (9.95)^2 = 99$이므로

위험프리미엄 = 기대부 $E(W)$ − 확실성등가(CE) → 위험프리미엄 = $100 - 99 = 1$

불확실성하의 선택대상:
포트폴리오이론

학습개요

본 장에서는 불확실성하에서의 투자를 위해 기대수익률과 위험에 대한 기본개념을 바탕으로 포트폴리오 이론에 대해서 학습한다. 위험자산만 존재할 경우의 투자기회집합과 최적포트폴리오의 선택을 다룬 후, 위험자산과 무위험자산이 모두 존재할 경우의 투자기회집합과 최적포트폴리오의 선택에 대해서 설명한다.

학습목표

- 수익률
- 기대수익률
- 위험
- 투자기회집합
- 최적포트폴리오
- Tobin의 분리정리

01   수익률과 위험

1. 수익률

금융시장에서 일반적으로 사용하는 이자율(금리)은 수익률 개념이다. 수익률은 투자한 금액 대비 얼마나 벌었는지를 나타내는 투자수익의 의미이다. 예를 들어, 만기 1년인 100만원짜리 채권을 사서 1년 후에 이자 10만원과 원금 100만원을 받았다면 수익률은 10%(=10만원/100만원)이다.

만약 만기 1년, 원금 100만원인 채권을 현재 90만원에 사서 만기 시에 100만원을 받았다면 할인된 10만원은 이자를 미리 받은 것이고, 수익률은 11.1%(=10만원(이자)/90만원)이다. 그리고 100만원짜리를 10만원 할인받아서 90만원에 샀으므로 할인율이 10%(=10만원(할인금액)/100만원)이다.

(1) 산술평균수익률

투자기간 동안 자산을 보유하여 매 기간 발생한 보유기간수익률의 평균치를 산술평균수익률로 계산할 수 있다. 산술평균수익률은 과거에 투자하여 현재시점까지 발생한 수익률들이 나타날 가능성이 동일한 것으로 보고 계산한다. 따라서 n개의 관측치가 있을 경우 각 개수가 나타날 확률이 $1/n$로 동일하다고 가정하여 이를 n개의 관측치의 합에 곱하여 계산한다.

예를 들어, 4년 동안 X주식의 수익률은 10%, 15%, 8%, 12%이라고 하자. 산술평균수익률은 11.25%(=(10%+15%+8%+12%)/4)로 계산한다. 이는 과거 4년 동안 발생한 수익률 4개가 모두 1/4(=25%)의 확률로 동일하게 나타난다고 보아 이를 4개 수익률의 합에 곱하여 계산한 것이다. 만약 과거에 발생한 역사적 수익률이 향후 투자할 경우 얻게 되는 수익률인 미래수익률을 대표한다고 본다면 미래의 기대수익률은 산술평균으로 측정하는 것이 적절하다.

(2) 기하평균수익률

투자기간 동안 자산을 보유하여 매 기간 발생한 보유기간수익률의 평균치를 기하평균수익률로도 계산할 수 있다. 기하평균은 주어진 n개의 양수의 곱의 n제곱근의 값을 말한다. 예를 들어, 4년 동안 X주식의 수익률은 10%, 15%, 8%, 12%이라고 할 때 기하평균수익률은 11.22%($=\sqrt[4]{(1+0.10)(1+0.15)(1+0.08)(1+0.12)}-1$)로 계산한다.

따라서 기하평균수익률은 투자기간에 걸쳐 복리로 계산했을 때 실제수익률과 동일한 최종가치가 되도록 해 주는 연간 보유기간수익률을 의미한다. 예를 들어, 현재 10,000원인 주가가 1년 후에 5,000원으로 떨어지고 2년 후에는 10,000원으로 다시 회복될 경우 2년 동안의 실제수익률은 0%이다.

2년 동안의 평균수익률을 산술평균으로 계산할 경우 $(-50\%+100\%)/2=25\%$의 수익을 올린 것으로 계산되는 반면, 기하평균으로 계산하면 $[(1-0.5)(1+1)]^{1/2}-1=0\%$의 수익률로 계산되어 과거의 성과를 제대로 나타낸다.

이처럼 기하평균수익률은 투자기간 동안의 최종수익률과 동일하게 해주는 연간 보유기간수익률 $r=[(1+r_1)(1+r_2)\cdots(1+r_n)]^{1/n}-1$이 되며, 과거 투자기간 동안의 성과척도의 측정에 적합하다.

2. 기대수익률

기대수익률(expected rate of return) $E(r)$은 미래에 평균적으로 예상되는 수익률이며 각 상황별로 발생 가능한 수익률에 그 상황이 발생할 확률을 곱한 다음 이를 모두 합하여 구한다.

$$E(r)=\sum r_i p_i \tag{8-1}$$

예를 들어, r_i라는 주머니 안에 10%, 15%, 8%, 12%가 들어있다고 하고, 이 중에 하나를 꺼낼 경우 기댓값은 얼마일까? 평균 혹은 기댓값은 관측치를 모두 합하여 이를 관측치의 개수로 나누어 얻을 수 있다. 즉, 기댓값 $E(r_i)$는 $(10\%+15\%+8\%+12\%)/4=11.25\%$가 된다.

이때 관측치의 개수 4로 나누어준다는 것은 주머니 안에 들어 있는 10%, 15%, 8%, 12% 중에서 10%가 꺼내질 가능성(확률)이 4개 중 1개라는 의미이다. 마찬가지로 15%, 8%, 12%도 각각 4개 중에 1개가 꺼내질 가능성(확률)을 갖는다. 따라서 10%, 15%, 8%, 12%가 각각 발생할 확률은 $1/4(=0.25)$이므로 평균은 $(10\%+15\%+8\%+12\%)(1/4)=11.25\%=\sum r_i p_i$로 계산된다.

예제 | **기대수익률**

1년 후에 경제가 호황, 정상, 불황일 확률이 30%, 50%, 20%이고, 각 경제상황에 따른 주식수익률이 -8.73%, 8%, 30.32%이다. 기대수익률을 계산하시오.

[답]
$E(r)=(-0.0873)(0.3)+(0.08)(0.5)+(0.3032)(0.2)=7.45\%$

---

3. 위험

위험이란 미래의 불확실성으로 인해 실제수익률이 기대수익률로부터 얼마나 벗어나는지를 나타내는 변동성(volatility)으로 정의한다. 변동성으로 정의되는 위험의 특성을 계량화할 수 있는 척도는 식(8-2)와 식(8-3)으로 정의되는 분산(σ_i^2)과 표준편차(σ_i)가 있다.

$$\sigma_i^2 = \sum [r_i - E(r_i)]^2 p_i \tag{8-2}$$

$$\sigma_i = \sqrt{\sigma_i^2} \tag{8-3}$$

예를 들어, r_i라는 주머니 안에 10%, 15%, 8%, 12%가 들어 있고 이 중에서 하나를 꺼낼 기댓값이 11.25%일 경우 편차제곱승의 평균으로 정의되는 분산은 편차제곱승의 합을 편차의 개수 4로 나눠주면 된다. 이때 1/4은 각 관측치의 편차가 발생할 확률이 1/4이라는 의미이므로 분산 σ_i^2은 $[(10\%-11.25\%)^2+(15\%-11.25\%)^2+(8\%-11.25\%)^2+(12\%-11.25\%)^2](1/4)=6.69\%=\sum[r_i-E(r_i)]^2 p_i$로 계산한다.

분산은 각 편차의 제곱으로 계산하기 때문에 원자료의 단위보다 큰 단위로 표시되지만 분산의 제곱근으로 구하게 되면 원자료의 단위로 환원되어 평균이나 다른 통계척도와 쉽게 비교할 수 있다. 분산의 제곱근을 표준편차라고 부른다.

투자의 위험과 관련해서 미래에 발생할 실제수익률과 기대수익률과의 차이가 크면 클수록 위험(표준편차)이 더 크다고 할 수 있다. 또한 동일한 기대수익률 하에서는 표준편차가 높을수록 투자기회가 더 위험하다.

SECTION

02 포트폴리오 기대수익률과 위험

일반적으로 투자자는 하나의 자산에만 투자하기보다 여러 자산에 분산투자한다. 투자자가 여러 자산에 투자할 때 두 개 이상의 자산들로 구성된 조합을 포트폴리오(portfolio)라고 한다.

예를 들어, 100만원을 가지고 40만원은 10%의 수익률을 얻는 1자산에 투자하고 60만원은 20%의 수익률을 얻는 2자산에 투자하여 두 자산으로 구성된 포트폴리오를 가지고 있다고 하자. 100만원 중 40만원을 1자산에 투자했으므로 1자산의 투자비중은 0.4이고 2자산에는 60만원을 투자했으므로 2자산의 투자비중은 0.6이 된다. 두 자산을 모두 갖고 있는 사람은 얼마의 수익률을 얻을까? 단순히 30%(=10%+20%)라고 할 수 있을까?

두 자산에 투자된 자금의 크기가 다르기 때문에 개별자산의 수익률을 단순히 더하면 안 되고 개별자산의 투자비중으로 가중치를 주어서 더해야 한다. 투자자금 중 0.4는 10%의 수익률을 얻는 1자산에 투자하였고 0.6은 20%의 수익률을 얻는 2자산에 투자하였으므로 1자산과 2자산으로 구성된 포트폴리오의 수익률은 $(0.4)(10\%)+(0.6)(20\%)=16\%$가 된다. 이를 일반적인 식으로 나타내면 $r_p=w_1r_1+w_2r_2$가 된다.

1. 포트폴리오 기대수익률

포트폴리오 기대수익률 $E(r_p)$는 개별자산의 기대수익률을 투자비중(1자산 w_1, 2자산 w_2)으로 가중평균하여 식(8-4)와 같이 계산할 수 있다.[1]

$$
\begin{aligned}
E(r_p) &= E(w_1 r_1 + w_2 r_2) \\
&= E(w_1 r_1) + E(w_2 r_2) \\
&= w_1 E(r_1) + w_2 E(r_2)
\end{aligned}
\tag{8-4}
$$

N개의 자산으로 확장하여 포트폴리오를 구성할 경우 포트폴리오의 기대수익률은 식(8-5)와 같다.

$$
E(r_p) = w_1 E(r_1) + w_2 E(r_2) + \cdots + w_N E(r_N) = \sum_{i=1}^{N} w_i E(r_i)
\tag{8-5}
$$

2. 포트폴리오 위험

두 개의 자산으로 포트폴리오를 구성할 경우 포트폴리오 위험은 식(8-6)이나 식(8-7)로 계산한다.[2]

---

[1] 기본적인 통계공식은 APPENDIX 1. 참조.

[2] 포트폴리오의 위험을 분산의 정의에 따라 다음과 같이 유도할 수도 있다.

$$
\begin{aligned}
Var(r_p) &= E[r_p - E(r_p)]^2 \\
&= E[(w_1 r_1 + w_2 r_2) - E(w_1 r_1 + w_2 r_2)]^2 \\
&= E[(w_1 r_1 + w_2 r_2)^2 - 2(w_1 r_1 + w_2 r_2)E(w_1 r_1 + w_2 r_2) + \{E(w_1 r_1) + E(w_2 r_2)\}^2] \\
&= E[w_1 r_1 + w_2 r_2]^2 - 2[E(w_1 r_1 + w_2 r_2)]^2 + [E(w_1 r_1) + E(w_2 r_2)]^2 \\
&= E[w_1 r_1 + w_2 r_2]^2 - 2[E(w_1 r_1) + E(w_2 r_2)]^2 + [E(w_1 r_1) + E(w_2 r_2)]^2 \\
&= E[w_1 r_1 + w_2 r_2]^2 - [E(w_1 r_1) + E(w_2 r_2)]^2 \\
&= E[w_1^2 r_1^2 + 2w_1 r_1 w_2 r_2 + w_2^2 r_2^2] - [\{E(w_1 r_1)\}^2 + 2E(w_1 r_1)E(w_2 r_2) + \{E(w_2 r_2)\}^2] \\
&= [E(w_1^2 r_1^2) - \{E(w_1 r_1)\}^2] + [E(w_2^2 r_2^2) - \{E(w_2 r_2)\}^2] + 2[E\{(w_1 r_1)(w_2 r_2)\} - E(w_1 r_1)E(w_2 r_2)] \\
&= Var(w_1 r_1) + Var(w_2 r_2) + 2w_1 w_2 Cov(r_1, r_2) \\
&= w_1^2 \sigma_1^2 + w_2^2 \sigma_2^2 + 2w_1 w_2 \sigma_{12}
\end{aligned}
$$

참고로, 분산과 공분산에 관한 수학적 기호는 다음과 같이 여러 가지 형태로 사용될 수 있다.

$$Var(r_p) = Var(w_1 r_1 + w_2 r_2)$$

$$= Var(w_1 r_1) + Var(w_2 r_2) + 2Cov(w_1 r_1, w_2 r_2)$$

$$= w_1^2 \sigma_1^2 + w_2^2 \sigma_2^2 + 2 w_1 w_2 \sigma_{12} \qquad (8\text{-}6)$$

$$= w_1 w_1 \sigma_{11} + w_1 w_2 \sigma_{12} + w_2 w_1 \sigma_{21} + w_2 w_2 \sigma_{22}$$

$$= w_1 (w_1 \sigma_{11} + w_2 \sigma_{12}) + w_2 (w_1 \sigma_{21} + w_2 \sigma_{22})$$

$$= w_1 \sum_{i=1}^{2} w_i \sigma_{1i} + w_2 \sum_{j=1}^{2} w_j \sigma_{2j}$$

$$= \sum_{i=1}^{2} \sum_{j=1}^{2} w_i w_j \sigma_{ij} \qquad (8\text{-}7)$$

N개의 자산으로 확장하여 포트폴리오를 구성할 경우 포트폴리오 위험은 식(8-8)과 같으며, 〈그림 8-1〉의 분산-공분산 행렬로 나타낼 수 있다.

$$Var(r_p) = \sum_{i=1}^{N} \sum_{j=1}^{N} w_i w_j \sigma_{ij}$$

그림 8-1 • 분산-공분산 행렬로 나타낸 포트폴리오 위험

자산	1	2	3	⋯	N
1	$w_1^2 \sigma_1^2$ $(= w_1 w_1 \sigma_{11})$	$w_1 w_2 \sigma_{12}$	$w_1 w_3 \sigma_{13}$	⋯	$w_1 w_N \sigma_{1N}$
2	$w_2 w_1 \sigma_{21}$	$w_2^2 \sigma_2^2$ $(= w_2 w_2 \sigma_{22})$	$w_2 w_3 \sigma_{23}$	⋯	$w_2 w_N \sigma_{2N}$
3	$w_3 w_1 \sigma_{31}$	$w_3 w_2 \sigma_{32}$	$w_3^2 \sigma_3^2$ $(= w_3 w_3 \sigma_{33})$	⋯	$w_3 w_N \sigma_{3N}$
⋮	⋮	⋮	⋮	⋱	⋮
N	$w_N w_1 \sigma_{N1}$	$w_N w_2 \sigma_{N2}$	$w_N w_3 \sigma_{N3}$	⋯	$w_N^2 \sigma_N^2$ $(= w_N w_N \sigma_{NN})$

$Var(r_p) = \sigma_p^2$

$Var(r_1) = \sigma_1^2 = E[r_1 - E(r_1)]^2 = E[(r_1 - E(r_1))(r_1 - E(r_1))] = Cov(r_1, r_1) = Cov_{1,1} = \sigma_{11}$

$\sigma_{12} = Cov_{1,2} = Cov(r_1, r_2) = E[(r_1 - E(r_1))(r_2 - E(r_2))] = E[(r_2 - E(r_2))(r_1 - E(r_1))] = Cov(r_2, r_1) = Cov_{2,1} = \sigma_{21}$

$$= \sum_{i=1}^{N} w_i^2 \sigma_i^2 + \sum_{\substack{i=1 \\ (i \neq j)}}^{N} \sum_{j=1}^{N} w_i w_j \sigma_{ij} \tag{8-8}$$

포트폴리오 위험은 두 자산의 수익률이 함께 움직이는 정도를 나타내는 식(8-9)의 공분산(covariance)에 의해 영향을 받는다. $Cov(r_1, r_2)$가 양(+)의 값을 가지면 두 자산수익률이 서로 같은 방향으로 움직이고 음(-)의 값을 가지면 두 자산수익률이 서로 다른 방향으로 움직이고 있음을 의미한다.[3]

$$Cov(r_1, r_2) = \sum [r_1 - E(r_1)][r_2 - E(r_2)]p_i$$

$$= E[(r_1 - E(r_1))(r_2 - E(r_2))] \tag{8-9}$$

그림 8-2 • 상관관계 예시

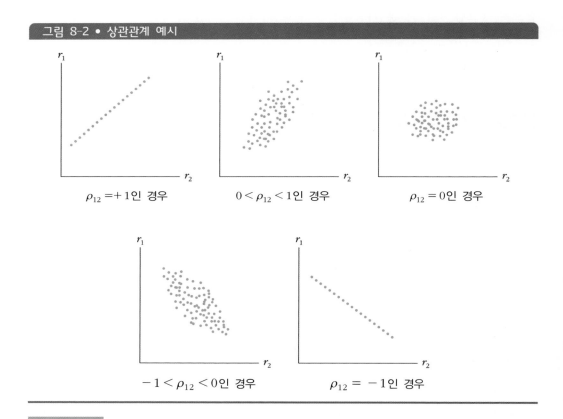

$\rho_{12} = +1$인 경우 $0 < \rho_{12} < 1$인 경우 $\rho_{12} = 0$인 경우

$-1 < \rho_{12} < 0$인 경우 $\rho_{12} = -1$인 경우

---

3 APPENDIX 2. 참조.

식(8-9)의 공분산은 두 자산수익률 간의 같은 방향 혹은 다른 방향으로의 움직임 만을 말하고 두 자산수익률이 얼마나 밀접하게 움직이는지에 대한 강도(strength)는 말하지 않는다. 공분산을 각 개별자산의 표준편차의 곱으로 나누어 두 자산수익률 간의 강도를 측정한 것이 식(8-10)의 상관계수이다.

$$\rho_{12} = \frac{Cov(r_1, r_2)}{\sigma_1 \sigma_2} \tag{8-10}$$

상관계수는 −1과 1 사이의 범위에서 값이 계산되는데, 상관계수가 1일 경우는 두 자산수익률이 완전 정비례하는 직선관계를 가지며, −1일 경우는 완전 반비례하는 직선관계를 나타내고 선형적인 관계가 없는 경우는 상관계수가 0이 된다. 〈그림 8-2〉 에는 상관계수의 범위에 따른 두 자산수익률과의 관계를 그림으로 나타내었다.

예제 **포트폴리오 기대수익률과 위험**

경제가 호황, 정상, 불황일 확률이 각각 30%, 40%, 30%이다. 각 경제상황에 따라 1자 산과 2자산의 수익률이 아래 표와 같다. 1자산과 2자산에 각각 30%, 70%를 투자하여 포트폴리오를 구성한다고 가정한다.

	호황	정상	불황
확률	0.30	0.40	0.30
1자산: 수익률	0.13	0.07	−0.03
2자산: 수익률	0.08	0.04	0.02

(1) 자산1과 자산2의 기대수익률과 표준편차를 구하시오.

(2) 호황, 정상, 불황일 경우의 포트폴리오 수익률을 각각 구하시오.

(3) 포트폴리오의 기대수익률과 표준편차를 구하시오.

(4) 1자산과 2자산의 공분산과 상관계수를 구하시오.

[답]

(1) 개별자산의 기대수익률 $E(r) = \sum r_i p_i$, 분산 $\sigma^2 = \sum [r_i - E(r_i)]^2 p_i$ 계산

$E(r_1) = (0.3)(0.13) + (0.4)(0.07) + (0.3)(-0.03) = 0.058$

$$\sigma_1 = \sqrt{[(0.3)(0.13-0.058)^2 + (0.4)(0.07-0.058)^2 + (0.3)(-0.03-0.058)^2]} = 0.0627$$

$$E(r_2) = (0.3)(0.08) + (0.4)(0.04) + (0.3)(0.02) = 0.046$$

$$\sigma_2 = \sqrt{[(0.3)(0.08-0.046)^2 + (0.4)(0.04-0.046)^2 + (0.3)(0.02-0.046)^2]} = 0.0237$$

(2) 포트폴리오의 수익률은 $r_p = w_1 r_1 + w_2 r_2$로 구한다.

호황일 경우: $r_p = (0.3)(0.13) + (0.7)(0.08) = 0.095$

정상일 경우: $r_p = (0.3)(0.07) + (0.7)(0.04) = 0.049$

불황일 경우: $r_p = (0.3)(-0.03) + (0.7)(0.02) = 0.005$

(3) 포트폴리오의 기대수익률 $E(r_p) = w_1 E(r_1) + w_2 E(r_2)$ 혹은 평균의 정의식으로 계산할 수 있고, 포트폴리오의 표준편차 $\sigma_p = \sqrt{w_1^2 \sigma_1^2 + w_2^2 \sigma_2^2 + 2 w_1 w_2 Cov(r_1, r_2)}$ 혹은 표준편차의 정의식을 이용하여 구할 수 있다.

$$E(r_p) = (0.3)(0.0058) + (0.7)(0.046) = 0.0496 \text{ 또는}$$
$$= (0.3)(0.095) + (0.4)(0.049) + (0.3)(0.005) = 0.0496$$
$$\sigma_p = \sqrt{(0.3)^2(0.0627)^2 + (0.7)^2(0.0237)^2 + 2(0.3)(0.7)(0.00139)} = 0.0349 \text{ 또는}$$
$$= \sqrt{(0.3)(0.095-0.0496)^2 + (0.4)(0.049-0.0496)^2 + (0.3)(0.005-0.0496)^2}$$
$$= 0.0349$$

(4) $Cov(r_1, r_2) = \sum [r_1 - E(r_1)][r_2 - E(r_2)]p_i$
$$= (0.3)(0.13-0.058)(0.08-0.046) + (0.4)(0.07-0.058)(0.04-0.046)$$
$$+ (0.3)(-0.03-0.058)(0.02-0.046)$$
$$= 0.00139$$

$$\rho_{12} = \frac{Cov_{1,2}}{\sigma_1 \sigma_2} = \frac{0.00139}{(0.0627)(0.0237)} = 0.9343$$

03 포트폴리오 이론

1. 최적 포트폴리오 선택: 위험자산만 존재

(1) 투자기회집합

X주식 기대수익률 10%, 표준편차 20%, Y주식 기대수익률 18%, 표준편차 28%이다. X주식에 w_x, Y주식에 $w_y(=1-w_x)$ 투자할 경우 두 개 주식으로 구성되는 위험자산(위험포트폴리오)의 기대수익률과 분산은 다음과 같이 구할 수 있다.

$$E(r_p) = w_x E(r_x) + w_y E(r_y) \tag{8-11}$$

$$\sigma_p^2 = w_x^2 \sigma_x^2 + w_y^2 \sigma_y^2 + 2w_x w_y \rho_{xy} \sigma_x \sigma_y \tag{8-12}$$

위험자산(위험포트폴리오)에 투자할 때의 투자비중 w_x, w_y에 따라 위험자산(위험포트폴리오)의 기대수익률 $E(r_p)$와 표준편차 σ_p가 달라진다. 만약, 두 주식의 상관계수가 0.25라고 할 경우에는 공분산[4]은 $0.014(=(0.25)(0.20)(0.28))$가 되고, 상관계수가 -1일 경우에는 공분산이 $-0.056(=(-1)(0.20)(0.28))$, 상관계수가 1일 경우에는 공분산이 $0.056(=(1)(0.20)(0.28))$이 된다.

두 주식의 공분산이 다를 경우에 대해서 투자비중이 다른 6개 경우의 위험자산(위험포트폴리오)의 기대수익률 $E(r_p)$와 표준편차 σ_p의 조합을 〈표 8-1〉과 〈그림 8-3〉에 나타내었다. 만약 투자비중을 연속적으로 변화시킨다면 기대수익률 $E(r_p)$와 표준편차 σ_p의 조합이 연속적으로 〈그림 8-3〉과 같이 나타난다.

$\rho_{xy}=0.25$와 같이 $-1<\rho_{xy}<1$인 경우에는 포물선 모양의 투자기회집합(investment opportunity set)이 그려지고, $\rho_{xy}=1$일 경우 선분 XY의 직선형태로 투자기회집합이 그려지며, $\rho_{xy}=-1$일 경우에는 선분 YA와 선분 AX의 직선형태로 투자기회집

---

4 $\sigma_{xy} = \rho_{xy} \sigma_x \sigma_y$

표 8-1 • 투자비중에 따른 위험자산(위험포트폴리오)의 기대수익률과 표준편차

w_X	w_Y	$E(r_p)$	$\rho_{XY} = -1$일 경우	$\rho_{XY} = 0.25$일 경우	$\rho_{XY} = 1$일 경우
			σ_p	σ_p	σ_p
0.0	1.0	0.18	0.28	0.28	0.28
0.2	0.8	0.164	0.184	0.2372	0.264
0.4	0.6	0.148	0.088	0.2033	0.248
0.6	0.4	0.132	0.008	0.1835	0.232
0.8	0.2	0.116	0.104	0.1822	0.216
1.0	0.0	0.10	0.20	0.20	0.20

합이 그려진다.

⟨그림 8-3⟩에서 두 주식이 완전상관관계를 가질 때 직선의 형태로 나타나는데 이에 대해서 구체적으로 살펴보자. 먼저, $\rho_{xy} = 1$일 경우 포트폴리오의 기대수익률과 위험(표준편차)은 다음과 같다.

그림 8-3 • 위험자산(위험포트폴리오)의 투자기회집합

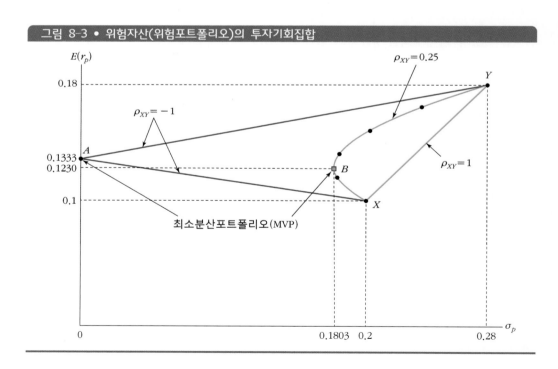

$$E(r_p) = w_x E(r_x) + (1 - w_x) E(r_y) \qquad\qquad (8\text{-}13)$$

$$\sigma_p^2 = w_x^2 \sigma_x^2 + (1 - w_x)^2 \sigma_y^2 + 2 w_x (1 - w_x) \rho_{xy} \sigma_x \sigma_y$$

$$= w_x^2 \sigma_x^2 + (1 - w_x)^2 \sigma_y^2 + 2 w_x (1 - w_x) \sigma_x \sigma_y$$

$$= [w_x \sigma_x + (1 - w_x) \sigma_y]^2$$

$$\rightarrow \ \sigma_p = w_x \sigma_x + (1 - w_x) \sigma_y \qquad\qquad (8\text{-}14)$$

따라서 기울기는 식(8-15)로 도출되고 이 기울기는 투자비율이 변하더라도 항상 일정하여 〈그림 8-3〉에서 XY를 잇는 직선(straight line)이 된다.

$$\frac{dE(r_p)}{d\sigma_p} = \frac{\dfrac{dE(r_p)}{dw_x}}{\dfrac{d\sigma_p}{dw_x}} = \frac{E(r_x) - E(r_y)}{\sigma_x - \sigma_y} \qquad\qquad (8\text{-}15)$$

또한, $\rho_{xy} = -1$일 경우에 포트폴리오의 기대수익률과 위험(표준편차)을 다음과 같다.

$$E(r_p) = w_x E(r_x) + (1 - w_x) E(r_y) \qquad\qquad (8\text{-}16)$$

$$\sigma_p^2 = w_x^2 \sigma_x^2 + (1 - w_x)^2 \sigma_y^2 + 2 w_x (1 - w_x) \rho_{xy} \sigma_x \sigma_y$$

$$= w_x^2 \sigma_x^2 + (1 - w_x)^2 \sigma_y^2 - 2 w_x (1 - w_x) \sigma_x \sigma_y$$

$$= [w_x \sigma_x - (1 - w_x) \sigma_y]^2$$

$$\rightarrow \ \sigma_p = \pm [w_x \sigma_x - (1 - w_x) \sigma_y] \qquad\qquad (8\text{-}17)$$

식(8-17)에서 $w_x \geq \sigma_y / (\sigma_x + \sigma_y)$이면 $\sigma_p = w_x \sigma_x - (1 - w_x) \sigma_y$이고, $w_x < \sigma_y / (\sigma_x + \sigma_y)$ 이면 $\sigma_p = -w_x \sigma_x + (1 - w_x) \sigma_y$이 되어, 기울기가 YA를 잇는 직선인 식(8-18)과 AX 를 잇는 직선인 식(8-19) 두 개가 도출된다.

$$w_x \geq \frac{\sigma_y}{\sigma_x + \sigma_y} \text{ 일 경우, } \frac{dE(r_p)}{d\sigma_p} = \frac{\dfrac{dE(r_p)}{dw_x}}{\dfrac{d\sigma_p}{dw_x}} = \frac{E(r_x) - E(r_y)}{\sigma_x + \sigma_y} \qquad (8\text{-}18)$$

$$w_x < \frac{\sigma_y}{\sigma_x + \sigma_y} \text{ 일 경우, } \frac{dE(r_p)}{d\sigma_p} = \frac{\dfrac{dE(r_p)}{dw_x}}{\dfrac{d\sigma_p}{dw_x}} = \frac{E(r_x) - E(r_y)}{-(\sigma_x + \sigma_y)} \qquad (8\text{-}19)$$

이제, 〈그림 8-3〉의 위험자산의 투자기회집합에서 위험이 최소가 되는 최소분산 포트폴리오(MVP: minimum variance portfolio)를 찾아보자. 투자기회집합상에서 A점이 나 B점과 같이 위험이 최소가 되는 최소분산포트폴리오는 어떻게 찾을까? 이는 식(8-20)과 같이 위험이 최소가 되도록 X주식과 Y주식에의 투자비중을 찾아서 이 투자비중대로 투자하여 구할 수 있다.

$$\frac{d\sigma_p^2}{dw_x} = 2w_x\sigma_x^2 - 2(1-w_x)\sigma_y^2 + 2\sigma_{xy} - 4w_x\sigma_{xy} = 0 \qquad (8\text{-}20)$$

$$\rightarrow \ w_x = \frac{\sigma_y^2 - \sigma_{xy}}{\sigma_x^2 + \sigma_y^2 - 2\sigma_{xy}} \qquad (8\text{-}21)$$

특히, $\rho_{xy} = -1$일 경우에는 식(8-22)와 같이 위험이 0인 포트폴리오, 즉 무위험 포트폴리오의 구성도 가능하며, 무위험포트폴리오를 구성하는 투자비중은 식(8-23)이 된다.

$$\sigma_p^2 = w_x^2\sigma_y^2 + (1-w_x)^2\sigma_y^2 + 2w_x(1-w_x)\rho_{xy}\sigma_x\sigma_y$$

$$= w_x^2\sigma_x^2 + (1-w_x)^2\sigma_y^2 - 2w_x(1-w_x)\sigma_x\sigma_y \quad (\because \ \rho_{xy} = -1)$$

$$= [w_x\sigma_x - (1-w_x)\sigma_y]^2 = 0 \qquad (8\text{-}22)$$

$$\rightarrow \ w_x\sigma_x - (1-w_x)\sigma_y = 0$$

$$\rightarrow \ w_x = \frac{\sigma_y}{\sigma_x + \sigma_y}, \ w_y = \frac{\sigma_x}{\sigma_x + \sigma_y} \qquad (8\text{-}23)$$

따라서 투자자금의 58.33%(=0.28/(0.2+0.28))를 X주식에 투자하고, 나머지 41.67%(=1−0.5833)는 Y주식에 투자하게 되면, 기대수익률이 13.33%(=(0.5833)(0.1) +0.4167)(0.18)), 표준편차가 0이 되어 〈그림 8-3〉에서 위험이 0인 최소분산포트폴리오 A를 취할 수 있다.

만약, $\rho_{xy}=0.25$일 경우에는 투자자금의 71.24%를 X주식에 투자하고, 28.76%를 Y주식에 투자하면 기대수익률 $E(r_p)$는 12.30%, 표준편차 σ_p는 18.03%로 〈그림 8-3〉 에서 위험자산(위험포트폴리오) 중에서 위험이 가장 낮은 포트폴리오인 최소분산포트 폴리오 B를 취할 수 있다.

$$w_x = \frac{(0.28)^2 - 0.014}{(0.20)^2 + (0.28)^2 - 2(0.014)} = 0.7124$$

$$w_y = 1 - w_x = 1 - 0.7124 = 0.2876$$

$$E(r_p) = (0.7124)(0.10) + (0.2876)(0.18) = 0.1230$$

$$\sigma_p = \sqrt{(0.7124)^2(0.20)^2 + (0.2876)^2(0.28)^2 + 2(0.7124)(0.2876)(0.014)} = 0.1803$$

위험자산으로 구성된 투자기회집합에서 합리적인 투자자는 최소분산포트폴리오 이하의 포트폴리오는 선택하지 않을 것이다. 왜냐하면 〈그림 8-4〉에서 보듯이 지배원리

그림 8-4 • 위험자산 투자 시 효율적 투자선

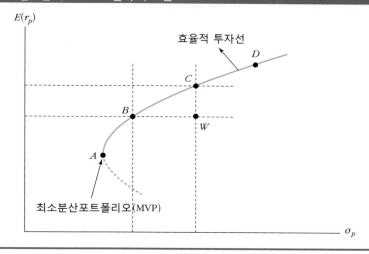

에 의해서 A 아래쪽의 점선부분으로 나타낸 비효율적 부분을 제외하고 최소분산포트폴리오와 D를 이어주는 곡선이 효율적 투자선이 되기 때문이다. 예를 들어, B와 W는 동일한 기대수익률을 갖지만 B가 W보다 위험이 작기 때문에 B가 W를 지배한다. 또한 C와 W는 동일한 위험을 갖지만 C가 W보다 기대수익률이 높기 때문에 C가 W를 지배한다.

이와 같이 포트폴리오 A, B, C, D 모두 주어진 일정한 기대수익률 하에서 위험이 최소인 점 혹은 주어진 일정한 위험 하에서 기대수익률이 최대인 효율적 포트폴리오들로서 이 선상의 포트폴리오는 모두 효율적인 포트폴리오이다. 효율적 투자선(efficient frontier) 또는 효율적 포트폴리오집합(efficient portfolio set)은 동일한 위험수준에서 가장 높은 기대수익률을 갖는 자산이 선택되고, 동일한 기대수익률에서 가장 낮은 위험을 갖는 자산이 선택되는 지배원리에 의해서 결정된다.[5]

(2) 최적포트폴리오의 선택

위험자산들의 효율적 포트폴리오집합이 찾아지면, 투자자는 자신의 기대효용을 가장 극대화시켜주는 최적포트폴리오(optimal portfolio)를 선택할 수 있다. 투자자의 무차별곡선과 효율적 투자기회집합이 만나는 접점에서 투자자의 기대효용이 가장 커지므로, 주관적인 한계대체율(MRS)이 시장에서 객관적으로 결정되는 한계전환율(MRT)과 일치할 때 최적포트폴리오가 얻어진다. 투자자의 위험에 대한 태도가 모두 다르기 때문에 이를 반영하여 투자자들은 서로 다른 무차별곡선을 갖는다. 따라서 투자자는 서로 다른 최적포트폴리오를 선택한다.

---

5 Harry Markowitz, "Portfolio Selection," *Journal of Finance*, March 1952.

그림 8-5 · 최적포트폴리오

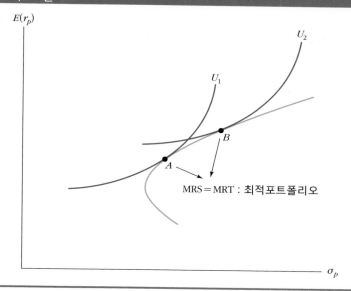

2. 최적 포트폴리오 선택: 위험자산과 무위험자산 모두 존재

(1) 투자기회집합: 자본시장선

투자대상이 위험자산에 무위험자산까지 있는 경우를 생각해보자. 무위험자산인 국채의 존재는 무위험수익률로 차입하거나 대출할 수 있는 교환기회가 존재하는 경제 상태로 생각할 수 있다. 이는 제3장 확실성하의 투자결정에서 생산시장과 자본시장까지 존재할 경우와 동일한 경우로 볼 수 있다.

예를 들어, 투자자금의 40%를 수익률이 5%인 무위험자산에 투자하고 나머지 60%는 위험자산인 주식포트폴리오에 투자한다고 가정하자. 또한 위험자산은 A주식 25%, B주식 35%, C주식 40%로 구성(포트폴리오 P라 하자)되며 기대수익률($E(r_p)$)은 14%, 표준편차(σ_p)는 25%라고 가정하자. 이 경우 투자자금을 무위험자산에 40%, A주식에 15%($=0.6 \times 0.25$), B주식에 21%($=0.6 \times 0.35$), C주식에 24%($=0.6 \times 0.40$) 투자한 것이 된다.

이와 같이 투자금액을 위험자산과 무위험자산에 투자할 경우 위험자산과 무위험자산으로 구성되는 포트폴리오의 기대수익률과 위험(표준편차)은 어떻게 계산할 수 있을까? 위험자산(1자산)과 무위험자산(2자산)이라는 두 개의 자산으로 구성된 포트폴리오로 볼 수 있으므로, 위험자산에 w만큼 투자하고 무위험자산에 $1-w$만큼 투자할 경우의 기대수익률과 표준편차[6]는 다음과 같이 구할 수 있다.

$$E(r_p) = w_1 E(r_1) + w_2 E(r_2)$$
$$\downarrow \qquad\quad \downarrow \qquad\quad \downarrow$$
$$E(r) = wE(r_p) + (1-w)r_f \tag{8-24}$$

$$\sigma_p = \sqrt{w_1^2\sigma_1^2 + w_2^2\sigma_2^2 + 2w_1 w_2 \sigma_{12}}$$
$$\downarrow \qquad\qquad\qquad \downarrow$$
$$\sigma = \sqrt{w^2\sigma_p^2 + (1-w)^2\sigma_f^2 + 2w(1-w)\rho_{pf}\sigma_p\sigma_f} = w\sigma_p \tag{8-25}$$

위의 예에서 투자자가 위험자산과 무위험자산으로 구성된 포트폴리오에 위험자산에 60%, 무위험자산에 40%로 나눠서 투자할 경우의 기대수익률은 10.4%($=(0.6)(0.14) + (0.4)(0.05)$), 표준편차는 15%($=(0.6)(0.25)$)로 계산된다. 이처럼 위험자산과 무위험자산에 각각 얼마씩 투자했는지, 즉 위험자산에의 투자비율 w에 따라서 위험자산과 무위험자산으로 구성된 포트폴리오의 기대수익률과 표준편차가 달라진다.

예를 들어, 투자자가 위험자산과 무위험자산에의 투자비중을 달리하여 위험자산에 70%, 무위험자산에 30% 투자한다고 하자. 이 포트폴리오를 X라고 할 때 X의 기대수익률과 표준편차는 다음과 같이 구한다.

$$E(r_x) = wE(r_p) + (1-w)r_f = (0.7)(0.14) + (0.3)(0.05) = 11.3\%$$

$$\sigma_x = w\sigma_p = (0.7)(0.25) = 17.5\%$$

투자자가 원래 가지고 있는 투자금액 100%에 30%를 더 차입하여 총 130%를

---

6 $\rho_{pf} = \dfrac{\sigma_{pf}}{\sigma_p\sigma_f} \;\rightarrow\; \sigma_{pf} = \rho_{pf}\sigma_p\sigma_f = 0 \;\; (\because \sigma_f = 0)$

위험자산에 투자한다고 하자. 자금을 차입한다는 것은 곧 무위험자산을 공매한다는 것을 의미한다. 이와 같이 시장에서 차입이자율로 자금을 차입하여 위험자산에 100% 이상인 130%를 투자하는 포트폴리오를 Y라고 할 때 Y의 기대수익률과 표준편차는 다음과 같이 구한다.

$$E(r_y) = wE(r_p) + (1-w)r_f = (1.3)(0.14) + (-0.3)(0.05) = 16.7\%$$

$$\sigma_y = w\sigma_p = (1.3)(0.25) = 32.5\%$$

투자금액을 위험자산에 모두 투자할 경우에는 $w=1$이고 이 포트폴리오를 P라고 할 때 P의 $E(r)=14\%$, $\sigma=25\%$가 된다. 반면, 투자금액을 무위험자산에 모두 투자하면 $w=0$이므로 $E(r)=r_f=5\%$, $\sigma=0$이 된다. 이처럼 위험자산과 무위험자산의 투자비중을 달리하면서 구해지는 포트폴리오의 기대수익률 $E(r)$와 표준편차 σ를 〈표 8-2〉에 정리하였다.

〈표 8-2〉에서와 같이 위험자산 투자비중 w가 달라짐에 따라 얻어질 수 있는 모든 실현가능한 포트폴리오들을 연결한 선은 식(8-25)에서 $w=\sigma/\sigma_p$를 식(8-24)에 대입하여 식(8-26)으로 나타낼 수 있다. 이 선을 자본배분선(CAL: capital allocation line)이라고 하며 투자금액을 위험자산과 무위험자산에 나눠서 투자할 경우 얻을 수 있는 투자기회집합이 된다.

$$E(r) = r_f + \left[\frac{E(r_p) - r_f}{\sigma_p}\right]\sigma \tag{8-26}$$

표 8-2 • 위험자산과 무위험자산으로 구성된 포트폴리오

w	$1-w$	$E(r)$	σ
0.0	1.0	0.05	0
0.6	0.4	0.104	0.15
0.7	0.3	0.113	0.175
1.0	0.0	0.14	0.25
1.3	0.0	0.167	0.325

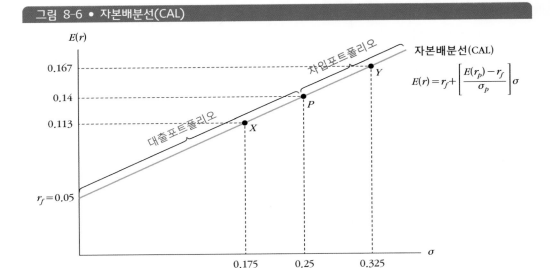

그림 8-6 • 자본배분선(CAL)

〈그림 8-6〉에서 포트폴리오 X는 포트폴리오 P 왼쪽의 직선위에 존재하고, 완전 포트폴리오 Y는 포트폴리오 P 오른쪽의 직선위에 존재한다. X처럼 투자금액의 일부를 무위험자산(＝국채투자＝대출)에 투자하여 P 왼쪽의 자본배분선상에 위치하게 되는 모든 포트폴리오를 대출포트폴리오라고 부른다. 반면, Y처럼 원래의 투자금액에 차입하여 더한 금액을 위험자산에 투자하여 P 오른쪽의 자본배분선상에 위치하게 되는 모든 포트폴리오를 차입포트폴리오라고 부른다.

한편, 자본배분선의 기울기 $(E(r_p) - r_f)/\sigma_p$는 위험 한 단위에 대한 보상을 나타내며, 투자보상대변동성비율(reward-to-variability ratio) 혹은 샤프비율(Sharpe ratio)이라고 한다. 위의 예에서 샤프비율은 $0.36(＝(0.14-0.05)/0.25)$으로 계산되는데, 이는 위험 1단위를 추가로 부담할 때 투자자들이 얻게 되는 초과수익은 0.36단위 증가한다는 의미이다.

(2) 최적포트폴리오의 선택

위험자산 혹은 위험자산과 무위험자산으로 구성된 투자기회집합이 결정된 후에

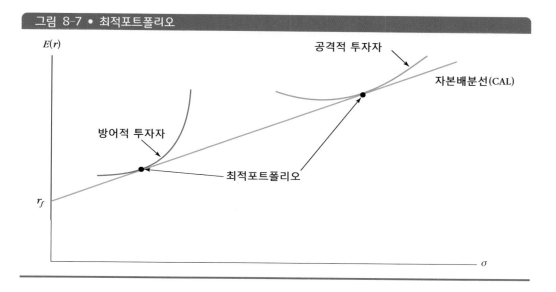

그림 8-7 • 최적포트폴리오

는 이 중에서 얼마의 기대수익률을 얻는 포트폴리오(위험자산과 무위험자산으로 구성)에 투자해야 할까? 다시 말하면, 어떤 기대수익률과 위험 조합을 얻는 포트폴리오에 투자해야 투자자에게 가장 최적인 투자가 되는 것일까?

이는 투자자 자신의 기대효용을 극대화하는 기대수익률과 위험의 조합이 될 것이다. 투자자의 투자결정은 투자자의 무차별곡선과 투자기회집합이 만나는 접점에서 투자자의 기대효용이 가장 커지므로 최적투자결정은 무차별곡선과 투자기회집합이 만나는 접점인 최적포트폴리오에 투자하는 것이 가장 최적인 투자결정이 된다. 각 투자자의 위험회피 정도에 따라 최적포트폴리오가 결정되므로 실제로 최적포트폴리오는 무수히 많이 존재하게 된다.

(3) Tobin의 분리정리

위험자산포트폴리오에 더하여 무위험자산까지 투자대상에 포함하게 된다는 것은 무위험수익률로 자금을 차입하거나 대출할 수 있는 자본시장이 존재하게 된다는 의미이다. 〈그림 8-8〉에서 자본시장이 존재하지 않는 경우에는 위험자산의 투자기회집합상에서 투자자는 A점 보다는 B점에서의 기대효용이 높기 때문에 B점을 선택하게 된

그림 8-8 • 토빈의 분리정리

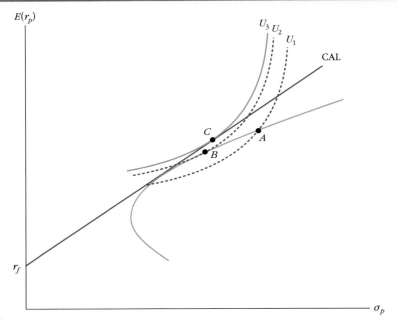

다. 이는 개인의 무차별곡선의 기울기인 MRS(투자자의 주관적 한계대체율)와 위험-기대수익률의 한계전환율인 MRT가 일치하는 점이다.

하지만 자본시장이 존재하여 자본배분선(CAL)을 따라 이동할 수 있는 기회가 존재한다면 무위험수익률로 자금을 차입 혹은 대출함으로써 B점보다 기대효용이 더 높은 C점에 도달하여 기대효용을 U_2에서 U_3로 더 증가시킬 수 있다. 이러한 자본배분선은 투자자의 위험회피도와 상관없이 모든 투자자들에게 동일하게 제시된다.

즉, 투자자들의 기대효용을 극대화하기 위한 투자결정을 할 때 ① 모든 투자자는 위험자산과 무위험자산 투자기회집합상의 접점을 최적위험자산(최적위험포트폴리오)으로 누구나 동일하게 선택한다. ② 투자자는 각자의 위험회피도를 고려하여 자본배분선상의 어느 점을 선택할지 결정한다. 위험회피도가 높은 투자자는 무위험자산에 대한 투자비중을 높이고 위험회피도가 낮은 투자자는 최적위험자산의 비중을 늘릴 것이다.

이와 같이 포트폴리오 선택 시 ①단계와 ②단계가 서로 독립적으로 분리되어 이루어지는 것을 Tobin의 분리정리(separation theorem)라고 한다.[7] Tobin의 분리정리는 투자자들이 자신들의 무차별곡선의 형태와 관계없이 시장포트폴리오와 무위험자산이 라는 두 자산에 투자하여 얻을 수 있는 모든 가능한 조합 중에서 하나의 조합을 보유 할 것이라는 것을 뜻하며, 이는 경영자가 주주들의 위험에 대한 주관적 선호와 관계 없이 시장에서 결정되는 위험의 균형가격(자본배분선의 기울기 $= (E(r_p) - r_f)/\sigma_p$)을 이용 하여 투자결정을 할 수 있음을 의미한다.

SECTION
04 분산투자와 위험감소효과

포트폴리오의 위험은 〈그림 8-9〉에서 보듯이 공분산을 각 자산에 투자한 비율의 곱으로 가중치를 준 항들의 합으로 계산한다. N개 자산 포트폴리오의 분산은 식(8-27) 로 계산한다. 식(8-27)에서 개별자산에 대해서 투자비중이 $w_1 = w_2 = \cdots = w_N = 1/N$ 로 모두 동일한 포트폴리오를 구성할 경우 그 분산은 다음과 같이 변형된다.

$$
\begin{aligned}
Var(r_p) &= \sum_{i=1}^{N} w_i^2 \sigma_i^2 + \sum_{\substack{i=1 \\ (i \neq j)}}^{N} \sum_{j=1}^{N} w_i w_j \sigma_{ij} \\
&= \left(\frac{1}{N}\right)^2 \sum_{i=1}^{N} \sigma_i^2 + \left(\frac{1}{N}\right)^2 \sum_{\substack{i=1 \\ (i \neq j)}}^{N} \sum_{j=1}^{N} \sigma_{ij} \\
&= \left(\frac{1}{N}\right) \sum_{i=1}^{N} \frac{\sigma_i^2}{N} + \left(\frac{N-1}{N}\right) \sum_{\substack{i=1 \\ (i \neq j)}}^{N} \sum_{j=1}^{N} \frac{\sigma_{ij}}{N(N-1)} \\
&= \left(\frac{1}{N}\right) \overline{Var} + \left(\frac{N-1}{N}\right) \overline{Cov}
\end{aligned}
$$

---

7 James Tobin, "Liquidity Preference as Behavior Toward Risk," *Review of Economic Statistics* 25, February 1958.

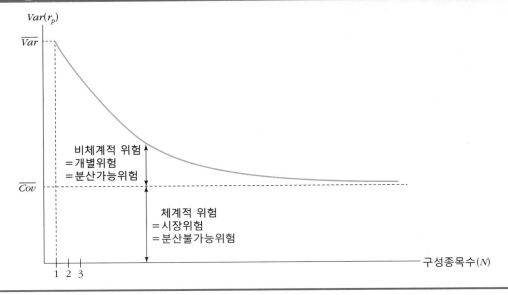

그림 8-9 • 포트폴리오 위험

비체계적 위험
＝개별위험
＝분산가능위험

체계적 위험
＝시장위험
＝분산불가능위험

구성종목수(N)

$$= \left(\frac{1}{N}\right)(\overline{Var} - \overline{Cov}) + \overline{Cov} \qquad (8\text{-}27)$$

여기서, $\overline{Var}$: 분산의 평균, $\overline{Cov}$: 공분산의 평균

따라서 $N \rightarrow \infty$일 때, 즉 포트폴리오의 자산구성수를 무한히 크게 할 때 포트폴리오의 위험 $Var(r_p)$는 점점 감소하여 $\overline{Cov}$에 수렴하게 된다. 이와 같이 포트폴리오를 구성하는 종목 수를 무한히 확장하여 분산투자를 하여도 완전히 위험을 제거하지 못한다.

아무리 광범위하게 분산투자하여도 시장 전반에 기인하여 제거할 수 없는 위험을 시장위험(market risk)이라고 한다. 이 시장위험은 체계적 위험(systematic risk) 혹은 분산불가능위험(nondiversifiable risk)이라고도 부른다.

반면, 분산투자에 의해 제거 가능한 위험을 개별위험(firm-specific risk), 비체계적 위험(nonsystematic risk) 혹은 분산가능위험(diversifiable risk)이라고 한다. 분산투자를 함으로써 포트폴리오의 위험은 낮아지지만 분산투자의 효과는 시장위험 수준으로 제한된다.

1. 통계공식

① $E[r] = \mu = \sum r_i p_i$

② $Var[r] = \sigma^2 = \sum [r_i - E(r)]^2 p_i = E[\{r - E(r)\}^2] = E(r^2) - [E(r)]^2$

$\rightarrow Var[r] = \sum [r_i - E(r)]^2 p_i$

$$= \sum [r_i^2 - 2r_i E(r) + \{E(r)\}^2] p_i$$

$$= \sum r^2 p_i - 2E(r) \sum r_i p_i + \{E(r)\}^2 \sum p_i$$

$$= E(r^2) - 2[E(r)]^2 + [E(r)]^2$$

$$= E(r^2) - [E(r)]^2$$

③ $E[a] = a$

④ $E[ar] = aE[r]$

$\rightarrow E[ar] = \sum ar_i p_i = a \sum r_i p_i = aE[r]$

⑤ $E[a + br] = a + bE(r)$

⑥ $Var[a] = 0$

⑦ $Var[a + br] = b^2 Var(r)$

⑧ $Var[ar] = a^2 Var[r]$

$\rightarrow Var[ar] = E[\{ar - E(ar)\}^2]$

$$= E[a^2 r^2 - 2ar E(ar) + \{E(ar)\}^2]$$

$$= E[a^2 r^2 - 2a^2 r E(r) + a^2 \{E(r)\}^2]$$

$$= a^2 E[r^2 - 2r E(r) + \{E(r)\}^2]$$

$$= a^2 E[\{r - E(r)\}^2]$$

$$= a^2 Var[r]$$

⑨ $Cov\,(r_i,\ r_j) = \sum [r_i - E(r_i)][r_j - E(r_j)]p_i$

$\qquad\qquad\quad = E\,[\{r_i - E\,(r_i)\} \cdot \{r_j - E\,(r_j)\}]$

$\qquad\qquad\quad = E\,[r_i r_j - r_i E\,(r_j) - E\,(r_i)\,r_j + E\,(r_i)E\,(r_j)\,]$

$\qquad\qquad\quad = E\,[r_i r_j] - E\,(r_i)E\,(r_j) - E\,(r_i)E\,(r_j) + E\,(r_i)E\,(r_j)$

$\qquad\qquad\quad = E\,(r_i r_j) - E\,(r_i)E\,(r_j)$

⑩ $Var\,(r_i + r_j) = Var\,(r_i) + Var\,(r_j) + 2\,Cov\,(r_i,\ r_j)$

$\rightarrow\ Var\,(r_i + r_j) = E[\{(r_i + r_j) - E\,(r_i + r_j)\}^2]$

$\qquad\qquad\qquad = E\,[(r_i + r_j)^2 - 2\,(r_i + r_j)\,E\,(r_i + r_j) + \{E\,(r_i) + E\,(r_j)\}^2\,]$

$\qquad\qquad\qquad = E\,[r_i + r_j]^2 - 2\,[E\,(r_i + r_j)\,]^2 + [E\,(r_i) + E\,(r_j)]^2$

$\qquad\qquad\qquad = E\,[r_i + r_j]^2 - 2\,[E\,(r_i) + E\,(r_j)\,]^2 + [E\,(r_i) + E\,(r_j)]^2$

$\qquad\qquad\qquad = E\,[r_i + r_j]^2 - [E\,(r_i) + E\,(r_j)\,]^2$

$\qquad\qquad\qquad = E\,[r_i^2 + 2r_i r_j + r_j^2] - [\{E\,(r_i)\}^2 + 2E\,(r_i)E\,(r_j) + \{E\,(r_j)\}^2]$

$\qquad\qquad\qquad = [E(r_i^2) - \{E(r_i)\}^2] + [E(r_j^2) - \{E(r_j)\}^2] + 2[E(r_i r_j) - E(r_i)E(r_j)]$

$\qquad\qquad\qquad = Var\,(r_i) + Var\,(r_j) + 2\,Cov\,(r_i,\ r_j)$

2. 공분산

L주식수익률과 H주식수익률이 다음과 같다고 하자.

날짜	L주식수익률	H주식수익률
1일	−5.10%	−0.49%
2일	9.95%	6.16%
3일	3.79%	2.88%
4일	−8.60%	−5.76%
5일	4.65%	3.59%
6일	−6.67%	−0.94%
7일	13.56%	6.76%

　　L주식수익률과 H주식수익률을 〈그림 A8-1〉과 같이 나타내면 두 변수(L주식수익률과 H주식수익률)가 양(+)의 선형관계를 보이고 있음을 알 수 있다. 다시 말하면, 한 변수가 증가(감소)하는 방향으로 움직이면 다른 변수도 증가(감소)하는 방향으로 움직이고 있다. 이와 같이 두 변수 간의 함께 움직임(co-vary)을 의미하는 통계측정치를 공분산(covariance)이라고 한다.

그림 A8-1 • 두 변수 간의 선형관계

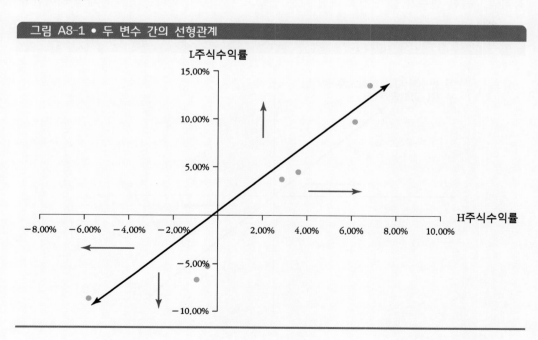

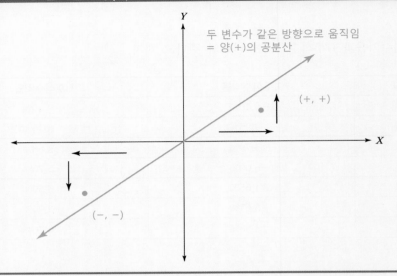

그림 A8-2 • 두 변수 간의 양(+)의 공분산

두 변수가 같은 방향으로 움직임
= 양(+)의 공분산

양(+)의 공분산 값은 〈그림 A8-2〉에서 나타낸 바와 같이 두 변수가 같은 방향으로 움직임, 즉 한 변수가 증가(감소)하면 다른 변수도 증가(감소)한다는 선형관계를 의미한다. 반면, 〈그림 A8-3〉에서 나타낸 바와 같이 음(−)의 공분산 값은 두 변수가 다른 방향으로 움직임, 즉 한 변수가 증가(감소)하면 다른 변수도 감소(증가)한다는 선형관계를 의미한다.

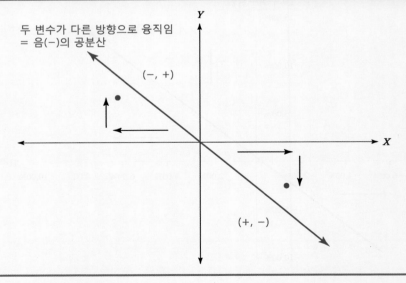

그림 A8-3 • 두 변수 간의 양(−)의 공분산

두 변수가 다른 방향으로 움직임
= 음(−)의 공분산

따라서 아래와 같이 정의된 공분산은 두 변수가 같은 방향으로 움직이는지 혹은 다른 방향으로 움직이는지를 측정할 수 있다.

$$Cov\,(r_1,\ r_2) = \sum [r_1 - E(r_1)][r_2 - E(r_2)]p_i = E\,[(r_1 - E(r_1))(r_2 - E(r_2))]$$

$r_1 > E(r_1), r_2 > E(r_2)$ 일 경우 $[r_1 - E(r_1)] > 0$ 이고 $[r_2 - E(r_2)] > 0$ 이므로 두 양수의 곱인 공분산은 양수($E\,[(r_1 - E(r_1))(r_2 - E(r_2))] > 0$)가 되어, 두 변수가 같은 방향인 증가하는 방향으로 움직이고 있다는 것을 알 수 있다. 이는 1주식수익률과 2주식수익률 모두 자신의 평균수익률보다 크므로 두 주식 모두 수익률이 상승하고 있다는 사실과 일치한다.

$r_1 < E(r_1),\ r_2 < E(r_2)$ 일 경우 $[r_1 - E(r_1)] < 0$ 이고 $[r_2 - E(r_2)] < 0$ 이므로 두 음수의 곱인 공분산은 양수($E\,[(r_1 - E(r_1))(r_2 - E(r_2))] > 0$)가 되어, 두 변수가 같은 방향인 하락하는 방향으로 움직이고 있다는 것을 알 수 있다. 이는 1주식수익률과 2주식수익률 모두 자신의 평균수익률보다 작으므로 두 주식 모두 수익률이 모두 하락하고 있다는 사실과 일치한다.

$r_1 > E(r_1),\ r_2 < E(r_2)$ 일 경우 $[r_1 - E(r_1)] > 0$ 이고 $[r_2 - E(r_2)] < 0$ 이므로 공분산은 음수($E\,[(r_1 - E(r_1))(r_2 - E(r_2))] < 0$)가 되어, 두 변수가 서로 다른 방향, 즉 1주식수익률은 상승하고 2주식수익률은 하락하는 방향으로 움직이고 있다는 것을 알 수 있다.

$r_1 < E(r_1),\ r_2 > E(r_2)$ 일 경우 $[r_1 - E(r_1)] < 0$ 이고 $[r_2 - E(r_2)] > 0$ 이므로 공분산은 음수($E\,[(r_1 - E(r_1))(r_2 - E(r_2))] < 0$)가 되어, 두 변수가 서로 다른 방향, 즉 1주식수익률은 하락하고 2주식수익률은 상승하는 방향으로 움직이고 있다는 것을 알 수 있다.

이처럼 공분산은 단지 두 변수간의 움직임의 방향(direction), 즉 양(+) 혹은 음(−)의 관계만 의미하고 두 변수가 서로 얼마나 밀접하게 움직이는지에 대한 강도(strength)는 말하지 않는다. 두 변수가 얼마나 밀접하게 붙어서 움직이는가는 공분산을 표준화시킨 상관계수를 통하여 알 수 있다.

핵심정리

1. 수익률과 위험

- 수익률
  - 산술평균수익률: 미래 기대수익률 측정에 적절
  - 기하평균수익률: 과거성과 측정에 적절

- 기대수익률
  - 미래에 평균적으로 예상되는 수익률
  - $E(r) = \sum r_i p_i$

- 위험
  - 위험 = 변동성(volatility)
  - 분산: $\sigma_i^2 = \sum [r_i - E(r_i)]^2 p_i$
  - 표준편차: $\sigma_i = \sqrt{\sigma_i^2}$

2. 포트폴리오 기대수익률과 위험

- 포트폴리오 기대수익률

  - $E(r_p) = w_1 E(r_1) + w_2 E(r_2) + \cdots + w_N E(r_N) = \sum_{i=1}^{N} w_i E(r_i)$

- 포트폴리오 위험

  - 위험 → 자산 2개: $Var(r_p) = w_1^2 \sigma_1^2 + w_2^2 \sigma_2^2 + 2 w_1 w_2 \sigma_{12}$

  자산 N개: $Var(r_p) = \sum_{i=1}^{N} \sum_{j=1}^{N} w_i w_j \sigma_{ij} = \sum_{i=1}^{N} w_i^2 \sigma_i^2 + \sum_{\substack{i=1 \\ (i \neq j)}}^{N} \sum_{j=1}^{N} w_i w_j \sigma_{ij}$

- 공분산: $Cov(r_1, r_2) = \sum [r_1 - E(r_1)][r_2 - E(r_2)]p_i$

$$= E[(r_1 - E(r_1))(r_2 - E(r_2))]$$

- 상관계수: $\rho_{12} = \dfrac{Cov(r_1, r_2)}{\sigma_1 \sigma_2}$

3. 포트폴리오 이론

- ■ 최적포트폴리오 선택: 위험자산만 존재
  - 투자기회집합

    $-1 < \rho_{xy} < 1$일 경우: 포물선 모양의 투자기회집합

    $\rho_{xy} = 1$일 경우: 직선형태 $\rightarrow \dfrac{E(r_x) - E(r_y)}{\sigma_x - \sigma_y}$

    $\rho_{xy} = -1$일 경우: 직선형태 $\rightarrow w_x \geq \dfrac{\sigma_y}{\sigma_x + \sigma_y}$일 경우, $\dfrac{E(r_x) - E(r_y)}{\sigma_x + \sigma_y}$

    $\rightarrow w_x < \dfrac{\sigma_y}{\sigma_x + \sigma_y}$일 경우, $\dfrac{E(r_x) - E(r_y)}{-(\sigma_x + \sigma_y)}$

  - 최소분산포트폴리오(MVP)

    $$w_x = \frac{\sigma_y^2 - \sigma_{xy}}{\sigma_x^2 + \sigma_y^2 - 2\sigma_{xy}}, \quad w_y = 1 - w_x$$

    $\rightarrow \rho_{xy} = -1$일 경우: $w_x = \dfrac{\sigma_y^2 - \rho_{xy}\sigma_x\sigma_y}{\sigma_x^2 + \sigma_y^2 - 2\rho_{xy}\sigma_x\sigma_y} = \dfrac{\sigma_y^2 + \sigma_x\sigma_y}{\sigma_x^2 + \sigma_y^2 + 2\sigma_x\sigma_y} = \dfrac{\sigma_y}{\sigma_x + \sigma_y}$

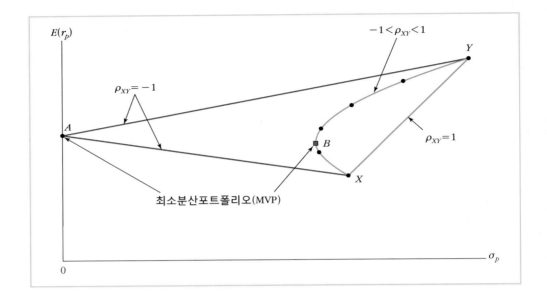

• 지배원리: 일정한 위험(기대수익률)하에서 기대수익률(위험)을 최대(최소)화하는 효율적 포트폴리오들의 집합, 즉 효율적 투자선을 찾아내는 원리
• 최적포트폴리오 선택: 한계대체율(MRS) = 한계전환율(MRT)

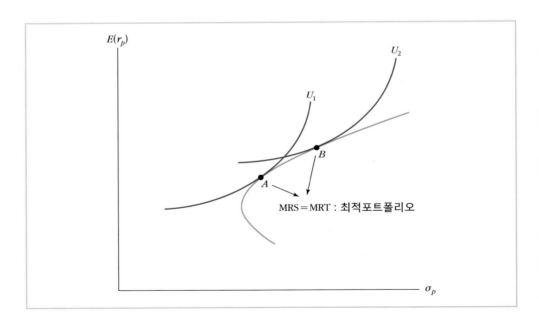

■ 최적포트폴리오 선택: 위험자산과 무위험자산 모두 존재

　• 투자기회집합: 자본시장선(CAL)

　　－ 자본배분선(CAL): $E(r) = r_f + \left[\dfrac{E(r_p) - r_f}{\sigma_p} \right] \sigma$

　　－ 대출포트폴리오: 투자금액의 일부를 무위험자산에 투자할 경우의 포트폴리오

　　－ 차입포트폴리오: 무위험자산을 공매하여 차입한 자금까지 합한 투자금액을 모두 위험자산에 투자할 경우의 포트폴리오

　　－ 투자보상대변동성비율(샤프비율) $= \dfrac{E(r_p) - r_f}{\sigma_p}$

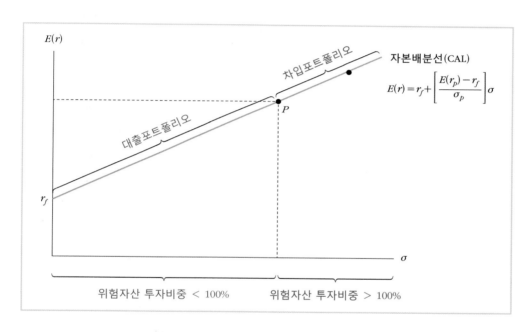

• 최적포트폴리오 선택: 투자자의 무차별곡선과 투자기회집합이 만나는 접점

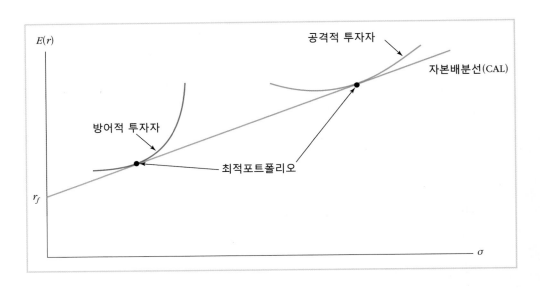

• Tobin의 분리정리(separation theorem): ① 단계와 ② 단계가 서로 독립적
    ① 단계: 모든 투자자는 위험자산과 무위험자산 투자기회집합상의 접점인 최적위
        험자산으로 누구나 동일하게 선택
    ② 단계: 투자자는 각자의 위험회피도를 고려하여 자본배분선상의 어느 점을 선
        택할지 결정

4. 분산투자와 위험감소효과

■ $Var\,(r_p) = \left(\dfrac{1}{N}\right)(\overline{Var} - \overline{Cov}) + \overline{Cov}$: $N \to \infty$일 때 $\overline{Cov}$에 수렴

• 시장위험＝체계적 위험＝분산불가능위험
• 개별위험＝비체계적 위험＝분산가능위험

연습문제

1. (2001 CPA) 주식과 채권 반반으로 구성된 뮤추얼펀드가 있다고 하자. 뮤추얼펀드를 구성하고 있는 주식과 채권의 분산이 각각 0.16과 0.04이고, 주식과 채권과의 공분산은 −0.1이다. 뮤추얼펀드의 분산을 $\sigma_p^2 = w_s S_s + w_b S_b$라고 할 때($w_s = w_b = 1/2$, $S_s =$ 주식으로 인한 뮤추얼펀드의 분산 기여도, $S_b =$ 채권으로 인한 뮤추얼펀드의 분산 기여도), S_s 는 얼마인가? (   )

① 0.02 ② 0.03 ③ 0.05

④ 0.08 ⑤ 0.16

2. (2004 CPA) 아래 표에서와 같이 세 가지 펀드만 판매되고 있는데 위험수준은 수익률의 표준편차를 나타낸다. 위험수준 25%를 추구하는 투자자에게 총투자액 1억원을 "안정주식형"에 3천만원, "성장주식형"에 5천만원, "국채투자형"에 2천만원씩 투자하는 최적포트폴리오를 추천하고 있다. 위험수준 15%를 추구하는 투자자가 총투자액 8천만원으로 최적포트폴리오를 구성한다면 "안정주식형"에 투자해야 하는 금액은 얼마인가? (   )

펀드명칭	기대수익률	위험수준
안정주식형	10%	20%
성장주식형	20%	40%
국채투자형	5%	0%

① 1,152만원 ② 1,440만원 ③ 1,800만원

④ 2,400만원 ⑤ 3,840만원

3. (2005 CPA) A, B 두 주식에 대한 기대수익률, 수익률의 표준편차, 수익률의 공분산이다.

$$E(r_A) = 8\% \qquad E(r_B) = 10\%$$
$$\sigma(r_A) = 10\% \qquad \sigma(r_B) = 15\% \qquad Cov(r_A, r_B) = -0.006$$

포트폴리오	A주식	B주식
I	1억원	–
II	5천만원	5천만원
III	–	1억원

총 1억원의 투자자금으로 위의 주식들을 활용하여 I, II, III 세 가지의 포트폴리오를 구축하였다고 하면 위험회피형 투자자의 투자행태에 대한 설명으로 가장 적절한 것은? ( )

① 포트폴리오 I은 적절한 투자안이 될 수 있다.

② 포트폴리오 II는 적절한 투자안이 될 수 있다.

③ 지배원리에 의하면 포트폴리오 III은 포트폴리오II보다 효율적인 투자안이므로 II를 지배한다.

④ 위험회피도가 낮은 투자자는 포트폴리오 III에 비하여 포트폴리오 I을 선택할 가능성이 높다.

⑤ 위험회피도가 높은 투자자는 포트폴리오 II에 비하여 포트폴리오 III을 선택할 가능성이 높다.

4. (2006 CPA) 회계기업의 부채는 현재 2,000억원이다. 미래 상황은 호황과 불황이 동일 확률로 가능하며 이 기업은 상호배타적인 두 투자안을 고려하고 있다. 두 투자안이 시행되면 호황과 불황에서의 기업가치는 다음과 같이 예상된다.

상황	A투자안이 시행되는 경우	B투자안이 시행되는 경우
호황에서의 기업가치	4,300억원	3,800억원
불황에서의 기업가치	1,100억원	2,000억원

다음 중 적절한 설명을 모두 모은 것은? ( )

a. A투자안 시행 시의 기대 기업가치는 B투자안 시행 시의 기대 기업가치보다 200억원만큼 작다.

b. A투자안 시행 시의 기업가치 변동성(표준편차)은 B투자안 시행 시의 기업가치 변동성보다 700억원만큼 크다.

c. 주주가치를 극대화하는 기업은 B투자안을 선택한다.

① a, b, c   ② a, c   ③ b, c

④ a   ⑤ a, b

5. (2006 CPA) 두 개의 자산으로 포트폴리오를 구성하고자 한다. 각 자산의 수익률의 표준편차와 구성비율은 다음과 같다. 단, $\sigma_1 < \sigma_2$, $w_1 + w_2 = 1$, $w_1 \geq 0$, $w_2 \geq 0$이다.

	표준편차	구성비율
I 자산	σ_1	w_1
II 자산	σ_2	w_2

아래에서 옳은 기술만을 모두 모은 것은? ( )

a. 상관계수가 −1일 경우 무위험포트폴리오를 만들기 위한 구성비율은

$$w_1 = \frac{\sigma_1}{\sigma_1 + \sigma_2}, \ w_2 = \frac{\sigma_2}{\sigma_1 + \sigma_2} \text{이다.}$$

b. 만약 $\sigma_1 = 0$이고, $w_1 = w_2 = 0.5$이면 포트폴리오의 표준편차는 $0.5\sigma_2$이다.

c. 상관계수가 양수이면 포트폴리오의 표준편차는 항상 σ_1보다 크거나 같다.

① a   ② b   ③ a, b

④ b, c   ⑤ a, b, c

6. (2009 CPA) A주식수익률의 평균(기대값)과 표준편차는 각각 9%와 20%이고, B주식수익률의 평균과 표준편차는 각각 5%와 10%이다. 이 두 주식에 분산투자하는 포트폴리오 C의 수익률의 평균과 분산에 관한 주장 중 맞는 것을 모두 골라라. 단, 주식의 공매도(short sale)가 가능하며, 두 주식의 수익률의 공분산은 0이다. ( )

a. 포트폴리오 C의 수익률의 평균이 29%가 될 수 있다.

b. 포트폴리오 C의 수익률의 평균이 0%가 될 수 있다.

c. 포트폴리오 C의 수익률의 평균이 −5%가 될 수 있다.

d. 포트폴리오 C의 분산이 0이 될 수 있다.

① a, b, c, d   ② a, b, c   ③ b, c

④ a, c   ⑤ b, c, d

7. (2012 CPA) 주식시장이 A주식과 B주식만으로 이루어져 있다고 가정한다. A주식 45%와 B주식 55%로 구성된 시장포트폴리오의 샤프비율(Sharpe ratio)이 0.2라고 할 때, 무위험수익률(risk-free rate) 값으로 가장 가까운 것은? ( )

주식시장		
	A주식의 수익률	B주식의 수익률
평균	0.065	0.085
분산	0.10	0.15
공분산	0.06	

① 1.39% ② 1.43% ③ 1.47%
④ 1.51% ⑤ 1.55%

8. (2013 CPA) 두 개의 자산만으로 포트폴리오를 구성하려고 한다. 자산의 기대수익률과 표준편차는 다음과 같다.

	기대수익률	표준편차
자산 I	13%	10%
자산 II	20%	15%

다음 설명 중 적절한 항목만을 모두 고르면? (단, 공매도는 가능하지 않다고 가정한다.) ( )

(가) 상관계수가 −1일 경우 무위험포트폴리오를 만들기 위한 두 자산 I, II의 구성비율은 각각 0.4와 0.6이다.
(나) 상관계수가 0.2일 경우 포트폴리오의 표준편차를 10%보다 작게 만드는 두 자산의 구성비율이 존재한다.
(다) 상관계수가 0.8일 경우 포트폴리오의 표준편차는 결코 10%보다 작을 수 없다.
(라) 두 자산으로 구성된 포트폴리오 A와 B가 모두 효율적(efficient) 포트폴리오라면, 두 포트폴리오 A와 B의 구성비를 선형 결합한 새로운 포트폴리오도 효율적이다.

① (나), (라) ② (다), (라)
③ (나), (다) ④ (나), (다), (라)
⑤ (가), (나), (라)

9. (2013 CPA 수정) 투자자 갑은 다음 표와 같이 포트폴리오 A와 B, 시장포트폴리오의 자료를 수집하였다. 무위험자산수익률은 5%이고, 이 수익률로 무한정 차입과 대출이 가능하다고 가정한다.

	기대수익률	표준편차	시장포트폴리오와의 상관계수
포트폴리오 A	10%	15.0%	0.6
포트폴리오 B	12%	25.2%	0.5
시장포트폴리오	15%	18.0%	1.0

다음 설명 중 적절한 항목만을 모두 고르면? (단, 투자비중은 퍼센트 기준으로 소수 첫째 자리에서 반올림하여 계산한다.) (   )

> (가) 시장포트폴리오와 무위험자산이 결합한 포트폴리오 X의 표준편차가 포트폴리오 A의 표준편차와 동일하기 위해서는, 시장포트폴리오에 83%를 투자해야 한다.
> (나) 시장포트폴리오와 무위험자산이 결합한 포트폴리오 Y의 기대수익률이 포트폴리오 B의 기대수익률과 동일하기 위해서는, 시장포트폴리오에 50%를 투자해야 한다.

① (가)
③ (가), (나)
② (나)
④ 답 없음

10. (2015 CPA) 시장에는 두 개의 위험자산 A와 B만 존재한다고 가정하자. 이 두 위험자산의 기대수익률은 동일하며, 위험(표준편차) 역시 서로 동일하다. 위험회피적인 투자자 갑은 두 개의 위험자산 A와 B로 포트폴리오를 구성하려고 한다. 투자자 갑의 최적포트폴리오에서 위험자산 A에 대한 투자비율은 얼마인가? 단, 이 두 자산 사이의 공분산($Cov(r_A, r_B)$)은 0이다. (   )

① 0.0
④ 1/2
② 1/4
⑤ 2/3
③ 1/3

11. (2015 CPA) 다음은 세 가지 위험자산(A, B, C)의 기대수익률과 표준편차이다.

	A	B	C
기대수익률	10%	15%	20%
표준편차	5%	?	15%

지배원리를 적용하였을 때, 옳은 것만을 모두 고르면? 단, 투자자는 위험회피형이고, 투자자의 효용함수는 2차함수의 형태를 가지며, 수익률은 정규분포를 따른다고 가정한다. (　)

> a. B의 표준편차가 3%이면, A가 B를 지배한다.
> b. B의 표준편차가 18%이면, B가 C를 지배한다.
> c. B의 표준편차가 13%이면, A, B, C 사이에는 지배관계가 성립하지 않는다.

① a   ② b   ③ c
④ a, b   ⑤ b, c

12. (2016 CPA) 주식 A와 주식 B로 위험포트폴리오를 구성하고자 한다. 주식 A와 주식 B의 기대수익률은 10%로 같으며, 주식 A 수익률의 표준편차와 주식 B 수익률의 표준편차는 각각 20%와 40%이다. 샤프비율($(E(r_i) - r_f)/\sigma_i$)에 관한 다음 설명 중 옳은 것만을 모두 선택한 것은? 단, $E(r_i)$와 σ_i는 각각 주식(포트폴리오) i의 기대수익률과 수익률의 표준편차이고, 주식 A와 주식 B에 대한 투자비율의 합은 1이며, 무위험수익률(r_f)은 5%이다. 공매도는 허용하지 않는다고 가정한다. (　)

> a. 주식 A의 샤프비율은 주식 B의 샤프비율의 두 배이다.
> b. 주식 A와 주식 B 사이의 상관계수가 1인 경우, 주식 B에 대한 투자비율이 높아질수록 위험포트폴리오의 샤프비율은 하락한다.
> c. 주식 A와 주식 B 사이의 상관계수가 0인 경우, 위험포트폴리오 가운데 최소분산 포트폴리오의 샤프비율이 가장 크다.

① a   ② b   ③ a, c
④ b, c   ⑤ a, b, c

13. (2016 CPA) 위험자산 A, B, C의 기대수익률과 수익률의 표준편차는 다음과 같다. 지배원리를 이용하여 투자자 갑은 이들 세 가지 위험자산 가운데 두 가지 효율적 자산을 선택하고, 이 두 가지 효율적 자산에 각각 50%씩 투자하여 포트폴리오 K를 구성하고자 한다. 포트폴리오 K 수익률의 표준편차에 가장 가까운 것은? 단, 각 위험자산 사이의 상관계수는 모두 0이라고 가정한다. (   )

위험자산	A	B	C
기대수익률	9%	12%	10%
표준편차	13%	15%	10%

① 7%   ② 8%   ③ 9%

④ 10%   ⑤ 11%

14. (2018 CPA) 지배원리를 이용하여 두 위험자산 A, B에서만 자산을 선택하려고 한다. 두 자산 A와 B의 기대수익률과 표준편차가 다음 표와 같다. 두 자산 간의 상관계수가 0이라고 가정할 때, 다음 설명 중 적절하지 않은 것은? (   )

	기대수익률	표준편차
A	12%	10%
B	5%	20%

① 상호배타적 투자의 경우, 모든 위험회피적 투자자는 자산 A를 선택한다.

② 상호배타적 투자의 경우, 모든 위험중립적 투자자는 자산 A를 선택한다.

③ 상호배타적 투자의 경우, 자산 A를 선택하는 위험선호적 투자자가 존재할 수 있다.

④ 두 자산으로 분산투자하는 경우, 모든 위험회피적 투자자는 자산 A를 양의 비율로 보유한다.

⑤ 두 자산으로 분산투자하는 경우, 자산 A와 B를 각각 70%와 30%의 비율로 보유하는 위험회피적 투자자가 존재할 수 있다.

1. ②

답

$$\sigma_p^2 = w_1^2 \sigma_1^2 + w_2^2 \sigma_2^2 + 2w_1 w_2 \sigma_{12} = w_1 w_1 \sigma_{11} + w_1 w_2 \sigma_{12} + w_2 w_1 \sigma_{21} + w_2 w_2 \sigma_{22}$$
$$= w_1 (w_1 \sigma_{11} + w_2 \sigma_{12}) + w_2 (w_1 \sigma_{21} + w_2 \sigma_{22})$$
$$\rightarrow S_s = (w_1 \sigma_{11} + w_2 \sigma_{12}) = (1/2)(0.16) + (1/2)(-0.1) = 0.03$$

2. ②

답

최적포트폴리오이므로, 위험수준 25%: 위험수준 15% = 0.3 : x $\rightarrow$ $x = 0.18$

따라서 $(80,000,000)(0.18) = 1,440$만원

3. ②

답

포트폴리오 I의 기대수익률: 8%
표준편차: 10%

포트폴리오 II의 기대수익률: $(0.5)(0.08) + (0.5)(0.1) = 9\%$

표준편차: $\sqrt{(0.5)^2 (0.1)^2 + (0.5)^2 (0.15)^2 + 2(0.5)(0.5)(-0.006)} = 7.1589\%$

포트폴리오 III의 기대수익률: 10%
표준편차: 15%

포트폴리오 I의 변동계수 $= \dfrac{\text{표준편차}}{\text{기대수익률}} = \dfrac{10\%}{8\%} = 1.25$

포트폴리오 II의 변동계수 $= \dfrac{\text{표준편차}}{\text{기대수익률}} = \dfrac{7.1589\%}{9\%} = 0.7954$

포트폴리오 III의 변동계수 $= \dfrac{\text{표준편차}}{\text{기대수익률}} = \dfrac{15\%}{10\%} = 1.5$

따라서, 포트폴리오 II가 기대수익률 1단위당 위험을 가장 적게 부담한다.

효용함수가 $U = E(r) - 0.5A\sigma^2$이라고 하면 A가 낮은 투자자의 경우 A가 거의 0에 가깝다면 U는 $E(r)$에 의해 결정될 것이므로 포트폴리오 I에 비해 포트폴리오 III을 선호한다.

A가 높은 투자자의 경우 위험이 클수록 U가 크게 줄어들기 때문에 포트폴리오 III에 비해 포트폴리오 II를 선호한다.

4. ⑤

답

A투자안: $E(r) = (4,400)(0.5) + (1,100)(0.5) = 2,700$억원

B투자안: $E(r) = (3,800)(0.5) + (2,000)(0.5) = 2,900$억원

A투자안: $\sigma^2 = (4,300 - 2,700)^2(0.5) + (1,100 - 2,700)^2(0.5) = 1,600$억원

B투자안: $\sigma^2 = (3,800 - 2,900)^2(0.5) + (2,000 - 2,900)^2(0.5) = 900$억원

A투자안의 주식가치: $\sigma^2 = (4,300 - 2,000)(0.5) + (1,100 - 1,100)(0.5) = 1,150$억원

B투자안의 주식가치: $\sigma^2 = (3,800 - 2,000)(0.5) + (2,000 - 2,000)(0.5) = 900$억원

5. ②

답

① 두 자산으로 구성된 포트폴리오의 위험은 다음과 같다.

$$\sigma_p^2 = w_1^2 \sigma_1^2 + (1 - w_1)^2 \sigma_2^2 + 2w_1(1 - w_1)\rho_{12}\sigma_1\sigma_2$$
$$= w_1^2 \sigma_1^2 + (1 - w_1)^2 \sigma_2^2 - 2w_1(1 - w_1)\sigma_1\sigma_2 \quad (\because \ \rho_{12} = -1)$$
$$= [w_1\sigma_1 - (1 - w_1)\sigma_2]^2 = 0$$

$$\rightarrow w_1\sigma_1 - (1 - w_1)\sigma_2 = 0 \ \rightarrow \ w_1 = \frac{\sigma_2}{\sigma_1 + \sigma_2}, \ \ w_2 = \frac{\sigma_1}{\sigma_1 + \sigma_2}$$

② $\sigma_p^2 = w_1^2 \sigma_1^2 + (1 - w_1)^2 \sigma_2^2 + 2w_1(1 - w_1)\rho_{12}\sigma_1\sigma_2$에서 $\sigma_p = \sqrt{(0.5)^2\sigma_2^2} = 0.5\sigma_2$

③ 상관계수가 양수더라도 분산투자를 하게 되면 포트폴리오의 위험(표준편차)은 개별자산의 위험보다는 작아진다.

6. ②

답 공분산이 0, 즉 상관계수가 0이므로 포트폴리오의 분산이 0(위험이 전혀 없음)일 수 없다.

7. ②

답

$$E(r_p) = (0.45)(0.065) + (0.55)(0.085) = 0.076$$

$$\sigma_p = \sqrt{w_A^2\sigma_A^2 + w_B^2\sigma_B^2 + 2w_Aw_B\sigma_{AB}}$$
$$= \sqrt{(0.45)^2(0.1) + (0.55)^2(0.15) + 2(0.45)(0.55)(0.06)} = 0.3087$$

샤프비율: $\dfrac{E(r_p) - r_f}{\sigma_p} = 0.2 \ \rightarrow \ \dfrac{0.076 - r_f}{0.3087} = 0.2 \ \rightarrow \ r_f = 1.43\%$

8. ④

답

(가) $\sigma_{12} = -1$일 때 $w_1 = \dfrac{\sigma_2}{\sigma_1 + \sigma_2} = \dfrac{0.15}{0.1 + 0.15} = 0.6$, $w_2 = 1 - w_1 = 0.4$

9. ①

답

(가) $\sigma = w\sigma_p = (0.83)(0.15) = 15\%$: 포트폴리오 A의 표준편차와 동일

(나) $E(r) = wE(r_p) + (1-w)r_f = (0.5)(0.15) + (0.5)(0.05) = 10\%$: 포트폴리오 A의 기대수익률과 동일

10. ④

답

$$w_A = \frac{\sigma_B^2}{\sigma_A^2 + \sigma_B^2} = \frac{1}{2}$$

11. ③

답

B의 표준편차가 3%이면 B가 A를 지배하고, B의 표준편차가 18%이면 C가 B를 지배한다.

12. ⑤

답

a. A의 샤프비율: $\dfrac{E(r_p) - r_f}{\sigma_p} = \dfrac{0.1 - 0.05}{0.2} = 0.25$

B의 샤프비율: $\dfrac{E(r_p) - r_f}{\sigma_p} = \dfrac{0.1 - 0.05}{0.4} = 0.125$

b. 주식 B에 대한 투자비율이 높아질수록 위험포트폴리오의 표준편차 σ_p가 커지므로 샤프비율이 낮아진다.

c. 최소분산포트폴리오의 표준편차 σ_p가 가장 작으므로 샤프비율이 가장 크다.

13. ③

답

A와 C를 비교해보면, A는 C보다 위험은 높고 수익률이 낮으므로 C가 A를 지배한다. 따라서 B와 C를 효율적인 자산으로 선택한다.

$$\sigma_p = \sqrt{w_B^2 \sigma_B^2 + w_C^2 \sigma_C^2 + 2w_B w_C \rho_{BC} \sigma_B \sigma_C}$$
$$= \sqrt{(0.5)^2(0.15)^2 + (0.5)^2(0.1)^2 + (2)(0.5)(0.5)(0)} = 0.09$$

14. ⑤

답

④, ⑤ $w_A = \dfrac{\sigma_B^2}{\sigma_A^2 + \sigma_B^2} = \dfrac{0.2^2}{0.1^2 + 0.2^2} = 0.8$

따라서 위험회피적 투자자는 자산 A에 80% 이상 투자한다.

자본시장균형이론

학습개요

본 장에서는 현대 금융경제의 중심이론인 자본자산가격결정모형(CAPM)에 대해서 다룬다. 자산의 위험과 기대수익률 간의 관계를 설명하는 모형인 CAPM에 대해서 CAPM의 가정과 위험의 측정방법 그리고 CAPM 유도과정을 다룬 후, CAPM에 대한 대안으로 제시된 모형인 차익거래가격결정모형(APT)에 대해서 무투자 무위험 포트폴리오의 수익률이 제로가 되어야 한다는 개념에 근거한 APT의 유도 과정에 대해서 배운다.

학습목표

- 위험의 측정
- CAPM 유도
- 제로베타모형
- APT 유도
- CAPM과 APT의 비교

01 자본자산가격결정모형(CAPM)

1. CAPM의 유도

Markowitz가 1952년 현대 포트폴리오 이론의 기초를 마련한 이후, 모든 자산의 체계적 위험과 기대수익률 사이에 존재하는 균형관계를 설명하는 자본자산가격결정모형(CAPM: Capital Asset Pricing Model)이 Sharpe(1964)[1]에 의해 개발되었고, Lintner(1965),[2] Mossin(1966)[3] 등이 이를 더욱 발전시켰다. Sharpe는 *CAPM*을 유도하기 위해서 다음 다섯 가지 가정을 세웠다.

① 투자자들은 평균-분산기준[4]인 Markowitz모형의 선택이론에 의해서 효율적 투자선상의 포트폴리오를 위험포트폴리오로 취한다.

② 투자대상은 주식, 채권 등 공개시장에서 거래되는 모든 금융자산과 무위험자산으로 한정하며, 투자자들은 무위험수익률로 얼마든지 자금을 차입하거나 대출할 수 있다.

③ 투자자들은 각 증권의 기대수익률과 분산-공분산에 대하여 모두 동일한 예측을 한다.[5] 따라서 효율적 투자선을 구하는데 필요한 자료가 동일하다.

④ 투자자들의 투자기간은 1기간(one period)으로 동일하다.

⑤ 완전시장((perfect market)의 가정하에 투자자는 자신의 거래가 가격에 영향을 미치지 못하는 가격순응자이고, 거래비용과 세금 등이 없으며, 공매에 대한 제한도 없다.

---

1 William Sharpe, "Capital Asset Prices: A Theory of Market Equilibrium," *Journal of Finance,* September 1964.

2 John Lintner, "The Valuation of Risk Assets and the Selection of Risky investments in Stock Portfolios and Capital Budgets," *Review of Economics and Statistics*, February 1965.

3 Jan Mossin, "Equilibrium in an Capital Asset Market," *Econometrica*, October 1966.

4 평균-분산 기준은 불확실성하에서 투자자들이 미래 자산수익률의 확률분포에 대한 평균과 분산이라는 두 모수에 근거하여 투자안을 선택하는 투자원리이다.

5 투자자들은 미래증권수익률의 확률분포에 대하여 동일한 예측을 한다.

그림 9-1 • 자본시장선(CML)과 자본배분선(CAL)

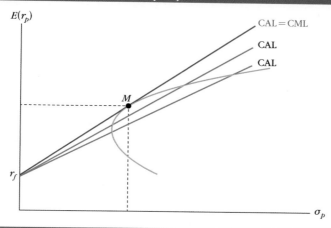

이러한 가정에 따르면, 모든 투자자는 누구나 투자자에게 최적인 위험자산(최적위험포트폴리오)으로 시장에 존재하는 모든 위험자산을 포함하는 시장포트폴리오(M)를 선택한다. 이때 무위험자산과 시장포트폴리오(M)를 연결하는 선을 자본시장선(CML: capital market line)이라 한다. 그리고 무위험자산과 최적위험자산(최적위험포트폴리오)를 연결하는 선을 최적 자본배분선(CAL)이라고 정의하므로, $CAPM$ 세계에서는 〈그림 9-1〉과 같이 최적 자본배분선(CAL)이 자본시장선(CML: capital market line)과 일치하게 된다.

$CAPM$의 세계에서 시장포트폴리오(M)를 위험자산으로 구성하므로 비체계적 위험(개별위험)은 모두 사라진다. 그러면, 시장포트폴리오(M)를 구성하는 개별자산의 기대수익률과 체계적 위험의 크기는 얼마나 될까?

개별자산의 체계적 위험(＝시장위험)을 측정하는 것은 시장움직임에 대해 개별자산이 얼마나 민감하게 움직이는가를 측정하는 것이고 이 민감도를 베타(β)라고 한다. 베타는 시장수익률의 분산 σ_M^2에서 개별자산 i의 수익률과 시장수익률간의 공분산 σ_{iM}이 차지하는 비율로 정의된다.

$$\beta_i = \frac{\sigma_{iM}}{\sigma_M^2} \tag{9-1}$$

그림 9-2 • S주식의 베타

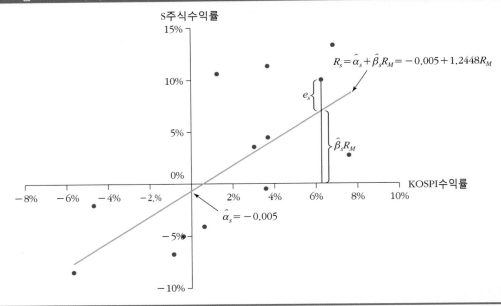

시장의 베타(β_M)는 1이며,[6] 이는 시장의 평균적인 위험을 나타낸다. 개별자산의 베타가 1보다 크다는 것은 그 개별자산의 변동이 시장의 변동보다 더 민감하게 변동한다는 것으로 개별자산의 위험이 시장의 위험보다 더 크다는 의미이다. 예를 들어, 〈그림 9-2〉에서 S주식의 수익률과 시장수익률 간의 관계를 나타낸 증권특성선(security characteristic line)의 기울기인 베타계수(β_S)가 1.2448이라는 것은 시장수익률이 10% 변동할 때 S주식의 수익률이 12.448% 변동하여 시장보다 더 민감하게 움직여서 시장의 변동보다 더 크다는 것을 뜻한다.

한편, 포트폴리오의 베타는 포트폴리오의 기대수익률을 계산하는 것과 마찬가지로 식(9-2)에서 보는 바와 같이 자산의 베타에 각 개별자산의 투자비중을 곱하여 모두 더하면 된다. 예를 들어, 베타가 1.2인 1주식에 60%를 투자하고 베타가 0.8인 2주식에 40%를 투자하여 포트폴리오를 구성할 경우 포트폴리오베타는 1.04($=0.6 \times 1.2 + 0.4 \times 0.8$)이다. 따라서 포트폴리오의 베타는 그 포트폴리오에 포함된 개별자산들의 평

---

6 $\beta_M = \dfrac{\sigma_{MM}}{\sigma_M^2} = \dfrac{\sigma_M^2}{\sigma_M^2} = 1$

균베타와 같다고 할 수 있다.

$$\beta_p = \frac{\sigma_{pM}}{\sigma_M^2} = \frac{Cov(r_p,\ r_M)}{\sigma_M^2}$$

$$= \frac{Cov(w_1 r_1 + w_2 r_2 + \cdots + w_n r_n,\ r_M)}{\sigma_M^2}$$

$$= \frac{Cov(w_1 r_1,\ r_M) + Cov(w_2 r_2,\ r_M) + \cdots + Cov(w_n r_n,\ r_M)}{\sigma_M^2}$$

$$= \frac{w_1 Cov(r_1,\ r_M) + w_2 Cov(r_2,\ r_M) + \cdots + w_n Cov(r_n,\ r_M)}{\sigma_M^2}$$

$$= \frac{\sum_{i=1}^{n} w_i Cov(r_i,\ r_M)}{\sigma_M^2}$$

$$= \sum_{i=1}^{n} w_i \beta_i$$

$$= w_1 \beta_1 + w_2 \beta_2 + \cdots + w_n \beta_n \tag{9-2}$$

일반적으로 투자자가 어떤 자산에 투자할 경우 미래라는 시간과 불확실이라는 위험을 떠안는 대가가 있어야 한다. 따라서 투자자는 시차보상인 무위험수익률에 위험보상인 위험프리미엄(위험보상율)이 합쳐진 수익률을 기대한다. 이는 개별자산의 위험에 근거하여 개별자산의 수익률이 기대됨을 의미하므로, 시장에서 위험에 대한 보상이 어떻게 이루어지는지 생각해보자.

예를 들어, A주식의 기대수익률 $E(r_A)$는 14%, 베타 β_A는 2, 무위험자산인 국채의 무위험수익률 r_f는 5%라고 하자. 무위험자산은 말 그대로 위험이 존재하지 않으므로 0의 베타값($\beta_f = 0$)을 갖는다. A주식에 40%를 투자하고 무위험자산에 60%를 투자하여 구성한 포트폴리오(A)의 기대수익률과 베타를 구하면 다음과 같다.

$$E(r_p) = w_1 E(r_1) + w_2 E(r_2)$$

$$= w_A E(r_A) + (1 - w_A)r_f = (0.4)(0.14) + (0.6)(0.05) = 8.6\% \tag{9-3}$$

$$\beta_p = w_1 \beta_1 + w_2 \beta_2$$

$$= w_A \beta_A + (1 - w_A)\beta_f = (0.4)(2) + (0.6)(0) = 0.8 \tag{9-4}$$

투자비중을 달리하여 투자비중의 변화에 따른 포트폴리오(A)의 기대수익률과 베타의 조합은 식(9-4)의 $w_A = \beta_p / \beta_A$를 식(9-3)에 대입하여 식(9-5)로 구할 수 있다. 식(9-5)에서 A주식의 체계적 위험 대비 초과수익률을 나타내는 기울기는 $0.045(=(0.14-0.05)/2)$이다.

$$E(r_p) = r_f + \left[\frac{E(r_A) - r_f}{\beta_A} \right] \beta_p \tag{9-5}$$

A주식 외에 기대수익률 $E(r_B)$가 11%, 베타 β_B가 1.6인 B주식도 있다고 하자. A주식의 경우와 마찬가지로 B주식과 5%의 무위험수익률을 얻는 무위험자산에 투자할 경우 포트폴리오(B)의 기대수익률과 베타를 구할 수 있고, 포트폴리오(B)의 체계적 위험 대비 초과수익률도 $0.0375(=(0.11-0.05)/1.6)$로 계산할 수 있다.

체계적 위험 한 단위에 대해서 포트폴리오(A)의 초과수익률 0.045가 포트폴리오(B)의 초과수익률 0.0375보다 크기 때문에 투자자들은 B주식보다 A주식에 투자한다. 결국, A주식의 가격은 오르고 B주식의 가격은 하락하여 A주식 매수와 B주식 매도는 $(E(r_A) - r_f)/\beta_A = (E(r_B) - r_f)/\beta_B$가 될 때까지 계속될 것이다.

이것은 A주식과 B주식 뿐만 아니라 시장에 존재하는 모든 주식에 대해서 동일하게 적용된다. 따라서 시장 내의 모든 주식이 동일한 체계적 위험 대비 초과수익률을 가진다. 이는 〈그림 9-3〉과 같이 모든 주식이 동일한 선상에 위치한다는 것을 의미한다.

〈그림 9-3〉에서 나타낸 것처럼 개별증권의 기대수익률과 체계적 위험간의 관계를 나타낸 직선을 증권시장선(SML: security market line)이라고 부른다. 그러면 SML의 등식은 어떻게 나타낼 수 있는가? 시장에 존재하는 모든 증권으로 구성된 시장포트폴

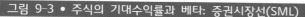

그림 9-3 • 주식의 기대수익률과 베타: 증권시장선(SML)

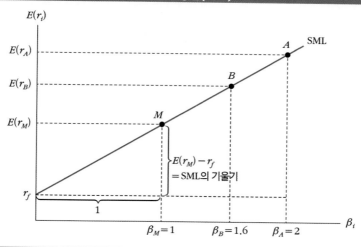

리오(M)를 구성할 경우, 시장포트폴리오(M)의 기대수익률은 $E(r_M)$, 베타(β_M)는 1이므로 체계적 위험 대비 초과수익률은 식(9-6)으로 나타낼 수 있다.

$$\frac{E(r_M) - r_f}{\beta_M} = \frac{E(r_M) - r_f}{1} = E(r_M) - r_f \tag{9-6}$$

시장 내에 존재하는 모든 증권이 동일한 *SML*상에 존재하므로, 시장포트폴리오(M)의 기울기와 어떤 개별증권의 기울기는 동일해야 한다. 따라서 어떤 개별증권의 체계적 위험 대비 초과수익률과 전체시장의 체계적 위험 대비 초과수익률은 식(9-7)과 같이 동일한 값을 갖게 된다.

$$\frac{E(r_i) - r_f}{\beta_i} = E(r_M) - r_f \tag{9-7}$$

식(9-7)을 다시 정리하면 *SML*이라고 불리는 자본자산가격결정모형(CAPM)인 식(9-8)이 되고, 개별증권을 비롯한 모든 자산의 체계적 위험과 기대수익률 사이에 존재하는 균형관계를 설명한다.[7] 식(9-8)은 어떤 자산에 대한 기대수익률은 무위험수익

---

7 CAPM의 수리적인 유도는 APPENDIX 참조.

률에 위험보상인 위험프리미엄을 합한 수익률이 됨을 의미한다. 식(9-8)에서 위험의
균형가격은 $[E(r_M) - r_f]$이고, 위험의 크기는 β_i로 측정되어 위험의 균형가격에 위험
의 크기를 곱하여 위험프리미엄을 계산한다.

$$E(r_i) \quad = \quad r_f \quad + \quad [E(r_M) - r_f] \quad \times \quad \beta_i \quad\quad\quad (9\text{-}8)$$

$$\downarrow \qquad\qquad \downarrow \qquad\qquad\qquad \downarrow \qquad\qquad\qquad \downarrow$$

기대수익률 ＝ 무위험수익률＋위험의 균형가격×위험의 크기

2. CAPM의 확장: 제로베타모형

현실적으로 무위험자산이 존재하지 않아서 무위험수익률로 차입하거나 대출할 수
없을 경우에 *CAPM*이 성립할까? 이에 대해서 F. Black(1972)은 제로베타모형을 제시
하였다.

〈그림 9-4〉를 보면, 투자자들은 자신의 위험회피성향에 따라 효율적 투자선상의
효율적 포트폴리오를 선택하게 되는데, 이때 어떤 효율적 포트폴리오들을 결합시켜
얻게 되는 포트폴리오도 효율적 포트폴리오이기 때문에 효율적 투자선상에 존재하게
된다. 따라서 투자자들이 선택한 모든 효율적 포트폴리오들을 모두 합하면 효율적 투
자선상에 있는 시장포트포리오(M)를 얻을 수 있다.

효율적 포트폴리오인 시장포트폴리오(M)와 상관관계를 갖지 않는 포트폴리오,
즉 시장포트폴리오(M)와 공분산이 0인 포트폴리오가 존재한다고 하자. 시장포트폴리
오(M)와 공분산이 0인 포트폴리오의 베타값은 0임을 의미하고, 이는 시장포트폴리오
(M)와 상관관계를 갖지 않는 모든 포트폴리오의 체계적 위험이 동일하다는 것을 의미
한다.

〈그림 9-4〉에서 최소분산투자선(minimum variance frontier)의 하반부에 존재하는
포트폴리오 A와 포트폴리오 B는 모두 시장포트폴리오(M)와 상관관계를 갖지 않는
포트폴리오로서 제로-베타를 가지며 동일한 기대수익률 $E(r_z)$를 갖는 포트폴리오이
다.[8] 하지만, 포트폴리오 A와 포트폴리오 B 중에서 포트폴리오 A만이 최소분산포트

---

8 효율적 투자선상의 모든 포트폴리오는 최소분산투자선의 하반부(비효율적인 부분)에 상관관계가 0

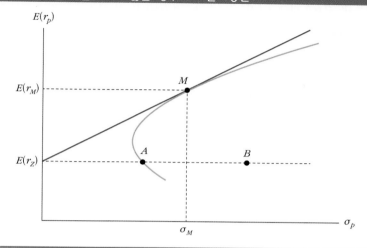

그림 9-4 • 무위험자산이 존재하지 않을 경우의 자본시장선

폴리오집합선상에 위치하고 있기 때문에 포트폴리오 A를 최소분산제로베타포트폴리오 (minimum variance zero beta portfolio)라 한다. 제로베타포트폴리오는 시장포트폴리오 (M)와의 공분산이 0(체계적 위험(β)=0)이지만 잔차분산은 0이 아닌 양(+)의 값을 가진다.

(1) 자본시장선

Black은 어떤 자산의 기대수익률은 효율적 투자선상의 어떤 두 포트폴리오 기대 수익률의 선형함수(1차 함수)임을 보였다. 구체적으로, 시장포트폴리오(M)에 w, 최소 분산제로베타포트폴리오 A에 $1-w$를 투자하여 구성한 포트폴리오의 기대수익률 $E(r_p)$와 위험 σ_p는 두 자산의 결합으로 생각할 수 있으므로 식(9-9), 식(9-10)과 같이 나타낼 수 있다.

$$E(r_p) = wE(r_M) + (1-w)E(r_z) \tag{9-9}$$

인 짝 포트폴리오(companion portfolio)를 지니게 되는데, 이 짝 포트폴리오를 제로베타포트폴리오 라고 부른다.

$$\sigma(r_p) = [w^2 \sigma_M^2 + (1-w)^2 \sigma_z^2 + 2w(1-w)\rho_{zM}\sigma_z\sigma_M]^{\frac{1}{2}}$$

$$= [w^2\sigma_M^2 + (1-w)^2\sigma_z^2]^{\frac{1}{2}} \quad (\because \rho_{zM} = 0) \tag{9-10}$$

〈그림 9-4〉에서 M의 접선의 기울기는 식(9-9)와 식(9-10)을 미분하여 $w=1$(모든 부(wealth)를 시장포트폴리오(M)에 투자)일 때 구한 식(9-11)과 식(9-12)에서 식(9-11)을 식(9-12)로 나누어 식(9-13)으로 구할 수 있다.

$$\frac{\partial E(r_p)}{\partial w} = E(r_M) - E(r_z) \tag{9-11}$$

$$\frac{\partial\sigma_p}{\partial w} = \frac{1}{2}\frac{2w\sigma_M^2 - 2\sigma_z^2 + 2w\sigma_z^2}{\sqrt{w^2\sigma_M^2 + (1-w)^2\sigma_z^2}} = \sigma_M \quad (\because w=1) \tag{9-12}$$

$$\frac{\frac{\partial E(r_p)}{\partial w}}{\frac{\partial\sigma_p}{\partial w}} = \frac{\partial E(r_p)}{\partial\sigma_p} = \frac{E(r_M)-E(r_z)}{\sigma_M} \tag{9-13}$$

식(9-13)의 기울기를 갖는 직선은 좌표 $[\sigma_M, E(r_M)]$을 지나므로 식(9-14)와 같이 접선의 절편은 $E(r_z)$가 된다.

$$y = a + \left[\frac{E(r_M)-E(r_z)}{\sigma_M}\right]x \;\rightarrow\; a = E(r_z) \tag{9-14}$$

따라서 접선식은 (9-15)와 같이 도출된다. 식(9-15)는 무위험수익률 r_f 대신 제로베타포트폴리오의 기대수익률 $E(r_z)$로 대체되었다는 점을 제외하고 자본시장선(CML)과 일치한다.

$$E(r_p) = E(r_z) + \left[\frac{E(r_M)-E(r_z)}{\sigma_M}\right]\sigma_p \tag{9-15}$$

(2) 증권시장선

APPENDIX의 식(A9-5)에서 보듯이 시장포트폴리오(M)와 비효율적인 개별자산으로 구성되는 위험포트폴리오의 접선의 기울기인 한계대체율(MRS)은 식(9-16)으로 나타내었다.

$$\frac{\partial E(r_p)}{\partial \sigma_p} = \frac{\dfrac{\partial E(r_p)}{\partial w}}{\dfrac{\partial \sigma_p}{\partial w}} = \frac{E(r_i) - E(r_M)}{\dfrac{(\sigma_{iM} - \sigma_M^2)}{\sigma_M}} \tag{9-16}$$

따라서, 〈그림 9-4〉의 M에서 식(9-13)의 기울기와 식(9-16)이 일치해야 하므로 식(9-17)의 제로베타모형(zero beta model)이 도출된다.

$$\frac{E(r_M) - E(r_z)}{\sigma_M} = \frac{E(r_i) - E(r_M)}{\dfrac{(\sigma_{iM} - \sigma_M^2)}{\sigma_M}}$$

$$\rightarrow\ E(r_i) = E(r_z) + [E(r_M) - E(r_z)]\frac{\sigma_{iM}}{\sigma_M^2}$$

$$\rightarrow\ E(r_i) = E(r_z) + [E(r_M) - E(r_z)]\beta_i \tag{9-17}$$

식(9-17)의 제로베타모형에 의하면 순수한 무위험자산이 존재하지 않을 경우에도 베타가 여전히 모든 자산의 체계적 위험의 척도로 사용되고, $CAPM$의 주요 결과도 여전히 유지됨을 보여주고 있다.

예제 **제로베타모형**

$CAPM$이 성립하며 시장에는 다음 두 위험자산만이 존재한다고 하자.

	기대수익률	표준편차
주식 1	20%	30%
주식 2	10%	27%

두 주식 수익률 사이의 공분산은 0이다. 시장포트폴리오를 구성하는 주식 1과 주식 2의 투자비중은 각각 70%와 30%이며, 무위험자산은 존재하지 않으며, 공매의 제한은 없다고 가정한다.

(1) 투자자 A가 위의 투자비중 대로 투자하여 주관적인 시장포트폴리오를 선택할 경우 기대수익률과 주식 1에 대한 베타를 각각 구하시오.

(2) 이 시장포트폴리오에 대한 제로베타포트폴리오의 주식 1과 주식 2에 대한 투자비중을 각각 구하시오.

(3) 제로베타포트폴리오의 기대수익률과 분산은 각각 얼마인가?

(4) 투자자 A의 증권시장선을 구하시오.

[답]

(1) $E(r_M) = (0.7)(0.2) + (0.3)(0.1) = 0.17$

$r_M = (0.7)r_1 + (0.3)r_2$

$Cov(r_1, r_M) = Cov(r_1, (0.7)r_1 + (0.3)r_2) = 0.7Cov(r_1, r_1) + 0.3Cov(r_1, r_2)$

$\qquad = (0.7)\sigma_1^2 + (0.3)(0) = (0.7)(0.3)^2 = 0.126$

$Var(r_M) = \sigma_M^2 = w_1^2\sigma_1^2 + w_2^2\sigma_2^2 + 2w_1w_2\sigma_{12} = (0.7)^2(0.3)^2 + (0.3)^3(0.27)^2 = 0.051$

$\beta_1 = \dfrac{\sigma_{1M}}{\sigma_M^2} = \dfrac{0.126}{0.051} = 2.471$

(2) $r_z = w_1r_1 + w_2r_2, \ r_M = (0.7)r_1 + (0.3)r_2$이므로,

$Cov(r_z, r_M) = 0 \ \rightarrow \ Cov(w_1r_1 + w_2r_2, (0.7)r_1 + (0.3)r_2) = 0$

$\qquad\qquad \rightarrow \ w_1(0.7)Cov(r_1, r_1) + w_1(0.3)Cov(r_1, r_2)$

$\qquad\qquad\qquad + w_2(0.7)Cov(r_2, r_1) + w_2(0.3)Cov(r_2, r_2) = 0$

$\qquad\qquad \rightarrow \ w_1(0.7)\sigma_1^2 + (1 - w_1)(0.3)\sigma_2^2 = 0 \quad (\because \ Cov(r_1, r_2) = 0)$

$\qquad\qquad \rightarrow \ w_1 = -0.018, \ w_2 = 1.018$

(3) $E(r_z) = (-0.018)(0.2) + (1.018)(0.1) = 0.098$

$Var(r_z) = (-0.018)^2(0.3)^2 + (1.018)^2(0.27)^2 + (2)(-0.018)(0.018)(0)(0.3)(0.27)$

$\qquad = 0.076 \quad (\because \ \rho_{12} = 0)$

(4) $E(r_i) = E(r_z) + [E(r_M) - E(r_z)]\beta_i$

$$\rightarrow E(r_i) = 0.098 + [0.17 - 0.098]\beta_i$$

$$\rightarrow E(r_i) = 0.098 + 0.072\beta_i$$

02 차익거래가격결정모형(APT)

1. APT의 수익률생성과정

1976년 Ross는 차익거래가격결정모형(APT: Arbitrage Pricing Theory)을 개발하였다.[9] 차익거래(arbitrage)란 서로 등가관계에 있는 두 개의 증권 간의 가격 차이로부터 이익을 내기 위해 고평가 증권을 매도하고 동시에 저평가 증권을 매수하는 거래를 말한다. 만일 차익거래 기회가 존재하면 고평가 증권 매도, 저평가 증권 매수, 따라서 고평가 증권가격 하락, 저평가 증권가격 상승하여 차익거래 기회가 사라지게 되므로, 균형시장에서 차익거래기회가 주어지지 않는다.

Ross의 APT는 다음 세 개의 명제에 의존한다. (i) i주식의 수익률은 요인모형에 의해 설명된다. (ii) 고유위험을 분산시킬 수 있는 충분한 수의 증권이 존재한다. (iii) 증권시장이 효율적으로 작동하기 때문에 차익거래기회가 존속하지 못한다. 이러한 APT는 증권수익률이 시장포트폴리오수익률이라는 단일요인과 선형관계를 가진다는 $CAPM$에 비해 식(9-18)과 같이 k개의 공통요인에 의해 생성된다고 가정하고 있어 $CAPM$보다 더 일반성을 갖는다.

---

9 Stephen A. Ross, "The Arbitrage Theory of Capital Asset Pricing," *Journal of Economic Theory*, December 1976.

$$r_i = \alpha_i + \beta_{i1}F_1 + \beta_{i2}F_2 + \cdots + \beta_{ik}F_k + \epsilon_i \qquad (9\text{-}18)$$

여기서, F_k = 모든 자산에 영향을 미치는 k번째 요인

β_{ik} = k요인에 대한 i번째 자산수익률의 민감도

ϵ_i = i번째 자산의 오차항

식(9-18)의 기댓값을 구하면 식(9-19)가 된다.

$$E(r_i) = \alpha_i + \beta_{i1}E(F_1) + \beta_{i2}E(F_2) + \cdots + \beta_{ik}E(F_k) \qquad (9\text{-}19)$$

식(9-18)에서 식(9-19)를 차감하여 정리하면 식(9-20)의 수익률생성과정이 도출된다.

$$r_i = E(r_i) + \beta_{i1}[F_1 - E(F_1)] + \beta_{i2}[F_2 - E(F_2)] + \cdots + \beta_{ik}[F_k - E(F_k)] + \epsilon_i \qquad (9\text{-}20)$$

예제 2요인모형

GNP성장률과 물가상승률이 각각 5%와 8%로 기대되며, GNP성장률과 물가상승률에 대한 베타계수가 각각 1과 0.8인 A기업 주식의 기대수익률이 15%이다. 만일 GNP성장률이 6%, 물가상승률이 10%라면 주식의 기대수익률 수정추정치(revised estimate)는 얼마인가? 단, A기업 고유의(firm-specific) 요인에 의한 수익률 변동은 0이라고 가정한다.

[답]

$r_i = E(r_i) + \beta_{i1}[F_1 - E(F_1)] + \beta_{i2}[F_2 - E(F_2)] + \epsilon_i$

$\quad = 0.15 + 1(0.06 - 0.05) + 0.8(0.1 - 0.08) + 0 = 17.6\%$

2. APT 유도

APT를 도출하기 위해서 균형시장에서 고평가된 자산을 팔고 동시에 저평가된 자산을 사서 이익을 내는 차익거래기회가 없는 경우를 생각해보자. 먼저, 설명의 편의상, 공통요인이 1개라고 가정하면 수익률은 식(9-21)과 같이 계산할 수 있다.

$$r_i = E(r_i) + \beta_i[F - E(F)] + \epsilon_i \tag{9-21}$$

그리고 균형상태에서 차익거래기회가 없으려면 추가적인 부(wealth)의 투자가 없어야 하고 위험도 부담하지 않는 무투자(zero-investment) 무위험(zero-beta, risk-free) 포트폴리오의 기대수익률이 0이 되어야 할 것이다.

첫째, 무투자 포트폴리오는 기존 자산을 매각한 자금으로 추가적으로 자산을 매입하여 구성할 수 있다. 이를 식으로 표시하면 다음과 같으며, 투자비중 중 w_i는 자산 매입의 경우 양($+$), 매도의 경우 음($-$)의 값을 가진다.

$$\sum_{i=1}^{N} w_i = 0 \tag{9-22}$$

여기서, $w_i = \dfrac{\text{증권 } i \text{의 매입(또는 매각)대금}}{\text{기존의 총투자액}}$

둘째, 무위험 포트폴리오는 각 증권의 체계적 위험 계수들의 가중평균을 0으로 하여 구성할 수 있으며, 고유위험을 분산시킬 수 있는 충분한 수의 증권들이 포함된다는 가정하에 비체계적 위험의 가중평균값은 0에 수렴한다. 이를 식으로 나타내면 다음과 같다.

$$\sum_{i=1}^{N} w_i \beta_i = 0 \tag{9-23}$$

$$\sum_{i=1}^{N} w_i \epsilon_i \approx 0 \tag{9-24}$$

식(9-21)의 양변에 w_i를 곱한 후 모든 증권들에 대해 합해주면 포트폴리오 수익률을 구할 수 있다.

$$\sum_{i=1}^{N} w_i r_i = \sum_{i=1}^{N} w_i E(r_i) + [F - E(F)]\sum_{i=1}^{N} w_i \beta_i + \sum_{i=1}^{N} w_i \epsilon_i \tag{9-25}$$

$$\downarrow \qquad\qquad \downarrow \qquad\qquad \downarrow \qquad\qquad \downarrow$$

$$r_p \quad = \quad E(r_p) \ + \ [F - E(F)]\sum_{i=1}^{N} w_i \beta_i + \sum_{i=1}^{N} w_i \epsilon_i \tag{9-26}$$

식(9-23)과 식(9-24)를 식(9-26)에 대입하면,

$$r_p = E(r_p) \tag{9-27}$$

무투자($\sum_{i=1}^{N} w_i = 0$) 무위험($\sum_{i=1}^{N} w_i \beta_i = 0$) 포트폴리오의 수익률 r_p는 균형상태에서 차익거래기회가 없으려면 0, 즉 $r_p = 0$이 되어야 하므로 식(9-27)에서 $E(r_p) = 0$이 되어야만 한다. 이를 다시 정리하면,

$$\sum_{i=1}^{N} w_i \times 1 = 0 \qquad\qquad \sum_{i=1}^{N} w_i \beta_i = 0 \qquad \rightarrow \qquad \sum_{i=1}^{N} w_i E(r_i) = 0$$

선형대수(linear algebra)의 표준정리(standard theorem)에 의하면 위의 세 식이 만족될 경우 $E(r_i)$는 다음과 같이 1과 β_i의 선형결합(linear combination)으로 표시될 수 있다.[10]

$$E(r_i) = a_0 + a_1 \beta_i \tag{9-28}$$

이제, 식(9-28)의 a_0와 a_1이 무엇인지 찾기 위하여 베타가 0일 경우와 베타가 1일 경우의 포트폴리오를 생각해보자. 첫째, $\sum_{i=1}^{N} w_i = 1$이고 $\sum_{i=1}^{N} w_i \beta_i = 0$(beta=0)인 포트폴리오 Z가 있다고 하자. 식(9-28)에 w_i를 곱하여 모든 i에 대해 더해주고, $r_p = r_z$인 점을 생각하면,

$$\sum_{i=1}^{N} w_i E(r_i) = a_0 \sum_{i=1}^{N} w_i + a_1 \sum_{i=1}^{N} w_i \beta_i = a_0 \times 1 + a_1 \times 0 \;\rightarrow\; a_0 = E(r_z) \tag{9-29}$$

여기서, 위험이 제로(0)인 포트폴리오(=포트폴리오 Z)의 기대수익률 $a_0 = E(r_z)$는 무위험수익률 r_f를 의미하며, 식(9-29)를 식(9-28)에 대입하면 식(9-30)이 도출된다.

---

10 예를 들어, 2개의 증권으로 구성된 포트폴리오의 경우,

$$
\begin{aligned}
w_1 + w_2 &= 0 \\
w_1 \beta_1 + w_2 \beta_2 &= 0
\end{aligned}
\;\rightarrow\;
\begin{aligned}
a_0(w_1 + w_2) &= 0 \\
+)\; a_1(w_1 \beta_1 + w_2 \beta_2) &= 0 \\
\hline
(a_0 + a_1 \beta_1)w_1 + (a_0 + a_1 \beta_2)w_2 &= 0
\end{aligned}
\;\Rightarrow\; E(r_1)w_1 + E(r_2)w_2 = 0
$$

따라서 $E(r_1) = a_0 + a_1 \beta_1 \qquad E(r_2) = a_0 + a_1 \beta_2$

$$E(r_i) = E(r_z) + a_1 \beta_i \tag{9-30}$$

둘째, $\sum_{i=1}^{N} w_i = 1$ 이고 $\sum_{i=1}^{N} w_i \beta_i = 1 \,(\text{beta} = 1)$ 인 포트폴리오를 고려해 보자. 식(9-30)
에 w_i 를 곱하여 모든 i 에 대해 더해주면,

$$\sum_{i=1}^{N} w_i E(r_i) = E(r_z) \sum_{i=1}^{N} w_i + a_1 \sum_{i=1}^{N} w_i \beta_i = E(r_z) + a_1$$

$$\rightarrow a_1 = E(r_p) - E(r_z) \tag{9-31}$$

식(9-31)을 식(9-30)에 대입하면, 식(9-32)이 된다.

$$E(r_i) = E(r_z) + [E(r_p) - E(r_z)]\beta_i \tag{9-32}$$

식(9-32)에서 베타가 1인 포트폴리오의 기대수익률 $E(r_p)$ 가 어떤 공통요인 $E(F)$
라면 식(9-32)는 식(9-33)으로 변형된다.

$$E(r_i) = E(r_z) + [E(F) - E(r_z)]\beta_i \tag{9-33}$$

식(9-33)에서 어떤 공통요인을 k 개로 확장하여 일반적으로 표현하면 기대수익률
은 식(9-34)가 되고 이를 차익거래가격결정모형(APT)이라고 한다.

$$E(r_i) = E(r_z) + [E(F_1) - E(r_z)]\beta_{i1} + \cdots + [E(F_k) - E(r_z)]\beta_{ik} \tag{9-34}$$

한편, APT의 식(9-33)에서 만일 F가 시장포트폴리오 수익률이라면 $E(r_i) = r_f + [E(r_M) - r_f]\beta_i$ 가 되어 APT는 $CAPM$과 같게 된다. 따라서 $CAPM$은 APT에서 자산
의 수익률을 설명하는 공통요인이 시장포트폴리오 하나뿐인 특수한 경우에 해당한다.
하지만 $CAPM$과 달리 일반적인 식(9-34)의 APT에서는 요인의 수가 몇 개인지 그리
고 그 요인이 무엇을 의미하는지 명확하게 알려져 있지 않다.

APT는 $CAPM$에 비해 전반적으로 다음과 같은 장점이 있다.

첫째, $CAPM$은 자산수익률이 정규분포를 이루고 투자자의 효용함수가 2차효용함수라고 가정하지만 APT는 자산수익률의 분포와 개인의 효용함수에 대해 어떠한 가정도 하지 않는다. 즉, 위험회피도나 평균-분산효율성(mean-variance efficiency)에 대한 가정이 필요 없다.

둘째, $CAPM$은 시장포트폴리오가 효율적이어야 함을 요구하는데 반해 APT에서는 시장포트폴리오에 국한시켜 수익률을 결정할 필요가 없으며 어떠한 요인도 수익률 생성과정에 포함될 수 있다.

셋째, $CAPM$에서 자산의 균형수익률은 단 하나의 요인에 의해 결정되지만 APT에서는 많은 요인들에 의해 자산의 균형수익률이 결정되는 것을 인정하고 있다.

넷째, $CAPM$은 단일기간을 가정하고 있지만, APT는 단일기간을 가정하고 있지 않으므로 다기간으로 쉽게 확장할 수 있다.

예제 | **2요인 APT**

포트폴리오 A와 포트폴리오 B의 기대수익률은 각각 20%, 15%이다. 포트폴리오 A의 요인1의 민감도(베타계수)는 1.5, 요인2의 민감도는 2.4이다. 포트폴리오 B의 요인1의 민감도는 1.8, 요인2의 민감도는 0.4이다. 무위험수익률이 3%일 경우 균형기대수익률과 민감도 간의 관계식을 구하시오.

[답]

$E(r_i) = r_f + [E(F_1) - r_f]\beta_{i1} + [E(F_2) - r_f]\beta_{i2}$에서

$0.2 = 0.03 + x_1(1.5) + x_2(2.4) \qquad \cdots \; ①$

$0.15 = 0.03 + x_1(1.8) + x_2(0.4) \qquad \cdots \; ②$

①과 ②를 연립하여 풀면, $x_1 = 0.056$ $x_2 = 0.036$

$E(r_i) = 0.03 + 0.056\beta_{i1} + 0.036\beta_{i2}$

예제 **2요인 APT**

A투자자는 충분히 분산투자된 포트폴리오를 보유하고 있으며, 이 포트폴리오의 베타는 1이고 $CAPM$의 위험프리미엄 $[E(r_M) - r_f]$가 8%였다. APT 측면에서 볼 때 이 포트폴리오의 기대수익률은 산업생산성장률과 물가상승률 두 가지 요인에 의해 형성되며, 산업생산성장률(요인1)과 물가상승률(요인2)에 대한 위험프리미엄이 각각 5%, 12%라고 할 때 다음 물음에 답하시오. 단, 무위험수익률은 6%이다.

(1) 첫 번째 요인에 대한 민감도 계수가 -0.4일 경우 요인2(물가상승률)에 대한 민감도 계수는 얼마인가?

(2) 물가상승률 위험을 제거시켰다고 가정할 경우 동일한 기대수익률을 얻기 위해서 첫 번째 요인에 대한 민감도 계수는 어떻게 되는가?

[답]

(1) $E(r_i) = r_f + [E(r_M) - r_f]\beta_i \rightarrow 0.06 + 0.08 \times 1 = 0.14$

따라서, $E(r_i) = E(r_z) + [E(F_1) - E(r_z)]\beta_{i1} + [E(F_2) - E(r_z)]\beta_{i2}$에서

$0.14 = 0.06 + (0.05)\beta_{i1} + (0.12)\beta_{i2} \rightarrow 0.14 = 0.06 + (0.05)(-0.4) + (0.12)\beta_{i2}$

$$\rightarrow \beta_{i2} = 0.8333$$

(2) $0.14 = 0.06 + (0.05)\beta_{i1} + (0.12)\beta_{i2} \rightarrow 0.14 = 0.06 + (0.05)\beta_{i1} + (0.12)(0)$

$$\rightarrow \beta_{i1} = 1.6$$

 CAPM의 유도

개별증권 i의 기대수익률과 위험과의 관계를 보기 위하여 시장포트폴리오(M)와 개별 증권 i를 결합하여 새로운 포트폴리오를 구성한다고 하자. 개별증권 i에 대한 투자비중은 w, 시장포트폴리오(M)에 대한 투자비중은 $1-w$이다. 개별증권 i와 시장포트폴리오(M)로 구성된 새로운 포트폴리오의 기대수익률 $E(r_p)$와 위험 σ_p는 식(A9-1)과 식(A9-2)와 같이 나타낼 수 있다.

$$E(r_p) = w\,E(r_i) + (1-w)E(r_M) \tag{A9-1}$$

$$\sigma_p = [w^2\sigma_i^2 + (1-w)^2\sigma_M^2 + 2w(1-w)\sigma_{iM}]^{\frac{1}{2}} \tag{A9-2}$$

시장포트폴리오(M)에는 시장에 존재하는 모든 개별증권을 포함하므로 개별증권 i도 포함되어 있다. 따라서 개별증권 i에 w만큼 투자하고 시장포트폴리오(M)에 $1-w$만큼

그림 A9-1 • 위험자산 i와 시장포트폴리오(M)로 구성되는 투자기회집합

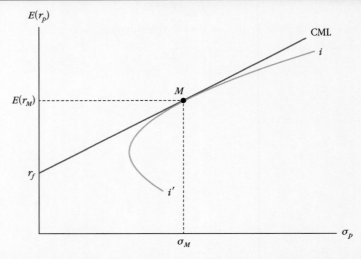

투자하여 새로운 포트폴리오를 구성한다는 것은 개별증권 i에 대한 초과수요가 있음을 의미한다.

시장의 균형상태에서는 모든 자산이 투자자들에 의해 소유될 때까지 가격이 조정되기 때문에 어떤 자산에 대해서도 초과수요가 0이어야 한다. 따라서 개별증권 i의 투자비중 w에 대한 포트폴리오의 기대수익률과 표준편차의 변화율은 식(A9-1)과 식(A9-2)를 미분하여 구해지는데, 이때 개별증권 i의 초과수요가 0, 즉 $w = 0$은 식(A9-3)과 식(A9-4)로 나타낼 수 있다.

$$\frac{\partial E(r_p)}{\partial w} = E(r_i) - E(r_M) \tag{A9-3}$$

$$\frac{\partial \sigma_p}{\partial w} = \frac{2w\sigma_i^2 - 2\sigma_M^2 + 2w\sigma_M^2 + 2\sigma_{iM} - 4w\sigma_{iM}}{2\sqrt{w^2\sigma_i^2 + (1-w)^2\sigma_M^2 + 2w(1-w)\sigma_{iM}}} = \frac{\sigma_{iM} - \sigma_M^2}{\sigma_M} \tag{A9-4}$$

식(A9-3)과 식(A9-4)을 이용하여 시장포트폴리오(M)의 위험의 균형가격을 다음과 같이 구할 수 있다. 먼저, 식(A9-3)을 식(A9-4)로 나누어 한계대체율(MRS)인 $\frac{\partial E(r_p)}{\partial \sigma_p}$을 구하면, 식(A9-5)가 된다.

$$\frac{\partial E(r_p)}{\partial \sigma_p} = \frac{\dfrac{\partial E(r_p)}{\partial w}}{\dfrac{\partial \sigma_p}{\partial w}} = \frac{E(r_i) - E(r_M)}{\dfrac{(\sigma_{iM} - \sigma_M^2)}{\sigma_M}} \tag{A9-5}$$

한편, 투자자들은 자본시장선(CML)을 따라 투자를 결정하게 되는데, 자본시장선(CML)의 기울기인 한계전환율(MRT)는 식(A9-6)이다.

$$\frac{\partial E(r_p)}{\partial \sigma_p} = \frac{E(r_M) - r_f}{\sigma_M} \tag{A9-6}$$

식(A9-6) 자본시장선(CML)의 기울기와 식(A9-5) 한계대체율(MRS)이 같아야 하므로 식(A9-7)의 증권시장선(SML)을 유도할 수 있다.

$$\frac{E(r_i) - E(r_M)}{\frac{(\sigma_{iM} - \sigma_M^2)}{\sigma_M}} = \frac{E(r_M) - r_f}{\sigma_M}$$

$$\rightarrow \quad E(r_i) = r_f + [E(r_M) - r_f] \frac{\sigma_{iM}}{\sigma_M^2}$$

$$\rightarrow \quad E(r_i) = r_f + [E(r_M) - r_f] \beta_i \qquad \text{(A9-7)}$$

핵심정리

1. CAPM의 가정

- 평균-분산기준에 의해 효율적 투자선상의 포트폴리오를 위험포트폴리오로 취함

- 무위험수익률로 얼마든지 차입 혹은 대출하여 모든 금융자산과 무위험자산에 투자함

- 각 증권의 기대수익률과 분산-공분산에 대하여 모두 동일한 예측을 함

- 투자기간은 1기간으로 동일함

- 거래비용, 세금, 공매의 제한이 없는 완전시장에서 투자자는 가격순응자임

2. 증권시장선(SML)

- 위험의 측정

$$\beta_i = \frac{\sigma_{iM}}{\sigma_M^2}$$

$$\beta_p = w_1\beta_1 + w_2\beta_2 + \cdots + w_n\beta_n$$

- 증권시장선(SML)

$$
\begin{array}{ccccccc}
E(r_i) & = & r_f & + & [E(r_M) - r_f] & \times & \beta_i \\
\downarrow & & \downarrow & & \downarrow & & \downarrow
\end{array}
$$

기대수익률 = 무위험수익률 + 위험의 균형가격 × 위험의 크기

3. 제로베타모형

- $E(r_i) = E(r_z) + [E(r_M) - E(r_z)]\beta_i$

4. APT

- 명제
  - i주식의 수익률은 요인모형에 의해 설명됨
  - 고유위험을 분산시킬 수 있는 충분한 수의 증권이 존재함
  - 증권시장이 효율적으로 작동하기 때문에 차익거래기회가 존속하지 못함

- 수익률생성과정

$$r_i = E(r_i) + \beta_{i1}[F_1 - E(F_1)] + \beta_{i2}[F_2 - E(F_2)] + \cdots + \beta_{ik}[F_k - E(F_k)] + \epsilon_i$$

- 균형상태에서 무투자($\sum_{i=1}^{N} w_i = 0$) 무위험($\sum_{i=1}^{N} w_i\beta_i = 0$) 포트폴리오의 수익률

$$\sum_{i=1}^{N} w_i \times 1 = 0, \quad \sum_{i=1}^{N} w_i\beta_i = 0 \quad \rightarrow \quad \sum_{i=1}^{N} w_i E(r_i) = 0 \quad \Rightarrow \quad E(r_i) = a_0 + a_1\beta_i$$

beta = 0인 포트폴리오: $a_0 = E(r_z)$

beta = 1인 포트폴리오: $a_1 = E(r_p) - E(r_z)$

- APT: $E(r_i) = E(r_z) + [E(r_p) - E(r_z)]\beta_i$
  - $\rightarrow E(r_i) = E(r_z) + [E(F) - E(r_z)]\beta_i$: $E(r_p)$가 어떤 공통요인 $E(F)$일 경우
    $$E(r_i) = E(r_z) + [E(F_1) - E(r_z)]\beta_{i1} + \cdots + [E(F_k) - E(r_z)]\beta_{ik}$$

5. CAPM과 APT

- CAPM은 APT의 특수한 경우에 해당 (공통요인이 시장포트폴리오일 경우)

■ APT의 장점
- 자산수익률의 분포와 개인의 효용함수에 대해 어떠한 가정도 하지 않음
- 어떠한 요인도 수익률생성과정에 포함될 수 있음
- 많은 요인들에 의해 자산의 균형수익률이 결정되는 것을 인정함
- 단일기간을 가정하고 있지 않으므로 다기간으로 쉽게 확장할 수 있음

■ APT 단점
- 요인의 수가 몇 개인지 그리고 그 요인이 무엇을 의미하는지 명확하게 모름

1. (1998 CPA) 시장포트폴리오의 기대수익률은 연 20%이고 무위험수익률은 연 10%이다. 당신은 시장포트폴리오에 부(wealth)의 25%를, $\beta = 2$인 자산에 나머지 75%를 투자했다. CAPM이 옳다면 당신의 포트폴리오의 연평균 기대수익률은 얼마인가? (   )

① 20% ② 22.5%

③ 25% ④ 27.5%

⑤ 30%

2. (2002 CPA) CML과 SML과의 관계에 대한 서술 중 옳지 않은 것은? (   )

① 동일한 β를 가지고 있는 자산이면 SML상에서 동일한 위치에 놓이게 된다.

② CML과 SML은 기대수익률과 총위험 간의 선형관계를 설명하고 있다는 점에서 공통점을 가지고 있다.

③ 비체계적 위험을 가진 포트폴리오는 CML상에 놓이지 않는다.

④ 어떤 자산과 시장포트폴리오간의 상관계수가 1이면 CML과 SML은 동일한 표현식이 된다.

⑤ SML상에 있는 자산이라고 하여 모두 다 CML상에 위치하지는 않는다.

3. (2005 CPA) CAPM에 대한 다음의 설명 중 가장 올바른 것은? (   )

① 증권시장선(SML)에서 다른 조건은 동일하고 시장 포트폴리오의 기대수익률이 커진다면 β가 1보다 매우 큰 주식의 균형수익률은 상승하지만, β가 0보다 크지만 1보다 매우 작은 주식의 균형수익률은 하락한다.

② 자본시장선(CML)에서 무위험자산과 시장포트폴리오에 대한 투자가중치는 객관적이지만, 시장포트폴리오에 대한 투자비율은 주관적이다.

③ 증권시장선(SML)의 기울기는 β값에 상관없이 항상 일정한 값을 가진다.

④ 자본시장선(CML)상에 있는 포트폴리오는 효율적이므로 베타는 0이다.

⑤ 자본시장선(CML)상에 있는 포트폴리오와 시장포트폴리오의 상관계수는 0이다.

4. (2006 CPA) CAPM에 대한 설명으로 틀린 것은? (   )

① 시장위험프리미엄(market risk premium)은 항상 0보다 커야 한다.

② 시장포트폴리오와 무위험자산 간의 상관계수는 정확히 0이다.

③ SML에 위치한다고 해서 반드시 CML에 위치하는 것은 아니다.

④ 위험자산의 기대수익률은 무위험자산의 수익률보다 항상 높아야 한다.

⑤ 개별자산의 진정한 위험은 총위험의 크기가 아니라 체계적 위험의 크기만으로 평가되어야 한다.

5. (2006 CPA) 다음 중 CAPM이 성립하는 시장에서 존재할 수 없는 경우는? (   )

① A주식: 기대수익률＝8%, 표준편차＝20%

　　B주식: 기대수익률＝20%, 표준편차＝18%

② A주식: 기대수익률＝18%, 베타＝1.0

　　B주식: 기대수익률＝22%, 베타＝1.5

③ A주식: 기대수익률＝13%, 표준편차＝20%

　　B주식: 기대수익률＝20%, 표준편차＝40%

④ A주식: 기대수익률＝14.6%, 베타＝1.2

　　시장포트폴리오: 기대수익률＝13%, 무위험수익률＝5%

⑤ A주식: 기대수익률＝20%, 표준편차＝30%

　　시장포트폴리오: 기대수익률＝12%, 표준편차＝16%. 무위험수익률＝4%

6. (2008 CPA) CAPM이 성립하는 시장에서 시장포트폴리오의 수익률의 표준편차는 0.04이며 세 자산의 베타와 수익률의 표준편차가 다음과 같다. 틀린 설명은 어느 것인가? (   )

자산	베타	표준편차
A	0.8	0.10
B	0.8	0.05
C	0.4	0.10

① B자산과 시장포트폴리오의 상관계수는 A자산과 시장포트폴리오의 상관계수의 2배수이다.

② B자산과 시장포트폴리오의 상관계수는 C자산과 시장포트폴리오의 상관계수의 2배수이다.

③ A자산과 B자산의 체계적 위험 1단위당 위험프리미엄은 동일하다.

④ A자산의 분산 가능한 위험은 C자산의 분산 가능한 위험보다 낮다.

⑤ 투자원금 50만원을 보유한 투자자가 무위험수익률로 25만원을 차입하여 총액인 75만원을 A자산에 투자할 경우의 기대수익률은 시장포트폴리오의 기대수익률보다 높다.

7. (2008 CPA) 투자자 갑과 투자자 을이 자본시장선(CML)상에 있는 포트폴리오 중에서 자신의 기대효용을 극대화하기 위해 선택한 최적포트폴리오의 기대수익률과 표준편차는 다음과 같다. 단, 시장포트폴리오의 기대수익률은 18%이며, 무위험수익률은 6%이다.

투자자	기대수익률	표준편차
갑	21%	15%
을	15%	9%

위험회피성향이 갑보다는 높지만 을보다 낮은 투자자가 투자원금 1,000만원을 보유하고 있다면 자신의 기대효용을 극대화하기 위한 다음 포트폴리오 중 가장 적절한 것은? (   )

① 300만원을 무위험자산에, 나머지 금액은 시장포트폴리오에 투자한다.
② 500만원을 무위험자산에, 나머지 금액은 시장포트폴리오에 투자한다.
③ 670만원을 무위험자산에, 나머지 금액은 시장포트폴리오에 투자한다.
④ 80만원을 무위험수익률로 차입해서 원금과 함께 총액인 1,080만원을 모두 시장포트폴리오에 투자한다.
⑤ 500만원을 무위험수익률로 차입해서 원금과 함께 총액인 1,500만원을 모두 시장포트폴리오에 투자한다.

8. (2009 CPA) 주식시장에서 거래되는 모든 주식의 베타는 3보다 작다고 가정한다. 투자자 갑은 자신의 자금 1,000만원으로 주식 A와 주식 B에 각각 w 및 $(1-w)$의 비중으로 분산투자하려 한다. 주식 A, B에 분산투자된 갑의 포트폴리오 C의 베타에 관한 주장 중 맞는 것의 개수를 골라라. 각 주식의 베타는 지난 6개월간 각 주식과 시장포트폴리오의 수익률 자료를 이용하여 추정되었다고 가정한다. 단, 주식의 공매도(short sale)가 가능하다. (   )

a. 포트폴리오 C의 베타가 3이 될 수 있다.
b. 포트폴리오 C의 베타가 −4가 될 수 있다.
c. 포트폴리오 C의 베타가 0이 될 수 있다.
d. w가 어떤 값이 되더라도 포트폴리오 C의 베타 값이 전혀 변하지 않는 경우가 있다.

① 4개　　　　　② 3개　　　　　③ 2개
④ 1개　　　　　⑤ 0개

9. (2009 CPA) 최근 주식시장에 상장된 주식 A의 최초의 3거래일 동안 주식 A와 시장 포트폴리오의 일별 수익률은 다음과 같다. 문제 풀이의 편의를 위해 아래 자료가 주식 A의 수익률 자료의 전체 모집단이라 가정한다.

	주식 A의 수익률	시장포트폴리오의 수익률
거래일 1	0.1	0.1
거래일 2	0.3	0.2
거래일 3	−0.1	0.0

위 자료에 근거하여 CAPM에 의한 주식 A의 베타 값을 산출한 후 가장 가까운 값을 골라라. 소수 다섯째 자리에서 반올림하여 소수 넷째 자리로 확정하여 계산하여라. (예로서 0.00666은 0.0067로 간주하여 계산할 것.) (   )

① 1.2
② 1.5
③ 1.7
④ 2.0
⑤ 2.3

10. (2010 CPA) CAPM이 성립한다는 가정하에서 다음 중 가장 적절하지 않은 것은? (단, r_f는 무위험수익률이고 m은 시장포트폴리오이며 시장은 균형에 있다고 가정한다.) (   )

① 모든 주식의 $[E(r_j) - r_f]/cov(r_j, r_m)$이 일정하다.

② 시장포트폴리오는 어떤 비효율적 포트폴리오보다 큰 변동보상률(reward to variability ratio)을 갖는다.

③ 개별 j주식이 시장포트폴리오의 위험에 공헌하는 정도를 상대적인 비율로 전환하면 $[w_j cov(r_j, r_m)]/\sigma_m^2$이다(여기서 w_j는 j주식이 시장포트폴리오에서 차지하는 비중임).

④ 1년 후부터 매년 300원의 일정한 배당금을 영원히 지급할 것으로 예상되는 주식의 체계적 위험이 2배가 되면 주가는 40% 하락한다(단, 위험이 증가하기 전 주식의 가격은 3,000원이고 무위험수익률은 4%임).

⑤ 무위험수익률보다 낮은 기대수익률을 제공하는 위험자산이 존재한다.

11. (2011 CPA) (주)대한은 투자자금 1,000,000원으로 베타가 1.5인 위험자산포트폴리오를 구성하려고 한다. (주)대한의 투자정보는 다음 표와 같다. 무위험자산수익률은 5.0%이다. 자산 C의 기대수익률과 가장 가까운 것은? (   )

투자자산	베타	기대수익률(%)	투자금액(원)
A자산	1.0	13.0	280,000
B자산	2.0	21.0	240,000
C자산	?	?	?
포트폴리오	1.5	?	1,000,000

① 16.90% ② 17.33%
③ 17.54% ④ 17.76%
⑤ 18.03%

12. (2011 CPA) (주)대한은 총 5억원의 기금을 3개 프로젝트에 투자하고 있으며, 투자금액과 베타계수는 다음과 같다.

프로젝트	투자금액	베타계수
A	1.4억원	0.5
B	2.0억원	1.6
C	1.6억원	2.0

무위험수익률은 5%이며, 내년도 시장수익률의 추정확률분포는 다음과 같다.

확 률	시장수익률
0.2	9%
0.6	12%
0.2	15%

주어진 자료에 근거하여 추정된 증권시장선(SML)으로부터 산출한 기금의 기대수익률로 가장 적절한 것은? (   )

① 12.95% ② 13.52%
③ 13.95% ④ 14.52%
⑤ 14.94%

13. (2011 CPA) 자본시장에서 CAPM이 성립한다고 가정한다. 무위험자산의 수익률은 연 5.0%, 시장포트폴리오의 기대수익률은 연 15.0%, 시장포트폴리오 연 수익률의 표준편차는 5.0%, A주식의 베타계수는 2.0, A주식 연수익률의 표준편차는 12.5%이다. 이들 자료에 근거하여 CML과 SML을 도출할 때 다음 설명 중 적절하지 않은 항목만으로 구성된 것은? (   )

> a. CML과 SML은 기대수익률과 총위험의 상충관계(trade-off)를 공통적으로 설명한다.
> b. A주식의 베타계수가 2.0으로 일정할 때 잔차의 분산이 감소하면 균형 하에서 A주식의 기대수익률은 감소한다.
> c. A주식의 수익률과 시장포트폴리오의 수익률 간의 상관계수가 1.0이므로 SML은 CML과 일치한다.
> d. CML상의 시장포트폴리오는 어떤 비효율적 포트폴리오보다 위험보상비율(reward to variability ratio)이 크다.
> e. SML을 이용하여 비효율적 개별자산의 균형수익률을 구할 수 있다.

① a, b, c   ② a, b, d
③ a, c, e   ④ b, c, e
⑤ b, d, e

14. (2011 CPA) K펀드를 운용하고 있는 펀드매니저는 펀드의 위험을 표준편차로 추정하고 월간 수익률자료를 이용해 분석한다. 과거 5년간 K펀드와 KOSPI(주가지수)의 평균수익률은 각각 3.0%, 2.0%이다. 또한 KOSPI수익률의 표준편차는 3.0%, K펀드수익률과 KOSPI수익률의 상관계수는 0.8이다. K펀드수익률을 종속변수로, KOSPI수익률을 독립변수로 한 단순회귀분석의 결과는 다음과 같다. K펀드의 표준편차로 가장 적절한 것은? (   )

변수	추정계수	표준오차	t-통계량	p-값
상수	0.15	0.50	0.26	0.75
KOSPI수익률	1.60	0.08	15.4	0.0001

① 5.2%   ② 5.8%
③ 6.0%   ④ 7.5%
⑤ 8.0%

15. (2013 CPA) 다음은 내년도 경기상황에 따른 시장포트폴리오의 수익률과 주식 A와 B의 수익률 예상치이다. 경기상황은 호황과 불황만 존재하며 호황과 불황이 될 확률은 동일하다. 증권시장선(SML)을 이용하여 주식 A의 베타(β_A)와 주식 B의 베타(β_B)를 비교할 때, β_A는 β_B의 몇 배인가? (단, CAPM이 성립하고 무위험자산수익률은 5%이다.) (　　)

경기상황	수익률		
	시장포트폴리오	주식 A	주식 B
호황	12.5%	20.0%	27.5%
불황	7.5%	10.0%	12.5%

① $\frac{1}{2}$배　　　　② $\frac{2}{3}$배　　　　③ $\frac{3}{4}$배

④ $\frac{4}{3}$배　　　　⑤ $\frac{3}{2}$배

16. (2013 CPA) CAPM이 성립하며 시장에는 다음 두 위험자산만이 존재한다고 하자.

	기대수익률	표준편차
주식 A	18%	35%
주식 B	8%	22%

두 주식 수익률간의 공분산은 0이다. 시장포트폴리오를 구성하는 주식 A와 B의 구성비는 각각 68%와 32%이며, 무위험 자산은 존재하지 않는다고 가정한다. 이 시장포트폴리오에 대한 제로베타포트폴리오의 기대수익률에 가장 가까운 것은? (단, 공매제한은 없으며, 각 주식에 대한 가중치는 퍼센트 기준으로 소수 셋째 자리에서 반올림하여 계산한다.) (　　)

① 5.00%　　　　② 5.25%　　　　③ 5.53%

④ 5.72%　　　　⑤ 6.00%

17. (2014 CPA) 자본시장선(CML)과 증권시장선(SML)에 관한 설명으로 가장 적절하지 않은 것은? (　　)

① 자본시장선에 위치한 위험자산과 시장포트폴리오 간의 상관계수는 항상 1이다.

② 증권시장선은 모든 자산의 체계적 위험(베타)과 기대수익률 간의 선형적인 관계를 설명한다.

③ 자본시장선은 자본배분선(capital allocation line)들 중에서 기울기가 가장 큰 직선을 의미한다.

④ 자본시장선의 기울기는 '시장포트폴리오의 기대수익률에서 무위험자산수익률(무위험이자율)을 차감한 값'으로 표현된다.

⑤ 증권시장선의 균형 기대수익률보다 높은 수익률이 기대되는 주식은 과소평가된 자산에 속한다.

18. (2014 CPA) 자본자산가격결정모형(CAPM)의 가정에 관한 설명으로 가장 적절하지 않은 것은? (　　)

① 투자자들은 자신의 기대효용을 극대화하고자 하는 위험중립적인 합리적 투자자로서 평균-분산 기준에 따라 투자결정을 한다.

② 각 자산의 기대수익률과 분산, 공분산 등에 관한 자료는 모든 투자자들이 동일하게 알고 있다. 즉, 모든 투자자들의 위험자산에 대한 예측은 동일하다.

③ 정보는 모든 투자자에게 신속하고 정확하게 알려지며 정보획득에 따른 비용도 존재하지 않는다.

④ 투자자들의 투자기간은 현재와 미래만 존재하는 단일기간(single period)이다.

⑤ 모든 투자자는 가격수용자(price taker)이기 때문에 어떤 투자자의 거래도 시장가격에 영향을 미칠 만큼 크지 않다.

19. (2015 CPA) 증권시장선(SML)에 관한 설명으로 가장 적절하지 않은 것은? (　　)

① 위험자산의 기대수익률은 베타와 선형관계이다.

② 개별 위험자산의 베타는 0보다 작을 수 없다.

③ 개별 위험자산의 위험프리미엄은 시장위험프리미엄에 개별 위험자산의 베타를 곱한 것이다.

④ 균형상태에서 모든 위험자산의 $[E(r_j) - r_f]/\beta_j$는 동일하다. 단, $E(r_j)$와 β_j는 각각 위험자산 j의 기대수익률과 베타이며, r_f는 무위험수익률이다.

⑤ 어떤 위험자산의 베타가 1% 변화하면, 그 자산의 위험프리미엄도 1% 변화한다.

20. (2015 CPA) 시장포트폴리오의 기대수익률과 표준편차는 각각 15%와 20%이다. 그리고 무위험자산의 수익률은 5%이다. 효율적 포트폴리오 A의 기대수익률이 10%라고 하면, 포트폴리오 A의 베타는 얼마인가? 그리고 포트폴리오 A와 시장포트폴리오와의 상관계수는 얼마인가? (단, CAPM이 성립한다고 가정한다.) (　　)

	베타	상관계수
①	$\frac{1}{3}$	0.5
②	$\frac{1}{3}$	1.0
③	$\frac{1}{2}$	0.5
④	$\frac{1}{2}$	1.0
⑤	$\frac{2}{3}$	0.5

21. (2016 CPA) 다음 설명 중 옳은 항목만을 모두 선택한 것은? 단, 자본자산가격결정모형(CAPM)이 성립한다고 가정한다. (   )

> a. 투자자의 효용을 극대화시키는 최적포트폴리오의 베타 값은 그 투자자의 시장포트폴리오에 대한 투자비율과 동일하다.
> b. 투자자의 위험회피성향이 높아질수록 최적포트폴리오를 구성할 때 시장포트폴리오에 대한 투자비율이 낮아진다.
> c. 시장포트폴리오와 개별 위험자산의 위험프리미엄은 항상 0보다 크다.

① a   ② b   ③ a, b
④ a, c   ⑤ a, b, c

22. (2016 CPA) 시장포트폴리오와 상관계수가 1인 포트폴리오 A의 기대수익률은 12%이고, 무위험수익률은 5%이다. 시장포트폴리오의 기대수익률과 수익률의 표준편차는 각각 10%와 25%이다. 포트폴리오 A 수익률의 표준편차에 가장 가까운 것은? (단, CAPM이 성립한다고 가정한다.) (   )

① 30%   ② 35%   ③ 40%
④ 45%   ⑤ 50%

23. (2017 CPA) 투자자 갑이 구성한 최적포트폴리오(optimal portfolio)의 기대수익률과 표준편차는 각각 10%와 12%이다. 시장포트폴리오의 표준편차는 15%이고 무위험수익률은 5%라면, 시장포트폴리오의 기대수익률은? (단, CAPM이 성립한다고 가정한다.) (   )

① 6.50%   ② 8.25%   ③ 11.25%
④ 12.50%   ⑤ 17.50%

24. (2017 CPA) 주식 A와 주식 B의 기대수익률은 동일하다. 주식 A와 시장포트폴리오의 상관계수는 주식 B와 시장포트폴리오의 상관계수의 2배이다. CAPM이 성립하고 주식 A의 표준편차가 10%라면, 주식 B의 표준편차는? (   )

① 5%   ② 10%   ③ 15%
④ 20%   ⑤ 25%

25. 2018 CPA) 두 위험자산 A와 B의 기대수익률과 표준편차가 다음 표와 같다. 시장에서 CAPM이 성립하고 차익거래의 기회가 없다고 가정한다. 다음 중 적절하지 않은 것은? (   )

자산	기대수익률	표준편차
A	12%	6%
B	10%	15%

① 자산 A의 베타가 자산 B의 베타보다 크다.

② 자산 A의 비체계적위험이 자산 B의 비체계적위험보다 작다.

③ 무위험자산과 자산 A를 각각 40%와 60%의 비율로 구성한 포트폴리오의 표준편차는 2.4%이다.

④ 무위험이자율이 4.5%인 경우, 자산 A의 샤프비율은 1.25이다.

⑤ 시장포트폴리오의 표준편차가 5%인 경우, 자산 A의 베타는 1.2보다 크지 않다.

26. (2004 CPA) 다음의 APT(차익거래가격결정이론)에 대한 설명 중 옳지 않은 것은? (   )

① APT를 유도하기 위한 가정은 CAPM의 경우보다 상대적으로 약하며, 따라서 CAPM은 APT의 특수한 형태로 볼 수 있다.

② APT에서는 자산의 수익률 분포에 대한 제약이 필요 없으며, 투자자가 위험회피적이라는 가정도 필요 없다.

③ APT는 시장포트폴리오를 필요로 하지 않기 때문에 시장에 존재하는 자산 일부만으로 자산가치평가를 할 수 있다.

④ APT에서 위험자산의 기대수익률 결정에 영향을 미치는 체계적 위험은 하나 이상이다.

⑤ APT와 CAPM은 둘 다 자산의 기대수익률과 관련 위험요인이 선형관계를 갖고 있다는 것을 보여준다.

27. (2011 CPA) 증권 또는 포트폴리오의 수익률이 다음의 2요인모형에 의하여 설명된다고 가정하자.

$$r_i = E(r_i) + \beta_{i1}F_1 + \beta_{i2}F_2 + e_i$$

r_i = 포트폴리오 i의 수익률

$E(r_i)$ = 포트폴리오 i의 기대수익률

F_1 = 공통요인 1

F_2 = 공통요인 2

β_{i1} = 포트폴리오 i의 공통요인 1에 대한 체계적 위험

β_{i2} = 포트폴리오 i의 공통요인 2에 대한 체계적 위험

e_i = 잔차항(비체계적 위험)

위 2요인 차익거래가격결정모형(Arbitrage Pricing Theory)이 성립하는 자본시장에서 다음과 같은 3가지 충분히 분산된 포트폴리오가 존재한다. 요인1 포트폴리오와 요인2 포트폴리오 위험프리미엄(risk premium)의 조합으로 가장 적절한 것은? (   )

포트폴리오	기대수익률	베타1	베타2
A	16%	1.0	1.0
B	17%	0.5	1.5
C	18%	-1.5	3.0

	요인1 포트폴리오	요인2 포트폴리오
①	4%	4%
②	4%	6%
③	6%	4%
④	6%	6%
⑤	8%	8%

28. (2014 CPA) 증권 수익률은 다음의 3-요인모형으로 설명된다고 가정하자.

$$r_i = E(r_i) + \beta_{i1}F_1 + \beta_{i2}F_2 + \beta_{i3}F_3 + e_i$$

여기서, r_i: 증권 i의 수익률, $E(r_i)$: 증권 i의 기대수익률,

F_j: 공통요인 j $(j = 1, 2, 3)$,

β_{ij}: 증권 i의 공통요인 j에 대한 체계적 위험(민감도),

e_i: 잔차항

3-요인 차익거래가격결정모형(arbitrage pricing theory; APT)이 성립하며 각 요인들의 위험프리미엄(risk premium)은 아래와 같다.

요인	요인 1	요인 2	요인 3
위험 프리미엄	6%	4%	5%

무위험자산수익률은 3%이다. 요인 1, 요인 2, 요인 3의 체계적 위험이 각각 1.2, 0.2, 0.8인 증권의 균형 기대수익률은 얼마인가? (　)

① 12% ② 15%

③ 17% ④ 19%

⑤ 21%

29. (2018 CPA) CAPM과 APT 등 위험프리미엄의 가격모형에 관한 다음 설명 중 적절하지 않은 것은? 단, CAPM에서 시장이 균형상태라고 가정한다. (　)

① 자본시장선에 존재하는 두 위험포트폴리오 간의 상관계수는 1이다.

② CAPM에서 시장포트폴리오는 효율적 포트폴리오이다.

③ APT모형은 차익거래의 기회가 지속되지 않는다는 조건 등을 이용하여 적정 위험프리미엄을 도출한다.

④ 파마-프렌치의 3요인모형은 시장포트폴리오의 수익률, 기업규모, 주가순자산비율(PBR)을 반영한 세 가지 공통요인으로 주식의 수익률을 설명한다.

⑤ 자본시장선보다 아래에 존재하는 자산은 증권시장선에 놓이지 않을 수 있다.

연습문제 해답

1. ④

답

$E(r_i) = r_f + [E(r_M) - r_f]\beta_i \rightarrow 0.1 + (0.2 - 0.1)(2) = 0.3$

따라서 $E(r_p) = w_i E(r_i) + (1 - w_i)E(r_M) = (0.75)(0.3) + (0.25)(0.2) = 0.275$

2. ②

답

② SML은 기대수익률과 체계적 위험 간의 선형관계를 설명하고 있다.

3. ③

답

① 증권시장선(SML)에서 다른 조건은 동일하고 시장포트폴리오의 기대수익률이 커진다면 β 가 1보다 매우 큰 주식의 균형수익률과 β가 0보다 크지만 1보다 매우 작은 주식의 균형 수익률 모두 상승한다.

② 자본시장선(CML)에서 무위험자산과 시장포트폴리오에 대한 투자가중치는 주관적이지 만, 시장포트폴리오에 대한 투자비율은 객관적이다.

④ 자본시장선(CML)상에 있는 포트폴리오는 효율적이지만, 베타가 0인 포트폴리오는 무위 험자산에 전부를 투자한 포트폴리오뿐이다.

⑤ 자본시장선(CML)상에 있는 포트폴리오와 시장포트폴리오의 상관계수는 1이다.

4. ④

답

④ 위험자산의 기대수익률 $E(r_i) = r_f + [E(r_M) - r_f]\beta_i$에서 위험의 단위당가격인 위험프리미 엄 $[E(r_M) - r_f]$은 항상 양($+$)이다. 하지만 $\beta_i = Cov_{iM}/\sigma_M^2$에서 상관계수가 음($-$)의 값을 가질 수 있기 때문에 β값도 음($-$)의 값을 가질 수 있다. 만약, β값이 음($-$)의 값을 가 진다면 위험자산의 수익률은 무위험자산의 수익률보다 낮다.

5. ⑤

> 답

⑤ $E(r_i) = r_f + [E(r_M) - r_f]\beta_i = r_f + [E(r_M) - r_f]\dfrac{\sigma_{iM}}{\sigma_M^2} = r_f + [E(r_M) - r_f]\dfrac{\rho_{iM}\sigma_i\sigma_M}{\sigma_M^2}$

$\rightarrow 0.2 = 0.04 + (0.12 - 0.04)\dfrac{(\rho_{iM})(0.3)(0.16)}{0.16^2} \rightarrow \rho_{iM} = 1.067$

$\therefore -1 \leq \rho_{iM} \leq 1$이어야 하므로 A주식은 존재할 수 없다.

6. ②

> 답

① ② $\beta = \dfrac{\sigma_{iM}}{\sigma_M^2} = \dfrac{\rho_{iM}\sigma_i\sigma_M}{\sigma_M^2} = \dfrac{\rho_{iM}\sigma_i}{\sigma_M}$

A자산: $0.8 = \dfrac{\rho_{AM}(0.1)}{0.04} \rightarrow \rho_{AM} = 0.32$

B자산: $0.8 = \dfrac{\rho_{BM}(0.05)}{0.04} \rightarrow \rho_{BM} = 0.64$

C자산: $0.4 = \dfrac{\rho_{CM}(0.1)}{0.04} \rightarrow \rho_{CM} = 0.16$

③ A자산과 B자산의 체계적 위험 1단위당 위험프리미엄은 $[E(r_M) - r_f]$로 동일하다.

④ 동일 표준편차에 베타가 더 큰 자산 A의 비체계적 위험(분산가능위험)이 더 작다. 즉, $\sigma_i^2 = \beta_i^2\sigma_M^2 + \sigma^2(e_i)$에서 자산 A는 $(0.1) = (0.8)^2(0.04)^2 + \sigma^2(e_A) \rightarrow \sigma^2(e_A) = 0.009$이고, 자산 C는 $(0.1) = (0.4)^2(0.04)^2 + \sigma^2(e_C) \rightarrow \sigma^2(e_C) = 0.0097$이다.

⑤ 투자원금 50만원에 대해서 25만원을 차입(=국채매도)하여 A자산에 투자하였으므로, 포트폴리오는 A자산과 채권으로 구성되며, 이 경우 A자산의 투자비중은 1.5(=75만원/50만원)이고 국채매도(차입)의 투자비중은 0.5(=25만원/50만원)이 된다. 따라서 포트폴리오의 베타 $\beta_p = 1.5 \times 0.8 + (-0.5) \times 0 = 1.2$가 된다. 포트폴리오 베타가 시장포트폴리오 베타인 1보다 크므로 기대수익률은 시장포트폴리오의 기대수익률보다 높다.

7. ④

> 답

위험회피성향이 갑보다는 높지만 을보다 낮은 투자자이므로 이러한 투자자의 무차별곡선은 자본시장선상에서 갑과 을의 사이에서 위치할 것이다. 따라서 이 투자자의 기대수익률은 15%와 21% 사이에서 결정되도록 포트폴리오를 구성할 것이다.

① $E(r) = (0.3)(0.06) + (0.7)(0.18) = 0.06 + (0.12 - 0.06)(0.7) = 14.4\%$

② $E(r) = (0.5)(0.06) + (0.5)(0.18) = 0.06 + (0.12 - 0.06)(0.5) = 12\%$

③ $E(r) = (0.67)(0.06) + (0.33)(0.18) = 0.06 + (0.12 - 0.06)(0.33) = 9.96\%$

④ $E(r) = (-0.08)(0.06) + (1.08)(0.18) = 0.06 + (0.12 - 0.06)(1.08) = 18.96\%$

⑤ $E(r) = (-0.5)(0.06) + (1.5)(0.18) = 0.06 + (0.12 - 0.06)(1.5) = 24\%$

8. ①

답

두 주식의 베타가 동일하면 w가 어떤 값이 되더라도 베타 값이 변하지 않는다.

9. ④

답

$$E(r_A) = \frac{0.1 + 0.3 - 0.1}{3} = 0.1$$

$$\sigma_A^2 = \frac{(0.1 - 0.1)^2 + (0.3 - 0.1)^2 + (-0.1 - 0.1)^2}{3} = 0.0267$$

$$E(r_M) = \frac{0.1 + 0.2 + 0}{3} = 0.1$$

$$\sigma_M^2 = \frac{(0.1 - 0.1)^2 + (0.2 - 0.1)^2 + (0 - 0.1)^2}{3} = 0.0067$$

$$Cov(r_A, r_M) = E[(r_A - E(r_A))(r_M - E(r_M))]$$

$$= \frac{(0.1 - 0.1)(0.1 - 0.1) + (0.3 - 0.1)(0.2 - 0.1) + (-0.1 - 0.1)(0 - 0.1)}{3}$$

$$= 0.0133$$

$$\therefore \beta_A = \frac{Cov(r_p, r_M)}{\sigma_M^2} = \frac{0.0133}{0.0067} = 1.9851$$

10. ④

답

① $E(r_j) = r_f + x Cov_{jm} \rightarrow x = [E(r_j) - r_f]/Cov_{jm} =$ 일정

④ 제로성장모형으로부터 $3,000 = 300/r \rightarrow r = 10\%$

따라서 $r = E(r_i) = r_f + [E(r_M) - r_f]\beta_i \rightarrow 10\% = 4\% + [E(r_M) - r_f]\beta_i \rightarrow [E(r_M) - r_f]\beta_i = 6\%$.

체계적 위험이 2배가 될 경우 $r = E(r_i) = 4\% + 6\% \times 2 = 16\%$가 되므로 새로운 주가는 $300/0.16 = 1,875$원이 되어 최초의 주가보다 37.5% 하락하게 된다.

⑤ 예외적으로 $\beta < 0$인 자산의 경우 기대수익률이 무위험이자율보다 낮을 수 있다.

11. ②

A자산의 베타가 1이므로 시장포트폴리오이다. 따라서 $E(r_M) = 13\%$이다. SML식을 이용하여 $E(r_p) = 0.05 + (0.13 - 0.05)(1.5) = 0.17$이다. 따라서 $0.17 = (0.13)(0.28) + (0.21)(0.24) + E(r_C)$ $(0.48) \rightarrow E(r_C) = 0.1733$

12. ⑤

포트폴리오 베타: $\beta_p = (0.5)(0.28) + (1.6)(0.4) + (2)(0.32) = 1.42$

시장수익률: $E(r_M) = (0.2)(0.09) + (0.6)(0.12) + (0.2)(0.15) = 0.12$

따라서 기금의 기대수익률 $= 0.05 + (0.12 - 0.05)(1.42) = 14.94\%$

13. ①

a. SML은 기대수익률과 체계적 위험의 상충관계를 설명한다.

b. $CAPM$이 성립하는 세계에서 균형 하의 기대수익률은 체계적 위험(베타)에 의해서 결정되는 것이지 비체계적 위험(잔차)과는 무관하다.

c. 주식 A와 시장포트폴리오수익률 간의 상관계수는 1이 아니다. 즉,

$$\beta_A = \frac{\rho_{AM}\sigma_A}{\sigma_M} \rightarrow 2.0 = \frac{\rho_{AM}(0.125)}{0.05} \rightarrow \rho_{AM} = 0.8$$

14. ③

$$\beta_K = \frac{\rho_{KM}\sigma_K}{\sigma_M} \rightarrow 1.6 = \frac{0.8\sigma_K}{0.03} \rightarrow \sigma_K = 0.06$$

15. ②

$E(r_M) = (0.5)(0.125) + (0.5)(0.075) = 0.1$

$E(r_A) = (0.5)(0.2) + (0.5)(0.1) = 0.15$

$E(r_B) = (0.5)(0.275) + (0.5)(0.125) = 0.2$

$E(r_A) = r_f + [E(r_M) - r_f]\beta_A \rightarrow 0.15 = 0.05 + (0.1 - 0.05)\beta_A \rightarrow \beta_A = 2$

$E(r_B) = r_f + [E(r_M) - r_f]\beta_B \rightarrow 0.2 = 0.05 + (0.1 - 0.05)\beta_B \rightarrow \beta_B = 3$

16. ④

답

$$r_z = w_A r_A + w_B r_B, \quad r_M = (0.68)r_A + (0.32)r_B$$

$$Cov(r_z, r_M) = 0 \rightarrow Cov(w_A r_A + w_B r_B, \ (0.68)r_A + (0.32)r_B) = 0$$

$$\rightarrow w_A(0.68)Cov(r_A, r_A) + w_A(0.32)Cov(r_A, r_B)$$
$$+ w_B(0.68)Cov(r_B, r_A) + w_B(0.32)Cov(r_B, r_B) = 0$$

$$\rightarrow w_A(0.68)\sigma_A^2 + (1 - w_A)(0.32)\sigma_B = 0 \quad (\because \ Cov(r_A, r_B) = 0)$$

$$\rightarrow w_A = -0.2284, \ w_B = 1.2284$$

$$\therefore \ E(r_z) = (-0.2284)(0.18) + (1.2284)(0.08) = 0.0572$$

17. ④

18. ①

19. ②

답

② 개별위험자산의 베타는 개별위험자산과 시장포트폴리오 간의 상관계수가 음($-$)이면 0보다 작을 수 있다.

20. ④

답

$$E(r_A) = r_f + [E(r_M) - r_f]\beta_A \rightarrow 0.1 = 0.05 + (0.15 - 0.05)\beta_A \rightarrow \beta_A = 0.5$$

효율적 포트폴리오 A와 시장포트폴리오와의 상관계수는 1이다.

21. ③

답

c. 시장포트폴리오의 위험프리미엄은 항상 0보다 크지만, 개별위험자산의 위험프리미엄은 0보다 작을 수 있다.

22. ②

답

$$E(r_A) = r_f + [E(r_M) - r_f]\beta_A \rightarrow E(r_A) = r_f + [E(r_M) - r_f]\frac{\sigma_A \sigma_M \rho_{AM}}{\sigma_M^2}$$

$$\rightarrow E(r_A) = 0.05 + (0.1 - 0.05)\frac{(\sigma_A)(1)}{0.25^2}$$

$$\rightarrow \sigma_A = 0.35$$

23. ③

[답]

$CAPM$이 성립하는 경우에 투자자 갑이 구성한 최적포트폴리오는 자본시장선상의 포트폴리오이므로 $\rho_{pM} = 1$이다.

$$E(r_p) = r_f + \left[\frac{E(r_M) - r_f}{\sigma_M^2}\right]\sigma_{pM} = r_f + [E(r_M) - r_f]\frac{\sigma_{pM}}{\sigma_M^2} = r_f + [E(r_M) - r_f]\frac{\sigma_p \rho_{pM}}{\sigma_M}$$

$$\rightarrow 0.1 = 0.05 + [E(r_M) - 0.05]\frac{(0.12)(1)}{(0.15)} \rightarrow E(r_M) = 0.1125$$

24. ④

[답]

$CAPM$이 성립하는 경우, $E(r_A) = E(r_B)$이므로 $\beta_A = \beta_B$이다.

$$\beta_A = \frac{\sigma_A \rho_{AM}}{\sigma_M} = \frac{(0.1)(2\rho_{BM})}{\sigma_M} \text{이고, } \beta_B = \frac{\sigma_B \rho_{BM}}{\sigma_M} \text{이므로, } \frac{(0.1)(2\rho_{BM})}{\sigma_M} = \frac{\sigma_B \rho_{BM}}{\sigma_M}$$

$$\therefore \sigma_B = 0.2$$

25. ③

[답]

① $CAPM$ 하에서, $E(r_A) > E(r_B)$이므로 $\beta_A > \beta_B$이다.

② $\beta_A > \beta_B$인 상황에서 $\sigma_A < \sigma_B$이므로 비체계적 위험은 자산 B가 더 크다.

③ $\sigma_p = (0.6)(0.06) = 0.036$

④ 샤프비율$= \frac{E(r_A) - r_f}{\sigma_A} = \frac{0.12 - 0.045}{0.06} = 1.25$

⑤ $\beta_A = \frac{\sigma_A \rho_{AM}}{\sigma_M} = \frac{(0.06)(\rho_{AM})}{0.05} = (1.2)(\rho_{AM})$ 따라서 ρ_{AM}이 1보다 클 수 없으므로, β_A는 1.2보다 클 수 없다.

26. ②

[답]

② APT는 자산수익률의 분포와 개인의 효용함수에 대해 어떠한 가정도 하지 않는다. 하지만 투자자가 위험회피적이라는 가정은 필요하다.

27. ②

답

$$E(r_i) = E(r_z) + [E(F_1) - E(r_z)]\beta_{i1} + [E(F_2) - E(r_z)]\beta_{i2} = E(r_z) + \lambda_1\beta_{i1} + \lambda_2\beta_{i2}$$

여기서, λ_k는 요인 포트폴리오의 기대수익률과 무위험수익률의 차액을 의미하는 위험프리미엄이다.

$$E(r_A) = 0.16 = \lambda_0 + \lambda_1(1) + \lambda_2(1)$$

$$E(r_B) = 0.17 = \lambda_0 + \lambda_1(0.5) + \lambda_2(1.5)$$

$$E(r_C) = 0.18 = \lambda_0 + \lambda_1(-1.5) + \lambda_2(3)$$

따라서, $\lambda_1 = 0.04$ $\lambda_2 = 0.06$

28. ②

답

$$E(r_i) = r_f + [E(F_1) - r_f]\beta_{i1} + [E(F_2) - r_f]\beta_{i2} + [E(F_3) - r_f]\beta_{i3}$$
$$= 0.03 + (0.06)(1.2) + (0.04)(0.2) + (0.05)(0.8) = 0.15$$

29. ⑤

답

⑤ 자본시장선보다 아래에 존재하는 비효율적인 개별자산의 경우에도 $CAPM$의 증권시장선 상에 놓인다.

투자안 평가 및 분석

학습개요

본 장에서는 투자안으로부터 예상되는 미래현금흐름의 불확실성인 위험이 존재할 경우 위험을 고려하여 어떻게 투자안을 평가하는지에 대해서 설명한다. CAPM을 이용하여 현금흐름에 위험을 조정하는 방법과 할인율에 위험을 조정하는 방법에 대해서 설명하고, 다양한 미래상황의 복잡성을 고려한 시나리오 분석 과 민감도 분석 그리고 손익분기점 분석과 레버리지 분석에 대해서 학습한다.

학습목표

- 균형기대수익률
- 위험조정할인율법
- 확실성등가법
- 시나리오 분석
- 민감도 분석
- 손익분기점 분석
- 레버리지 분석

CAPM을 이용한 위험투자안 평가

1. 균형기대수익률

기대수익률과 체계적 위험의 균형관계를 나타내는 *SML*에는 적정가격(fair price)이 형성된 자산이 정확히 위치한다. 또한 *SML*의 기대수익률은 균형상태에서 투자위험을 감안한 적정수익률이 되므로 위험자산에 대한 요구수익률(required rate of return)을 추정할 때 *SML*로 계산되는 기대수익률을 이용할 수 있다. 예를 들어, 어떤 주식이 과소평가 되었다면 이것은 *SML*이 제시하는 적정 기대수익률을 상회하는 기대수익률을 가져오게 된다는 의미이므로 *SML*보다 위에 위치하게 된다. 반대로 과대평가된 주식은 *SML*의 아래에 위치한다.

적정 기대수익률과 예상된 수익률의 차이를 알파(α)라고 한다. 예를 들어, 시장수익률이 12%, 주식 *A*의 베타가 1.5, 무위험수익률이 5%라고 한다면 *SML*에 의하여 제

그림 10-1 • 증권시장선과 알파(α)

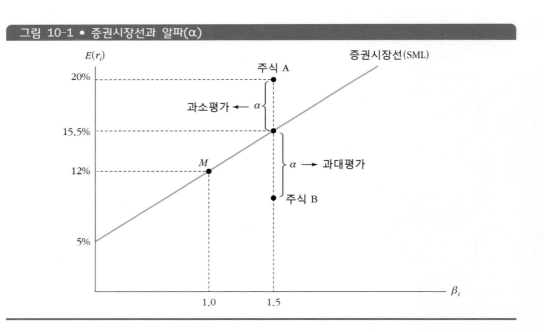

시되는 주식 A의 적정 기대수익률은 $5\% + (12\% - 5\%)(1.5) = 15.5\%$가 된다. 이 경우 어떤 투자자가 주식 A의 수익률을 20%라고 예상하는 경우 이 주식의 알파(α)값은 $4.5\%(= 20\% - 15.5\%)$이다.

예제 | **균형기대수익률**

$r_f = 7\%$, $E(r_M) = 12\%$, $\beta_i = 1.2$, 예상된 기대수익률 $= 16\%$일 경우 주식의 알파값을 구하시오. 만일 주식의 시장포트폴리오와의 공분산이 2배가 되면, 적정수익률은 얼마가 되는지 계산하시오.

[답]

$E(r_i) = r_f + [E(r_M) - r_f]\beta_i = 0.07 + (0.12 - 0.07)(1.2) = 13\%$

$\alpha = 0.16 - 0.13 = 3\%$

$\beta_i = \dfrac{Cov_{iM}}{\sigma_M^2}$: Cov_{iM}이 2배가 되면 β_i도 2배가 된다. 즉, $\beta_i = 2.4$

$E(r_i) = r_f + [E(r_M) - r_f]\beta_i = 0.07 + (0.12 - 0.07)(2.4) = 19\%$

---

2. 위험조정할인율법과 확실성등가법

투자예산결정에 SML을 적용할 수 있다. 새로운 투자안을 검토하는 기업은 베타를 이용하여 투자자의 요구수익률(required rate of return)을 계산할 수 있다. 예를 들어, 현재 500만원을 투자할 경우 향후 10년 동안 매년 160만원의 세후 현금흐름이 예상되는 투자안을 고려하고 있다고 하자. 이 투자안의 베타는 2이다. 무위험수익률은 6%이고 시장의 기대수익률이 12%라고 할 때 이 투자안의 순현가(NPV: net present value)는 다음과 같이 구할 수 있다.

$$NPV = -500 + \sum_{t=1}^{10} \frac{160}{(1 + 요구수익률)^t}$$

이 투자안의 베타(위험)에 상응하여 기대되는 수익률인 요구수익률은 SML을 이용하여 구할 수 있다. 따라서 요구수익률로 $E(r_i) = r_f + [E(r_M) - r_f]\beta_i = 0.06 + (0.12 - 0.06)(2) = 18\%$를 적용하면 투자안의 순현가는 219만원이 된다.

(1) 불확실성하의 단일기간의 투자안 평가

SML은 개별자산의 위험척도를 제공하기 때문에 위험자산을 평가하는 데 매우 유용한 도구이다. 단일기간을 가정한 $CAPM$인 SML을 이용하여 단일기간 가정하에 위험자산을 평가하는 방법은 위험조정할인율법(risk adjusted discount rate method)과 확실성등가법(certainty equivalent method)이 있다.

1) 위험조정할인율법

위험자산을 평가할 경우 그 위험을 적절히 반영하여 평가해야 하는데, 위험조정할인 율법은 할인율에 위험을 반영하는 방법이다. 위험자산 i의 기대수익률 $[E(P_t) - P_0]/P_0$을 식(10-1)의 균형기대수익률과 같게 놓음으로써 위험을 반영한 위험조정할인율식을 다음과 같이 구할 수 있다.

$$\frac{E(P_t) - P_0}{P_0} = r_f + \lambda \, Cov(r_i, r_M) \rightarrow P_0 = \frac{E(P_t)}{1 + r_f + \lambda Cov(r_i, r_M)} \qquad (10\text{-}1)$$

식(10-1)에서 무위험자산을 가정할 경우 무위험수익률과 시장포트폴리오수익률 간의 공분산은 0이므로 분모는 $1 + r_f$가 되며, 위험자산일 경우 $1 + r_f$에 위험프리미 엄 $\lambda Cov(r_i, r_M)$이 가산되어 위험이 조정된 할인율로 전환된다.

2) 확실성등가법

위험자산을 평가할 때 그 위험을 적절히 반영하여 평가하는 또 다른 방법은 미래 의 기대현금흐름에 위험을 직접 반영하는 방법인 확실성등가법이다. 이 방법은 현금 흐름의 위험도에 따라 현금흐름 자체를 확실성등가로 전환시켜서 위험자산을 평가하 는 방법이다. 이를 구체적으로 살펴보면, 먼저 식(10-1)에서 $Cov(r_i, r_M)$는 식(10-2)

로 나타낼 수 있다.

$$Cov(r_i, r_M) = Cov\left[\frac{P_t - P_0}{P_0}, r_M\right]$$

$$= E\left[\left(\frac{P_t - P_0}{P_0} - \frac{E(P_t) - P_0}{P_0}\right), (r_M - E(r_M))\right]$$

$$= \frac{1}{P_0} Cov(P_t, r_M) \tag{10-2}$$

식(10-2)를 식(10-1)에 대입하면 식(10-3)이 된다.

$$P_0 = \frac{E(P_t)}{1 + r_f + \lambda \frac{1}{P_0} Cov(P_t, r_M)} = P_0\left[\frac{E(P_t)}{P_0(1 + r_f) + \lambda Cov(P_t, r_M)}\right]$$

$$\rightarrow P_0 = P_0\left[\frac{E(P_t)}{P_0(1 + r_f) + \lambda Cov(P_t, r_M)}\right]$$

$$\rightarrow 1 = \left[\frac{E(P_t)}{P_0(1 + r_f) + \lambda Cov(P_t, r_M)}\right]$$

$$\rightarrow P_0(1 + r_f) + \lambda Cov(P_t, r_M) = E(P_t)$$

$$\rightarrow P_0 = \frac{E(P_t) - \lambda Cov(P_t, r_M)}{1 + r_f} \tag{10-3}$$

식(10-3)의 분자는 $E(P_t)$에서 위험프리미엄 $\lambda Cov(P_t, r_M)$을 차감한 값으로 불확실한 현금흐름과 동일한 효용을 제공하는 확실한 현금의 크기인 확실성등가를 의미한다. 확실성등가법은 확설성등가를 위험이 없는 할인율인 $1 + r_f$로 할인하는 방법이다. 결국, 단일기간에서 위험조정할인율법과 확실성등가법은 동일한 결과를 가지며, 두 방법 모두 위험자산의 가격결정에서 개인들의 효용함수와는 무관함을 보이고 있다.

(2) 불확실성하의 다기간의 투자안 평가

이제, 단기간을 확장하여 자본비용이 일정하다는 가정하에서 다기간에 걸쳐 투자할 경우를 살펴보자. 위험 투자안 k를 평가할 경우 기본적으로 위험을 고려하여 투자안을 평가해야 한다.

위험조정할인율법의 경우, 체계적 위험을 나타내는 자산베타를 추정한 후 SML을 이용하여 $E(r_k) = r_f + [E(r_M) - r_f]\beta_k$로 위험이 조정된 할인율을 계산한다. 아래 그림과 같이 다기간에 걸쳐 불확실성이 존재할 때 매 기간마다 기대되는 현금흐름이 발생할 경우, 이 투자안의 NPV는 매 기간마다 기대되는 현금흐름을 위험이 고려된 할인율로 할인하여 식(10-4)와 같이 계산할 수 있다.

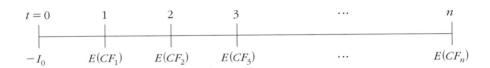

$$NPV = \sum_{t=1}^{n} \frac{E(CF_t)}{[1 + E(r_k)]^t} - I_0 \qquad (10\text{-}4)$$

한편, 확실성등가법의 경우, 미래의 기대현금흐름에 직접 위험을 반영해야 한다. 따라서 아래 그림과 같이 현금흐름의 위험도에 따라 현금흐름 자체를 확실성등가로 전환시켜 투자안을 평가한다. 여기서 확실성등가는 기대현금흐름에 확실성등가계수를 곱한 것과 같다. 이 경우 확실성등가계수는 기대현금흐름 1원과 동일한 효용을 제공하는 확실한 현금의 크기를 나타내는 것으로서 일반적으로 1보다 작은 양(+)의 값을 가진다.

$$CEQ_t = \alpha_t E(CF_t) \qquad (10\text{-}5)$$

여기서, α_t : t시점의 확실성등가계수

확실성등가는 위험이 없는 확실한 현금흐름이기 때문에 무위험수익률 r_f에 의해서 할인되어야 한다. 따라서 투자안의 NPV는 (10-6)과 같이 나타낼 수 있다.

$$NPV = \sum_{t=1}^{n} \frac{CEQ_t}{(1+r_f)^t} - I_0 = \sum_{t=1}^{n} \frac{\alpha_t E(CF_t)}{(1+r_f)^t} - I_0 \tag{10-6}$$

위험조정할인율법과 확실성등가법에 의해서 구한 NPV는 항상 같아야 하므로 식 (10-4)와 식(10-6)을 같게 놓으면 다음과 같이 확실성등가계수 α_t를 구할 수 있다. 식(10-7)의 확실성등가계수는 위험조정할인율이 매 기간 일정한 경우에만 성립한다.

$$\alpha_t = \left[\frac{1+r_f}{1+E(r_k)} \right]^t = (\alpha_1)^t \tag{10-7}$$

예제	위험조정할인율법과 확실성등가법

현재 100만원을 투자하면 1년도 말에 80만원, 2년도 말에 80만원씩 벌어들이는 K투자안이 있다. 이 투자안의 $\beta_k = 1$이며, $r_f = 5\%$, $E(r_M) = 10\%$이다. 위험조정할인율법과 확실성등가법으로 투자안을 평가하시오.

[답]

(1) 위험조정할인율법

$E(r_k) = r_f + [E(r_M) - r_f]\beta_k = 0.05 + (0.1 - 0.05)(1) = 10\%$

$NPV = -100 + \dfrac{80}{(1+0.1)^1} + \dfrac{80}{(1+0.1)^2} = 38.84 > 0$이므로 투자안 채택

(2) 확실성등가법

확실성등가계수 $\alpha_t = \left[\dfrac{1+r_f}{1+E(r_k)} \right]^t = (\alpha_1)^t$이므로,

$\alpha_1 = \left[\dfrac{1+0.05}{1+0.1} \right]^1 = 0.9545$, $\quad \alpha_2 = (\alpha_1)^2 = (0.9545)^2 = 0.9111$

따라서 기대현금흐름에 대한 확실성등가는 현재 100만원, 1년도 말에 76.36만원($=80$만원$\times 0.9545$), 2년도 말에 72.888만원($=80$만원$\times 0.9111$)이 된다.

$$NPV = -100 + \frac{76.36}{(1+0.05)^1} + \frac{72.888}{(1+0.05)^2} = 38.84 > 0 \text{이므로 투자안 채택}$$

위의 결과를 통해 위험조정할인율법과 확실성등가법이 일치함을 알 수 있다.

SECTION 02 시나리오 및 민감도 분석

1. 시나리오 분석

시나리오 분석(scenario analysis)은 상황이 달라짐에 따라 추정된 현금흐름에 기초하여 계산한 NPV가 어떻게 달라지는가를 분석하는 방법이다. 기본적인 상황, 가장 비관적(pessimistic)인 상황, 가장 낙관적(optimistic)인 상황 하에서의 NPV를 구하여 비교한다.

특히 NPV를 추정하기 위한 현금흐름의 구성요소인 판매량, 판매가격에 가장 낮은 수치를 부여하고, 비용 등에는 가장 높은 수치를 부여함으로써 가장 비관적인 상황에서도 NPV가 양(+)으로 나타난다면 이 투자안에 대해서 긍정적으로 판단할 수 있다. 반대로 판매량, 판매가격에 가장 높은 수치를 부여하고 비용 등에는 가장 낮은 수치를 부여함으로써 가장 낙관적인 상황에서 NPV가 음(−)으로 나타난다면 이 투자안에 대해서 부정적으로 판단할 수 있다.

예를 들어, A기업이 자사의 제품의 판매량을 연 100만개로 예측하고 있다. A기업은 제품의 단위당 판매가격을 100원으로 정하였고 원가추정을 통하여 단위당 변동비용은 60원이고, 제품생산과 관련된 고정비용으로 판매비와 관리비에 해당하는 수선유지비가 연 2,000만원 소요되었으며, 제품생산을 위한 내용연수 5년, 잔존가치 0원인 5,000만원짜리 기계의 감가상각비는 매년 동일하게 1,000만원임을 확인하였다.

표 10-1 • 시나리오별 상황

	기본상황	가장 비관적인 상황	가장 낙관적인 상황
단위당 판매량	100만개	90만개	110만개
단위당 판매가	100원	90원	110원
단위당 변동비용	60원	66원	54원
연 고정비용	2,000만원	2,200만원	1,800만원

한편, 향후 경제상황에 따라 생산량이 증가하거나 감소하고 판매량이 10% 늘어나거나 줄어들 수도 있다고 조사되었다. 이에 따라 수선유지비가 2,200만원으로 늘어나거나 1,800만원으로 감소하고, 단위당 변동비용도 각각 66원, 54원으로 변동하는 것으로 추정되었으며, 단위당 판매가격도 각각 110원, 90원으로 추정되었다. 할인율은 연 10%, 법인세율이 연 20%이라고 하자.

A기업의 가장 비관적인 시나리오는 판매량 및 판매가격이 가장 낮고 비용은 가장 높은 경우이고, 가장 낙관적인 경우는 판매량 및 판매가격이 가장 높고 비용은 가장 낮은 경우이며, 이를 시나리오별로 〈표 10-1〉에 정리하였다.

먼저, 기본적인 상황인 제품이 연 100만개 판매될 경우의 영업현금흐름은 다음과 같다.

$$\Delta CF_{1 \sim 5} = (\Delta R - \Delta C)(1-t) + \Delta D \cdot t$$
$$= (100 \times 1,000,000 - 60 \times 1,000,000 - 20,000,000)(1-0.2)$$
$$+ (10,000,000)(0.2)$$
$$= 18,000,000원$$

연 10%의 할인율을 갖는 5년짜리 연금의 현재가치요소 $PVIFA_{0.1,\ 5} = 3.7908$이므로 NPV는 다음과 같이 계산되어 $NPV > 0$으로 나옴을 알 수 있다.

$$NPV = -50,000,000 + (18,000,000)(3.7908) = 18,234,400원$$

A기업의 입장에서 가장 안 좋은 시나리오인 가장 비관적인 경우의 영업현금흐름과 NPV는 다음과 같다.

$$\Delta CF_{1 \sim 5} = (\Delta R - \Delta C)(1-t) + \Delta D \cdot t$$
$$= (90 \times 900,000 - 66 \times 900,000 - 22,000,000)(1-0.2)$$
$$+ (10,000,000)(0.2)$$
$$= 1,680,000원$$

$$NPV = -50,000,000 + (1,680,000)(3.7908) = -43,631,456원$$

A기업 입장에서 가장 좋은 시나리오인 가장 낙관적인 경우의 영업현금흐름과 NPV는 다음과 같다.

$$\Delta CF_{1 \sim 5} = (\Delta R - \Delta C)(1-t) + \Delta D \cdot t$$
$$= (110 \times 1,100,000 - 54 \times 1,100,000 - 18,000,000)(1-0.2)$$
$$+ (10,000,000)(0.2)$$
$$= 36,880,000원$$

$$NPV = -50,000,000 + (36,8800,000)(3.7908) = 89,804,704원$$

가장 비관적인 시나리오일 경우에는 NPV가 음($-$)이 나오고 가장 낙관적인 시나리오일 경우에는 NPV가 양($+$)이 나옴을 알 수 있다. 그러면, 이 투자안을 채택해야 할까?

기본적인 상황과 가장 낙관적인 상황에서는 NPV가 양($+$)이며, 가장 비관적인 상황에서는 NPV가 음($-$)이 된다. 시나리오 분석은 만약 해당 투자안을 채택할 경우 상황에 따라 어떠한 잠재적인 손실과 이익이 발생할 수 있는지를 판단하는 데 도움을 준다.

하지만, 예를 들어 시나리오 분석 시 최악의 경우라고 가정한 경우에 NPV가 양($+$)이 나오더라고 실제로는 더 나쁜 상황이 나타날 수 있기 때문에 시나리오 분석은 해당 투자안을 채택 혹은 기각해야 할지에 대해서는 명확한 답변을 주지 않는다는 한계점이 있다.

2. 민감도 분석

민감도 분석(sensitivity analysis)은 시나리오 분석의 변형으로 NPV에 영향을 미치는 다른 모든 변수는 고정시켜 놓고 오직 어느 하나의 변수만이 변화할 때 NPV가 어떻게 달라지는지를 살펴보는 분석방법이다. 예를 들어, 판매량만 90만개 혹은 110만개로 변동하고, 다른 변수는 고정되어 있을 경우의 영업현금흐름과 NPV는 다음과 같다.

$$\Delta CF_{1 \sim 5} = (\Delta R - \Delta C)(1 - t) + \Delta D \cdot t$$
$$= (100 \times 900{,}000 - 60 \times 900{,}000 - 20{,}000{,}000)(1 - 0.2)$$
$$+ (10{,}000{,}000)(0.2)$$
$$= 14{,}800{,}000원$$

$$NPV = -50{,}000{,}000 + (14{,}800{,}000)(3.7908) = 6{,}103{,}840원$$

$$\Delta CF_{1 \sim 5} = (\Delta R - \Delta C)(1 - t) + \Delta D \cdot t$$
$$= (100 \times 1{,}100{,}000 - 60 \times 1{,}100{,}000 - 20{,}000{,}000)(1 - 0.2)$$
$$+ (10{,}000{,}000)(0.2)$$
$$= 21{,}200{,}000원$$

$$NPV = -50{,}000{,}000 + (21{,}200{,}000)(3.7908) = 30{,}364{,}960원$$

만약, 다른 변수가 고정되어 있고 수선유지비의 고정비용만 22,000,000원 혹은 18,000,000원으로 변동할 경우에는 어떻게 되는지 다음과 같이 알아볼 수 있다.

$$\Delta CF_{1 \sim 5} = (\Delta R - \Delta C)(1 - t) + \Delta D \cdot t$$
$$= (100 \times 1{,}000{,}000 - 60 \times 1{,}000{,}000 - 22{,}000{,}000)(1 - 0.2)$$
$$+ (10{,}000{,}000)(0.2)$$
$$= 16{,}400{,}000원$$

$$NPV = -50{,}000{,}000 + (16{,}400{,}000)(3.7908) = 12{,}169{,}120원$$

$$\Delta CF_{1 \sim 5} = (\Delta R - \Delta C)(1 - t) + \Delta D \cdot t$$

$$= (100 \times 1,000,000 - 60 \times 1,000,000 - 18,000,000)(1-0.2)$$
$$+ (10,000,000)(0.2)$$
$$= 19,600,000원$$

$$NPV = -50,000,000 + (19,600,000)(3.7908) = 24,299,680원$$

판매량을 변화시킬 때의 NPV의 변화가 고정비용을 변화시킬 때의 NPV변화보다 더 민감하게 움직인다는 사실을 알 수 있다. 이처럼 민감도 분석은 오직 한 변수만을 변화시켜가면서 NPV가 어떻게 나타나는지를 분석함으로써 가장 유의해야 할 변수가 어느 것인지를 파악하는 데 유용하다.

따라서 민감도 분석은 어느 변수가 변동할 때 가장 큰 손실이 발생하는가에 대해서는 쉽게 파악할 수 있지만, 이러한 손실을 가져오는 변수에 대해 무엇을 해야 하는지에 대해서는 말해주지 않을 뿐만 아니라 시나리오 분석의 한 형태이므로 투자안의 채택 여부에 대해서 말해주지 않는다는 한계점이 있다.

03 손익분기점 및 레버리지 분석

1. 손익분기점 분석

투자안을 평가할 때 기업의 판매량에 대해서는 정확하게 예측하기 어려운 경우가 많기 때문에 실제로 판매량과 관련하여 자세히 분석하는 경우가 많다. 손익분기점 분석은 판매량과 이익 간의 관계를 분석하는 데 많이 사용한다.

일반적으로 기업의 생산량과 판매량이 같다는 가정하에서 제조원가와 판매관리비를 구분하지 않고 총비용을 변동비용과 고정비용으로 나누어 식(10-8)로 표시할 수 있고, 총매출은 단위당 판매가에 판매량을 곱하여 식(10-9)로 나타낼 수 있다.

총비용＝총변동비용＋총고정비용

　　　＝단위당변동비용(v)×판매량(Q)＋총고정비용(F)　　　　　(10-8)

총매출＝단위당판매가(p)×판매량(Q)　　　　　　　　　　　(10-9)

총매출에서 총비용을 차감한 이익을 나타내는 식(10-10)을 원가-조업도-이익 (CVP: cost-volume-profit)식이라고 부른다.

이익＝총매출－총비용

　　＝$pQ - (vQ + F)$

　　＝$(p - v)Q - F$　　　　　　　　　　　　　　　　(10-10)

식(10-10)에서 단위당 판매가격(p)에서 단위당 변동비용(v)을 차감한 값을 단위 당 공헌이익(unit contribution margin)이라고 한다. 총공헌이익은 단위당 공헌이익 $(p-v)$에 판매량(Q)를 곱한 것을 말하며, 식(10-10)에서 이익은 총공헌이익에서 고정 비용을 차감한 값이 된다.

그리고 식(10-10)에서 총매출과 총비용이 동일한 판매량, 즉 이익이 0인 판매량 을 손익분기점(BEP: break-even point)이라고 한다. 손익분기점은 손익분기점을 초과 하여 판매할 경우 기업은 이익이 발생하고 손익분기점 미만으로 판매할 경우 기업은 손실이 발생하여 이익과 손실이 나눠지는 점이 된다. 손익분기점은 식(10-11)과 같이 구할 수 있다.

이익＝$0 = (p - v)Q - F \;\rightarrow\; Q = \dfrac{F}{p - v}$　　　　　　(10-11)

식(10-11)을 보면, 단위당 판매가격(p)이 커지면 손익분기점이 감소하고, 고정비 용(F)이나 단위당 변동비용(v)이 커지면 손익분기점이 증가함을 알 수 있다.

그리고 단위당 공헌이익$(p-v)$을 단위당 판매가(p)로 나눈 것을 공헌이익률이라 고 한다. 예를 들어, 공헌이익률이 30%라는 것은 매출의 30%가 공헌이익이고 나머지 70%는 변동원가라는 것을 의미한다. 식(10-11)의 손익분기점에 판매가를 곱하거나, 고정비용을 공헌이익률로 나누면 식(10-12)의 손익분기매출액을 구할 수 있다.

$$\text{손익분기매출액} = \left(\frac{F}{p-v}\right)p = \frac{F}{\left(\dfrac{p-v}{p}\right)} = \frac{F}{\text{공헌이익률}} \tag{10-12}$$

기업이 손익분기점 외에 얼마를 더 팔아야 목표로 세운 이익을 달성할 수 있는가에 대해서도 알아볼 필요가 있다. 목표이익을 위한 판매량은 다음과 같이 구할 수 있다.

$$\text{이익} = (p-v)Q - F$$

$$\rightarrow \text{이익} + F = (p-v)Q$$

$$\rightarrow Q = \frac{\text{이익} + F}{p-v} \tag{10-13}$$

예제 | **손익분기점 분석**

빵을 만드는 제빵회사 A는 빵 1개의 단위당 변동원가를 1,000원으로 예상하고 총고정원가는 2,000만원으로 예상하고 있다. 빵 1개를 1,500원에 판매할 경우 단위당 공헌이익과 손익분기점을 구하고, 제빵회사 A가 목표이익을 1,000만원으로 세울 경우 손익분기점보다 얼마나 더 많은 빵을 팔아야 하는가?

[답]

단위당 공헌이익 $= p - v = 1,500 - 1,000 = 500$원

손익분기점 $Q = \dfrac{F}{p-v} = \dfrac{20,000,000}{500} = 40,000$개

$Q = \dfrac{\text{이익} + F}{p-v} = \dfrac{10,000,000 + 20,000,000}{500} = 60,000$개

따라서 20,000개를 더 팔아야 목표이익 1,000만원을 달성할 수 있다.

한편, 재무담당자에게 관심 있는 손익분기점은 식(10-11)로 나타나는 이익이 0이 되는 (회계적) 손익분기점보다 NPV를 0으로 만드는 재무적 손익분기점이다. 예를 들어, 제빵회사 A개 새로운 빵을 개발하기 위하여 새 빵기계를 1,000만원에 구매하는 것을 검토하고 있다고 하자. 새 빵기계의 내용연수는 5년이고, 잔존가치는 0이며, 정

액법으로 감가상각한다. 새 빵의 단위당 판매가격은 2,000원이고, 단위당 변동원가는 1,200원이며, 감가상각비를 제외한 연간 총고정원가는 2,000만원이다. 제빵회사 A는 새 빵기계의 구매에 대해서 12%의 수익률을 기대하고 있다고 하자.

이 경우 재무담당자는 재무적 손익분기점을 구하기 위해 NPV를 0으로 만드는 연간 영업현금흐름이 얼마인가를 구하고 그 금액에서의 판매량인 재무적 손익분기점을 계산해야 한다. 투자안(새 빵기계 구매)으로 인한 영업현금흐름의 현재가치가 새 빵기계 구매비용인 1,000만원과 동일할 때 이 투자안의 NPV가 0이 된다. 따라서 5년의 내용연수 기간 동안 매년 동일한 영업현금흐름이 발생한다고 보면 매년 동일하게 발생하는 영업현금흐름은 연금의 현재가치로 보아 다음과 같이 구할 수 있다.

$$10,000,000 = 영업현금흐름 \times PVIFA_{0.12,5}$$

$$\rightarrow 영업현금흐름 = \frac{10,000,000}{PVIFA_{0.12,5}} = \frac{10,000,000}{3.6048} = 2,774,079$$

제빵회사 A는 재무적 손익분기점에 도달하기 위해서 매년 발생하는 고정원가 외에도 매년 2,774,079원의 영업현금흐름을 필요로 하므로 다음과 같이 재무적 손익분기점을 구할 수 있다.

$$Q = \frac{F + 영업현금흐름}{p - v} = \frac{20,000,000 + 2,774,079}{2,000 - 1,200} = 28,468개$$

2. 레버리지 분석

이제, 판매량이 변화할 때 이익이 얼마나 변하는지 알아보자. 판매량이 10% 증가하면 이익도 10%만큼 증가할까? 아니면 10%보다 더 많거나 적게 증가할까? 투자안이나 기업이 갖고 있는 고정원가 때문에 판매량의 변화율보다 이익의 변화율이 커지게 되어 10% 이상 변하게 된다. 이에 대해서 자세히 살펴보자.

(1) 영업레버리지

매출액부터 영업이익, 당기순이익이 계산되는 손익계산서를 〈그림 10-2〉에 나타내었다. 매출액에서 영업이익을 계산하는 과정에서 고정영업비용이 존재한다. 투자안이나 기업이 갖고 있는 감가상각비, 임차료, 관리직의 인건비 등의 고정영업비용의 정도를 영업레버리지(operating leverage)라고 부른다.

낮은 고정영업비용을 보유하고 있는, 즉 낮은 영업레버리지를 갖는 투자안이나 기업은 높은 영업레버리지를 갖는 투자안이나 기업에 비해 낮은 고정비용을 발생시킨다. 따라서 공장이나 설비에 투자를 많이 하게 되면 감가상각비 등의 고정비용이 커지기 때문에 영업레버리지가 높아진다.

이와 같은 고정영업비용은 〈그림 10-3〉에서 보듯이 매출액의 변화분에 비해서 영업이익의 변화분을 크게 확대시키는 지렛대(lever)의 역할을 하고 있다. 매출액의 변동보다 고정영업비용으로 인해 영업이익의 변동이 더 크게 확대되는 효과를 영업레버리지효과라고 하고, 영업레버리지도(DOL: degree of operating leverage)에 의해서 측정한다.

그림 10-2 • 손익계산서와 레버리지도

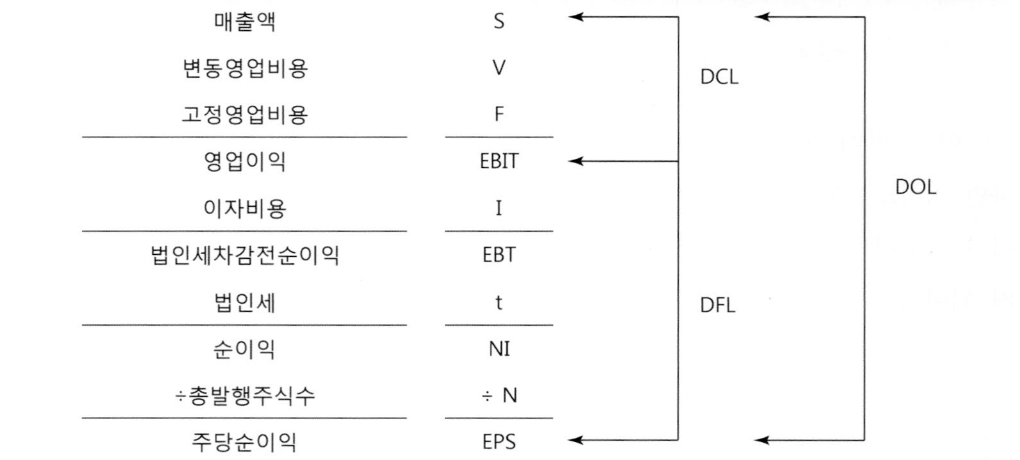

매출액	S		
변동영업비용	V	DCL	
고정영업비용	F		
영업이익	EBIT		DOL
이자비용	I		
법인세차감전순이익	EBT		
법인세	t	DFL	
순이익	NI		
÷총발행주식수	÷ N		
주당순이익	EPS		

그림 10-3 • 레버리지효과

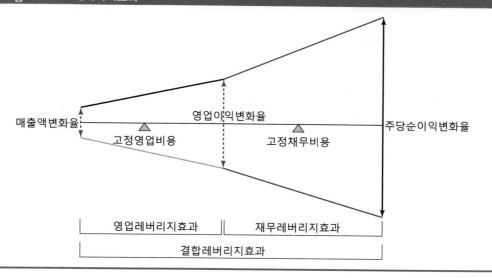

$$DOL = \frac{영업이익의\ 변화율}{매출액의\ 변화율} = \frac{\dfrac{\Delta EBIT}{EBIT}}{\dfrac{\Delta S}{S}}$$

$$= \frac{\dfrac{[(p-v)(Q+\Delta Q)-F]-[(p-v)Q-F]}{(p-v)Q-F}}{\dfrac{p \cdot \Delta Q}{p \cdot Q}}$$

$$= \frac{\dfrac{(p-v)Q+(p-v)\Delta Q-F-(p-v)Q+F}{(p-v)Q-F}}{\dfrac{\Delta Q}{Q}}$$

$$= \frac{\dfrac{(p-v)\Delta Q}{(p-v)Q-F}}{\dfrac{\Delta Q}{Q}}$$

$$= \frac{(p-v)Q}{(p-v)Q-F}$$

$$= \frac{S-V}{S-V-F} \tag{10-14}$$

식(10-14)의 *DOL*은 판매가에서 변동비용을 차감한 총공헌이익(*S*−*V*)과 영업이익(*S*−*V*−*F*)의 비율이며, 고정영업비용(*F*)이 커질수록 영업레버리지도(*DOL*)가 커짐을 알 수 있다. 예를 들어, 현재 *A*기업은 매출액 100억원, 변동영업비용 40억원, 고정영업비용 10억원이라고 하자. 향후 *A*기업의 매출액은 110억원으로 상승할 수도 있고, 반대로 90억원으로 하락할 수도 있다. 이 경우 *A*기업의 손익확대효과는 다음의 영업레버리지도로 측정한다.

$$DOL = \frac{100 - 40}{100 - 40 - 10} = 1.2$$

*DOL*이 1.2라는 것은 *A*기업의 매출액이 10% 변동하게 되면 고정영업비용으로 인하여 영업이익의 변동은 이것의 1.2배인 12%가 변동함을 의미한다. 이러한 손익확대의 정도는 매출액과 변동영업비용이 다음과 같이 10% 증감할 때 영업이익이 12% 증감하는 것으로 확인해도 마찬가지이다.

매출액: 90 ← 100 → 110 으로 변동 (10% 증감)

변동영업비용: 36 ← 40 → 44 으로 변동 (10% 증감)

고정영업비용: <u>10 ← 10 → 10</u>

영업이익: 44 ← 50 → 56 으로 변동 (12% 증감)

$$\rightarrow DOL = \frac{영업이익의\ 변화율}{매출액의\ 변화율} = \frac{\Delta 12\%}{\Delta 10\%} = 1.2$$

(2) 재무레버리지

지급이자, 우선주배당과 같은 재무활동상의 고정비용인 고정재무비용은 〈그림 10-2〉의 손익계산서에서 영업이익에서 주당순이익을 구하는 과정에서 존재한다. 고정영업비용과 마찬가지로 고정재무비용도 〈그림 10-3〉에서 보듯이 영업이익의 변화분에 비해서 주당순이익의 변화분을 크게 확대시키는 지렛대(lever)의 역할을 하고 있다. 영업이익의 변동보다 고정재무비용으로 인해 주당순이익의 변동이 더 크게 확대되는 효과를 재무레버리지효과라고 하고, 재무레버리지도(DFL: degree of financial leverage)에 의해서 측정한다.

$$DFL = \frac{\text{주당순이익의 변화율}}{\text{영업이익의 변화율}} = \frac{\dfrac{\Delta EPS}{EPS}}{\dfrac{\Delta EBIT}{EBIT}}$$

$$= \frac{\dfrac{\Delta EBIT(1-t)/N}{(EBIT-I)(1-t)/N}}{\dfrac{\Delta EBIT}{EBIT}} \; {}_{1}$$

$$= \frac{EBIT}{EBIT-I}$$

$$= \frac{(p-v)Q-F}{(p-v)Q-F-I}$$

$$= \frac{S-V-F}{S-V-F-I} \tag{10-15}$$

식(10-15)의 DFL은 고정재무비용(이자비용)이 커질수록 커짐을 알 수 있다. 앞의 예에서 A기업의 영업이익은 50억원($=100-40-10$)이었다. 이자비용(고정재무비용)이 20억원, 발행주식수가 100만주일 경우 손익확대효과는 다음의 재무레버리지도로 측정할 수 있다.

$$DFL = \frac{EBIT}{EBIT-I} = \frac{50}{50-20} = 1.67$$

DFL이 1.67이라는 것은 A기업의 영업이익이 10% 변동할 것으로 예상될 때 지급해야 할 이자비용인 고정재무비용의 부담으로 인하여 주당순이익은 이것의 1.67배인 16.7%가 변동함을 의미한다. 이러한 손익확대의 정도는 영업이익이 다음과 같이 10% 증감할 때 순이익은 20% 증감함을 확인할 수 있다.

---

1 ΔEPS는 영업이익이 $EBIT$에서 $EBIT + \Delta EBIT$로 변할 때 EPS의 변화액을 의미하며 다음과 같다.
$$\Delta EPS = \frac{(EBIT + \Delta EBIT - I)(1-t)}{N} - \frac{(EBIT - I)(1-t)}{N} = \frac{\Delta EBIT(1-t)}{N}$$

영업이익: 45 ← 50 → 55 으로 변동 (10% 증감)

고정재무비용: 20 ← 20 → 20

순이익: 25 ← 30 → 35 으로 변동 (16.7% 증감)

$$\rightarrow \ DFL = \frac{(주당)순이익의\ 변화율}{영업이익의\ 변화율} = \frac{\Delta\ 16.7\%}{\Delta\ 10\%} = 1.67$$

(3) 결합레버리지

매출액의 변동 대비 주당순이익의 변동은 영업레버리지와 재무레버리지의 영향을 모두 고려한 결합레버리지도(DCL: degree of combined leverage)에 의해 측정한다.

$$DCL = \frac{주당순이익의\ 변화율}{매출액의\ 변화율} = \frac{\dfrac{\Delta EPS}{EPS}}{\dfrac{\Delta S}{S}}$$

$$= \frac{\dfrac{\Delta EBIT}{EBIT}}{\dfrac{\Delta S}{S}} \times \frac{\dfrac{\Delta EPS}{EPS}}{\dfrac{\Delta EBIT}{EBIT}}$$

$$= DOL \times DFL$$

$$= \frac{(p-v)Q}{(p-v)Q-F} \times \frac{(p-v)Q-F}{(p-v)Q-F-I}$$

$$= \frac{(p-v)Q}{(p-v)Q-F-I}$$

$$= \frac{S-V}{S-V-F-I} \qquad\qquad\qquad (10\text{-}16)$$

식(10-16)의 DCL은 고정영업비용 또는 고정재무비용이 커질수록 커짐을 알 수 있다. 앞의 예에서 A기업이 고정영업비용 10억원과 고정재무비용 20억원의 부담으로 인해 가지는 손익확대효과는 다음의 결합레버리지도로 측정할 수 있다.

$$DCL = \frac{(p-v)Q}{(p-v)Q-F-I} = \frac{S-V}{S-V-F-I} = \frac{100-40}{100-40-10-20} = 2$$

$$= DOL \times DFL = 1.2 \times 1.67$$

이것은 A기업의 매출액이 10% 변동할 것으로 예상될 때 고정영업비용과 고정재무비용의 부담으로 인하여 주당순이익은 20%가 변동함을 의미한다. 다음과 같이 매출액과 변동영업비용이 각각 10% 증감할 때 영업이익이 12% 증감하고 순이익이 20% 증감하는 것을 볼 수 있다.

매출액: 90 ← 100 → 110 으로 변동 (10% 증감)

영업이익: 44 ← 50 → 56 으로 변동 (12% 증감)

순이익: 24 ← 30 → 36 으로 변동 (20% 증감)

$$\rightarrow DCL = \frac{\text{순이익의 변화율}}{\text{매출액 변화율}} = \frac{20\%\,\text{증감}}{10\%\,\text{증감}} = 2$$

핵심정리

1. CAPM을 이용한 위험투자안 평가

- 균형기대수익률＝증권시장선(SML) $E(r_i) = r_f + [E(r_M) - r_f]\beta_i$
  - 알파(α)＝예상된 기대수익률－균형기대수익률＞0: 과소평가
  - 알파(α)＝예상된 기대수익률－균형기대수익률＜0: 과대평가

- 투자예산결정
  - 단일기간일 경우
    - 위험조정할인율법: $P_0 = \dfrac{E(P_t)}{1 + r_f + \lambda Cov(r_i, r_M)}$
    - 확실성등가법: $P_0 = \dfrac{E(P_t) - \lambda Cov(P_t, r_M)}{1 + r_f}$
  - 다기간일 경우
    - 위험조정할인율법: $NPV = \displaystyle\sum_{t=1}^{n} \dfrac{E(CF_t)}{[1 + E(r_k)]^t} - I_0$
    - 확실성등가법: $NPV = \displaystyle\sum_{t=1}^{n} \dfrac{CEQ_t}{(1 + r_f)^t} - I_0 = \sum_{t=1}^{n} \dfrac{\alpha_t E(CF_t)}{(1 + r_f)^t} - I_0$
    - $\rightarrow$ 확실성등가계수 $\alpha_t = \left[\dfrac{1 + r_f}{1 + E(r_k)}\right]^t = (\alpha_1)^t$

2. 시나리오 및 민감도 분석

- 시나리오 분석
  - 상황이 달라짐에 따라 추정된 현금흐름에 기초하여 계산한 NPV가 어떻게 달라지는가를 분석하는 방법

■ 민감도 분석

　• 시나리오 분석의 변형으로 NPV에 영향을 미치는 다른 모든 변수는 고정시켜 놓고 오직 어느 하나의 변수만이 변화할 때 NPV가 어떻게 달라지는지를 살펴보는 분석

3. 손익분기점 및 레버리지 분석

■ 손익분기점 분석

　• 손익분기점 $Q = \dfrac{F}{p-v}$

　• 손익분기매출액 $= \left(\dfrac{F}{p-v}\right)p = \dfrac{F}{\left(\dfrac{p-v}{p}\right)} = \dfrac{F}{\text{공헌이익률}}$

　• 목표이익 고려 시 $Q = \dfrac{\text{이익}+F}{p-v}$

　• 재무적 손익분기점 $Q = \dfrac{F+\text{영업현금흐름}}{p-v}$

■ 레버리지 분석

　• $DOL = \dfrac{\text{영업이익의 변화율}}{\text{매출액의 변화율}} = \dfrac{(p-v)Q}{(p-v)Q-F} = \dfrac{S-V}{S-V-F}$

　• $DFL = \dfrac{\text{주당순이익의 변화율}}{\text{영업이익의 변화율}} = \dfrac{(p-v)Q-F}{(p-v)Q-F-I} = \dfrac{S-V-F}{S-V-F-I}$

　• $DCL = \dfrac{\text{주당순이익의 변화율}}{\text{매출액의 변화율}} = DOL \times DFL$

$$= \dfrac{(p-v)Q}{(p-v)Q-F-I} = \dfrac{S-V}{S-V-F-I}$$

1. (2004 CPA) 다음의 위험(risk)에 관한 여러 설명 중 옳은 것은? (　　)

   ① 총위험이 큰 주식의 기대수익률은 총위험이 낮은 주식의 기대수익률보다 항상 크다.

   ② 증권시장선(SML)보다 위쪽에 위치하는 주식의 기대수익률은 과대평가되어 있으므로 매각하는 것이 바람직하다.

   ③ 시장포트폴리오의 베타는 항상 1로서 비체계적 위험은 모두 제거되어 있다.

   ④ 상관관계가 1인 두 주식으로 포트폴리오를 구성하는 경우에도 미미하지만 분산투자의 효과를 볼 수 있다.

   ⑤ 베타로 추정한 주식의 위험과 표준편차로 추정한 주식의 위험 사이에는 일정한 관계가 있다.

2. (2005 CPA) 무위험수익률은 3%, 시장포트폴리오의 기대수익률은 13%이다. 아래 두 자산 가격의 균형/저평가/고평가 여부에 대하여 가장 적절한 것은? (　　)

자산	β 계수	기대수익률
A	0.5	9%
B	1.5	17%

   ① 두 자산의 가격은 모두 균형상태이다.

   ② 두 자산의 가격은 모두 저평가되어 있다.

   ③ 두 자산의 가격은 모두 고평가되어 있다.

   ④ A자산은 저평가되어 있고 B자산은 고평가되어 있다.

   ⑤ A자산은 고평가되어 있고 B자산은 저평가되어 있다.

3. 레버리지도에 대한 설명으로 틀린 것은? (　　)

   ① 매출액 변화에 대한 영업이익이나 주당순이익이 더 크게 확대되는 현상이다.

   ② 고정영업비용이 커질수록 DOL이 커진다.

   ③ DCL은 DOL과 DFL을 곱하여 구할 수 있다.

   ④ 무부채기업의 재무레버리지도는 0이다.

4. A기업의 매출액은 10,000원, 변동비 5,000원, 고정비 3,000원, 영업이익 2,000원, 이자비용 1,000원이다. 다음 설명 중 틀린 것은? (   )

① DOL은 2.5이다.

② DFL은 2이다.

③ DOL은 고정재무비용의 존재로 매출액이 10% 변동할 때 영업이익이 25% 변동함을 나타낸다.

④ 이자비용이 1,500원이 될 경우 DFL은 현재보다 더 커질 것이다.

5. (2004년 CPA) A기업의 경우, 매출량이 1% 증가하면 영업이익(EBIT)은 3% 증가한다. 이 기업의 결합레버리지도(DCL)는 6이며, 현재 이 기업의 주가수익비율(PER)은 12이다. 영업이익이 10% 증가하는 경우, 주가가 10% 상승한다면 PER는 얼마가 되는가? (   )

① 10   ② 11

③ 12   ④ 15

⑤ 18

6. (2012년 CPA) (주)윈드는 풍력 발전에 사용되는 터빈을 생산하는 기업이며 생산된 터빈은 모두 판매되고 있다. (주)윈드의 손익분기점은 터빈을 2,500개 판매할 때이다. (주)윈드가 터빈을 3,400개 판매할 때의 영업레버리지도(degree of operational leverage; DOL)로 가장 적절한 것은? (   )

① DOL ≤ 1.5   ② 1.5 < DOL ≤ 2.5

③ 2.5 < DOL ≤ 3.5   ④ 3.5 < DOL ≤ 4.5

⑤ DOL > 4.5

7. (2013년 CPA 수정) 기계설비 투자안에 대한 자료가 다음과 같다. 자본비용은 10%이고 세금은 고려하지 않으며 연간 판매수량은 동일하다. 감가상각은 정액법을 따르며 투자종료시점에서 잔존가치와 매각가치는 없다고 가정한다.

> • 기계 구입가격 3,000만원
> • 기계 내용연수 3년
> • 단위당 판매가격 10만원
> • 단위당 변동비 5만원
> • 감가상각비를 제외한 연간 고정비 1,000만원

다음 설명 중 가장 적절하지 않은 것은? (단, 회계적 손익분기점, 현금 손익분기점, 재무적 손익분기점은 각각 영업이익, 영업현금흐름, 순현가를 0으로 하는 연간 판매수량을 의미한다. 3년 연금의 현가요소는 이자율이 10%일 때 2.4869이다.) (　　)

① 회계적 손익분기점에서 회수기간은 투자안의 내용연수와 동일하다.
② 재무적 손익분기점에서 할인율은 내부수익률과 같다.
③ 현금 손익분기점에서 내부수익률은 0%이다.
④ 순현가를 양(+)으로 하는 최소한의 연간 판매수량은 442개이다.
⑤ 세 가지 손익분기점을 큰 순서대로 나열하면 재무적 손익분기점, 회계적 손익분기점, 현금 손익분기점이다.

8. (2016년 CPA) 영업레버리지도(DOL), 재무레버리지도(DFL), 결합레버리지도(DCL)에 관한 설명으로 가장 적절하지 않은 것은? (　　)

① 영업이익(EBIT)이 영(0)보다 작은 경우, 음(−)의 DOL은 매출액 증가에 따라 영업이익이 감소함을 의미한다.
② 고정영업비가 일정해도 DOL은 매출액의 크기에 따라 변화한다.
③ DCL은 DOL과 DFL의 곱으로 나타낼 수 있다.
④ 이자비용이 일정해도 DFL은 영업이익의 크기에 따라 변화한다.
⑤ 영업이익이 이자비용(이자비용>0)보다 큰 경우, 영업이익이 증가함에 따라 DFL은 감소하며 1에 수렴한다.

9. (2016년 CPA) CAPM을 이용하여 주식 A, B, C의 과대/과소/적정 평가 여부를 판단하고자 한다. 주식 A, B, C의 베타와 현재 가격에 내재된 기대수익률은 다음과 같다. 다음 설명 중 가장 적절하지 않은 것은? 단, 시장포트폴리오의 기대수익률과 무위험수익률(r_f)은 각각 10%와 5%이다. (   )

주식	베타	현재 가격에 내재된 기대수익률
A	0.5	8.5%
B	0.8	7.0%
C	1.2	11.0%

① 주식 A는 과소평가되어 있다.
② 주식 A의 위험보상률($(E(r_A) - r_f)/\beta_A$)은 시장위험프리미엄과 같다(단, β_A와 $E(r_A)$는 각각 주식 A의 베타와 현재 가격에 내재된 기대수익률이다).
③ 주식 B는 증권시장선(SML)보다 아래에 위치한다.
④ 주식 B의 현재 가격에 내재된 기대수익률은 균형수익률(요구수익률)보다 작다.
⑤ 주식 C의 알파 값은 0이다.

10. (2017년 CPA) A기업의 재무레버리지도(DFL)는 2이고 결합레버리지도(DCL)는 6이다. 현재 A기업의 영업이익(EBIT)이 20억원이라면, 이 기업의 고정영업비용은? (   )

① 20억원   ② 25억원   ③ 30억원
④ 35억원   ⑤ 40억원

1. ③

답

① 총위험이 큰 주식의 기대수익률은 총위험이 낮은 주식의 기대수익률보다 항상 큰 것은 아니다.

② 증권시장선(SML)보다 위쪽에 위치하는 주식의 기대수익률은 과소평가되어 있으므로 매수하는 것이 바람직하다.

④ 상관관계가 1인 두 주식으로 포트폴리오를 구성하는 경우에는 분산투자의 효과가 없다.

⑤ 베타로 추정한 주식의 위험과 표준편차로 추정한 주식의 위험 사이에는 일정한 관계가 없다. 즉, 총위험인 표준편차는 체계적 위험 척도인 베타뿐만 아니라 비체계적 위험에 의해서도 영향을 받기 때문에 베타와 일정한 관계를 갖지는 않는다.

2. ④

답

④ A자산의 균형수익률은 $0.03 + (0.13 - 0.03)(0.5) = 8\%$이고, B자산의 균형수익률은 $0.03 + (0.13 - 0.03)(1.5) = 18\%$이다. 따라서 A자산은 저평가되어 있고 B자산은 고평가되어 있다.

3. ④

답

④ 무부채기업의 재무레버리지도는 1이다.

4. ③

답

③ DOL은 고정영업비용의 존재로 매출액이 10% 변동할 때 영업이익이 25% 변동함을 나타낸다.

5. ②

답

$$DOL = \frac{영업이익변화율}{매출액의변화율} = \frac{3\%}{1\%} = 3 \ \rightarrow \ DCL = DOL \times DFL = 3 \times DFL = 6 \ \rightarrow \ DFL = 2$$

현재 $PER = \dfrac{주가}{EPS} = 12$ → 영업이익 10% 증가하면 $DCL = 2$이므로 주당순이익이 20% 증가하게 되고, 주가는 10% 상승한다고 했으므로, $PER = \dfrac{(1.1)주가}{(1.2)EPS} = \dfrac{1.1}{1.2}(12) = 11$

6. ④

답

손익분기점: $0 = (p-v)Q - F$ → $(p-v)2{,}500 - F = 0$ → $F = (p-v)2{,}500 - F$

$Q = 3{,}400$일 때: $DOL = \dfrac{영업이익의\ 변화율}{매출액의\ 변화율} = \dfrac{(p-v)Q}{(p-v)Q - F} = \dfrac{(p-v)Q}{(p-v)Q - F}$

$\qquad = \dfrac{(p-v)3{,}400}{(p-v)3{,}400 - (p-v)2{,}500} = 3.8$

7. ③

답

① 투자안이 회계적 기준으로 볼 때, $F = (p-v)Q$이므로 기계구입비용과 같은 초기투자금액과 투자기간 동안 벌어들이는 현금흐름이 항상 같기 때문에 투자안의 회수기간과 투자안의 수명은 정확히 같다.

② 재무적 손익분기점은 순현가를 0으로 만드는 판매량이므로 이 판매량 수준에서 순현가는 0이다. 따라서 순현가가 0이 되는 수준에서의 요구수익률은 순현가를 0으로 만드는 할인율인 IRR과 같다.

③ 현금 손익분기점은 영업현금흐름(현금유출이 없는 감가상각비는 고려하지 않고 감가상각비의 절세효과만을 고려한 현금흐름)을 0으로 만드는 판매량이므로 이 판매량 수준에서는 투자안으로부터 어떠한 현금도 벌지 못한다. 따라서 초기투자액이 전부 손실로 발생하므로 IRR은 -100%이다.

④ $3{,}000 = 영업현금흐름 \times 2.4869$ → 영업현금흐름 $= 1{,}206.32$

$\quad \therefore$ 재무적 손익분기점 $Q = \dfrac{F + 영업현금흐름}{p - v} = \dfrac{1{,}000 + 1{,}206.32}{10 - 5} = 441$개

따라서 순현가를 양($+$)으로 하는 최소한의 연간판매량은 442개이다.

⑤ 회계적 손익분기점 $Q = \dfrac{F(감가상각비\ 포함)}{p - v} = \dfrac{1{,}000 + 1{,}000}{10 - 5} = 400$개

현금 손익분기점 $Q = \dfrac{F(감가상각비\ 제외)}{p - v} = \dfrac{1{,}000}{10 - 5} = 200$개

8. ①

답

① DOL이 음($-$)인 경우에도 매출액 증가에 따른 영업이익의 증가(또는 영업손실의 감소)

를 의미한다.

9. ②

답

① $E(r_A) = 0.05 + (0.1 - 0.05)(0.5) = 0.075$: 과소평가

$E(r_B) = 0.05 + (0.1 - 0.05)(0.8) = 0.09$: 과대평가

$E(r_C) = 0.05 + (0.1 - 0.05)(1.2) = 0.11$: 적정평가

② $0.07\left(= \dfrac{E(r_A) - r_f}{\beta_A} = \dfrac{0.085 - 0.05}{0.5} \right) > 0.05 (= E(r_M - r_f) = 0.1 - 0.05)$ 이므로, 주식 A의 위험보상률과 시장위험프리미엄이 같지 않다.

⑤ $\alpha = r_C - [r_f + E(r_M - r_f)\beta_C] = 11\% - 11\% = 0$

10. ⑤

답

$$DCL = DOL \times DFL \ \rightarrow \ DOL = \frac{DCL}{DFL} = \frac{6}{2} = 3$$

$$= \frac{\left(\dfrac{(p-v)Q}{(p-v)Q - F - I} \right)}{\left(\dfrac{(p-v)Q - F}{(p-v)Q - F - I} \right)} = \frac{(p-v)Q}{(p-v)Q - F} = \frac{공헌이익}{영업이익} = \frac{공헌이익}{20억원}$$

∴ 공헌이익 = 20억원 × 3 = 60억원

한편, 매출액 − 변동영업비용 − 고정영업비용 = 영업이익

→ 고정영업비용 = (매출액 − 변동영업비용) − 영업이익

$\qquad\qquad$ = 공헌이익 − 영업이익

$\qquad\qquad$ = 60억원 − 20억원 = 40억원

채권과 주식의 가치평가

학습개요

본 장에서는 채권과 주식의 가치평가에 대해서 다룬다. 채권과 채권시장에 대해서 설명하고 채권가치평가모형, 기간구조와 기간구조를 설명하는 이론인 기대이론, 유동성선호이론, 시장분할이론에 대해서 학습한다. 다음으로 주식과 주식시장에 대해서 설명하고 주식의 적정가격을 찾기 위한 노력으로 이론적으로나 실무적으로 중요한 주식의 내재가치를 찾는 대표적인 주식가치평가방법인 배당할인모형, EVA할인모형에 대해서 다룬다.

학습목표

- 채권과 채권시장
- 채권의 가치평가
- 채권수익률곡선과 기간구조
- 주식과 주식시장
- 배당할인모형
- EVA할인모형

01 채권

채권은 정부, 지방자치단체, 특별법에 의해 설립된 법인, 상법상의 주식회사가 불특정다수인으로부터 거액의 자금을 조달하기 위하여 발행하는 채무증서를 말한다. 자금수요자인 기업이 채권을 발행하여 돈을 조달한다고 해보자. 자금수요자가 돈을 빌려오게 되면 돈을 갚는 시점(만기), 만기가 되기까지 정기적으로 지급하는 이자(액면이자율), 만기일에 지급되는 금액(액면금액) 등이 적혀 있는 차용증서를 주는데, 이 증서가 채권이다.

예를 들어, H기업이 C로부터 100억원을 빌리면서 액면금액 100억원, 만기 5년, 1년 단위로 이자율 3%인 채권을 C한테 준다고 하자. 채권을 받은 C는 매년 이자를 3억원(=100억×3%)씩 5년간 받고 5년 후에는 원금 100억원을 돌려받는다. 기업입장에서는 C로부터 빌린 돈은 결국 C에게 채권을 팔아서 받은 것과 마찬가지이므로 이를 채권매도 혹은 채권발행이라고 표현한다.

기업이 채권을 팔아서 직접금융으로 조달해온 돈은 재무상태표의 타인자본으로 전환되어 기업 활동의 기초가 된다. 하지만 기업의 신용상황이 좋지 않을 때는 돈을 직접 빌려오기 힘들(채권발행 실패) 수도 있다. 자금공급자인 채권소유자는 채권을 만기까지 보유하여 이자 및 원금을 받을 수 있고, 만기 이전에 채권시장에서 운용을 잘할 경우에는 주식과 마찬가지로 저축상품 이상의 높은 수익을 얻을 수도 있다. 하지만 회사가 도산하거나 부실화되어 채권이 가치가 없어질 경우 원금을 날리거나 큰 손해를 볼 수도 있다.

1. 채권의 종류

(1) 발행주체에 따른 분류

채권은 오직 정부, 지방자치단체, 특별법에 의해 설립된 법인인 공공기관, 상법상의 주식회사만이 발행할 수 있다. 따라서 발행주체가 누구인가에 따라 정부가 발행하는 국채, 한국은행이 발행하는 통화안정증권, 지방자치단체가 발행하는 지방채, 한국전력공사·예금보험공사 등 법률에 의해 직접 설립된 법인이 발행하는 특수채, 상법상의 주식회사가 발행하는 회사채, 금융회사가 발행하는 금융채로 구분할 수 있다.

국채는 정부가 공공목적을 달성하기 위하여 발행하는 국고채권, 재정증권, 국민주택채권, 보상채권을 말한다. 4가지 종류의 국채는 자금용도에 따라 나누어지는데 종목에 따라 발행방식 및 이자지급방식 등이 다르다.

국고채권은 국채법에 의해 국채발행 및 상환업무를 종합적으로 관리하는 공공자금관리기금의 부담으로 경쟁입찰 방식으로 발행한다. 국고채권은 6개월마다 이자가 지급되는 이표채로서 만기 3년, 5년, 10년, 20년, 50년이다.[1]

재정증권은 국고금관리법에 의해 재정부족자금 일시 보전을 위해 경쟁입찰 방식으로 발행한다. 재정증권은 1년 이내(통상 3개월 이내)로 발행하는 할인채이다.

국민주택채권은 주택도시기금법에 의해 국민주택건설 재원조달을 목적으로 부동산 등기 및 각종 인허가와 관련하여 의무적으로 매입해야하는 첨가소화 방식[2]으로 발행된다. 국민주택채권은 연단위 복리채로 만기 5년이다.

보상채권은 국가나 지방단체 등의 사업시행자가 공익사업을 하면서 보상하는 토지의 보상금(용지보상비)을 지급하기 위해 현금 대신 채권으로 지급하는 국채를 말한다. 보상채권은 당사자 앞 교부방식으로 발행하며, 만기 5년 이내(실제로는 3년 만기)의 연단위 복리채이다. 2003년 1월 공익사업을 위한 토지 등의 취득 및 보상에 관한 법률에 의해서 공공용지보상채권의 명칭을 보상채권으로 변경하였다.

통화안정증권은 한국은행 통화안정증권법에 의해 한국은행이 유동성을 조절하기 위해 금융통화위원회가 정하는 한도 내에서 발행한다. 한국은행은 경상수지 흑자(적자)나 외국인투자자금 유입(유출) 등이 발생하여 시중 유동성이 증가(감소)할 경우 통화안정증권을 발행(상환)하여 시중 유동성을 회수(공급)하는 주요 공개시장운영수단으

---

1 재정자금의 안정적 조달과 장기투자수요의 충족을 위해 2000년 10월에는 만기 10년, 2006년 1월에는 만기 20년, 2012년 9월에는 만기 30년, 2016년 10월에는 만기 50년 국채를 발행하였다.

2 부동산이나 자동차 등을 구입할 때 의무적으로 매입해야 하는 채권을 첨가소화채권이라고 하는데, 정부 또는 지방자치단체가 공공사업을 추진하기 위한 자금을 조달할 목적으로 발행한다. 국채인 국민주택채권과 지방채인 지역개발공채, 도시철도채권 등이 여기에 해당한다.

로 활용한다.

지방채는 서울도시철도채권, 지방도시철도공채, 서울특별시지역개발채권, 지역개발공채 등과 같이 지방공공기관인 특별시, 도, 시, 군 등의 지방자치단체가 지방재정의 건전한 운영과 공공의 목적을 위해 재정상의 필요에 따라 발행하는 채권이다.

특수채는 한국전력공사, 예금보험공사 등과 같이 특별법에 의하여 설립된 법인이 발행한 한국전력채권, 예금보험기금채권, 부실채권정리기금채권 등을 말한다. 통상적으로 국채, 지방채, 특수채를 합하여 국공채로 부른다.

회사채는 주식회사가 일반대중으로부터 자금을 조달하기 위해 발행하는 채권이다. 일반적으로 1년, 2년, 3년, 5년, 10년 등의 만기로 발행되는데 대체로 3년 이하가 주로 발행되고 있고, 액면이자율은 발행기업과 인수기관 간 협의에 의해 자율적으로 결정하여 발행한다.

금융채는 은행, 증권회사, 리스회사, 신용카드회사 등 금융회사가 발행하는 채권이다. 금융회사는 금융채를 발행하여 조달한 자금을 장기 산업자금으로 대출한다. KDB산업은행이 발행하는 산업금융채권, 중소기업을 지원하기 위해 IBK기업은행이 발행하는 중소기업금융채권 등이 여기에 해당한다.

(2) 이자지급방법에 따른 분류

채권을 이자지급방법에 따라 이표채(coupon bond), 할인채(discount bond, zero-coupon bond), 복리채(compound interest bond)로 분류할 수 있다.

이표채는 매 기간마다 미리 약정한 이자를 지급하고 만기가 도래하면 채권의 액면가를 상환하여야 하는 채권을 말하며 우리나라의 경우 대부분의 회사채는 이자가 3개월 후급발행이고 국채는 6개월 후급발행이다.

할인채는 액면금액에서 상환일까지의 이자를 단리로 미리 할인한 금액으로 발행하는 채권을 말한다. 만기까지의 총이자를 채권발행 할 때 미리 공제하는 이자 선지급 형태의 채권이며 만기 시에는 채권의 투자원금에 해당하는 액면금액만을 지급한다. 예를 들어, 액면가액이 10,000원, 액면이자율이 연 5%, 만기가 1년인 할인채의 발행가격은 9,500원이 된다. 이 채권의 투자자는 500원의 이자를 받는 것이 아니라 채권 보유기간 동안의 이자 500원(=10,000원×5%×1년)을 액면가액 10,000원에서 할인한 금액인 9,500원을 주고 채권을 매수한 후, 채권보유기간 동안 이자를 받지 않는 대신 만기 시에 액면가액인 10,000원을 받게 되는 것이다.

복리채는 채권발행 후 만기까지 이자지급 단위기간의 수만큼 복리로 이자가 재투자되어 만기 시에 원금과 이자가 일시에 지급되는 채권으로 이자지급횟수가 커질수록 채권의 만기상환금액이 증가하는 채권이다. 예를 들어, 액면가액 10,000원, 만기 5년, 액면이자율 5%, 연단위 복리채인 국민주택채권의 경우 5년 후의 만기상환원리금은 12,762원($=10,000$원$\times(1.05)^5$)이 된다. 원금 10,000원이 1년도 말에는 10,000원$\times(1+0.05)^1=10,500$원이 되고, 2년도 말에는 10,500원$\times(1+0.05)^1=11,025$원이 된다. 이와 같이 이자에 이자가 붙는 복리이자 계산방식으로 5년 동안 재투자되어 원금에 대한 이자와 이자에 대한 이자가 발생하여 5년도 말에는 만기상환금액이 12,762원이 된다.

(3) 옵션이 내재된 채권

1) 전환사채(CB: convertible bond)

전환사채는 채권을 보유한 투자자가 발행 시 정해진 전환가격에 의하여 채권을 발행회사의 주식으로 전환할 수 있는 권리가 부여된 채권이다. 전환권의 행사이전에는 이자를 받을 수 있는 채권으로 존재하고, 전환권을 행사하면 채권이 소멸되고 발행회사의 영업실적에 따라 배당을 받는 주식으로만 존재하게 된다.

예를 들어, 액면가액이 100,000원, 액면이자율이 4%, 만기가 5년인 전환사채가 있다. 이 전환사채의 시장가는 98,000원이다. 또한 이 전환사채는 40주의 보통주로 전환될 수 있으며 전환사채를 발행한 회사의 현재 주가는 1주당 2,000원이라고 하자.

이 전환사채를 전환한다면 액면가가 100,000원인 전환사채를 회사에 제출하고 그 대가로 40주의 주식을 받게 된다. 즉, 주식 40주를 받는 대가로 액면가액 100,000원인 전환사채를 주었기 때문에 주식 1주를 받기 위해서 1주당 액면가액 2,500원(=100,000원/40주)을 제출한 셈이 된다.

이와 같이 전환사채 액면당 주식으로 전환을 청구할 수 있는 비율, 즉 전환사채를 전환할 때 받게 되는 주식 수인 40주를 전환비율이라 하고, 전환에 의해서 발행되는 주식 1주에 요구되는 사채액면금액인 2,500원을 전환가격이라고 하며, 전환사채를 주식으로 전환할 경우의 가치 80,000원(=40주×2,000원)을 전환가치라고 한다.

만일 전환사채의 투자자가 시가 98,000원인 전환사채를 회사에 제출한 대가로 주식 80,000원어치를 받는다면 이는 전환사채의 투자자들이 향후 주가상승을 기대하고 주식의 가치보다 18,000원 더 높은 전환사채를 포기하고 전환권을 행사한 것이다. 이 18,000원을 전환프리미엄이라 한다. 이처럼 전환사채는 법적으로 사채이나 경제적인 의미로는 잠재적 주식의 성격을 동시에 지니게 되어 채권의 안정성과 주식의 수익성을 겸비한 투자수단이 된다.

2) 신주인수권부사채(BW: bond with warrants)

신주인수권부사채는 신주인수권부사채 보유자에게 채권을 발행한 회사의 신주인수권, 즉 신주의 발행을 청구할 수 있는 권리가 부여된 채권을 말한다. 여기서 신주인수권이란 특정한 일정기간(행사기간)에 미리 정해진 일정가격(행사가격)으로 일정한 수의 보통주를 인수할 수 있는 선택권(option)을 의미한다.

신주인수권부사채의 투자자는 발행회사의 주식을 일정한 가격으로 취득할 수 있는 권리를 가진다는 점에서 전환사채와 같다. 다만, 전환권 행사 후 사채가 소멸되는 전환사채와 달리 신주인수권부사채는 신주인수권을 행사한 후에도 사채가 존속하기 때문에 신주인수권을 행사하여 주식을 인수하기 위해서는 별도의 주식납입대금이 필요하다.

표 11-1 • 전환사채와 신주인수권부 사채의 비교

구분	전환사채	신주인수권부사채
내재된 옵션	전환권	신주인수권
권리행사 후 사채존속 여부	사채 소멸	사채 존속
권리행사 시 자금소요 여부	별도의 자금 필요 없음	별도의 자금 필요
신주취득가격	전환가격	행사가격
권리의 분리 양도	전환권만 양도 불가	신주인수권만 양도 가능

2. 채권시장

우리나라에서 채권이 거래되는 유통시장은 상장종목채권에 대한 다수의 매도, 매수주문이 한곳에 집중되어 경쟁매매를 통해 거래가 이루어지도록 거래소 내에 개설된 장내시장이 있다. 또한 주로 증권회사 창구에서 증권회사 상호 간, 증권회사와 고객 간 또는 고객 상호 간에 비상장채권을 포함한 전 종목이 개별적인 상대매매를 통해 이루어지는 장외시장도 있다. 한국거래소의 장내시장은 국채전문유통시장과 환매조건부채권시장으로 구성된 도매시장과 일반채권시장과 소액채권시장으로 구성된 소매시장으로 이루어진다.[3]

(1) 국채전문유통시장

1999년 3월에 국고채시장 활성화 및 거래투명성 제고를 위해 개설한 국채 전자거래시장이다. 국채전문유통시장에서는 국고채권, 통화안정증권, 예금보험기금채권이 거래대상채권으로 거래되고 있고, 이 중에서 국고채권이 거래의 대부분을 차지하고 있다. 채권들의 매매수량단위는 10억원의 정수배로서, 거래소의 채무증권회원인가를 취득한 은행과 금융회사가 주요 시장참가자이고, 연금 및 기금, 보험 등의 기타 금융회사 및 일반투자자도 위탁참여가 가능하다.

(2) 환매조건부채권시장

환매조건부채권(repo)시장에서는 아직 상환되지 않은 채권의 액면총액이 2,000억원 이상인 채권 중에서 국고채권, 외국환평형기금채권, 통화안정증권, 예금보험공사채권, 발행인(또는 보증기관)의 신용등급이 AA 이상인 회사채, 기타 특수채가 거래된다.

이 시장에서는 국채전문유통시장의 시장참가자와 마찬가지로 거래소의 채무증권회원인가를 취득한 은행과 금융회사가 주요 시장참가자이고, 연금 및 기금, 보험 등의 기타 금융회사 및 일반투자자도 위탁참여가 가능하다.

---

3 한국거래소(www.krx.co.kr): 채권시장 참조.

(3) 일반채권시장

국채전문유통시장에서 거래되는 국고채를 제외한 한국거래소에 상장된 모든 종목의 채권을 거래할 수 있는 시장이다. 일반채권시장에서 거래되는 채권들 중 회사채, 주식관련 사채인 전환사채와 신주인수권부사채, 국민주택채권 등이 자주 거래되고 있다.

일반채권시장의 참여자는 제한이 없기 때문에 누구나 참여할 수 있다. 이 시장에서 거래되는 채권의 매매수량단위는 액면 1,000원이다. 일반채권시장은 주식처럼 가격우선의 원칙과 시간우선의 원칙에 의해 개별경쟁매매로 매매된다. 또한 장외시장에서 거래가 이루어질 때 보통 거래일의 다음날에 결제가 이루어지는 것과 달리 일반채권시장에서는 매매체결이 이뤄진 당일에 즉시 대금과 채권이 결제되어 필요한 돈을 신속하게 환금할 수 있다.

(4) 소액채권시장

일반 국민들은 부동산, 자동차 등을 구입하여 등기하거나 등록할 때 의무적으로 채권을 매입해야 한다. 국민주택채권, 서울도시철도채권, 지역개발채권, 지방도시철도채권 등이 여기에 해당하며 각종 인·허가 시에 의무적으로 매입한 이러한 국공채를 첨가소화채권이라고 부른다. 이 첨가소화채권의 환금성을 위해 개설된 시장이 소액채권시장이다.

일반적으로 첨가소화채권을 매입한 채권매입자는 채권을 보유하기보다는 매출은행의 창구나 금융투자회사를 통해 매입한 첨가소화채권을 할인하여 즉시 매도한다. 즉시 매도할 경우에는 거래일을 기준으로 당월 및 전월에 발행된 채권에 한하여 소액채권시장에서 거래할 수 있으며, 발행일이 경과한 채권은 일반채권시장에서 거래할 수 있다.

3. 채권의 가치평가

채권을 매입하면 채권보유기간 동안 정기적으로 이자를 받고 만기 시에 원금을 받는다. 채권의 가치는 이자와 만기에 발생하는 원금을 채권투자자의 요구수익률로 할인하여 구한다. 일반적으로 액면이자를 C, 액면가액을 F, 만기 n, 요구수익률 r이라고 할 때 채권의 가치는 식(11-1)로 나타낸다.

$$P_0 = \frac{C}{(1+r)^1} + \frac{C}{(1+r)^2} + \cdots + \frac{C+F}{(1+r)^n} \qquad (11-1)$$

예제 **채권가격의 결정**

액면가액(F) 1,000원, 연 10% 이자후급, 만기(n) 5년, 채권투자자의 요구수익률(r)이 8%인 채권이 있다. ① 1년마다 이자가 지급될 경우 ② 반년마다 이자가 지급될 경우의 채권가격을 구하시오.

[답]

① 1년마다 이자를 지급할 경우

$$P_0 = \frac{100}{(1+0.08)^1} + \frac{100}{(1+0.08)^2} + \cdots + \frac{1,100}{(1+0.08)^5} = 1,079.85$$

② 반년마다 이자를 지급할 경우

$$P_0 = \frac{50}{(1+0.04)^1} + \frac{50}{(1+0.04)^2} + \cdots + \frac{1,050}{(1+0.04)^{10}} = 1,081.11$$

이와 같은 채권의 가격은 엑셀의〔PV(이자율, 기간, 정기불입액, 미래가치, 지급시점)〕함수를 이용해서 구할 수도 있다. 이자율은 투자기간 단위와 일치해야 한다. 예를 들어, 연 12%의 이자율로 매월 투자되는 경우라면 월단위와 일치하는 이자율 1%(=12%/12)를 사용하고 기간은 12로 해야 하는 점에 주의하면 된다. 정기불입액은 매 기간 발생하는 현금흐름이다.

아래 그림에서 B6와 E6에 PV함수를 이용하여 채권가격을 각각 1,079.85와 1,081.11로 계산하였다. 특히, 일 년에 이자를 두 번 지급할 경우에는 이자율(Rate)은 10%/2(=5%)로 입력하고, 기간(Nper)은 5기간이 아니라 10기간(=5×2)으로 입력하며, 정기불입액(Pmt, 액면이자)도 50원으로 입력하여 구한다. 엑셀의 *PV*함수는 최초에 현금을 빌려주면 만기 시에 원리금이 들어오는 것으로 만들어졌다는 점에 유의해야 한다. 초기에 채권을 사기 위해 채권가격을 투자하면(현금유출: (−)부호) 만기 시까지 이자와 원금이 회수(현금유입: (+)부호)된다는 개념으로 생각하면 된다.

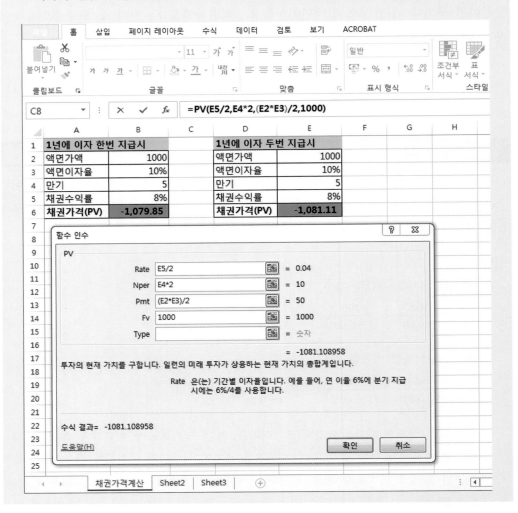

4. 채권수익률

일반적으로 채권수익률이란 채권투자로부터 미래에 획득 가능한 모든 투자수익의 현재가치와 채권의 시장가격을 일치시켜주는 할인율이라 할 수 있다. 채권수익률로 주로 만기수익률을 사용하고 있다.

(1) 명목수익률

명목수익률(nominal yield)은 채권의 권면에 기재된 이자율로서 이자지급액을 액면가로 나눈 것이다. 액면이자율, 쿠폰이자율 또는 표면이자율이라고 한다.

(2) 경상수익률

경상수익률(current yield)은 이자지급액을 시장가격(매입가격)으로 나눈 것으로서 직접이율 또는 단순수익률, 직접수익률, 이자수익률이라고 한다. 상환일까지의 기간은 무시하고 투자금액(매입가격)에 대해서 얼마의 이자를 얻을 수 있는지를 계산한 것이다.

(3) 만기수익률

만기수익률(YTM: yield to maturity)은 지금 채권을 사서 만기까지 보유할 때 얻을 수 있는 기간당 평균수익률에 해당되며, 시장의 여건에 따라 형성되는 유통수익률은 모두 만기수익률로 표시된다. 따라서 만기수익률을 유통수익률 혹은 시장수익률이라고 하며 일반적으로 채권수익률은 만기수익률을 의미한다.

만기수익률을 계산하기 위해서는 채권가격을 구하는 식을 이용하면 된다. 예를 들어, 액면가액 10,000원, 액면이자율 10%, 만기 3년인 채권이 10,253원에 거래된다고 하자. 이 채권의 현재가격과 채권의 미래현금흐름의 현재가치를 같게 해주는 할인율은 아래의 식을 풀어서 구한다.

$$10,253원 = \frac{1,000원}{(1+r)^1} + \frac{1,000원}{(1+r)^2} + \frac{11,000원}{(1+r)^3} \rightarrow r = 9\% \ (만기수익률)$$

만기수익률은 엑셀에서 〔RATE(기간, 정기불입액, 현재가치, 미래가치, 지급시점, 추정

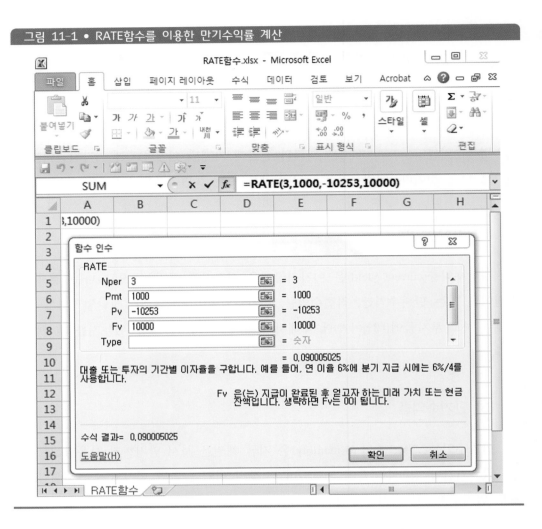

그림 11-1 • RATE함수를 이용한 만기수익률 계산

값)]함수를 이용하여 구할 수 있다. 〈그림 11-1〉 *RATE*함수에서 기간(Nper)은 납입총 횟수(만기까지의 기간)이다. 정기불입액(pmt)은 매 기간 납입해야 하는 납입액 혹은 투 자금액이다. 현재가치(pv)는 현재 투자되는 금액이며 투자자 입장에서 현금유출이므 로 (−)부호를 붙여서 입력한다. 지급시점(type)은 납입하는 시점이 기간 초일 경우 1, 기간 말일 경우 0이며, 생략하면 기간 말에 납입하는 것으로 인식한다.

    *RATE*함수의 오른쪽 스크롤바를 아래로 내리면 추정값(guess)이 나타나는데, 이 것은 구하고자 하는 이자율의 초기 값을 의미한다. 엑셀은 위 예제의 좌변의 10,253 원과 우변의 식을 일치시키는 이자율(*r*)을 기본적으로 10%(입력을 생략하면 10%부터

시작)부터 넣어봐서 좌변과 우변이 동일하게 되는지를 시행착오법(trial and error)으로 수행하여 동일하게 되는 이자율을 답으로 나타낸다. 〈그림 11-1〉과 같이 $RATE$함수를 이용하여 미지수인 이자율 r을 찾으면, 9%임을 확인할 수 있다.[4]

한편, 식(11-2)에서 구해지는 만기수익률은 내부수익률(IRR)과 동일하다. 내부수익률이란 현금유출의 현재가치와 현금유입의 현재가치를 같게 만드는 할인율이다. 채권에서 현금유출의 현재가치는 식(11-2)의 좌변인 지금 당장 투자하는 채권가격이 되고 현금유입의 현재가치는 식(11-2)의 우변인 미래에 발생하는 이자와 원금의 현재가치가 된다. 따라서 식(11-2)의 좌변과 우변을 동일하게 하는 만기수익률이 바로 내부수익률이다.

$$P_0 = \frac{C}{(1+r)^1} + \frac{C}{(1+r)^2} + \cdots\cdots + \frac{C+F}{(1+r)^n} \;\rightarrow\; r\,(만기수익률) \tag{11-2}$$

식(11-2)의 양변에 $(1+r)^n$을 곱하면 식(11-3)이 된다.

$$P_0(1+r)^n = C(1+r)^{n-1} + C(1+r)^{n-2} + \cdots + (C+F) \tag{11-3}$$

식(11-3)의 좌변은 현재 채권가치를 미래시점인 만기시점으로 전환한 금액이 되며, 이 값은 우변과 동일하다. 즉, 미래의 채권금액은 만기까지의 기간 동안에 받는 이자를 만기시점까지 만기수익률 r로 재투자한 금액이라는 것을 의미한다.

또한 식(11-3)의 우변은 만기수익률 r로 복리계산하고 있음을 알 수 있다. 따라서 만기수익률은 채권의 이자가 모두 만기수익률과 동일한 수익률로 재투자된다는 가정 아래 채권의 만기까지의 복리수익률을 나타낸다고 볼 수 있다.

일반적으로 투자수익률을 의미하는 내부수익률과 동일한 만기수익률이 실현되기 위해서는 채권을 만기까지 보유해야 하고, 모든 액면이자가 만기수익률과 동일한 수익률로 재투자되어야 한다.

---

4 재무용계산기를 이용할 경우 $N=3$, $PV=-10,253$, $FV=10,000$, $PMT=1,000$, $COMP\ i$를 누르면 이자율이 계산된다.

그림 11-2 • 채권의 재투자수익률

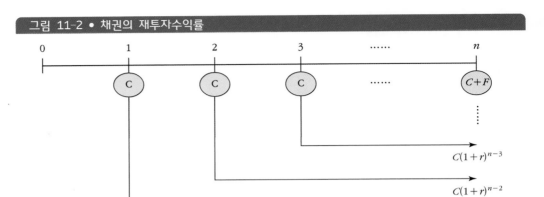

액면가 10,000원, 연 10% 반년마다 이자후급, 만기 10년인 채권의 현재가격이 12,100원일 경우 명목수익률, 경상수익률, 만기수익률을 구하시오.

[답]

명목수익률: $\dfrac{1,000}{10,000} = 10\%$

경상수익률: $\dfrac{1,000}{12,100} = 8.26\%$

만기수익률: $12,100 = \dfrac{500}{(1+r)^1} + \dfrac{500}{(1+r)^2} + \cdots + \dfrac{10,500}{(1+r)^{20}}$

→ $r = 3.52\%$(엑셀의 *RATE*함수 이용, 또는 $N \to 20$, $PV \to -12,100$, $FV \to 10,000$, $PMT \to 500$, *COMP* $i \to ?$)

참고로, 채권수익률(만기수익률)을 단순히 1년 단위 수익률로 환산한 3.52%×2=7.04%를 연수익률(APR: annual percentage rate) 또는 채권등가수익률(bond equivalent yield)이라고 한다.

5. 채권수익률곡선과 기간구조

(1) 채권수익률곡선

어느 일정시점에서 채권의 여러 조건이 모두 동일하고 만기만 다른 채권들의 채권수익률과 만기와의 관계, 즉 단기수익률과 장기수익률 간의 관계를 채권수익률의 기간구조(term structure)라고 하고, 이를 그림으로 나타낸 것을 수익률곡선(yield curve)이라고 한다. 수익률곡선은 다양한 형태를 가지고 있는데 대표적으로 상승형, 하강형, 수평형, 그리고 낙타형이 있다.

상승형 수익률곡선은 가장 보편적인 수익률곡선으로서, 장기 채권수익률이 단기 채권수익률보다 높은 수익률 곡선이다. 보통 경기상승이 시작되는 때, 즉 안정적인 경기회복기에는 수익률 곡선이 우상향하는 경향을 보인다.

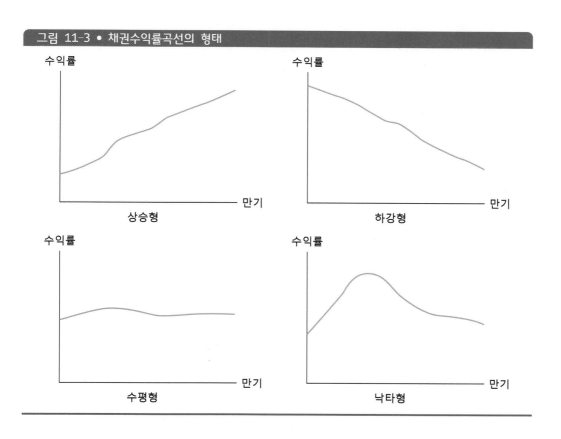

그림 11-3 ● 채권수익률곡선의 형태

하강형 수익률곡선은 단기 채권수익률이 장기 채권수익률보다 높은 수익률 곡선이다. 보통 경기상승의 정점 부근, 즉 경기상승이 끝나가는 때에 수익률 곡선이 우하향하는 경향을 보인다.

수평형 수익률곡선은 앞으로 이자율수준이 현재의 수준에 비해 큰 변동이 없을 것이라는 기대가 작용할 때 나타나며, 경기과도기나 경기순환의 중간단계에서 수평에 가까운 수익률곡선 형태를 보인다.

낙타형은 단기 채권수익률이 급격히 상승하고 장기 채권수익률이 서서히 하강하는 곡선의 형태로 금융긴축시기에 시중의 단기자금사정이 어려울 때 관찰된다.

(2) 기간구조

1) 기대이론

기대이론은 기간구조가 미래에 이자율이 어떻게 될지에 대한 투자자들의 기대(expectations)를 반영한다고 주장한다. 예를 들어, 1년 만기 채권수익률이 6%, 2년 만기 채권수익률이 8%이면 수익률곡선이 우상향인데 그 원인이 무엇일까?

채권의 현재가치 혹은 미래가치를 계산할 때 채권의 모든 미래현금흐름을 할인하는 할인율로 만기수익률을 사용할 수 있다. 실제로 매 기간마다 할인율이 달라지는 것이 일반적이므로 하나의 할인율로 사용되는 만기수익률을 여러 기간에 사용하는 것은 근사적인 방법이 된다. 만약 단기채권수익률과 장기채권수익률이 다르게 움직인다면 단기채권수익률과 장기채권수익률을 다르게 인식해야 할 필요가 있다.

따라서 첫 번째 기간인 현재부터 1년 동안 채권수익률 6%와 두 번째 기간인 1년부터 2년 동안의 채권수익률을 각 기간마다 다르게 인식할 경우, 시장에서 현재부터 2년 동안의 채권수익률은 8%이므로 이를 2년 동안의 평균적인 수익률로 간주하여 $(1+r_{0,2})^2 = (1+r_{0,1})(1+r_{1,2}) \rightarrow (1+0.08)^2 = (1+0.06)(1+r_{1,2})$에서 $r_{1,2} = 10.04\%$가 된다. 이는 1년 만기 채권수익률이 6%에서 1년 후에는 10.4%로 오를 것으로 투자자들이 기대하기 때문에 채권수익률이 우상향하는 형태를 갖는다.

반대로 1년 만기 이자율이 8%, 2년 만기 이자율이 6%인 우하향 수익률곡선은 $(1+0.06)^2 = (1+0.08)(1+r_{1,2})$에서 $r_{1,2} = 4.04\%$가 되어 1년 만기 이자율이 8%에서 4.04%

로 내릴 것으로 기대하기 때문이다.

이와 같이 기대이론에 의하면 선도이자율[5] $r_{1,2}$는 미래 현물이자율의 기댓값 $E(r_{1,2})$과 같다. 시장에서 다음기간의 미래 현물이자율의 기대치 $E(r_{1,2})$가 올해의 현물이자율 $r_{0,1}$보다 높(낮)으면, 이 두 수익률의 평균수익률(2년 만기수익률)인 $r_{0,2}$는 $r_{0,1}$보다 높(낮)아져 수익률곡선은 우상(하)향한다. 이처럼 수익률곡선은 미래 현물이자율에 대한 시장의 예상을 반영한다. 이를 n기간에 대해 표현하면 식(11-4)로 나타낼 수 있다.

$$(1 + r_{0,n})^n = (1 + r_{0,1})(1 + E(r_{1,2})) \cdots (1 + E(r_{n-1,n})) \tag{11-4}$$

식(11-4)는 장기채권의 만기수익률이 투자자의 미래 기간별 단기수익률에 대한 기대에 의해서 결정됨을 의미하고, 또한 단기채권수익률들의 기하평균과 같음을 의미한다.

2) 유동성선호이론

만기가 길수록 유동성이 낮아지고 채권가격변동률이 커져서 장기채가 단기채에 비해 더 위험하므로 투자자들은 단기채를 선호한다. 유동성선호이론은 투자자들이 장기채를 사게 하려면 고위험에 대한 유동성프리미엄을 지급해야 한다고 주장한다. 따라서 이 이론에서는 선도이자율 $r_{n-1,n}$이 미래의 기간별 기대수익률 $E(r_{n-1,n})$에 유동성프리미엄 L_n만큼 더한 값이 되어야 한다고 보며, 이러한 관계를 식(11-5)로 나타낼 수 있다.

$$(1 + r_{0,n})^n = (1 + r_{0,1})(1 + E(r_{1,2}) + L_2) \cdots (1 + E(r_{n-1,n}) + L_n) \tag{11-5}$$

예를 들어, 1년 만기 이자율이 6%, 2년 만기 이자율이 8%, 유동성프리미엄이 1%

---

5 미래의 일정시점부터 더 먼 미래시점까지의 일정기간 동안의 미래이자율($r_{n-1,n}$):
$(1+r_{0,n})^n = (1+r_{0,1})(1+r_{1,2}) \cdots (1+r_{n-1,n}) \rightarrow (1+r_{0,n})^n = (1+r_{0,n-1})^{n-1}(1+r_{n-1,n})$
$\rightarrow r_{n-1,n} = \dfrac{(1+r_{0,n})^n}{(1+r_{0,n-1})^{n-1}} - 1$

라면, 식(11-5)로부터 $(1.08)^2 = (1.06)(1 + E(r_{1,2}) + 0.01)$에서 $E(r_{1,2}) = 9.04\%$가 되어 선도이자율 10.04%는 미래이자율 기댓값 9.04%에 유동성프리미엄 1%가 더해진 값이다.

예제 **유동성선호이론**

1년 만기 무이표채의 만기수익률은 5%이고, 2년 만기 무이표채의 만기수익률은 6%이다. 액면가액 1,000원이고 연 7% 이자를 지급하는 2년 만기 채권을 발행할 것을 고려하고 있다.

(1) 채권가격과 만기수익률을 구하시오.

(2) 기대이론에 의하면 1년도 말의 채권가격은 얼마인가?

(3) 유동성프리미엄이 1%일 경우 유동성선호이론에 의하면 1년도 말의 채권가격은 얼마인가?

[답]

(1) $P = \dfrac{70}{(1+0.05)} + \dfrac{1,070}{(1+0.06)^2} = 1,018.96$

　　엑셀의 $RATE$함수(또는 $(PV = -1,018.96, N = 2, PMT = 70, FV = 1,000, COMP\ i = ?)$

　　→ 만기수익률 = 5.97%

(2) $(1+0.06)^2 = (1+0.05)(1 + r_{1,2})$ → $r_{1,2} = E(r_{1,2}) = 7.01\%$

　　$P = \dfrac{1,070}{(1+0.0701)} = 999.91$

(3) $(1+0.06)^2 = (1+0.05)(1 + E(r_{1,2}) + 0.01)$ → $E(r_{1,2}) = 6.01\%$

　　$P = \dfrac{1,070}{(1+0.0601)} = 1,009.34$

---

(3) 시장분할이론

시장분할이론은 채권시장이 채권만기에 대한 선호도가 서로 다른 분할된 시장으로 구성되며, 채권수익률은 이들 각 시장에서의 수요공급의 원리에 의해서 결정된다

고 주장한다. 단기부채가 많은 금융기관(시중은행)은 단기채에 주로 투자하고 장기부채가 많은 금융기관(연기금, 보험회사 등)은 장기채에 주로 투자하며, 이와 같이 분할된 각 시장의 수급사정에 따라 채권수익률이 결정된다는 주장이다.

SECTION 02 주식

주식은 소유지분을 나타낸다. 기업이 소유지분인 주식을 팔아서 돈을 조달한다고 해보자. 예를 들어, A가 L기업의 자본금 100억원을 전액 납입하여 100% 소유하고 있고, 기업의 운영이 성공적이어서 100억원이 더 필요하게 되었다고 하자. B가 100억원을 납입하는 대가로 이 기업의 소유주라는 주주권을 표시하는 증표인 주식을 받게 되면, 총자본 200억원짜리 기업을 A와 B가 각각 50%씩을 소유하게 된다. 기업입장에서는 B로부터 받은 돈은 결국 B에게 소유지분을 나타내는 주식을 팔아서 받은 것과 마찬가지이므로 이를 주식매도 혹은 주식발행이라고 표현한다.

기업이 주식을 발행하여 조달한 돈은 자기자본으로 전환되어 기업 활동의 기초가 된다. 주식소유자 입장에서는 기업의 주인인 주주로서 지분만큼 소유권을 갖는다. 주식소유자는 주식을 계속 보유하여 매년 기업이 벌어들인 이익을 소유지분 비율대로 배당이라는 명목으로 현금을 분배받을 수도 있고, 주식시장에서 주식을 팔아서 현금화할 수도 있다.

기업이 소유지분을 매각하여 직접금융으로 조달해온 기업운영자금은 자기자본이 되어 이 자금을 비유동자산 등 장기적으로 운용하는 자산에 투자함으로써 기업의 장기 안정성 측면에서 효과적으로 이용할 수 있다. 하지만 기업의 소유지분을 매각(주식발행)하여 돈을 조달해올 때는 기업의 주인이 여러 명으로 많아져 기업의 지배구조에 영향을 미칠 수도 있다.

자금공급자의 입장에서는 회사가 도산하거나 부실화되어 주식이 가치가 없어지면 원금을 날리거나 큰 손해를 볼 수 있다. 하지만 주식시장에서 운용을 잘할 경우에는 저축상품 이상의 높은 수익을 얻을 수도 있다.

1. 주식시장

우리나라 주식시장은 한국거래소 내에 개설된 장내시장인 유가증권시장과 코스닥시장, 코넥스시장과 한국금융투자협회가 운영하는 장외시장인 K-OTC시장이 있다.

(1) 유가증권시장

1956년 3월에 개설된 유가증권시장에서는 유통시장 중 기업규모가 큰 우량주식이 거래된다. 유가증권시장에 상장[6]하고자 하는 일반기업은 자기자본 300억원 이상, 상장주식수 100만주 이상 되어야 하고, 일반주주가 700명 이상이 되어야 하는 등 한국거래소에서 정한 상장요건을 충족해야 한다. 유가증권시장에서는 상장된 주식을 대상으로 개별경쟁매매로 거래가 이루어진다.

또한 한국거래소는 상장기업의 상장요건 총족여부와 기업내용 적시공시 실시여부에 따라 상장을 폐지할 수 있다. 상장폐지되기 전에 일정기간 동안 관리종목으로 지정하여 상장폐지를 유예할 수 있다.

(2) 코스닥시장

1996년 7월에 개설된 코스닥시장은 IT(information technology), BT(bio technology), CT(culture technology) 기업과 벤처기업의 자금조달 목적으로 개설된 시장이다. 코스닥시장의 모태는 1986년 12월 재무부가 발표한 「중소기업 등의 주식거래 활성화를 위한 시장조직화 방안」에 따라 1987년 4월 증권업협회(현 금융투자협회)내에 개설된 별도의 주식장외시장이었다.

하지만 이 장외시장은 상대매매방식으로 거래가 이루어지는 등 문제점이 많았다.

---

6 한국거래소가 정한 요건을 충족한 기업이 발행한 주권을 증권시장에서 거래할 수 있도록 허용하는 것.

이에 낙후된 거래방식인 상대매매방식을 경쟁매매방식으로 전환하기 위하여 1996년 5월에 (주)코스닥증권시장이 설립되고 7월부터 경쟁매매방식으로 거래되는 독립된 시장으로 금융투자협회(당시 증권업협회)에 의해 운영되어 오다가 2005년 1월에 증권거래소, 선물거래소와 함께 통합되어 현재는 한국거래소내의 사업본부제 형식인 코스닥시장으로 구분되어 운용되고 있다.

(3) 코넥스시장

코넥스(KONEX: Korea New Exchange)시장은 중소기업기본법상의 중소기업이 발행하는 주식만 상장하는 중소기업 전용 주식시장으로 2013년 7월에 개장하였다. 코넥스시장은 성장가능성은 있지만 기존의 유가증권시장이나 코스닥시장에 상장하기에는 규모 등이 작은 창업 초반기 중소·벤처기업의 원활한 자금조달을 위해 유가증권시장 및 코스닥시장에 비해 진입요건을 완화한 시장이다.

이 시장의 상장기업이 창업 초반의 중소기업이고 공시의무가 완화된 점 등을 고려하여 투자자는 벤처캐피탈, 기관투자자, 3억원 이상 예탁한 개인 등으로 제한되며, 일반 개인투자자는 자산운용사들이 출시하는 코넥스 상장주식 투자펀드에 가입하는 방식(간접투자방식)으로 투자할 수 있다.

(4) K-OTC시장

장외주식시장인 K-OTC시장은 2000년 3월 27일 금융투자협회(당시 증권업협회)가 개설한 장외주식호가중개시장으로 유가증권시장과 코스닥시장에 이어 세 번째로 문을 열었다는 뜻에서 이를 제3시장이라고 하였다. 이 시장에서는 유가증권시장이나 코스닥시장에 상장되지 않은 기업이 주권의 매매거래를 위하여 지정신청을 하면 금융투자협회(당시 증권업협회)가 주권의 매매거래 지정을 결정하여 호가중개시스템을 통해 거래할 수 있었다.

이후 정부의 벤처활성화 방안의 일환으로 제3시장을 개편하여 2005년 7월 13일 제3시장을 프리보드로 새롭게 출범시켰다. 프리보드시장은 유가증권시장이나 코스닥시장에 비해 진입요건과 진입절차가 간단하고, 공시사항 등 유지요건을 최소화하고 있다. 프리보드의 종목을 매매하기 위해서는 증권회사에 계좌를 개설하여야 하며 유가증권시장 및 코스닥시장 종목의 매매를 위해 개설한 계좌로도 가능하다.

여기서는 일정 요건을 갖춘 비상장주식을 대상으로 유가증권시장, 코스닥시장, 코넥스시장에서 거래되지 못하는 주식을 대상으로 개별경쟁매매가 아닌 상대매매로 거래가 이루어진다. 한국금융투자협회는 2014년 8월에 프리보드를 확대 개편한 K-OTC(Korea Over-The-Counter)를 운영하고 있다.

2. 주식의 가치평가

(1) 배당할인모형

배당할인모형은 가장 단순하고 가장 오래된 주식가치평가모형이다. 배당할인모형은 주식으로부터 발생하는 배당을 미래현금흐름으로 보고 이를 할인하여 주식가치를 평가한다. 주식을 보유할 경우 얻을 수 있는 현금흐름은 배당과 주식매도 시의 매도금액이다.

예를 들어, 현재 주가는 P_0, 첫해 말에 받는 배당은 D_1, 첫해 말의 주가는 P_1이라고 하자. 투자자가 첫해 말에 주식을 매도할 경우 첫해 말의 주식매도금액은 P_1이며, P_1은 〈그림 11-4〉처럼 둘째 해의 배당 D_2와 주가 P_2를 한 기간 할인한 값이 된다. 이처럼 주식매도시점에서의 주식의 가치는 매도시점 이후의 배당에 의해서 결정된다. 결국 주식의 가치는 미래 배당에 의해서 결정되는 것이며 이러한 관계를 식으로 나타내면 식(11-6)이 된다.

식(11-6)은 Williams(1938)[7]가 처음으로 제안하였으며, 주가가 미래에 영원히 지급되는 배당의 현재가치에 해당된다는 배당할인모형(DDM: dividend discount model)의 일반적인 형태이다.

---

7 John Burr Williams, *The Theory of Investment Value*, Cambridge, MA: Harvard University Press, 1938.

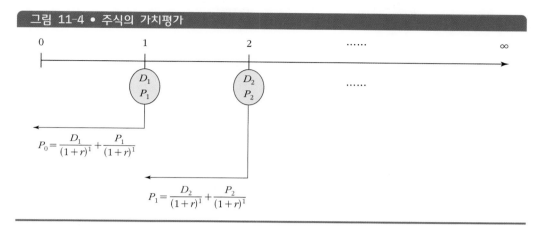

그림 11-4 • 주식의 가치평가

$$P_0 = \frac{D_1}{(1+r)^1} + \frac{P_1}{(1+r)^1}$$

$$= \frac{D_1}{(1+r)^1} + \frac{1}{(1+r)^1}\left[\frac{D_2}{(1+r)^1} + \frac{P_2}{(1+r)^1}\right]$$

$$= \frac{D_1}{(1+r)^1} + \frac{D_2}{(1+r)^2} + \frac{P_2}{(1+r)^2}$$

$$\vdots$$

$$= \frac{D_1}{(1+r)^1} + \frac{D_2}{(1+r)^2} + \frac{D_3}{(1+r)^3} + \cdots$$

$$= \sum_{t=1}^{\infty}\frac{D_t}{(1+r)^t} \qquad (11\text{-}6)$$

1) 항상성장모형

식(11-6)의 일반적인 배당할인모형은 무한히 배당을 추정해야 하기 때문에 실제로 사용하기 어려운 한계점이 있다. 이에 Gordon and Shapiro(1956)[8]와 Gordon(1962)[9]

---

8 Myron Gordon and Eli Shapiro, "Capital Equipment Analysis: The required Rate of Profit," *Management Science* 3, 1956.

9 Myron Gordon, *The Investment, Financing, and Valuation of Corporation*, Homewood, IL:

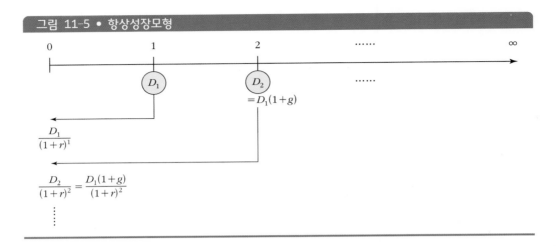

그림 11-5 • 항상성장모형

은 항상성장모형(constant growth model)을 제시하였다. 항상성장모형은 식(11-6)의 일반적인 배당할인모형에 대해서 배당이 매년 일정한 비율로 무한히 성장한다고 가정하여 미래의 모든 배당을 추정하는 문제를 단순화시킴으로써 일반적인 배당할인모형의 실제 적용가능성을 크게 향상시켰다. 항상성장모형에서는 배당이 항상 일정한 성장률(g)만큼 성장한다고 가정함에 따라 미래시점의 배당을 아래와 같이 계산한다.

$$D_1 = D_0(1+g)^1$$
$$D_2 = D_1(1+g)^1 = D_0(1+g)^1(1+g)^1 = D_0(1+g)^2$$
$$D_3 = D_2(1+g)^1 = D_0(1+g)^2(1+g)^1 = D_0(1+g)^3 \tag{11-7}$$

식(11-7)의 배당계산식을 일반적인 배당할인모형인 식(11-6)에 대입하면 식(11-8)이 된다.

$$P_0 = \frac{D_1}{(1+r)^1} + \frac{D_1(1+g)}{(1+r)^2} + \frac{D_1(1+g)^2}{(1+r)^3} + \cdots \tag{11-8}$$

식(11-8)의 좌변과 우변에 $(1+g)/(1+r)$를 곱하면 식(11-9)가 된다.

Richard D, Irwin, 1962.

$$P_0\left(\frac{1+g}{1+r}\right) = \frac{D_1(1+g)}{(1+r)^2} + \frac{D_1(1+g)^2}{(1+r)^3} + \frac{D_1(1+g)^3}{(1+r)^4} + \cdots \tag{11-9}$$

식(11-8)에서 식(11-9)를 차감하여 정리하면 식(11-10)의 항상성장모형이 유도된다.

$$\left[1 - \left(\frac{1+g}{1+r}\right)\right]P_0 = \frac{D_1}{1+r}$$

$$\rightarrow P_0 = \frac{\dfrac{D_1}{1+r}}{1 - \dfrac{1+g}{1+r}}$$

$$\rightarrow P_0 = \frac{D_1}{r-g} = \frac{D_0(1+g)}{r-g} \quad (\text{여기서}, \ r > g) \tag{11-10}$$

예제 | **항상성장모형**

A기업은 금년 초에 배당금(D_0) 5,000원을 지급하였으며 이 기업의 배당금은 매년 10%로 일정하게 증가하고 있다. 요구수익률이 15%라고 할 경우 이 주식의 현재가치는 얼마인가?

[답]

$$P_0 = \frac{D_1}{r-g} = \frac{D_0(1+g)}{r-g} = \frac{5,000(1+0.1)}{0.15 - 0.1} = 110,000\text{원}$$

식(11-10)에서 할인율 r이 성장률 g보다 커야 의미가 있다. 만약 할인율 r이 성장률 g보다 작다면, 식(11-10)으로 계산되는 주가는 음($-$)의 값이 나오는데 현실에서 음($-$)의 주가는 있을 수 없으므로 식(11-10)으로 계산되는 주가는 의미가 없다.

2) 제로성장모형

항상성장모형에서 만약 첫해 말에 받는 배당은 D_1이고 영원히 같은 금액이 배당

그림 11-6 • 제로성장모형

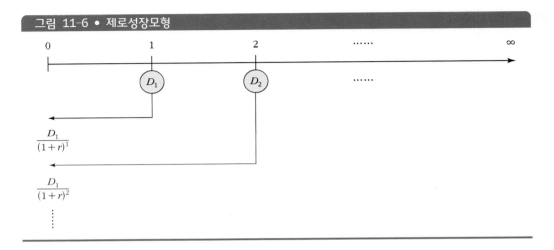

으로 지급된다면 이러한 주식의 현금흐름형태는 영구연금(perpetuity)과 동일하게 된다. 매년 일정한 고정된 배당을 받는 경우는 실제로 우선주에서 찾아볼 수 있다. 따라서 이 경우의 항성성장모형은 g가 0(제로)이 되어 매년 배당이 일정한 식(11-11)의 제로성장모형(zero growth model)이 된다.

$$P_0 = \frac{D_1}{(1+r)^1} + \frac{D_1}{(1+r)^2} + \frac{D_1}{(1+r)^3} + \cdots \tag{11-11}$$

식(11-11)의 좌변과 우변에 $1/(1+r)$을 곱하면 식(11-12)가 된다.

$$\left(\frac{1}{1+r}\right)P_0 = \frac{D_1}{(1+r)^2} + \frac{D_1}{(1+r)^3} + \cdots \tag{11-12}$$

식(11-11)에서 식(11-12)를 차감하면 식(11-13)으로 정리된다.

$$\left[1 - \left(\frac{1}{1+r}\right)\right]P_0 = \frac{D_1}{1+r}$$

$$\rightarrow P_0 = \frac{\dfrac{D_1}{1+r}}{1 - \dfrac{1}{1+r}}$$

$$\rightarrow P_0 = \frac{D_1}{r}$$

(11-13)

예제 | **제로성장모형**

A기업은 작년 말에 배당금(D_0)으로 2,000원을 지급하였다. 이 회사의 배당금은 매년 2,000원으로 일정하게 유지될 것으로 기대된다. 이 기업의 주식에 대한 요구수익률이 8%일 경우 이 주식의 현재가치는 얼마인가?

[답]

$$P_0 = \frac{D_1}{r} = \frac{2,000}{0.08} = 25,000\,원$$

3) 2단계배당할인모형

기업은 통상 성장단계를 거치기 때문에 영원히 일정한 성장률을 가정한 항상성장모형을 실제 투자분석에 적용하는 데에는 한계가 있다. 단계별로 성장률이 다른 2단계배당할인모형은 2단계의 성장단계를 고려한 모형으로서, 기업이 처음 n년 동안에는 고속성장을 하지만 이후에는 영원히 안정적으로 성장할 것이라고 가정한다.

먼저 n년도까지의 고속성장단계인 1단계의 경우 개별 배당을 추정하여 그 현재가치를 계산하고, n년도 이후의 안정적인 성장단계인 2단계의 가치는 항상성장모형을 적용하여 n년 시점에서의 가치를 현재가치로 할인한 다음, 1단계와 2단계의 가치를 모두 합하여 주식가치를 계산한다.

예제 | **2단계배당할인모형**

급속한 성장을 하고 있는 A기업은 앞으로 3년도 말까지는 10%, 그 이후부터는 5%의 성장률이 기대된다. 이 회사의 올해의 배당금(D_0)은 2,000원이고 요구수익률(r)은 8%이다. 이 기업 주식의 현재가치를 구하시오.

[답]

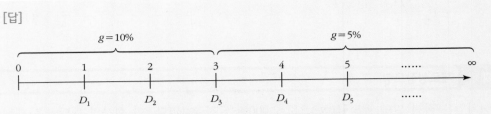

1단계($g=10\%$): 초기의 고속성장기간에는 개별배당을 먼저 계산한다.

$$D_1 = 2,000(1.10) = 2,200$$
$$D_2 = 2,200(1.10) = 2,420$$
$$D_3 = 2,420(1.10) = 2,662$$

2단계($g=5\%$): 성장률이 5%인 경우에는 항상성장모형을 적용하여 3년 이후의 배당을 3년도의 가치로 계산한다.

$$P_3 = \frac{D_3(1+g)}{r-g} = \frac{2,662(1+0.05)}{0.08-0.05} = 93,170$$

끝으로, 1단계와 2단계의 가치를 모두 현재시점의 가치로 할인하여 더한다.

$$P_0 = \frac{2,200}{(1+0.08)} + \frac{2,420}{(1+0.08)^2} + \frac{2,662+93,170}{(1+0.08)^3} = 80,186.33원$$

4) 성장률과 할인율의 추정

① 성장률의 추정

배당할인모형에서 주식의 가치는 미래의 현금흐름에 의해서 결정되기 때문에 성장률을 어떻게 추정하는지가 매우 중요한 문제이다. 성장률은 과거성장률에 기초해서 구할 수도 있고 기업분석가가 추정한 값으로 사용할 수도 있다. 과거성장률을 이용할 경우 과거성장률의 평균치를 사용하는데 이때 산술평균으로 계산할 것인가 아니면 기하평균으로 계산할 것인가에 따라 성장률은 차이가 난다. 특히, 매년 순이익성장률이 큰 편차를 가질 때 기하평균은 과거의 순이익성장률을 산술평균보다 훨씬 더 정확하게 추정한다.

또한 과거의 평균성장률을 계산할 때 평균을 계산하는 평가기간을 얼마나 길게 하느냐에 따라 그 결과값은 달라진다. 예를 들어, 5년 동안의 평균성장률과 10년 동안의 평균성장률은 차이가 있다. 이러한 추정기간은 분석가의 자의적인 판단에 따르며, 추정기간의 길이에 따른 성장률의 민감도를 고려하여 신중하게 결정되어야 한다.

일반적으로 기업의 성장률을 측정하는 재무지표로 순이익증가율을 많이 사용한다. 순이익증가율은 정상적인 영업활동의 성과인 경상이익뿐만 아니라 특별손익까지 모두 반영한 총괄적인 경영성과의 변화율을 나타내는 기업의 실질적인 성장세를 보여주는 지표이기 때문에 기업의 성장률 측정지표로 적절한 것으로 받아들여진다. 순이익증가율, 즉 성장률(g)을 결정하는 가장 단순한 관계는 유보비율과 자기자본순이익률(ROE: return on equity)에 기초하여 형성된다. 이를 자세히 설명하면 다음과 같다.

$$\text{순이익증가율}(g) = \frac{\text{당기순이익} - \text{전기순이익}}{\text{전기순이익}} \tag{11-14}$$

식(11-14)에서 당기순이익을 살펴보면,

$$
\begin{aligned}
\text{당기순이익} &= \text{전기순이익} + \text{전기순이익} \times \text{순이익증가율}(g) \\
&= \text{전기순이익} + \text{순이익증가액} \\
&= \text{전기순이익} + \text{전기유보액} \times \text{투자수익률} \\
&= \text{전기순이익} + \text{전기순이익} \times \text{유보비율}(b) \times \text{투자수익률}(ROE) \tag{11-15}
\end{aligned}
$$

당기순이익은 전기순이익에 순이익증가액(=전기순이익×순이익증가율(g))을 더한 것이다. 이때 순이익증가액은 전기유보액(=전기순이익×유보비율)을 일정한 수익률을 올릴 수 있는 곳에 투자하여 얻은 금액이다. 투자수익률을 정확히 추정하는 것이 쉬운 일이 아니기 때문에 현재 투자하려는 투자안이 과거의 투자안들과 동일한 수익률을 올릴 수 있다고 가정하여 기업이 과거에 자기자본을 투자하여 얻은 수익률인 자기자본순이익률(ROE)을 투자수익률의 대용치로 사용한다. 식(11-15)를 식(11-14)에 대입하면 성장률 g는 다음과 같이 추정될 수 있다.[10]

---

10 기업이 순이익에 대한 배당비율, 즉 배당성향(=1−유보비율)을 항상 일정하게 유지한다면 순이익

$$g = b \times ROE$$

$$= b \times \frac{NI}{S}$$

$$= b \times \frac{[EBIT - r_d \cdot B](1-t)}{S}$$

$$= b \times \frac{\left[\left(\dfrac{EBIT}{\text{총자산}} \cdot (S+B)\right) - r_d \cdot B\right](1-t)}{S}$$

$$= b \times \frac{[i \cdot (S+B) - r_d \cdot B](1-t)}{S}$$

$$= b \times \frac{[i \cdot S + i \cdot B - r_d \cdot B](1-t)}{S}$$

$$= b\left[i + (i - r_d)\frac{B}{S}\right](1-t) \qquad (11\text{-}16)$$

여기서, NI = 당기순이익, i = 총자산영업이익률, r_d = 타인자본비용,
B = 타인자본, S = 자기자본, t = 법인세율

식(11-16)은 기업이 일정금액의 유보금액을 ROE만큼의 투자수익률을 얻을 수 있는 곳에 투자하여 이익을 얻어 그만큼 성장한다는 의미다. 투자수익률의 대용치로 사용하는 ROE는 주주의 자본을 투자하여 얼마만큼의 순이익을 벌어들이는지를 측정하는 지표이므로 주주의 입장에서 자기자본의 투자효율성을 나타내는 비율이 된다. 따라서 ROE는 주주들이 요구하는 최소한의 투자수익률이 되며 이는 주주의 요구수익률 또는 기업의 자기자본비용이라고도 한다.

한편, 식(11-16)은 ROE가 시간에 따라 불변이라는 가정하에 도출된 것이다. ROE가 시간에 따라 변한다면 금년도의 성장률 g는 기존의 자기자본을 기준으로 ROE의 변화효과를 고려하여 다음과 같이 계산할 수 있다.

$$g = \frac{\text{전기자기자본} \times (ROE_t - ROE_{t-1})}{\text{전기순이익}} + b \times ROE_t \qquad (11\text{-}17)$$

증가율과 배당성장률은 항상 같아지게 된다.

예제 **성장률**

금년 자기자본이 20,000만원인 *A*기업의 *ROE*는 20%, 유보비율은 55%이고 순이익은 4,000만원을 달성하였다. 이 기업의 내년 유보비율은 55%, *ROE*는 19%가 될 것으로 추정되었다. 금년과 내년의 성장률을 추정하시오.

[답]

금년 성장률: $g = $ 유보비율$(b) \times \mathrm{ROE} = 0.55 \times 0.2 = 11.0\%$

내년 성장률: $\dfrac{20{,}000만원 \times (0.19 - 0.20)}{4{,}000만원} + 0.55 \times 0.19 = 5.45\%$

따라서 *ROE*가 20%에서 19%로 1% 하락함으로써 5.55%(= 11.0% - 5.45%)만큼 성장률이 하락한다.

② 할인율의 추정

주식의 내재가치는 미래현금흐름을 현금흐름의 시차와 불확실성이 반영된 요구수익률(할인율)로 할인한 현재가치로 계산한다. 할인율(discount rate)이란 미래의 현금흐름을 현재가치로 환산하는 데 사용되는 특정 수익률을 지칭하는 일반용어다. 할인율은 화폐의 시간가치와 주식의 위험을 모두 반영하여야 한다. 주식에서 현금흐름은 주주에게 귀속되는 배당을 의미하기 때문에 이를 할인할 때에는 주주들이 요구하는 최소한의 수익률인 자기자본비용(r_e)을 요구수익률로 사용한다.

일반적으로 자기자본비용(r_e)을 추정할 때 *CAPM*을 이용한다. *CAPM*에 의하면 주식의 기대수익률 $E(r_i) = r_f + [E(r_M) - r_f]\beta_i$는 주식베타로 측정한 주식의 위험 수준에 대응하여 기대할 수 있는 수익률 수준을 나타낸다. 주주들은 최소한 그 주식의 위험에 상응하는 기대수익률 정도의 수익률을 얻고자 하므로 이 기대수익률 $E(r_i)$를 주주들이 요구하는 최소한의 요구수익률인 자기자본비용(r_e)으로 사용할 수 있다.

그리고 무위험수익률의 대용치로는 장·단기국채의 만기수익률을 사용할 수 있지만, 논리적으로 만기가 없는 주식을 매우 긴 장기의 듀레이션을 갖는 자산으로 간주한다면, 이것에 대응하여 무위험자산의 수익률도 장기국채의 만기수익률을 무위험수익률의 대용치로 사용하는 것이 보다 합리적이다. 하지만 많은 시장에서 단기국채가 풍부한 유동성을 가지고 거래되는 경우도 많기 때문에 이 경우에는 단기국채의 채권수익률을 대용치로 사용할 수도 있다.

예제 | **내재가치**

금년 초 현재 주가가 32,000원인 A기업은 금년 말에 배당이 5,000원 지급되고, 주가는 35,000원이 될 것으로 기대된다. 이 기업의 주식베타가 1.5일 경우 이 주식의 과대 및 과소평가 여부를 결정하시오. 단, 무위험수익률은 5%이고 시장의 기대수익률은 12%이다.

[답]

$$r_e = r_f + [E(r_M) - r_f]\beta_i = 0.05 + (0.12 - 0.05)(1.5) = 0.155$$

$$P_0 = \frac{D_1 + P_1}{1 + r_e} = \frac{5,000 + 35,000}{1 + 0.155} = 34,632원$$

실제시장가격(32,000원)이 내재가치(34,632원)보다 낮으므로, 이 주식은 과소평가 되어 있다.

---

(2) 주가와 성장기회

주식의 가치를 평가할 때 만약 어느 기업이 성장기회가 전혀 없다고 해보자. 이 기업은 이익의 전부를 배당으로 지급하여 재투자하지 않으면 자본규모나 생산설비 등이 매년 동일하게 되므로 이익과 배당이 모두 성장하지 않고 매년 동일하게 될 것이다.

예를 들어, A기업의 올해 말 주당순이익은 5,000원으로 기대되고, 요구수익률이 10%라고 할 때, 이익을 전부 배당으로 지급할 경우에는 이 기업의 주가가 50,000원 $(P_0 = E_1/r_e = D_1/r_e = 5,000원/0.1)$으로 평가된다.

하지만 A기업이 매년 이익의 30%를 사내유보하여 ROE가 12%(매년 일정하다고 가정) 되는 곳에 투자하여 성장기회를 갖는다면 A기업의 주가는 성장기회가 없을 경우의 주가 50,000원에 성장기회의 현재가치만큼 더하여 계산하여야 한다.

A기업은 1년도 말에 5,000원의 이익 중 70%(3,500원)는 배당을 하고 나머지 30%

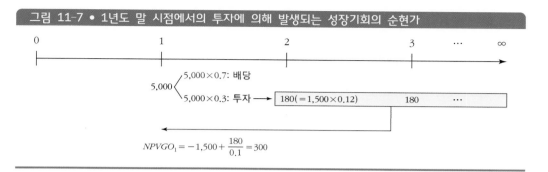

그림 11-7 • 1년도 말 시점에서의 투자에 의해 발생되는 성장기회의 순현가

$$NPVGO_1 = -1,500 + \frac{180}{0.1} = 300$$

(1,500원)를 투자할 경우 1년도 말 시점에서의 투자에 의해 매년 180원(= 1,500원×0.12) 씩 투자수익이 발생하므로 이 성장기회의 순현가(NPVGO: net present value of growth opportunity)는 〈그림 11-7〉에 나타난 것과 같이 300원이 된다.

또한, 〈그림 11-8〉에 나타낸 것과 같이 1년도 말의 투자로 인해 2년도 말에 180원의 이익이 추가로 발생하므로 2년도 말에는 총 5,180원 중 70%(3,620원)를 배당하고 30%(1,554원)를 *ROE*수준인 12%의 수익을 얻을 수 있는 곳에 투자하면 이 투자로 인해 3년도 말부터 매년 186.48원의 투자수익이 발생한다. 따라서 2년도 말 시점에서의 투자에 의해 매년 발생하는 186.48원의 투자수익의 순현가를 계산하면 310.8원이 된다.

2년도 말 시점에서의 투자에 의해 발생되는 성장기회의 순현가 310.8원은 1년도 말 시점에서의 투자에 의해 발생되는 성장기회의 순현가 300원이 3.6%(g=0.3×0.12)의 성장률로 증가함을 알 수 있다.

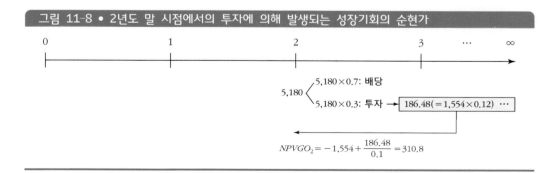

그림 11-8 • 2년도 말 시점에서의 투자에 의해 발생되는 성장기회의 순현가

$$NPVGO_2 = -1,554 + \frac{186.48}{0.1} = 310.8$$

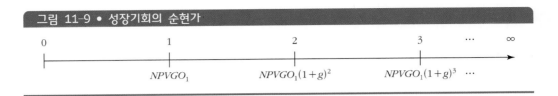

그림 11-9 • 성장기회의 순현가

$$0 \quad\quad 1 \quad\quad 2 \quad\quad 3 \quad \cdots \quad \infty$$

$$NPVGO_1 \quad\quad NPVGO_1(1+g)^2 \quad\quad NPVGO_1(1+g)^3 \cdots$$

이상의 결과에 의해 성장률이 g로 매년 일정할 경우, 성장기회에 의해서 얻을 수 있는 현금흐름은 일반적으로 〈그림 11-9〉와 같이 나타낼 수 있다. 따라서 모든 성장기회의 순현가인 $NPVGO$는 식(11-18)과 같이 4,687.5원($=300/(0.1-0.036)$)으로 구할 수 있다.

따라서 성장기회의 순현가까지 고려한 주식의 현재가치는 다음과 같다.

$$P_0 = \frac{E_1}{r_e} + NPVGO = \frac{5,000원}{0.1} + 4,687.5원 = 54,687.5원 \tag{11-18}$$

(3) EVA할인모형

1) EVA의 개념

잔여이익(residual income)의 개념은 Alfred Marshall[11]이 1980년에 "기업 소유주나 경영자의 이익에서 자신들이 투자한 자본에 대한 현재 이자율 수준을 반영한 이자를 차감한 나머지가 기업경영으로 인한 이익"이라고 주장하면서 시작되었다. 잔여이익은 회계상 기록된 명시적인 비용뿐만 아니라 투자된 자본에 대한 기회비용까지도 고려해야 하므로 당기순이익에서 주주의 기회비용(자기자본비용)까지 차감하고 남은 이익으로 정의한다.

손익계산서상의 당기순이익에는 부채 등의 타인자본 사용에 대한 대가인 타인자본비용이 지급이자라는 명목으로 명시적으로 차감되지만 주주의 기회비용인 자기자본비용은 고려되지 않고 있다. 회계적으로 양(+)의 당기순이익이 발생하더라도 이 당기순이익이 자기자본비용보다 작다면 경제적으로는 부가가치를 창출한 것이 아니게

---

11 Alfred Marshall, *Principles of Economics*, New York: MacMillan, 1980, 142.

된다. 이러한 잔여이익 개념은 초기에 기업 내부의 사업부분의 성과평가를 위해 도입되었으며, 현재는 주식평가모형으로도 사용되고 있다.

주주가치를 설명하는 대표적인 지표로 잔여이익 개념을 적용한 경제적 부가가치(EVA: economic value added)는 Stern Stewart & Company가 제시하면서 알려지게 되었다. EVA는 기본적으로 세후순영업이익(NOPAT: net operating profit after taxes)과 세후순영업이익을 얻기 위하여 투자된 투자자본인 총자본에 바탕을 두고 있다. EVA는 세후순영업이익에서 자금공급자(주주와 채권자)의 투자자본(IC: invested capital)인 총자본 사용에 대한 기대수익인 자본비용을 차감한 금액으로 다음과 같이 정의한다.

$$EVA = NOPAT - WACC \times IC \tag{11-19}$$

$$= (ROIC - WACC) \times IC \tag{11-20}$$

식(11-19)로 정의된 EVA는 투자자본수익률(ROIC: return on invested capital)을 이용하여 식(11-20)으로 변형할 수 있다.[12] 이와 같은 EVA는 재무상태표상에 나타나지 않는 주주의 기회비용인 자기자본비용까지 반영하여 실질 주주이익을 나타냄으로써 주주중시 경영, 수익중시 경영 유도를 위한 효율적 지표수단이 된다.

2) 세후순영업이익과 투자자본의 조정

① 세후순영업이익

정확한 EVA를 계산하기 위해서는 세후순영업이익과 투자자본을 조정해야 한다. 세후순영업이익은 영업활동으로 인한 영업이익(EBIT)에서 세금까지 납후한 후의 금액이기 때문에 재무활동의 영향이 없어야 하며, 세금조정을 고려해야 하므로 다음과 같은 조정이 필요하다.

세후순영업이익(NOPAT) = 영업이익(EBIT) − 영업이익 × 법인세

+ 당기 연구개발비 − 자산화된 연구개발비상각

---

12 투자자본수익률(ROIC)은 영업활동에 투자된 투자자본(IC)을 가지고 세후 기준으로 얼마나 많은 세후순영업이익(NOPAT)을 올렸는지 그 수익성, 즉 이익창출능력을 평가하는 지표로 ROIC = NOPAT/IC로 구한다. 따라서 NOPAT = ROIC × IC로 전환할 수 있다.

$$+ 자산평가\ 및\ 처분이익 - 자산평가\ 및\ 처분손실$$
$$+ 이연법인세대\ 증가액$$

회계상 연구개발비는 비용으로 차감하여 영업이익을 계산하지만, EVA를 계산할 때에는 연구개발비가 실질적인 가치가 있는 자산으로 간주하여 투자자산에 추가하고 연구개발비의 감가상각비용만을 비용으로 인정하여 차감한다. 또한 영업외손익 항목인 자산의 평가 및 처분은 EVA 계산에서는 영업 관련 손익으로 간주하여 더해준다. 이연법인세대는 손익계산서상의 법인세액이 실제 납부한 법인세액보다 작을 경우 부채의 형태로 계상된 것이며, 이연법인세대 증가분만큼 세금을 덜 낸 것이 되어 이연법인세대 증가액만큼 세후영업이익이 증가할 것이므로 이를 영업이익에 더해준다.

② 투자자본

자금공급자(주주와 채권자)의 투자자본(IC: invested capital)인 총자본은 타인자본과 자기자본총액을 합한 금액이다. 타인자본은 장·단기 구분 없이 이자가 지불되는 부채를 의미한다. 따라서 이자가 발생하는 비유동부채(장기부채)와 장기차입금뿐만 아니라 유동부채(단기부채) 중에서 이자가 발생하는 단기차입금과 지급어음을 타인자본에 포함한다.[13]

자기자본은 명시적인 자본사용의 대가(이자)가 발생하지 않지만 기회비용이 존재하므로 자기자본(자본금, 자본잉여금, 이익잉여금 등 재무상태표상의 자본총액)을 투자자본에 포함한다. 따라서 투자자본은 다음과 같이 자기자본총액과 이자발생 부채의 총합이 된다.

$$투자자본(총자본) = 자기자본 + 이자발생\ 타인자본$$
$$= 자기자본 + 타인자본 - 이자미발생\ 타인자본$$
$$= 조정\ 총자산 - 이자미발생\ 타인자본$$
$$= 영업자산 - 이자미발생\ 타인자본$$

위식에서 조정 총자산은 기업의 총자산에서 영업활동과 무관한 비영업자산(적정

---

13 미지급금, 매입채무 등의 유동부채는 이자를 발생하지 않기 때문에 투자자본에서 제외한다.

시재 이상의 금융자산, 투자자산, 건설중인 자산 등)[14]을 제외하고 연구개발비는 자산으로 간주하여 영업자산에 포함한 것을 말한다.

예제 **EVA할인모형**

매출액이 300억원, 영업이익이 200억원인 A기업은 현금 300억원, 재고자산 400억원, 연구개발비 300억원의 자산을 가지고 있으며, 미지급금 100억원, 단기차입금 300억원, 장기차입금 400억원의 부채를 보유하고 있다. 자본금은 200억원이다. 이 기업은 법인세로 50억원을 부담하고 있으며 장기성장률은 영원히 5%로 추정되었고 가중평균자본비용은 12%이다.

(1) A기업의 EVA를 계산하시오.

(2) EVA를 이용하여 이론주가를 추정하시오. 단, 발행주식수는 600만주이다.

[답]

(1) 투자자본 = 영업자산 − 이자미발생 타인자본 = 1,000억원 − 100억원 = 900억원

$$ROIC = \frac{\text{세후순영업이익}}{\text{투자자본}} = \frac{(200억 - 50억)}{900억} = 16.67\%$$

$$\rightarrow \ EVA = (ROIC - WACC) \times IC = (16.67\% - 12\%) \times 900억원 = 42억원$$

(2) A기업이 장기적으로 영원히 5% 성장한다고 할 경우 매년 EVA도 5%씩 성장할 것이므로,

$$EVA의\ 현가(=시장부가가치: MVA) = \frac{42억원}{(1+0.12)^1} + \frac{42억원(1.05)^1}{(1+0.12)^2} + \cdots$$

$$= \frac{42억원}{0.12 - 0.05} = 600억원$$

즉, 시장부가가치(MVA: EVA의 현재가치)는 미래 발생가능한 모든 EVA를 가중평균자본비용($WACC$)으로 할인한 현재가치이므로 기업가치의 총증가분을 의미한다. 양

---

14 증권거래소 정보통계부, 상장기업 EVA분석

(음)의 MVA는 장부가치에 부가(차감)되는 가치가 있음을 의미하므로 다음과 같이 주가를 추정할 수 있다.

$$주가 = 주당순자산 + 주당MVA = \frac{200억원}{600만주} + \frac{600억원}{600만주} = 13,333원$$

핵심정리

1. 채권

- 발행주체에 따른 분류
  - 국채: 정부가 발행. 국고채권, 재정증권, 국민주택채권, 보상채권
  - 통화안정증권: 한국은행이 유동성을 조절하기 위해 금융통화위원회가 정하는 한 도 내에서 발행
  - 지방채: 지방자치단체가 발행. 서울도시철도채권, 지방도시철도공채, 서울특별시 지역개발채권, 지역개발공채 등
  - 특수채: 한국전력공사·예금보험공사 등 법률에 의해 직접 설립된 법인이 발행. 한국전력채권, 예금보험기금채권, 부실채권정리기금채권 등
  - 회사채: 상법상의 주식회사가 발행
  - 금융채: 금융회사가 발행

- 이자지급방법에 따른 분류
  - 이표채: 매 기간마다 이자를 지급하고 만기가 도래하면 채권의 액면가를 상환
  - 할인채: 액면금액에서 상환일까지의 이자를 단리로 미리 할인한 금액으로 발행
  - 복리채: 채권발행 후 만기까지 이자지급 단위기간의 수만큼 복리로 이자가 재투 자되어 만기 시에 원금과 이자가 일시에 지급

- 옵션이 내재된 채권
  - 전환사채: 발행회사의 주식으로 전환할 수 있는 권리가 부여된 채권
    - → 전환비율: 전환사채를 전환할 때 받게 되는 주식 수
      전환가격: 전환에 의해서 발행되는 주식 1주에 요구되는 사채액면금액
      전환가치: 전환사채를 주식으로 전환할 경우의 가치
      전환프리미엄: 전환사채가 전환가치를 상회하여 판매될 때의 초과액

- 신주인수권부사채: 채권보유자에게 채권을 발행한 회사의 신주인수권(신주의 발행 을 청구할 수 있는 권리)이 부여된 채권

2. 채권시장

- 도매시장: 국채전문유통시장, 환매조건부채권시장
  - 국채전문유통시장: 국고채시장 활성화 및 거래투명성 제고를 위해 개설한 국채 전자거래시장
  - 미상환액면총액 2,000억원 이상의 국고채권, 외국환평형기금채권, 통화안정증권, 예금보험공사채권, 신용등급이 AA 이상인 회사채, 기타 특수채가 거래되는 시장

- 소매시장: 일반채권시장, 소액채권시장
  - 일반채권시장: 국채전문유통시장에서 거래되는 국고채를 제외한 한국거래소에 상장된 모든 종목의 채권을 거래할 수 있는 시장
  - 첨가소화채권의 환금성을 위해 개설된 시장

3. 채권의 가치평가

$$P_0 = \frac{C}{(1+r)^1} + \frac{C}{(1+r)^2} + \cdots\cdots + \frac{C+F}{(1+r)^n}$$

4. 채권수익률

- 명목수익률(액면이자율, 쿠폰이자율, 표면이자율) = 이자/액면가액

- 경상수익률(직접이율, 단순수익률, 직접수익률, 이자수익률) = 이자/시장가액

- 만기수익률(유통수익률, 시장수익률, 내부수익률)
  - 지금 채권을 사서 만기까지 보유할 때 얻을 수 있는 기간당 평균수익률
  - 현재가격과 채권의 미래현금흐름의 현재가치를 같게 해주는 할인율 = 내부수익률
  - 채권의 이자가 모두 만기수익률과 동일한 수익률로 재투자된다는 가정하에서 채권의 만기까지의 복리수익률

$$P_0 = \frac{C}{(1+r)^1} + \frac{C}{(1+r)^2} + \cdots + \frac{C+F}{(1+r)^n} \rightarrow r(\text{만기수익률})$$

5. 채권수익률곡선과 기간구조

- 기간구조: 단기수익률과 장기수익률 간의 관계
  → 상승형, 하강형, 수평형, 낙타형

- 기대이론
  - 기간구조가 미래에 이자율이 어떻게 될지에 대한 투자자들의 기대를 반영
  - 선도이자율 $r_{n-1,n}$ =미래 현물이자율의 기댓값 $E(r_{n-1,n})$
  - 장기채의 만기수익률＝단기채권수익률들의 기하평균
  - $(1 + r_{0,n})^n = (1 + r_{0,1})(1 + E(r_{1,2})) \cdots (1 + E(r_{n-1,n}))$

- 유동성선호이론
  - $r_{n-1,n} = E(r_{n-1,n}) + L_n$
  - $(1 + r_{0,n})^n = (1 + r_{0,1})(1 + E(r_{1,2}) + L_2) \cdots (1 + E(r_{n-1,n}) + L_n)$

- 시장분할이론
  - 채권시장이 채권만기에 대한 선호도가 서로 다른 분할된 시장으로 구성되며, 채권수익률은 이들 각 시장에서의 수요공급의 원리에 의해서 결정됨.

6. 주식시장

- 유가증권시장: 기업규모가 큰 우량주식이 거래되며, 1956년 3월에 개설.

- 코스닥시장: IT, BT, CT기업과 벤처기업의 자금조달 목적으로 1996년 7월에 개설.

- 코넥스시장: 창업 초반기 중소·벤처기업의 원활한 자금조달을 위해 2013년 7월에 개설

- K-OTC시장: 장내시장에 상장되지 않은 기업이 주권의 매매거래를 위해 금융투자협회가 운영하는 장외시장

7. 주식의 가치평가

① 배당할인모형

- 일반 배당할인모형: $P_0 = \dfrac{D_1}{(1+r)^1} + \dfrac{D_2}{(1+r)^2} + \dfrac{D_3}{(1+r)^3} + \cdots = \displaystyle\sum_{t=1}^{\infty} \dfrac{D_t}{(1+r)^t}$

- 항상성장모형: $P_0 = \dfrac{D_1}{r-g} = \dfrac{D_0(1+g)}{r-g}$

- 제로성장모형: $P_0 = \dfrac{D_1}{r}$

- 2단계배당할인모형
  - 1단계(n시점까지의 고속성장단계): 매 시점 개별 배당의 현재가치 계산
  - 2단계(n시점 이후의 안정적인 성장단계): 항상성장모형을 적용하여 n시점에서의 가치를 현재가치로 할인
  - 1단계와 2단계의 가치를 모두 합하여 주식가치를 계산

- 성장률
  - ROE가 시간에 따라 불변일 경우

  $$g = b \times ROE = b\left[i + (i - r_d)\dfrac{B}{S}\right](1-t)$$

  - ROE가 시간에 따라 변할 경우

  $$g = \dfrac{\text{전기자기자본} \times (ROE_t - ROE_{t-1})}{\text{전기순이익}} + b \times ROE_t$$

- 할인율: $r_e = r_f + [E(r_M) - r_f]\beta_i$

- 성장기회가 있을 경우의 주가

  $$P_0 = \dfrac{E_1}{r_e} + NPVGO = \dfrac{E_1}{r_e} + \dfrac{NPVGO_1}{r-g}$$

② EVA할인모형

- $EVA = NOPAT - WACC \times IC = (ROIC - WACC) \times IC$
  - 세후순영업이익(NOPAT) = 영업이익(EBIT) - 영업이익 × 법인세
    - \+ 당기 연구개발비 - 자산화된 연구개발비상각
    - \+ 자산평가 및 처분이익 - 자산평가 및 처분손실
    - \+ 이연법인세대 증가액
  - 투자자본(총자본) = 자기자본 + 이자발생 타인자본
    - = 자기자본 + 타인자본 - 이자미발생 타인자본
    - = 조정 총자산 - 이자미발생 타인자본
    - = 영업자산 - 이자미발생 타인자본

- EVA의 현가(= 시장부가가치: $MVA = \dfrac{EVA_1}{WACC - g}$)

- 주가 = 주당순자산 + 주당MVA

1. (2001 CPA) 액면금액 10,000원, 3년 만기, 표면이자율 연 16%(이자는 매분기말 지급)로 발행된 회사채가 있다. 만기일까지의 잔존기간이 5개월 남은 현 시점에서 이 회사채의 만기수익률이 연12%이면, 이 채권의 이론가격은? (가장 근사치) (　　)

     ① 9,890원   ② 10,000원   ③ 10,110원

     ④ 10,290원   ⑤ 10,390원

2. (2005 CPA) 다음 설명 중 가장 적절하지 않은 것은? (　　)

     ① 기대이론에 따르면, 시장에서 향후 이자율이 상승할 것이라고 기대될 때에만 우상향하는 수익률곡선(yield curve)이 나타난다.

     ② 유동성선호이론은 수익률곡선이 항상 우상향 모양을 띠게 된다고 주장한다.

     ③ 국채의 수익률곡선이 평평할 때, 회사채의 수익률곡선은 우상향할 수 있다.

     ④ 기대이론에 따르면, 선도이자율이 미래의 각 기간별 기대 현물이자율과 일치한다.

     ⑤ 3년 만기의 회사채 만기수익률이 5년 만기 국채의 만기수익률보다 더 낮을 수 있다.

3. (2012 CPA) 이자율 기간구조이론에 관한 설명으로 가장 적절하지 않은 것은? (　　)

     ① 기대가설에 따르면 미래 이자율이 오를 것으로 예상하면 수익률곡선은 우상향한다.

     ② 유동성선호가설에 따르면 투자자들이 위험회피형이라고 할 때, 선도이자율은 미래 기대현물이자율(expected spot rate)보다 높다. 따라서 미래 기대현물이자율이 항상 일정한 값을 갖는다고 해도 유동성 프리미엄이 점차 상승한다면 수익률곡선은 우상향한다.

     ③ 기대가설에 따르면 2년 만기 현물이자율이 1년 만기 현물이자율보다 높으면 현재로부터 1년 후의 선도이자율은 1년 만기 현물이자율보다 높아야만 한다.

     ④ 기대가설에 따라 계산한 선도이자율은 미래 기대현물이자율과 같지 않다.

     ⑤ 실질이자율과 이자율위험프리미엄이 일정하다고 가정할 때 투자자들이 미래의 물가상승률이 더 높아질 것이라고 믿는다면 수익률곡선은 우상향한다.

4. (2013 CPA) 다음 표는 현재의 현물이자율을 이용하여 선도이자율을 계산한 결과이다. 여기서 $r_{i,i+1}$은 i년 후부터 1년 동안의 선도이자율이다. 현재 1년 만기 현물이자율은 6%이다.

	$r_{1,2}$	$r_{2,3}$	$r_{3,4}$	$r_{4,5}$
선도이자율	6.5%	7.0%	7.5%	8.0%

추가적으로 다음 표와 같은 기간별 유동성프리미엄에 대한 정보를 수집하였다.

	2차년도	3차년도	4차년도	5차년도
유동성프리미엄	1.0%	1.7%	2.4%	3.0%

다음 설명 중 적절한 항목만을 모두 고르면? (　　)

(가) 현재 수익률곡선은 우상향(upward-sloping)하는 형태이다.
(나) 현재 수익률곡선은 우하향(downward-sloping)하는 형태이다.
(다) 현재 수익률곡선은 수평(flat)이다.
(라) 유동성선호가설(유동성프리미엄가설)에 따르면, 미래 단기이자율(기대현물이자율)은 상승한다.
(마) 유동성선호가설에 따르면, 미래 단기이자율은 하락한다.

① (가), (라)　　② (가), (마)　　③ (나), (라)

④ (나), (마)　　⑤ (다), (마)

5. (2016 CPA) 올해 1월 1일 현재 채권시장에서 (갑), (을), (병) 세 가지 종류의 무이표 국고채가 거래되고 있다. (갑) 채권은 액면가 10,000원, 만기 1년이고 만기수익률이 2%이다. (을) 채권은 액면가 10,000원, 만기 2년이고 만기수익률이 4%이며, (병) 채권은 액면가 10,000원, 만기 3년이고 만기수익률이 5%이다. (갑), (을), (병) 채권으로 복제포트폴리오를 구성하여 액면가 1,000,000원, 액면이자율 2%, 만기 3년이며 이자를 1년에 한번 씩 연말에 지급하는 국고채의 가격을 구할 때 차익거래가 발생하지 않기 위한 채권가격과 가장 가까운 것은? 단, 현재 시장에서는 거래비용이 없다고 가정한다. (　　)

① 920,000원　　② 940,000원　　③ 960,000원

④ 980,000원　　⑤ 1,000,000원

6. (2017 CPA) 현재 채권시장에서 (주)한국의 1년 만기 액면가 1,000원의 순수할인채권은 909.09원에, 2년 만기 액면가 1,000원의 순수할인채권은 783.15원에 거래되고 있다. (주)한국이 액면가 1,000원, 만기 2년, 액면이자율 10%(이자는 연 1회 후급조건)인 회사채를 발행하려 한다면, 이 회사채의 발행가격과 가장 가까운 금액은? (   )

① 952.32원   ② 966.21원   ③ 967.83원

④ 983.23원   ⑤ 1,000원

7. (2017 CPA) A기업의 내부유보율(retention ratio)은 40%이고, 내부유보된 자금의 재투자수익률(ROE)은 20%이다. 내부유보율과 재투자수익률은 영원히 지속될 것으로 기대된다. A기업에 대한 주주들의 요구수익률은 14%이고 현재 주가가 10,000원이라면, A기업의 배당수익률(D_1/P_0)은? 단, 일정성장배당평가모형(constant growth dividend discount model)이 성립하고, 현재 주가는 이론적 가격과 같다. (   )

① 2%   ② 4%   ③ 6%

④ 8%   ⑤ 10%

8. (2018 CPA) 다음의 조건을 갖는 국채 A, B, C가 있다. 이자율은 모두 연 이자율이며, 이표채는 연1회 이자를 지급한다. 다음 설명 중 가장 적절한 것은? (   )

국채	만기	액면금액	액면이자율	만기수익률
A	1년	1,000원	10.0%	10.0%
B	2년	1,000원	20.0%	15.0%
C	3년	1,000원	0%	15.2%

① 2년 만기 현물이자율은 16.8%이다.

② 수익률곡선은 우상향한다.

③ 1년이 지나도 수익률곡선이 현재와 동일하게 유지된다고 예상하는 투자자 갑이 있다. 현재 시점에서 국채 C를 매입하고 1년 후 매도한다면 투자자 갑이 예상하는 투자수익률은 14.6%이다.

④ 1년 후부터 2년 후까지의 선도이자율($r_{1,2}$)은 22.7%이다.

⑤ 2년 후부터 3년 후까지의 선도이자율($r_{2,3}$)은 15.7%이다.

9. (2001 CPA) A기업의 영업용 투자자본 2,500백만원, 세전 영업이익 600백만원, 법인세 50백만원, 배당성향 60%, 가중평균자본비용(WACC) 10%, 납입자본금 1,000백만원(발행주식수: 20만주), 자기자본비용 20%이다. A기업의 경제적 부가가치(EVA)는? (　)

① 50백만원   ② 250백만원   ③ 300백만원
④ 330백만원   ⑤ 350백만원

10. (2004 CPA) 고정성장배당모형(constant growth dividend discount model)에 관한 다음 설명 중 옳은 것은? (　)

① 고정성장배당모형이 적용되기 위해서는 주식의 요구수익률이 배당의 성장률보다 같거나 낮아야 한다.
② 다른 모든 조건이 동일한 경우, 기본적으로 배당상승에 대한 기대와 주식가치의 변동은 관계가 없다.
③ 고정성장배당모형에 의해 주식가치를 평가하는 경우, 할인율로 무위험이자율을 이용한다.
④ 다른 모든 조건이 동일한 경우, 배당성장률의 상승은 주식가치를 상승시킨다.
⑤ 고정성장배당모형에서 주식의 위험은 기대배당에 반영되어 있다.

11. (2005 CPA) (주)한국의 발행주식수는 100,000주이고 배당성향이 30%이며 자기자본이익률이 10%이다. (주)한국의 주식베타값은 1.2이고 올해 초 주당배당금으로 2,000원을 지불하였다. 또한 무위험이자율이 5%이고 시장포트폴리오의 기대수익률이 15%이라고 한다. 이러한 현상이 지속된다고 가정할 때, (주)한국의 2년 말 시점의 주가는 약 얼마가 되는가? (　)

① 20,000원   ② 21,400원   ③ 22,898원
④ 24,500원   ⑤ 26,216원

12. (2006 CPA) 한국기업은 1년 후부터 매년 20,000원씩의 주당순이익을 예상하며 주당순이익 전부를 배당으로 지급하고 있다. 한국기업은 매년 순이익의 40%를 투자할 것으로 고려하고 있으며 이때 자기자본순이익률이 13%가 될 것으로 예상한다. 한국기업이 순이익 전부를 배당으로 지급하는 대신에 40%를 투자한다면 주가가 얼마나 변화하겠는가? 한국기업 주식의 적정 수익률은 13%이다. ΔP는 가격변화이다. (　)

① $\Delta P \leq -2,000$원   ② $-2,000 < \Delta P < 0$원   ③ $\Delta P = 0$원
④ $0 < \Delta P < 2,000$원   ⑤ $\Delta P \geq 2,000$원

13. (2007 CPA) (주)고구려의 자기자본비용은 14%이며 방금 배당을 지급하였다. 이 주식의 배당은 앞으로 계속 8%의 성장률을 보일 것으로 예측되고 있으며, (주)고구려의 현재주가는 50,000원이다. 다음 중 옳은 것은? (   )

① 배당수익률이 8%이다.
② 배당수익률이 7%이다.
③ 방금 지급된 주당 배당금은 3,000원이다.
④ 1년 후 예상되는 주가는 54,000원이다.
⑤ 1년 후 예상되는 주가는 57,000원이다.

14. (2008 CPA) 현재($t = 0$) 주당 배당금 2,000원을 지급한 A기업의 배당 후 현재 주가는 30,000원이며, 향후 매년 말 배당금은 매년 5%의 성장률로 증가할 것으로 예상된다. 또한 매년 말 700원을 영구적으로 지급하는 채권은 현재 10,000원에 거래되고 있다. A기업 주식 4주와 채권 4주로 구성된 포트폴리오의 기대수익률은? (   )

① 8.75%   ② 9.25%
③ 10.75%   ④ 11.25%
⑤ 12.75%

15. (2009 CPA) (주)한국은 100억원을 투자하여 전자사업부를 신설하려고 하는데 향후 순현금흐름은 다음과 같이 예상된다. 순현금흐름의 성장률은 $t = 1 \sim 4$시점까지는 높게 형성되다가, $t = 5$시점 이후부터는 4%로 일정할 것으로 예상된다. 할인율은 고성장기간 동안 20%, 일정성장기간 동안 10%라고 할 때, 이 투자안의 순현재가치(NPV)와 가장 가까운 것은? (   )

t	1	2	3	4	5
순현금흐름 (단위: 억원)	10	16	20	30	16

① −6.30억원   ② 26.13억원
③ 74.09억원   ④ 80.41억원
⑤ 84.13억원

16. (2011 CPA) 다음에 주어진 자료에 근거하여 A, B 두 기업의 현재 주당 주식가치를 평가했을 때, 두 기업의 주당 주식가치의 차이와 가장 가까운 것은? (단, 배당금은 연 1회 연말에 지급한다.) (   )

A기업: 내년($t=1$)에 주당 2,500원의 배당금을 지급하고 이후 2년간($t=2\sim3$)은 배당금이 매년 25%로 고성장하지만, 4년째($t=4$)부터는 5%로 일정하게 영구히 성장할 것으로 예상된다. 주주의 요구수익률은 고성장기간 동안 연 15%, 이후 일정성장기간 동안 연 10%이다.

B기업: 올해 주당순이익은 3,200원이며, 순이익의 80%를 배당금으로 지급하였다. 순이익과 배당금은 각각 매년 5%씩 성장할 것으로 예상되고, 주식의 베타(β)는 1.20이다. 무위험자산수익률은 2.5%, 위험프리미엄은 6.0%이다.

① 3,477원   ② 3,854원   ③ 4,114원
④ 4,390원   ⑤ 4,677원

17. (2012 CPA) (주)대한의 발행주식수는 20만주이고 배당성향은 20%이며 자기자본이익률(return on equity)은 10%이다. 한편 (주)대한 주식의 베타값은 1.4로 추정되었고 현재시점의 주당배당금(D_0)은 4,000원이며 무위험수익률이 4%, 시장포트폴리오의 기대수익률은 14%이다. 이러한 현상이 지속된다고 가정하고 배당평가모형을 적용하였을 때 가장 적절한 것은? (   )

① (주)대한의 성장률은 10%이다.
② (주)대한의 성장률은 9%이다.
③ (주)대한의 요구수익률은 19%이다.
④ (주)대한의 1년 후 시점의 주가(P_1)는 46,656원이다.
⑤ (주)대한의 2년 후 시점의 주가(P_2)는 55,388.48원이다.

18. (2012 CPA) S사의 1년도 말($t=1$)에 기대되는 주당순이익(EPS)은 2,000원이다. 이 기업의 내부유보율(retention ratio)은 40%이고 내부유보된 자금은 재투자수익률(ROE) 20%로 재투자된다. 이러한 내부유보율과 재투자수익률은 지속적으로 일정하게 유지된다. S사의 자기자본비용이 14%라고 할 경우 S사 주식의 이론적 가격(P_0)에 가장 가까운 것은? (   )

① 13,333원   ② 16,333원   ③ 20,000원
④ 21,600원   ⑤ 33,333원

19. (2012 CPA) (주)창조의 기초 자본구조는 부채 1,200억원, 자기자본 800억원으로 구성되어 있었다. 기말 결산을 해보니 영업이익은 244억원이고 이자비용은 84억원이다. 주주의 기대수익률이 15%이고 법인세율이 25%일 때, 경제적 부가가치(EVA)를 계산하면 얼마인가? (단, 장부가치와 시장가치는 동일하며, 아래 선택지의 단위는 억원이다.)
(   )

① $EVA \leq -20$ 　　② $-20 < EVA \leq 40$ 　　③ $40 < EVA \leq 100$

④ $100 < EVA \leq 160$ 　　⑤ $EVA > 160$

1. ④

답

$$P = \frac{400}{1+(0.12/12)^2} + \frac{10,400}{1+(0.12/12)^5} = 10,290원$$

2. ②

3. ④

답

④ 기대이론에 따라 계산한 선도이자율은 미래 기대현물이자율과 같다.

⑤ 수익률곡선은 명목이자율이다. 피셔효과에 의해 명목이자율은 실질이자율과 물가상승률의 합이므로 물가상승률이 높아진다면 명목이자율이 높아져 수익률곡선이 우상향하게 된다.

4. ②

답

$$(1+r_{0,n})^n = (1+r_{0,1})(1+E(r_{1,2})+L_2) \cdots (1+E(r_{n-1,n})+L_n)$$

$$\rightarrow (1+r_{0,5})^5 = (1+0.06)(1+0.065)(1+0.07)(1+0.075)(1+0.08)$$

$$\rightarrow r_{0,5} = 0.07 \quad \therefore 수익률곡선은 우상향한다.$$

한편, $r_{n-1,n} = E(r_{n-1,n}) + L_n$이므로, $r_{1,2} = 0.055 + 0.01 \rightarrow E(r_{1,2}) = 0.055$,

$r_{2,3} = 0.053 + 0.017 \rightarrow E(r_{2,3}) = 0.053$, $r_{3,4} = 0.051 + 0.024 \rightarrow E(r_{3,4}) = 0.051$,

$r_{4,5} = 0.05 + 0.03 \rightarrow E(r_{4,5}) = 0.05 \quad \therefore 미래 단기이자율은 하락한다.$

5. ①

답

$$P_0 = \frac{20,000}{(1+r_{0,1})} + \frac{20,000}{(1+r_{0,2})^2} + \frac{1,020,000}{(1+r_{0,3})^3} = \frac{20,000}{(1+0.02)} + \frac{20,000}{(1+0.04)^2} + \frac{1,020,000}{(1+0.05)^3}$$

$$= 919,213원$$

6. ①

답

$$\frac{1,000}{(1+r_{0,1})}=909.09 \;\rightarrow\; r_{0,1}=10\%, \quad \frac{1,000}{(1+r_{0,2})^2}=783.05 \;\rightarrow\; r_{0,2}=13\%$$

$$\therefore\; P_0 = \frac{1,000}{(1+r_{0,1})}+\frac{1,100}{(1+r_{0,2})^2}=\frac{1,000}{(1+0.1)}+\frac{1,100}{(1+0.13)^2}=952.37원$$

7. ③

답

$$g=b\times ROE=(0.4)(0.2)=0.08$$

$$P_0=\frac{D_1}{r-g} \;\rightarrow\; \frac{D_1}{P_0}=r-g=0.14-0.08=0.06$$

8. ③

답

① 만기 1년인 국채 A: 1년 만기 현물이자율$(r_{0,1})$＝만기수익률(10%)

만기 2년인 국채 B: $1,081.29\left(=\dfrac{200}{(1+0.15)}+\dfrac{1,200}{(1+0.15)^2}\right)$

$\therefore\; 1,081.29=\dfrac{200}{(1+0.1)}+\dfrac{1,200}{(1+r_{0,2})^2} \;\rightarrow\;$ 현물이자율$(r_{0,2})=0.155$

② 만기 3년인 국채 C (무이표채): 3년 만기 현물이자율$(r_{0,3})=0.152$

따라서 수익률곡선은 우상향하다가 하향한다.

③ 현재 $P_C=\dfrac{1,000}{(1+0.152)^3}=654.10원$

1년 후 $P_C=\dfrac{1,000}{(1+0.155)^2}=749.61원$

$\therefore\;$ 1년 동안의 예상 투자수익률$=\dfrac{749.61-654.10}{654.10}=0.146$

④ $r_{1,2}=\dfrac{(1+0.155)^2}{(1+0.1)}=0.2128$

⑤ $r_{2,3}=\dfrac{(1+0.152)^3}{(1+0.155)^2}=0.146$

9. ③

답

$$EVA=IC\times(ROIC-WACC)=NOPAT-IC\times WACC$$

$$= (600백만원 - 50백만원) - 2,500백만원 \times 0.1 = 300백만원$$

10. ④

[답]

배당할인모형 중 항상성장모형은 $P_0 = \dfrac{D_0(1+g)}{r-g}$ (여기서, $r > g$)이다. 할인율은 자기자본 비용이며, 주식의 위험은 자기자본비용에 반영되어 있다.

11. ④

[답]

성장률 $= (1 - 배당성향) \times 자기자본이익률 = (1 - 0.3) \times 10\% = 7\%$

$r = 0.05 + (0.15 - 0.05)(1.2) = 17\%$

항상성장모형을 이용하여 현재의 주가를 구하면 다음과 같다.

$$P_0 = \frac{D_0(1+g)}{r-g} = \frac{2,000(1+0.07)}{0.17 - 0.07} = 21,400원 \quad \cdots \quad ①$$

한편, 현재주가는 1년도 말의 배당과 주가를 현재가치로 계산한 것이므로,

$$P_0 = \frac{D_1}{(1+r)^1} + \frac{P_1}{(1+r)^1} \qquad\qquad \cdots \quad ②$$

따라서, ① $=$ ②; $21,400 = \dfrac{D_1}{(1+r)^1} + \dfrac{P_1}{(1+r)^1}$

$$\rightarrow 21,400 = \frac{2,000(1.07)}{(1+0.17)^1} + \frac{P_1}{(1+0.17)^1} \rightarrow P_1 = 22,898원$$

또한, 1년도 말 주가는 2년도 말의 배당과 주가를 1년도 말의 가치로 계산한 것이므로,

$$P_1 = \frac{D_2}{(1+r)^1} + \frac{P_2}{(1+r)^1} \rightarrow 22,898 = \frac{2,000(1.07)^2}{(1+0.17)^1} + \frac{P_2}{(1+0.17)^1} \rightarrow P_2 = 24,500.86원$$

12. ③

[답]

순이익 전부를 배당할 경우: $P_0 = \dfrac{20,000}{0.13} = 153,846원$

40%를 투자할 경우: $D_1 = EPS_1 \times 배당성향 = EPS_1 \times (1 - 유보비율)$

$$= (20,000)(1 - 0.4) = 12,000원$$

$g = 유보비율(b) \times ROE = (0.4)(0.13) = 0.052$

$$P_0 = \frac{12,000}{0.13 - 0.052} = 153,846원$$

$\therefore \; \Delta P = 153,846 - 153,846 = 0원$

13. ④

답

항상성장모형: $P_0 = \dfrac{D_1}{r-g} \rightarrow 50,000 = \dfrac{D_1}{0.14-0.08} \rightarrow D_1 = 3,000$

따라서 1년 후의 주가 $P_1 = \dfrac{D_2}{r-g} = \dfrac{D_1(1+g)}{r-g} = \dfrac{3,000(1+0.08)}{0.14-0.08} = 54,000$

14. ③

답

항상성장모형(주식): $P_0 = \dfrac{D_0(1+g)}{r-g} \rightarrow 30,000 = \dfrac{2,000(1+0.05)}{r-0.05} \rightarrow r(=r_e) = 12\%$

제로성장모형(채권): $P_0 = \dfrac{D}{r} \rightarrow 10,000 = \dfrac{700}{r} \rightarrow r(=r_d) = 7\%$

따라서 $E(r_p) = 12\% \times \dfrac{120,000}{160,000} + 7\% \times \dfrac{40,000}{160,000} = 10.75\%$

15. ③

답

$$NPV = \dfrac{10}{(1+0.2)} + \dfrac{16}{(1+0.2)^2} + \dfrac{20}{(1+0.2)^3} + \dfrac{30}{(1+0.2)^4} + \dfrac{1}{(1+0.2)^4}\left[\dfrac{16}{0.1-0.04}\right] - 100$$

$$= 74.09$$

16. ②

답

A기업: 2단계배당할인모형

$$P_A = \dfrac{2,500}{(1.15)^1} + \dfrac{(2,500)(1.25)}{(1.15)^2} + \dfrac{(2,500)(1.25^2)}{(1.15)^3} + \dfrac{\left[\dfrac{(2,500)(1.25^2)(1.05)}{0.1-0.05}\right]}{1.15^3}$$

$$= 61,042.16원$$

B기업: 항상성장모형

$$P_B = \dfrac{(3,200)(0.8)(1.05)}{0.097-0.05} = 57,191.49원, \ \text{여기서} \ r(=r_e) = 0.025 + (0.06)(1.2) = 0.097$$

따라서, A기업의 주가 $- B$기업의 주가 $= 61,042.16 - 57,191.49 = 3,850.67원$

17. ④

답

$g = 유보비율(b) \times \text{ROE} = (1-0.2)(0.1) = 0.08$

$r_e = r_f + [E(r_M) - r_f]\beta_i = 0.04 + (0.14-0.04)(1.4) = 0.18$

$P_1 = \dfrac{D_2}{r-g} = \dfrac{D_0(1+g)^2}{r-g} = \dfrac{4,000(1+0.08)^2}{0.18-0.08} = 46,656원$

$P_2 = \dfrac{D_3}{r-g} = \dfrac{D_0(1+g)^3}{r-g} = \dfrac{4,000(1+0.08)^3}{0.18-0.08} = 50,388.48원$

18. ③

답

$D_1 = EPS_1 \times 배당성향 = EPS_1 \times (1 - 유보비율) = (2,000)(1-0.4) = 1,200원$

$g = b \times ROE = (0.4)(0.2) = 0.08$

$\therefore \ P_0 = \dfrac{D_1}{r-g} = \dfrac{1,200}{0.14-0.08} = 20,000원$

19. ②

답

세후순영업이익$(NOPAT) = $영업이익$(EBIT) - $영업이익$\times$법인세$= (244)(1-0.25) = 183억원$

투자자본(총자본)$= $자기자본$ + $이자발생 타인자본$= 800 + 1,200$

자기자본비용$= $주주의 기대수익률$= 0.15$

타인자본비용$= \dfrac{이자비용}{부채} = \dfrac{84}{1,200} = 0.07$

$WACC = \left(\dfrac{S}{S+B}\right)r_e + \left(\dfrac{B}{S+B}\right)r_d(1-t)$

$\qquad = \left(\dfrac{800}{800+1,200}\right)(0.15) + \left(\dfrac{1,200}{800+1,200}\right)(0.07)(1-0.25) = 0.095$

$\therefore \ EVA = NOPAT - WACC \times IC = 183억원 - (0.095)(2,000억원) = 0$

03

자본구조와
배당정책

학습개요

본 장에서는 기업의 경영활동에 필요한 자금을 공급하는 주주와 채권자가 기업에게 자금을 사용하는 대가로 요구하는 자기자본비용과 타인자본비용에 대해서 자세히 살펴본다. 또한 자기자본비용과 타인자본비용으로부터 기업전체의 가중평균자본비용을 어떻게 구하는지 알아보고 자금 조달 시 발생하는 발행비용을 자본비용에 어떻게 반영하는지 학습한다.

학습목표

- 자기자본비용
- 타인자본비용
- 가중평균자본비용
- 발행비용

01 자기자본비용

자본비용(cost of capital)은 자금을 사용한 대가를 말한다. 기업경영을 위하여 기업이 자금을 차입하면 이자라는 비용을 지불해야 한다. 기업이 소유주인 주주로부터 자금을 조달하면 주주는 자기자본을 다른 곳에 투자하여 얻을 수 있는 수익을 포기해야 하므로 그만큼 기회비용이 발생한다. 이런 의미에서 자본비용은 자본의 공급자인 주주와 채권자가 자신들의 자본을 사용하게 한 보상으로 기업에게 요구하는 요구수익률이라고 할 수 있다.

자본비용은 자금조달원천이 주주인지 채권자인지에 따라 크게 자기자본비용과 타인자본비용으로 나뉜다. 먼저 자기자본비용(r_e)은 주주들이 자기자본 투자에 대해 얼마의 수익률을 요구하는지 직접 알 수 없기 때문에 SML이나 배당할인모형을 이용하여 추정한다.

1. 증권시장선(SML)

SML은 $E(r_i) = r_f + [E(r_M) - r_f]\beta_i$로 표시되며 주주들은 주식베타($\beta_i$)로 측정한 주식의 위험에 상응하는 기대수익률 수준의 수익률을 얻고자 한다. 따라서 기대수익률 $E(r_i)$를 주주들의 요구수익률인 자기자본비용(r_e)으로 사용할 수 있다. 또한 주식은 장기자산으로 볼 수 있으므로 SML에서 장기국채의 만기수익률을 무위험수익률로 사용하는 것이 합리적이다. 예를 들어, 투자안의 현금흐름이 20년 동안 발생한다면 20년물 국채수익률을 무위험수익률로 사용할 수 있다.

$$r_e(= E(r_i)) = r_f + [E(r_M) - r_f]\beta_i \tag{12-1}$$

> **예제** SML을 이용한 자기자본비용 추정
>
> A기업이 SML을 이용하여 자기자본비용을 추정하고자 한다. 무위험수익률은 4%이고 시장의 기대수익률은 10%이며, 이 기업의 주식베타가 0.8일 경우 자기자본비용은 얼마인가?
>
> [답]
>
> $$r_e = r_f + [E(r_M) - r_f]\beta_i = 0.04 + (0.1 - 0.04)(0.8) = 0.088$$

SML을 이용하여 자기자본비용(r_e)을 추정할 때 가장 중요한 변수는 베타(β)이다. 실제로 상장기업의 베타는 주가수익률 자료를 이용하여 회귀분석을 통해서 쉽게 계산할 수도 있고 직접 계산하지 않더라도 금융정보제공업체들(Reuters, Bloomberg, 한국거래소 등)이 상장기업의 베타를 제공하고 있다. 문제는 비상장기업이나 특정 투자안의 베타는 직접 관련 자료를 찾아서 구하기가 쉽지 않다는 것이다.

비상장기업의 자산베타는 현금흐름의 불확실성에 영향을 미치는 경영위험(business risk)[1]과 재무위험(financial risk)[2]에 의해 결정된다. Hamada(1972)[3]는 비교대상이 되는 상장기업의 자산베타에서 재무위험을 제거하여 경영위험만 반영된 자산베타를 구한 다음, 이를 무부채기업의 주식베타라고 정의한 다음, 이 값에 비상장기업의 재무위험을 다시 반영하여 비상장기업의 주식베타를 구하는 방법을 제시하였다.[4]

---

1 기업의 생산활동이 가지는 본질적인 자기자본의 위험인 경영위험은 제품의 수요탄력성, 매출의 계절성, 산업의 경쟁구조 등에 의해 영향을 받는 판매위험(sales risk)과 고정영업비와 변동영업비의 상대적인 비중에 따라 발생하는 영업위험(operating risk)으로 구성된다. 특히, 영업위험의 경우 고정영업비용이 커질수록 영업활동에 따른 현금흐름의 불확실성이 커지는데, 이러한 영업레버리지효과의 정도는 영업레버리지도(DOL)에 의해 측정할 수 있다.

2 재무위험은 기업의 재무정책(자본구조)으로부터 발생하는 자기자본의 위험을 말하는데, 자기자본에서 고정비용(이자비용)이 발생하는 자금조달수단(타인자본)이 커질수록 재무위험은 커진다. 이러한 재무레버리지효과의 정도는 재무레버리지도(DFL)에 의해 측정할 수 있다.

3 Robert S. Hamada, "The Effect of the Firm's Capital Structure on the Systematic Risk of Common Stocks," *Journal of Finance* 27, May 1972.

4 APPENDIX 참조.

2. 배당할인모형

주식은 미래현금을 요구수익률로 할인한 현재가치인 내재가치((intrinsic value)를 구하여 가치를 평가하며 대표적으로 배당할인모형이 사용된다. 배당할인모형은 가장 단순하고 오래된 주식평가모형으로 주가는 미래에 영원히 지급되는 배당의 현재가치라고 본다.

$$P_0 = \frac{D_1}{1+r} + \frac{D_2}{(1+r)^2} + \frac{D_3}{(1+r)^3} + \cdots$$

$$= \sum_{t=1}^{\infty} \frac{D_t}{(1+r)^t} \tag{12-2}$$

식(12-2)의 일반적인 배당할인모형을 실제로 적용할 경우 배당이 일정한 성장률 g로 성장한다고 가정하는 항상성장모형을 이용하여 식(12-3)과 같이 자기자본비용을 추정할 수 있다.

$$P_0 = \frac{D_1}{r-g} \rightarrow r(=r_e) = \frac{D_1}{P_0} + g \tag{12-3}$$

예제 항상성장모형에 의한 보통주의 자기자본비용 추정

A기업은 작년에 배당금(D_0) 1,000원을 지급하였으며 이 기업의 배당금은 매년 2%로 일정하게 증가할 것으로 기대되고 있다. 이 기업의 현재주가는 20,000원이다. 자기자본비용은 얼마인가?

[답]

$$r_e = \frac{D_1}{P_0} + g \rightarrow \frac{1,000(1+0.02)}{20,000} + 0.02 = 7.1\%$$

3. 우선주의 자본비용

우선주(preferred stock)는 이익배당청구권과 잔여재산분배청구권에 있어 채권의 소유자보다는 우선순위가 낮으나 보통주주보다는 우선적인 지위가 있는 주식이다. 기업입장에서는 우선주를 가지고 있는 주주에게 배당금을 지급해야 하는데 이 배당금이 우선주로 조달한 자금사용의 대가가 된다.

우선주는 일반적으로 이자와 같이 고정된 배당을 받고 있다. 이는 마치 몇 %의 이자를 약속하는 채권(bond)과 실제로 같기 때문에 우선주 종목 뒤에 'B'자를 붙여서 발행한다. 이러한 우선주의 가치는 항상 일정한 배당을 영원히 받기 때문에 식(12-2)의 일반적인 배당할인모형에 성장이 없다고 가정한 제로성장모형으로 계산한다.

$$P_0 = \frac{D_1}{r} \;\rightarrow\; r(=r_p) = \frac{D_1}{P_0} \tag{12-4}$$

예제 | **제로성장모형에 의한 우선주의 자기자본비용 추정**

A기업은 작년 말에 우선주에 대한 배당금(D_0)으로 4,000원을 지급하였다. 이 회사의 우선주에 대한 배당금은 매년 4,000원으로 일정하게 유지될 것으로 기대된다. 이 기업의 주가가 50,000원일 경우 우선주의 자기자본비용은 얼마로 추정할 수 있는가?

[답]

$$r_p = \frac{D_1}{P_0} = \frac{4,000}{50,000} = 8\%$$

02 타인자본비용

　　채권발행 혹은 은행으로부터의 차입과 같이 타인자본을 사용하는 대가인 타인자본비용을 구할 경우 만기수익률접근법이 널리 사용된다. 만기수익률(YTM: yield to maturity)은 지금 채권을 사서 만기까지 보유할 때 얻을 수 있는 기간당 평균수익률을 의미하며, 시장의 여건에 따라 형성되는 유통수익률은 모두 만기수익률로 표시된다.

　　채권에 투자한, 즉 기업에 돈을 빌려준 투자자입장에서는 채권의 기간당 평균수익률인 만기수익률을 얻게 된다. 돈을 빌린 채권발행자입장에서는 부채를 사용한 대가로 채권투자자에게 만기수익률 만큼의 이자를 지불하므로 만기수익률이 타인자본비용에 해당된다.

$$P_0 = \frac{C}{(1+r)^1} + \frac{C}{(1+r)^2} + \cdots + \frac{C+F}{(1+r)^n} \quad \rightarrow \quad r(=r_d : 만기수익률) \qquad (12\text{-}5)$$

　　하지만 타인자본사용에 대한 이자는 회계상 법인세를 줄여주는 지급이자에 해당되어 법인세 절세효과를 가져온다. 예를 들어, 법인세가 20%일 때 100원의 이자를 부담하는 기업은 20원(=100원×20%)만큼의 세금을 덜 내게 되어 실제로 기업이 부담하는 이자비용은 80원(=100원(1−0.2))이 된다. 기업이 실제로 부담하게 되는 세후 이자비용을 보통 타인자본비용이라고 하며 식(12-6)으로 계산한다.

세후 타인자본비용 = 세전 타인자본비용 − 법인세 절세효과
$$= r_d(1-t) \qquad (12\text{-}6)$$

예제 | **타인자본비용**

A기업이 신규 투자안에 사용할 자금을 조달하기 위하여 채권을 발행하였다. 이 채권의 액면가는 10,000원, 연8% 매년 이자후급, 만기 5년이고 채권의 현재가격이 11,250원이다. A기업의 부채의 세전타인자본비용은 얼마인가? 만약 세율이 20%라면 세후

타인자본비용은 얼마인가?

[답]

만기수익률(r): $11,250 = \dfrac{800}{(1+r)} + \dfrac{800}{(1+r)^2} + \cdots + \dfrac{10,800}{(1+r)^5}$ → 엑셀의 '$RATE$(기간, 정기불입액, 현재가치, 미래가치, 지급시점, 추정값)' 함수를 이용하여 r을 계산하면 세전 타인자본비용은 5.1%로 구해진다.

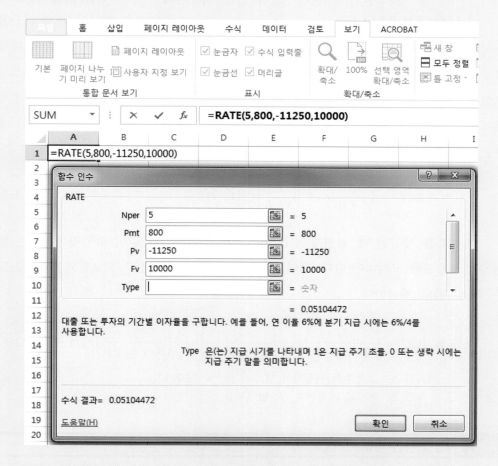

세후 타인자본비용은 $r_d(1-t) = 0.051(1-0.2) = 4.08\%$이다.

03 가중평균자본비용

1. 가중평균자본비용의 개념

가중평균자본비용(WACC: weighted average cost of capital)은 기업이 현재 자산을 가지고 벌어들여야 하는 수익률로서 평균적인 위험을 갖는 기업의 투자안들에 대해 요구되는 수익률을 의미한다. 가중평균자본비용은 기업을 자기자본과 타인자본으로 구성된 하나의 포트폴리오로 생각하여 자기자본비용(r_e)과 타인자본비용(r_d)을 총자본에서 자기자본과 타인자본이 차지하는 비중으로 가중평균하여 식(12-7)과 같이 계산한다.

$$r(=WACC) = \left(\frac{S}{S+B}\right)r_e + \left(\frac{B}{S+B}\right)r_d(1-t) \tag{12-7}$$

$WACC$를 계산할 때 법인세가 존재할 경우 식(12-7)과 같이 타인자본비용은 법인세 절세효과를 고려해야 한다. 만약, 기업의 자본구조에 우선주가 포함되면 식(12-7)은 식(12-8)로 계산한다.

$$r(=WACC) = \left(\frac{S_c}{S_c+S_p+B}\right)r_e + \left(\frac{S_p}{S_c+S_p+B}\right)r_p + \left(\frac{B}{S_c+S_p+B}\right)r_d(1-t) \tag{12-8}$$

여기서 S_c: 보통주의 시장가치, S_p: 우선주의 시장가치,
B: 부채의 시장가치, t: 법인세율

예제 | 가중평균자본비용

A기업의 자본구조는 부채 30%, 우선주 20%, 보통주 50%로 형성되어 있다. A기업은 신규 투자안에 사용할 자금을 조달할 때에도 현재의 자본구조를 유지하길 원한다. 부채의 세전자본비용은 6%, 우선주의 자기자본비용은 8%, 보통주의 자기자본비용은 10%이다. 세율이 40%일 때 가중평균자본비용은 얼마인가?

[답]

$$WACC = (0.3)(0.06)(1-0.4) + (0.2)(0.08) + (0.5)(0.1) = 7.68\%$$

2. 가중평균자본비용과 투자안의 자본비용

특정 투자안의 투자여부를 결정할 때 검토대상 투자안에 대한 자본비용을 추정해야 한다. 이때 검토대상 투자안의 위험이 기업전체의 위험과 같지 않다면 기업의 평균적인 위험과 재무구조에 따라 결정된 $WACC$를 투자안의 할인율로 사용해서는 안된다.

예를 들어, 기업의 베타가 1.2이고 A투자안의 베타가 0.6, B투자안의 베타가 1.2, C투자안의 베타가 1.7이라고 하자. 무위험수익률이 5%, 시장수익률이 10%일 경우 기업 전체의 자본비용은 11%($=0.05 + (0.1-0.05)(1.2)$), A투자안의 자본비용은 8%($= 0.05 + (0.1-0.05)(0.6)$), B투자안의 자본비용은 11%($=0.05 + (0.1-0.05)(1.2)$), C투자안의 자본비용은 13.5%($=0.05 + (0.1-0.05)(1.7)$)가 된다.

〈그림 12-1〉에서 $WACC$를 투자안의 요구수익률인 자본비용이라고 하면, A투자안에 대해서는 A투자안의 자본비용보다 너무 높은 $WACC$를 적용하여 채택하지 않

그림 12-1 • 투자안의 자본비용과 기업의 가중평균자본비용

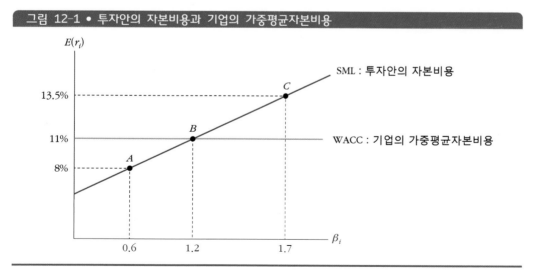

게 된다. 반면 C투자안에 대해서는 C투자안의 자본비용보다 너무 낮은 $WACC$를 적용하여 위험이 큰 C투자안을 채택하게 되는 오류를 범하게 된다. 오직 기업과 동일한 위험을 가진 B투자안만이 공정하게 평가된다.

하지만 자본비용은 직접적으로 관측되지 않기 때문에 여러 가지 가정과 추정치를 사용하여야 한다. 또한 각 투자안의 분석에 사용되는 자본비용은 해당 투자안의 특성에 따라 서로 달라지므로, 검토대상 투자안별로 자본비용을 각각 추정하기가 쉽지 않다. 이에 실무에서는 일단 $WACC$를 자본비용으로 추정한 후 기업의 평균적인 투자안과 검토대상 투자안의 위험을 비교하여 자본비용을 조정하기도 한다.

때로는 검토대상 투자안의 위험이 기업의 평균적인 위험을 가진 투자안과 동일한 위험을 가진다는 가정과 검토대상 투자안은 투자 후 투자종료시점까지의 기간 동안 일정한 목표자본구조를 가진다는 가정하에서 $WACC$를 투자안의 자본비용으로 그대로 사용하기도 한다.

SECTION
04 발행비용

기업이 주식이나 채권 등을 발행하여 자금을 조달할 때 일반적으로 간접발행방식을 취한다. 간접발행은 금융회사가 증권발행에 따른 사무를 기업 대신 처리해주고 이에 대한 수수료를 받는 것이다. 이때 수수료와 같이 자금 조달할 때 발생하는 비용을 발행비용(flotation cost)이라 한다.

일반적으로 채권과 우선주의 경우에는 발행비용이 발행액의 1% 이하로 매우 작기 때문에 자본비용 추정에 반영하지 않거나 단순히 현금유출로 처리하여 자본조달수단으로부터 유입액이 줄어드는 것으로 처리할 수도 있다. 하지만 보통주로 자금을 조달할 경우 발행비용이 커질 수가 있는데 이때 발행비용을 어떻게 처리해야 할까? 이에 대해서 두 가지 방법이 있다.

1. 자본비용에서 조정하는 방법

발행비용을 자본비용에서 조정할 수가 있다. 발행비용을 주당 금액(F)으로 정의하면 주식가격 P_0에서 F를 차감하고, 발행비용을 주당비율(f)로 정의하면 주식가격 P_0에서 $P_0 f$를 차감하여 자본비용을 계산한다.

$$r(=r_e) = \frac{D_1}{P_0 - F} + g \quad \text{또는} \quad r(=r_e) = \frac{D_1}{P_0(1-f)} + g \tag{12-9}$$

예를 들어, A기업은 올해 말에 배당금(D_1) 1,000원을 지급하였으며 이 기업의 배당금은 매년 4%로 일정하게 증가할 것으로 기대되고 있다. 이 기업의 현재주가는 40,000원이다. 신규투자를 위하여 주식을 발행하여 자금을 조달해 오고자 하는데 발행비용이 발행액의 10%가 소요된다고 하자. 이때 자기자본비용은 발행비용이 없을 경우의 자기자본비용 6.5%($=1,000/40,000+0.04$)보다 다소 높은 6.78%가 된다.

$$r(=r_e) = \frac{D_1}{P_0(1-f)} + g \;\rightarrow\; \frac{1,000}{40,000(1-0.1)} + 0.04 = 6.78\%$$

특정 투자안의 자금조달 수단에 대한 정보가 자세하게 파악된다면, 발행비용이 투자안의 개시시점에서 발생하기 때문에 발행비용만큼 최초 투자되는 투자금액을 감소시키면 된다. 하지만 자금조달 수단이 무엇인지 알기 힘든 상황에서는 일반적인 발행비용을 자본비용에 반영하여 조정된 할인율로 미래현금흐름의 현재가치를 계산해 주는 방법이 유용하다. 뿐만 아니라 발행비용을 자본비용에서 조정하게 되면 내부자기자본인 이익잉여금을 다 사용하고 난 후에 외부자기자본인 신주발행으로 자금을 조달함에 따라 자본비용이 어떻게 변화하는지 쉽게 알 수 있다.

2. 현금흐름에서 조정하는 방법

발행비용을 최초의 현금흐름의 일부로 보아 발행비용을 최초의 현금흐름에서 차감하는 방법이 있다.[5] 예를 들어, A기업은 올해 말에 배당금(D_1) 5,500원을 지급하였

---

5 John R. Ezzell and R. Burr Porter, "Flotation Costs and the Weighted Average Cost of

으며 이 기업의 배당금은 매년 10%로 일정하게 증가할 것으로 기대되고 있다. 이 기업의 현재주가는 55,000원이다. 100억원이 투자되는 신규투자를 위하여 A기업은 주식을 발행하여 60억원을 조달해 오고자 하는데 이때 발행비용은 발행액의 5%가 소요된다. 나머지 40억원은 부채로 조달할 것이며 타인자본비용은 5%, 세율은 40%라고 하자. 이 투자로 인해 A기업은 향후 7년 동안 매년 35억원씩 벌어들일 것으로 기대된다.

만약 발행비용이 없다고 가정하면 배당할인모형에 의한 A기업의 자기자본비용은 20%($=5,500/55,000+0.1$)가 되고 기업의 $WACC$는 $(0.6)(0.2)+(0.4)(0.05)(1-0.4)=$ 13.2%가 된다. 이 할인율을 적용하여 계산한 투자안의 NPV는 다음과 같이 53.83억원이 된다.

$$NPV_{발행비용무}=\frac{35}{(1+0.132)^1}+\cdots+\frac{35}{(1+0.132)^7}-100=53.83억원$$

하지만 실제로 발행비용이 존재하며 이 발행비용을 현금흐름에서 조정할 경우에는 NPV가 50.83억원이 되어 발행비용을 고려하지 않을 경우보다 NPV가 발행비용만큼 작게 나타난다.

$$NPV_{발행비용유}=\frac{35}{(1+0.132)^1}+\cdots+\frac{35}{(1+0.132)^7}-100-60(0.05)=50.83억원$$

만약 발행비용을 앞에서 설명한 것과 같이 자본비용에서 조정하였다고 해보자. 이 경우의 자기자본비용은 20.53%($=5,500/(55,000(1-0.05))+0.1$)가 되고 $WACC$는 $(0.6)(0.2053)+(0.4)(0.05)(1-0.4)=13.52$%가 되므로 NPV는 52.32억원으로 계산되어 발행비용을 현금흐름에서 조정하여 구한 NPV 50.83억원과 다소 차이가 발생한다.

$$NPV=\frac{35}{(1+0.1352)^1}+\frac{35}{(1+0.1352)^2}+\cdots+\frac{35}{(1+0.1352)^7}-100=52.32억원$$

Capital," *Journal of Financial and Quantitative Analysis* 11, September 1976.

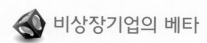 비상장기업의 베타

기업의 위험(β_A^L)은 자기자본(S)을 제공한 주주와 타인자본(B)을 제공한 채권자가 공유하고 있기 때문에 주주의 시장위험(β_S^L)과 채권자의 시장위험(β_B^L)을 총자본에서 자기자본과 타인자본이 차지하는 비중으로 가중평균한 것으로 볼 수 있다.

$$\beta_A^L = \beta_S^L\left(\frac{S}{S+B}\right) + \beta_B^L\left(\frac{B}{S+B}\right) \tag{A12-1}$$

하지만 타인자본의 이자비용에 대해서는 법인세 절세효과가 있기 때문에 기업입장에서 실제로 부담하는 이자비용은 법인세 절세효과를 차감한 금액이 된다. 예를 들어, 100만원의 부채에 대해서 이자비용이 10만원이고 세율은 40%라고 하자. 이자는 비용으로 처리되기 때문에 법인세차감전순이익이 10만원 줄게 되고 이로 인해 세금은 10만원×0.4=4만원만큼 줄게 된다. 따라서 기업이 실제로 부담하는 이자비용은 10만원×(1−0.4)=6만원이 된다. 부채의 세전자본비용은 10%(=10만원/100만원)이지만 세금을 고려한 후의 부채의 세후자본비용은 6%(=6만원/100만원)이다.

만약 부채를 영원히 사용하게 되면 매년 4만원(=100만원×0.1×0.4=$B \cdot r_d \cdot t$)의 법인세 절세효과가 발생하게 되고 이는 영구연금의 현금흐름과 동일한 현금흐름 형태이므로 법인세 절세효과의 현재가치는 식(A12-2)와 같이 계산할 수 있다.

$$\text{법인세절세효과의 현재가치} = \sum_{t=1}^{\infty}\frac{B \cdot r_d \cdot t}{(1+r_d)^t} = \frac{B \cdot r_d \cdot t}{r_d} = B \cdot t \tag{A12-2}$$

세금이 존재할 경우 타인자본조달의 부담은 이자비용의 법인세 절세효과로 줄어들기 때문에 이를 고려하면 식(A12-1)은 다음과 같이 나타낼 수 있다.

$$\beta_A^L = \beta_S^L\left(\frac{S}{S+B-B \cdot t}\right) + \beta_B^L\left(\frac{B-B \cdot t}{S+B-B \cdot t}\right) \tag{A12-3}$$

일반적으로 기업의 부채는 시장위험이 전혀 없는($\beta_B^L = 0$) 무위험부채를 가정[6]할 수 있으므로, 식(A12-3)은 식(A12-4)로 계산된다.

$$\beta_A^L = \beta_S^L \left(\frac{S}{S + B(1-t)} \right)$$

$$\rightarrow \beta_A^L = \beta_S^L \left[\frac{1}{1 + (1-t)\dfrac{B}{S}} \right]$$

$$\rightarrow \beta_S^L = \beta_A^L \left[1 + (1-t)\frac{B}{S} \right] \tag{A12-4}$$

식(A12-4)에서 무위험부채를 사용하는 기업의 자산베타(β_A^L: 시장위험)는 부채를 전혀 사용하지 않는 무부채기업의 자산베타(β_A^U: 시장위험)와 같다고 볼 수 있고,[7] 무부채기업의 자산베타(β_A^U)는 이 기업의 주식베타(β_S^U)에 해당되므로 부채를 사용하는 기업의 주식베타(β_S^L)를 식(A12-5)와 같이 계산할 수 있다.

$$\beta_S^L = \beta_S^U \left[1 + (1-t)\frac{B}{S} \right] \tag{A12-5}$$

예를 들어, H기업의 주식베타가 2.0, 부채비율(B/S)은 0.6이라고 하자. 법인세율은 40%이다. 만약 H기업이 부채를 전혀 사용하지 않고 100% 자기자본만으로 자산을 취득한 기업(무부채기업)이었다면 자산베타는 다음과 같이 1.47로 계산되는데 이 경우 자산베타가 곧 주식베타가 된다. 따라서 $\beta_A^U = \beta_S^U = 1.47$이다.

$$\beta_A^L(= \beta_A^U) = \beta_S^L \left[\frac{1}{1 + (1-t)\dfrac{B}{S}} \right] = 2.0 \left[\frac{1}{1 + (1-0.4)(0.6)} \right] = 1.47$$

하지만 이 기업이 부채를 조달해 와서 부채비율(B/S) 0.6으로 부채를 사용하게 되면 부채사용으로 인한 재무위험이 증가하여 주식베타가 1.47에서 2.0으로 증가하게 된 것이다.

한편, 특정 투자안의 자산위험과 주식위험의 측정도 위와 동일한 과정을 거친다. 먼저 부채를 사용하고 있는 비교대상기업의 자산베타에서 재무위험을 제거하여 경영위험만

---

6 부채의 수익률이 시장의 수익률에 따라 달리 변동하지 않는다는 것을 의미한다.

7 무부채화의 계산은 기업의 자본구조를 고려하지 않고 기업이 보유한 자산의 시장위험 추정치를 산출하는 것이다.

반영된 자산베타를 구한 다음, 이를 무부채기업의 주식베타라고 정의한다. 그리고 이 값에 특정 투자안을 수행하는 기업의 재무위험을 다시 반영하여 주식베타를 구해낼 수 있다.

예를 들어, 부채비율(B/S)이 0.6인 B기업이 A투자안을 추진하려고 한다. B기업은 이 투자안의 위험을 산출하고자 해당 프로젝트와 유사한 사업을 하고 있는 비교대상회사인 K기업을 선정하였다. K기업의 베타는 1.5이고 부채비율(B/S)은 0.3이다. 법인세율이 20%일 때 먼저, 비교대상기업인 K기업의 재무위험부분을 제거하고 자산위험(무부채베타)만을 식(A12-4)를 이용하여 다음과 같이 계산한다.

$$\beta_A^L = \beta_S^L \left[\frac{1}{1 + (1-t)\dfrac{B}{S}} \right] = 1.5 \left[\frac{1}{1 + (1-0.2)(0.3)} \right] = 1.21 = \beta_S^U$$

A투자안에 사용될 자금은 타인자본 및 자기자본으로 조달된 자금이 투자될 것이므로 타인자본이 전혀 사용되지 않는 경우(무부채기업)의 위험인 1.21에 식(A12-5)를 이용하여 다음과 같이 재무위험을 반영하여 조정한다.

$$\beta_S^L = \beta_S^U \left[1 + (1-t)\frac{B}{S} \right] = 1.21 \left[1 + (1-0.2)(0.6) \right] = 1.79$$

따라서 이 투자안의 자기자본에 대한 위험(β_S)은 1.79이 된다. *SML*에 1.79를 베타값으로 사용하면 자기자본비용 r_e가 계산되고, 이를 타인자본비용(부채의 자본비용) r_d와 가중평균하면 이 투자안의 자본비용을 얻을 수 있다.

예를 들어, 무위험수익률 3%, 시장수익률 5%, 세전 타인자본비용 5%, 법인세율이 20%일 경우일 경우 자기자본비용 $r_e = r_f + [E(r_M) - r_f]\beta_i = 0.03 + (0.05 - 0.03)(1.79) = 0.0658$, 타인자본비용 $r_d(1-t) = (0.05)(1-0.2) = 0.04$, 가중평균자본비용 $WACC = (0.0658)(0.655) + (0.04)(0.375) = 0.0561$가 된다.[8]

---

8 부채비율(B/S) = 0.6 → B = 0.6S → $\dfrac{S}{(S+B)} = \dfrac{S}{(S+0.6S)} = 0.625$, $\dfrac{B}{(S+B)} = \dfrac{0.6S}{(S+0.6S)} = 0.375$

1. 자기자본비용

- 증권시장선(SML): $r_e (= E(r_i)) = r_f + [E(r_M) - r_f]\beta_i$

- 보통주의 자본비용(배당할인모형): $r(= r_e) = \dfrac{D_1}{P_0} + g$

- 우선주의 자본비용(제로성장모형): $r(= r_p) = \dfrac{D_1}{P_0}$

2. 타인자본비용

- 만기수익률접근법으로 계산

$$P_0 = \frac{C}{(1+r)^1} + \frac{C}{(1+r)^2} + \cdots + \frac{C+F}{(1+r)^n} \rightarrow r(= r_d : 만기수익률)$$

- 세후 타인자본비용 = 세전 타인자본비용 - 법인세 절세효과 $= r_d(1-t)$

3. 가중평균자본비용

- $r(= WACC) = \left(\dfrac{S}{S+B}\right) r_e + \left(\dfrac{B}{S+B}\right) r_d (1-t)$

- $r(= WACC) = \left(\dfrac{S_c}{S_c + S_p + B}\right) r_e + \left(\dfrac{S_p}{S_c + S_p + B}\right) r_p + \left(\dfrac{B}{S_c + S_p + B}\right) r_d (1-t)$

- 특정 투자안의 투자여부: 검토대상 투자안에 대한 자본비용을 추정
  → WACC를 자본비용으로 추정한 후 자본비용을 조정
  → WACC를 투자안의 자본비용으로 그대로 사용

4. 발행비용

- 자본비용에서 조정

$$r_e = r = \frac{D_1}{P_0 - F} + g \quad \text{또는} \quad r_e = r = \frac{D_1}{P_0(1-f)} + g$$

- 현금흐름에서 조정

$$NPV = \frac{C_1}{(1+r)^1} + \frac{C_2}{(1+r)^2} + \cdots + \frac{C_n}{(1+r)^n} - C_0 - \text{발행비용}$$

5. 비상장기업의 베타

- $\beta_S^L = \beta_S^U \left[1 + (1-t)\frac{B}{S} \right]$

1. 자본비용에 관한 설명으로 옳지 않은 것은? ( )

① WACC는 기업의 평균적인 위험과 재무구조에 따라 결정된다.
② WACC는 기업가치와 역의 관계를 갖는다.
③ 법인세 존재 시 자기자본비용에 대한 세금을 고려하여 WACC를 구한다.
④ 투자결정시 원칙적으로 검토대상 투자안별로 자본비용을 추정해야 한다.

2. A기업의 올해 초 배당금은 1,000원이다. 이 기업은 5%로 성장할 것으로 기대된다. 올해 초 주가가 10,000원일 경우 보통주의 자본비용은 얼마인가? ( )

① 14.7% ② 15.5%
③ 16.2% ④ 17.8%

3. A기업의 부채비율(B/S)은 100%이다. 자기자본비용이 10%, 타인자본비용이 20%일 경우 WACC는 얼마인가? 단, 법인세는 40%이다. ( )

① 8% ② 9%
③ 10% ④ 11%

4. (2002 CPA) (주)벤처의 총자산은 부채 5,000만원과 보통주 5,000만원으로 이루어져 있다. 총자산 규모가 2억원이 되도록 사업을 확장하려고 한다. 현재 최적인 자본구조를 계속 유지할 것이며, 사업확장에 필요한 자본은 지급이자율이 5%인 회사채와 보통주를 발행하여 조달하기로 결정하였다. 보통주의 시장가격은 20,000원이고, 배당금은 주당 1,000원을 지급하고 있으며 향후 5%로 계속 성장할 것으로 예상하고 있다. 신주의 발행비용은 주당 2,500원이 소요되고 법인세가 40%일 때 (주)벤처의 자본조달비용은 얼마인가? (부채의 발행비용은 없으며 조달된 자본으로 시작하는 사업은 현행과 동일한 것이고 위험변화는 없다고 가정함) ( )

① 6% ② 7% ③ 8%
④ 9% ⑤ 10%

5. (2010 CPA) 주)대한과 (주)민국은 새로운 투자안에 대해 고려하고 있다. (주)대한과 (주)민국이 선택해야 할 투자안을 올바르게 구성한 것은? (단, CAPM이 성립한다고 가정한다.)

- (주)대한의 주식 베타는 1이고 기업의 평균자본비용은 6%이다.
- (주)대한에는 2개의 사업부서 AM과 PM이 있으며 AM은 기업평균보다 위험도가 높은 투자안을, PM은 낮은 투자안을 수행한다.
- (주)민국의 주식 베타는 2이고 기업의 평균자본비용은 10%이다.
- (주)민국에는 2개의 사업부서 하계와 동계가 있으며 하계는 기업평균보다 위험도가 높은 투자안을, 동계는 낮은 투자안을 수행한다.
- (주)대한과 (주)민국은 베타가 1.5로 측정된 신규사업 A와 B에 대한 시행여부를 고려하고 있다. (주)대한은 AM사업부가, (주)민국은 동계사업부가 이 투자안을 수행할 계획이다.
- (주)대한과 (주)민국은 모두 완전 자기자본조달 기업이며 신규사업에 대한 자본조달은 기존 자본구조를 따른다.
- 신규사업 A의 내부수익률은 9%이고 B의 내부수익률은 7%이다.

	(주)대한	(주)민국
①	A, B	A
②	A, B	없음
③	A	A
④	A	없음
⑤	없음	없음

1. ③

2. ②

답

$$r_e = r = \frac{D_1}{P_0} + g \ \rightarrow \ \frac{1,000(1+0.05)}{10,000} + 0.05 = 15.5\%$$

3. ④

답

$$WACC = \left(\frac{S}{S+B}\right)r_e + \left(\frac{B}{S+B}\right)r_d(1-t) \ \rightarrow \ (0.5)(0.1) + (0.5)(0.2)(1-0.4) = 11\%$$

4. ②

답

현재의 최적자본구조 (타인자본: 자기자본 = 5,000만원: 5,000만원)

사업확장 후 최적자본구조 (타인자본: 자기자본 = 1억원: 1억원)

자본조달액: $P_0 -$ 신주발행비용 $= \dfrac{D_1}{r-g} \ \rightarrow \ 20,000 - 2,500 = \dfrac{1,000(1.05)}{r - 0.05}$

$$\rightarrow \ r = 0.11$$

$$\therefore \ WACC = \left(\frac{S}{S+B}\right)r_e + \left(\frac{B}{S+B}\right)r_d(1-t) = \left(\frac{1}{2}\right)(0.11) + \left(\frac{1}{2}\right)(0.05)(1-0.4) = 0.07$$

5. ③

답

(주)대한: $0.06 = r_f + [E(r_M) - r_f](1)$

(주)민국: $0.1 = r_f + [E(r_M) - r_f](2)$

$\therefore \ r_f = 0.02, \ E(r_M) = 0.06$

$\therefore$ 신규사업의 요구수익률: $0.08(= 0.02 + (0.06 - 0.02)(1.5)) \ \rightarrow$ (주)대한과 (주)민국 모두 기존사업과 무관하게 신규투자안의 내부수익률이 자본비용(요구수익률) 8%보다 커야 투자를 실행하므로 모두 신규사업 A만 선택한다.

자본구조이론

학습개요

본 장에서는 기업이 자기자본 및 타인자본으로 자본을 조달할 때 과연 기업가치를 극대화시킬 수 있는 최적자본구조가 존재하는지에 대해서 MM(1958, 1963)의 자본구조이론을 통해 살펴본다. 또한 MM의 자본구조이론과 CAPM으로부터 부채기업의 체계적 위험과 무부채기업의 체계적 위험 간의 관계에 대해서 학습하고, MM 이후의 자본구조이론으로 법인세와 개인소득세까지 고려하여 최적자본구조를 설명한 Miller(1977)의 자본구조이론과 파산비용, 대리인비용, 정보불균형 등이 존재할 경우의 최적자본구조 가능성에 대한 이론들에 대해서 살펴본다.

학습목표

- 전통적 접근법
- MM(1958)의 자본구조이론: 무관련이론
- MM(1963)의 자본구조이론: 수정이론
- Miller(1977)의 자본구조이론
- 파산비용과 최적자본구조
- 대리인비용과 최적자본구조
- 우선순위이론
- 신호가설

01 전통적 접근법

기업이 경영활동을 수행하기 위해 조달한 자기자본과 타인자본의 구성비율을 자본구조(capital structure)라고 한다. 기업이 자금을 조달할 때 ① 기업가치를 극대화하는 자기자본과 타인자본의 구성비율이 과연 존재하는지 고민하게 되고, ② 만일 기업가치를 극대화하는 자기자본과 타인자본의 구성비율이 존재한다면 그 구성비율이 얼마인지를 알고 싶어 한다.

본 장에서는 이에 대한 답을 얻기 위해 자본구조 이론에 대해서 자세히 살펴보기로 한다. 먼저, 기업가치는 기업이 벌어들이는 미래현금흐름을 기업전체의 자본비용인 $WACC$로 할인한 값이 된다. 만일 기업이 미래에 벌어들일 것으로 기대되는 일정한 현금흐름 $E(CF)$이 영원히 발생한다면, 기업가치는 이 현금흐름을 기업의 가중평균자본비용인 $WACC$로 할인하여 식(13-1)로 계산할 수 있다.

$$V = \sum_{t=1}^{\infty} \frac{E(CF)}{(1+WACC)^t} \;\rightarrow\; V = \frac{E(CF)}{WACC} \tag{13-1}$$

식(13-1)에서 서로 다른 자본구조를 갖는 기업들의 기대현금흐름 $E(CF)$가 동일할 경우에 $WACC$가 최소이면 기업의 가치가 최대가 된다. $WACC$는 식(13-2)로 계산되는데, 자본구조이론에서는 기업의 자본구조에 따라 r_e와 r_d가 어떻게 변하고 그에 따라 $WACC$가 어떻게 최소가 되는가가 쟁점이었다. 이러한 쟁점을 규명하기 위한 최초의 이론적 시도가 1958년 Modigliani와 Miller(이후 MM)에 의해서 이루어졌다.

$$WACC = \left(\frac{S}{S+B}\right)r_e + \left(\frac{B}{S+B}\right)r_d(1-t) \tag{13-2}$$

먼저, 자본구조와 관련하여 MM(1958) 이전의 전통주의자(traditionalist)들은 전통적 접근법(traditional approach)을 주장하였다. 전통적 접근법은 타인자본비용이 자기

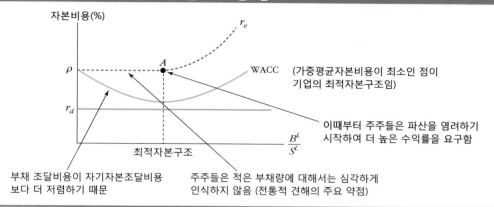

그림 13-1 • 전통적 접근법: 최적자본구조가 존재함

자본비용(%)

r_e

ρ

A

WACC (가중평균자본비용이 최소인 점이 기업의 최적자본구조임)

r_d

$\dfrac{B^l}{S^l}$

최적자본구조

이때부터 주주들은 파산을 염려하기 시작하여 더 높은 수익률을 요구함

부채 조달비용이 자기자본조달비용 보다 더 저렴하기 때문

주주들은 적은 부채량에 대해서는 심각하게 인식하지 않음 (전통적 견해의 주요 약점)

자본비용보다 낮다는 가정하에서 출발한다. 전통주의자들에 의하면 〈그림 13-1〉에서 보듯이 부채비율이 낮은 단계인 A점 수준까지 타인자본을 조달하면 타인자본조달비용이 자기자본조달비용보다 저렴하기 때문에 가중평균자본비용이 점차 하락하여 A점 수준에서 최소가 되므로 기업가치는 최대가 된다고 주장하였다.

A점 수준까지 타인자본을 차입할 경우 주주들이 적은 부채수준에 대해서 심각하게 인식하지 않는다. 하지만 A점 수준을 초과하여 타인자본을 사용하게 되면 이때부터 주주들은 재무위험을 심각하게 인식하여 파산을 염려하기 때문에 더 높은 수준의 수익률을 요구하게 된다.[1]

따라서 기업의 $WACC$도 상승하게 되어 기업가치가 하락하게 된다고 주장한다. 결국 전통적 접근법에 의하면 기업가치는 자본구조에 따라 영향을 받게 되고 $WACC$가 최소가 되어 기업가치를 극대화하는 최적자본구조가 존재한다고 주장한다.

---

1 이 부분이 전통주의자들의 주장에서 가장 주된 오류로 지적되고 있다. A점 이전까지는 주주들이 가만히 있다가 A점에 이르면 부채에 대해 갑자기 우려하기 시작하는 것이 사리에 맞지 않고 설득력이 없다.

SECTION
02 MM(1958)의 자본구조이론: 무관련이론

전통적 접근법에 대한 최초의 이론적 반박이 1958년에 발표된 MM의 논문이다.[2] MM은 기업가치는 자산의 수익성과 위험성에 따라 달라지는 것이지 기업의 자본구조와는 관련이 없다고 주장했다. 이러한 주장을 위해 MM은 다음 다섯 가지 가정을 세웠다.

① 자본시장은 어떠한 마찰적 요인도 존재하지 않는 완전자본시장[3]이다.
② 모든 개인은 무위험이자율로 차입하거나 대출할 수 있다.
③ 기업은 오직 무위험부채와 위험이 존재하는 보통주 두 가지만 발행하여 자금을 조달한다.
④ 모든 기업은 자신들의 경영위험에 따라 동일한 위험집단에 속하는 것으로 가정한다.
⑤ 기업은 성장이 없기 때문에 해마다 벌어들이는 현금흐름은 항상 일정하고 영구적이다.

이 가정하에 MM은 자본구조가 달라도 기업의 가치가 동일하다는 것을 증명하고 기업가치와 자본구조의 관계에 대해서 세 가지 명제를 발표하였다.

1. MM(1958)의 명제 I

무위험이자율 r_d로 부채(leverage) B^L을 사용하는 부채기업(L)이 벌어들이는 현금흐름은 주주에게 귀속되는 현금흐름과 채권자에게 귀속되는 현금흐름으로 나뉜다. 기업의 미래현금흐름을 기대순영업이익 $E(NOI)$이라 할 때, $E(NOI)$ 중에서 채권자에

---

2 Franco Modigliani and Merton H. Miller, "The Cost of Capital, Corporation Finance and the Theory of Investment," *American Economic Review* 48, June 1958.

3 거래비용, 법인세 및 개인소득세 등의 세금, 파산비용이 없는 이상적인 자본시장을 의미한다.

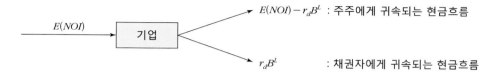

그림 13-2 • 법인세가 존재하지 않을 경우 부채기업 기대순영업이익의 귀속

$E(NOI)$ → 기업

$E(NOI) - r_d B^L$: 주주에게 귀속되는 현금흐름

$r_d B^L$: 채권자에게 귀속되는 현금흐름

게 귀속되는 현금흐름은 이자 $r_d B^L$이고, 이자를 뺀 나머지 부분 $E(NOI) - r_d B^L$이 주주에게 귀속되는 현금흐름이 된다.

기업의 시장가치는 기업이 매년 벌어들일 $E(NOI)$를 그 기업이 속한 위험집단의 수준에 맞는 할인율로 할인함으로써 계산된다. 부채를 전혀 사용하지 않는 무부채기업 (U)의 가치(V^U)는 무부채기업(U)이 벌어들이는 $E(NOI)$를 무부채기업(U)의 $WACC$ $(=$자기자본비용$=\rho)$로 할인하여 식(13-3)과 같이 계산한다. 부채를 사용하는 부채기업 (L)의 가치(V^L)는 부채기업(L)이 벌어들이는 $E(NOI)$를 부채기업(L)의 $WACC$로 할인하여 식(13-4)와 같이 계산한다.

$$V^U(=S^U) = \sum_{t=1}^{\infty} \frac{E(NOI)}{(1+\rho)^t} = \frac{E(NOI)}{\rho} \tag{13-3}$$

여기서, ρ=무부채기업의 자기자본비용$(=$가중평균자본비용$)$
S^U=무부채기업의 자기자본 시장가치

$$V^L(=S^L + B^L) = \sum_{t=1}^{\infty} \frac{E(NOI)}{(1+WACC)^t} = \frac{E(NOI)}{WACC} \tag{13-4}$$

여기서, $WACC$=부채기업의 가중평균자본비용
S^L=부채기업의 자기자본 시장가치
B^L=부채기업의 타인자본 시장가치

MM은 기업가치라는 것은 그 기업이 벌어들이는 순영업이익을 동일한 위험등급에 속하는 모든 기업에 적용할 수 있는 적절한 할인율로 할인함으로써 결정되는 것이지 그 기업의 자본구조에 따라 결정되는 것이 아니라고 생각하였다. MM은 식(13-3)의 무부채기업(U)의 가치(V^U)와 식(13-4)의 부채기업(L)의 가치(V^L)가 동일하게 됨을 차익거래과정을 통하여 증명하였다. 예를 들어, 어느 투자자가 무부채기업(U)의 주식을 10% 사거나, 부채기업(L)의 주식과 채권을 각각 10% 사는 경우를 생각해보자.

전략 1: 무부채기업(U) 10% 투자=무부채기업(U)의 주식을 10% 매수

전략 2: 부채기업(L) 10% 투자=부채기업(L)의 주식과 부채를 각각 10% 매수

전략 1에서 무부채기업(U)의 주식 S^U를 10% 매수할 경우 투자수익은 $0.1[E(NOI)]$가 된다.

전략 2에서 MM은 완전자본시장에 기업이든 개인이든 누구나 동일하게 접근할 수 있다는 가정을 하여 개인은 기업이 하는 것은 무엇이든지 동일하게 할 수 있다고 보았다. 따라서 기업이 발행하는 증권을 개인도 동일하게 발행할 수 있으므로 부채기업(L)의 부채 10%에 해당하는 금액 $0.1B^L$만큼 개인이 직접 빌려줌으로써 부채기업(L)의 채권을 $0.1B^L$만큼 매수한 것과 동일하게 만들 수 있다[4]고 가정하였다. 부채기업(L)의 부채를 10% 산다는 것은 자가부채를 10% 만든다는 것과 같은 의미이다. 따라서 전략 2의 투자수익은 $0.1[E(NOI)]$가 된다.

결국, 〈표 13-1〉에서 보듯이 두 전략의 투자수익은 $0.1[E(NOI)]$으로 동일하므로 차익거래이익이 발생하지 않으려면 두 투자안의 비용에 해당하는 투자금액도 같아야만 한다.[5] 즉, $0.1V^U=0.1V^L$이 되어야 한다. 결론적으로 기업가치는 채권자와 주주의 전체수익에 해당되는 영업이익에 의해서 결정되며, 영업이익이 같으면 자본구조가 달

표 13-1 ● $V^U=V^L$

	거래	투자금액	투자수익
전략 1: V^U 매수	S^U(기업 U의 주식)의 10% 매수	$=0.1S^U$ $(=0.1V^U)$	$0.1[E(NOI)]$
전략 2: V^L 매수	S^L(기업 L의 주식)의 10% 매수	$0.1S^L$	$0.1[E(NOI)-r_dB^L]$
	B^L(기업 L의 부채)의 10% 매수 ($=0.1B^L$만큼 대출)	$0.1B^L$	$0.1(r_dB^L)$
	합계	$0.1V^L$	$0.1[E(NOI)]$

---

4 이를 자가부채(homemade leverage)라고 한다.

5 만일 똑같은 투자수익을 내는 두 물건(전략)의 비용이 다르면 낮은 비용의 물건을 사고 높은 비용의 물건을 파는 차익거래가 가능하며, 그 차액을 이익으로 취할 수 있고, 만기시점에는 두 물건의 투자수익이 상쇄되어 달리 현금흐름이 발생하지 않게 된다.

라도 기업의 가치는 동일하다는 것이 MM의 명제 I이다.[6]

MM(1958)의 명제 I

동일한 위험집단에 속하는 무부채기업 U와 부채기업 L의 영업이익은 1,000만원으로 서로 같다. 무부채기업의 자기자본비용은 10%이고, 부채기업 L은 이자율 5%인 채권 4,000만원과 자기자본 9,000만원으로 자본을 구성하고 있다. 부채기업 L에 20%를 투자하고 있는 투자자입장에서 부채기업 L과 무부채기업 U의 기업가치가 같아지는 과정을 MM이론에 따라 설명하시오. 단, 법인세는 존재하지 않는다.

[답]

$$V^U(=S^U) = \frac{E(NOI)}{\rho} = \frac{1,000}{0.1} = 10,000\text{만원}$$

$$V^L = S^L + B^L = 4,000\text{만원} + 9,000\text{만원} = 13,000\text{만원}$$

$V^L(=13,000\text{만원}) > V^U(=10,000\text{만원}) \rightarrow V^L$ 매도, V^U 매수 $\rightarrow$ 투자수익의 변화 없이 차익거래이익 600만원을 얻게 된다. 따라서 차익거래이익이 존재하지 않을 때까지 이러한 차익거래가 계속되어 결국 $V^L = V^U$가 성립한다.

(단위: 만원)

거래		투자금액	투자수익
V^U 매수	S^U(기업 U의 주식)의 20% 매수	$0.2S^U$ $= (0.2)(10,000)$ $= 2,000$	$0.2[E(NOI)]$ $= (0.2)(1,000)$ $= 200$
V^L 매도	S^L(기업 L의 주식)의 20% 매도	$0.2S^L$ $= (0.2)(9,000)$ $= 1,800$	$-0.2[E(NOI) - r_d B^L]$ $= -(0.2)(1,000 - 4,000 \times 0.05)$ $= -160$
	B^L(기업L의 부채)의 20% 매도 $(= 0.2B^L$만큼 개인이 차입$)$	$0.2B^L$ $= (0.2)(4,000)$ $= 800$	$-0.2(r_d B^L)$ $= -(0.2)(4,000 \times 0.05)$ $= -40$
합 계		2,600	-200
차익거래이익		600	0

---

6 MM은 논문 발표 30년 후에 노벨 경제학상을 수상하였으며, 그들의 이론은 '기업가치를 피자의 크기라고 한다면 피자의 크기인 기업가치는 정해져 있는데 피자를 몇 등분으로 나누든(자본구조를 어떻게 가져가든) 피자의 크기(기업가치)는 변함이 없다'는 것이라고 비유적으로 설명하였다.

2. MM(1958)의 명제 II

MM은 명제 I과 연관시켜 명제 II라고 불리는 부채기업의 자기자본비용 r_e를 결정하는 공식을 다음과 같이 유도하였다. 먼저 무부채기업(U)의 자기자본에 대한 요구수익률을 ρ라고 할 경우 ρ는 식(13-3)으로부터 무부채기업(U)이 벌어들이는 $E(NOI)$를 무부채기업(U)의 자기자본 S^U로 나누면 얻어진다. 또한 MM의 명제 I에 의하여 $V^U = V^L$이 성립하므로 ρ는 식(13-5)와 같이 나타낼 수 있다.

$$\rho = \frac{E(NOI)}{S^U} = \frac{E(NOI)}{V^U} = \frac{E(NOI)}{V^L} = \frac{E(NOI)}{S^L + B^L}$$

$$\rightarrow \ E(NOI) = \rho(S^L + B^L) \tag{13-5}$$

한편, 부채기업(L)의 자기자본에 대한 요구수익률인 자기자본비용 r_e는 주주에게 귀속되는 현금흐름 $E(NOI) - r_d B^L$을 자기자본 S^L로 나누면 된다. 이때 식(13-5)에서 $E(NOI) = \rho(S^L + B^L)$이므로 r_e는 식(13-6)과 같이 유도된다.

$$r_e = \frac{E(NOI) - r_d B^L}{S^L} = \frac{\rho(S^L + B^L) - r_d B^L}{S^L} = \rho + (\rho - r_d)\frac{B^L}{S^L} \tag{13-6}$$

식(13-6)의 명제 II는 기업이 타인자본의 사용을 증가시킴에 따라 자기자본비용 r_e도 부채비율(B^L / S^L)에 비례하여 증가함을 보인다. 즉, 부채비율이 높을수록 자기자본비용 r_e가 높아진다.

일반적으로 재무곤경비용(financial distress cost)이 없고 채권자가 주주보다 회사의 자산과 수익에 선순위청구권을 가진다면 타인자본사용의 위험이 자기자본사용의 위험보다 작기 때문에 타인자본비용은 자기자본비용보다 작다고 할 수 있다. MM은 타인자본을 특히 위험이 없는 무위험부채로 조달한다고 가정하였기 때문에 타인자본비용이 자기자본비용보다 매우 저렴하다고 보았다.

이러한 가정에 의하여 MM은 기업이 자금조달을 위해 부채의 사용을 늘리면 채권자가 주주보다 선순위청구권을 가지기 때문에 자기자본비용이 증가하게 되지만 저렴한 타인자본비용이 증가하는 자기자본비용을 완전히 상쇄하여 $WACC$는 변화가 없게 된다고 하였다. 이러한 주장은 기업이 부채를 증가시켜도 기업의 가치를 산출하기 위해 할인율로 사용되는 $WACC$는 부채의 사용과 상관없이 늘 동일하므로 타인자본과 자기자본의 사용비중인 자본구조는 기업가치에 영향을 미치지 않음을 의미한다.

3. MM(1958)의 명제 III

MM은 식(13-7)에서 보듯이 부채기업(L)의 $WACC$가 기업의 재무구조와 상관없이 무부채기업(U)의 자기자본비용 ρ로 일정하다고 주장하였다. 부채사용과 관계없이 기업가치를 구할 때 사용하는 할인율인 $WACC$가 항상 ρ로 일정하기 때문에 기업가치는 자본구조와 무관하다는 뜻이다. 즉, 기업가치를 극대화하는 특별한 최적자본구조가 따로 없다는 것을 의미한다.

또한, 투자안의 선택여부를 결정하는 투자의사결정 시에도 미래현금흐름을 $WACC$로 할인하게 되는데, $WACC$가 자본구조에 영향을 받지 않기 때문에 투자의사결정과 자금조달의사결정(자본구조)이 서로 무관함을 알 수 있다.

$$WACC = \left(\frac{S^L}{S^L+B^L}\right)r_e + \left(\frac{B^L}{S^L+B^L}\right)r_d$$

$$= \frac{S^L}{S^L+B^L}\left[\rho + (\rho-r_d)\frac{B^L}{S^L}\right] + \frac{B^L}{S^L+B^L}r_d \quad (\because r_e = \rho + (\rho-r_d)\frac{B^L}{S^L})$$

$$= \frac{S^L+B^L}{S^L+B^L}\rho$$

$$= \rho \tag{13-7}$$

예제 **MM(1958)의 명제 II와 III**

동일한 위험집단에 속하는 무부채기업 U와 부채기업 L이 있다. 두 기업의 영업이익은 동일하게 매년 1,000만원으로 영구적으로 기대된다. 무부채기업의 자기자본비용은 10%이다. 부채기업 L은 이자율 5%인 채권 4,000만원과 1주당 3만원인 주식을 발행하고 있다. 부채기업 L의 발행주식수는 2,000주이다.

(1) 부채기업 L의 자기자본비용과 가중평균자본비용을 구하시오.

(2) 무부채기업 U와 부채기업 L의 기업가치를 각각 구하시오.

(3) 부채기업 L이 자기자본 80%, 타인자본 20%로 자본구조를 변경할 경우 자기자본 비용과 가중평균자본비용, 기업가치를 각각 구하고 (2)에서 구한 기업가치와 비교하여 설명하시오.

[답]

(1) $r_e = \rho + (\rho - r_d)(1 - t_c)\dfrac{B^L}{S^L} = 0.1 + (0.1 - 0.05)\left(\dfrac{4,000}{6,000}\right) = 0.1333$

$WACC = \left(\dfrac{S^L}{S^L + B^L}\right)r_e + \left(\dfrac{B^L}{S^L + B^L}\right)r_d$

$= \left(\dfrac{6,000}{6,000 + 4,000}\right)(0.1333) + \left(\dfrac{4,000}{6,000 + 4,000}\right)(0.05) = 0.1 = \rho$

(2) $V^U(= S^U) = \dfrac{E(NOI)}{\rho} = \dfrac{1,000}{0.1} = 10,000$만원

$V^L = \dfrac{E(NOI)}{WACC} = \dfrac{1,000}{0.1} = 10,000$만원

혹은 $S^L = \dfrac{E(NOI) - r_d B^L}{r_e} = \dfrac{1,000 - (0.05)(4,000)}{0.133} = 6,000$만원

$B^L = 4,000$만원 $\rightarrow V^L = S^L + B^L = 6,000$만원 $+ 4,000$만원 $= 10,000$만원

(3) $r_e = \rho + (\rho - r_d)(1 - t_c)\dfrac{B^L}{S^L} = 0.1 + (0.1 - 0.05)\left(\dfrac{2}{8}\right) = 0.1125$

$WACC = \left(\dfrac{S^L}{S^L + B^L}\right)r_e + \left(\dfrac{B^L}{S^L + B^L}\right)r_d$

$= \left(\dfrac{8}{8 + 2}\right)(0.1125) + \left(\dfrac{2}{8 + 2}\right)(0.05) = 0.1 = \rho$

$V^L = \dfrac{E(NOI)}{WACC} = \dfrac{1,000}{0.1} = 10,000$만원

혹은 $S^L = \dfrac{E(NOI) - r_d B^L}{r_e} = \dfrac{1,000 - (0.05)(2,000)}{0.1125} = 8,000$만원

$B^L = 2,000$만원 $\rightarrow V^L = S^L + B^L = 8,000$만원 $+ 2,000$만원 $= 10,000$만원

자기자본 60%, 타인자본 40%의 자본구조에서 자기자본 80%, 타인자본 20%로 자본구조를 변경하여도 $WACC$는 변함이 없으며 따라서 자본구조 변경 전후의 기업가치도 변함이 없다.

SECTION

03 MM(1963)의 자본구조이론: 수정이론

1963년 MM은 법인세(corporate tax)가 존재하는 완전시장에서의 자본구조이론을 다시 발표하여 1958년의 자본구조 무관련이론과 상반된 결과를 내놓았다.[7] MM의 1963년 논문의 기본개념은 법인세가 존재할 경우 부채로 인한 이자비용의 절세효과 (tax shield effect)가 있게 된다는 것이다. 따라서 1963년의 논문에서는 부채가 증가함에 따라 절세효과 때문에 비례적으로 기업의 가치가 증가하게 되어 최적자본구조가 존재한다는 결론을 내렸다. 이를 구체적으로 살펴보면 다음과 같다.

1. MM(1963)의 명제 Ⅰ

무부채기업(U)의 가치(V^U)는 무부채기업(U)이 벌어들이는 세후 기대순영업이익을 무부채기업(U)의 자기자본비용으로 할인하여 식(13-8)과 같이 계산한다.

$$V^U = \frac{\sum_{t=1}^{\infty} E(NOI)(1-t_c)}{(1+\rho)^t} = \frac{E(NOI)(1-t_c)}{\rho} \tag{13-8}$$

여기서, ρ =무부채기업의 자기자본비용(=가중평균자본비용), t_c =법인세율

---

[7] Franco Modigliani and Merton H. Miller, "Taxes and Cost of Capital: A Correction," *American Economic Review* 53, June 1963.

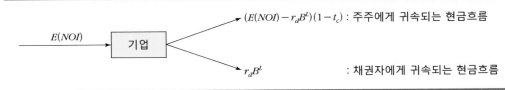

그림 13-3 • 법인세가 존재할 경우 부채기업 기대순영업이익의 귀속

$E(NOI)$ → 기업 → $(E(NOI) - r_dB^L)(1-t_c)$: 주주에게 귀속되는 현금흐름

r_dB^L : 채권자에게 귀속되는 현금흐름

부채기업(L)이 벌어들이는 세후 기대순영업이익은 채권자와 주주에게 나누어 귀속된다. 즉, 부채기업(L)이 벌어들이는 세후 기대순영업이익 중에서 채권자에게는 이자 r_dB^L이 귀속되고, 주주에게는 이자 r_dB^L을 기대순영업이익에서 차감한 다음 법인세까지 내고 난 나머지 금액 $(E(NOI) - r_dB^L)(1-t_c)$이 귀속된다.

따라서 부채를 사용하는 부채기업(L)의 세후 기대현금흐름은 식(13-9)와 같이 나타낼 수 있다.

$$CF^L = \left[(E(NOI) - r_dB^L)(1-t_c)\right] + r_dB^L$$

$$= E(NOI)(1-t_c) + r_dB^Lt_c \tag{13-9}$$

부채기업(L)의 가치 V^L은 식(13-9)의 세후 기대현금흐름 CF^L에서 무부채기업(U)의 주주에게 귀속되는 현금흐름과 동일한 $E(NOI)(1-t_c)$부분은 무부채기업(U)의 자기자본비용 ρ로 할인하고, $r_dB^Lt_c$는 타인자본 사용에 따른 법인세 절세액으로서 타인자본비용 r_d로 할인하여 식(13-10)과 같이 구할 수 있다.

$$V^L(=S^L + B^L) = \frac{E(NOI)(1-t_c)}{\rho} + \frac{r_dB^Lt_c}{r_d} = V^U + t_cB^L \tag{13-10}$$

식(13-10)을 보면 부채기업(L)의 가치 V^L은 무부채기업(U)의 가치 V^U에 법인세 절세효과 t_cB^L을 더한 것과 같음을 알 수 있는데, MM은 예를 들어, 어느 투자자가 무부채기업(U)의 주식을 10% 사거나, 부채기업(L)의 주식과 채권을 각각 10% 사는 두 가지 전략의 차익거래과정을 통해 $V^L = V^U + t_cB^L$이 됨을 증명하였다.

전략 1: 무부채기업(U)의 주식 S^U를 10% 매수

전략 2: 부채기업(L)의 주식 10%와 세후 부채 $[(1-t_c)B^L]$를 10% 매수

전략 1에서 무부채기업(U)의 주식 S^U를 10% 매수할 경우 투자수익은 $0.1[E(NOI) \times (1-t_c)]$가 된다.

전략 2에서 부채기업(L)의 자기자본 10% 매수에 대한 투자수익은 영업이익에서 이자와 세금을 차감한 후 이익의 10%이므로 $0.1[E(NOI-r_dB^L)(1-t_c)]$이 된다. 그리고, 부채기업($L$)의 세후 부채 $(1-t_c)B^L$를 10% 매수하는 것은 자가부채로 만들 수 있다고 가정하여 세후 부채의 10%를 매수하는 것을 의미한다. 이와 같이 자가부채로 부채기업(L)의 타인자본 10% 매수를 한 것에 대한 투자수익은 $0.1r_d(1-t_c)B^L$이 된다.

따라서 전략 2의 투자수익은 $0.1[E(NOI)(1-t_c)]$로 전략 1과 동일하므로 두 투자안의 비용에 해당하는 투자금액도 같아야 한다. 즉, 전략 1의 $0.1S^U(=V^U)$와 전략 2의 $0.1[S^L+(1-t_c)B^L]=0.1[S^L+B^L-t_cB^L]=0.1(V^L-t_cB^L)$이 같아야 하므로 $V^U=V^L-t_cB^L \rightarrow V^L=V^U+t_cB^L$이 됨을 알 수 있다.

법인세가 존재할 경우 V^L은 V^U와 t_cB^L을 합한 것과 동일하게 되므로 부채를 많이 사용할수록 기업의 가치는 이자비용의 법인세 절세액의 가치가 점점 증가하게 되고 100% 부채사용 시에 기업가치가 가장 커지기 때문에 100% 부채사용이 최적자본구조라는 것이 법인세가 존재할 경우의 MM의 명제 Ⅰ이다.

MM의 명제 Ⅰ에서 t_cB^L을 레버리지 이득(gain from leverage)이라고 한다. 만약 법인세가 없으면($t_c=0$: $MM(1958)$의 무관련이론) $V^L=V^U$가 되어 법인세가 존재하지 않을 경우의 명제 Ⅰ과 동일하게 된다.

표 13-2 • $V^L=V^U+t_cB^L$

거래		투자금액	투자수익
전략 1	S^U(기업U의 주식)의 10% 매수	$0.1S^U$	$0.1[E(NOI)(1-t_c)]$
전략 2	S^L(기업L의 주식)의 10% 매수	$0.1S^L$	$0.1[E(NOI-r_dB^L)(1-t_c)]$
	$(1-t_c)B^L$(기업L의 세후 부채)의 10% 매수($=0.1(1-t_c)B^L$만큼 대출)	$0.1(1-t_c)B^L$	$0.1r_d(1-t_c)B^L$
	합 계	$0.1[S^L+(1-t_c)B^L]$	$0.1[E(NOI)(1-t_c)]$

2. MM(1963)의 명제 II

명제 II는 기업이 부채비율(B^L/S^L)이 증가함에 따라 자기자본비용 r_e가 증가하나 $(1-t_c)$가 항상 1보다 작기 때문에 r_e는 법인세가 없는 경우의 MM의 명제 II의 경우에 비해 보다 작게 증가한다는 주장이다.

구체적으로, 무부채기업(U)의 자기자본비용 ρ는 무부채기업(U)이 벌어들이는 $E(NOI)$에서 법인세를 내고 난 후의 $E(NOI)(1-t_c)$를 무부채기업(U)의 자기자본 S^U로 할인하여 계산한다. 그리고 MM의 명제 I에 의하여 $V^U = V^L + t_cB^L$이 성립하므로 ρ는 식(13-11)과 같이 나타낼 수 있다.

$$\rho = \frac{E(NOI)(1-t_c)}{S^U(=V^U)} = \frac{E(NOI)(1-t_c)}{V^L - t_cB^L} = \frac{E(NOI)(1-t_c)}{S^L + (1-t_c)B^L}$$

$$\rightarrow \ E(NOI) = \frac{\rho S^L}{1-t_c} + \rho B^L \tag{13-11}$$

한편, 부채기업(L)의 자기자본비용 r_e는 부채기업(L)의 주주에게 귀속되는 $[E(NOI) - rB^L](1-t_c)$를 부채기업(L)의 자기자본 S^L로 할인하여 계산한다. 이때 식(13-11)에서 $E(NOI) = \rho S^L/(1-t_c) + \rho B^L$이므로 법인세가 존재할 경우 부채기업$(L)$의 자기자본비용 r_e는 식(13-12)와 같이 계산할 수 있다.

$$r_e = \frac{[E(NOI) - r_dB^L](1-t_c)}{S^L} = \frac{\left[\dfrac{\rho S^L}{1-t_c} + \rho B^L - r_dB^L\right](1-t_c)}{S^L}$$

$$= \rho + (\rho - r_d)(1-t_c)\frac{B^L}{S^L} \tag{13-12}$$

무위험부채 사용의 대가인 저렴한 타인자본비용의 사용으로 얻을 수 있는 매우 낮은 자본조달비용이라는 이점이 식(13-12)에서 보듯이 법인세의 존재로 인해 부채 사용에 따라 커지는 자기자본비용의 증가를 완전히 상쇄시키지 못하기 때문에 기업가 치는 부채비율이 증가함에 따라 커지게 됨을 의미하고 있다.

3. MM(1963)의 명제 Ⅲ

명제 Ⅲ의 $WACC$는 식(13-13)과 같이 레버리지에 의하여 영향을 받기 때문에 기업이 부채를 100% 사용할 때 $WACC$는 가장 낮은 수준인 $\rho(1-t_c)$가 되어 이때 기업가치가 가장 커진다는 주장이다.

$$WACC = \frac{S^L}{S^L+B^L}r_e + \frac{B^L}{S^L+B^L}r_d(1-t_c)$$

$$= \frac{S^L}{S^L+B^L}\left[\rho + (1-t_c)(\rho-r_d)\frac{B^L}{S^L}\right] + \frac{B^L}{S^L+B^L}r_d(1-t_c)$$

$$= \rho\left(1 - t_c\frac{B^L}{S^L+B^L}\right) \tag{13-13}$$

따라서 1958년의 명제 Ⅲ과 같이 법인세가 존재하지 않을 경우($t_c = 0$)에는 기업가치가 자본구조와 독립적(무관)이지만, 법인세가 존재할 경우에는 식(13-13)에서 보듯이 $WACC$는 부채조달액이 증가함에 따라 감소하여 100% 부채로 조달할 때 $WACC$가 최소인 $\rho(1-t_c)$가 되어 부채기업(L)의 기업가치가 최대가 된다는 것이다.

지금까지의 결과를 종합하여 법인세가 존재하지 않는 경우(MM(1958)) 자본구조와 자본비용의 관계와 법인세가 존재할 경우(MM, 1963) 자본구조와 자본비용의 관계

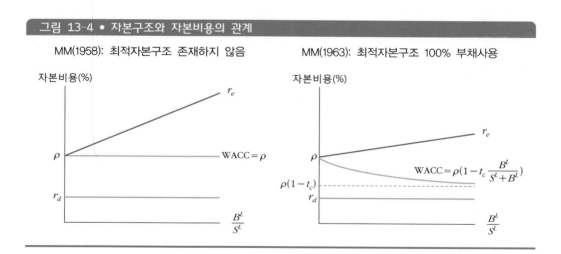

그림 13-4 • 자본구조와 자본비용의 관계

에 대해서 그림으로 나타내면 〈그림 13-4〉와 같다.

예제 | MM(1963) (2005 CPA 2차)

한별소프트(주)는 자기자본만으로 자금을 조달하여 운영하는 회사인데 매년 2억원의 기대영업이익이 영구적으로 예상되며 현재 자기자본비용은 15%이다. 이 회사는 자본구조를 바꾸기 위하여 8억원의 부채를 10%의 이자율로 조달하여 주식의 일부를 재매입하고자 한다. 부채 만기 후 부채는 동일한 조건으로 재조달할 수 있다고 가정한다. 법인세율은 25%이며 법인세가 존재하는 것 이외에 자본시장은 완전하다고 가정한다.

(1) 자본구조 변경 후의 기업가치는 얼마인가?

(2) 자본구조 변경 후 이 기업의 자기자본비용과 가중평균자본비용을 각각 구하시오. (%기준으로 반올림하여 소수점 첫째 자리까지만 표시한다.)

(3) 만약 기업의 부채비율을 400%로 조정하고자 한다면 지문에서 제시된 8억원 대신 얼마의 부채를 조달하여 주식의 일부를 재매입해야 하는가? 부채의 조달조건은 금액에 관계없이 동일하다고 가정한다.

[답]

(1) $V^L = V^U + t_c B^L = \dfrac{E(NOI)(1-t_c)}{\rho} + t_c B^L = \dfrac{(2)(1-0.25)}{0.15} + (0.25)(8) = 10 + 2 = 12$억원

(2) $V^L = S^L + B^L \rightarrow 12$억원$= S^L + 8$억원 $\rightarrow S^L = 4$억원

$r_e = \rho + (\rho - r_d)(1-t_c)\dfrac{B^L}{S^L} = 0.15 + (0.15 - 0.1)(1-0.25)\left(\dfrac{8}{4}\right) = 0.225$

$WACC = \rho\left(1 - t_c \dfrac{B^L}{S^L + B^L}\right) = (0.15)\left(1 - (0.25)\dfrac{8}{4+8}\right) = 0.125$

(3) $\dfrac{B^L}{S^L} = 4 \rightarrow S^L = \dfrac{B^L}{4} = 0.25B^L$

$V^L = S^L + B^L \rightarrow V^L = 0.25B^L + B^L = 1.25B^L$

명제 I 에 의하여, $V^L = V^U + t_c B^L \rightarrow 1.25B^L = 10 + (0.25)B^L$

$\rightarrow B^L = 10$억원

SECTION
04
MM(1958, 1963)과 CAPM(1964)의 결합

MM(1958, 1963)은 기업 내의 모든 투자안의 경영위험이 동일한 것으로 가정하였다. 논문이 발표될 당시에는 각 투자안의 체계적 위험의 차이를 수정할 만한 이론이 없었다. 따라서 '기업의 모든 투자안은 동일한 경영위험을 가진다'는 가정이 적절한 것으로 받아들여졌다. 〈그림 13-5〉에서 보듯이 MM의 자본구조이론(1958, 1963)에서는 각 투자안의 $WACC$가 체계적 위험의 함수가 아니며, 체계적 위험의 정도에 상관없이 항상 일정한 값을 가진다.

하지만 1964년 Sharpe에 의해 $CAPM$이 발표된 이후 오늘날의 시각에서 보면 기업이나 투자안에 따라 위험이 서로 차이가 있기 때문에 MM의 위험이 동일하다는 가정이 맞지 않게 된다. 특히 MM의 자본구조이론(1958, 1963)은 기존 기업과 서로 다른 체계적 위험을 가지는 새로운 투자안을 평가할 때 많은 어려움이 따르게 된다.

이에 Hamada(1969)는 $CAPM$과 MM의 자본구조이론에서의 자본비용식을 결합하여 위험부채의 사용효과에 대한 통합적 접근방법을 최초로 제시하였다.[8] 이를 구체

> **그림 13-5 • MM의 자본이론구이론과 CAPM의 체계적 위험**

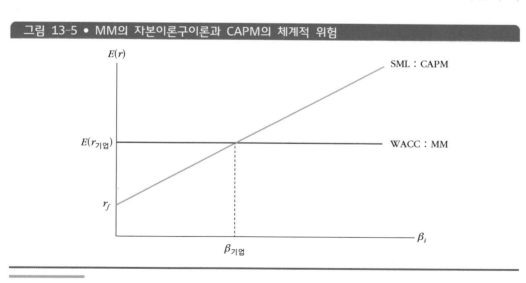

---

8 Robert S. Hamada, "Portfolio Analysis, Market Equilibrium and Corporation Finance, "*Journal of Finance* 24, March 1969.

적으로 살펴보면, MM은 무위험부채를 가정하였으므로 타인자본비용 r_d는 무위험이자율인 r_f가 된다.

또한 1958년 MM의 논문이 발표될 당시에는 체계적 위험이라는 개념 자체가 없었기 때문에 무부채기업(U)에 적용할 수 있는 적절한 할인율을 단지 ρ라고 하였다. 하지만 1964년 $CAPM$이 발표된 이후 우리는 무부채기업(U)의 자기자본비용이 SML에 의하여 기업의 세후영업현금흐름의 체계적 위험 β_S^U에 따라 결정된다는 사실을 알고 있다.

문제는 현실적으로 부채를 사용하지 않는 경우의 체계적 위험을 나타내는 β_S^U를 구하는 것이 쉽지 않다는 것이다. 이에 금융정보제공업체들로부터 쉽게 구할 수 있는 상장된 부채기업(L)의 주식베타 β_S^L을 이용하여 자기자본비용에 대한 MM의 정의와 $CAPM$의 정의를 일치시킴으로써 β_S^L과 β_S^U사이의 관계를 도출해 낼 수 있다.[9]

MM의 자본구조이론에서 무부채기업(U)의 자기자본비용 ρ와 $CAPM$의 관점에서 체계적 위험 β_S^U에 근거하여 산출되는 무부채기업(U)의 자기자본비용 $r_f + [E(r_M) - r_f]\beta_S^U$가 서로 같다고 보면 (즉, $\rho = r_f + (E(r_M) - r_f)\beta_S^U$), 법인세가 존재하는 경우의 자기자본비용 r_e를 나타내는 식(13-12)는 식(13-14)로 정리할 수 있다.

$$r_e = \rho + (\rho - r_d)(1 - t_c)\frac{B^L}{S^L}$$

$$= \rho + (\rho - r_f)(1 - t_c)\frac{B^L}{S^L} \quad (\because r_d = r_f)$$

$$= \left[r_f + (E(r_M) - r_f)\beta_S^U\right] + \left[\{r_f + (E(r_M) - r_f)\beta_S^U\} - r_f\right](1 - t_c)\frac{B^L}{S^L} \quad (13\text{-}14)$$

한편, $CAPM$의 관점에서 부채를 사용하는 기업의 체계적 위험 β_S^L에 근거하여 산출되는 부채기업(L)의 자기자본비용은 식(13-15)가 된다.

$$r_e = r_f + [E(r_M) - r_f]\beta_S^L \quad (13\text{-}15)$$

---

9 Chapter 12 Appendix에서 자본비용의 식(A12-5)와 같이 이미 도출하였다. 여기서는 동일한 식을 자본비용에 대한 MM의 자본구조이론과 CAPM의 정의를 사용하여 다른 방법으로 도출한 것이다.

표 13-3 • MM과 CAPM의 자본비용식에 대한 비교

자본의 형태	MM의 정의	CAPM의 정의
무부채기업의 자기자본비용	$\rho = \rho$	$\rho = r_f + [E(r_M) - r_f]\beta_S^U$
부채기업의 타인자본비용	$r_d = r_f,\ \beta_B^L = 0$ (무위험부채 가정)	$r_d = r_f + [E(r_M) - r_f]\beta_B^L$
부채기업의 자기자본비용	$r_e = \rho + (\rho - r)(1 - t_c)\dfrac{B^L}{S^L}$	$r_e = r_f + [E(r_M) - r_f]\beta_S^L$
WACC	$WACC = \rho\left(1 - t_c\dfrac{B^L}{S^L + B^L}\right)$	$WACC = \dfrac{S^L}{S^L + B^L}r_e + \dfrac{B^L}{S^L + B^L}r_d(1 - t_c)$

부채기업(L)이 부채를 사용할 경우의 식(13-14)로 표현되는 자기자본비용 r_e와 부채기업(L)의 체계적 위험 β_S^L에 근거하여 산출되는 식(13-15)의 자기자본비용 r_e는 동일하므로 이 둘을 같게 놓으면 식(13-16)과 같이 정리된다.

$$r_f + [E(r_M) - r_f]\beta_S^L = \left[r_f + (E(r_M) - r_f)\beta_S^U\right]$$

$$+ \left[\{r_f + (E(r_M) - r_f)\beta_S^U\} - r_f\right](1 - t_c)\frac{B^L}{S^L}$$

$$\rightarrow \beta_S^L = \left[1 + (1 - t_c)\frac{B^L}{S^L}\right]\beta_S^U \tag{13-16}$$

〈표 13-3〉에 MM의 자본구조이론과 $CAPM$이 ① 타인자본비용, ② 무부채기업(U)의 자기자본비용, ③ 부채기업(L)의 자기자본비용, ④ $WACC$를 어떻게 서로 다르게 정의하는지 관계식들을 비교하였다. 특히 $WACC$의 정의에 대한 $CAPM$개념과 MM의 개념은 식(13-13)에서 보듯이 표현식만 다를 뿐 서로 동일함을 알 수 있다.

예제 **MM(1963)과 CAPM (2007 CPA 2차)**

자본구조를 제외하고 모든 점이 동일한 두 개의 기업 U와 L이 있다. 전액 자기자본만으로 조달된 기업 U의 자본비용은 20%이다. 기업 L의 자본구조는 총액면가 2억원, 액면이자율 7%, 만기수익률 10%의 영구채와 총 10,000주의 주식으로 구성되어 있다.

매년 말 2억원의 세전영업이익($EBIT$)이 영구적으로 발생할 것으로 기대된다. 무위험 이자율은 10%, 시장포트폴리오의 기대수익률은 15%, 법인세율은 40%이다. MM자본구조이론과 $CAPM$환경 하에서 다음에 답하시오. (모든 수치는 소수점 다섯째 자리에서 반올림하시오.)

(1) 기업 U의 총시장가치를 구하시오.

(2) 기업 L의 부채의 시장가치를 구하시오.

(3) 기업 L의 기업가치와 주당 시장가격을 각각 구하시오.

(4) 기업 L의 자기자본비용 및 가중평균자본비용을 MM이론을 적용하여 각각 구하시오.

(5) 기업 L은 현재의 시가기준 부채비율을 목표비율 50%로 조정하려고 한다. 이러한 자본구조조정에 따른 새로운 ① 자기자본비용, ② 가중평균자본비용 및 ③ 기업가치를 하마다(Hamada)모형을 이용하여 각각 산출하시오.

(6) (3)에서 (5)의 결과에 근거하여 법인세를 고려한 MM(1963)이론이 시사하는 바를 언급하고, 지금까지 알려진 이론들에 근거하여 현실적용 시 추가적으로 고려해야 할 요인 3개를 제시하시오.

[답]

(1) $V^U = \dfrac{E(NOI)(1-t_c)}{\rho} = \dfrac{(2)(1-0.4)}{0.2} = 6$억원

(2) $B^L = \dfrac{(2)(0.07)}{(1+0.1)^1} + \dfrac{(2)(0.07)}{(1+0.1)^2} + \cdots = \dfrac{(2)(0.07)}{0.1} = 1.4$억원

(3) $V^L = V^U + t_c B^L = 6 + (0.4)(1.4) = 6.56$억원

$V^L = S^L + B^L \rightarrow 6.56 = S^L + 1.4 \rightarrow S^L = 5.16$억원

$\therefore P_0 = 5.16$억원$/10,000$주$= 51,600$원

(4) $r_e = \rho + (\rho - r_d)(1-t_c)\dfrac{B^L}{S^L} = 0.2 + (0.2 - 0.07)(1-0.4)\left(\dfrac{1.4}{5.16}\right) = 0.2163$

$WACC = \rho\left(1 - t_c\dfrac{B^L}{S^L + B^L}\right) = (0.2)\left(1 - (0.4)\dfrac{1.4}{6.56}\right) = 0.1829$

(5) $r_e = r_f + [E(r_M) - r_f]\beta_S^L \rightarrow 0.2163 = 0.1 + (0.15 - 0.1)\beta_S^L \rightarrow \beta_S^L = 2.326$

$\beta_S^L = \left[1 + (1-t_c)\dfrac{B^L}{S^L}\right]\beta_S^U \rightarrow \beta_S^U = \dfrac{\beta_S^L}{\left[1 + (1-t_c)\dfrac{B^L}{S^L}\right]} = \dfrac{2.326}{\left[1 + (1-0.4)\dfrac{1.4}{5.16}\right]} = 2$

$$\beta_S^L = \left[1 + (1-t_c)\frac{B^L}{S^L}\right]\beta_S^U = [1+(1-0.4)(0.5)]\,(2) = 2.6$$

① 자기자본비용 $r_e = r_f + [E(r_M)-r_f]\beta_S^L = 0.1 + (0.15-0.1)(2.6) = 0.23$

② 가중평균자본비용 $WACC = \rho\left(1-t_c\frac{B^L}{S^L+B^L}\right) = 0.2\left(1-(0.4)\frac{1}{3}\right) = 0.1733$

또는 $WACC = \dfrac{S^L}{S^L+B^L}r_e + \dfrac{B^L}{S^L+B^L}r_d(1-t_c) = \dfrac{2}{3}(0.23) + \dfrac{1}{3}(0.1)(1-0.4) = 0.1733$

③ 기업가치 $V^L = \dfrac{E(NOI)(1-t_c)}{WACC} = \dfrac{2(1-0.4)}{0.1733} = 6.9244$억원

(6) ① 부채비율$((B^L/S^L)$이 27.19%$(=1.4$억/5.16억)에서 50%로 증가할 경우 법인세의 존재로 인하여 자기자본비용이 상대적으로 저렴한 타인자본사용에 대한 이점을 완전히 상쇄할 정도로 증가하지 않았기 때문에(21.63% → 23%) 가중평균자본비용은 18.29%에서 17.33%로 감소하여 기업가치가 6.56억원에서 6.9244억원으로 증가하게 된다.

② 개인소득세, 파산비용, 대리인비용 등의 시장불완전요인을 고려하여 자본구조이론을 설명해야 한다.

SECTION
05 Miller(1977)의 자본구조이론

1. 법인세와 개인소득세가 존재할 경우의 기업가치

Miller(1977)는 법인세 t_c 외에도 주식투자에 대한 개인소득세 t_{ps}와 채권투자에 대한 개인소득세 t_{pb}가 존재한다고 가정하여 MM(1963)의 기업가치(명제 I : $V^L = V^U + t_cB^L$)를 다시 수정하였다.[10] MM(1963)의 자본구조이론에 개인소득세를 포함시

---

[10] Merton H. Miller, "Debt and Taxes," *Journal of Finance* 32, May 1977.

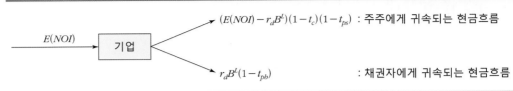

그림 13-6 • 법인세와 개인소득세 존재 시 부채기업(L) 기대순영업이익의 귀속

킬 경우 무부채기업(U)의 주주들에게 귀속되는 세후현금흐름은 무부채기업(U)의 기대순영업이익 $E(NOI)$에서 법인세와 개인소득세를 차감한 값인 $E(NOI)(1-t_c)(1-t_{ps})$이다. 이를 무부채기업(U)의 자기자본비용 ρ로 할인하여 무부채기업(U)의 가치 V^U를 식(13-17)과 같이 얻을 수 있다.

$$V^U = \frac{E(NOI)(1-t_c)(1-t_{ps})}{\rho} \tag{13-17}$$

부채기업(L)의 현금흐름은 주주에게 귀속되는 세후 현금흐름과 채권자에게 귀속되는 세후 현금흐름으로 구분할 수 있다. 주주에게 귀속되는 현금흐름은 $E(NOI)$에서 이자, 법인세, 개인소득세를 모두 차감한 값인 $(E(NOI)-r_dB^L)(1-t_c)(1-t_{ps})$가 된다. 채권자에게 귀속되는 현금흐름은 이자에서 개인소득세를 차감한 값인 $r_dB^L(1-t_{pb})$이다. 따라서 부채기업(L)의 세후기대현금흐름 CF^L은 식(13-18)과 같이 나타낼 수 있다.

$$CF^L = \left[E(NOI-r_dB^L)(1-t_c)(1-t_{ps})\right] + r_dB^L(1-t_{pb})$$

$$= E(NOI)(1-t_c)(1-t_{ps}) + r_dB^L\left[(1-t_{pb})-(1-t_c)(1-t_{ps})\right] \tag{13-18}$$

부채기업(L)의 가치 V^L은 식(13-8)을 적절한 할인율로 할인하여 구할 수 있다. 식(13-18) 우변의 첫 번째 항은 무부채기업(U)의 주주에게 귀속되는 현금흐름과 동일하므로 ρ로 할인하고 두 번째 항은 채권자에게 귀속되는 현금흐름이므로 세후 타인자본비용 $r_d(1-t_{pb})$로 할인하여 식(13-19)와 같이 계산한다.

$$V^L = \frac{E(NOI)(1-t_c)(1-t_{ps})}{\rho} + \frac{r_d B^L \left[(1-t_{pb}) - (1-t_c)(1-t_{ps})\right]}{r_d(1-t_{pb})}$$

$$= V^U + \left[1 - \frac{(1-t_c)(1-t_{ps})}{1-t_{pb}}\right]B^L \tag{13-19}$$

식(13-19) 우변의 마지막 항이 법인세와 개인소득세가 모두 존재할 경우 부채 (leverage)로부터 추가적으로 얻어지는 기업의 가치에 해당하며, 이를 레버리지 이득 (gain from leverage)이라고 부르고 식(13-20)에 다시 표시하였다.

$$\text{레버리지 이득} = \left[1 - \frac{(1-t_c)(1-t_{ps})}{1-t_{pb}}\right]B^L \tag{13-20}$$

만약 $(1-t_c)(1-t_{ps}) = (1-t_{pb})$라면 레버리지 이득은 없어져서 $V^L = V^U$가 되고, 세금이 존재하지 않아도($t_c = t_{ps} = t_{pb} = 0$) $V^L = V^U$가 되어 두 경우 모두 MM의 1958년 결과와 같아지게 된다. 만약 $t_{ps} = t_{pb}(=0)$이라면 $V^L = V^U + t_c B^L$이 되어 MM의 1963년 결과와 같아지게 된다. 만약 $t_{ps} = 0$이고 $t_{pb} \neq t_c$라면 레버리지 이득은 $[1-(1-t_c)/(1-t_{pb})]B^L$이 되고, $t_{pb} > t_c$이면 레버리지 이득이 음$(-)$의 값을 가지게 된다.

예제 **Miller(1976)의 자본구조이론**

영업이익이 매년 동일하게 5,000만원으로 기대되는 무부채기업 U의 자기자본비용은 10%이다. 기업의 이익은 모두 배당으로 지급되는데, 이 기업은 6%의 이자율로 6,000 만원의 영구부채 발행하여 주식을 재매입하는 것을 고려하고 있다. 법인세율이 20%, 이자에 대한 개인소득세율은 25%, 배당소득에 대한 개인소득세율은 15%일 경우 자본 구조를 변경하기 전과 후의 기업가치는 각각 얼마인가?

[답]
자본구조 변경 전: 무부채기업의 가치

$$V^U = \frac{E(NOI)(1-t_c)(1-t_{ps})}{\rho}$$

$$\rightarrow V^U = \frac{(5,000)(1-0.2)(1-0.15)}{0.1} = 34,000\text{만원}$$

자본구조 변경 후: 부채기업의 가치

$$V^L = V^U + \left[1 - \frac{(1-t_c)(1-t_{ps})}{1-t_{pb}}\right]B^L$$

$$\rightarrow V^L = 34{,}000 + \left[1 - \frac{(1-0.2)(1-0.15)}{1-0.25}\right](5{,}000) = 34{,}467만원$$

2. Miller모형: 채권시장균형과 최적자본구조

MM(1958)은 $V^L = V^U$이라고 하였고, MM(1963)은 법인세로 인해 $V^L = V^U + t_c B^L$가 된다고 하였다. 하지만 Miller(1977)는 채권시장이 균형상태에 이르면 기업가치가 자본구조에 영향을 받지 않기 때문에 무부채기업(U)의 가치와 부채기업(L)의 가치가 서로 같아진다는 이론을 제시하였다.

즉, Miller(1977)는 법인세와 개인소득세를 모두 고려하면 또다시 $V^L = V^U$가 된다고 주장하였고 이러한 결론을 도출하기 위하여 Miller(1977)는 투자자가 주식에 투자할 경우 자본이득에 대한 세금은 주식이 매각되어 그 소득이 실현될 때까지 연기할 수도 있고, 자본이득세율이 일반적으로 낮게 책정되어 있다고 보았다.

또한 배당소득도 개인의 경우 \$100까지는 비과세이고 기업의 경우 다른 기업으로부터 받는 배당소득의 85%까지는 비과세인 점을 들어 주식투자에 대한 개인소득세 t_{ps}는 실제로 거의 0에 가깝다고 보아 $t_{ps} \approx 0$이라고 가정하였다.[11]

(1) 채권 공급이자율

Miller(1977)의 이론은 채권 공급이자율 r_s와 채권 수요이자율 r_d를 나타낸 〈그림 13-7〉을 통해 살펴볼 수 있다. 먼저, 〈그림 13-7〉에서 채권의 공급이자율 r_s가 수평선의 형태로 나타나는 이유를 살펴보자.

---

[11] 이외에도 Miller(1977)는 직접파산비용(direct bankruptcy costs)이 기업가치의 1%에 해당한다는 Warner(1977)의 연구결과를 인용하고, 또한 절세효과가 파산비용에 비해 훨씬 크다는 것을 '말과 토끼의 먹이(horse-and-rabbit stew)'로 비유하면서 파산비용이 충분히 낮아서 따로 고려하지 않았다.

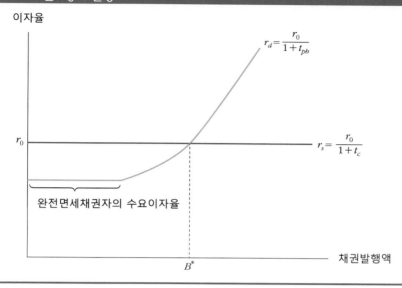

그림 13-7 • 채권시장의 균형

이자율

$r_d = \dfrac{r_0}{1+t_{pb}}$

r_0

$r_s = \dfrac{r_0}{1+t_c}$

완전면세채권자의 수요이자율

채권발행액

B^*

기업입장에서 부채를 사용함으로써 얻을 수 있는 이익에 해당되는 세금절세액은 채권 공급이자율과 법인세율의 곱인 $r_s t_c$로 표시할 수 있다. 그리고 사채에 투자한 투자자는 이자에 대해 개인소득세를 내야 하는 부담이 있다.

따라서, 세금이 완전히 면제되는 면세채권의 이자율을 r_0이라고 할 때, 일반적인 투자자들은 이자에 대한 개인소득세를 내야하므로 채권의 공급이자율 r_s가 면세채권 이자율 r_0보다 충분히 더 높아야 채권을 살 것이다.

채권을 발행(공급)하는 기업입장에서는 채권으로부터 누릴 수 있는 기업의 세금 절세액 $r_s t_c$가 개인소득세 부담에 대한 보상으로 채권자에 더 지급해야 하는 이자액 $r_s - r_0$보다 더 큰 상황이면, 즉 $r_s t_c \geq r_s - r_0$인 상황이면 계속 채권을 공급할 것이며, 균형상태에 이르면 세금절세액과 개인소득세 부담 보상액이 식(13-21)에 보인 것처럼 서로 같아져서 $r_s t_c = r_s - r_0$이 된다. 따라서 $r_s = r_0/(1-t_c)$가 되고, t_c는 일정하므로 채권 공급곡선이 〈그림 13-7〉과 같이 수평선이 된다.

$$r_s t_c = r_s - r_0 \qquad \rightarrow \qquad r_s = \frac{r_0}{1 - t_c} \qquad (13\text{-}21)$$

기업의 세금절세액
(기업의 이익)

개인소득세부담에 대한
보상(면세채권의 낮은 이자
보다 더 높은 이자지급)

법인세율은 일정한 것으로
가정할 수 있으므로 공급곡선은
항상 일정한 수평선의 형태임

(2) 채권 수요이자율

〈그림 13-7〉에서 채권의 수요이자율 r_d는 수평선을 보이다가 우상향의 형태를 가지는 이유를 살펴보자. 일반적으로 투자자들은 자신의 소득수준에 따라 서로 다른 개인소득세율을 가지며, 개인소득세율은 소득에 따라 누진적으로 증가한다. 물론 전혀 세금을 내지 않는 투자자 층도 있다.

우선 완전히 면세인 투자자는 세금을 내야하는 일반채권의 이자율이 면세채권처럼 낮은 이자율 r_0이라도 어차피 세금을 전혀 안 내기 때문에 별 문제없이 채권을 사게 된다. 즉, r_0의 낮은 이자율의 일반채권에 대해 면세투자자들의 수요가 있다.

면세투자자들의 수요가 다 소진된 이후에는 세금을 내야 하는 투자자들이 투자하게 되는데, 이들에게는 세금을 보전해 줄 수 있는 충분히 높은 이자를 줘야 채권에 투자하려고 할 것이다. 최소한 이들은 일반채권의 세후 이자율이 면세채권의 이자율 r_0과 동일해야 일반채권에 비로소 투자하려 할 것이므로 채권의 수요곡선을 식(13-22)와 같이 나타낼 수 있다. 식(13-22)의 수요이자율 r_d는 개인소득세율 t_{pb}가 소득에 따라 누진적으로 증가하기 때문에 〈그림 13-7〉에 보인 바와 같이 우상향하게 된다.

$$r_d(1 - t_{pb}) = r_0 \qquad \rightarrow \qquad r_d = \frac{r_0}{1 - t_{pb}} \qquad (13\text{-}22)$$

t_{pb}가 올라가면 r_d도 올라간다.

(3) 균형상태

채권시장의 균형은 채권의 수요이자율과 공급이자율이 일치하는 점($r_d = r_s$)에서 이루어진다. 따라서 $r_0/(1-t_{pb})=r_0/(1-t_c) \rightarrow (1-t_{pb})=(1-t_c)$가 유도된다. 즉, 균형상태에서 $(1-t_{pb})=(1-t_c)$가 된다. 이 결과를 레버리지 이득을 나타내는 식(13-20)에 대입하면, Miller가 $t_{ps} \approx 0$이라고 가정하였으므로, 레버리지 이득은 0이 되어 $V^L = V^U$라는 최종 결과가 도출된다.

$$V^L = V^U + \left[1 - \frac{(1-t_c)(1-t_{ps})}{1-t_{pb}} \right] B^L$$

$$\rightarrow V^L = V^U + \left[1 - \frac{(1-0)}{1} \right] B^L \quad (\because (1-t_{pb})=(1-t_c), \ t_{ps} \approx 0)$$

$$\rightarrow V^L = V^U \tag{13-23}$$

이는 법인세와 개인소득세를 모두 고려할 경우 기업가치와 자본구조는 서로 무관하게 된다는 의미이다. 즉, Miller는 시장전체로 볼 때 균형부채량은 B^*로 존재하기 때문에 시장전체의 최적자본구조(B^*)는 비록 존재하지만 균형상태에서 개인기업의 최적자본구조는 존재하지 않음을 보여주었다.

이와 같이 기업가치와 자본구조가 무관하다는 이론을 뒷받침하는 근거로 Miller는 레버리지의 고객효과(clientele effect)를 들고 있다. 높은 세율을 적용받는 투자자는 자기 자신이 직접 차입할 경우 얻는 절세효과가 기업의 레버리지를 통한 절세효과(레버리지 이득)보다 크기 때문에 낮은 부채비율을 가진 기업을 선호한다. 즉, 낮은 부채가 최적 자본구조인 셈이다.

반대로 낮은 세율을 적용받는 투자자는 기업의 레버리지를 통한 절세효과(레버리지 이득)가 개인 레버리지를 통한 절세효과보다 크기 때문에 높은 부채비율을 가진 기업을 선호하게 된다. 마찬가지로 높은 부채가 최적자본구조가 된다.

이와 같이 모든 투자자들이 선호할 기업가치를 극대화하는 최적부채비율은 따로 존재하지 않고, 부채비율이 낮아도 거기에 맞는 투자자가 있고, 부채비율이 높아도 또한 거기에 맞는 투자자가 있다고 주장하고 있다.

| 예제 | Miller(1976)의 자본구조이론 |

A, B, C 세 계층으로 구성된 경제하에서, 100억원의 투자자금을 가지고 있는 A계층에게 적용되는 개인소득세율은 40%이다. 50억원의 투자자금을 가지고 있는 B계층에게 적용되는 개인소득세율은 20%이다. 30억원의 투자자금을 가지고 있는 C계층에게 적용되는 개인소득세율은 10%이다. 이 세 계층의 주식수익률은 이 모두 해외에 투자할 경우 4%의 비과세수익률을 얻을 수 있다. 또한 국내 기업에 투자할 경우 투자대상은 주식과 사채만 존재하며, 투자하는 기업의 영업이익은 2,000억원으로 매년 동일하게 발생될 것으로 기대된다. 법인세율은 20%이고, 기업이 지급하는 이자에 대해서 개인소득세도 과세되지만 주식에 대해서는 자본시장 육성차원에서 개인소득세가 과세되지 않는다. 균형이자율을 구하고, A, B, C 세 계층이 주식과 채권 중 어느 것에 투자할지 결정하시오.

[답]

채권 공급이자율 $r_s = \dfrac{r_0}{1-t_c}$ → $r_s = \dfrac{0.04}{1-0.2} = 5\%$

채권 수요이자율 $r_d = \dfrac{r_0}{1-t_{pb}}$ → A계층: $r_d = \dfrac{0.04}{1-0.4} = 10\%$

B계층: $r_d = \dfrac{0.04}{1-0.2} = 5\%$

C계층: $r_d = \dfrac{0.04}{1-0.1} = 4.4\%$

따라서, 채권의 균형이자율은 5%이다. A계층의 수요이자율(요구수익률)은 10%로 채권의 균형이자율 5%보다 높으므로 채권을 구입하지 않고 주식을 구입한다. B계층의 수요이자율(요구수익률)은 5%로 채권의 균형이자율 5%와 동일하므로 주식이나 채권 투자가 무차별하다. C계층의 수요이자율(요구수익률)은 4.4%로 채권의 균형이자율 5%보다 낮으므로 채권을 구입한다.

SECTION
06 최적자본구조 가능성에 대한 이론

1. 파산비용과 최적자본구조

부채를 과다하게 사용하는 기업이 부채의 원리금을 갚지 못해 파산하는 경우 발생하는 제반비용을 파산비용(bankruptcy costs)이라 한다. 기업은 재무적 의무를 다하지 못할 경우 재무적 곤경(financial distress)에 처하게 된다. 직접파산비용은 기업의 파산과정에서 기업이 제3자에게 지급하는 보수 등의 비용(변호사수수료, 회계사수수료, 소송비용 등)을 의미한다. 간접파산비용은 주요직원의 기업이탈, 정상가격 이하로 기업자산 매각, 매출액 감소 등에 의해서 간접적으로 기업이 입게 되는 손실을 의미한다.

부채를 사용하게 되면 기업가치에 긍정적인 측면과 부정적인 측면이 동시에 발생한다. 부채사용의 긍정적인 측면은 부채의 법인세 절세효과로 인한 기업가치의 상승이다. 부채사용의 부정적인 측면은 부채의 사용이 많아지게 되면 파산비용을 증가시켜 기업가치가 감소하게 된다는 것이다. 부채사용은 기업가치에 상반된 영향을 미치므로 최적자본구조가 존재할 것이라는 가능성을 최초로 Baxter(1967)[12]가 제시하였다.

〈그림 13-8〉은 파산비용으로 인해 최적자본구조가 존재하게 되는 것을 보여주고 있다. 우선 점선으로 표시된 $WACC$, r_e, r_f는 법인세만 존재하는 세계에서의 MM(1963)의 결과를 나타내고 있다. 부채구성비율 $B^L/(S^L+B^L)$의 증가에 따라 $WACC$가 계속 감소하므로 부채구성비율 100%가 최적자본구조이다.

반면 실선으로 표시된 $WACC'$은 파산비용을 고려하는 경우다. 기업이 부채를 많이 사용하면 할수록 파산할 확률이 증가하기 때문에 채권자들의 요구수익률 r_d'도 부채구성비율 $B^L/(S^L+B^L)$이 증가함에 따라 상승한다. 또한 r_e'은 법인세만 고려한 r_e에 비해 법인세와 개인소득세를 고려하므로 부채구성비율이 증가함에 따라 증가하되 법인세만 고려한 r_e보다 조금 더 낮은 값을 가진다.

---

12 Nevins D. Baxter, "Leverage, Risk of Ruin and the Cost of Capital," *Journal of Finance* 22, September 1967.

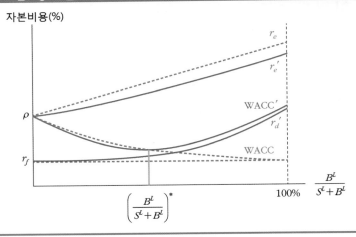

그림 13-8 • 파산비용이 존재하는 경우의 최적자본구조

결과적으로 〈그림 13-8〉에서 보듯이 $WACC'$은 U자형이 되고, 부채사용의 한계이익(=부채의 법인세절세효과)과 한계비용(=파산비용)이 같아지는 점에서 $WACC'$이 가장 낮은 값을 가지게 되며, 이 점에서 기업가치가 극대화되는 최적자본구조 $(B^L/(S^L + B^L))^*$가 구해진다.

만약 파산비용이 무시할 만큼 작다면 위의 설명으로 최적자본구조를 설명하는 데 무리가 있다. 따라서 파산비용이 정확하게 얼마나 큰가는 매우 중요한 문제이다. 부채사용으로 인한 법인세 절세효과와 무시할 수 없을 만큼 큰 파산비용이 존재한다면 위와 같은 최적자본구조이론이 설득력을 가질 수 있다.

예제 **파산비용과 최적자본구조**

매년 동일한 100억원의 영업이익이 기대되는 무부채기업 U의 자기자본비용은 10%이고, 법인세율은 20%이다. 이 기업의 경영자는 부채를 조달하여 자사주를 재매입하는 것을 검토하고 있는데, 만약 부채를 조달할 경우 법인세 절세액의 효과를 누릴 수 있지만 파산비용이 증가됨을 우려하고 있다. 부채를 40억 조달할 때 재무적 곤경에 처할 확률은 30%이고, 부채를 60억 조달할 때에는 재무적 곤경에 처할 확률이 70%이다. 부채를 조달하여 파산할 경우 파산비용의 현재가치는 10억원에 이를 것으로 추정된다. 파산비용을 고려할 경우 최적자본구조를 구하시오.

[답]

$$V^U = \frac{E(NOI)(1-t_c)}{\rho} = \frac{100(1-0.2)}{0.1} = 800\,억원$$

$$V^L = V^U + t_c B^L - PV(파산비용) \rightarrow V^L = 800 + 40(0.2) - 10(0.3) = 805\,억원$$

$$V^L = 800 + 80(0.2) - 10(0.6) = 810\,억원$$

따라서 부채를 80억원 조달할 경우에 기업가치가 810억원으로 가장 커지는 최적자본구조를 달성한다.

2. 대리인비용과 최적자본구조

Jensen과 Meckling(1976)[13]은 대리인비용(agency cost)을 도입하여 최적자본구조를 설명하였다. 대리관계(agency relationship)는 자금제공의 주체가 자신을 대신하여 다른 사람에게 의사결정을 하도록 의사결정권한을 위임한 계약관계로 정의한다.

대리관계에서 발생하는 대리인비용에는 대리인의 행위가 주체의 이익으로부터 이탈하는 것을 감시하기 위하여 주체가 부담하는 비용인 감시비용(monitoring cost), 대리인이 주체에게 해가 되는 행위를 하지 않고 있음을 확증하기 위하여 대리인이 부담하는 비용인 확증비용(bonding cost), 감시와 확증에도 불구하고 제거되지 않는 비용인 잔여손실(residual loss)이 있다.

대리인비용은 내부주주인 기업의 경영자가 기업에 필요한 자금을 주식을 발행하여 외부주주로부터 조달하는 경우에 발생하는 자기자본 대리인비용과 주주가 기업에 필요한 자금을 부채를 통해 채권자로부터 조달하는 경우에 발생하는 타인자본 대리인비용으로 구분할 수 있다.

---

13 Michael C. Jensen, and William H. Meckling, "Theory of the Firm: Managerial Behavior, Agency Costs and Ownership Structure," *Journal of Financial Economics* 3, October 1976.

(1) 타인자본의 대리인비용

새로운 부채를 발행할 때 타인자본을 공급하는 채권자와 대리인인 주주 사이에 유인문제(incentive problem)로 인하여 채권자와 주주 사이에 갈등이 발생한다. 예를 들어, 동일한 확률로 1기간 말에 800억원 또는 1,200억원이 되는 A투자안과 동일한 확률로 1기간 말에 300억원 또는 1,700억원이 되는 B투자안이 있다고 하자.

A투자안의 기대가치는 $(800)(0.5)+(1,200)(0.5)=1,000$억원이고, B투자안의 기대가치도 $(300)(0.5)+(1,700)(0.5)=1,000$억원으로 동일하다. 하지만 A투자안의 분산은 $(800-1,000)^2(0.5)+(1,200-1,000)^2(0.5)=40,000$억원이고, B투자안의 분산은 $(300-1,000)^2(0.5)+(1,700-1,000)^2(0.5)=490,000$억원이다. 따라서 A투자안에 비해 B투자안이 위험이 더 큰 투자안이다.

주주들이 투자안에 투자하기 위하여 채권자에게 A투자안만을 보여주고 700억원의 차입을 요구한다고 가정해보자. A투자안의 경우 언제나 차입금 700억원 이상을 벌어들일 투자안이므로 돈을 빌려주는 사람 입장에서는 700억원을 빌려줄 것이다. 그런데 만약 빌려온 700억원을 A투자안 대신에 B투자안에 투자할 수 있다면 주주는 B투자안에 투자할 것이다.

왜냐하면, 〈표 13-4〉에서 보듯이 A투자안의 경우 800억원을 버는 경우 채권자의 부는 빌려준 700억원이고, 나머지 100억원이 주주의 부에 해당된다. 1,200억원을 벌 경우에는 채권자의 부가 700억원이고, 나머지 500억원이 주주의 부가 된다. 따라서

표 13-4 • 유인문제

		A투자안		주주의 부		채권자의 부
확률	0.5	800억원	=	100억원	+	700억원
	0.5	1,200억원	=	500억원	+	700억원
기대가치		1,000억원	=	300억원	+	700억원
		B투자안		주주의 부		채권자의 부
확률	0.5	300억원	=	0	+	300억원
	0.5	1,700억원	=	1,000억원	+	700억원
기대가치		1,000억원	=	500억원	+	500억원

이 경우에 주주부의 기대가치는 300억원($=(100)(0.5)+(500)(0.5)$)이 되고, 채권자부의 기대가치는 700억원($=(700)(0.5)+(700)(0.5)$)이 된다.

B투자안의 경우 300억원을 버는 경우 채권자의 부는 벌어들이는 300억원 전체이고, 주주의 부는 0이다. 1,700억원을 벌 경우에는 채권자의 부는 빌려준 돈 700억원이 되고, 나머지 1,000억원이 주주의 부가 된다. 따라서 이 경우에 주주부의 기대가치는 500억원($=(0)(0.5)+(1,000)(0.5)$)이 되고, 채권자부의 기대가치는 500억원($=(300)(0.5)+(700)(0.5)$)이 된다.

이처럼 주주가 위험이 낮은 투자로부터 위험이 높은 투자로 전환할 경우 고위험으로 인한 잠재적 손실을 주주와 채권자 모두 입게 된다. 하지만, 주주는 고위험으로부터 얻어지는 혜택, 즉 200억원($=500$억원-300억원)을 더 취하는 반면, 채권자는 200억원($=700$억원-500억원)의 부가 감소하게 된다. 따라서 위험이 높은 투자안을 선택함으로써 채권자로부터 주주에게로 부의 이전(wealth transfer)이 발생한다.

이러한 부의 이전에 대해 합리적인 채권자는 신규부채발행의 제한, 배당지급의 제한, 합병의 제한, 기업자산 매각 제한 등으로 자신을 이익을 방어하기 위한 계약조항(protective covenant)과 감시장치(monitoring device)를 마련하게 되고, 타인자본에 의한 자금조달이 증가할수록 이러한 감시비용은 증가하게 된다.[14]

(2) 자기자본의 대리인비용

기업의 소유경영자가 있다고 가정할 경우, 소유경영자가 주식을 발행하여 소유권의 일부를 외부의 신규 주주들에게 매각할 경우에 소유경영자와 신규 주주들 간에 갈등이 발생할 수 있다. 기업에 자금을 공급한 신규 주주(외부주주)를 주인, 기존의 경영자인 소유경영자(내부주주)가 대리인으로 보아 이들 사이의 갈등에 따라 발생하는 대리인 비용이 자기자본의 대리인비용이다.

기존의 내부주주에 해당하는 소유경영자는 자신의 부 또는 효용을 증대시키기 위하여 가능한 모든 조치를 취할 것이다. 예를 들어, 기존의 소유경영자가 자신의 효용

---

14 합리적인 채권자는 타인자본의 대리인비용에 상응하는 높은 이자율을 요구하므로, 실질적으로 타인자본 대리인비용을 대리인인 주주가 부담하게 된다.

을 증대시키기 위해 기업으로부터 받는 급여뿐만 아니라 경영자가 향유하는 여유시간, 호화로운 사무용가구 구입 등의 특권적 소비를 통하여 회사의 재산을 낭비한다면 신규 주주인 외부주주와 갈등이 생긴다. 외부주주는 이러한 행동을 감시하기 위해 감시비용을 부담하게 되며, 자기자본에 의한 자금조달이 증가할수록 감시비용은 커지게 된다.[15]

(3) 대리인비용과 최적자본구조

Jensen과 Meckling은 〈그림 13-9〉에서 보듯이, 부채구성비율, 즉 총자본 중에서 타인자본이 증가할수록 타인자본의 대리인비용이 증가하고, 자기자본이 증가할수록 자기자본의 대리인비용이 증가하기 때문에 총대리인비용을 최소화할 수 있는 외부 타인자본과 외부 자기자본의 최적 조합이 존재한다고 주장하였다. 이는 세금이나 파산비용이 없는 경우에도 대리인비용이 존재하는 경우에는 최적자본구조가 존재할 수 있음을 의미한다.

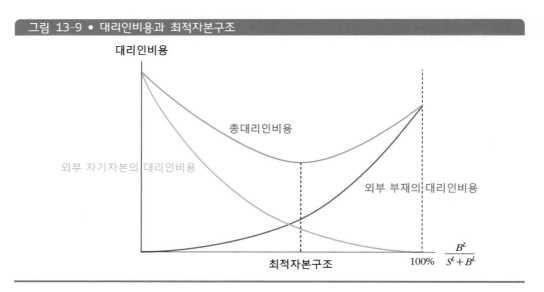

그림 13-9 ● 대리인비용과 최적자본구조

<hr>

15 합리적인 외부주주는 대리인비용이 발생한다는 사실을 알고 있기 때문에 대리인비용을 부담하지 않으려고 한다. 따라서 이들은 자기자본의 대리인비용만큼 주가가 하락하지 않을 경우에는 그 기업의 주식을 사지 않을 것이기 때문에 실질적으로 대리인비용에 의해서 손실을 입게 되는 사람은 내부주주가 된다.

3. 우선순위이론

기업이 자본조달을 하게 될 경우 Myers(1984)[16]는 투자소요자금의 원천으로 유보이익, 채권(타인자본), 주식발행(자기자본)의 순으로 자본을 조달해야 한다고 하였다. 이를 우선순위이론(pecking order theory)이라고 한다. 먼저, 자본을 조달해 올 때 주식발행이나 채권발행을 통한 외부자본을 조달할 경우에는 비용이 많이 들기 때문에 외부자본을 사용하는 것 보다는 언제나 기업 내부의 자본인 유보이익을 사용하는 것을 선호한다.

외부자본으로 자금을 조달할 경우 비대칭 정보(asymmetric information)가 존재하기 때문에 채권발행을 주식발행보다 우선한다. 기업의 내부자인 경영자는 일반투자자들이 알지 못하는 많은 정보를 알고 있다. 일반적으로 기업이 배당 증가를 발표하면 투자자들은 배당 증가를 미래 이익이 클 것이라는 경영자의 의사표시로 받아들이기 때문에 보통 주가가 올라간다.

이처럼 경영자와 일반투자자 사이에 비대칭 정보가 존재하기 때문에 신규자본을 조달할 때 외부자본보다는 내부자본인 유보이익으로 조달하고, 외부자본인 주식과 채권 간에는 채권을 발행하여 자금을 조달하고, 마지막으로 주식을 발행하여 자금을 조달하는 순위를 갖는다.

예를 들어, 현재 주식의 기대가치가 10,000원으로 동일한 A기업과 B기업이 있는데 두 기업 모두 신규로 자금을 조달할 상황에 있다고 하자. A기업의 경영자가 주식의 진정한 가치를 15,000원으로 생각하고 있다면, 10,000원으로 주식을 발행(신주발행)하여 자금을 조달하는 것보다 채권발행으로 자금을 조달하는 것이 좋다고 생각할 것이다.

B기업의 경영자가 주식의 진정한 가치를 5,000원으로 생각하고 있다면, 10,000원으로 주식을 팔아서(신주발행) 자금을 조달하는 것이 채권발행으로 자금을 조달하는 것 보다 좋다고 생각할 것이다.[17]

---

[16] Stewart C. Myers, "The Capital Structure Puzzle," *Journal of Finance* 3, July, 1984.

[17] 이러한 사실을 시장의 투자자에게 정직하게 설명하려면 내부정보 및 자사정보를 매우 상세하게 밝혀 설득해야 하는데 이는 비용도 많이 들 뿐만 아니라 경쟁사에게 가치 있는 정보를 알려주는 것이 되어 투자자들에게 사실대로 설득하는 것이 실제로 쉽지 않다.

그러면 A기업과 B기업은 주식과 채권 중 어느 것을 이용하여 자금을 조달할까? 경영자는 투자자보다 더 많은 정보를 가지고 있고, 투자자가 합리적이라면 A기업과 B기업은 모두 주식발행보다는 채권을 발행하여 자금을 조달한다.

왜냐하면, A기업의 경영자는 당연히 진정한 가치인 15,000원보다 낮은 가격인 10,000원으로 주식을 발행하여 자금을 조달하지 않을 것이므로 채권을 발행하여 자금을 조달하게 된다.

또한 B기업의 경영자가 만약 10,000원으로 주식을 발행하여 자금을 조달하려고 하면, 합리적인 투자자들은 주식이 고평가되어 있다는 것을 알아채고 경영자가 고평가된 가격으로 주식을 발행하려고 한다고 생각할 것이다. 다시 말하면, 주식을 발행하여 자금을 조달하려는 것은 현재 주식가격이 너무 높게 형성되어 있다는 신호를 외부 투자자에게 보내는 것이 되기 때문에 B기업의 경영자는 채권으로 발행할 수밖에 없게 된다.

우선순위이론에서는 자금조달의 우선순위가 있기 때문에 목표자본구조(목표 타인자본-자기자본의 최적조합)는 존재하지 않는다. 기업에서 관찰되는 자본구조인 부채비율은 외부 자금조달의 누적된 결과일 뿐이다. 또한 우선순위이론에서는 수익성이 높은 기업이 일반적으로 외부자금을 적게 조달하는지에 대해서 설명해준다. 즉, 수익성이 높은 기업은 내부유보금액이 충분하여 타인비용을 상대적으로 적게 사용하고, 수익성이 낮은 기업은 내부유보금액이 충분하지 않아 외부자금조달에서 부채를 먼저 발행하고 그 다음 순서로 신주발행을 한다는 것이다.

4. 신호가설

Ross(1977)[18]는 신호가설(signaling hypothesis)을 재무이론에 최초로 적용하였다. 금융시장에서 거래되는 증권의 시장가격에 모든 정보가 충분히 반영되지 못한다면, 경영자는 재무정책의 결정을 통하여 시장 참여자들에게 시장에 반영되지 못한 내부정보를 전달할 수 있다.

---

18 S. A. Ross, "The Determination of Financial Structure: The Incentive Signalling Approach," *Bell Journal of Economics*, Vo. 8(Spring 1977), pp. 23-40.

즉, 시장참여자들은 기업의 수익흐름을 인지하여 기업의 가치를 결정하는데, 자본구조의 변경이나 배당성향의 변경을 통한 신호표시(signaling)를 함으로써 시장참여자들의 인지를 바꿀 수 있다. 따라서 기업의 미래 기대현금흐름에 대해서 내부정보를 가지고 있는 내부 경영자는 자신들이 적절한 동기만 있다면 기업의 장래에 대해서 시장참여자들에게 명확한 신호를 보낼 것이다.

Ross는 내부 경영자가 거짓 신호를 표시하여 이익을 얻을 가능성을 막기 위하여 자사의 증권을 거래할 수 없다는 가정하에 신호표시 과정이 어떻게 이루어지는지를 단일기간에서 기말에 지급되는 경영자의 보상(M)을 식(13-24)로 나타내어 비교하였다.

$$V_1 \geq D \text{일 경우} \quad M = (1+r)\gamma_0 V_0 + \gamma_1 V_1$$
$$V_1 < D \text{일 경우} \quad M = (1+r)\gamma_0 V_0 + \gamma_1 (V_1 - C) \tag{13-24}$$

여기서, γ_0, γ_1: 경영자의 몫에 해당하는 양($+$)의 가중치
r: 이자율
V_0, V_1: 기업의 현재 및 미래가치
D: 부채의 액면가액
C: 파산할 경우의 과태료(penalty)

식(13-24)에서 1기간 말의 기업의 가치(V_1)가 부채의 액면가액(D)보다 크면 경영자의 보상(M)은 현재기업가치에서 경영자의 몫($\gamma_0 V_0$)의 미래가치와 기간 말의 기업가치에서 경영자의 몫($\gamma_1 V_1$)을 합한 금액이 된다.

만약 1기간 말의 기업의 가치(V_1)가 부채의 액면가액(D)보다 작으면 경영자의 보상(M)은 현재기업가치에서 경영자의 몫($\gamma_0 V_0$)의 미래가치와 기간 말에 파산 시 부과되는 과태료(penalty)를 차감한 기업가치에서 경영자의 몫($\gamma_1(V_1 - C)$)을 합한 금액이 된다.

이러한 경영자의 보상(M)과 어느 기업이 성공한 기업인지 혹은 실패한 기업이지에 대한 시장의 인식을 이용하여 신호균형(signaling equilibrium)을 달성할 수 있다. 기업의 부채 액면가액(D)이 실패한 기업이 파산하지 않고 발행할 수 있는 최대부채액(D^*)보다 클 때 시장은 그 기업을 성공적인 우량기업이라고 생각할 것이다. 반면, 기업의 부채 액면가액(D)이 실패한 기업이 파산하지 않고 발행할 수 있는 최대부채액(D^*)보다 작을 때는 시장은 그 기업을 실패적인 불량기업이라고 생각할 것이다.

투자자들이 우량기업 혹은 불량기업이라고 인식하는 신호는 분명해야 하고, 경영자는 항상 정확한 신호를 제공하는 유인(incentive)을 가져야 신호균형에 도달할 수 있다. 이를 구체적으로 우량기업과 실패기업의 경영자의 보상액(M)을 비교하여 살펴보자. 먼저, 성공적인 우량기업의 기말가치(V_{1a})가 실패적인 불량기업의 기말가치(V_{1b})보다 항상 더 크다면, 우량기업 경영자가 받는 보상액(M_a)은 식(13-25)와 같이 나타낼 수 있다.

$D^* < D \leq V_{1a}$일 때 진실을 말할 경우, $\quad M_a = \gamma_0 \dfrac{V_{1a}}{1+r}(1+r) + \gamma_1 V_{1a}$

$D < D^*$일 때 거짓을 말할 경우, $\quad M_a = \gamma_0 \dfrac{V_{1b}}{1+r}(1+r) + \gamma_1 V_{1a}$ $\qquad$ (13-25)

식(13-25)에서 경영자가 기말에 우량기업이 될 것이라고 진실을 말할 경우, 우량기업 경영자의 보상액(M_a)은 우량기업으로 기대되는 기말가치 현가의 경영자 몫$[\gamma_0(V_{1a}/(1+r))]$의 미래가치와 기말에 실제 우량기업가치에서 경영자 몫($\gamma_1 V_{1a}$)을 합친 것이 된다.

반대로, 경영자가 기말에 불량기업이 될 것이라고 거짓말을 할 경우, 우량기업 경영자의 보상액(M_a)은 불량기업으로 기대되는 기말가치 현가의 경영자 몫$[\gamma_0(V_{1b}/(1+r))]$의 미래가치와 기말에 실제 우량기업가치에서 경영자 몫($\gamma_1 V_{1a}$)을 합친 것이 된다.

이처럼 식(13-25)는 실제로 우량기업인데 기말에 불량기업이 될 것이라고 거짓말을 하는 경우에 받는 보상액보다 진실을 말할 경우의 보상액이 더 크므로 우량기업의 경영자는 최대의 보상액을 받기 위해서 진실을 말할 유인을 갖는다는 것을 의미한다.

한편, 불량기업 경영자가 받는 보상액(M_b)은 식(13-26)과 같이 나타낼 수 있다. 식(13-26)에서 경영자가 기말에 우량기업이 될 것이라고 거짓말을 할 경우, 불량기업 경영자의 보상액(M_b)은 우량기업으로 기대되는 기말가치 현가의 경영자의 몫$[\gamma_0(V_{1a}/(1+r))]$의 미래가치와 기말의 실제 불량기업가치에서 파산 시 지불해야 하는 과태료를 차감한 금액에서 경영자 몫($\gamma_1(V_{1b}-C)$)을 합친 것이 된다.

반대로, 기말에 불량기업이 될 것이라고 진실을 말할 경우, 불량기업 경영자의 보상액(M_b)은 불량기업으로 기대되는 기말가치의 현가의 경영자 몫[$\gamma_0(V_{1b}/(1+r))$] 의 미래가치와 기말의 실제 불량기업가치에서 경영자의 몫($\gamma_1 V_{1a}$)을 합친 것이 된다.

$D^* < D \leq V_{1a}$일 때 거짓을 말할 경우, $M_b = \gamma_0 \dfrac{V_{1a}}{1+r}(1+r) + \gamma_1(V_{1b} - C)$

$D < D^*$일 때 진실을 말할 경우, $M_b = \gamma_0 \dfrac{V_{1b}}{1+r}(1+r) + \gamma_1 V_{1b}$ (13-26)

불량기업의 경영자가 시장에 정확한 신호를 주도록 하는 유인을 갖도록 하기 위해서 진실을 말함으로써 얻을 수 있는 성과가 거짓말을 함으로써 얻을 수 있는 성과보다 더 커야 한다. 따라서 식(13-27)이 성립되어야 한다.

$\gamma_0 V_{1a} + \gamma_1(V_{1b} - C) < \gamma_0 V_{1b} + \gamma_1 V_{1b}$

$\rightarrow \gamma_0(V_{1a} - V_{1b}) < \gamma_1 C$ (13-27)

식(13-27)은 현재시점의 경영자의 몫(γ_0)에 의해서 가중된 거짓 신호(false signal)의 이득($V_{1a} - V_{1b}$)이 기말시점의 경영자의 몫(γ_1)에 의해서 가중된 파산비용(C)보다 더 작다면 경영자는 정확한 신호를 보낼 유인을 갖는다는 것을 의미한다.

신호가설에서 경영자는 시장참여자들에게 기업의 미래성과에 대해서 명확한 신호를 보내는 수단으로 자본구조 또는 배당정책을 선택할 수 있다. 불량기업은 시장에 신호를 보낸 것을 뒷받침할 충분한 현금흐름을 갖지 못하고, 경영자들은 진실을 말하고자 하는 유인을 갖고 있기 때문에 우량기업의 신호를 흉내 내지 못한다. 따라서 기업의 낙관적인 미래를 신호하기 위하여 경영자는 보다 높은 부채(재무레버리지)를 사용한다.

이러한 개념은 자본구조뿐만 아니라 배당정책에도 적용할 수 있다. 즉, 배당을 증가시키는 기업은 기업의 파산가능성을 증가시키지 않고도 부채상환과 배당지급을 충족시킬 수 있을 만큼 충분한 미래 기대현금흐름을 갖고 있다는 사실을 신호하는 것이고, 시장참여자들은 기업이 보다 높은 미래 현금흐름을 갖는다는 표시로 배당정책을 받아들이기 때문에 기업가치가 커진다고 본다.

핵심정리

1. 전통적 접근법

- 최적자본구조 존재

2. MM(1958)의 자본구조이론: 무관련이론

- 최적자본구조 존재하지 않음

- 명제 I : $V^L = V^U$

- 명제 II : $r_e = \rho + (\rho - r_d)\dfrac{B^L}{S^L}$

- 명제 III : $WACC = \rho$

3. MM(1963)의 자본구조이론: 수정이론

- 100% 부채사용 시 최적자본구조

- 명제 I : $V^L = V^U + t_c B^L$

- 명제 II : $r_e = \rho + (\rho - r_d)(1 - t_c)\dfrac{B^L}{S^L}$

- 명제 III : $WACC = \rho\left[1 - t_c\dfrac{B^L}{S^L + B^L}\right]$

4. MM(1958, 1963)과 CAPM(1964)의 결합: Hamada(1969)

- $\beta_S^L = \left[1 + (1 - t_c)\dfrac{B^L}{S^L}\right]\beta_S^U$

5. Miller(1977)의 자본구조이론

- 법인세와 개인소득세가 존재할 경우의 기업가치

$$V^U = \frac{E(NOI)(1 - t_c)(1 - t_{ps})}{\rho}$$

$$V^L = V^U + \left[1 - \frac{(1 - t_c)(1 - t_{ps})}{1 - t_{pb}}\right]B^L$$

$$\rightarrow \text{레버리지 이득} = \left[1 - \frac{(1 - t_c)(1 - t_{ps})}{1 - t_{pb}}\right]B^L$$

- Miller모형

  - 채권 공급이자율 $\left(r_s = \dfrac{r_0}{1 - t_c}\right)$ = 채권 수요이자율 $\left(r_d = \dfrac{r_0}{1 - t_{pb}}\right)$

  - $r_d = r_s$에서 채권시장이 균형상태: $(1 - t_{pb}) = (1 - t_c)$, $t_{ps} \approx 0 \rightarrow V^L = V^U$: 시장 전체의 최적자본구조는 존재하나 개인기업의 최적자본구조는 존재하지 않음 → 고객효과(clientele effect)

6. 파산비용과 최적자본구조

- 최적자본구조 존재: 부채사용의 한계이익(=부채의 법인세효과)과 한계비용(=파산 비용)이 같아지는 점

7. 대리인비용과 최적자본구조

- 감시비용: 대리인의 행위가 주체의 이익으로부터 이탈하는 것을 감시하기 위하여 주체가 부담하는 비용

- 확증비용: 대리인이 주체에게 해가 되는 행위를 하지 않고 있음을 확증하기 위하여 대리인이 부담하는 비용

- 잔여손실: 감시와 확증에도 불구하고 제거되지 않는 비용

- 타인자본의 대리인비용: 타인자본에 의한 자금조달↑ → 감시비용↑

- 타인자본의 대리인비용: 자기자본에 의한 자금조달↑ → 감시비용↑

- 최적자본구조 존재: 총대리인비용을 최소화할 수 있는 외부 타인자본과 외부 자기자본의 최적조합이 존재

8. 우선순위이론

- 최적자본구조는 존재하지 않고, 자금조달의 우선순위만 있음

- 유보이익, 타인자본, 자기자본의 순으로 자본을 조달

9. 신호가설

- 경영자는 시장참여자들에게 기업의 미래성과에 대해서 명확한 신호를 보내는 수단으로서 자본구조 또는 배당정책을 선택함

- 기업의 낙관적인 미래를 신호하기 위하여 경영자는 보다 높은 부채(재무레버리지)를 사용

연습문제

1. 전통적 접근법에 관한 설명으로 옳지 않은 것은? (   )

   ① 자기자본비용이 타인자본비용보다 저렴하다.
   ② 자기자본비용은 부채수준이 증가함에 따라 증가한다.
   ③ 최적자본구조가 존재한다.
   ④ WACC는 U자 형태로 나타나 최저로 낮아지는 점이 있다.

2. (2001 CPA) 자본비용과 관련된 다음 서술 중 가장 옳은 것은? (   )

   ① 자기자본비용은 부채의존도와는 무관하다.
   ② 타인자본비용이 자기자본비용보다 더 크다.
   ③ 신규투자안 평가 시 기존의 WACC를 사용한다.
   ④ WACC가 최소가 되는 자본구성이 최적자본구조이다.
   ⑤ 사내유보이익을 투자재원으로 사용하는 경우에도 자본비용은 존재한다.

3. 매년 영업이익이 100만원으로 기대되는 U기업은 타인자본을 전혀 사용하고 있지 않다. 이 기업의 자기자본가치는 1,000만원이다. 법인세는 존재하지 않는다고 가정한다. U기업의 자기자본비용은 얼마인가? (   )

   ① 10%   ② 12%
   ③ 15%   ④ 17%

4. 문3에서 U기업이 채권수익률 6%의 사채 300만원어치 발행하여 주식을 매수하면, 자기자본가치가 700만원이 되고, 타인자본가치는 300만원이 된다. MM(1958)의 자본구조이론이 성립할 경우 사채발행 후 자기자본비용은 얼마인가? (   )

   ① 8.5%   ② 9.8%
   ③ 11.7%   ④ 12.6%

5. MM(1958)의 자본구조이론에 대한 설명으로 적절하지 않은 것은? (　　)

① 최적자본구조는 존재하지 않는다.
② 차익거래과정을 전개하기 위한 논리적 근거는 자가부채이다.
③ 타인자본비용이 자기자본비용보다 저렴하다고 본다.
④ WACC는 타인자본을 증가시킴에 따라 감소한다.

6. 법인세를 고려한 MM(1963)의 자본구조이론에 대한 설명으로 틀린 것은? (　　)

① 타인자본 사용에 따른 법인세 절감액의 현재가치는 $t_c B^L$이다.
② 100% 부채사용 시 WACC는 $\rho(1-t_c)$가 된다.
③ 기업가치가 가장 큰 최적자본구조가 존재한다.
④ 법인세가 없어도 레버리지 이득은 계속 존재한다.

7. (2001 CPA) 자본비용과 관련된 다음 서술 중 가장 옳은 것은? (　　)

① 자기자본비용은 부채의존도와는 무관하다.
② 타인자본비용이 자기자본비용보다 더 크다.
③ 신규투자안 평가 시 기존의 WACC을 사용한다.
④ WACC이 최소가 되는 자본구성이 최적 자본구조이다.
⑤ 사내유보이익을 투자재원으로 사용하는 경우 자본비용은 없다.

8. (2002 CPA) 자본구조와 기업가치의 무관련성을 주장한 Miller와 Modigliani는 시장 불완전요인 중 법인세를 고려할 경우 기업가치는 레버리지(leverage)에 따라 변화한다고 수정하였다. 만일 부채를 사용하고 있지 않은 어떤 기업이 위험의 변화 없이 8%의 금리로 100억원을 영구히 차입하여 자기자본을 대체한다면 Miller와 Modigliani의 수정 명제에 따라 이 기업의 가치는 얼마나 변화하게 될까? (단, 법인세율은 40%, 주주의 요구수익률은 10%이다.) (　　)

① 40억원 증가　　　　　　　　　② 10억원 증가
③ 80억원 증가　　　　　　　　　④ 30억원 감소
⑤ 70억원 감소

9. (2002 CPA) 대리비용(agency costs)과 관련된 다음 서술 중 옳은 것은? (   )

   ① 위험유인(risk incentive)이란 소유경영자와 외부주주 간에 발생하는 이해 상충에서 파생하는 대리비용이다.

   ② 위험유인은 소유경영자의 지분율이 높을수록 위험한 투자안을 선택하려는 유인이다.

   ③ 과소투자유인(under-investment incentive)은 부채의 대리비용으로, 수익성 투자 포기 유인이라고도 한다.

   ④ 특권적 소비(perquisite consumption)는 주주와 채권자 간에 발생하는 대리비용으로, 타인자본의존도에 비례하여 증가하는 경향이 있다.

   ⑤ 감시비용(monitoring costs)이란 대리인이 자신의 의사결정이 위임자의 이해와 일치한다는 것을 입증하기 위해 지불하는 비용이다.

10. (2002 CPA) 다음 설명 중 틀린 것은? (   )

   ① 가중평균자본비용이 신규 투자안의 경제성을 평가하는 할인율로 사용되기 위해서는 투자안의 경영위험이 기존 기업의 경영위험과 동일해야 할 뿐만 아니라 신규 투자안의 수행을 위해 조달한 자금의 구성이 기존 기업의 재무위험과도 동일해야 한다.

   ② CAPM(Capital Asset Pricing Model)은 Markowitz의 포트폴리오 이론에 필요한 가정뿐만 아니라 세금과 거래비용 등이 없는 완전한 시장의 존재라는 가정과 무위험이자율로 무제한 차입과 대출이 가능하다는 가정을 전제로 한다.

   ③ 자본시장과 실물생산기회가 동시에 존재할 경우 최적투자는 효용곡선과는 관계없이 시장에서의 이자율과 생산기회에 의해서만 결정되고, 최적소비는 효용곡선과 최적투자에 의해 결정된 자본시장선과의 관계에 의해 결정된다는 것이 Fisher의 분리정리이다.

   ④ Tobin의 q비율은 자산의 대체원가(replacement costs)를 주식시장에서 평가된 기업의 시장가치로 나누어 준 값으로, q가 1보다 작으면 저평가된 기업이라고 할 수 있다.

   ⑤ 매출액이 1% 변화할 때의 영업이익의 변화율을 영업레버리지도(degree of operating leverage)라고 하고, 영업이익이 1% 변화할 때의 순이익의 변화율을 재무레버리지도(degree of financial leverage)라고 한다.

11. (2004 CPA) 법인세가 있는 MM이론이 성립된다고 가정하자. 현재 어느 기업의 발행 주식수는 100만주로 부채는 전혀 없으나 10%에 차입할 수 있고 가중평균자본비용 (WACC)은 16%이다. 순영업이익(EBIT)은 매년 100억원일 것으로 예상되고 법인세율은 30%로 고정되어 있다. 이 기업이 부채로 자금을 조달하여 자사주를 매입함으로써 부채의 시장가치가 기업가치의 40%가 되도록 하려고 한다. 다음의 내용 중 옳지 않은 것은? (   )

① 부채로 자금을 조달하기 전 자기자본비용은 16%이다.

② 부채로 자금을 조달해 자본구조를 재구성한 후에는 자기자본비용이 18.8%로 증가한다.

③ 부채로 자금을 조달해 자본구조를 재구성한 후의 가중평균자본비용은 14.08%로 감소한다.

④ 조달해야 할 부채의 시장가치는 근사치로 198.86억원이다.

⑤ 자사주를 매입한 이후의 발행주식수는 근사치로 545,463주이다.

12. (2005 CPA) 여러 가지 자본구조이론에 대한 다음의 설명 중 가장 옳지 않은 것은? (   )

① Modigliani & Miller(1958)에 의하면 레버리지와 기업가치는 무관하고, 자기자본 가치를 먼저 구한 후 이것과 부채가치를 합쳐 기업가치를 구한다.

② Modigliani & Miller(1963)에서는 레버리지가 많을수록 기업가치는 상승하는데, 이는 순이익접근법의 결과와 동일하다.

③ Modigliani & Miller(1963)에서는 다른 조건이 일정하다면, 법인세율이 상승할수록 기업가치와 가중평균자본비용은 하락하지만 자기자본비용은 변함이 없다.

④ Miller(1977)는 개인수준의 이자소득세 때문에 레버리지 이득이 감소된다고 하였다.

⑤ 전통적접근법과 파산비용이론 및 대리인이론의 결과는 레버리지를 적절하게 이용해야 기업가치가 상승한다는 공통점이 있다.

13. (2005 CPA) 다음의 설명 중 가장 옳지 않은 것은? (   )

① 약 1,000 종목의 주식에 적절히 분산투자한 투자자가 새로운 주식을 포트폴리오에 편입할 때 요구하는 수익률은 비체계적 위험보다는 체계적 위험에 의하여 더 큰 영향을 받는다.

② 경제가 불경기에 처하여 수익성이 높은 투자기회가 축소되면 자금의 수요가 줄어들면서 전반적으로 시장이자율이 하락한다.

③ 물가가 큰 폭으로 상승할 것으로 예상되는 경우, 채권이나 주식 등 금융자산에 대한 요구수익률도 상승한다.

④ 총자산의 약 80%가 자신이 창업한 회사의 주식으로 구성된 경우 비체계적 위험도 총자산의 수익률에 큰 영향을 미칠 수 있다.

⑤ 어떤 무부채기업이 1억원 상당의 투자안에 대하여 자금을 조달하고자 할 때, 회사내부의 현금을 사용하는 경우의 자본비용은 외부로부터 자금을 차입할 때의 자본비용보다 대체적으로 낮다.

14. (2006 CPA) 부채가 전혀 없는 기업 A의 자기자본비용은 7%인데 신규사업을 위해 (무위험)부채를 조달한 후 부채비율(부채/자기자본)이 100%가 되었다. 무위험이자율은 5%이고 시장포트폴리오의 기대수익률은 9%이다. 법인세율이 40%일 때, 기업 A의 자기자본비용은 얼마로 변화하겠는가? (   )

① 7%   ② 7.4%   ③ 7.8%
④ 8.2%   ⑤ 12.2%

15. (2006 CPA) 자기자본만으로 운영하는 기업이 있다. 이 기업의 자기자본비용은 15%이며 매년 3억원씩의 기대영업이익이 예상된다. 이 회사는 자본구조를 변경하기 위하여 5억원의 부채를 이자율 10%로 조달하여 주식의 일부를 매입하고자 한다. 법인세율은 30%이며 법인세 있는 MM의 모형을 이용하여 자본구조 변경 후 이 기업의 자기자본의 가치를 구하면 얼마인가? (   )

① 9억원   ② 10.5억원   ③ 14억원
④ 15억원   ⑤ 16.5억원

16. (2006 CPA) 자본구조와 관련된 다음의 서술 중에서 적절한 것을 모두 모은 것은? (   )

a. 이익을 많이 내는 성공적인 기업들이 거의 부채를 사용하지 않는 현상은 파산비용과 절세효과를 동시에 고려하는 균형이론에 의해 설명된다.
b. 자본조달순위이론(pecking order theory)이 제시하는 자본조달의 우선순위는 내부자금, 신주발행, 부채의 순서이다.
c. 자본조달순위이론은 최적자본구조에 대한 예측을 하지 않는다.

① a, b   ② a, b, c   ③ c
④ b, c   ⑤ a, c

17. (2007 CPA) (주)유림은 내부수익률법을 이용하여 서로 독립적인 다음의 다섯 개 투자안들을 고려하고 있다. 이들 투자안들은 모두 (주)유림의 영업위험과 동일한 위험도를 갖고 있다.

투자안	투자금액	내부수익률
A	10억원	12.0%
B	12억원	11.5%
C	12억원	11.0%
D	12억원	10.5%
E	10억원	10.0%

올해의 순이익은 25억원으로 예상되는데 다음의 조건 하에 투자하고 남은 돈을 배당으로 지급한다면 올해의 배당성향은 얼마가 되겠는가? (　　)

> a. 현재 이 회사는 50%의 부채와 50%의 자기자본으로 이루어진 자본구조를 가지고 있다.
> b. 신규투자 후에도 기존의 자본구조가 그대로 유지되어야 한다.
> c. 세후 부채비용(after-tax cost of debt)은 8%이며 자기자본비용은 14.5%이다.

① 0%　　　　　　　　　　　② 12%

③ 32%　　　　　　　　　　　④ 56%

⑤ 100%

18. (2007 CPA) A기업의 주식베타는 2.05이고 법인세율은 30%이다. A기업과 부채비율 이외의 모든 것이 동일한 B기업은 부채 없이 자기자본만으로 자본을 구성하고 있는데 주식베타는 1.0이고 기업가치는 100억원이다. CAPM과 MM이론이 성립된다고 할 때 A기업의 가치는 근사치로 얼마인가? (하마다 모형을 이용한다) (　　)

① 114억원　　　　　　　　　② 125억원

③ 118억원　　　　　　　　　④ 167억원

⑤ 122억원

19. (2008 CPA) 다음은 시장가치로 측정한 A기업과 B기업의 자본구조와 경영자의 지분율이다. 이에 대한 설명 중 가장 적절하지 않은 것은? (   )

	A기업	B기업
자본	20억	80억
부채	80억	20억
경영자(내부주주)의 지분율	80%	20%

① B기업은 A기업에 비해 기업 외부주주와 경영자(내부주주) 간에 발생하는 대리비용이 높을 수 있다.
② A기업은 B기업에 비해 채권자가 부담하는 대리비용이 낮을 수 있다.
③ B기업은 A기업에 비해 위험이 높은 투자안에 대한 선호유인이 낮을 수 있다.
④ A기업은 B기업에 비해 경영자의 과소투자유인(underinvestment incentive)이 높을 수 있다.
⑤ B기업은 A기업에 비해 주주의 재산도피현상(milking the property)이 낮을 수 있다.

20. (2008 CPA) (주)알파는 현재 자본 80%와 부채 20%로 구성되어 있으며 CAPM에 의해 계산된 (주)알파의 자기자본비용은 14%이다. 무위험이자율은 5%, 시장위험프리미엄은 6%, 이 회사에 대한 법인세율은 20%이다. (주)알파가 무위험이자율로 차입을 하여 자사주 매입을 함으로써 현재의 자본구조를 자본 50%와 부채 50%로 변경한다면 자기자본비용은 얼마가 되겠는가? (   )

① 16.5% ② 17.0% ③ 17.5%
④ 18.0% ⑤ 18.5%

21. (2008 CPA) 완전자본시장에서의 MM의 자본구조이론(1958)이 성립한다는 가정하에서 자본구조에 대한 다음 설명 중 가장 옳은 것은? (   )

① 부채비율이 증가하게 되면 자기자본비용과 타인자본비용이 증가하기 때문에 가중평균자본비용(WACC)이 증가한다.
② 법인세로 인한 절세효과가 없기 때문에 순이익의 크기는 자본구조와 무관하게 결정된다.
③ 부채비율이 증가함에 따라 영업위험이 커지기 때문에 자기자본비용이 커진다.
④ 부채비율이 증가함에 따라 자기자본비용과 타인자본비용은 증가하나 가중평균자본비용(WACC)은 일정하다.
⑤ 부채비율이 증가함에 따라 EPS(주당순이익)의 변동성이 커진다.

22. (2009 CPA) 현재 부채와 자기자본 비율이 50 : 50인 (주)한국의 주식베타는 1.5이다. 무위험이자율이 10%이고, 시장포트폴리오의 기대수익률은 18%이다. 이 기업의 재무담당자는 신주발행을 통해 조달한 자금으로 부채를 상환하여 부채와 자기자본 비율을 30 : 70으로 변경하였다. 다음 설명 중 옳지 않은 것은? 단, 법인세가 없고 무위험부채 사용을 가정한다. (단, 소수점 셋째 자리에서 반올림) ( )

① 자본구조 변경 전의 자기자본비용은 22.0%이다.

② 자본구조 변경 전의 자산베타는 0.75이다.

③ 자본구조 변경 후의 주식베타는 1.07로 낮아진다.

④ 자본구조 변경 후의 자기자본비용은 20.56%로 낮아진다.

⑤ 자본구조 변경 후의 가중평균자본비용은 16%로 변경 전과 같다.

23. (2010 CPA) 무부채기업인 (주)대한의 연간 기대영업이익은 3억원이며 자본비용은 15%이다. (주)대한은 10%의 이자율로 10억원의 부채를 조달하여 자본구조를 변경할 계획이다. MM의 기본명제(무관련이론)와 수정명제(법인세 고려) 하에서 각각 추정된 (주)대한의 가중평균자본비용(WACC)들 간의 차이($WACC_{기본명제} - WACC_{수정명제}$)는 얼마인가? (단, 법인세율은 40%이다.) ( )

① 0   ② 1.25%   ③ 2.50%

④ 3.75%   ⑤ 4.25%

24. (2011 CPA) 부채가 없는 기업이 8%의 금리로 200억원을 영구히 차입하여 자기자본을 대체했다. 법인세율은 30%, 주주의 요구수익률은 10%이다. 법인세를 고려한 MM의 수정명제에 따른 기업가치 변화 중 가장 적절한 것은? ( )

① 80억원 증가   ② 60억원 증가   ③ 60억원 감소

④ 40억원 증가   ⑤ 40억원 감소

25. (2012 CPA) 기업의 소유자와 경영자 사이에서 발생하는 대리인 비용(agency problem)과 관련이 가장 없는 것은? ( )

① 감시비용(monitoring cost)

② 지배원리(dominance principle)

③ 스톡옵션(stock option)

④ 정보의 비대칭성(information asymmetry)

⑤ 기업지배권(corporate governance)

26. (2012 CPA) 무부채기업인 (주)한라의 자기자본비용은 20%이다. (주)한라의 순영업이익(EBIT)은 매년 100억원으로 예상되고 있으며 법인세율은 40%이다. (주)한라는 이자율 10%로 차입금을 조달하여 자기주식을 매입소각하는 방법으로 자본구조 변경을 계획하고 있으며 목표자본구조는 부채의 시장가치가 기업가치의 30%가 되도록 하는 것이다. 법인세가 있는 MM이론이 성립된다는 가정하에서 가장 적절하지 않은 것은? (   )

① 자본구조 변경 전에 가중평균자본비용은 20%이다.

② 자본구조 변경 후에 가중평균자본비용은 17.6%이다.

③ 조달해야할 부채의 시장가치는 근사치로 238.63억원이다.

④ 자본구조 변경 전에 기업가치는 300억원이다.

⑤ 자본구조 변경 후에 자기자본비용은 근사치로 22.57%이다.

27. (2012 CPA) 부채를 사용하지 않고 자기자본만 사용하고 있는 기업인 (주)거창은 베타계수가 1.4이고 자산의 시장가치는 300억원이다. 현재 무위험이자율은 4%이고 (주)거창의 자기자본비용은 12.4%이다. 이제 (주)거창은 100억원을 무위험이자율로 차입하여 자본구조를 변경하려 한다. 이때 차입한 금액은 자기주식을 매입소각하는 데 사용될 예정이다. 부채의 베타가 0이고 법인세율이 40%이며 CAPM과 법인세가 있는 MM이론이 성립된다는 가정하에서 Hamada모형을 이용했을 때 가장 적절하지 않은 것은? (   )

① 자본구조 변경 전 가중평균자본비용은 12.4%이지만 자본구조 변경 후 가중평균자본비용은 8.94%로 감소한다.

② 자본구조 변경 전 자기자본비용은 12.4%이지만 자본구조 변경 후 자기자본비용은 14.5%로 증가한다.

③ 자본구조 변경 전 주식베타는 1.4이지만 자본구조 변경 후 주식베타는 1.75로 증가한다.

④ 자본구조 변경 전 자산베타는 1.4이지만 자본구조 변경 후 자산베타는 1.24로 감소한다.

⑤ 자본구조 변경 전 자산의 시장가치는 300억원이지만 자본구조 변경 후 자산의 시장가치는 340억원으로 증가한다.

※ [28~33] (2012 CPA 2차 수정) 전액 자기자본으로 조달된 ABC기업의 자본비용은 25%
이다. 연간 5억원의 세전영업이익(EBIT)이 영구히 발생할 것으로 기대된다. 최근 새로운
프로젝트에 대한 투자를 고려하여 총 액면가 4억원, 액면이자율 8%, 만기수익률 10%의
영구채로 부채를 조달할 계획이다. 무위험이자율은 10%, 시장포트폴리오의 기대수익률
은 20%, 법인세율은 30%이다. MM(1963)의 자본구조이론과 CAPM에 근거하여 다음에
답하시오.

28. 자본구조 변경 후 부채의 시장가치는 얼마인가? (   )

① 1.3억원   ② 2.8억원

③ 3.2억원   ④ 4.5억원

29. 자본구조 변경 전·후의 기업가치는 각각 얼마인가? (   )

① 13억원, 13.51억원   ② 14억원, 14.96억원

③ 15억원, 15.97억원   ④ 16억원, 17.22억원

30. 새로운 자본구조 하에서 자기자본비용과 가중평균자본비용을 MM(1963)의 자본구조이
론을 적용하여 각각 구하면 얼마인가? (   )

① 0.2471, 0.2018   ② 0.2561, 0.2189

③ 0.2652, 0.2241   ④ 0.2786, 0.2340

31. 기업은 현재의 시가기준 부채비율(B/S)을 60%로 조정하려고 한다. 변화된 자본구조에
따라 CAPM으로 계산한 자기자본비용은 얼마인가? (   )

① 29.5%   ② 31.3%

③ 32.8%   ④ 33.4%

32. 기업은 현재의 시가기준 부채비율(B/S)을 60%로 조정하려고 한다. 변화된 자본구조에
따라 원천별 자본비용으로 계산한 가중평균자본비용은 얼마인가? (   )

① 22.19%   ② 23.52%

③ 24.38%   ④ 25.46%

33. 기업은 현재의 시가기준 부채비율(B/S)을 60%로 조정하려고 한다. 변화된 자본구조에 따라 기업가치는 얼마인가? (   )

① 12.73억원   ② 13.82억원
③ 14.23억원   ④ 15.77억원

34. (2013 CPA) (주)평창은 매년 150억원의 기대영업이익을 창출하는데 200억원의 부채를 이자율 10%로 차입하여 운용하고 있다. 한편 (주)평창과 자본구조를 제외한 모든 면에서 동일한 무부채기업 (주)한강의 자기자본비용은 20%이다. 다음 설명 중 가장 적절하지 않은 것은? (단, 법인세율은 40%이고, MM의 수정 명제가 성립하는 것으로 가정하며, 자본비용은 퍼센트 기준으로 소수 둘째 자리에서 반올림하여 계산한다.) (   )

① 무부채기업인 (주)한강의 기업가치는 450억원이다.
② 부채기업인 (주)평창의 경우 부채를 사용함에 따라 발생하는 법인세감세액의 현재가치는 80억원이다.
③ 부채기업인 (주)평창의 자기자본비용은 23.6%이다.
④ 부채기업인 (주)평창의 가중평균자본비용(WACC)은 17.0%이다.
⑤ 만약 부채비율(부채/자기자본)이 무한히 증가한다면 가중평균자본비용은 14.1%가 된다.

35. (2013 CPA) 노트북 액정 제조업체인 (주)테크는 부채를 운용하는 기업으로 주식베타는 1.56이다. 반면 (주)감마는 (주)테크와 자본구조 이외에 모든 것이 동일한 무부채기업이고 주식베타는 1.2이며 기업가치는 260억원이다. (주)테크가 운용하고 있는 부채의 가치는 얼마인가? (단, 법인세율은 40%이고, MM의 수정 명제와 CAPM이 성립한다고 가정한다.) (   )

① 100억원   ② 110억원   ③ 120억원
④ 130억원   ⑤ 140억원

36. (2014 CPA) 무부채기업인 K사의 영업이익(EBIT)은 매년 12억원으로 기대된다. 현재 K사의 자기자본비용은 14%이고 법인세율은 30%이다. K사는 이자율 8%로 부채를 조달하여 자사주 일부를 매입소각할 예정이다. K사는 시장가치 기준으로 자기자본이 부채의 2배가 되는 자본구조를 목표로 삼고 있다. 법인세가 있는 MM이론이 성립된다고 가정한다. 다음 설명 중 적절한 항목만으로 구성된 것은? 단, 아래의 계산값에서 금액은 억원 기준으로 소수 둘째자리까지(예를 들면, 10.567억원 → 10.56억원), 자본비용은 %기준으로 소수 둘째자리까지 제시된 것이다.

a. 자본구조 변경에 필요한 부채(시장가치)는 30.88억원이다.

b. 자본구조 변경 후 자기자본비용은 16.10%이다.

c. 자본구조 변경 후 가중평균자본비용(WACC)은 11.22%이다.

d. 자본구조 변경에 의한 기업가치의 증가액은 6.66억원이다.

① a   ② a, b   ③ a, c

④ b, c   ⑤ b, d

37. (2015 CPA) A기업은 기대영업이익이 매년 2,000만원으로 영구히 일정할 것으로 예상되며 영구채를 발행하여 조달한 부채 2,000만원을 가지고 있다. B기업은 영구채 발행을 통해 조달한 부채 6,000만원을 가지고 있다는 점을 제외하고는 모든 점(기대영업이익과 영업위험)에서 A기업과 동일하다. 모든 기업과 개인은 10%인 무위험이자율로 차입과 대출이 가능하다. A기업과 B기업의 자기자본비용은 각각 20%와 25%이며 자본시장은 거래비용이나 세금이 없는 완전시장으로 가정한다. 다음 중 가장 적절한 것은? (   )

① B기업이 A기업에 비해 과소평가되어 있다.

② A기업의 자기자본가치는 1.0억원이다.

③ B기업의 자기자본가치는 1.2억원이다.

④ 차익거래 기회가 존재하지 않기 위해서는 A기업과 B기업의 자기자본비용이 같아야 한다.

⑤ B기업의 주식을 1% 소유한 투자자는 자가부채(homemade leverage)를 통하여 현재가치 기준으로 6만원의 차익거래 이익을 얻을 수 있다.

38. (2015 CPA) A기업은 자동차부품 사업에 진출하는 신규투자안을 검토하고 있다. 신규투자안과 동일한 사업을 하고 있는 B기업은 주식 베타가 1.5이며 타인자본을 사용하지 않는다. A기업은 신규 투자안에 대해서 목표부채비율(B/S)을 100%로 설정하였다. 필요한 차입금은 10%인 무위험이자율로 조달할 수 있으며 법인세율은 40%, 시장포트폴리오의 기대수익률은 15%이다. A기업이 신규투자안의 순현가를 구하기 위해 사용해야 할 할인율은 얼마인가? (   )

① 10%   ② 12%   ③ 14%

④ 18%   ⑤ 22%

39. (2015 CPA) 자본조달순위이론(pecking order theory)에 관한 설명으로 가장 적절하지 않은 것은? (　)

① 경영자는 외부투자자에 비해 더 많은 기업정보를 알고 있다고 가정한다.

② 자본조달 시 고평가된 기업이라고 하더라도 신주발행보다 부채발행을 선호한다.

③ 최적자본구조에 대해서는 설명하지 못한다.

④ 수익성이 높은 기업은 파산비용 등 재무적 곤경비용의 부담이 작기 때문에 수익성이 낮은 기업보다 높은 부채비율을 가질 것으로 예측한다.

⑤ 기업들이 여유자금(financial slack)을 보유하려는 동기를 설명한다.

40. (2016 CPA) 법인세를 고려한 MM의 수정이론(1963)이 성립한다고 가정하자. C기업은 1년 후부터 영원히 매년 10억원의 영업이익을 예상하고 있다. C기업은 현재 부채가 없으나 차입하여 자사주를 매입·소각하는 방식으로 자본재구성을 하려고 한다. C기업의 자기자본비용은 10%이며, 법인세율은 30%일 때 가장 적절하지 않은 것은? (　)

① C기업의 무부채기업가치(V^U)는 70억원이다.

② C기업이 무부채기업가치(V^U)의 50%만큼을 차입한다면 기업가치(V^L)는 80.5억원이 된다.

③ C기업이 무부채기업가치(V^U)의 100%만큼을 차입한다면 기업가치(V^L)는 91억원이 된다.

④ 부채비율$\left(\dfrac{부채}{자기자본}\right)$이 100%인 자본구조를 갖는 기업가치($V^L$)는 85억원이다.

⑤ 부채 대 자산비율$\left(\dfrac{부채}{자기자본+부채}\right)$이 100%인 자본구조를 갖는 기업가치($V^L$)는 100억원이다.

41. Miller(1977)이론에 의할 경우 채권자가 요구하는 세후이자율이 15%이고, 법인세율이 40%, 채권자에 대한 개인소득세율이 15%일 때 채권의 공급이자율은 얼마인가? (　)

① 19%　　　　　　　　　　② 23%

③ 25%　　　　　　　　　　④ 28%

42. 무부채기업인 A기업의 기대순영업이익은 영구적으로 100만원이다. 주주의 요구수익률은 10%, 법인세율은 30%이다. 만약 A기업이 회사채 100만원을 발행하여 주식을 재매입한다면 레버리지 이득은 얼마인가? (단, 주주에 대한 개인소득세율은 5%, 채권자에 대한 개인소득세율은 20%이다.) (   )

① 12.5만원 ② 16.3만원

③ 19.6만원 ④ 20.8만원

43. (2017 CPA) 자본구조와 기업가치에 관련된 설명으로 가장 적절하지 않은 것은? (   )

① 파산비용이론(상충이론; trade-off theory)에 의하면 부채 사용 시 법인세 절감효과에 따른 기업가치 증가와 기대파산비용의 증가에 따른 기업가치 감소 간에 상충관계가 존재한다.

② 자본조달순위이론에 따르면 경영자는 수익성이 높은 투자안이 있을 경우 외부금융(external financing)보다는 내부금융(internal financing)을 선호한다.

③ 부채를 사용하는 기업의 주주들이 위험이 높은 투자안에 투자함으로써 채권자의 부를 감소시키고 자신들의 부를 증가시키려는 유인을 위험선호유인(risk incentive)이라 한다.

④ 과소투자유인(under-investment incentive)이란 부채를 과다하게 사용하여 파산가능성이 있는 기업의 주주들이 투자안의 순현가가 0보다 크다고 하더라도 투자를 회피하려는 유인을 말한다.

⑤ 소유경영자의 지분율이 100%일 때 지분의 대리인비용(agency cost of equity)이 가장 크게 나타나며, 소유경영자 지분율이 낮아지고 외부주주 지분율이 높아질수록 지분의 대리인 비용은 감소한다.

44. (2017 CPA) 무부채기업인 (주)백제의 발행주식수는 10,000주이며 자기자본가치는 5억원이다. 이 기업은 이자율 10%로 영구사채 3억원을 발행하여 전액 자기주식을 매입소각하는 방법으로 자본구조를 변경하고자 한다. (주)백제의 기대영업이익은 매년 1억원으로 영구히 지속되며, 법인세율은 40%이다. 시장은 준강형 효율적이고 MM의 수정이론(1963)이 성립한다고 가정할 때 다음 중 가장 적절하지 않은 것은? (단, 자본비용은 % 기준으로 소수점 셋째 자리에서 반올림한다.) (   )

① 자본구조 변경 전 자기자본비용은 12%이다.

② 채권발행에 대한 공시 직후 부채의 법인세효과로 인하여 주가는 24% 상승할 것이다.

③ 채권발행 공시 직후의 주가로 자사주를 매입한다면, 채권발행에 따라 매입할 수 있는 자기주식 수는 근사치로 4,839주이다.

④ 자본구조 변경 후 자기자본비용은 13.13%이다.

⑤ 자본구조 변경 후 가중평균자본비용은 8.33%이다.

45. (2018 CPA) 무부채기업인 (주)도봉과 1,000억원의 부채를 사용하고 있는 (주)관악은 자본구조를 제외 한 모든 면에서 동일하다. 법인세율은 25%이고, 투자자의 개인소득세율은 채권투자 시 X%, 주식투자 시 Y%일 때 다음 설명 중 옳은 항목만을 모두 선택한 것은? 단, 법인세 및 개인소득세가 존재하는 것 이외에 자본시장은 완전하다고 가정한다. (   )

> a. X와 Y가 같다면, 기업가치는 (주)관악이 (주)도봉보다 더 크다.
> b. X가 25이고 Y가 0일 때, 기업가치는 (주)도봉이 (주)관악보다 더 크다.
> c. X가 15이고 Y가 0일 때, 두기업의 기업가치 차이는 250억원보다 작다.

① a   ② a, b   ③ a, c
④ b, c   ⑤ a, b, c

46. (2018 CPA) (주)남산은 초기투자액이 3,000억원이며, 매년 360억원의 영업이익이 영구히 발생하는 신규 사업을 고려하고 있다. 신규 사업에 대한 목표부채비율(B/S)은 150%이다. 한편 대용기업으로 선정된 (주)충무의 부채비율(B/S)은 100%이고 주식베타는 1.44이다. (주)남산과 (주)충무의 부채비용은 무위험이자율이다. 시장기대수익률은 10%, 무위험이자율은 2%, 법인세율은 40%이다. 신규 사업의 순현가와 가장 가까운 것은? (단, 자본비용은 %기준으로 소수점 넷째자리에서 반올림한다.) (   )

① 89억원   ② 97억원   ③ 108억원
④ 111억원   ⑤ 119억원

연습문제 해답

1. ①

2. ④

답

① 명제 Ⅱ (1958) $r_e = \rho + (\rho - r_d)\dfrac{B^L}{S^L}$ 또는 명제 Ⅱ (1963) $r_e = \rho + (\rho - r_d)(1 - t_c)\dfrac{B^L}{S^L}$ 에 따르면 자기자본비용은 부채의존도에 영향을 받는다.

3. ①

답

$$V^U (= S^U) = \frac{E(NOI)}{\rho} \;\rightarrow\; 1{,}000 = \frac{100}{\rho} \;\rightarrow\; \rho = 10\%$$

4. ③

답

$$r_e = \rho + (\rho - r)\frac{B^L}{S^L} = 0.1 + (0.1 - 0.06)(300/700) = 11.7\%$$

5. ④

6. ④

7. ④

답

① $r_e = \rho + (\rho - r_d)\dfrac{B^L}{S^L}$ 에서 자기자본비용은 부채비율에 영향을 받는다.

② MM(1958)에서 타인자본비용이 자기자본비용보다 더 작다.

③ 신규 투자안의 영업위험과 재무위험이 반영된 $WACC$를 사용한다.

⑤ 유보이익의 자본비용이 존재한다.

8. ①

📦 답

$$V^L = V^U + t_c B^L \rightarrow V^L = V^U + (0.4)(100) \rightarrow V^L = V^U + 40 \quad \therefore \; 40억원 \; 증가$$

9. ③

📦 답

① 위험유인은 주체인 채권자와 대리인인 소유경영자 간에 발행하는 이해 상충에서 파생하는 대리인 비용이다.

② 위험유인은 소유경영자의 지분율이 낮을수록 위험한 투자안을 선택하려는 유인이다.

④ 특권적 소비(perquisite consumption)는 외부주주와 소유경영자(내부주주) 간에 발생하는 대리인 비용으로, 외부주주지분율에 비례하여 증가하는 경향이 있다.

⑤ 확증비용이란 대리인이 자신의 의사결정이 위임자의 이해와 일치한다는 것을 입증하기 위해 지불하는 비용이다.

10. ④

📦 답

④ q비율 $= \dfrac{금융자산(부채와 \; 자본)의 \; 시장가격}{실물자산의 \; 대체원가}$: 주식시장에서 평가된 기업의 시장가치를 자산의 대체원가로 나눈 비율

11. ⑤

📦 답

② $V^U = \dfrac{E(NOI)(1 - t_c)}{\rho} = \dfrac{(100)(1 - 0.3)}{0.16} = 437.5억원$

$V^L = V^U + t_c B^L \rightarrow V^L = 437 + (0.3)[(0.4)(V^L)] \rightarrow V^L = 496.59억원$

$\therefore \; B^L = (496.59)(0.4) = 198.64억원이므로$

$S^L = V^L - B^L = 496.59 - 198.64 = 297.95억원$

$r_e = \rho + (\rho - r_d)(1 - t_c)\dfrac{B^L}{S^L} = 0.16 + (0.16 - 0.1)(1 - 0.3)\dfrac{198.64}{297.95} = 0.188$

③ $WACC = \dfrac{S^L}{S^L + B^L}r_e + \dfrac{B^L}{S^L + B^L}r_d(1 - t_c)$

$\qquad = \dfrac{297.95}{496.59}(0.188) + \dfrac{198.64}{496.59}(0.1)(1 - 0.3) = 0.1408$

⑤ 1주당 주식가격 = 주식가치/발행주식수 = 496.59억원/100만주 = 49,659원

매입 주식수 = 부채가치/주당 주식가격 = 198.64억원/49,659원 = 400,008주

12. ①

답

① MM(1958)에 의하면 레버리지와 기업가치는 무관하기 때문에 기업가치는 변함이 없으므로 자기자본가치를 먼저 구하여 기업가치를 구할 필요가 없다.

13. ⑤

답

⑤ MM에 의하면, 타인자본비용이 자기자본비용보다 낮다.

14. ④

답

$$\rho = r_f + [E(r_M) - r_f]\beta_S^U \rightarrow 0.07 = 0.05 + (0.09 - 0.05)\beta_S^U \rightarrow \beta_S^U = 0.5$$

$$\beta_S^L = \left[1 + (1 - t_c)\frac{B^L}{S^L}\right]\beta_S^U = [1 + (1 - 0.4)(1)](0.5) = 0.8$$

$$r_e = r_f + [E(r_M) - r_f]\beta_S^L \rightarrow r_e = 0.05 + (0.09 - 0.05)(0.8) = 0.082$$

15. ②

답

$$V^U = \frac{E(NOI)(1 - t_c)}{\rho} = \frac{300,000,000(1 - 0.3)}{0.15} = 1,400,000,000 원$$

$$V^L = V^U + t_c B^L = 1,400,000,000 + (0.3)(500,000,000) = 1,550,000,000 원$$

$$S^L = V^L - B^L = 1,550,000,000 - 500,000,000 = 1,050,000,000 원$$

16. ③

답

a. 부채사용의 긍정적인 측면은 부채의 세금절세효과로 인한 기업가치의 상승이다. 부채사용의 부정적인 측면은 부채의 사용이 많아지게 되면 파산비용을 증가시켜 기업가치가 감소하게 된다. 따라서 부채사용의 한계이익(=부채의 법인세 절세효과)과 한계비용(=파산비용)이 같아지는 점에서 $WACC$가 가장 낮은 값을 가지며, 이 점에서 기업가치가 극대화되는 최적자본구조가 구해진다.

17. ④

답

신규투자안의 요구수익률: $WACC = \left(\dfrac{S^L}{S^L+B^L}\right)r_e + \left(\dfrac{B^L}{S^L+B^L}\right)r_d$

$$\rightarrow WACC = \left(\frac{1}{2}\right)(0.08) + \left(\frac{1}{2}\right)(0.145) = 0.1125$$

∴ 내부수익률이 요구수익률보다 높은 A투자안과 B투자안에만 투자한다. A투자안과 B투자안의 총투자금 22억원 중에서 50%(11억원)는 타인자본으로 조달하고 나머지 50%(11억원)는 자기자본으로 조달한다. 따라서 올해 순이익 25억 중 11억원은 재투자하고 14억원을 배당하므로 배당성향은 56%(=14억원/25억원)이다.

18. ⑤

답

$\beta_S^L = \left[1 + (1-t_c)\dfrac{B^L}{S^L}\right]\beta_S^U \rightarrow 2.05 = \left[1 + (1-0.3)\dfrac{B^L}{S^L}\right](1) \rightarrow \dfrac{B^L}{S^L} = 1.5 \rightarrow B^L = 1.5S^L$

$V^L = V^U + t_c B^L \rightarrow S^L + B^L = 100 + (0.3)B^L \rightarrow S^L + 1.5S^L = 100 + (0.3)(1.5S^L) \rightarrow S^L = 48.78,$

$B^L = 73.17$ ∴ $V^L = S^L + B^L = 48.78 + 73.17 = 121.95$억원

19. ②

답

① 경영자(내부주주)의 지분율이 낮은 B기업에서 자기자본의 대리인비용이 높을 가능성이 크다.

② 부채비율이 높은 A기업에서 타인자본의 대리인비용(위험선호유인, 과소투자유인, 재산도피현상)이 높을 가능성이 크다.

20. ⑤

답

자본구조 변경 전: $r_e = \rho + (\rho - r_d)(1-t_c)\dfrac{B^L}{S^L}$

$$\rightarrow 0.14 = \rho + (\rho - 0.05)(1-0.2)\frac{0.2}{0.8} \rightarrow \rho = 0.125$$

자본구조 변경 후: $r_e = \rho + (\rho - r_d)(1-t_c)\dfrac{B^L}{S^L}$

$$\rightarrow r_e = 0.125 + (0.125 - 0.05)(1-0.2)\frac{0.5}{0.5} = 0.185$$

21. ⑤

답

① 자본구조 변경과 가중평균자본비용은 관련이 없다.
② 순이익의 크기는 이자비용과 관련이 있다.
③ 부채비율이 증가하면 재무위험이 커져 자기자본이 커진다.
④ MM(1958)은 무위험부채를 가정하므로 부채비율이 증가해도 타인자본비용은 일정하다.

22. ④

답

① $r_e = r_f + [E(r_M) - r_f]\beta_S^L \rightarrow r_e = 0.1 + (0.18 - 0.1)(1.5) = 0.22$

② $\beta_A^L = \beta_S^L\left(\dfrac{S}{S+B}\right) + \beta_B^L\left(\dfrac{B}{S+B}\right) \rightarrow \beta_A^L = \beta_S^L\left(\dfrac{S}{S+B}\right) \rightarrow \beta_A^L = (1.5)\left(\dfrac{1}{2}\right) = 0.75$

   ($\because$ 무위험부채이므로 $\beta_B^L = 0$)

③ 무위험부채를 사용하는 기업의 자산베타(β_A^L)는 부채를 전혀 사용하지 않는 무부채기업의
   자산베타(β_A^U)와 같다. 따라서 $\beta_S^L = \beta_S^U\left[1 + (1-t)\dfrac{B}{S}\right]$

   $\rightarrow \beta_S^L = (0.75)\left[1 + (1-0)\dfrac{0.7}{0.3}\right] = 1.07$

④ $r_e = r_f + [E(r_M) - r_f]\beta_S^L \rightarrow r_e = 0.1 + (0.18 - 0.1)(1.07) = 0.1856$

⑤ $WACC = \dfrac{S^L}{S^L + B^L}r_e + \dfrac{B^L}{S^L + B^L}r_d \rightarrow WACC = \dfrac{0.7}{0.7 + 0.3}(0.1856) + \dfrac{0.3}{0.7 + 0.3}(0.1) = 0.16$

23. ④

답

$V^U = \dfrac{E(NOI)(1-t_c)}{\rho} = \dfrac{3(1-0.4)}{0.15} = 12억원$

$V^L = V^U + t_c B^L = 12 + (0.4)(10) = 16억원$

기본명제 $WACC = \rho = 0.15$

수정명제 $WACC = \rho\left(1 - t_c\dfrac{B^L}{S^L + B^L}\right) = (0.15)\left(1 - (0.4)\dfrac{10}{16}\right) = 0.1125$

$\therefore WACC_{기본명제} - WACC_{수정명제} = 0.15 - 0.1125 = 0.0375$

24. ②

답

이자비용 절세효과 $= t_c B^L = (0.3)(200) = 60억원$ 증가

25. ②

26. ③

> 답

① 자본구조 변경 전(무부채기업) $\rho(=$가중평균자본비용$=$자기자본비용$)=0.2$

② $WACC=\rho\left(1-t_c\dfrac{B^L}{S^L+B^L}\right)=(0.2)[1-(0.4)(0.3)]=0.176$

③ $V^L(=S^L+B^L)=\dfrac{E(NOI)(1-t_c)}{WACC}=\dfrac{(100)(1-0.4)}{0.176}=340.91$억원$=V^U+t_cB^L$

　∴ $40.91=t_cB^L \rightarrow 40.91=(0.4)B^L \rightarrow B^L=102.28$억원

④ $V^U=\dfrac{E(NOI)(1-t_c)}{\rho}=\dfrac{100(1-0.4)}{0.2}=300$억원

⑤ $r_e=\rho+(\rho-r_d)(1-t_c)\dfrac{B^L}{S^L}=0.2+(0.2-0.1)(1-0.4)\left(\dfrac{30}{70}\right)=0.2257$

27. ①

> 답

자본구조 변경 전 (무부채기업):

$\rightarrow \rho(=$가중평균자본비용$=$자기자본비용$)=0.124$

$\rightarrow \beta_S^U(=$주식베타$=$자산베타$)=1.4$

자본구조 변경 후 (부채기업):

$\rightarrow V^L(=S^L+B^L)=V^U+t_cB^L=300+(0.4)(100)=340$억원

$\rightarrow WACC=\rho\left(1-t_c\dfrac{B^L}{S^L+B^L}\right)=(0.124)\left[1-0.4\left(\dfrac{100}{340}\right)\right]=0.1094$

$\rightarrow r_e=\rho+(\rho-r_d)(1-t_c)\dfrac{B^L}{S^L}=0.124+(0.124-0.04)(1-0.4)\left(\dfrac{100}{240}\right)=0.145$

$\rightarrow \beta_S^L=\beta_S^U\left[1+(1-t)\dfrac{B}{S}\right]=1.4\left[1+(1-0.4)\left(\dfrac{100}{240}\right)\right]=1.75$

$\rightarrow \beta_A^L=\beta_S^L\left(\dfrac{S}{S+B}\right)+\beta_B^L\left(\dfrac{B}{S+B}\right) \rightarrow \beta_A^L=\beta_S^L\left(\dfrac{S}{S+B}\right) \rightarrow \beta_A^L=(1.75)\left(\dfrac{240}{340}\right)=1.24$

　（∵ 무위험부채이므로 $\beta_B^L=0$）

28. ③

> 답

$B^L=\dfrac{(4)(0.08)}{(1+0.1)}+\dfrac{(4)(0.08)}{(1+0.1)^2}+\cdots=\dfrac{(4)(0.08)}{0.1}=3.2$억원

29. ②

답

$$V^U = \frac{E(NOI)(1-t_c)}{\rho} = \frac{(5)(1-0.3)}{0.25} = 14억원$$

$$V^L = V^U + t_c B^L = 14 + (0.3)(3.2) = 14.96억원$$

30. ④

답

$$r_e = \rho + (\rho - r_d)(1-t_c)\frac{B^L}{S^L} = 0.25 + (0.25-0.1)(1-0.3)\left(\frac{3.2}{11.76}\right) = 0.2786$$

$$WACC = \rho\left(1 - t_c\frac{B^L}{S^L+B^L}\right) = 0.25\left(1 - (0.3)\frac{3.2}{14.96}\right) = 0.2340$$

$WACC$는 다음과 같이 구해도 된다.

$$WACC = \frac{S^L}{S^L+B^L}r_e + \frac{B^L}{S^L+B^L}r_d(1-t_c)$$

$$= \frac{11.76}{14.96}(0.2786) + \frac{3.2}{14.96}(0.1)(1-0.3) = 0.2340$$

$$WACC = \frac{E(NOI)(1-t_c)}{V^L} = \frac{5(1-0.3)}{14.96} = 0.2340$$

31. ②

답

$$\rho = r_f + [E(r_M) - r_f]\beta_S^U \rightarrow 0.25 = 0.1 + (0.2-0.1)\beta_S^U \rightarrow \beta_S^U = 1.5$$

$$\beta_S^L = \left[1 + (1-t_c)\frac{B^L}{S^L}\right]\beta_S^U = [1 + (1-0.3)(0.6)](1.5) = 2.13$$

$$r_e = r_f + [E(r_M) - r_f]\beta_S^L \rightarrow r_e = 0.1 + (0.2-0.1)(2.13) = 0.313$$

32. ①

답

$$\frac{B^L}{S^L} = 0.6 \rightarrow B^L = 0.6S^L이므로 \quad WACC = \frac{S^L}{S^L+B^L}r_e + \frac{B^L}{S^L+B^L}r_d(1-t_c)$$

$$= \frac{1}{1.6}(0.313) + \frac{0.6}{1.6}(0.1)(1-0.3) = 0.2219$$

33. ④

답

$$V^L = \frac{E(NOI)(1-t_c)}{WACC} = \frac{5(1-0.3)}{0.2219} = 15.77\,억원$$

34. ⑤

답

① $V^U = \dfrac{E(NOI)(1-t_c)}{\rho} = \dfrac{150(1-0.4)}{0.2} = 450\,억원$

② $V^L = V^U + t_c B^L \;\rightarrow\; t_c B^L = (0.4)(200) = 80\,억원$

③ $r_e = \rho + (\rho - r_d)(1-t_c)\dfrac{B^L}{S^L} = 0.2 + (0.2-0.1)(1-0.4)\left(\dfrac{200}{330}\right) = 0.236$

④ $WACC = \rho\left(1 - t_c\dfrac{B^L}{S^L + B^L}\right) = (0.2)\left(1 - (0.4)\dfrac{200}{530}\right) = 0.17$

⑤ $WACC = \rho(1-t_c) = (0.2)(1-0.4) = 0.12$

35. ①

답

$$V^L = V^U + t_c B^L \;\rightarrow\; S^L + B^L = 260 + (0.4)B^L \;\rightarrow\; S^L = 260 - 0.6B^L$$

$$\beta_S^L = \left[1 + (1-t_c)\frac{B^L}{S^L}\right]\beta_S^U \;\rightarrow\; 1.56 = \left[1 + (1-0.4)\frac{B^L}{260 - 0.6B^L}\right](1.2)$$

$$\rightarrow\; B^L = 100\,억원$$

36. ⑤

답

a. $V^U = \dfrac{E(NOI)(1-t_c)}{\rho} = \dfrac{12(1-0.3)}{0.14} = 60\,억원$

  K사의 목표자본구조 $S^L = 2B^L$이므로, $V^L = S^L + B^L = 3B^L$

  $\therefore\; V^L = V^U + t_c B^L \;\rightarrow\; 3B^L = 60 + (0.3)B^L \;\rightarrow\; B^L = 22.22\,억원$

b. $r_e = \rho + (\rho - r_d)(1-t_c)\dfrac{B^L}{S^L} = 0.14 + (0.14-0.08)(1-0.3)\left(\dfrac{B^L}{2B^L}\right) = 0.161$

c. $WACC = \rho\left(1 - t_c\dfrac{B^L}{S^L + B^L}\right) = (0.14)\left(1 - (0.3)\dfrac{B^L}{3B^L}\right) = 0.126$

d. $V^L = V^U + t_c B^L \;\rightarrow\; t_c B^L = (0.3)(22.22) = 6.66\,억원$

37. ⑤

> 답

①, ②, ③ A기업: $S^L = \dfrac{E(NOI) - r_d B}{r_e} = \dfrac{2,000 - (0.1)(2,000)}{0.2} = 9,000$만원

B기업: $S^L = \dfrac{E(NOI) - r_d B}{r_e} = \dfrac{2,000 - (0.1)(6,000)}{0.25} = 5,600$만원

∴ A기업: $V^L = S^L + B^L = 2,000 + 9,000 = 11,000$만원

B기업: $V^L = S^L + B^L = 2,000 + 5,600 = 11,600$만원

따라서 MM(1958)에 의하면 자본구조에 관계없이 기업가치는 동일하므로 B기업이 A기업에 비해 기업가치가 600만원 과대평가되어 있다.

④ 차익거래 기회가 존재하지 않기 위해서는 A기업과 B기업의 $WACC$가 같아야 한다.

⑤ 과대평가 된 B기업의 주식을 1% 소유한 투자자는 자가부채(→ B기업 주식 1% 매도 + B기업 채권 1%매도(= 개인이 1% 차입) + A기업 주식 1% 매수)를 통하여 현재가치 기준으로 6만원(= 600만원 × 1%)의 차익거래 이익을 얻을 수 있다.

38. ③

> 답

$$\beta_S^L = \left[1 + (1 - t_c)\frac{B^L}{S^L} \right]\beta_S^U = [1 + (1 - 0.4)(1)](1.5) = 2.4$$

$$r_e = r_f + [E(r_M) - r_f]\beta_S^L = 0.1 + (0.15 - 0.1)(2.4) = 0.22$$

$$WACC = \frac{S^L}{S^L + B^L}r_e + \frac{B^L}{S^L + B^L}r_d(1 - t_c) = \left(\frac{1}{2}\right)(0.22) + \left(\frac{1}{2}\right)(0.1)(1 - 0.4) = 0.14$$

39. ④

> 답

④ 수익성이 높은 기업은 그 동안 얻은 수익으로 내부유보자금이 충분하기 때문에 수익성이 낮은 기업보다 낮은 부채비율을 가질 것으로 예측한다.

40. ④

> 답

① $V^U = \dfrac{E(NOI)(1 - t_c)}{\rho} = \dfrac{10(1 - 0.3)}{0.1} = 70$억원

② $V^L = V^U + t_c B^L = 70 + (0.3)(70 \times 0.5) = 80.5$억원

③ $V^L = V^U + t_c B^L = 70 + (0.3)(70 \times 1) = 91$억원

④ $\dfrac{B^L}{S^L}=1 \rightarrow B^L=S^L \therefore V^L=S^L+B^L=B^L+B^L=2B^L$ 따라서 $B^L=V^L\times\dfrac{1}{2}$

$\therefore V^L=V^U+t_cB^L=70+(0.3)(V^L\times\dfrac{1}{2}) \rightarrow V^L=82.35$억원

⑤ $\dfrac{B^L}{S^L+B^L}=1 \rightarrow \dfrac{B^L}{V^L}=1 \rightarrow B^L=V^L$

$\therefore V^L=V^U+t_cB^L=70+(0.3)V^L \rightarrow V^L=100$억원

41. ③

답

$r_S=\dfrac{r_0}{1-t_c}=\dfrac{0.15}{1-0.4}=25\%$

42. ①

답

$\left[1-\dfrac{(1-t_c)(1-t_{ps})}{1-t_{pb}}\right]B^L=\left[1-\dfrac{(1-0.3)(1-0)}{1-0.2}\right]\times100$만원$=12.5$만원

43. ⑤

답

⑤ 소유경영자의 지분율이 100%일 때 지분의 대리인비용은 발생하지 않으며, 소유경영자 지분율이 낮아지고 외부주주 지분율이 높아질수록 지분의 대리인 비용은 증가한다.

44. ⑤

답

① 자본구조 변경 전: $V^U=\dfrac{E(NOI)(1-t_c)}{\rho} \rightarrow 5=\dfrac{1(1-0.4)}{\rho} \rightarrow \rho=0.12$

② 공시 직후: $V^L=V^U+t_cB^L=5+(0.4)(3)=6.2$억원

공시 직후 주가$=\dfrac{6.2억원}{10,000주}=62,000$원

공시 직전 주가$=\dfrac{5억원}{10,000주}=50,000$원

$\therefore$ 공시 직후 주가상승률$=\dfrac{62,000-50,000}{50,000}=0.24$

③ 매입 주식수$=\dfrac{3억원}{62,000}=4,838.71$주

④ 자본구조 변경 후 $S^L = 6.2$억원-3억원$=3.2$억원

$$\therefore \ r_e = \rho + (\rho - r_d)(1 - t_c)\frac{B^L}{S^L} = 0.12 + (0.12 - 0.1)(1 - 0.4)\left(\frac{3}{3.2}\right) = 0.13125$$

⑤ $WACC = \rho\left(1 - t_c\frac{B^L}{S^L + B^L}\right) = (0.12)\left(1 - (0.4)\frac{3}{6.2}\right) = 0.09677$

45. ③

답

a. $(1 - t_{pb}) = (1 - t_{ps})$일 경우 $V^L = V^U + \left[1 - \dfrac{(1 - t_c)(1 - t_{ps})}{1 - t_{pb}}\right]B^L \ \rightarrow \ V^L = V^U + t_c B^L$

∴ (주)관악의 V^L이 (주)도봉의 V^U보다 $t_c B^L = (0.25)(1{,}000$억원$) = 250$억원 더 크다.

b. $t_{ps} = 0$일 경우, $V^L = V^U + \left[1 - \dfrac{(1 - t_c)}{1 - t_{pb}}\right]B^L \ \rightarrow \ V^L = V^U + \left[1 - \dfrac{(1 - 0.25)}{1 - 0.25}\right]B^L$

$$\rightarrow \ V^L = V^U$$

c. $V^L = V^U + \left[1 - \dfrac{(1 - t_c)}{1 - t_{pb}}\right]B^L \ \rightarrow \ V^L = V^U + \left[1 - \dfrac{(1 - 0.25)}{1 - 0.15}\right](1{,}000$억원$)$

$$\rightarrow \ V^L = V^U + 117.65$$억원

∴ (주)관악의 V^L이 (주)도봉의 V^U보다 117.65억원 더 크다.

46. ①

답

$$\beta_S^L = \left[1 + (1 - t_c)\frac{B^L}{S^L}\right]\beta_S^U \ \rightarrow \ 1.44 = \left[1 + (1 - 0.4)(1)\right]\beta_S^U \ \rightarrow \ \beta_S^U = 0.9$$

$$\rho = r_f + [E(r_M) - r_f]\beta_S^U \ \rightarrow \ \rho = 0.02 + (0.1 - 0.02)(0.9) = 0.092$$

$$WACC = \rho\left(1 - t_c\frac{B^L}{S^L + B^L}\right) = (0.092)\left(1 - (0.4)\frac{1.5S^L}{S^L + 1.5S^L}\right) = 0.06992$$

$$\therefore \ NPV = \frac{360(1 - 0.4)}{0.06992} - 3{,}000 = 89.24$$억원

배당정책

학습개요

본 장에서는 기업의 배당정책과 기업가치의 관계에 대해서 배운다. 먼저, 배당측정지표와 우리나라와 미국의 배당절차에 대해서 살펴본 후, MM(1961)의 배당정책이 기업가치와 관련이 없다는 배당정책의 무관련성에 대해서 배운다. 또한 고배당기업과 저배당기업을 선호하는 투자자 층이 따로 있다는 고객효과, 배당정책이 기업의 미래가치에 대한 신호를 시장에 보낸다는 정보효과와 자사주매입, 주식배당, 주식분할, 주식병합 등 유사배당을 비교하여 학습한다.

학습목표

- 배당측정지표
- 배당절차
- 배당정책과 기업가치
- 배당정책의 고객효과 및 정보효과
- 유사배당

SECTION
01 배당측정지표와 배당절차

1. 배당측정지표

기업이익을 주주들에게 배분하는 현금을 배당이라고 한다. 배당수준에 따라서 기업의 주식가치에 영향을 미치는지가 배당에서의 주요한 관심사이다. 따라서 기업이익을 주주에게 배당금으로 얼마를 지급하고 주주의 미래이익을 위해 얼마를 사내에 유보시켜 투자해야 하는가가 배당정책(dividend policy)의 핵심이 된다.

배당수준을 나타내는 지표로 배당률(dividend ratio), 배당수익률(dividend yield), 배당성향(dividend payout)이 있다. 배당률은 식(14-1), 식(14-2)와 같이 액면가(또는 주가) 대비 주당배당금의 비율을 말한다. 배당률은 우리나라와 같이 액면가제도가 있는 나라에서 배당수준을 나타내는 독특한 표현방법이다.

$$액면배당률 = \frac{주당배당금}{액면가} \times 100(\%) \tag{14-1}$$

$$시가배당률 = \frac{주당배당금}{배당기준일\ 주가} \times 100(\%) \tag{14-2}$$

액면배당률로 계산할 경우 주가가 높을 경우 실제 투자수익은 크지 않을 수도 있다. 따라서 이러한 점을 보완하기 위한 유용한 지표로 배당수익률을 사용하고 있다. 배당수익률은 시장가격 대비 주당배당금의 비율인 식(14-3)을 말한다. 즉, 배당수익률은 배당률과는 달리 실제 투자했을 때 얼마나 수익을 올릴 수 있는지를 나타내기 때문에 투자자 입장에서 채권수익률이나 은행예금이자율 등 다른 투자대상의 수익률과 비교가능하다.

$$배당수익률 = \frac{주당배당금}{주가} \times 100(\%) \tag{14-3}$$

예를 들어, 액면가 5,000원인 A사의 주가가 20,000원이고 주당 배당금이 1,000원이면 액면배당률은 20%(=1,000원/5,000원)이지만 배당수익률은 5%(=1,000원/20,000원)가 된다. 이처럼 액면배당률과 실제 배당수익률이 서로 괴리가 생김에 따라 2003년 2월부터 배당을 공시할 때 배당금이 배당기준일 주가의 몇 %인가를 나타낸 식(14-2)의 시가배당률을 반드시 명시하도록 하고 있다.

식(14-4)의 배당성향은 당기순이익에서 배당으로 얼마나 주는지를 나타내는 지표이다. 배당금을 사외로 유출시킨 정도를 보여주기 때문에 기업의 배당정책을 측정하는 지표로 자주 사용되고, 기업이 당기순이익 중에서 어느 정도의 배당금을 미래에 지급할 것인가를 예측할 때 도움이 된다.

$$배당성향 = \frac{배당금총액}{당기순이익} \times 100\,(\%) \tag{14-4}$$

2. 배당절차

우리나라 기업의 배당은 원칙적으로 주주총회에서 정하고 있고, 이사회의 의결이 있는 경우에는 중간배당이나 분기배당을 지급할 수 있다. 배당절차는 배당락일 → 배당기준일 → 배당공시일 → 배당지급일 순서로 이루어진다.

주주총회에서 정하는 배당금은 기업이 특정한 날(배당기준일)을 정해 이날 주주명부에 이름이 실린 주주에게 배당금을 지급할 수 있게 하고 있다. 따라서 배당기준일은 주주명부를 폐쇄하는 날로서 주식의 명의개서가 가능한 마지막 날이 된다. 주주총회일 전 3개월 이내의 한 날로 배당기준일을 정하면 되는데, 일반적으로 사업연도 말일을 배당기준일로 잡는 경우가 대부분이다. 12월말 결산인 대부분의 국내기업의 배당기준일(record date)은 보통 12월 31일이 된다.

우리나라에서 주식을 매수하면 결제에 주식매수일을 포함하여 3일이 소요되므로 배당기준일에 주주명부에 등재가 가능하려면 늦어도 그 직전 영업일보다 2영업일 앞선 날에는 주식을 사야 한다. 예를 들어, 배당기준일인 12월 31일(12월 31일에는 주식시장이 개장하지 않는다)이 월요일이라면 주식폐장일은 12월 28일(금요일)이므로 주주명부에 등재가 되려면 최소한 12월 26일(수요일)에는 해당 주식을 매수해야 주주명부에 이름이 올라가서 배당을 받을 수 있다.

만약 12월 27일(목요일)에 주식을 매수할 경우에 결제는 다음해 1월 초 주식개장일에 이뤄지므로 배당기준일인 12월 31일에 주주명부에 등재를 못하여 배당받을 자격을 얻지 못하게 된다. 이 절차에서 배당을 받을 권리가 상실되는 첫 거래일, 예를 들어, 12월 27일을 배당락일(ex-dividend date)이라고 한다. 우리나라의 경우 대부분 12월 주식폐장일의 1영업일 전이 배당락일이 되고 있다. 만약 6월 30일 결산법인일 경우에는 6월 29일이 배당락일이 된다.

배당락일에는 이론적으로 배당금만큼 주가가 하락하게 된다.[1] 그런데 배당금이 정확히 얼마인지는 일반적으로 주주총회가 열리는 3월이나 되어야 결정되기 때문에 배당금이 얼마인지는 예상으로 짐작만 할 뿐이므로 배당락일 이후의 거래에는 어느 정도 불확실성이 있다.

상법462조에 의하면 이익배당은 주주총회의 결의로 정하지만 재무제표를 이사회가 승인하는 경우에는 이사회의 결의로 정하고 있다. 따라서 이사회에서 배당에 관한 구체적인 내용을 정하여 이날 공표하면 이사회 결의일이 배당공시일(declaration date)이 되고, 주주총회에서 배당금을 승인하면 주주총회일이 배당공시일이 된다.

실제 배당지급은 주주총회나 이사회의 결의를 한 날부터 1개월 이내에 하여야 한

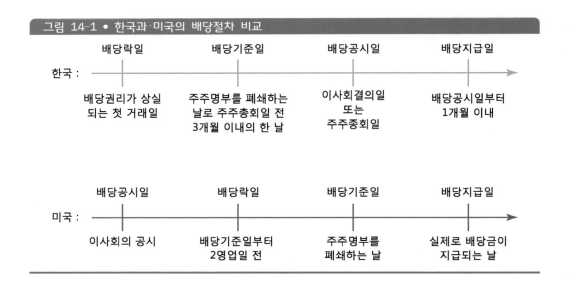

그림 14-1 ● 한국과·미국의 배당절차 비교

한국:
배당락일	배당기준일	배당공시일	배당지급일
배당권리가 상실되는 첫 거래일	주주명부를 폐쇄하는 날로 주주총회일 전 3개월 이내의 한 날	이사회결의일 또는 주주총회일	배당공시일부터 1개월 이내

미국:
배당공시일	배당락일	배당기준일	배당지급일
이사회의 공시	배당기준일부터 2영업일 전	주주명부를 폐쇄하는 날	실제로 배당금이 지급되는 날

---

1 배당락일에 주식을 사는 사람은 이미 주식을 보유하고 있는 사람들에 비해 따로 배당금을 받지 못하기 때문에 이에 대한 보상으로 주가가 배당금만큼 하락하게 된다.

다. 다만, 주주총회 또는 이사회에서 배당금의 지급시기(배당지급일(payment date))를 따로 정할 수 있다.

우리나라의 배당절차와 달리 미국은 배당공시일 → 배당락일 → 배당기준일 → 배당지급일의 절차를 가지며 배당지급은 이사회가 배당지급안을 승인함으로써 시작된다. 먼저 이사회는 배당계획에 관한 배당계획서를 공시하는데 이날을 배당공시일이라고 하고 배당공시일에 배당기준일과 배당지급일도 같이 발표한다.

배당공시일 이후 주식의 매수자가 배당금에 대한 권리를 갖지 못하는 배당락일이 찾아온다. 배당락일 후 2영업일째 되는 날은 배당기준일(주주명부에 등재된 주주가 배당을 지급받을 목적으로 주식을 보유한 것으로 보는 날)이다. 배당절차의 마지막 중요한 날은 기업이 실제로 배당을 주주들에게 지급하는 날인 배당지급일이다. 미국의 경우 영업일로 한정하는 배당락일과 배당기준일 등의 다른 중요 기일들과 달리 배당지급은 공휴일이나 주말로 정할 수도 있다.

SECTION

02 배당정책과 기업가치

1. 배당정책의 무관련성: MM(1961)이론

MM(1961)[2]은 100% 자기자본 기업이고 세금이나 거래비용이 존재하지 않는 완전시장(perfect market)이고, 현재시점에서 차입이 가능하며, 2기간 세계라는 가정하에서 배당정책이 기업가치에 영향을 미치지 않는다는 것을 증명하는 논문을 발표하였다. 이를 구체적으로 살펴보자. 기업이 창출하는 현금흐름을 모두 배당금으로 지급한다고 하면, 현재시점($t=0$)에서 기업의 가치는 식(14-5)와 같다.

---

2 Merton H. Miller and Franco Modigliani, "Dividend Policy, Growth and the Valuation of Shares," *Journal of Business* 34, October 1961.

$$V_0 = D_0 + \frac{D_1}{1+r} \tag{14-5}$$

현재시점($t=0$)에서의 기업가치를 구하기 위해 현재시점의 배당금 D_0와 만기시점의 배당금 D_1을 구체적으로 살펴보자. 현재시점에서는 영업현금흐름 NOI_0과 신주발행(또는 차입)으로 인한 현금유입 F_0을 창출할 수 있으며 이 금액을 투자 I_0와 배당 D_0에 사용하므로 식(14-6)과 같이 나타낼 수 있다.[3]

$$F_0 + NOI_0 = I_0 + D_0 \tag{14-6}$$

여기서, F_0 = 현재시점에서의 신주발행으로 인한 현금흐름
NOI_0 = 현재시점에서의 영업현금흐름
I_0 = 현재시점에서의 투자액
D_0 = 현재시점에서의 배당

따라서 현재시점에서의 배당액은 식(14-7)이 된다.

$$D_0 = F_0 + NOI_0 - I_0 \tag{14-7}$$

만기시점($t=1$)에서는 신규투자를 위한 신주발행을 통한 현금유입이 없으므로 자금원천은 만기시점에서의 영업현금흐름만 존재한다. 이 영업현금흐름을 만기시점의 배당금 D_1과 현재시점에서 차입(신주발행으로 조달)한 금액의 원리금상환(신주발행의 기말가격)인 $F_0(1+r)$에 사용할 수 있으므로 이를 식(14-8)로 나타낼 수 있다.

$$NOI_1 = D_1 + F_0(1+r) \tag{14-8}$$

따라서 만기시점에서의 배당액은 식(14-9)와 같다.

$$D_1 = NOI_1 - F_0(1+r) \tag{14-9}$$

이제, 식(14-7)과 식(14-9)를 식(14-5)에 대입하면 기업가치는 다음과 같이 나타낼 수 있다.

---

3 편의상 재고자산이나 매출채권 등의 변화, 즉 재무상태표 항목들로부터의 자금운용과 원천은 무시할 수 있다고 가정한다.

$$V_0 = F_0 + NOI_0 - I_0 + \frac{NOI_1 - F_0(1+r)}{1+r}$$

$$= NOI_0 + \frac{NOI_1}{1+r} - I_0 \tag{14-10}$$

식(14-10)에서 기업가치(V_0)는 현재시점에서의 영업현금흐름 NOI_0과 새로운 투자의 $NPV(=NOI_1/(1+r)-I_0)$의 합이 되고, 배당은 전혀 관련되지 않으므로 결국 배당정책이 기업가치와 무관하다고 주장한다.

이와 같은 MM이론의 핵심은 기업가치가 기업이 어떠한 투자를 하여 얼마만큼의 투자수익을 내느냐에 따라 결정된다. 즉, 기업가치는 본질적으로 기업의 수익력에 의해 좌우되는 것이고, 배당과 사내유보에 대한 배당정책과는 무관하다는 것이다. 이는 투자정책과 배당정책이 완전히 독립적이라는 것을 의미한다.

따라서 기업은 투자결정에 영향을 주지 않고 원하는 수준의 배당을 지급할 수 있게 되므로, 기업은 신주를 발행(외부금융 이용)하여 영업현금흐름보다 많은 배당을 지급할 수도 있고 투자소요액이 영업현금흐름으로 충당하고도 남는 경우 여유자금을 사내유보할 수도 있으며 혹은 배당을 지급하거나 주식을 재매수하는 데 사용할 수도 있게 된다.

예제 | **배당의 무관련성: MM(1961)이론**

부채가 전혀 없는 A기업은 벌어들인 영업현금흐름을 전액 배당한다. 현재시점에서 벌어들이는 영업현금흐름은 100만원이고, 1년 후 시점에는 130만원의 영업현금흐름을 벌 것으로 예상하고 있다. 시장이자율은 4%이고 시장이자율로 차입 및 대출을 할 수 있다.

(1) 현재시점에서의 기업의 가치를 구하시오.

(2) 주주의 배당증가 요구를 반영하여 신주발행을 통하여 현재시점에서 20만원을 더 배당하도록 배당정책 변경을 고려하고 있다. 현재시점과 1년 후 시점에서 기존주주에게 지급되는 배당금을 구하고, 1년 후 시점에서의 기업가치를 배당정책 변경 전과 비교하시오.

[답]

(1) $V_0 = D_0 + \dfrac{D_1}{1+r} \rightarrow V_0 = 100 + \dfrac{130}{1+0.04} = 225만원$

(2) 현재시점에서 지급되는 배당금 = 1,000,000원 + 200,000원 = 1,200,000원

    (∵ 신주발행으로 20만원 조달하여 기존주주에게 배당을 더 했으므로)

    1년 후 시점에서 지급되는 배당금 = 1,300,000원 − 200,000 = 1,100,000원

    (∵ 신규주주에게 20만원어치의 배당을 해야 하므로)

$V_0 = D_0 + \dfrac{D_1}{1+r} \rightarrow V_0 = 120 + \dfrac{110}{1+0.05} = 225만원$

따라서 배당과 기업가치는 상관이 없다.

2. 고객효과

MM(1961)은 높은 배당과 낮은 배당의 기업에게 각각 서로 다른 층의 투자자들이 존재한다는 고객효과(clientele effect)를 제시하였다. 배당소득세 감면혜택이 있는 기업이나 낮은 세율을 적용받거나 원금에 손댈 수 없도록 법적 규제를 받는 연기금이나 신탁자금, 저소득의 은퇴한 개인 등은 여유자금을 마련하기 위하여 배당수익률인 높은 기업, 즉 높은 배당을 지급하는 주식을 선호한다. 반면, 배당소득 이외에 다른 소득으로 충분한 소득을 얻을 수 있는 고소득계층의 투자자들은 낮은 배당을 지급하는 기업을 선호한다.

이처럼 높은 배당 혹은 낮은 배당을 선호하는 투자자 집단을 고객(clientele)이라고 하며, 서로 다른 투자자들이 서로 다른 주식, 즉 높은 배당을 지급하는 기업 혹은 낮은 배당을 지급하는 기업을 선호하는 현상을 배당의 고객효과라고 한다.

고객효과가 충분히 크다면, 기업은 오직 특정 고객의 투자를 유치하기 위해 배당정책을 변경할 뿐이다. 예를 들어, 기업의 10%만이 고배당을 지급하고 투자자의 30%가 고배당을 선호하면 고배당을 지급하는 주식의 수요에 비해 공급이 부족하기 때문에 주가가 상승하게 된다. 결국, 저배당을 지급하는 기업은 30%의 수요부족(30%가 고배당 선호)이 채워질 때까지 배당정책을 바꾸게 되고 수요와 공급이 일치하게 되면 균형을 이루어 더 이상의 배당정책의 변화가 무의미하게 된다. 따라서 MM은 기업입장

에서 배당정책이 더 이상 중요하지 않게 되고 기업가치와 배당정책은 무관하다고 주장한다.

3. 자가배당

자가배당(homemade dividend)이란 주주들이 스스로 배당성향을 조정하여 자신이 원하는 수준의 배당을 받을 수 있다는 논리이다. 주주들은 자신들의 생각보다 배당이 미달될 경우 보유주식을 매각하여 현금화함으로써 배당을 받는 효과를 누린다. 반대로 생각보다 많은 배당을 받을 경우에는 초과배당금로 주식을 재매수함으로써 기업의 배당정책과 관계없이 자유롭게 배당수준을 조정할 수 있다.

즉, 자본손실은 배당소득으로, 배당손실은 자본이득으로 완전히 대체되므로 특별히 모든 투자자들이 선호할 기업가치를 극대화하는 배당정책이 따로 없게 된다. 따라서 배당정책이 기업가치에 영향을 미치지 않는다.

4. 정보효과

투자자가 배당금 변화를 기업내용 변화의 신호로 인식함에 따라 그 결과 주가가 변화하는 것을 배당의 정보효과(information content effect) 또는 신호효과(signaling effect)라고 한다. 시장참여자나 투자자들은 기업의 미래가치에 대한 정보를 모두 가지고 있지 못하고 경영자만 정보를 가지고 있는 정보비대칭 하에서 배당금의 변화는 경영자가 투자자들에게 기업의 미래가치에 대한 정보를 전달하는 수단으로 이용될 수 있다.

기업의 미래수익과 현금흐름, 영업활동에 대한 전망이 긍정적일 때에는 배당금을 증가할 수 있다. 배당금의 증가는 기업의 미래 수익성이 좋다는 의미이다. 따라서 배당금의 예상치 못한 증가는 미래 배당금에 대한 기대치를 상승시키기 때문에 주가에 긍정적인 영향을 미친다.

반대로 배당금의 감소는 현재의 배당정책을 유지할 수 없음을 알려주어 결과적으로 미래 배당금에 대한 기대가 일반적으로 낮아지게 된다. 따라서 미래에 지급될 배당금의 현재가치가 감소하고 주가도 하락한다.

이처럼 배당금의 변화에 따라 주가가 움직이는데 이는 배당정책 때문이 아니라 미래 배당금에 대한 기대치가 달라지기 때문이다. 따라서 배당금의 변화는 배당정책의 효과로 인한 것이 아니라 단지 기업에 대한 정보를 시장에 알리는 신호역할을 하는 것뿐이다.

5. 고배당정책 선호 요인

(1) 현재소득에 대한 선호

미래소득보다는 현재소득을 더 선호하는 투자자는 높은 배당을 선호한다. 현재소득을 더 선호하는 투자자는 배당을 받아서 현재 소비를 하여 자신의 효용을 높일 수 있기 때문에 지금 당장 현금으로 배당을 많이 받아서 현재소비에 대한 욕구를 충족하려 한다.

특히, 은퇴 후 생계를 위해 안정적인 현금을 선호하는 노인계층은 주식을 팔아서 현금을 마련하는 것보다 주식거래 시의 거래비용과 주식매도에 대한 막연한 두려움이 없는 높은 현금배당을 더 선호한다. 이들은 높은 배당을 지급하는 주식을 프리미엄까지 지불하여 구매할 의사도 있다.

(2) 대리인 비용의 감소

소유경영자가 자신의 지분 일부를 외부주주에게 매각할 경우에 발생하는 대리인 비용은 소유경영자의 필요이상의 특권남용, 책임회피 등을 통한 소유경영자 자신들의 개인적인 부의 축척이나 혹은 유보이익을 외부주주의 부를 증가시키기 위해 사용하지 않을 경우에 발생한다.

따라서 외부주주는 이러한 대리인 비용을 감소시키기 위해 감시비용이나 보증비용을 부담하는데, 배당지급이 소유경영자의 경영성과를 감시하거나 보증할 수 있는 하나의 수단으로 사용할 수 있다. 즉, 외부주주는 높은 배당을 요구함으로써 외부주주에게 지급되어야 할 현금을 소유경영자가 남용 혹은 낭비하지 못하도록 할 수 있다.[4] 실제로 선진국의 기업들처럼 지배구조가 잘 작동하고 있는 기업은 높은 배당을 지급하지만 기업의 지배구조가 제대로 작동하지 않는 후진국에서는 배당성향이 상대적으로 낮은 경향이 있다.[5]

6. 저배당정책 선호 요인

(1) 세금

투자자가 배당을 받게 되면 받은 배당금의 일부는 배당소득세로 내게 된다. 현재 우리나라에서는 배당소득에 대해서는 배당소득세가 부과되고 있으나 자본이득에 대해서는 소득세가 과세되지 않고 있다.[6] 따라서 배당을 받게 되면 실질적으로는 자본이득보다 배당소득세만큼 불리하게 된다. 이에 투자자들은 낮은 배당을 주는 기업을 선호하게 되고 기업들도 굳이 높은 배당을 지급하기보다 미래를 대비하여 사내유보하려고 한다.

한편, Miller와 Scholes(1978)[7]는 일반적으로 배당소득세율이 자본이득세율보다 높다고 하더라도 개인투자자들이 다음의 예를 통하여 높은 배당소득세를 제거할 수 있음을 증명하였다. 예를 들어, 어떤 투자자가 연초에 주당 10만원인 주식 750주를 가지고 있다. 기업은 연말에 1만원을 벌어서 연말에 이 투자자에게 주당 4,000원을 배당으로 지급하고 나머지 6,000원은 사내에 유보시켜 연말주가가 10.6만원이 될 것으로 기대된다고 하자.

따라서 이 투자자는 300만원(=750주×4,000원)의 배당소득에 대한 배당소득세를

---

4 Michael C. Jensen, "Agency Costs of Free Cash Flow, Corporate Finance, and Takeovers," *American Economic Review* 76, May 1986.

5 Rafael La Porta, Florencio Lopez-de-Silanes, Andrei Shleifer, and Robert W. Vishny, "Agency Problems and Dividend Policies around the World," *Journal of Finance* 55, February 2000.

6 자본이득세와 배당소득세가 동일하면 배당정책은 주주의 부에 직접적인 영향을 주지 못한다. 하지만, 자본이득세는 주식의 매각을 영원히 미뤄 그 소득이 실현될 때까지 영구적으로 이연시킬 수 있지만 배당소득세는 이연이 불가능하기 때문에 실질적으로는 자본이득세가 배당소득세보다 더 낮다. 자본이득세와 배당소득세가 서로 다르다면 배당정책이 주주의 부에 직접적인 영향을 미칠 수 있다.

7 M. H. Miller, and M. Scholes, "Dividends and Taxes," *Journal of Financial Economics*, Vol. 6, 1978, 333-364.

제거하기 위하여 무위험이자율 6%로 5,000만원(=300만원/0.06)을 차입하여 6%의 이자를 지급하는 면세채권에 투자한다.

이와 같이 함으로써 배당소득 300만원의 소득은 5,000만원 차입에 대한 이자비용으로 지출하는 300만원과 정확하게 일치되어 과세소득이 0이 되고, 면세채권투자에 대한 이자소득 300만원(=5,000원×6%)에 대해서는 세금이 없고 이 금액과 자본이득 450만원(=(10.6만원-10만원)×750주)을 합한 750만원이 투자자의 진정한 경제적 소득이 된다. 이는 투자자 입장에서 배당소득과 자본이득세가 다르더라도 투자자들이 배당소득과 자본이득에 대해서 무차별할 것이라는 사실을 암시한다.

예제 **Miller와 Scholes(1978)의 배당소득세 제거**

투자자 A는 현재 보유하고 있는 주식에서 1년 후에 100,000원의 배당을 받고 자본이득도 50,000원이 될 것으로 예상하고 있다. 배당소득세는 15%이고 자본이득에 대해서 과세하지 않는다. 채권시장에서는 수익률이 4%인 면세채권이 거래되고 있으며, 투자자 A는 4%의 무위험이자율로 차입을 할 수 있다.

(1) 배당소득세를 제거하기 위하여 투자자 A는 얼마를 차입해야 하는가?

(2) 배당소득세를 제거하기 위한 거래방법에 따라 배당을 지급받은 1년 후 투자자 A가 납부해야 할 세액과 투자자 A의 진정한 경제적 소득을 구하시오.

[답]

(1) $\dfrac{100,000}{0.04} = 2,500,000$원 차입

(2) 납부세액 = 배당소득(100,000원) + 이자비용(-100,000원(= -2,500,000×0.04)) = 0

진정한 경제적 소득 = 면세채권의 이자 100,000원(=2,500,000×0.04) + 자본이득 50,000원

= 150,000원

---

(2) 발행비용

MM(1961)의 무관련이론은 기업이 배당을 지급하기 위해서 신주를 발행할 수 있

다고 보았다. 신주를 발행할 경우 발행비용이 발생하고, 발행비용을 고려할 경우에 기업은 배당을 낮추려고 한다.

예를 들어, A라는 기업이 유사한 다른 기업보다 상대적으로 배당금을 많이 지급하게 되면 유사한 다른 기업에 비해 자기자본이 그 만큼 줄어들게 되고, 이를 보충하기 위해서는 A기업은 신주를 발행할 수밖에 없다. 신주를 발행할 경우 A기업의 발행비용이 커지게 되고 이에 따라 자기자본비용이 커져서 A기업 주식가치의 하락을 초래한다. 결국 기업은 배당금을 낮추려는 경향을 갖게 된다.

03 유사배당

1. 자사주매입

기업은 주주에게 배당을 지급하는 대신 주식을 다시 매수하는 자사주매입(stock repurchase)을 통하여 배당을 지급한 것과 동일한 효과를 낼 수 있다. 일반적으로 대규모의 잉여현금이 사내에 축적되었거나 자기자본을 타인자본으로 대체하여 자본구조를 변경하고자 하는 기업들이 자사주를 다시 사들인다.

자사주매입[8]은 크게 공개시장매입(open market purchase), 주식공개매입(tender offer), 지정자사주매입(targeted repurchase)의 세 가지 방법 중 하나로 이루어진다. 공개시장매입은 공개시장에서 일반투자자가 주식을 매입하는 것처럼 단순히 자사의 주식을 매입하

---

8 우리나라 자사주제도의 경우 증권거래법령에서는 자사주의 취득으로 인한 자본공동화 등 부작용을 방지하기 위하여 자사주의 취득한도, 방법, 절차 등을 엄격하게 제한하고 있다. 취득한도는 이익배당가능금액이내이며, 반드시 이사회 결의에 의하여 취득 및 처분하여야 하고, 자사주 취득 및 처분에 관한 이사회 결의 시 결의내용을 지체 없이 공시하여야 한다. 또한, 인위적인 시장가격의 왜곡을 방지하기 위하여 일정한 기간에는 자사주의 취득 및 처분을 제한하고 있으며, 장내 취득 및 처분의 경우 자사주 매매주문으로 인하여 발생할 수 있는 가격왜곡을 방지하기 위하여 주문가격 등을 제한하고 있다.

표 14-1 ● 배당금 지급 전 재무상태표

자산		부채 및 자본	
현금	200억원	부채	0
현금이외의 자산	800억원	자본	1,000억원
총자산	1,000억원	총자본	1,000억원

는 것으로 주식매도자는 일반투자자가 매입하는지 해당 기업이 매입하는지 알지 못한다. 주식공개매입은 기업이 자기 기업의 주식을 갖고 있는 모든 주주들에게 특정한 가격에 특정한 수량의 주식을 매입하려고 한다는 것을 공표하는 것으로 일반적으로 시중의 주가보다 높은 가격으로 매입가격을 제의하여 주주들이 주식을 팔도록 유도하는 방법이다. 지정자사주매입은 특정한 개별주주로부터 자사주를 매입하는 것으로 다른 주주들은 거래에 배재된다.

자사주매입은 현금배당의 대안으로 사용된다. 즉, 자사주매입은 발행주식수를 줄여 주당 순이익과 주당 미래현금흐름의 향상으로 주가를 상승시키게 되어 실질적으로 배당금을 지급하는 효과가 있는데, 구체적으로 다음의 예를 통하여 현금배당과 비교해 보자.

예를 들어, 〈표 14-1〉에서 보듯이 세금이나 거래비용 등이 존재하지 않는 완전시장 하에서, 현금이 200억원과 현금이외의 자산으로 800억원을 가지고 있는 부채가 없는 기업이 있다고 하자. 이 기업의 발행주식수는 총 1,000만주이다.

이 기업은 1주당 2,000원(=200억원/1,000만주)의 현금배당으로 200억원을 사용할 수도 있고, 200만주(=200억원/(1,000억원÷1,000만주))의 자사주를 매입할 수 있다. 현금배당을 하든 자사주를 매입하든 현금 200억원은 사용하므로 배당으로 현금을 사용한 후의 재무상태표는 〈표 14-2〉와 같다.

표 14-2 ● 배당금 지급 후 재무상태표

자산		부채 및 자본	
현금	0	부채	0
현금이외의 자산	800억원	자본	800억원
총자산	800억원	총자본	800억원

먼저, 현금배당을 할 경우 주주의 부를 살펴보자. 현금으로 배당금을 지급할 경우에는 총발행주식수는 여전히 1,000만주이므로 1주당 주식가격은 8,000원(=800억원/1,000만주)으로 배당금이 지급되기 전의 1주당 주식가격 10,000원(=1,000억원/1,000만주)에 비해 2,000원이 하락했지만 배당금으로 200억(=2,000원×1,000만주) 받기 때문에 주주부는 800억원+200억원=1,000억원으로 변함이 없다.

다음으로 자사주를 매입하는 경우의 주주부를 살펴보자. 200억원으로 자사주를 200만주 사들이면 총발행주식수는 800만주로 줄어들지만 1주당 주식가격은 10,000원(=800억원/800만주)로 자사주를 매입하기 전과 동일하므로 예를 들어, 10주를 보유하고 있는 주주의 경우 자사주를 매입하기 전과 후의 주주부가 변함이 없다.

2. 주식배당

주식배당(stock dividend)은 주식으로 배당금을 지급하는 것을 말한다. 주식배당은 현금을 지급하는 것이 아니기 때문에 실질적인 배당금이라고 할 수는 없다. 주식배당을 하게 되면 주주들이 보유하는 주식수가 늘어나게 되어 총발행주식수의 증가로 주가는 떨어지지만 보유하는 주식수가 그만큼 늘어나 주주의 부는 불변이 된다.

예를 들어, 〈표 14-3〉에서 보듯이 A기업의 발행주식수가 1,000주이고 액면가액이 5,000원인 주식의 주가가 8,000원이고, 이익잉여금은 2,000,000원 있다고 하자. 이 주식의 현재 총시장가치는 8,000,000원(=8,000원×1,000주)이다. 따라서 A기업의 재무상태표상의 자본에는 5,000,000원(=5,000원×1,000주)의 자본금과 자본잉여금(주식발행초과금) 3,000,000원(=3,000원×1,000주), 이익잉여금 2,000,000원이 계상되어 총자기자본은 10,000,000원이 계상된다.

만약 A기업이 10%의 주식배당을 한다면, A기업의 주식수는 1,100주(=1,000주+100주)로 증가하여 자본금 5,500,000원(=5,000원×1,100주), 자본잉여금(주식발행초과금 3,300,000원(=3,000원×1,100주)이 계상되고, 주식배당으로 인해 실제로 들어오거나 나가는 돈이 없어서 총자기자본은 변하지 않았기 때문에 이익잉여금 800,000원(=8,000원×100주)만큼 감소하여 이익잉여금이 1,200,000원으로 계상된다.

그러면, 주식배당은 주주의 부나 기업가치에는 어떤 영향을 미칠까? 주식배당 전

표 14-3 • 주식배당전후의 재무상태표상 자본

주식배당 전 자본		주식배당 후 자본	
자본금	5,000,000원	자본금	5,500,000원
자본잉여금(주식발행초과금)	3,000,000원	자본잉여금(주식발행초과금)	3,500,000원
이익잉여금	2,000,000원	이익잉여금	1,200,000원
총자기자본	10,000,000원	총자기자본	10,000,000원

의 주식의 총시장가치는 8,000,000원이었다. 주식배당을 하게 되면 총발행주식수가 1,100주로 증가하여 1주당 주식의 가치는 7,273원(=8,000,000원/1,100주)으로 하락한다. A기업의 주식 10주를 보유한 B주주가 있다고 할 경우 이들의 부를 살펴보면, 주식배당 이전에는 B가 보유한 주식의 총가치는 80,000원(=8,000원×10주)이었고, 주식배당 이후에도 80,000원(=7,273원×11주)으로 변함이 없게 된다. 즉, 주식배당으로 주주나 기업가치에 아무런 영향을 미치지 못한다.

3. 주식분할

주식분할(stock split)은 자기자본의 증가 없이 총발행주식수를 늘리는 것을 말한다. 2대 1(2-for-1) 주식분할의 경우는 기존의 1주를 신규주식 2주로 나누어 액면가액은 기존주식의 반으로 줄이고 주식수는 2배로 늘리는 것을 말한다.

예를 들어, 위의 A기업의 경우 2대 1로 주식분할했다고 하자. 이 경우 A기업의 주식수는 2,000주이고 액면가액은 2,500원으로 줄어든다. 따라서 주식분할 전과 후의 재무상태표상의 자본은 〈표 14-4〉와 같다.

표 14-4 • 주식분할전후의 재무상태표상 자본

주식배당 전 자본		주식배당 후 자본	
자본금	5,000,000원	자본금	5,000,000원
자본잉여금(주식발행초과금)	3,000,000원	자본잉여금(주식발행초과금)	3,000,000원
이익잉여금	2,000,000원	이익잉여금	2,000,000원
총자기자본	10,000,000원	총자기자본	10,000,000원

주식분할 이전과 비교했을 때 액면가액이 감소하고 총발행주식수만 증가했을 뿐 자본계정의 수치가 변한 것이 하나도 없다. 주식배당과 마찬가지로 주식분할이 주주의 부나 기업가치에는 어떤 영향을 미치는지 살펴보면, 발행주식수가 2,000주로 증가하지만, 1주당 주식의 가치는 4,000원(=8,000,000원/2,000주)이 되어 주식분할 전에 비해 반으로 줄어든다. 결국 주식배당과 마찬가지로 주주의 부나 기업가치에 아무런 영향을 미치지 못한다.

이처럼 비율로 표시되는 주식분할은 퍼센트로 표시되는 주식배당과 거의 유사하며 기업과 주주들에게 미치는 영향은 본질적으로 같다. 일반적으로 주식분할은 주로 주가가 너무 높아져서 거래가 원활하지 않을 때 거래의 원활과 적절한 주가의 확보를 위해 실시하게 된다.

4. 주식병합

주식병합(reverse split)은 주식분할과 반대로 총발행주식수가 줄어들게 된다. 예를 들어, 1대 2(1-for-2) 주식병합은 기존의 주식 2주를 하나의 신규주식으로 교환하게 된다. 이 경우 액면가는 두 배로 뛰게 되지만 주식분할이나 주식배당과 마찬가지로 기업의 가치에는 실질적인 영향을 미치지 못한다. 일반적으로 주식병합은 주주의 거래비용을 낮출 수 있고 주식병합을 통하여 적절한 주가수준을 확보하여 주식의 유동성과 시장성을 향상시킬 수 있다는 이유로 실시된다. 〈표 14-5〉에 이상에서 설명한

표 14-5 • 배당 및 유사배당 비교

	현금배당	자사주매입	주식배당	주식분할	주식병합
발행주식수	불변	감소	증가	증가	감소
주가	하락	불변	하락	하락	상승
주당순이익(EPS)	불변	증가	하락	하락	상승
주가수익비율(PER)	하락	하락	불변	불변	불변
자기자본가치	감소	감소	불변	불변	불변
기업가치	감소	감소	불변	불변	불변
주주부	불변	불변	불변	불변	불변

배당과 유사배당에 대해서 비교정리하였다.

예제	현금배당과 유사배당

완전시장 하에서 자기자본만을 가지고 있는 A기업의 총발행주식수는 100,000만주이고, 현재 주가는 20,000원이다. 이 기업의 총순이익은 4억원이고 이중 8천만원은 배당으로 지급할 예정이다.

(1) 배당 전의 주가, 주당순이익(EPS: earning per share), 주가수익비율(PER)은 각각 얼마인가?

(2) 이익의 20%인 8천만원으로 현금배당할 경우의 주가, 주당순이익(EPS), 주가수익비율(PER)은 각각 얼마인가?

(3) 이익의 20%인 8천만원으로 자사주를 매입할 경우의 주가, 주당순이익(EPS), 주가수익비율(PER)은 각각 얼마인가?

(4) 주식배당으로 20,000주를 할 경우의 주가, 주당순이익(EPS), 주가수익비율(PER)은 각각 얼마인가?

(5) 2:1로 주식분할을 할 경우의 주가, 주당순이익(EPS), 주가수익비율(PER)은 각각 얼마인가?

(6) 1:2로 주식병합을 할 경우의 주가, 주당순이익(EPS), 주가수익비율(PER)은 각각 얼마인가?

[답]

(1) 배당 전 주가: 20,000원

배당 전 주당순이익(EPS): 4억원/10만주=4,000원

배당 전 주가수익비율(PER): 5배(=주가/주당순이익=20,000/4,000)

(2) 현금배당 후 주가: 19,200원(=20,000원-800원) ← 현금배당으로 1주당 800원(=8천만원/10만주)의 배당이 지급

현금배당 후 주당순이익(EPS): 4억원/10만주=4,000원 ← 현금배당으로 총순이익과 발행주식수가 변한 것이 아니므로

현금배당 후 주가수익비율(PER): 4.8배(=19,200/4,000)

(3) 자사주매입 후 주가: 20,000원 ← 기업의 총가치가 줄어든 만큼 주식수도 줄어들었으므로

　　자사주매입 후 주당순이익(EPS): 4억원/(10만주－(8천만원÷20,000원))＝4,167원

　　자사주매입 후 주가수익비율(PER): 4.8배(＝20,000/4,167)

(4) 주식배당 후 주가: 16,667원(＝(100,000주×20,000원)/120,000주)

　　주식배당 후 주당순이익(EPS): 3,333원(＝4억원/120,000주)

　　주식배당 후 주가수익비율(PER): 5배(＝16,667원/3,333원)

(5) 주식분할 후 주가: 10,000원(＝(100,000주×20,000원)/200,000주)

　　주식분할 후 주당순이익(EPS): 2,000원(＝4억원/200,000주)

　　주식분할 후 주가수익비율(PER): 5배(＝10,000원/2,000원)

(6) 주식병합 후 주가: 40,000원(＝(100,000주×20,000원)/50,000주)

　　주식병합 후 주당순이익(EPS): 8,000원(＝4억원/50,000주)

　　주식병합 후 주가수익비율(PER): 5배(＝40,000원/8,000원)

핵심정리

1. 배당측정지표

- 액면배당률$= \dfrac{\text{주당배당금}}{\text{액면가}} \times 100 \, (\%)$

- 시가배당률$= \dfrac{\text{주당배당금}}{\text{배당기준일 주가}} \times 100 \, (\%)$

- 배당수익률$= \dfrac{\text{주당배당금}}{\text{주가}} \times 100 \, (\%)$

- 배당성향$= \dfrac{\text{배당금총액}}{\text{당기순이익}} \times 100 \, (\%)$

2. 배당절차

- 우리나라: 배당락일 → 배당기준일 → 배당공시일 → 배당지급일

- 미국: 배당공시일 → 배당락일 → 배당기준일 → 배당지급일

3. 배당정책의 무관련성: MM이론(1961)

- 배당정책이 기업가치에 영향을 미치지 않음

$$V_0 = NOI_0 + \frac{NOI_1}{1+r} - I_0$$

- 고객효과: 기업가치와 배당정책은 무관

■ 자가배당: 기업가치와 배당정책은 무관

■ 정보효과(신호효과): 배당금의 변화에 따른 주가의 변화 → 기업에 대한 정보를 시
　　　　　　　장에 알리는 신호역할

4. 고배당정책

■ 현재소득에 대한 선호

■ 대리인 비용의 감소

5. 저배당정책

■ 세금
　• Miller와 Scholes(1978): 배당소득세 제거 → 무위험이자율로 차입 ＋ 면세채권에
　　　　　　　투자

■ 발행비용

6. 유사배당

	현금배당	자사주매입	주식배당	주식분할	주식병합
발행주식수	불변	감소	증가	증가	감소
주가	하락	불변	하락	하락	상승
주당순이익(EPS)	불변	증가	하락	하락	상승
주가수익비율(PER)	하락	하락	불변	불변	불변
자기자본가치	감소	감소	불변	불변	불변
기업가치	감소	감소	불변	불변	불변
주주부	불변	불변	불변	불변	불변

1. MM의 배당정책이론에 관한 설명으로 틀린 것은? ( )

    ① 100% 자기자본기업을 가정하였다.
    ② 세금과 거래비용이 없는 완전시장을 전제한다.
    ③ 배당정책이 기업가치에 영향을 미치지 않는다.
    ④ 투자정책에 의해 배당정책이 영향 받을 수 있다.

2. 주주들이 스스로 배당성향을 조정하여 자신이 원하는 수준의 배당을 스스로 저정하여 주주들의 부가 변함없다는 논리는 무엇인가? ( )

    ① 고객효과   ② 신호효과
    ③ 자가배당   ④ 정보효과

3. 배당을 많이 지급할수록 주주들이 긍정적으로 평가하여 기업가치가 높아진다는 주장에 대한 근거는 무엇인가? ( )

    ① 자가배당   ② 정보효과
    ③ 자가부채   ④ 고객효과

4. (2001 CPA) 현금배당과 자사주 매입(stock repurchase)을 비교한 다음의 서술 중 옳지 않은 것은? ( )

    ① 현금배당 직후에는 주당순이익(EPS)의 변화가 없으나, 자사주 매입 직후에는 주당순이익(EPS)이 증가한다.
    ② 시장의 불완전성(imperfections)이 없다면 투자자나 기업 모두 두 방식에 대해 무차별하다.
    ③ 현금배당 직후와 자사주 매입 직후 모두 주가수익비율(PER)이 감소한다.
    ④ 세금을 고려하는 경우 자사주 매입이 현금배당보다 투자자에게 유리하다.
    ⑤ 향후 자사의 이익이 많이 증가할 것으로 예상할 때, 기업은 현금배당을 선호한다.

5. (2003 CPA) 다음은 10:1 주식분할(stock split)에 대한 설명이다. 이 중 가장 옳지 않은 것은? (단, 주식분할과 관련된 모든 비용은 무시한다.) (   )

① 주식의 액면가는 1/10로 하락한다.

② 장부상 자본잉여금이 보통주 자본금으로 전입될 뿐 자기자본 총액에는 변동이 없다.

③ 주주의 지분권(기업지배권)에는 변동이 없다.

④ 발행주식수가 10배 증가한다.

⑤ 주당순이익(EPS)이 1/10로 하락하고, 이론적인 주가는 1/10 수준으로 하락한다.

6. (2004 CPA) 당기순이익에서 배당금으로 지급되는 비율을 나타내는 배당성향을 장기적으로 일정하게 유지하면서 안정된 배당금을 지급하는 배당정책을 채택하고 있는 무차입 기업에서 단기적으로 배당성향을 가장 많이 증가시킬 것으로 예상되는 경우는? (배당정책이론의 관점에서 답하시오.) (   )

① 자본이득에 대한 세율에 비해 상대적으로 개인소득세율이 높아졌다.

② 자금수급의 불균형으로 인해 시장금리가 상승했다.

③ 예상치 못한 이상기후로 매출이 급감해 기업이익이 감소했다.

④ 칠레와 자유무역협정이 체결됨에 따라 투자기회가 증가했다.

⑤ 기업지배구조의 개선으로 여유자금에 대한 사용이 투명해졌다.

7. (2006 CPA) ABC기업의 시장가치 기준의 재무상태표는 다음과 같다.

현금	200억원	부채	1,000억원
고정자산	2,800억원	자기자본	2,000억원

주식의 액면가격은 5,000원이고 자본금(장부가격)은 500억원이다. 또한 당기순이익은 100억원이다. ABC기업은 주당 500원의 현금배당을 실시할 것인가 아니면 50억원의 자사주를 현재의 가격으로 매입할 것인가를 고려하고 있다. 다음 중 ABC기업이 현금배당을 실시하든 아니면 자사주를 매입하든 효과가 동일하게 나타나는 것들을 모두 모은 것은? (단, 재무정책 발표에 따른 정보효과와 세금은 없다고 가정한다.) (   )

a. 발행주식수   b. 주가   c. 주당순이익
d. 주주에게 지급되는 총금액   e. 주가수익비율(PER)

① a, b, c   ② d, e   ③ d
④ e   ⑤ b, d

8. (2008 CPA) A기업의 현재 발행주식수는 20,000주, 당기순이익은 5,000만원, 주가는 10,000원이다. 주가가 이론적 주가로 변한다고 가정할 때 A기업이 고려하고 있는 다음의 재무정책들 중에서 현재보다 주가수익비율(PER)이 감소하는 정책들을 모두 모은 것은? (단, 재무정책 실시에 따른 정보효과가 없다고 가정한다.) (　　)

> a. 순이익의 20%를 현금으로 배당한다.
> b. 발행주식수의 20%를 주식으로 배당한다.
> c. 2 : 1로 주식을 분할한다.
> d. 1 : 2로 주식을 병합한다.
> e. 순이익의 20%에 해당하는 금액의 자사주를 10,000원에 재매입한다.

① b, c, d   ② c, d, e   ③ a, b
④ a, e   ⑤ d

9. (2008 CPA) 시장의 불완전성이 배당정책에 미치는 영향에 대한 다음의 설명 중 가장 적절하지 않은 것은? (　　)

① 배당을 늘리면 경영자의 특권적 소비를 줄이는 효과가 있기 때문에 기업가치에 긍정적 영향을 줄 수 있다.

② Miller와 Scholes는 배당소득세가 존재하더라도 기업가치는 배당정책의 영향을 받지 않는다고 주장하였다.

③ 배당의 증가는 미래에 양호한 투자처가 없어서 재투자를 하지 않고 배당을 증가시킨다는 부정적인 정보를 제공하므로 주가에 부정적인 영향을 주며 이를 배당의 신호효과라고 한다.

④ 배당을 늘리면 미래에 신주발행을 통해 투자자금을 확보해야 하는 가능성이 높아지며 신주발행에 관련된 비용도 증가할 수 있으므로 기업가치에 부정적인 영향을 줄 수 있다.

⑤ 최적자본구조를 유지하는 수준에서 재투자를 한 다음, 순이익의 나머지를 배당하는 배당정책을 사용하면 연도별 배당금의 변동이 심해진다.

10. (2010 CPA 수정) (주)한강은 올해 5억원의 당기순이익을 발생시켰다. (주)한강은 50%의 배당성향을 갖고 있으며 올해에도 이를 유지할 계획이다. 현재 순이익이 반영된 주가는 주당 20,000원이며 발행 주식수는 20만주이다. 만약 (주)한강이 배당을 하지 않고 그 금액으로 자사의 주식을 현재 주가인 주당 20,000원으로 구입하여 소각한다면 주가는 얼마가 되겠는가? (단, 정보효과와 거래비용은 없다고 가정한다.)
( )

① 16,500원 ② 18,000원
③ 20,000원 ④ 22,000원
⑤ 23,500원

11. (2011 CPA) (주)대한의 현재 주가가 1,000원이고, 자기자본은 다음과 같다. 주가는 이론적 주가로 변한다고 가정할 때, 각각의 재무정책 효과에 관한 설명 중 가장 적절하지 않은 것은? (단, 거래비용, 세금과 정보효과는 무시한다.) ( )

보통주자본금 (액면금액 500원)	400,000원
자본잉여금	255,000원
이익잉여금	145,000원
자기자본	800,000원

① 10%의 주식배당을 1,000원에 실시하면 자본잉여금은 295,000원, 이익잉여금은 65,000원이 된다.
② 액면금액을 주당 100원으로 분할하면 발행주식수는 4,000주가 된다.
③ 주당 150원의 현금배당을 실시하면 배당락주가는 850원이고, 자기자본은 620,000원이 된다.
④ 주당 1,000원에 100주의 자사주를 매입하면 주가는 변함이 없지만 주당순이익은 증가한다.
⑤ 주당 1,000원에 80,000원만큼의 자사주매입을 실시하면 자사주매입 후 유통주식수는 720주가 된다.

12. (2017 CPA) 기업 배당정책에 관련된 설명 중 가장 적절하지 않은 것은? (　　)

① 일반적으로 기업들은 주당배당금을 일정하게 유지하려는 경향이 있다.

② 배당을 많이 지급함으로써, 외부주주와 경영자간 발생할 수 있는 대리인 비용을 줄일 수 있다.

③ 배당의 고객효과(clientele effect)에 따르면 높은 한계세율을 적용받는 투자자들은 저배당기업을 선호하며, 낮은 한계세율을 적용받는 투자자들은 고배당기업을 선호한다.

④ 수익성 있는 투자기회를 많이 가지고 있는 기업일수록 고배당정책을 선호한다.

⑤ 정보의 비대칭성이 존재하는 경우 경영자는 시장에 기업정보를 전달하는 수단으로 배당을 사용할 수 있다.

13. (2018 CPA) 완전자본시장을 가정했을 때 배당정책의 효과에 관한 설명으로 가장 적절하지 않은 것은? (단, 자사주는 시장가격으로 매입한다고 가정한다.) (　　)

① 주식배당 시, 발행주식수는 증가하며 주가는 하락한다.

② 자사주 매입 시, 발행주식수는 감소하며 주가는 변하지 않는다.

③ 현금배당 시, 발행주식수의 변화는 없으며 주가는 하락한다.

④ 현금배당 또는 자사주 매입 시, 주가수익비율(PER)은 증가한다.

⑤ 현금배당 또는 자사주 매입 시, 기존주주의 부는 변하지 않는다.

연습문제 해답

1. ④

2. ③

3. ②

4. ⑤

답

⑤ 향후 이익이 일시적으로 증가한다면 현금배당보다는 자사주 매입을 선호한다.

5. ②

답

② 장부상 자본잉여금이 보통주 자본금으로 전환되는 것은 무상증자이다.

6. ③

답

③ 기업이익이 감소하는 상황에서 배당성향을 일정하게 유지해야 하므로 배당성향이 상대적으로 가장 많이 증가시킬 것으로 예상된다.

7. ②

답

현금배당: 발행주식수 → 불변, 주가 → 하락, 주당순이익 → 불변, 주주에게 지급되는 총금액＝배당금, 주가수익비율 → 하락

자사주매입: 발행주식수 → 감소, 주가 → 불변, 주당순이익 → 증가, 주주에게 지급되는 총금액＝배당금, 주가수익비율 → 하락

8. ④

    답

    현재 EPS = 5,000만원/20,000주 = 2,500원, 주가 = 10,000원 → PER = 주가/EPS = 10,000원/2,500원 = 4배

    a. 현금배당 : EPS = 5,000만원/20,000주 = 2,500원, 2,500원×0.2 = 500원의 주당 현금배당, 현금배당 후 주가 = 9,500원 → PER = 9,500원/2,500원 = 3.8배 (하락)

    b. 주식배당 : EPS = 5,000만원/24,000주 = 2,083원, 주식배당 후 주가 = (20,000주×10,000원)/24,000주 = 8,333원 → PER = 8,333원/2,083원 = 4 (불변)

    c. 주식분할 : EPS = 5,000만원/40,000주 = 1,250원, 주식분할 후 주가 = (20,000주×10,000원)/40,000주 = 5,000원 → PER = 5,000원/1,250원 = 4 (불변)

    d. 주식병합 : EPS = 5,000만원/10,000주 = 5,000원, 주식병합 후 주가 = (20,000주×10,000원)/10,000주 = 20,000원 → PER = 20,000원/5,000원 = 4 (불변)

    e. 자사주매입 : 매입 주식수 = (5,000만원×0.2)/10,000원 = 1,000주, EPS = 5,000만원/19,000주 = 2,632원, 자사주매입 후 주가 = (19,000주×10,000원)/19,000주 = 10,000원 → PER = 10,000원/2,632원 = 3.8 (하락)

9. ③

    답

    ③ 배당의 증가는 미래 현금흐름이 양호할 것이라는 긍정적인 정보를 제공하여 주가에 긍정적인 영향을 줄 수 있다.

10. ③

    답

    ③ 매입 주식수 = 250,000,000원/20,000원 = 12,500주, 자사주매입 후 주가 = [(200,000주 − 12,500주)×20,000원]/187,500주 = 20,000원 (시장가격은 20,000원에 자사주를 매입(소각)하는 경우에 자사주매입 전후의 주가변동은 없다.)

11. ③

    답

    ① 배당 전 주식수 = 400,000원/500원 = 800주

    주식배당 시 자기자본 = 800,000원(불변)

    주식배당 시 이익잉여금 = 145,000원 − 배당(1,000원×80주) = 65,000원

    주식배당 시 보통주자본금 = 440,000원(= [(800주 + (800주)(0.1)](500원))

    주식배당 시 자본잉여금 = 800,000 − 65,000 − 440,000 = 295,000원

② 5 : 1 주식분할 시 주식수 5배 증가하므로, 800주×5＝4,000주

③ 현금배당 후 배당락 주가＝850원(＝1,000원－150원),

　　현금배당 후 자기자본＝800,000－120,000(＝800주×150원)＝680,000원

⑤ 자사주 80주(＝80,000원/1,000원) 매입 후 유통주식수＝720주(＝800주－80주)

12. ④

답

④ 현실적으로 외부자금조달에 제약이 존재할 수 있다는 것을 고려하면, 수익성 있는 투자기회를 많이 가지고 있는 기업일수록 투자자금 확보를 위해 저배당정책을 선호한다.

13. ④

답

④ 주가수익비율$(PER)=\dfrac{주가}{주당순이익}=\dfrac{자기자본가치}{당기순이익}$ 이므로, 현금배당 또는 자사주매입 시 자기자본가치의 감소로 인해 주가수익비율(PER)은 감소한다.

P A R T

04

재무관리
기타 주제

리스금융

학습개요

본 장에서는 자산이나 설비의 사용자인 임차인이 소유자인 임대인에게 일정기간 동안 자산이나 설비의 사용대가로 일정한 리스료를 지급할 것을 약정하는 계약인 리스에 대해서 살펴본다. 임차인이 단기간 동안 임차하는 형태인 운용리스와 임차인이 임대인과 장기사용계약을 맺는 형태의 리스로서 자금조달의 원천으로 볼 수 있는 금융리스에 대해서 학습한다.

학습목표

• 리스의 개념
• 운용리스: 리스와 구입의 비교
• 금융리스: 리스와 차입의 비교

SECTION

01 리스의 개념

리스(lease)는 리스대상자산을 소유하고 있는 임대인(lessor)으로부터 일정기간 동안 임차인(leasee)이 리스대상자산을 사용하고 그 대가인 리스료(lease payment)를 지급하는 것을 약정하는 계약을 말한다. 리스료는 임대인과 임차인이 리스계약을 하는 즉시 첫 번째 리스료가 지급되는 경우가 대부분이다.

리스는 리스의 성격에 따라 운용리스(operating lease)와 금융리스(financial lease)로 구분한다. 운용리스는 단기간 동안 임차하는 계약이거나 계약기간 동안 임차인이 리스계약을 취소할 수도 있는 리스를 말한다. 리스계약을 중도에서 취소할 수 있게 되면 임차인은 리스한 리스대상자산의 진부화 위험을 회피할 수 있게 된다. 운용리스의 대상자산은 의료기기, 컴퓨터, 자동차, 항공기와 같은 진부화 위험이 큰 자산이 리스대상자산이 되는 경우가 많다.

이처럼 운용리스는 임대인이 계약 중에 계약취소위험과 리스대상자산의 기술적인 진부화 위험을 지기 때문에 일반적으로 운용리스의 위험이 금융리스보다 더 커 운용리스의 리스료가 금융리스의 리스료보다 더 높다.

금융리스(financial lease)[1]는 리스대상자산의 내용연수 대부분에 걸쳐 사용하는 계약이거나 리스계약의 취소 불가능 혹은 임차인이 임대인에게 손실을 보상하는 경우에만 취소가 가능한 리스를 말한다.

금융리스의 경우 계약기간이 만료되면 임대인에게 리스대상자산을 반환하거나 임대인과 재계약하여 리스대상자산을 계속 사용할 것인가를 통상 임차인이 선택하도록 되어 있고, 반환 또는 재계약 외에도 임차인은 리스대상자산을 적정가격에 임대인으로부터 구입할 수도 있다.

금융리스 계약 시 임차인은 리스계약에 명시된 리스료를 지급할 의무를 지는 대신 자산의 구입자금을 지급할 필요가 없기 때문에 금융리스계약을 맺는 것은 기업입

---

1 금융리스를 자본리스(capital lease), 완불리스(full payout lease)라고도 한다.

장에서는 자금을 차입하는 것과 같다. 따라서 운용리스와 달리 금융리스는 자금조달의 원천이 된다.

02 리스의 가치평가

1. 운용리스: 리스와 구입의 비교

임대인의 입장에서 보면 운용리스와 금융리스의 위험이 서로 다르기 때문에 운용리스와 금융리스는 서로 구분되어야 한다. 운용리스의 임차인은 리스계약을 취소할 수 있는 권리를 갖기 때문에 경제적인 여건이 불리할 때는 언제든지 리스계약을 취소하여 리스자산을 임대인에게 반환할 수 있다.

그렇다면 운용리스에서 임대인은 리스료를 어떻게 계산해야 하는가? 어떤 리스대상자산을 소유하고 있는 임대인이 있다고 할 경우 이 리스대상자산에 소요되는 모든 비용의 연간등가가치인 연간등가비용(EAC)을 리스산업에서의 리스료로 볼 수 있다.

일반적으로 장기간 동안 자산을 사용할 계획일 경우에는 자산을 소유하는 데 드는 연간등가비용(EAC)이 운용리스료보다 작을 경우에는 운용리스계약을 맺는 것보다 자산을 구입하는 것이 유리하다. 하지만 장기간 동안 자산을 사용할 때에도 임대인이 임차인보다 싼 가격으로 자산을 구입하여 운용할 수 있거나 일정기간이 지난 후에는 언제든지 리스계약을 취소할 수 있는 옵션이 있을 경우에는 운용리스가 더 유리할 수 있다.

예를 들어, 임차인인 A기업은 임대인인 B리스회사로부터 정밀기계를 6년 동안(0연도부터 5연도까지) 리스하고자 리스료를 문의하였다. 정밀기계를 소유하지 않은 B리스회사는 정밀기계를 리스하기 위한 구입비용 100억원과 유지보수비용 등으로 매년 말에 10억원이 발생한다. 정밀기계의 내용연수는 5년이며 매년 20억원씩 감가상각되고

표 15-1 • 운용리스의 현금흐름

(단위: 억원)

	0	1	2	3	4	5
정밀기계 구입비용	−100					
유지보수비용 등		−10	−10	−10	−10	−10
유지보수비용 등의 절세액		2.5	2.5	2.5	2.5	2.5
감가상각비 절세액		5	5	5	5	5
합계	−100	−2.5	−2.5	−2.5	−2.5	−2.5
PV(15%) (총PV=−108.38)	−100	−2.17	−1.89	−1.64	−1.43	−1.24
세전 손익분기리스료	−33.2	−33.2	−33.2	−33.2	−33.2	−33.2
세금(25%)	−8.3	−8.3	−8.3	−8.3	−8.3	−8.3
세후 손익분기리스료	−24.9	−24.9	−24.9	−24.9	−24.9	−24.9

잔존가치는 없다. 할인율은 20%, 법인세율이 25%이고 리스료는 리스계약을 맺자마자 발생한다고 하자. 이 경우에 B리스회사는 리스료를 얼마나 받아야 정밀기계를 구입해서 A기업에게 리스할 수 있을까?

〈표 15-1〉에 리스의 현금흐름을 나타내었다. B리스회사는 정밀기계 구입비용 100억원과 매년 유지보수비용 등 10억원의 현금유출과 10억원의 현금유출에 대한 법인세 절세액 2.5억원(=10억원×0.25)의 현금유입과 감가상각비 절세액 5억원(=20억원×0.25)의 현금유입이 매년 발생한다. 매년 발생하는 순현금흐름을 15%로 할인한 총현재가치는 108.38억원이 된다.

따라서 B리스회사는 최소한 108.38억원의 현재가치를 갖도록 매년 리스료를 받아야 하므로 리스료는 현재가치가 108.38억원이 되도록 하는 5년 만기의 연금을 계산하는 것과 동일해진다.

6년 동안 받게 되는 매년 동일한 리스료를 연금의 현재가치공식을 이용하여 다음과 같이 계산한다. 이때 주의할 점은 리스료가 리스계약을 맺자마자 발생하므로 연초에도 현금흐름이 한번 발생한다는 것을 잊지 말아야 한다.

$$PV = C + C\left[\frac{1}{r} - \frac{1}{r(1+r)^n}\right] \rightarrow 108.38 = C + C\left[\frac{1}{0.15} - \frac{1}{0.15(1+0.15)^5}\right]$$

따라서 매년 발생하는 현금흐름(C)은 24.9억원이 되고, 이 금액이 세후 손익분기 리스료에 해당한다. 법인세가 25%이므로 세전 손익분기 리스료는 33.2억원($=24.9/(1-0.25)$)이 된다.

실제로 운용리스 계약 시 임대인이 리스료를 계산할 때 만약 임차인이 계약 중에 리스대상자산을 반납하게 되면 임대인이 반납한 자산을 다시 제3자에게 리스하지 못하고 가지고 있어야 하는 위험도 고려해야 한다. 따라서 임대인이 리스료 계산 시 사용한 할인율(위의 예제에서는 15%)은 임대하는 리스회사의 주주들에게 리스대상자산을 매입하여 보유하는 데 따른 위험을 보상할 만큼 충분히 커야 한다.

2. 금융리스: 리스와 차입의 비교

금융리스의 경우 임대인(lessor)은 리스한 자산의 법적 소유권을 갖기 때문에 임대인이 리스대상자산에 대한 감가상각비 공제를 받는다. 하지만, 경제적인 관점에서 볼 때는 리스대상자산을 임차한 임차인(leasee)이 실질적인 소유주가 되기 때문에 리스대상자산의 사용에 따르는 위험을 감당하고 그 보상을 받을 뿐만 아니라 임차인은 금융리스를 취소할 수도 없다. 임차인이 리스대상자산을 리스하여 자신의 사업에 사용하여 사업이 성공을 하던 실패를 하던 그 결과는 모두 임차인에게 귀속이 되며 임대인과는 전혀 상관이 없다.

따라서 임차인의 입장에서는 리스료로 지급되는 금액이 자산구입을 위한 차입금에 대한 이자와 같다고 볼 수 있기 때문에 금융리스에서의 의사결정은 리스를 하느냐 아니면 차입을 하느냐의 의사결정과 같다. 다만, 금융리스의 경우에는 리스계약이 종료되면 리스대상자산을 반납해야 하지만, 차입은 일단 상환이 끝나면 사용자가 아무 조건 없이 차입금으로 구입한 자산을 소유하게 되는 차이만 있을 뿐이다.

이제, 금융리스의 예를 들어 리스계약을 해야 할지 말지를 생각해보자. 화물운송을 하는 D기업은 S리스회사로부터 화물차를 10년 동안 리스할지 구매할지를 결정하고자 한다. 화물차를 구매할 경우 5,000만원이 소요되며, D기업은 세전 차입이자율

4%로 5,000만원을 차입할 수 있다. 화물차의 내용연수는 10년, 잔존가치는 없으며, 정액법으로 감가상각된다. 한편, S리스회사는 리스료로 매년 650만원을 제안하였고 만약 리스계약을 하게 되면 리스료는 리스계약을 맺자마자 발생한다. 법인세율이 25%일 경우에 임차인인 D기업은 리스를 하는 것이 유리할까?

S리스회사로부터 리스를 할 경우에 화물차 구입비용 5,000만원이 절약된다. 하지만 리스를 하게 되면 화물차 매수로 인한 감가상각비 500만원(=5,000만원/10년)을 손익계산서에 계상하지 못함으로써 감가상각비 법인세 절세액 125만원(=500만원×0.25)을 상실하게 된다. 그리고 매년 650만원의 리스료를 지급해야 하지만, 리스료에 대한 절세효과 162.5만원(=650만원×0.25)의 현금유입이 발생한다. 따라서 리스의 증분 현금흐름은 〈표 15-2〉과 같이 계산된다.

매년 발생하는 리스의 현금흐름을 현재가치로 계산할 때 할인율은 세후타인자본비용인 3%($=r_d(1-t)=(0.04)(1-0.25)$)로 사용하는 것이 일반적이다. 왜냐하면, 금융리스는 실질적으로 임대인이 임차인에게 돈을 빌려준 것으로 볼 수 있기 때문이다. 즉, 임차인이 채권을 발행하여 자금을 차입하여 부채에 대한 원리금을 지급하는 것과 리스의 현금흐름은 같은 위험을 가진다고 볼 수 있다. 리스의 NPV는 다음과 같이 −256.49만원으로 계산되어 NPV가 0보다 작으므로 리스를 하지 않고 화물차를 직접 구입하는 것이 유리하다.

$$NPV(\text{리스}) = 4,512.5 - \frac{612.5}{(1+0.03)} - \frac{612.5}{(1+0.03)^2} - \cdots - \frac{612.5}{(1+0.03)^9} = -256.49\text{만원}$$

표 15-2 • 금융리스의 현금흐름

(단위: 만원)

	0	1	2	...	8	9
화물차 구입비용 절약	5,000					
감가상각비 절세효과 상실		−125	−125	...	−125	−125
리스료	−650	−650	−650	...	−650	−650
리스료의 절세효과	162.5	162.5	162.5	...	162.5	162.5
리스의 증분 현금흐름	4,512.5	−612.50	−612.50	...	−612.50	−612.50

따라서 금융리스의 NPV를 식(15-1)과 같이 일반화할 수 있다.

$$NPV\,(리스) = 초기\,자금조달금액 - \sum_{i=1}^{N} \frac{리스현금흐름}{(1 + r_d\,(1-t))^n}$$

$$= I_0 - \sum_{i=1}^{N} \frac{L_t\,(1-t) + D \cdot t}{(1 + r_d\,(1-t))^n} \tag{15-1}$$

식(15-1)은 임대인이 부담하는 보험료, 유지보수비용 등의 리스대상자산과 관련된 기타 운영비용 등은 고려되지 않았기 때문에 이 비용들을 모두 별도로 평가하여 리스의 가치에 더해야 한다. 또한 리스대상자산의 잔존가치가 존재할 경우에는 잔존가치의 현재가치도 차감해야 한다.

예를 들어, 만약 화물차를 구매할 경우 화물차의 제조사가 매년 300만원어치의 유지보수 서비스를 제공하며, 화물차의 잔존가치도 2,000만원으로 추정된다고 해보자. 리스의 가치는 절약한 유지보수비용의 현재가치만큼 증가하고 잃어버린 잔존가치의 현재가치만큼 감소한다. 유지보수비용의 현재가치와 잔존가치의 현재가치는 다음과 같이 계산한다.

$$PV\,(유지보수비용) = \sum_{t=1}^{10} \frac{300만원}{(1 + 0.03)^t} = 2,559만원$$

$$PV\,(잔존가치) = \frac{200만원}{(1 + 0.03)^{10}} = 1,706만원$$

따라서 리스의 현재가치 −256.49만원에 절약한 유지보수비용의 현재가치 2,559만원을 더하고 잔존가치의 현재가치 1,706만원을 차감한 596.51만원이 NPV가 되고 NPV가 0보다 크므로 리스계약을 하는 것이 유리하다고 볼 수 있다.

한편, 조정현가(APV)법[2]을 이용하여 리스계약여부를 의사결정할 수도 있다. 조정현가(APV)는 기업 또는 투자안의 기본 상태(base case), 즉 전액 자기자본으로 조달된 사업에서 계산된 NPV인 기본NPV에 자본조달효과 등의 현재가치를 고려하는 방식이다. 위의 예에서, 화물차의 구입비용을 전액 자기자본으로 조달하여 구매한다고 할

---

2 Chapter 6 투자의사결정: 자본예산 II 참조.

경우의 NPV가 -2백만원으로 계산되어 D기업이 화물차를 구매하지 않기로 했다고 하자. 이때 S리스회사가 리스의 NPV가 3백만원인 리스를 제안했다면, D기업은 화물차 구매라는 프로젝트의 조정현가(APV)에 추가되는 자금조달효과로 리스의 NPV를 취급하여 다음과 같이 APV를 계산함으로써 리스하는 것으로 결정할 수 있다.

$$APV = 기본 NPV(프로젝트의\ 순현가) + 자본조달효과\ 등(리스의\ 순현가)$$
$$= -2백만원 + 3백만원 = 1백만원 > 0: 리스$$

핵심정리 Summary

1. 리스의 개념

■ 운용리스
- 단기간 동안 임차하는 계약
- 임차인이 리스계약을 취소 가능

■ 금융리스
- 리스대상자산의 내용연수의 대부분에 걸쳐 사용하는 계약
- 취소가 불가능하거나 임차인이 임대인에게 손실을 보상하는 경우에만 취소 가능

2. 리스의 가치평가

■ 운용리스: 리스와 구입을 비교하는 의사결정
- 리스료＝연간등가비용(EAC)

■ 금융리스: 리스와 차입을 비교하는 의사결정
- $NPV(리스) = I_0 - \sum_{i=1}^{N} \dfrac{L_t(1-t) + D \cdot t}{(1 + r_d(1-t))^n} + PV$ (임대인 부담의 보험료, 유지보수비용

  등의 리스대상자산과 관련된 기타 운영비용 등) $- PV$(잔존가치)

■ APV＝기본NPV(프로젝트의 순현가)＋자본조달효과 등(리스의 순현가)

1. (2005 CPA) (주)한국은 미국 델라웨어 주에 새로운 공장을 설립하고자 한다. 공장 설립 비용은 총 $10,000,000이며 이 공장 설비는 10년 후 폐기처분될 예정이다. (주)한국은 다음과 같은 두 가지의 자금조달방안을 고려하고 있다. 첫째는 전액을 연 8%의 이자로 차입하는 것이며 둘째는 공장설비회사로부터 10년간 설비를 리스하는 것이다. 차입금이나 리스료는 모두 공장설비 설치 후 1년말 시점부터 매년 1회씩 10회에 걸쳐 지불되고, (주)한국의 가중평균자본비용이 15%일 때 리스가 차입 방안보다 더 선호되는 최대의 리스료는 약 얼마인가? (단, 세금이나 기타 비용은 무시할 수 있다고 가정하자.) (   )

$(n=10,\ r=8\%)$

$(n=10)$	미래가치계수	연금의 현재가치계수
8%	2.1589	6.7101
15%	4.0456	5.0188

① 149만 달러   ② 169만 달러   ③ 199만 달러
④ 247만 달러   ⑤ 463만 달러

2. (2013 CPA) 명도기업은 특정 자동차부품을 보다 저렴하게 생산할 수 있는 기계설비의 도입에 리스를 이용할 것인지, 차입 구매할 것인지를 검토하고 있다. 이 기계설비의 구입가격은 1,200억원이고 내용연수는 10년이다. 10년 후 잔존가치와 매각가치는 없으며, 명도기업은 설비의 도입으로 매년 250억원의 비용이 절약될 것으로 기대한다. 리스료는 10년 동안 매년 연말에 지불하며 법인세율은 35%이고 감가상각은 정액법을 따르며 시장에서의 차입이자율은 9%이다. 명도기업 입장에서, 차입 구매 대비 리스의 증분현금흐름의 순현가가 0이 되는 리스료에 가장 가까운 것은? (단, 10년 연금의 현가요소는 이자율 9%의 경우 6.4177이고 5.85%의 경우 7.4127이다.) (   )

① 183.67억원   ② 184.44억원   ③ 185.23억원
④ 185.95억원   ⑤ 186.98억원

연습문제 해답

1. ①

답

① 리스의 NPV: $10,000,000 - x \cdot PVIFA_{8\%, 10} = 0 \rightarrow 10,000,000 - x(6.7101) = 0$

$\rightarrow x = 1,490,290$ ∴ 리스료는 1,490,290원보다 작아야 한다.

2. ②

답

세후차입이자율 $= (0.09)(1 - 0.35) = 0.0585$

감가상각비 법인세 절세효과 $= \left(\dfrac{1,200 - 0}{10} \right) \times 0.35 = 42$억원

	0	1	2	⋯	9	10
기계설비 구입비용 절약	1,200					
감가상각비 절세효과 상실		-42	-42	⋯	-42	-42
리스료		$-x$	$-x$	⋯	$-x$	$-x$
리스의 절세효과		$x(0.35)$	$x(0.35)$	⋯	$x(0.35)$	$x(0.35)$

∴ $1,200 - 42PVIFA_{0.0585,\ 10} - xPVIFA_{0.0585,\ 10} + x(0.35)PVIFA_{0.0585,\ 10} = 0$

$\rightarrow 1,200 - 42(7.4127) - x(7.4027) + x(0.35)(7.4127) = 0$

$\rightarrow x = 184.44$억원

학습개요

본 장에서는 인수합병의 개념을 살펴보고, 인수합병의 이득과 비용을 분석하는 방법을 학습한다. 또한 인수합병기업의 주식매집전략, 위임장경쟁전략, 주식공개매입전략 등의 공격전략과 인수합병대상기업의 정관개정을 통한 방어전략, 재무구조조정을 통한 방어전략, 사업구조조정을 통한 방어전략 등에 대해서 다룬다.

학습목표

- 인수합병의 개념
- 인수합병의 이득과 비용
- 인수합병의 공격전략
- 인수합병의 방어전략

01 인수합병의 개념

합병(merger)은 법적으로 가장 강력한 기업결합 형태로서 둘 이상의 기업이 결합하여 법률적으로나 실질적으로 하나의 기업이 되는 것을 말한다. 인수(aquisition)는 인수기업이 인수대상기업의 자산이나 주식을 취득하여 경영권을 획득하는 것을 말한다. 합병과 인수를 합하여 M&A라고 하는데 실무적인 편의에 따라 인수합병, 합병, 기업합병매수, 기업매수합병, 합병매수, 기업합병인수 등 여러 용어로 사용되고 있다.

특히 acquisition을 인수 혹은 매수라고 하는데 인수는 물건이나 권리를 넘겨받은 모든 것을 의미하고 매수는 물건을 사서 넘겨받는 것을 의미하므로 인수가 보다 넓은 의미이나 이 둘은 사실상 같은 개념으로 사용되고 있다. 본서에서는 인수라는 용어로 사용하기로 하며 M&A를 인수합병으로 부르기로 한다.

합병은 법률적 기준으로 신설합병과 흡수합병으로 분류할 수 있다. 신설합병은 두 기업 이상의 기존기업이 모두 해산 혹은 소멸되고 전혀 새로운 기업이 설립되어 해산된 기업의 주주 및 재산을 신설기업에 승계하는 것이다. 흡수합병은 기존의 기업 중 하나가 존속하여 다른 기업들의 주주 및 재산을 승계하는 것이다.

한편, 합병을 경제적 기준으로 수평적(horizontal) 합병, 수직적(vertical) 합병, 복합적(conglomerate) 합병으로 구분하기도 한다. 수평적 합병은 동일한 형태의 사업을 하는 기업들끼리 합병하는 것이다. 수직적 합병은 서로 다른 생산단계에 있는 기업들끼리의 합병이다. 복합적 합병은 서로 관계가 없는 형태의 사업을 하는 기업들끼리 합병하는 것을 말한다.

인수는 주식인수와 자산인수가 있다. 주식인수는 인수의 가장 전형적인 방법으로 인수대상기업의 발행주식을 기존주주로부터 취득하거나 새로 발행되는 주식을 취득하여 인수대상기업의 경영권을 획득하는 것이다. 자산인수는 인수대상기업의 자산을 취득하여 경영권을 확보하는 것을 말한다.

02 인수합병의 이득과 비용

1. 인수합병의 이득

두 기업 간의 인수합병은 두 기업이 합쳐짐에 따라 발생하는 이득의 증가인 시너지(synergy)가 있을 경우에 추진된다. 인수합병은 규모의 경제(economies of scale)를 통한 비용절감, 자금조달 비용의 절감, 세금의 절감, 마케팅의 효율화, 시장의 경쟁적 환경을 보다 잘 이용할 수 있는 전략적 우위와 시장지배력의 향상 등의 이득을 추구할 수 있다.

예를 들어, A기업의 B기업 매입가능성에 대해서 분석해보자. A기업의 가치 $V(A)$는 1,000억원(=총발행주식수 100만주×주당가격 100,000원), B기업의 가치 $V(B)$는 400억원(=총발행주식수 80만주×주당가격 50,000원)이다. 그리고 A기업이 500억원을 지급하여 B기업을 인수합병하고, 두 기업이 합쳐질 경우의 가치가 1,600억원으로 평가되었다. 두 기업 각각의 가치의 합은 1,400억원이고, 합칠 경우의 가치는 1,600억원이므로 인수합병으로 인한 시너지 ΔV는 200억원(=1,600억원−1,400억원)이 된다.

2. 현금으로 지불한 인수합병의 비용

인수합병을 할 때 이득만 고려해서는 안 되고 B기업을 인수하는 비용[=B기업인수합병 시 지급한 현금−$V(B)$]도 같이 고려한 NPV를 측정하여 NPV가 양(+)인 경우에만 합병을 추진해야 한다.

$$NPV = 이득 - 비용$$
$$= \Delta V - [B기업 \ 인수합병 \ 시 \ 지급한 \ 현금 - V(B)]$$
$$= 200억원 - (500억원 - 400억원)$$
$$= 100억원$$

NPV가 100억원이므로 A기업 입장에서는 B기업의 인수합병이 비로소 이득이라고 할 수 있다. 그러면 B기업을 인수합병한 이후에 A기업의 주가는 어떻게 될까? B기업을 인수합병할 때 현금을 지급하였기 때문에 인수합병 이후에도 A기업의 주식수는 그대로 100만주로 유지된다. 인수합병 후 A기업의 가치는 다음과 같게 된다.

$$V(A+B) = V(A) + V(B) + \Delta V - B\text{기업 인수합병 시 지급한 현금}$$
$$= 1{,}000\text{억원} + 400\text{억원} + 200\text{억원} - 500\text{억원}$$
$$= 1{,}100\text{억원}$$

이는 인수합병 전의 A기업의 가치 1,000억원에 인수합병의 NPV 100억원을 합친 것으로 인수합병 이후의 주가는 주당 110,000원($=1{,}100$억원$/100$만주)이 된다. A기업은 B기업을 인수합병함으로써 주가가 주당 100,000원($=1{,}000$억원$/100$만주)에서 10,000원이 더 오른 110,000원이 된다.

3. 주식으로 지불한 인수합병의 비용

많은 경우 인수합병 시 인수기업의 주식으로 인수합병의 비용을 지불한다. 인수합병 시 위의 경우처럼 현금으로 지불하게 되면 B기업 주주들은 자신들의 주식을 내주고 현금을 받고 기업에 관여하지 않는다. 하지만 인수합병 시 주식으로 지불하게 되면 B기업 주주들은 합병된 기업의 새로운 주주가 되기 때문에 합병기업의 가치는 인수합병하기 전 두 기업의 가치에 인수합병으로 인한 가치증가분(ΔV)을 합친 것이 된다.

$$V(A+B) = V(A) + V(B) + \Delta V$$
$$= 1{,}000\text{억원} + 400\text{억원} + 200\text{억원}$$
$$= 1{,}600\text{억원}$$

인수합병 시 A기업은 B기업에게 500억원어치의 주식으로 지불하므로 500,000주($=500$억원$/100{,}000$원)를 B기업 주주에게 주어야 한다. 인수합병 이후에 총발행주식수는 150만주($=100$만주$+50$만주)가 되므로 주가는 주당 106,667원($=1{,}600$억원$/150$만주)

이 된다.

주식으로 지불할 경우 표면상으로는 500억원어치를 지불한 것으로 보인다. 하지만 B기업 주주들이 받은 500,000주의 주가는 인수합병 후 주가가 주당 106,667원이 되므로, 실제가치는 533억원($=$50만주$\times$106,667원)원이 된다. 즉, B기업 주주들에게 실질적으로 533억원을 지불한 셈이다. 따라서 인수합병의 NPV는 다음과 같이 67억원이 되며, 현금으로 지불할 경우의 NPV인 100억원보다 더 작다. NPV 측면에서 보면 주식보다 현금으로 인수합병 비용을 지불하는 것이 더 유리한 것으로 나타난다.

$$\begin{aligned} NPV &= 이득 - 비용 \\ &= \Delta V - [B기업\ 인수방병\ 시\ 지급한\ 주식의\ 가치 - V(B)] \\ &= 200억원 - (533억원 - 400억원) \\ &= 67억원 \end{aligned}$$

03 인수합병의 공격전략과 방어전략

인수합병은 우호적 인수합병과 적대적 인수합병으로 구분할 수 있다. 인수합병기업은 인수합병대상기업을 향한 공격전략으로 주식매집전략, 백지위임장경쟁전략, 주식공개매입전략 등을 구사할 수 있다. 반면에 적대적 인수합병에 대항하여 인수합병대상기업은 기업을 방어하는 측면에서 정관개정을 통한 방어전략, 재무구조조정을 통한 방어전략, 사업구조조정을 통한 방어전략 등을 구사할 수 있다.

1. 인수합병의 공격전략

(1) 주식매집전략

주식매집전략(stock accumulation)은 시장에서 은밀히 주식을 매집해서 경영권을 장악하려는 방법이다. 이 전략은 적대적 인수합병을 시도하는 기업이 일반적으로 가장 먼저 생각해볼 수 있는 방법이다. 하지만 대규모 자금을 동원하여 비밀리에 주식을 매집하기 어렵기 때문에 성공하기가 쉽지 않다. 주식매집전략은 일정한 지분만 확보되면 비밀이 알려지더라도 매집한 주식을 되팔 수 있고 일정시점에서는 주식공개매수전략으로 전환할 수도 있다.

(2) 백지위임장경쟁전략

백지위임장경쟁전략(proxy fight)은 주주총회에서의 의결권에 대한 위임장을 다수 확보함으로써 한 주의 주식도 소유하지 않고도 지배권을 확보할 수 있는 방법이다. 주주총회에서 확보한 위임장을 가지고 이사회를 지배하여 경영권을 확보할 수 있다. 즉, 인수합병하려는 쪽이 인수합병을 성사시키기 위해 인수합병대상기업의 주주들을 설득하여 이들로부터 의결권을 대행할 수 있는 권한을 위임받아 인수합병을 추진한다.

백지위임장경쟁전략은 대주주의 지분율이 낮거나 지분분쟁이 있는 기업 또는 지분분산이 잘 되어 있거나 경영자가 무능한 기업에 주효한 전략이다. 또한 대량주식의 취득이나 공개매수와 같이 대규모 자금을 동원하지 않기 때문에 경제적인 방법이다.

(3) 주식공개매입전략

주식공개매입전략(TOB: take over bid)은 불특정 다수인을 대상으로 거래소 밖에서 주식을 매입하는 전략이다. 거래소에서 거래되는 상장기업의 주식을 단기간에 대량으로 매입하는 것이 쉽지 않기 때문에 매입의도와 매입하고자 하는 대상기업의 주식수량, 매입가격 및 대금지불방법 등을 명확하게 공시하고 장외에서 주식을 매입하게 된다.

오늘날 전체 적대적 인수합병의 약 70-80% 정도가 주식공개매입을 통하여 이루어지고 있다. 우리나라에서도 적대적 인수합병을 하려고 할 경우에는 주식공개매입전략을 이용하도록 하고 있다.

한편, 인수합병기업이 인수합병대상기업의 주주들에게 직접 주식공개매입(tender offer) 제안을 할 수도 있다.[1] 제안이 받아들여진다면 인수합병기업은 경영진을 교체할 수 있다. 인수합병대상기업의 경영진은 자신들의 주주들에게 제안을 받아들이는지 혹은 거절하는지 등에 대해서 자문을 할 수도 있다.

2. 인수합병의 방어전략

(1) 정관개정을 통한 방어전략

1) 황금낙하산

황금낙하산(golden parachute)은 인수합병기업이 적대적 인수합병을 시도할 경우에 대항하는 방어전략이다. 황금낙하산은 인수합병대상기업의 경영진이 인수합병으로 인하여 자신이 실직할 경우에 대비하여 거액의 퇴직금, 저가로 주식을 매수할 수 있는 주식매입선택권(stock option)을 규정 이상으로 지급하거나 잔여 임기동안 과다한 상여금 지급 등을 보장하는 계약을 말한다. 이러한 계약을 회사정관에 규정하게 되면 경영자의 신분이 보장되는 동시에 매수비용이 크게 인상되어 적대적 인수합병에 대한 방어책으로 유효하다.

한편, 황금낙하산이 경영자를 위한 것이라면 종업원을 위한 규정인 주석낙하산(tin parachute)도 있다. 이것은 기업이 타기업에 인수합병되더라도 인수합병된 기업의 종업원을 해고시킬 때는 막대한 퇴직금을 지급하도록 규정하여 인수합병하는 기업의 인수합병의욕을 떨어뜨릴 수 있게 된다.

---

1 TOB는 영국식 표현으로 미국에서는 tender offer라는 용어로 사용한다.

2) 시차임기제전략

시차임기제전략은 이사진 개편을 한 번에 전면적으로 단행하지 않고 정관에 이사진의 임기를 다양하게 명시화하는 것이다. 보통 3년에 걸쳐 매년 1/3씩만 이사진을 개편하는 방식을 사용한다. 예를 들어, 9인의 이사가 있다고 할 때 3인은 임기 1년, 3인은 임기 2년, 3인은 임기 3년이라고 정하면 다음 연도부터 매년 3인씩 새로 선임하게 되어 인수합병기업이 인수합병을 하더라도 주주총회를 통해 이사 전부를 교체하지 못하게 된다.

이렇게 하면 인수합병에 대한 경영지배권이 일시에 전환되는 것을 회피할 수 있다. 경우에 따라서는 인수합병대상기업의 경영지배권을 완전히 장악하기까지 몇 년의 시간이 걸릴 수도 있으므로 인수합병을 위한 장기적인 계획을 갖지 않는다면 인수합병을 시도하는 것이 매우 어렵게 된다. 따라서 인수합병대상기업은 일정기간 동안 기업에 대한 경영권을 유지하게 되어 인수합병기업의 경영권을 지연시킬 수 있게 된다.

3) 절대다수결규정전략

절대다수결(supermajority amendment) 규정은 인수합병에 관한 사항 등에 대해 일반 안건보다 더 많은 수의 지지를 얻지 않으면 결의할 수 없도록 하는 정관 조항을 말한다. 예를 들어, 정관에 인수합병과 관련된 것에 승인을 하는 경우에는 80% 이상의 찬성을 얻어야만 승인되도록 특별한 규정을 설정하게 되면 50% 이상의 주식을 취득하더라도 인수합병된 기업의 경영권을 획득하지 못하거나 인수합병할 수 없기 때문에 인수합병하고자 하는 기업에 대한 인수합병대상기업의 방어전략이 된다.

(2) 재무구조조정을 통한 방어전략

1) 독약처방전략

독약처방(poison pill)은 인수합병대상기업이 자사의 매수매력을 떨어뜨리기 위해 취하는 일련의 조치들로서 인수합병을 포기하도록 유도하는 방어책이다. 예를 들어, 인수합병대상기업의 우선주에 프리미엄이 추가된 금액으로 인수합병을 시도하는 기업에게 매도할 수 있는 권리를 우선주주에게 부여하게 되면 인수합병비용이 높게 되어 인수합병기업의 인수합병 시도를 단념시킬 수 있다.

전환사채나 신주인수권부사채를 이용하여 인수합병기업의 인수합병 의욕을 꺾을 수도 있다. 예를 들어, 1985년에 필립모리스(Phillip Morris)로부터 인수합병 당하게 된 맥도널드(McDonald)사의 경우 자사의 기존주주에게 인수합병 당할 경우에 인수합병 후의 신주를 시가의 50%로 취득하는 권리를 가지는 신주인수권을 배당으로 주었다. 이처럼 인수합병 후에 인수합병 전의 인수합병대상기업의 기존주주의 권리가 높아지게 되면 인수합병시도가 쉽지 않게 된다.

2) 자기주식취득전략

자기주식취득전략은 인수합병대상기업이 미리 자기주식을 취득하는 전략이다. 자기주식취득으로 인해 적대적 인수합병을 시도하려는 기업은 인수합병대상기업의 주식확보에 어려움을 겪게 된다. 또한, 자기주식취득은 대주주의 지분율을 상승시키고 주가도 상승시켜 인수합병비용을 증가시키는 효과가 있다.

(3) 사업구조조정을 통한 방어전략

1) 왕관보석매도전략

인수합병기업에게 인수합병대상기업의 가장 가치 있는 유·무형의 자산(crown jewel)을 팔겠다고 위협하는 전략이다. 많은 경우 타기업에게 매력있는 유·무형의 자산 때문에 인수합병의 대상이 되기도 하는데 이 자산을 처분할 경우 인수합병대상기업의 가치는 하락하고 인수합병의 대상으로서의 매력도 크게 감소하게 된다.

2) 분리공개전략

분리공개(carve-out)전략은 인수합병대상기업이 가지고 있는 자회사 지분을 증권시장에 상장하거나 전체 사업부문 중에서 중요한 사업부문을 분리하여 상장하는 것이다. 인수합병대상기업의 자회사가 독립하거나 혹은 사업부문이 빠져나감으로써 인수합병시도를 어렵게 만든다.

3) 부분분할전략

부분분할(split-off)전략은 인수합병대상기업의 중요한 사업부문을 따로 분할하여 독립회사를 설립함으로써 인수합병시도를 무력화시키는 전략이다. 부분분할의 경우 모회사의 주주는 보유한 주식을 분할설립되는 독립회사의 주식으로 교환하므로, 기존의 모회사 주주가 독립회사의 주주가 된다.

4) 완전분할전략

완전분할(split-up)전략은 인수합병대상기업을 완전히 둘 이상의 새로운 기업으로 나눔으로써 인수합병 시도를 어렵게 만드는 전략이다. 완전분할을 하게 되면 모기업은 사라지게 되고 주주들은 기존의 주식을 분할된 새로운 기업의 주식으로 바꾼다.

(4) 기타 인수합병 방어전략

1) 백기사

인수합병대상기업은 적대적 인수합병에 대항하여 제3자의 우호적인 기업(백기사)이 자신을 인수하도록 유도할 수 있다. 백기사에게 특별한 조건 또는 보상을 지급하기도 하는데 이를 화이트메일(white mail)이라고 한다.

2) 그린메일과 정지협약

그린메일(green mail)은 잠재적인 기업매수자(raiders)가 특정 기업의 주식을 경영권을 위협하는 수준까지 대량으로 사 놓은 후, 기업매수자의 인수합병을 포기하는 대신 주식매입가격에 프리미엄을 더한 높은 가격으로 그 특정기업의 대주주에게 사도록 기업매수자가 요구하는 행위를 말한다. 이러한 그린메일은 보유주식을 팔기위한 목적으로 대주주에게 편지를 보낼 때 초록색인 달러화를 요구한다는 의미에서 그린메일이

라는 이름이 붙여졌다.[2]

　한편, 인수합병대상기업은 프리미엄을 주고 주식을 되사주면서 앞으로 일정기간 동안 인수합병대상기업의 지분을 일정액 이상 소유하지 않음으로써 인수합병 공격을 않겠다는 약속을 받아 놓는데 이러한 약속을 정지협약 혹은 불가침협약(standstill agreement)이라 한다.

　경영권을 담보로 보유 주식을 비싸게 되팔아서 프리미엄을 챙기려는 그린메일을 목적으로 할 경우에는 정지협약(불가침협약)은 인수합병시도의 효과적인 방어전략이 된다. 하지만, 실제로 경영권을 획득할 목적으로 대량의 주식을 매수하는 기업매수자 (인수합병기업)에 대해서는 정지협약(불가침협약)은 거의 효과가 없다.

---

2 대주주에게 협박을 하면서 주식을 사라고 강요하는 경우가 있는데 이런 경우는 블랙메일(black mail) 이라고 한다.

1. 인수합병의 이득과 비용

- 현금으로 지불한 인수합병의 비용

$$NPV = \text{이득} - \text{비용} = \Delta V - [B\text{기업 인수합병 시 지급한 현금} - V(B)]$$

→ 인수합병 후 인수합병한 기업의 가치

$$V(A+B) = V(A) + V(B) + \Delta V - B\text{기업 인수합병 시 지급한 현금}$$

- 주식으로 지불한 인수합병의 비용

$$NPV = \text{이득} - \text{비용} = \Delta V - [B\text{기업 인수인수시 지급한 주식의 가치} - V(B)]$$

→ 인수합병 후 인수합병한 기업의 가치

$$V(A+B) = V(A) + V(B) + \Delta V$$

2. 인수합병의 공격전략

- 주식매집전략

- 위임장경쟁전략

- 주식공개매입전략(take over bid)

3. 인수합병의 방어전략

- 정관개정을 통한 방어전략
  - 황금낙하산
  - 시차임기제전략
  - 절대다수결규정전략

- 재무구조조정을 통한 방어전략
  - 독약처방전략
  - 자기주식취득전략

- 사업구조조정을 통한 방어전략
  - 왕관보석매도전략
  - 분리공개전략
  - 부분분할전략
  - 완전분할전략

- 기타 인수합병 방어전략
  - 백기사
  - 그린메일과 정지협약(불가침협약)

1. (2001 CPA) 기업 매수 및 합병(M&A)에 관한 다음 서술 중 가장 타당하지 않은 것은? ( )

① 적대적 M&A의 경우 피인수기업 주주는 손실을 본다.

② 보유지분이 불충분하더라도 백지위임장투쟁(proxy fight)을 통해 경영권을 획득할 수 있다.

③ 공개매수제의(tender offer)시 피인수기업 주주들의 무임승차현상(free riding)은 기업매수를 어렵게 한다.

④ M&A시장의 활성화는 주주와 경영자간 대리문제를 완화시키는 역할을 한다.

⑤ 우리사주조합의 지분율을 높이는 것은 M&A방어를 위한 수단이 된다.

2. (2006 CPA) 인수합병기업의 가치는 800억원이고 인수합병대상기업의 가치는 100억원이다. 두 기업 모두 자기자본만을 사용하고 있다. 인수합병기업의 발행주식수는 100만주이고 인수합병대상기업의 발행주식수는 10만주이다. 합병이 성사되면 합병기업의 가치가 1,200억원으로 추산된다. 만약 인수합병기업이 150억원의 현금으로 인수합병대상기업을 인수하면 합병을 공시하는 시점에서 인수합병기업의 주가가 몇 퍼센트 상승할 것으로 예상되는가? ( )

① 25%   ② 28%   ③ 31%

④ 35%   ⑤ 37%

3. (2007 CPA) (주)온조와 (주)비류의 재무자료는 다음과 같다.

	(주)온조	(주)비류
주당순이익(EPS)	500원	300원
발행주식수	70주	50주
주가수익비율(PER)	14	10

두 회사의 합병에 의한 시너지 효과로 당기순이익이 10,000원 증가한다면 (주)온조가 (주)비류를 흡수합병하기 위해 (주)비류에게 제시할 수 있는 최대 주식교환비율은 근사치로 얼마인가? (합병 후 주가수익비율(PER)은 12가 될 것으로 예상된다.) ( )

① 0.314   ② 0.510   ③ 0.657

④ 0.755   ⑤ 1.00

4. (2008 CPA) 적대적 M&A에 대응하기 위하여 기존 보통주 1주에 대해 저렴한 가격으로 한 개 또는 다수의 신주를 매입하거나 전환할 수 있는 권리를 부여하는 방어적 수단은? ( )

① 독약조항   ② 역매수전략   ③ 황금주

④ 그린메일   ⑤ 백지주

5. (2008 CPA) 시장가치가 27억원인 A기업은 시장가치가 8억원인 B기업을 인수하려 한다. A기업의 현재 주가는 9,000원이며 B기업의 현재 주가는 4,000원이다. A기업이 추정하는 합병의 시너지(synergy)효과는 5억원이며, 인수프리미엄은 2억원이다. A기업이 신주를 발행해서 B기업의 주식과 교환하는 방식으로 B기업을 인수하고자 할 경우, 몇 주를 발행해야 하는가? ( )

① 100,000주   ② 200,000주   ③ 300,000주

④ 400,000주   ⑤ 500,000주

6. (2009 CPA 수정) 기업 A의 재무담당자는 합병에 따른 시너지효과를 얻기 위해 기업 B를 인수하여 합병하려 한다. 무부채 상태인 두 기업의 합병 전 재무자료는 다음과 같다.

	기업A	기업B
주당이익	450원	150원
주당배당금	250원	80원
총 발행주식수	10,000주	5,700주
1주당 주가	8,000원	2,000원

인수합병 전 B기업의 이익 및 배당의 성장률은 연 5%로 일정하다. 만약, 인수합병 후 새로운 경영체제 하에서 B기업의 이익 및 배당의 성장률은 추가적인 자본투자 없이 연 7%로 일정하게 증가할 것으로 예상된다. 인수합병 전후 모두 주당배당금(D_1)은 80원이다. A기업의 가치는 인수합병 이전과 달라지지 않는다. 다음 내용 중 옳지 않은 것은? (단, 주가 계산 시 원단위 미만은 절사한다.) ( )

① 인수합병 전 B기업의 가치는 11,400,000원이다.

② 인수합병 직후 합병기업의 가치는 102,800,000원으로 산출된다.

③ 인수합병 직후 합병기업의 가치는 합병 이전 개별 기업가치의 합계보다 11,400,000원만큼 증가한다.

④ B기업 주식을 1주당 2,500원에 현금인수하는 경우 인수프리미엄은 2,850,000원이다.

⑤ A기업 주식 1주당 B기업 주식 3주의 비율로 주식교부를 통해 인수한 경우 인수프리미엄은 4,030,100원이다.

7. (2010 CPA) 기업A는 기업B를 주식교환방식으로 흡수합병하고자 하며 주주는 주당순이익(EPS)에 근거하여 의사결정을 행한다. 다음 자료에 근거하여 물음에 답하시오.

	기업A	기업B
당기순이익	30억원	5억원
주식수	1,000,000주	500,000주

규모의 경제로 인한 시너지효과로 합병 후 당기순이익이 합병 전 두 기업의 당기순이익의 합보다 10억원이 증가할 때, 기업A 주주 입장에서 최대교환비율은 얼마인가? (단, 교환비율은 기업B 주식 1주당 교환되는 기업A의 주식수이다.) (   )

① 0.8   ② 1   ③ 1.2
④ 1.4   ⑤ 1.6

8. (2011 CPA) A사는 B사와의 인수합병을 추진 중이며, 두 회사의 현재 재무자료는 다음의 표와 같다. 피인수기업인 B사의 현재 이익성장률 및 배당성장률은 매년 5%로 일정하나, 합병의 효과로 인해 추가적인 자본투자 없이 합병 후 배당성장률은 매년 7%로 높아질 것으로 기대된다. A사가 B사의 주식에 대해 주당 1,350원을 지급한다면 A사가 합병으로부터 얻을 수 있는 순현가(NPV)와 가장 가까운 것은?

	A사	B사
발행주식수	1,000주	650주
순이익	150,000원	58,500원
배당금	50,000원	29,250원
주가	1,500원	900원

① 85,475원   ② 87,922원   ③ 90,659원
④ 92,022원   ⑤ 94,659원

9. (2012 CPA) (주)설악의 주식베타는 1.4, 주당순이익은 1,500원, 발행주식수는 100주, 주가수익비율(PER)은 12배이다. (주)태백의 주식베타는 1.2, 주당순이익은 1,000원, 발행주식수는 50주, 주가수익비율(PER)은 8배이다. 한편 (주)설악과 (주)태백이 합병한다면 시너지효과로 인하여 당기순이익이 40,000원 증가하고 합병 후 주가수익비율은 10이 될 것으로 예상한다. 이제 (주)설악의 주주들은 주가기준으로 주식교환비율을 계산하려 한다. (주)설악이 (주)태백을 흡수합병하기 위하여 (주)태백에게 제시할 수 있는 최대 주식교환비율과 가장 가까운 것은? (   )

① 0.222   ② 0.337   ③ 0.557
④ 0.622   ⑤ 0.667

10. (2013 CPA) 동해기업이 남해기업을 흡수합병하려고 한다. 두 기업은 모두 100% 자기자본으로만 구성되어 있는 기업이며 합병 전 재무자료는 다음과 같다.

	동해기업	남해기업
1주당 주가	10,000원	8,000원
발행주식수	50만주	35만주

합병 후의 기업가치는 100억원으로 예상된다. 만약 동해기업이 남해기업 주주에게 45억원의 현금을 지불하고 합병한다면, 동해기업 입장에서 합병의 순현가(NPV)는 얼마인가? (   )

① 5.0억원   ② 7.0억원   ③ 9.2억원
④ 12.1억원   ⑤ 13.2억원

11. (2013 CPA) 적대적 M&A 위협에 대한 방어 전략에 포함될 수 있는 적절한 항목은 모두 몇 개인가? (   )

> a. 독약 조항(poison pill)
> b. 이사진의 임기분산
> c. 황금 낙하산(golden parachute)
> d. 초다수결조항
> e. 백기사(white knight)

① 1개   ② 2개   ③ 3개
④ 4개   ⑤ 5개

연습문제 해답 Solutions

1. ①

답

① 적대적 M&A가 나타날 경우 주가가 상승할 가능성이 있어서 피인수기업의 주주가 반드시 피해를 보는 것은 아니다.

2. ③

답

$NPV = [1,200억원 - (800억원 + 100억원)] - (150억원 - 100억원) = 250억원$
인수합병기업의 주가 $= (800억원 + 250억원)/100만주 = 105,000원$
주가상승률 $= (105,000 - 80,000)/80,000 = 31.25\%$

3. ③

답

(주)온조의 순이익 $= 500원 \times 70주 = 35,000원$
(주)비류의 순이익 $= 300원 \times 50주 = 15,000원$
(주)온조의 1주당 주가 $= 500원 \times 14 = 7,000원$
(주)비류의 1주당 주가 $= 300원 \times 10 = 3,000원$
인수합병기업인 (주)온조의 순이익 = (주)온조의 순이익 + (주)비류의 순이익 + 시너지
$$= 35,000원 + 15,000원 + 10,000원 = 60,000원$$
(주)온조의 1주당 주가는 현재 주가인 7,000원 이상이어야 하고 합병 후 PER은 12이므로 주당순이익(EPS)은 최소한 7,000원/12 = 583.33원 이상이어야 한다. 따라서 합병 후 발행주식수는 최대 60,000원/583.33 = 102.8577주가 된다. 현재 (주)온조의 발행주식수가 70이므로 102.8577주 - 70주 = 32.8577주를 (주)비류에 교부할 수 있으므로 주식교환비율은 32.8577주/50주 = 0.657이 된다.

4. ①

답

③ 황금주: 오직 1주만 가지고 있어도 특정한 주주총회의 안건에 대해서 거부권을 행사할 수 있는 권리를 가진 주식을 말한다.

⑤ 백지주: 우호적인 지분보유자 가운데 경영권 인수에 관심이 없는 지분규모가 작은 경우를 백지주(white squire)라고 하고, 지분규모가 큰 경우를 백기사(white knight)라고 한다.

5. ①

답

$NPV = 시너지 - 인수프리미엄 = 5억원 - 2억원 = 3억원$

$A기업 발행주식수 = 27억원/9,000원 = 300,000주$

$\rightarrow$ 합병후 A기업의 주가 $= 9,000원 + 3억원/300,000주 = 10,000원$

$B기업 발행주식수 = 8억원/4,000원 = 200,000주$

$\rightarrow$ 주당 인수프리미엄 $= 2억원/200,000주 = 1,000원$

$\rightarrow$ B기업의 주가 $= 4,000원 + 1,000원 = 5,000원$

주식교환비율 $= 5,000원/10,000원 = 0.5$ $\rightarrow$ 발행주식수 $= 200,000주 \times 0.5 = 100,000주$

6. ⑤

답

① $V(B) = 2,000원 \times 5,700주 = 11,400,000원$

② 합병 전 B기업 주가: $2,000 = \dfrac{80}{r - 0.05}$ $\rightarrow$ $r = 0.09$

합병 후 B기업 주가: $\dfrac{80}{0.09 - 0.07} = 4,000원$ $\therefore$ 합병으로 인해 B기업 주가 2,000원 상승

따라서, $V(A+B) = V(A) + V(B) + \Delta V$

$\rightarrow (8,000원 \times 10,000주) + (2,000원 \times 5,700주) + (2,000원 \times 5,700주) = 102,800,000원$

④ $(2,500원 - 2,000원)(5,700주) = 2,850,000원$

⑤ 주식으로 지불할 경우의 B주식 수 $= 5,700주 \times \dfrac{1}{3} = 1,900주$

$\therefore$ $102,800,000 \times \dfrac{1,900주}{10,000주 + 1,900주} - 11,400,000 = 5,013,445원$

7. ②

답

기업 A의 주주가 합병에 찬성하기 위해서 $EPS_{AB} \geq EPS_A$가 되어야 한다.

$\therefore$ $\dfrac{(30억원 + 5억원) + 10억원}{1,000,000주 + (500,000주)(교환비율)} \geq \dfrac{30억원}{1,000,000주}$ $\rightarrow$ 교환비율 ≤ 1

8. ①

답

주당배당금 = 29,250원/650주 = 45원

합병 전 B기업 주가: $900 = \dfrac{45(1+0.05)}{r-0.05}$ → $r = 0.1025$

합병 후 B기업 주가: $\dfrac{45(1+0.07)}{0.1025-0.07} = 1,481.5$원

∴ 합병 후 A사가 얻게 되는 B사의 가치: 1,481.5원×650주 = 962,975원

합병대가: 1,350원×650주 = 877,500원

→ 합병의 NPV = 962,975원 − 877,500원 = 85,475원

9. ⑤

답

적정주가 = PER×주당순이익(EPS)

(주)설악의 적정주가 ≤ 합병 후 적정주가

→ $PER_{설악} \times EPS_{설악} \leq PER_{합병후} \times EPS_{합병후}$

∴ $(12)(1,500) \leq (10)\dfrac{(1,500\times100)+(1,000\times50)+40,000}{100주+50주+교환비율}$ → 교환비율 ≥ 0.667

10. ①

답

$\Delta V = 100억원 - (10,000원\times50만주 + 8,000원\times35만주) = 22억원$

$NPV = 22억원 - (45억원 - 28억원) = 5억원$

11. ⑤

파생상품과 위험관리: 선물

학습개요

본 장에서는 선물이 무엇인가에 대한 개념과 선물의 중요 기능에 대해서 배우고, 선물의 중요 특징인 조직화된 거래소, 표준화된 계약조건, 청산소, 증거금과 일일정산, 용이한 포지션 종결, 감독규제기관에 대해서 설명한다. 또한 선물의 이론가격을 도출하는 보유비용 모형과 매수차익거래전략 및 매도차익거래전략, 그리고 헷지전략에 대해서 학습한다.

학습목표

- 선물의 개념
- 선물의 기능 및 종류
- 선물의 특징
- 보유비용모형
- 차익거래전략
- 헷지전략

SECTION
01 　선물의 개요

　　파생의 사전적 의미는 사물이 어떤 근원으로부터 갈려 나와 생긴 것을 뜻한다. 따라서 파생상품(derivatives)은 쌀이나 주식 등과 같은 현물에서 갈려나와 생긴 상품을 의미한다. 이때, 쌀이나 주식 등과 같은 현물을 기초자산(underlying asset)이라고 하는데 이 기초자산은 파생상품거래의 대상이 된다.

　　파생상품의 발달 초기에는 농축산물이나 원자재 같은 실물자산이 기초자산이었으나 금융시장이 발달함에 따라 점차 주식, 채권 혹은 외환과 같은 금융자산이 기초자산이 되고 있을 뿐 아니라 최근에는 날씨나 전력, 가상화폐 등과 같은 사실상 모든 대상이 파생상품의 기초자산이 되고 있다.

　　파생상품은 거래소 내에서 거래되는 장내파생상품과 거래소 밖에서 거래당사자들끼리 거래하는 장외파생상품으로 구분되는데, 선물과 옵션은 장내파생상품에 해당되고 스왑은 장외파생상품에 해당된다.

1. 선물의 개념

　　선물(futures)은 오늘 합의된 가격으로 미래에 물건을 사거나 팔기로 약속하는 계약이다. 즉, 미래의 거래를 지금 약속하는 것이다. 피자가게에서 피자를 사는 것과 같이 지금 당장 돈을 주고 물건을 사는 거래를 현물거래라고 한다. 반면 피자를 배달시키는 것과 같이 지금은 물건가격을 미리 확정하여 미래의 어느 시점에 사거나 팔기로 계약만 하고 사전에 정한 미래시점에 가서 미리 정해 놓은 물건가격과 물건을 교환하는 거래를 선물거래라고 한다.

　　이러한 개념을 〈그림 17-1〉을 통하여 좀 더 자세히 살펴보자. 오늘 K주식 가격이 5만원, 즉 현재 현물가격(S_0)이 5만원이고, 거래 당사자인 A와 B 두 사람이 선물거래를 한다고 하자.

　　만약 A가 현재 5만원인 K주식가격이 미래에 6만원보다 더 오를 것으로 예상한

그림 17-1 • 선물의 개념

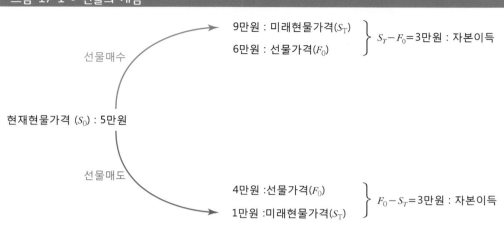

선물매수

9만원 : 미래현물가격(S_T)

6만원 : 선물가격(F_0)

$S_T - F_0 = 3$만원 : 자본이득

현재현물가격 (S_0) : 5만원

선물매도

4만원 : 선물가격(F_0)

1만원 : 미래현물가격(S_T)

$F_0 - S_T = 3$만원 : 자본이득

다면, 미래에 6만원만 주고 K주식을 매수하겠다는 계약을 오늘 B와 체결한다. 이때 6만원을 미래시점의 거래가격이라는 의미에서 선물가격(F_0)이라고 한다. 이 경우 A는 오늘 K주식선물을 6만원에 매수한 것이며, 따로 돈을 오늘 지급하지 않으므로 '공짜로' 선물을 매수하는 것이다.

　A의 예상대로 K주식의 가격이 올라서 미래 현물가격(S_T)이 9만원이 되었다면 A는 9만원짜리 K주식을 선물가격인 6만원만 주고 B로부터 매수한다. 따라서 A는 3만원의 이익($= S_T - F_0 = 9$만원 $- 6$만원)을 얻고 B는 3만원의 손실을 본다. 예상이 빗나가 미래 현물가격이 예를 들어, 2만원으로 내려가도 A는 6만원에 반드시 사야 하는 '의무'가 있고 따라서 2만원짜리를 6만원에 사므로 손실이 4만원, 반면 B는 이익이 4만원이 된다. 즉, A와 B는 제로섬 게임(zero-sum game)을 벌이며, A가 이익이 나면 B는 손실이 나고, A가 손실이 나면 B는 이익이 나게 된다.

　이제 반대로 생각해보자. 〈그림 17-1〉에서 만약 A가 현재 5만원인 K주식의 가격이 미래에 4만원보다 더 내릴 것으로 예상한다면, 미래에 4만원에 K주식을 매도하겠다는 계약을 오늘 B와 '공짜로' 체결한다. A의 예상대로 K주식의 가격이 내려서 미래 현물가격(S_T)이 1만원이 되었다면 A는 1만원짜리 K주식을 선물가격인 4만원에 B에게 매도한다. 따라서 A는 3만원의 이익($= F_0 - S_T = 4$만원 $- 1$만원)을 얻고 B는 3만원의 손실을 본다.

예상이 빗나가 K주식이 예를 들어, 10만원까지 올라도 A는 4만원에 팔아야 하는 '의무'가 있고 따라서 10만원짜리를 4만원에 팔기 때문에 손실이 6만원, 반면 B는 이익이 6만원이 된다. 즉 이번에도 A와 B는 제로섬 게임을 벌인 것이다.

이처럼 선물은 현재시점에서 '공짜로' 사고 팔고, 만기 시에 손실을 보든 이익을 내든 반드시 이행해야 하는 '의무'가 있으며, 매수자와 매도자가 '제로섬 게임'을 벌이는 특징을 가지고 있다.

2. 선물의 기능 및 종류

(1) 선물의 기능

1) 가격예시

〈그림 17-1〉에서 K주식가격이 5만원인데 왜 A와 B는 선물이 만기가 되는 시점에 6만원에 K주식을 서로 사고팔기로 했을까? A와 B는 선물시장 참여자로서 선물만기일에 K주식가격이 얼마가 될지 고민하면서 수많은 정보에 근거하여 6만원이 가장 적정한 가격이라고 예측한 것이다. 따라서 선물가격을 쳐다보면 미래에 현물가격이 얼마가 될지 힌트를 얻을 수 있다. 이를 선물의 가격예시(price discovery)라고 한다.

예를 들어, 오늘 K주식가격이 5만원이고 3개월 후가 만기인 K주식의 선물가격이 6만원이라고 하자. 이 경우 K주식의 선물가격을 통해 K주식의 현물가격이 3개월 후에는 1만원 더 오른 6만원 정도가 될 것이라고 예측할 수 있다는 것이다.

2) 헷징

선물의 가장 중요한 기능은 위험관리기능이다. 위험관리를 다른 말로 헷징(hedging)이라고도 한다. 〈그림 17-1〉에서 지금 K주식을 이미 가지고 있는 C라는 사람이 향후 가격이 많이 떨어질 것이 우려된다고 하자. 가격하락이 우려될 경우 선물을 매도하면 헷징이 된다. K주식이 5만원에서 1만원으로 내려가면 4만원만큼 손실을 본다. 하지만 선물을 매도하여 1만원짜리를 4만원에 팔기 때문에 선물에서 3만원만큼 이익($=F_0-S_T$

=4−1)을 얻는다. 따라서 순손실은 1만원이 된다. 이때 C를 헷저(hedger)라 한다.

반대로 가격상승이 우려되면 선물을 매수하면 헷징이 된다. 예를 들어, 제빵회사의 경우 밀가루가격이 급격히 상승할 것이 우려되면 밀가루선물을 매수하여 헷징할수 있다. 다른 예로 채권에 많은 돈을 투자한 사람이 있는데 한 달 후에 채권이 만기가 되면 목돈이 생길 것이고 이 돈을 주식에 투자할 계획이다. 하지만 앞으로 한 달동안 주가가 급격히 상승할 것이 우려된다. 이 경우 주식선물을 매수하면 헷징할 수있게 된다.

3) 투기

투기(speculation)는 현물포지션을 따로 취하지 않은 상태에서 선물시장에서 선물가격이 오를 것 같으면 선물을 사고, 내릴 것 같으면 선물을 파는 것이다. 그럼 투기는 무조건 나쁜 것인가? 그렇지 않다. 예를 들어, 100명의 헷저들이 선물을 매도하고70명의 헷저들이 선물을 매수한다고 하자. 이 경우 30명의 헷저들은 선물을 매도할수 없게 되고, 30명이 모두 선물을 매도하고자 하므로 선물가격이 상당히 많이 내려가게 된다.

이때 투기자(speculator)들은 매우 낮은 선물가격이 곧 다시 오를 것으로 보면서30명의 헷저들로부터 아주 싼 가격으로 선물을 매수하게 된다. 즉 투기적 거래가 없다면 헷저는 원하는 시점에 헷징을 위한 거래를 원활히 할 수 없게 된다. 결국 위험회피자인 헷저로부터 위험선호적인 투기자로 위험이 이전된다고 볼 수 있다.

(2) 선물의 종류

초기의 선물거래는 곡물거래 중심이었으나 양적·질적으로 비약적인 발전을 거듭하여 현재는 〈그림 17-2〉와 같이 선물거래의 대상 상품이 크게 확대되었다. 선물은그 대상에 따라 상품선물(commodity futures)과 금융선물(financial futures)로 분류할 수있다.

최초의 상품선물은 19세기 중반에 농산물을 대상으로 시카고상품거래소(CBOT: Chicago Board of Trade)에서 시작되었으며, 오늘날에는 농산물 외에도 축산물, 에너

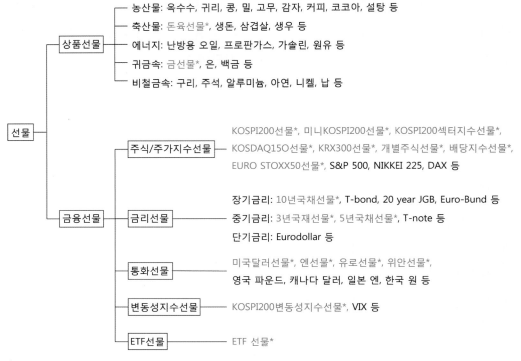

그림 17-2 • 선물의 종류

- 상품선물
  - 농산물: 옥수수, 귀리, 콩, 밀, 고무, 감자, 커피, 코코아, 설탕 등
  - 축산물: 돈육선물*, 생돈, 삼겹살, 생우 등
  - 에너지: 난방용 오일, 프로판가스, 가솔린, 원유 등
  - 귀금속: 금선물*, 은, 백금 등
  - 비철금속: 구리, 주석, 알루미늄, 아연, 니켈, 납 등

선물

- 금융선물
  - 주식/주가지수선물: KOSPI200선물*, 미니KOSPI200선물*, KOSPI200섹터지수선물*, KOSDAQ150선물*, KRX300선물*, 개별주식선물*, 배당지수선물*, EURO STOXX50선물*, S&P 500, NIKKEI 225, DAX 등
  - 금리선물
    - 장기금리: 10년국채선물*, T-bond, 20 year JGB, Euro-Bund 등
    - 중기금리: 3년국재선물*, 5년국채선물*, T-note 등
    - 단기금리: Eurodollar 등
  - 통화선물: 미국달러선물*, 엔선물*, 유로선물*, 위안선물*, 영국 파운드, 캐나다 달러, 일본 엔, 한국 원 등
  - 변동성지수선물: KOSPI200변동성지수선물*, VIX 등
  - ETF선물: ETF 선물*

* 한국거래소에 상장되어 있는 선물임.

지, 귀금속, 비금속 등을 대상으로 거래하고 있다. 금융선물은 시카고상업거래소(CME: Chicago Mercantile Exchange)에서 1972년에 통화선물, 1982년에 S&P500을 기초자산으로 하는 주가지수선물을 도입하였으며, 1975년에는 시카고상품거래소에서 금리선물을 시작하였다.

〈그림 17-2〉에서 한국거래소에 상장되어 있는 선물로는 돈육선물과 금선물 2개의 상품선물과 금융시장의 세 축인 주식시장, 채권시장, 외환시장의 상품을 기초자산으로 하는 다양한 금융선물이 상장되어 있다.

우리나라 최초의 상품선물은 1999년 4월에 상장된 금선물이다. 이 당시 상장된 금선물은 순도 99.99% 이상의 금지금(gold bar)을 기초자산으로 한다. 2010년 9월에는 금선물의 거래단위를 1/10로 축소하여 상장한 미니금선물도 상장하였다. 하지만 거래부진으로 2015년 11월 19일에 금선물과 미니금선물을 모두 상장폐지하고, 기존의 미니금선물을 개선하여 2015년 11월 23일부터 한국거래소의 유일한 금선물로 새롭게 상장하였다. 새롭게 상장한 금선물은 기존 실물인수도 방식의 금선물에 비해 거래단위를 10배 낮추었으며 현금결제방식을 적용하여 현재의 거래시점에 예측한 금가격과 만기일에 실제로 형성된 금가격과의 차액을 주고 받는다.

2008년 7월에 도입된 돈육선물은 돼지가격의 변동위험을 헷지하기 위하여 1계약당 1,000kg에 해당하는 돈육대표가격을 사거나 팔 것을 약정하는 선물거래이다. 돈육선물은 돈육대표가격이 거래대상이기 때문에 실제로 돈육을 사고 파는 것이 아니고, 현재의 거래시점에서 정해놓은 돈육대표가격과 만기일에 실제로 형성된 돈육가격과의 차액을 주고받는 현금결제방식을 취한다.

주식시장에서의 대표적인 선물은 1996년 5월에 최초로 상장된 KOSPI200선물이 있다. 이후, 2001년 1월에 도입된 KOSDAQ50선물이 2005년 11월에 상장폐지되고 대신 상장된 스타지수선물도 코스닥시장에 대한 대표성이 미흡하여 2015년 11월 23일에 상장폐지되고, 같은 날 기술주 중심의 코스닥시장 특성을 반영한 KOSDAQ150선물을 상장되었다.

2015년 7월에는 KOSPI200선물의 1계약금액을 1/5(거래승수 25만원 → 5만원)로 축소한 미니KOSPI200선물을 상장하였고, 2018년 3월에는 유가증권시장과 코스닥시장을 아우르는 우량기업으로 구성된 KRX300지수를 기초자산으로 하는 KRX300선물도 상장하였다.

2014년 11월에는 정교한 위험관리를 위해서 KOSPI200섹터지수선물을 도입하였다. 현재 KOSPI200에너지/화학, KOSPI200정보기술, KOSPI200금융, KOSPI200경기소비재, KOSPI200건설, KOSPI200중공업, KOSPI200헬스케어, KOSPI200철강/소재, KOSPI200생활소비재, KOSPI200산업재를 기초자산으로 하는 KOSPI200섹터지수선물이 거래되고 있다.

또한, KOSPI고배당50지수와 KOSPI배당성장50지수를 각각 기초자산으로 하는 배당지수선물도 2015년 10월에 상장되었다. 2016년 6월에는 최초로 해외주가지수를 기초자산으로 하는 선물인 EURO STOXX50선물이 상장되었다. EURO STOXX50선물의 기초자산은 유로존 12개 국가의 증권시장에 상장된 주권 중 50종목에 대하여 지수산출전문기관인 STOXX가 산출하는 EURO STOXX50지수이다.

2008년 5월에는 개별주식을 기초자산으로 하는 주식선물이 도입되었다. 개별주식선물의 기초자산은 주식시장에 상장되어 있고 유통주식수가 200만주 이상, 소액주주주수가 2,000명 이상, 1년간 총거래대금이 5,000억원 이상인 보통주식 중에서 시가총액과 재무상태 등을 감안하여 선정한 기업이 발행한 주식을 대상으로 한다.

이외에도 KOSPI200옵션가격을 이용하여 미래(30일) KOSPI200의 변동성을 나타낸 지수(V-KOSPI 200)를 기초자산으로 하는 KOSPI200변동성지수선물이 2014년 11월에 상장되었고, 2017년 6월 26일에는 주식시장에 상장되어 있는 ETF를 기초자산으로 하는 ETF선물도 상장되었다.

채권시장에서의 대표적인 선물은 1999년 9월에 도입된 3년국채선물이다. 3년국채선물 외에도 단기채권의 헷지를 위해 1999년 4월에 도입된 CD금리선물이 있었으나 2007년 12월에 상장폐지 되었고, 2002년 12월에 통안증권금리선물도 도입하였으나 역시 유동성 부족으로 2011년 2월에 상장폐지 되었다.

현재는 성공적으로 정착한 3년국채선물과 더불어 만기 5년 이상인 국고채권의 장기물 발행물량이 늘어나면서 2003년 8월에 상장된 5년국채선물과 2008년 2월에 상장된 10년국채선물이 금리선물의 대표적인 3인방으로 거래되고 있다.

외환시장에서의 대표적인 선물은 1999년 4월 선물거래소 개장과 더불어 도입된 미국달러선물이 있다. 이후, 수출입 및 외국인 투자 확대에 따른 엔화와 유로화의 거래 증가, 환율의 변동성 증가 등으로 이들 외화에 대한 적극적인 환위험헷지의 필요성이 대두되면서 2006년 5월에 엔선물과 유로선물이 상장되었고, 2015년 10월에는 위안선물이 추가로 상장되었다.

02 선물의 특징

두 당사자 간에 사적이고 비공식적으로 거래가 이루어지는 선도(forward)거래의

548 PART 4 | 재무관리 기타 주제

유래는 고대 그리스시대까지 거슬러 올라간다. 19세기에 이르러서야 계약이 표준화되고 조직화된 시장에서 거래되는 현대적인 선물(futures)거래가 등장하였다. 선도계약에 대비하여 선물계약은 조직화된 거래소, 표준화된 계약조건, 청산소, 증거금 및 일일정산, 용이한 포지션 종결, 감독규제기관을 가진다는 점에서 차이가 있다.

1. 조직화된 거래소

선도거래는 장소의 구분 없이 어느 곳에서나 이루어질 수 있는 반면, 선물은 항상 조직화된 거래소에서만 거래가 이루어진다. 미국에서 가장 큰 선물거래소는 시카고상업거래소(CME)가 2007년 7월에 시카고상품거래소(CBOT), 2008년 8월에 뉴욕상업거래소(NYMEX)를 흡수합병한 CME그룹이다. 미국 내의 두 번째로 큰 거래소는 2013년에 NYSE Euronext를 흡수합병한 ICE(Intercontinental Exchange)이다.

한편, 유럽지역의 가장 큰 거래소는 독일 최대 주식거래소인 독일증권거래소(Deutsche Börse Exchange)와 스위스파생상품거래소(SOFFEX: Swiss Options and Financial Futures)가 합병한 Eurex그룹이다. Eurex그룹은 Eurex거래소(Eurex Exchange), 유럽에너지거래소(European Energy Exchange), Eurex청산소(Eurex Clearing), Eurex채권시장(Eurex Bonds), Eurex리포시장(Eurex Repo)으로 구성되어 있다.

최근에는 인도의 NSE(National Stock Exchange)와 중국의 다롄거래소(DEC: Dalian Commodity Exchange), 상해선물거래소(SHFE: Shanghai Futures Exchange) 등이 급성장하여 글로벌 장내파생상품순위에서 상위를 차지하고 있다. 우리나라의 한국거래소(KRX: Korea Exchange)도 KOSPI200선물과 KOSPI200옵션의 성장에 힘입어 파생금융상품이 도입된 시점이 선진국에 비해 매우 늦지만 짧은 시간에 세계적인 거래소로 급성장하였다.

2. 표준화된 계약조건

선도거래와 선물거래의 또 다른 차이점은 표준화된 계약의 존재 여부이다. 선도거래는 당사자 간의 합의에 따라 거래가 이루어진다. 반면 선물은 계약이 표준화되어 있으므로, 어떤 상품이 어떠한 조건으로 어떻게 거래되는가를 알 수 있게 되어 선물 거래의 유동성을 촉진시킨다.

선물계약의 거래조건들은 거래소마다 상품별로 표준화되어 있다. 예를 들어, KOSPI200선물의 표준화된 계약조건을 살펴보자. 선물은 1계약을 기준으로 거래되기 때문에 1계약을 거래했을 때 얼마만큼 거래대상을 인수도할 것인가를 정해야 하는데, 이러한 계약의 크기를 거래단위라고 한다. KOSPI200선물의 경우 한국거래소에 상장된 200개 주식의 평균값인 KOSPI200이라는 주가지수를 거래대상(기초자산)으로 선물거래를 한다.

따라서 KOSPI200선물은 KOSPI200에 대해 KOSPI200 1포인트당 25만원을 곱한 금액을 거래단위로 정하고 있다.[1] 예를 들어, 오늘 300포인트 하는 KOSPI200선물을 1계약 매수하였다면, KOSPI200선물 1계약의 거래단위는 75,000,000원(=300포인트×1계약×25만원)이 된다.

또한, 선물은 미래의 특정시점에 거래대상인 기초자산을 주고받는 계약이기 때문에 그 특정시점, 즉 몇 월에 인수도할 것인가를 미리 정해야 한다. KOSPI200선물의 경우는 매 분기 마지막 월인 3월, 6월, 9월 12월을 결제월로 정하여 3년 이내 7개 결제월(3, 9월: 각1개, 6월: 2개, 12월: 3개)이 상장되어 거래된다.[2]

선물의 결제월을 정한 후에는 어느 날에 인수도할 것인가를 정해야 한다. 인수도일 전에 선물을 최종적으로 거래할 수 있는 날을 최종거래일이라고 하고 실제로 인수도하기까지 시간이 걸리며 인수도가 일어나는 날을 최종결제일이라고 한다. KOSPI200선물의 최종거래일은 3월, 6월, 9월, 12월의 두 번째 목요일이며 최종결제일은 최종거래일(T)의 다음 거래일($T+1$)로 정하여 놓고 있다.[3]

인수도가 이루어질 때 KOSPI200선물의 거래대상인 KOSPI200은 200개 주식으로 산출된 주가지수이고 만일 최종결제 시에 실제로 주식실물을 인수도 해야 한다면 200개 주식을 한꺼번에 동시에 매매하여 인도해야 하는 불편함이 있게 된다. 따라서

---

1 2017년 3월 27일 선물거래 활성화 방안의 일환으로 기존의 거래승수를 50만원에서 25만원으로 변경하였다.

2 예를 들어, 오늘이 10월 25일이라면 12월물, 내년 3월물, 6월물, 9월물, 12월물, 내후년 6월물, 12월물이 상장되어 거래된다. 따라서 항상 3월물과 9월물 각 1개, 6월물 2개, 12월물 3개가 상장된다.

3 예를 들어, 9월물은 9월의 두 번째 목요일까지 거래가 되며, 금요일에 인수도가 이루어진다.

표 17-1 • 한국거래소 주요 선물 거래명세

구분	KOSPI200선물	3년국채선물	미국달러선물	금선물
기초자산	KOSPI200지수	액면이자율 5%, 6개월단위 이자지급방식의 3년만기 국고채	미국달러화(USD)	순도 99.99% 이상 1kg 벽돌모양 직육면체 금지금
거래단위	KOSPI200선물가격 ×25만원	액면 1억원	US $10,000	100g
결제월	3, 6, 9, 12월	3, 6, 9, 12월	분기월 중 12개와 그 밖의 월 중 8개	짝수월 6개와 그 밖의 월 중 1개
상장결제월	3년 이내의 7개 결제월(3, 9: 각 1개, 6월: 2개, 12월: 3개)	6월 이내의 2개 결제월	총20개(1년 이내 매월, 1년 초과 매분기월 상장)	1년 이내의 짝수월 (2, 4, 6, 8, 10, 12) 6개 결제월과 2개월 이내의 그 밖의 결제월 1개
가격표시방법	KOSPI200선물수치 (포인트)	액면 100원당 원화백분율방식)	US $1당 원화	g당 원화
호가가격단위	0.05포인트	0.01포인트	0.1원	10원/g
최소가격변동금액	12,500원 (25만원×0.05)	10,000원 (1억원×0.01×1/100)	1,000원 (US $10,000×0.1원)	1,000원 (100g×10원)
거래시간	09:00-15:45 (최종거래일: 09:00-15:20)	09:00-15:45 (최종거래일: 09:00-11:30)	09:00-15:45 (최종거래일: 09:00-11:30)	09:00-15:45 (최종거래일: 09:00-15:20)
최종거래일	각 결제월의 두 번째 목요일 (공휴일인 경우 순차적으로 앞당김)	결제월의 세 번째 화요일 (공휴일인 경우 순차적으로 앞당김)	결제월의 세 번째 월요일 (공휴일인 경우 순차적으로 앞당김)	결제월의 세 번째 수요일 (공휴일인 경우 순차적으로 앞당김)
최종결제일	최종거래일의 다음 거래일	최종거래일의 다음 거래일	최종거래일로부터 기산하여 3일째 거래일	최종거래일의 다음 거래일
최종결제방법	현금결제	현금결제	인수도결제	현금결제

자료: 한국거래소(www.krx.co.kr)

200개 주식의 가격을 지수화하여 1포인트당 25만원씩 주고 받기로 정하여 현금결제를 한다.

예를 들어, A가 KOSPI200선물 1계약을 300포인트에 매수하였다고 하자. 3개월 후 두 번째 목요일이 되었을 때 KOSPI200이 320포인트가 되면 $20(=S_T-F_0=320-300)$포인트만큼 이익이 발생하게 된다. 이때 A는 KOSPI200 20포인트의 이익을 돈으로 환산하여 받게 된다. 즉, 1포인트당 25만원을 곱하여 500만원(= 20포인트 × 1계약 × 25만원)의 현금을 받는다.

한편, 투자자들이 선물가격을 조정하여 거래를 체결하고자 할 때 선물가격을 최소한으로 움직일 수 있는 수준을 설정해 놓아야 한다. 즉, 투자자가 주문을 제출할 때 표준화된 호가단위(tick)를 따라야 하는데, 호가단위란 제시가격의 최소가격단위[4]를 말한다.

KOSPI200선물은 예를 들어, 300.00, 300.05, 300.10처럼 0.05포인트 간격으로 호가를 한다. 이 호가단위를 금액으로 환산하면 12,500원(= 0.05포인트 × 25만원)이다. 따라서 KOSPI200선물가격의 상승과 하락이 0.05포인트 간격으로 움직인다는 것은 12,500원만큼 KOSPI200가격이 오르거나 내린다는 의미이다.

예제 **KOSPI200선물**

2월 1일 KOSPI200선물시세가 아래와 같다.

(단위: 포인트, 계약)

종목	종가	전일대비	시가	고가	저가	거래량
KOSPI200	273.12	−5.33	274.80	275.95	273.12	116,192
3월물	274.15	−4.65	275.05	276.50	273.25	403,486
6월물	275.10	−5.20	277.50	278.05	275.00	1,710
9월물	280.60	−1.90	0.00	0.00	0.00	0
12월물	276.50	−8.10	275.25	276.50	275.25	25

(1) 위의 KOSPI200선물시세표에서 현재 현물가격은 얼마인가?

(2) KOSPI200선물 3월물 1계약을 274.15에 매수하여 선물만기일인 3월 10일(목)까지 보유할 경우 만기일의 현물가격이 278.72라면 얼마만큼의 이익 혹은 손실이 발생하는가?

(3) 위의 경우 예상이 빗나가 만기일의 현물가격이 263.65로 내려가면 얼마만큼의 이

---

4 최소가격변동폭을 틱사이즈(tick size)라고도 한다. 틱은 시계에서 초침이 째깍하고 움직이는 한 칸을 나타내는 데서 유래한 말로 가장 작은 변동폭을 의미한다.

익 혹은 손실이 발생하는가?

(4) 현재 1,000억원어치의 주식을 보유하고 있는 펀드매니저가 향후 주가가 하락할 것이 우려되어 KOSPI200선물 3월물 840계약을 274.15에 매도하였다. 실제로 주가가 하락하여 주식가치가 950억원이 되었고 만기일의 현물가격이 250.45까지 하락할 경우 선물포지션으로부터의 손익은 얼마인가?

[답]

(1) 273.12

(2) $(278.72 - 274.15) \times 25$만원 $\times 1$계약 $= 1,142,500$원

(3) $(263.65 - 274.15) \times 25$만원 $\times 1$계약 $= -2,625,000$원

(4) $(274.15 - 250.45) \times 25$만원 $\times 840$계약 $= 4,977,000,000$원 이익

3. 청산소

선도와 달리 선물은 일단 거래가 합의되면 청산소(clearing house)가 개입한다. 선물의 거래당사자가 계약을 직접 보유하는 것이 아니라 청산소가 매도자에게는 매수자의 입장을 그리고 매수자에게는 매도자의 입장을 취함으로써, 청산소는 양쪽의 거래당사자에 대해 거래 파트너의 역할과 더불어 시장 내의 모든 참가자들에게 계약이행을 보장하는 역할을 수행한다. 만약 거래당사자 중 어느 한쪽이 계약조건을 이행하지 않을 경우에는 청산소가 손실을 입는다.

청산소는 선물거래의 포지션 청산을 쉽게 한다. 만약 현재 매수포지션을 보유한 투자자가 이것을 청산하기 위해 매도포지션을 주문하는 반대매매를 수행할 경우 청산소는 매수 및 매도포지션을 정산하여 순포지션을 0으로 만든다. 투자자는 순포지션이 0이 됨에 따라 만기일에 따로 계약을 이행해야 할 필요가 없다.

이처럼 선물계약 거래당사자들의 계약불이행이 최소화가 되도록 선물의 매수자 및 매도자 간에 계약이 이행될 것을 보장하는 기관인 청산소는 거래의 계약당사자로서의 역할뿐만 아니라 증거금(margin)과 일일정산(daily settlement) 등의 청산업무를 수행하고 거래에 참여한 투자자의 거래내역자료를 보유하고 있다. 외국의 경우 거래소가 별도로 청산소를 설치하여 운영하고 있지만 우리나라는 청산소를 별도로 두지

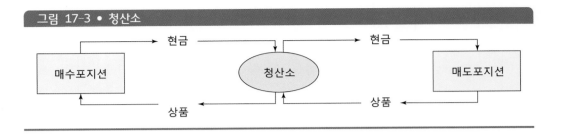

그림 17-3 ● 청산소

현금 → 현금 →

매수포지션　　　　청산소　　　　매도포지션

상품 ← 상품 ←

않고 한국거래소가 청산소의 역할을 하고 있다.

4. 증거금 및 일일정산

선물거래는 거래대상을 미래에 인수도하기 때문에 계약시점에 일종의 계약금과 같이 전체 거래금액의 일부만을 납부하는 증거금제도를 갖고 있다. 즉, 계약금 성격의 증거금만 낸다면 지금 현재 상품대금이 없더라도 선물거래가 가능하다.

증거금제도는 선물거래가 계약시점에서는 손익을 알 수 없고 미래에 거래대상을 인수도하는 날에 손익을 알 수 있기 때문에 투자자로부터 혹시 미래의 인수도 시점에 선물의 거래자가 손실이 발생하더라도 반드시 결제이행을 하겠다고 약속하는 일종의 계약금 성격으로 생겨났다. 선도거래에서는 미래의 시점에 손실이 발생한 어느 일방이 거래를 이행하지 않을 위험이 있으나, 선물거래에서는 계약당시에 납부하는 증거금이 향후 미래시점에 손실을 보더라도 계약을 반드시 이행한다는 계약이행보증의 역할을 하는 것이다.

증거금은 통상적으로 기초자산의 가격이 하루 동안 최대로 움직이는 수준으로 설정하고 있으며, 일반투자자가 거래소회원(증권회사 및 선물회사)에게 납부하는 위탁증거금과 거래소회원이 거래소에 납부하는 거래증거금으로 구분된다. 이 중 위탁증거금은 크게 개시증거금(initial margin),[5] 유지증거금(maintenance margin),[6] 추가증거금(variation margin)으로 구분된다. 또한 연쇄적인 결제불이행을 방지하기 위하여 증거금을 매일 산출하여 손실액이 누적되지 않도록 일일정산(daily settlement)을 하고 있다.

5　한국거래소에서는 개시증거금을 위탁증거금이라고 부른다.
6　한국거래소에서는 유지증거금을 위탁유지증거금이라고 부른다.

개시증거금은 선물거래 개시일에 최초로 납부하는 증거금으로 이는 상품의 거래가격과 변동성 등을 감안하여 상품마다 다르다. 유지증거금은 선물거래를 하는 동안 유지해야 하는 최저수준의 증거금을 말한다.

만약 투자자의 증거금 잔고가 유지증거금 수준 이하로 하락하게 되면 추가증거금 납부 통보(마진 콜: margin call)를 받게 되며, 그 다음날 12:00까지 개시증거금 수준까지 추가로 증거금을 납부해야 하는데 이를 추가증거금(혹은 변동증거금)이라고 한다. 선물거래 기간 동안 선물의 가격이 변동함에 따라 매일매일 손익이 발생할 것이며, 이러한 손익을 증거금의 증감에 반영하는 것을 일일정산이라고 한다.

예를 들어, KOSPI200선물 1계약을 300포인트에 매수하는 계약을 체결하려면 개시증거금으로 5,625,000원(＝1계약×300×25만원×7.5%)을 납부해야 한다.[7] 만약 선물의 가격이 287포인트로 하락할 경우 3,250,000원(＝1계약×(300−287)×25만원)의 손실이 발생하고 이 금액은 증거금에서 정산되어 증거금으로 2,375,000원(＝5,625,000원−3,250,000원)만 남는다.

이 날 현물종가가 310포인트라면 현물종가에 근거하여 계산되는 유지증거금(5%)은 3,875,000원(＝1계약×310×25만원×5%)이 된다. 증거금 잔액 2,375,000원이 유지증거금인 3,875,000원보다 낮기 때문에 개시증거금 수준인 5,625,000원까지 3,250,000원(＝5,625,000원−2,375,000원)을 추가증거금으로 납부해야 한다. 이처럼 선물은 선물가격의 변동으로 인한 손익을 일일정산을 통하여 매 거래일마다 확정짓는다.

5. 용이한 포지션종결

선물은 미국달러선물처럼 만기일에 실물을 인도하거나 혹은 KOSPI200선물이나 3년국채선물처럼 현금결제로 포지션을 종결할 수 있다. 또한 선도와 달리 선물은 만기 전에 반대매매를 통하여 포지션을 종결할 수도 있다. 반대매매에는 선물을 매수한 투자자가 동일한 종목을 도로 매도하는 전매와 선물을 매도한 투자자가 동일한 종목을 도로 매수하는 환매가 있다.

---

7 2019년 10월 30일 현재 KOSPI200선물 개시증거금(위탁증거금률)은 7.5%이고, 유지증거금(유지위탁증거금률)은 5%이다. 증거금율은 시장상황에 따라 변동되며 선물상품마다 달리 정하고 있다.

6. 감독규제기관

선물시장에서 과도한 투기나 가격조작이 발생할 경우 선물가격이 왜곡되어 시장의 효율성을 저해한다. 선물시장은 가격조작의 가능성과 투기성이 큰 시장으로 인식되어 있기 때문에 선물거래의 순기능을 극대화하기 위해서는 적절한 규제조치가 필요하다. 우리나라의 경우 선물의 감독규제기관으로 금융위원회, 증권선물위원회, 금융감독원이 공적인 규제기관으로서, 한국거래소와 한국금융투자협회가 자율규제기관으로서 감독 역할을 수행하고 있다.

금융위원회는 금융시장에 대한 정책수립과 전반적인 금융규제 및 감독에 대한 심의·의결을 수행하고 있고 금융위원회에 별도로 설치된 기구인 증권선물위원회는 증권 및 선물시장의 관리·감독 및 감시 등의 업무를 수행한다. 그리고 금융감독원은 실질적으로 금융기관에 대한 검사 및 감독 그리고 증권·선물시장에 대한 조사·감독·감시업무를 수행하는 집행기관이다.

SECTION
03 선물의 가격결정

1. 보유비용모형의 개념

선물거래는 미래에 물건을 인수도하는 계약을 현재 하는 것이다. 따라서 미래에 물건가격이 어떻게 형성될지에 대한 예측이 선물가격에 반영된다. 미래 물건가격이 오르리라고 예상되면 선물을 많이들 사게 되어 선물가격이 오르게 되고, 반대로 미래 물건가격이 내릴 것으로 예상되면 선물을 많이들 팔게 되어 선물가격이 내리게 된다. 그렇다면 선물가격을 이론적으로 어떻게 구할 수 있을까?

현물과 선물의 가격 사이에 어떠한 관계가 성립하는지 이해를 돕기 위해 상품선물을 예를 들어 생각해보자. 예를 들어, 현재 금 1톤 가격이 1,000억원이라고 할 때, A가 1년 후에 금 1톤을 1,100억원에 매도하는 것과 금 1톤을 1년 후에 매도하기로 약속하는 선물매도를 비교해보자.

첫째, A가 1,000억원을 빌려서 현물시장에서 금 1톤을 사서 보유하고 있다가 1년 후에 판매할 경우, 보유하는 기간 동안 1,000억원 차입에 대한 이자 40억원, 금을 안전하게 창고 등에 보관하는 보관비용이 30억원, 화재나 도난 등에 대비한 보험료 30억원이 든다. 그리고 1년 후에 A는 금가격 1,000억원에 이러한 부대비용 100억원을 합하여 1,100억원에 매도한다고 하자.

둘째, 현재 A는 만기 1년인 금선물을 1,300억원에 매도계약을 하고, 선물만기시점에 A는 선물매도 계약을 이행하여 금을 내주고 1,300억원을 받는다고 하자.

현물시장을 이용하여 금을 팔 경우 1년 후에 1,100억원을 받지만, 선물시장을 이용하여 금을 팔 경우에는 1년 후에 1,300억원을 받게 된다. 1년 후 시점에서 보면 동일한 금 1톤에 대해서 현물가격이나 선물가격은 동일해야 하는데, 선물을 이용할 경우 200억원의 차익을 얻을 수 있게 된다.

이와 같은 차익거래기회가 존재한다면 너도 나도 이익을 얻기 위해 선물을 매도하고 현물을 매수할 것이다. 선물매도가 많아져 선물공급이 증가하면 선물가격이 내려가고, 현물매수가 많아져 현물수요가 증가하면 현물가격이 올라가게 된다. 선물가격의 하락과 현물가격의 상승은 이익을 얻을 수 없을 때까지, 즉 이자비용, 보관비용, 보험료 등의 보유비용(cost-of-carry)[8]까지 고려된 현물가격과 선물가격이 일치하여 이익이 존재하지 않을 때까지 가격조정이 계속될 것이다. 이는 선물이론가격이 현물가격에 보유비용을 고려하여 결정됨을 의미한다.[9]

---

8 보유비용이란 현재부터 인수도하는 날까지 현물을 보유하는 데 관련된 비용으로서 보관비용(storage costs), 보험료(insurance costs), 운송비용(transportation costs), 이자와 같은 금융비용(financing costs) 등을 말한다. 보관비용은 선물의 만기일까지 현물을 창고에 보관할 경우 발생하는 비용이다. 보험료는 만기일까지 현물을 보관할 경우 그동안 발생할지도 모르는 화재나 상품의 변질에 대비하여 지불하는 비용이다. 운송비용은 대상자산을 인수도 장소까지 운송할 때 드는 비용이다. 이자는 현물을 매수하여 만기일까지 보관할 경우 발생하는 현물매수자금의 기회비용을 말한다.

9 현물가격에 보유비용을 고려하여 선물이론가격이 된다는 것을 직관적으로 보면, 만기 시에 인도할 현물을 매수하기 위해서 필요한 자금을 조달하고 이에 대한 이자를 지급해야 하는 선물매도자는 이자비용을 선물가격에 반영하여 보상받으려 할 것이기 때문에 이자가 클수록 선물가격이 오르게 된다. 이자비용뿐만 아니라 인도할 현물을 보유하는 데 소요되는 보관비용, 창고비용, 보험료 등도

$$\text{선물이론가격} = \text{현물가격} + \text{보유비용(이자비용, 보관비용, 보험료 등)} \qquad (17\text{-}1)$$

결국, 선물과 현물은 대상물(거래대상인 기초자산)의 인수도 및 대금지불 시점만 다를 뿐 실질적으로 동일한 투자대상물이므로 선물계약이행시점(선물만기일)에는 선물과 현물의 구별이 없어지고 수렴(convergence)[10]하게 되어, 이론적인 선물가격은 현물가격에 보유비용을 고려한 가격이 되고 현물과 선물에 대한 투자결과는 동일해야 한다.

2. 보유비용모형

(1) 보유비용모형: 매수측면에서의 KOSPI200선물이론가격

〈표 17-2〉에 나타낸 것과 같이 전략 A는 현재시점에서 KOSPI200선물을 직접 매수하는 전략이다. KOSPI200선물을 살 때 공짜로 사니까 현재시점의 현금흐름은 0이 된다. 만기시점에서는 KOSPI200선물계약을 이행하여 $S_T - F_0$만큼의 현금흐름이 발생한다.

전략 B는 KOSPI200 매수와 현금을 차입하는 것이다. KOSPI200의 현재가격인 S_0를 주고 KOSPI200을 매수하므로 현금흐름이 $-S_0$이 되고, $(F_0 + \sum d_t)/(1 + r \times T/365)$만큼 돈을 빌리므로 현금흐름이 $+(F_0 + \sum d_t)/(1 + r \times T/365)$가 된다. 따라서 전략 B의 현재시점에서의 총현금흐름은 $-S_0 + (F_0 + \sum d_t)/(1 + r \times T/365)$이다.

만기시점에서는 KOSPI200을 보유하여 얻게 되는 S_T와 이 기간 동안 받은 배당금을 재투자하여 쌓인 $\sum d_t$의 합인 $S_T + \sum d_t$가 발생한다. 그리고 현재시점에서 $(F_0 + \sum d_t)/[1 + r \times T/365]$만큼 빌려온 돈을 갚아야 하므로 $-F_0 - \sum d_t$ $[\leftarrow (F_0 + \sum d_t)/(1 + r \times T/365) \times (1 + r \times T/365)]$가 발생하게 된다. 따라서 전략 B의 만기시점에서의 총현금흐름은 $S_T - F_0$이 되어, 전략 A의 현금흐름과 일치한다.

선물가격에 반영되지 않으면 아무도 선물을 매도하려고 하지 않기 때문에 이러한 비용들이 모두 선물가격에 반영되어 이들 비용이 클수록 선물가격이 커지게 된다.

10 만기일이 다가올수록 선물가격과 현물가격이 접근하여 만기일에는 선물가격과 현물가격이 같아지는데 이를 수렴이라고 한다. 이를 직관적으로 봐도 선물의 이론가격을 구성하는 요소인 이자비용, 보관비용, 보험료 등이 만기일에는 없기(0) 때문에 선물가격과 현물가격이 동일해진다.

표 17-2 • KOSPI200선물의 보유비용모형(매수측면)

전략	현재시점의 현금흐름	만기시점의 현금흐름
A: KOSPI200선물 매수	0	$S_T - F_0$
B: KOSPI200 매수	$-S_0$	$S_T + \sum d_t$
차입	$\dfrac{F_0 + \sum d_t}{1 + r \times \dfrac{T}{365}}$	$-F_0 - \sum d_t$
	$-S_0 + \dfrac{F_0 + \sum d_t}{1 + r \times \dfrac{T}{365}}$	$S_T - F_0$

여기서, r : 한국금융투자협회가 산출하는 만기가 91일인 양도성예금증서의 최근일의 연수익률
$\sum d_t$: 현재시점부터 만기시점까지 KOSPI200 구성종목의 선물배당액지수의 합계

이와 같이 전략 A와 전략 B는 만기시점에서 동일한 가치를 가져 현금흐름이 같으므로 현재시점에서 두 전략의 가치도 같아야만 차익거래이익이 발생하지 않게 된다. 전략 A의 현재시점의 현금흐름 0과 전략 B의 현재시점의 현금흐름 $-S_0 + (F_0 + \sum d_t)/(1 + r \times T/365)$가 동일해야 하므로 선물이론가격은 식(17-2)와 같이 도출된다.

$$0 = -S_0 + \frac{F_0 + \sum d_t}{1 + r \times \dfrac{T}{365}} \quad \rightarrow \quad F_0 = S_0 \left(1 + r \times \frac{T}{365}\right) - \sum d_t \tag{17-2}$$

보유비용모형이라고 불리는 식(17-2)는 KOSPI200선물이 금융상품이기 때문에 보유비용 중 오직 금융비용인 이자만 존재하므로 이자비용만 고려하여 선물이론가격을 나타낸 것이다. 식(17-2)에서 선물가격은 현재 현물가격에 보유비용이 고려된 가격이 되므로 KOSPI200선물을 매수하는 것은 자금을 빌려서 현물인 주식을 매수하는 것과 같음을 알 수 있다. 즉, 주식매수의 경우 빌린 자금에 대한 이자는 비용, 배당은 수입이므로 이자에서 배당을 차감한 순이자 개념으로 보유비용을 보면, 보유비용을 고려한 주식매수와 선물매수는 같음을 나타낸다.

(2) 보유비용모형: 매도측면에서의 KOSPI200선물이론가격

〈표 17-3〉에서 전략 C는 현재시점에서 KOSPI200선물을 매도하는 것이다. KOSPI200선물을 팔 때 공짜로 파니까 현재시점의 현금흐름은 0이 된다. 만기시점에서는 KOSPI200선물계약을 이행하여 $F_0 - S_T$만큼의 현금흐름이 발생한다.

전략 D는 KOSPI200을 공매하고 돈을 대출하는 것이다. 오늘 주식을 빌려와서 파니까 KOSPI200의 현재가격 S_0이 들어온다. 그리고 $(F_0 + \sum d_t)/(1 + r \times T/365)$를 빌려주면 현재시점에서의 현금흐름은 $-(F_0 + \sum d_t)/(1 + r \times T/365)$가 된다. 따라서 전략 D의 현재시점에서의 총현금흐름은 $S_0 - (F_0 + \sum d_t)/(1 + r \times T/365)$이다.

만기시점에서는 현재시점에서 공매한 현물을 사서 갚아야 하므로 현금흐름은 $-S_T$가 되며, 현재시점부터 만기시점까지의 배당금도 물어내어야 하므로 $-\sum d_t$가 되어, 공매로 인한 만기시점의 현금흐름은 $-S_T - \sum d_t$가 된다. 그리고 현재시점에서 $(F_0 + \sum d_t)/(1 + r \times T/365)$만큼 빌려준 돈의 원리금 $F_0 + \sum d_t[\leftarrow (F_0 + \sum d_t)/(1 + r \times T/365) \times (1 + r \times T/365)]$를 받는다. 따라서 만기시점의 총현금흐름은 $F_0 - S_T$가 되어, 전략 C의 현금흐름과 일치한다.

이와 같이 전략 C와 전략 D는 만기시점에서 동일한 가치를 가져 현금흐름이 같으므로 현재시점에서 두 전략의 가치도 같아야만 차익거래이익이 발생하지 않게 된다. 즉, 전략 C의 현재시점의 현금흐름 0과 전략 D의 현재시점의 현금흐름 $S_0 - (F_0 + \sum d_t)/(1 + r \times T/365)$가 동일해야 하므로 선물이론가격은 식(17-3)과 같이

표 17-3 • KOSPI200선물의 보유비용모형(매도측면)

전략	현재시점의 현금흐름	만기시점의 현금흐름
C: KOSPI200선물 매도	0	$F_0 - S_T$
D: KOSPI200 공매	S_0	$-S_T - \sum d_t$
대출	$-\dfrac{F_0 + \sum d_t}{1 + r \times \dfrac{T}{365}}$	$F_0 + \sum d_t$
	$S_0 - \dfrac{F_0 + \sum d_t}{1 + r \times \dfrac{T}{365}}$	$F_0 - S_T$

도출된다.

$$0 = S_0 - \frac{F_0 + \sum d_t}{1 + r \times \dfrac{T}{365}} \;\rightarrow\; F_0 = S_0\left(1 + r \times \frac{T}{365}\right) - \sum d_t \qquad (17\text{-}3)$$

차입이자율과 대출이자율이 서로 같다면 전략 A와 전략 B로부터 구해 낸 식(17-2)의 선물이론가격과 전략 C와 전략 D로부터 구해낸 식(17-3)의 선물이론가격이 서로 같게 된다.

KOSPI200선물의 이론가격 계산 시 차입이자율 및 대출이자율은 한국금융투자협회가 산출하는 만기가 91일인 양도성예금증서의 최근일의 연수익률을 사용하도록 정하고 있다. 선물이론가격은 선물가격의 적정성을 판단하는데 중요한 지표로 사용되고 있는데, 현재 거래소 및 회원사 등은 실시간으로 각 선물의 이론가격을 계산하여 투자자들에게 제공하고 있다.

3. KOSPI200선물 차익거래전략

(1) KOSPI200선물 매수차익거래전략

KOSPI200선물 실제가격이 과대평가되어 있을 경우에는 〈표 17-4〉에서처럼 과대평가된 KOSPI200선물을 매도하고(전략 C) 현물매수에 필요한 자금을 차입하여 과소평가된 KOSPI200현물을 매수(전략 B)함으로써 선물만기일에 식(17-4)의 차익거래이

표 17-4 • KOSPI200선물 매수차익거래전략(전략 C+전략 B)

전략	현재시점의 현금흐름	만기시점의 현금흐름
C: KOSPI200선물 매도	0	$F_0 - S_T$
B: KOSPI200 매수	$-S_0$	$S_T + \sum d_t$
차입	S_0	$-S_0\left(1 + r \times \dfrac{T}{365}\right)$
차익거래이익	0	$F_0 - \left[S_0\left(1 + r \times \dfrac{T}{365}\right) - \sum d_t\right]$

익을 얻는다.

$$\text{매수차익거래이익} = \text{KOSPI200선물 실제가격} - \text{KOSPI200선물 이론가격}$$

$$= F_0 - \left[S_0 \left(1 + r \times \frac{T}{365} \right) - \sum d_t \right] \tag{17-4}$$

이처럼 비싼 선물을 매도하고 차입한 자금으로 싼 현물을 매수하는 것, 즉 전략 C와 전략 B를 묶은 것을 매수차익거래전략(cash-and-carry arbitrage)이라고 한다. 이 때 〈표 17-4〉를 보면 차익거래자는 현재시점에서 아무런 비용을 부담하지 않고(zero investment) 선물만기일에 주가(S_T)가 오르든 내리든 $-S_T$와 $+S_T$가 서로 상쇄되어 주가의 움직임에 상관없이(no uncertainty, risk-free) $F_0 - [S_0(1 + r \times T/365) - \sum d_t]$만큼의 차익거래이익을 얻는다.

(2) KOSPI200선물 매도차익거래전략

KOSPI200선물 실제가격이 과소평가되어 있으면 〈표 17-5〉에서처럼 과소평가된 KOSPI200선물을 직접 매수(전략 A)하고 과대평가된 KOSPI200현물을 공매하여 그 자금을 대출(전략 D)함으로써 선물만기일에 식(17-5)의 차익거래이익을 얻는다.

$$\text{매도차익거래이익} = \text{KOSPI200선물 이론가격} - \text{KOSPI200선물 실제가격}$$

$$= \left[S_0 \left(1 + r \times \frac{T}{365} \right) - \sum d_t \right] - F_0 \tag{17-5}$$

표 17-5 • KOSPI200선물 매도차익거래전략(전략 A + 전략 D)

전략	현재시점의 현금흐름	만기시점의 현금흐름
A: KOSPI200선물 매수	0	$S_T - F_0$
D: KOSPI200 공매	S_0	$-S_T - \sum d_t$
대출	$-S_0$	$S_0 \left(1 + r \times \dfrac{T}{365} \right)$
차익거래이익	0	$\left[S_0 \left(1 + r \times \dfrac{T}{365} \right) - \sum d_t \right] - F_0$

이와 같이 싼 선물을 매수하고 비싼 현물을 공매한 자금을 대출하는 것, 즉 전략 A와 전략 D를 묶은 것을 매도차익거래전략(reverse cash-and-carry arbitrage)이라고 한다. KOSPI200선물 매수차익거래와 마찬가지로 차익거래자는 현재시점에서 아무런 비용 (zero investment)을 부담하지 않고 선물만기일에 주가움직임에 상관없이(no uncertainty, risk-free) $[S_0(1 + r \times T/365) - \sum d_t] - F_0$만큼의 차익거래이익을 얻는다.

예제	KOSPI200선물 차익거래전략

오늘 KOSPI200선물의 이론가격은 312다. 이론가격 계산 시 사용한 이자율은 1.37%, 선물배당액지수($\sum d_t$)는 0.5, 만기일까지의 잔존기간 일수는 53일이다. 이 날 KOSPI200선물의 실제가격은 312.45, KOSPI200현물은 311.88이다.

(1) 어떠한 차익거래전략을 세울 것이며 차익거래이익은 얼마인가?

(2) 만일 KOSPI200선물의 실제가격이 311.45라면 어떠한 차익거래전략을 세울 것이며 차익거래이익은 얼마인가?

[답]

(1) 실제가격 > 이론가격 → 선물매도, 현물매수: 매수차익거래전략

매수차익거래전략	현재시점의 현금흐름	만기시점의 현금흐름
C: KOSPI200선물 매도	0	$312.45 - S_T$
B: KOSPI200 매수	−311.88	$S_T + 0.5$
차입	311.88	$-311.88\left(1 + 0.0137 \times \dfrac{53}{365}\right)$
	0	$0.45(= 312.45 - 312)$

따라서 차익거래이익은 0.45이고, 이를 금액으로 환산하면 1계약당 25만원에 해당하므로 112,500원(= 1계약 × 0.45 × 250,000원)이다.

(2) 실제가격 < 이론가격 → 선물매수, 현물매도: 매도차익거래전략

매도차익거래전략	현재시점의 현금흐름	만기시점의 현금흐름
A: KOSPI200선물 매수	0	$S_T - 311.45$
D: KOSPI200 공매	311.88	$-S_T - 0.5$
대출	−311.88	$311.88\left(1 + 0.0137 \times \dfrac{53}{365}\right)$
	0	$0.55(= 312 - 311.45)$

따라서 차익거래이익은 0.55이고, 이를 금액으로 환산하면 1계약당 25만원에 해당하므로 137,500원(＝1계약×0.55×250,000원)이다.

04 KOSPI200선물 헷지전략

선물가격과 현물가격은 〈그림 17-4〉에서 보듯이 같은 방향으로 움직이며, 만기일에는 두 가격이 동일해진다. 왜냐하면, 선물은 미래의 특정시점에 현물을 사거나 파는 계약이며 선물만기일에서는 현물시장이나 선물시장 모두 같은 현물자산을 사거나 팔 수 있는 시장이 되어 양 시장에서 거래되는 대상의 가격이 일치해야 되기 때문

그림 17-4 • KOSPI200과 KOSPI200선물가격 추이

이다.[11]

헷지전략은 현물과 선물의 가격이 같은 방향으로 움직인다는 점을 이용하여 선물시장에서 현물시장과 반대되는 포지션을 취하여 현물보유에 따른 가격변동위험을 상쇄시키는 전략이다. 헷지전략의 성과는 선물가격과 현물가격이 얼마나 밀접하게 변동하느냐에 따라 크게 좌우된다.

1. 최소위험헷지

현재 주식포트폴리오(S)를 보유하고 있으면 S의 가격이 오르고 내리는 가격변동위험이 존재한다. 주가지수선물(F)의 가격이 S의 가격과 비슷하게 움직이므로, F를 매도하면 S의 가격이 내려갈 때 F의 가격도 같이 내려가서 S로부터의 자본손실을 F로부터의 자본이득으로 상쇄시킬 수 있다. 반면, S의 가격이 올라가면 S의 자본이득이 F의 자본손실과 상쇄된다. 따라서 S의 가격변동위험을 헷지하려면 S에 대해 F를 매도하면 된다.

예를 들어, S가 100만큼 움직일 때 F가 50만큼만 움직인다면 S 1개에 대해 F 2개를 매도해야 S의 가격변동을 F의 가격변동으로 상쇄시킬 수 있다. 이때 현물포지션 1개에 대한 선물포지션 2개를 헷지비율(h)(=선물포지션/현물포지션)이라고 한다. S 1개와 F h개로 헷지포트폴리오(P)를 구성할 경우 P의 수익률(R_P)은 다음과 같다.

$$R_P = R_S + hR_F \tag{17-6}$$

여기서, R_S =주식포트폴리오(S)의 수익률, R_F =주가지수선물(F)의 수익률

R_P의 분산을 구해보면,

$$\sigma_P^2 = \sigma_S^2 + h^2\sigma_F^2 + 2h\sigma_{SF} \tag{17-7}$$

헷지포트폴리오 수익률(R_P)의 위험, 즉 σ_P^2을 최소화하는 최소위험헷지(risk

---

[11] 만기일 하루 전의 선물가격은 하루 지난 후에 거래할 수 있는 현물의 예측가격이 되고, 만기시점 10분 전의 선물가격은 10분 후에 거래할 수 있는 현물의 예측가격이 되고, 만기시점 1초 전의 선물가격은 바로 1초 후에 거래할 수 있는 현물의 예측가격이 되며, 만기시점의 선물가격은 바로 지금 당장 거래할 수 있는 현물의 예측가격, 즉 현물가격이 된다는 개념이다.

minimization hedge)비율 h값을 구하기 위해 σ_P^2를 h에 대해 편미분하면 다음과 같다.

$$\frac{\partial \sigma_P^2}{\partial h} = 2h\,\sigma_F^2 + 2\,\sigma_{SF} \tag{17-8}$$

식(17-8)을 0으로 놓고 h에 대해 풀면, 최소위험헷지비율(h)이 도출된다.

$$h = -\frac{\sigma_{SF}}{\sigma_F^2} = -\frac{\rho_{SF}\sigma_S\sigma_F}{\sigma_F^2} \tag{17-9}$$

여기서, σ_{SF}와 ρ_{SF}는 각각 R_S와 R_F 간의 공분산과 상관계수를 나타냄

최소위험헷지비율(h)은 다음의 회귀분석을 통해서도 구할 수 있다. 회귀방정식의 기울기에 해당하는 베타계수는 민감도를 나타낸다. 예를 들어, $\beta = 1.2$인 경우, R_F가 10% 변동한다면 R_S는 12% 변동한다는 의미이다.

$$R_S = \alpha + \beta_S R_F + \epsilon \tag{17-10}$$

여기서, $\beta_S = \frac{\sigma_{SF}}{\sigma_F^{\,2}}$

헷지전략을 수행한 후 헷지전략이 얼마나 잘 수행되었는지 측정하기 위해 헷징효율성을 계산한다. 헷징효율성(hedging effectiveness)은 헷지 안 된 포지션의 분산(위험)에 대한 헷지에 의해 감소되는 분산(위험)의 비율로서 식(17-11)로 측정되며, 식(17-10)의 회귀식의 결정계수(R^2)와 동일한 값이다.[12]

$$헷징효율성(R^2) = \frac{Var\,(헷지\ 안\ 된\ 현물포지션) - Var\,(헷지포트폴리오)}{Var\,(헷지\ 안\ 된\ 현물포지션)} \tag{17-11}$$

---

12 $헷지효율성 = \dfrac{Var\,(헷지\ 안된\ 현물포지션) - Var\,(헷지포트폴리오)}{Var\,(헷지\ 안\ 된\ 현물포지션)} = \dfrac{\sigma_S^2 - \sigma_P^2}{\sigma_S^2} = 1 - \dfrac{\sigma_P^2}{\sigma_S^2}$

$\qquad = 1 - \dfrac{\sigma_S^2 + h^2\sigma_F^2 + 2h\sigma_{SF}}{\sigma_S^2} \quad (\because\ 식(17\text{-}7)\ \ \sigma_P^2 = \sigma_S^2 + h^2\sigma_F^2 + 2h\sigma_{SF})$

$\qquad = 1 - 1 - h^2\dfrac{\sigma_F^2}{\sigma_S^2} - 2h\dfrac{\sigma_{SF}}{\sigma_S^2} = -\left(-\dfrac{\sigma_{SF}}{\sigma_F^2}\right)^2 \dfrac{\sigma_F^2}{\sigma_S^2} - 2\left(-\dfrac{\sigma_{SF}}{\sigma_F^2}\right)\dfrac{\sigma_{SF}}{\sigma_S^2} \quad (\because\ 식(17\text{-}9)\ \ h = -\dfrac{\sigma_{SF}}{\sigma_F^2})$

$\qquad = -\dfrac{\sigma_{SF}^2}{\sigma_F^2\sigma_S^2} + 2\dfrac{\sigma_{SF}^2}{\sigma_F^2\sigma_S^2} = \dfrac{\sigma_{SF}^2}{\sigma_F^2\sigma_S^2} = \left(\dfrac{\sigma_{SF}}{\sigma_F^2}\right)^2 \dfrac{\sigma_F^2}{\sigma_S^2} = \dfrac{\beta_S^2\sigma_F^2}{\sigma_S^2} = \dfrac{설명되는\ 변동}{총변동} = 결정계수(R^2)$

예를 들어, 헷지 안 된 포지션의 분산이 100이고 헷지된 포지션의 분산이 20이라면 헷징효율성은 0.8(=(100−20)/100)이 되어 현물에 노출된 위험의 80%가 헷지에 의해 감소된다는 뜻이다. 따라서 헷징효율성이 높을수록 헷지가 잘 된 것을 의미하게된다. 극단적인 경우로 Var(헷지포트폴리오)=0이면 헷징효율성은 1이고, 전혀 헷지가안 되면 Var(헷지포트폴리오)가 Var(헷지 안 된 현물포지션)과 같아지므로 헷징효율성은 0이 되므로, 헷징효율성은 최대 1에서 최소 0이 된다.

헷지비율을 산출한 다음에는 주가지수선물에서 취하여야 하는 주가지수선물의최적계약수(N)를 결정해야 한다. 즉, 매수하거나 매도해야 할 선물을 계약단위수로환산하는 것이다. 최소위험헷지비율을 달성하는 선물의 최적계약수를 구하기 위해먼저 현물주식포트폴리오와 주가지수선물로 구성되는 헷지포트폴리오의 수익률을 살펴보자.

$$R_P = \frac{\Delta S + D + N\Delta F}{S}$$

$$= \frac{\Delta S + D}{S} + N\left(\frac{F}{S}\right)\left(\frac{\Delta F}{F}\right)$$

$$= R_S + N\left(\frac{F}{S}\right)R_F \tag{17-12}$$

여기서, ΔS =주식포트폴리오의 가치변동분
ΔF =선물가격변동분
D =배당금

식(17-12)로부터 헷지포트폴리오 위험 β_P는 현물위험 β_S와 선물위험 β_F로 표현할 수 있다.

$$\beta_P = \beta_S + N\left(\frac{F}{S}\right)\beta_F \tag{17-13}$$

식(17-13)에서 $\beta_F = 1$[13]이므로 식(17-13)은 식(17-14)로 정리된다.

---

13 식(17-10) $R_S = \alpha + \beta_S R_F + \epsilon$에서 현물의 베타값 $\beta_S = \sigma_{SF}/\sigma_F^2$는 선물에 대한 현물의 민감도를 나타낸다. 마찬가지로, $R_F = \alpha + \beta_F R_F + \epsilon$에서 선물의 베타값 $\beta_F = \sigma_{FF}/\sigma_F^2 = \sigma_F^2/\sigma_F^2 = 1$은 선물에 대한 선물의 민감도를 나타낸다.

$$N = (\beta_P - \beta_S) \times \frac{S}{F} \tag{17-14}$$

헷지의 목적이 β_P를 0으로 만들어 주식포트폴리오 가치변동분과 주가지수선물 가치변동분을 완벽하게 상쇄시키는 완전헷지(full hedge)라면 식(17-15)의 최적선물계약수는 다음과 같이 구해진다.

$$N = -\beta_S \times \frac{S}{F} \tag{17-15}$$

완전헷지, 즉 β_P가 0이 된다는 것은 주식포트폴리오 가치변동분과 주가지수선물 가치변동분이 완벽하게 상쇄되어 주식포트폴리오로부터의 손실이 주가지수선물로부터 완전히 보전된다는 것을 의미한다.

하지만, 이 경우 주식포트폴리오에서 이익이 발생하더라도 주가지수선물의 손실 때문에 자본이득이 0이 되는 한계점이 있다. 따라서 β_P를 0으로 만들지 말고 β_P를 적절히 줄이는 부분헷지(partial hedge)가 보다 더 현실적인 헷지전략이 될 수 있다.

예제 **최소위험헷지**

R_S는 KOSPI200수익률, R_F는 KOSPI200선물수익률일 때, 회귀식 $R_S = \alpha + \beta_S R_F + \varepsilon$을 회귀분석한 결과, $\hat{\alpha} = 0.7581$, $\hat{\beta} = 0.8534$, $R^2 = 0.84$로 나타났다. 선물가격은 322.45이고 현재 KOSPI200을 100억원어치 보유하고 있어 주가하락을 염려하고 있는 경우 완전헷지에 필요한 KOSPI200선물계약수를 구하시오. KOSPI200선물의 거래승수는 25만원이다.

[답]

$$N = -\beta_S \times \frac{S}{F} = -0.8534 \times \frac{10,000,000,000}{322.45 \times 250,000} = -124: \ 124계약 \ 매도한다.$$

---

2. KOSPI200선물 매도헷지

매도헷지(short hedge)는 KOSPI200현물시장에서 매수포지션을 취하고 있는 투자자가 KOSPI200의 가격이 하락할 것이 우려되어 KOSPI200선물을 매도하는 전략이다. 실제로 KOSPI200현물가격이 하락할 경우 KOSPI200현물로부터의 손실이 KOSPI200 선물로부터의 이익에 의해 줄어든다.

예제 | **KOSPI200선물 매도헷지전략**

오늘 베타값이 1.2인 100억원의 주식포트폴리오를 보유하고 있으나, 약세시장이 예상되는 상황이므로 KOSPI200선물로 완전헷지를 하고자 한다. KOSPI200선물이 300일 경우 거래해야 하는 선물계약수를 구하고, 한 달 후에 주식포트폴리오의 가치가 6% 하락하고 선물이 5% 하락한 상황에서 헷지를 해제할 경우 헷지전략의 손익을 분석하시오.

[답]

$$N = -\beta_S \times \frac{S}{F} = -1.2 \times \frac{10,000,000,000}{300 \times 250,000} = -160: \text{160계약 매도한다.}$$

헷지손익: $-10,000,000,000(0.06) + [300 - 300(1-0.05)](250,000)(160) = 0$원

---

3. KOSPI200선물 매수헷지

매수헷지(long hedge)는 KOSPI200현물시장에서 미래에 매수포지션을 취하려는 투자자가 KOSPI200의 가격이 상승할 것이 우려되어 KOSPI200선물을 매수하는 전략이다. 실제로 KOSPI200현물가격이 상승할 경우 KOSPI200현물로부터의 손실이 KOSPI200선물로부터의 이익에 의해 줄어든다.

예제 | **KOSPI200선물 매수헷지전략**

오늘 KOSPI200선물은 320이다. 한 달 후에 주식시장에 투자할 자금이 100억원 생길 예정인데, 그 사이에 주가가 상승할 것이 염려된다. 베타값이 1인 주식포트폴리오를 구성할 계획이며 KOSPI200선물로 완전헷지를 하고자 할 경우 거래해야 하는 선물계약수를 구하시오. 한 달 후 현물과 선물이 5% 상승한 상황에서 헷지를 해제할 경우

헷지전략의 손익을 분석하시오.

[답]

가격상승이 우려되므로 선물을 매수해야 한다. 식(17-14)에서 선물을 매수하므로 음(−)의 부호를 양(+)의 부호로 바꾼 공식을 사용한다.

$$N = \beta_S \times \frac{S}{F} = 1 \times \frac{10,000,000,000}{320 \times 250,000} = 125 : 125계약 \ 매수한다.$$

헷지손익: $-10,000,000,000(0.05) + [320(1+0.05) - 320](250,000)(125) = 0원$

주가상승으로 인한 손실 5억원은 주가가 상승하기 전에 투자하지 못해서 발생한 기회비용에 해당한다.

4. KOSPI200선물 베타조정헷지: 시장타이밍전략

완전헷지의 목적이 헷지포트폴리오의 시장위험을 완전히 제거($\beta_P = 0$)하는 데 있다. 반면, 베타조정헷지 혹은 시장타이밍(market timing)전략은 시장상황에 따라 헷지포트폴리오의 베타 β_P를 조정하는 전략이다. 강세장에서 β_P를 늘려 이익을 증가시키고 약세장에서는 β_P를 줄여 손실을 감소시킨다.

예제 | **KOSPI200선물 베타조정헷지전략: 매수의 경우**

현재 10종목으로 구성된 주식포트폴리오의 시장가치는 100억원이며 베타값은 1.3이다. 앞으로 강세시장이 예상되어 보유주식포트폴리오의 가치상승에 따른 이익을 증가시키기 위해 베타값을 1.8로 높이고자 할 경우, 현재 가격이 312.45인 KOSPI200선물을 이용하여 베타조정헷지전략을 구축하시오.

[답]

$$N = (\beta_P - \beta_S) \times \frac{S}{F} = (1.8 - 1.3) \times \frac{10,000,000,000}{312.45 \times 250,000} \approx 64 : 64계약 \ 매수한다.$$

예제 | KOSPI200선물 베타조정헷지전략: 매도의 경우

현재 10종목으로 구성된 주식포트폴리오의 시장가치는 100억원이며 베타값은 1.3이다. 앞으로 약세시장이 예상되어 주가하락에 따른 보유주식포트폴리오의 가치하락위험을 감소시키기 위해 베타값을 0.7로 낮추고자 한다. 베타값이 높은 종목을 베타값이 낮은 종목으로 교체하려면 거래비용도 많이 들며 유동성이 낮을 경우 어려움이 따른다. 현재 KOSPI200선물가격이 307.65라고 가정하고, KOSPI200선물을 이용하여 베타조정헷지전략을 구축하시오.

[답]

$$N = (\beta_P - \beta_S) \times \frac{S}{F} = (0.7 - 1.3) \times \frac{10,000,000,000}{307.65 \times 250,000} \approx -78: \ 78계약 \ 매도한다.$$

핵심정리

1. 선물

- 오늘 합의된 가격으로 미래에 물건을 사거나 팔기로 약속하는 계약
  → 의무, 제로섬 게임, 공짜거래

2. 선물의 기능

- 가격예시: 미래의 현물가격에 대한 정보제공

- 헷징: 현물가격변동에 따른 가격위험을 줄이기 위한 선물거래

- 투기: 단기간 동안 선물가격변동에 따른 이익을 얻기 위한 선물거래

3. 선물의 특징

- 조직화된 거래소

- 표준화된 계약조건

- 청산소

- 증거금과 일일정산
  - 개시증거금: 선물거래 개시일에 최초로 납부하는 증거금
  - 유지증거금: 선물거래를 하는 동안 유지해야 하는 최저수준의 증거금

- 용이한 포지션 종결

■ 감독규제기관

4. 선물의 가격결정

- 보유비용모형
  - 수렴: 선물만기일에 선물가격 = 현물가격
  - 선물이론가격 = 현물가격 + 보유비용(이자비용, 보관비용, 보험료 등)

    → KOSPI200선물 이론가격: $F_0 = S_0 \left(1 + r \times \dfrac{T}{365}\right) - \sum d_t$

- KOSPI200선물 매수차익거래전략
  → 매수차익거래이익 = 선물실제가격 − 선물이론가격

  $$= F_0 - \left[S_0 \left(1 + r \times \dfrac{T}{365}\right) - \sum d_t \right]$$

- KOSPI200선물 매도차익거래전략
  → 매도차익거래이익 = 선물이론가격 − 선물실제가격

  $$= \left[S_0 \left(1 + r \times \dfrac{T}{365}\right) - \sum d_t \right] - F_0$$

5. KOSPI200선물 헷지전략

- 최소위험헷지
  - 최소위험헷지비율: $h = -\dfrac{\sigma_{SF}}{\sigma_F^2} = -\dfrac{\rho_{SF} \sigma_S \sigma_F}{\sigma_F^2}$
  - 헷징효율성$(R^2) = \dfrac{Var(\text{헷지 안 된 현물포지션}) - Var(\text{헷지포트폴리오})}{Var(\text{헷지 안 된 현물포지션})}$
  - 최적계약수: $N = (\beta_P - \beta_S) \times \dfrac{S}{F}$ → 완전헷지: $N = -\beta_S \times \dfrac{S}{F}$

■ 매도헷지
  • KOSPI200현물시장에서 매수포지션을 취하고 있는 투자자가 KOSPI200의 가격이 하락할 것이 우려되어 KOSPI200선물을 매도하는 전략

■ 매수헷지
  • KOSPI200현물시장에서 미래에 매수포지션을 취하려는 투자자가 KOSPI200의 가격이 상승할 것이 우려되어 KOSPI200선물을 매수하는 전략

■ KOSPI200선물 베타조정헷지(시장타이밍전략)
  • 시장상황에 따라 헷지포트폴리오의 베타 β_P를 조정하는 전략

연습문제

1. (2000 CPA) 선물을 이용한 다음의 헷지거래 중 가장 잘못된 것은? (   )

   ① 1개월 후에 자금을 차입하려고 하는 기업이 금리선물을 매수한다.
   ② 인덱스 펀드를 보유한 투자자가 주가지수선물을 매도한다.
   ③ 2개월 후에 상대국통화로 수출대금을 수취하게 되는 수출업자가 상대국 통화선물을 매도하였다.
   ④ 3개월 후에 채권을 매수하려고 하는 투자자가 금리선물을 매수하였다.
   ⑤ 보유현물과 동일하지 않으나 정(+)의 상관계수가 큰 선물을 매도하였다.

2. (2001 CPA) 펀드매니저 K는 1,000억원 규모의 주식포트폴리오에 대해 1년간 관리하는 임무를 부여받았다. 현재 이 주식포트폴리오의 베타는 1.5이다. K는 향후 약세장을 예상하고 주가지수선물을 이용하여 이 주식포트폴리오의 베타를 1.0으로 줄이려고 한다. 1년 만기를 갖는 주가지수선물의 현재 지수가 80.0포인트(1포인트당 25만원)라고 할 때, 어떻게 해야 하는가? (   )

   ① 1,250계약 매수   ② 2,500계약 매도   ③ 2,500계약 매수
   ④ 3,000계약 매도   ⑤ 3,750계약 매수

3. (2002 CPA 수정) 펀드매니저 A는 10억원 규모로 KOSPI200선물과 상관계수가 1인 주식 인덱스펀드(index fund)를 2개월간 구성하여 운영하려고 한다. 그러나 인덱스펀드의 관리에 어려움을 경험한 펀드매니저 B는 인덱스펀드 대신 만기까지 2개월 남은 KOSPI200선물 20계약과 연수익률 6%이고 2개월 만기인 채권을 10억원 매수하였다. 두 펀드매니저의 펀드운용결과가 향후 시장의 등락에 관계없이 동일하려면 펀드매니저 B는 얼마의 가격에 선물을 매수하여야 하는가? (수수료 및 증거금을 포함한 거래비용은 없으며 채권은 무위험으로 가정함) (   )

KOSPI200 = 100pt	금리 = 연6%
배당액지수 = 4	선물승수 = 25만원/pt

   ① 97pt   ② 99pt   ③ 101pt
   ④ 103pt   ⑤ 105pt

4. (2003 CPA 수정) 현재 KOSPI200은 75포인트이고, 만기 3개월물 KOSPI200선물은 76포인트에 거래되고 있다. KOSPI200을 구성하는 주식들의 배당액지수의 합계는 0.04이고, 이자율은 8%이다. 이러한 시장상황에서 지수차익거래가 가능한가? 가능하다면 차익거래의 결과 어떠한 변화가 예상되는가? (차익거래와 관련된 모든 거래비용은 무시한다.) ( )

① 차익거래가 불가능하다.
② 차익거래에 의해 KOSPI200과 3개월물 KOSPI200선물가격이 상승한다.
③ 차익거래에 의해 KOSPI200이 상승하고, 3개월물 KOSPI200선물가격이 하락한다.
④ 차익거래에 의해 KOSPI200과 3개월물 KOSPI200선물가격이 하락한다.
⑤ 차익거래에 의해 KOSPI200이 하락하고, 3개월물 KOSPI200선물가격이 상승한다.

5. (2008 CPA) (주)베타의 현재 주가는 10,000원이다. 이 주식을 기초자산으로 하며 만기가 6개월인 선물이 선물시장에서 11,000원에 거래되고 있다. 이 기업은 앞으로 6개월간 배당을 지급하지 않으며 현물 및 선물의 거래에 따른 거래비용은 없다고 가정한다. 무위험이자율인 연 10%로 대출과 차입이 가능할 때 차익거래에 관한 다음의 설명 중 옳은 것은? ( )

① [주식공매＋대출＋선물매수] 전략을 이용해 차익거래이익을 얻을 수 있다.
② [주식공매＋차입＋선물매수] 전략을 이용해 차익거래이익을 얻을 수 있다.
③ [주식매수＋대출＋선물매도] 전략을 이용해 차익거래이익을 얻을 수 있다.
④ [주식매수＋차입＋선물매도] 전략을 이용해 차익거래이익을 얻을 수 있다.
⑤ 차익거래 기회가 없다.

6. (2009 CPA) 배당을 지급하지 않은 주식의 주가를 기초자산으로 하는 선물(futures)에 대한 다음 주장 중 이론적으로 설명이 가능한 주장의 개수를 골라라. 단, 1) 선물가격은 현물과 선물을 이용한 차익거래가 불가능한 이론가격(no arbitrage price)을 충실히 따르고, 2) 아직 선물의 만기시점이 도래하지 않았으며, 3) "시간의 경과"는 선물 잔존 만기가 짧아짐을 의미한다.

a. 시간이 경과함에 따라 기초자산의 가격이 상승하고 선물가격도 상승할 수 있다.
b. 시간이 경과함에 따라 기초자산의 가격이 상승하고 선물가격은 하락할 수 있다.
c. 시간이 경과함에 따라 기초자산의 가격이 하락하고 선물가격은 상승할 수 있다.
d. 시간이 경과함에 따라 기초자산의 가격이 하락하고 선물가격도 하락할 수 있다.
e. 시간이 경과함에 따라 기초자산의 가격이 불변이고 선물가격은 상승할 수 있다.

① 1개   ② 2개   ③ 3개
④ 4개   ⑤ 5개

7. (2012 CPA) 현재는 9월 30일이다. 한 달 후 A항공은 항공기 연료로 사용되는 100만 배럴의 제트유가 필요하며, 12월에 만기가 도래하는 난방유 선물을 이용하여 가격변동위험을 헷지하기로 하였다. 분산으로 측정되는 헷지포지션의 위험을 최소화하기 위해 과거 24개월 동안의 역사적 자료를 이용하여 최소분산헷지비율을 구하였다. 최소분산헷지비율을 계산하기 위해 월별 현물가격의 변화를 월별 선물가격의 변화에 대해 회귀분석한 결과의 일부를 다음의 표에 제시하였다. 난방유선물 1계약 단위가 42,000배럴일 때, A항공이 취해야 할 전략으로 가장 적절한 것은? (   )

	분산	표준편차	공분산	상관계수
선물가격변화율	0.00148	0.03841	0.00105	0.69458
현물가격변화율	0.00155	0.03936		

① 난방유선물 13계약 매수   ② 난방유선물 15계약 매도
③ 난방유선물 17계약 매수   ④ 난방유선물 19계약 매도
⑤ 난방유선물 21계약 매수

8. (2013 CPA 수정) 투자자 갑은 다음과 같은 주식 포트폴리오를 보유하고 있다.

주식	주당 주식가격	보유주식수	베타계수
A	20,000원	2,000주	1.5
B	40,000원	1,000주	1.2
C	10,000원	2,000주	0.8

이 포트폴리오를 현재 선물가격이 200포인트인 KOSPI200 주가지수선물을 이용하여 헷지하고자 한다. 단순헷지비율(naive hedge ratio)을 이용해 100% 헷지하기 위한 선물계약수와 최소분산헷지비율(minimum variance hedge ratio)을 이용하여 헷지하기 위한 선물계약수를 계산하였다. 이때, 최소분산헷지비율에 의한 선물계약수는 단순헷지비율에 의한 선물계약수의 몇 배인가? 가장 가까운 것을 선택하라. (단, 단순헷지비율은 현물과 선물을 1:1 비율로 헷지하는 것으로 주식포트폴리오의 시가총액을 주가지수선물 가치로 나눈 것이고, KOSPI200 주가지수선물의 거래승수는 1포인트당 25만원이다.) (   )

① 0.6배   ② 0.9배   ③ 1.0배
④ 1.2배   ⑤ 1.5배

1. ①

답

① 이자율상승 우려 → 채권가격하락 우려 → 금리선물매도

③ 상대국 통화가격하락 우려 → 통화선물매도

④ 이자율하락 우려 → 채권가격상승 우려 → 금리선물매수

2. ②

답

$$N = (\beta_P - \beta_S) \times \frac{S}{F} = (1 - 1.5) \times \frac{100{,}000{,}000{,}000}{80 \times 250{,}000} = -2{,}500: \ 2{,}500계약\ 매도한다.$$

3. ①

답

전략 A: KOSPI200선물 매수 = 전략 B: KOSPI200 매수 + 차입(채권매도) → KOSPI200선물 매수 + 대출(채권매수) = KOSPI200 매수 → 따라서 두 전략이 동일하기 위해서는 선물가격이 선물이론가격과 동일해야만 한다.

선물이론가격 $F_0 = S_0\left(1 + r \times \dfrac{T}{365}\right) - \sum d_t = 100\left(1 + 0.06 \times \dfrac{2}{12}\right) - 4 = 97$

4. ⑤

답

선물이론가격: $F_0 = S_0\left(1 + r \times \dfrac{T}{365}\right) - \sum d_t = 75\left(1 + 0.08 \times \dfrac{3}{12}\right) - 0.04 = 76.46 >$ 실제가격 76

→ 선물과소평가 → 선물매수, 현물매도: 매도차익거래 → 선물가격 상승, 현물가격 하락

5. ④

답

선물이론가격: $F_0 = S_0\left(1 + r \times \dfrac{T}{365}\right) - \sum d_t$ 따라서 이론가격은 다음과 같다.

$$F_0 = 10,000\left(1 + 0.1 \times \frac{6}{12}\right) - 0 = 10,500원 < 선물 \; 실제가격 \; 11,000원 \rightarrow 선물과대평가 \rightarrow 선물$$

매도, 현물매수 및 차입: 매수차익거래

6. ⑤

7. ③

향후 난방유(기초자산) 가격상승이 우려되므로 매수헷지를 한다.

최소분산헷지비율 $h = -\dfrac{\sigma_{SF}}{\sigma_F^2} = -\dfrac{\rho_{SF}\sigma_S\sigma_F}{\sigma_F^2} = -\beta_S$

$$\rightarrow N = \beta_S \times \frac{S}{F} = \frac{0.00105}{0.00148} \times \frac{100만배럴}{4만2천배럴} \approx 17계약 \; 매수$$

8. ①

답

$$단순헷지비율 = \frac{20,000원 \times 2,000주 + 40,000원 \times 1,000주 + 10,000원 \times 2,000주}{200포인트 \times 25만원} = 2$$

최소분산헷지비율 $h = -\dfrac{\sigma_{SF}}{\sigma_F^2} = -\beta$

$$\rightarrow \beta = 1.5 \times \frac{20,000원 \times 2,000주}{1억} + 1.2 \times \frac{40,000원 \times 1,000주}{1억} + 0.8 \times \frac{10,000원 \times 2,000주}{1억} = 1.24$$

$$\therefore \; \frac{1.24}{2} = 약 \; 0.6배$$

CHAPTER

18

파생상품과 위험관리: 옵션 I

학습개요

본 장에서는 옵션이 무엇인가에 대한 개념과 KOSPI200옵션에 대해서 설명한 후, 콜옵션이나 풋옵션만을 거래하는 단순거래전략, 동일한 기초자산을 가진 옵션 중에서 행사가격이나 만기일이 서로 다른 콜(풋)옵션을 각각 매수 또는 매도하는 스프레드거래전략, 동일한 기초자산을 가진 콜옵션과 풋옵션을 동시에 매수하거나 매도하는 컴비네이션거래전략, 옵션을 이용한 헷지거래전략과 콜옵션과 풋옵션가격 간의 균형관계인 풋-콜등가정리에 대해서 학습한다.

학습목표

- 옵션의 개념
- KOSPI200옵션
- 단순거래전략
- 스프레드거래전략
- 컴비네이션거래전략
- 헷지거래전략
- 풋-콜등가정리

01 옵션의 개요

1. 옵션의 개념

현대적 의미의 옵션거래는 1630년대 네덜란드에서의 튤립을 대상으로 한 옵션거래로 본다. 작황에 따라 튤립가격의 변동으로 튤립재배자와 튤립을 사는 중개업자가 안정적인 가격으로 거래할 방법으로 옵션을 이용하였다. 당시 중개업자들은 콜(call)을 매수하여 일정기간 후에 사전에 정해진 가격으로 튤립을 살 수 있게 되었고, 튤립재배자는 풋(put)을 매수하여 일정기간 후에 사전에 정해진 가격으로 팔 수 있게 되었다. 이후 1690년대 런던에서 최초로 주식을 대상으로 옵션거래를 시작하였고 19세기 말부터 뉴욕의 월가에서 장외거래 형태로 거래되면서 현대적인 옵션거래로 발전하였다.

이와 같이 기초자산의 가격변동위험을 제거하여 안정적인 거래를 가능하게 하는 옵션(option)은 어떻게 정의되는가? 옵션은 계약당사자 간에 미리 정해진 특정일 또는 그 이전에 미리 정한 가격으로 기초자산을 사거나 팔 수 있는 권리이다. 여기서 특정일은 보통 최종거래일 또는 만기일(maturity date)이라 하고 미리 정한 가격은 행사가격(exercise price, strike price)이라고 한다. 살 수 있는 권리가 부여된 옵션은 콜옵션(call option)이라 하고 팔 수 있는 권리가 부여된 옵션은 풋옵션(put option)이라 한다.

이러한 옵션의 개념을 이해하기 위해 〈그림 18-1〉을 살펴보자. 예를 들어, 현재 5만원(현재 현물가격: S_0)인 K주식의 가격이 오를 것으로 예상하는 A가 만기일에 6만원(행사가격: X)에 살 수 있는 권리(콜옵션)를 B로부터 1천원(옵션가격=프리미엄)에 매수하였다고 하자.

콜옵션 거래 후 시간이 흘러 만기일에 K주식이 실제로 9만원(미래 현물가격: S_T)이 되었다면 A는 권리를 행사하여 시가 9만원짜리 K주식을 6만원에 살 수 있으며, 자본이득은 3만원($=S_T-X$)이 되고 비용 1천원을 고려하면 순이익은 2만 9천원이 된다.

그림 18-1 • 옵션의 개념

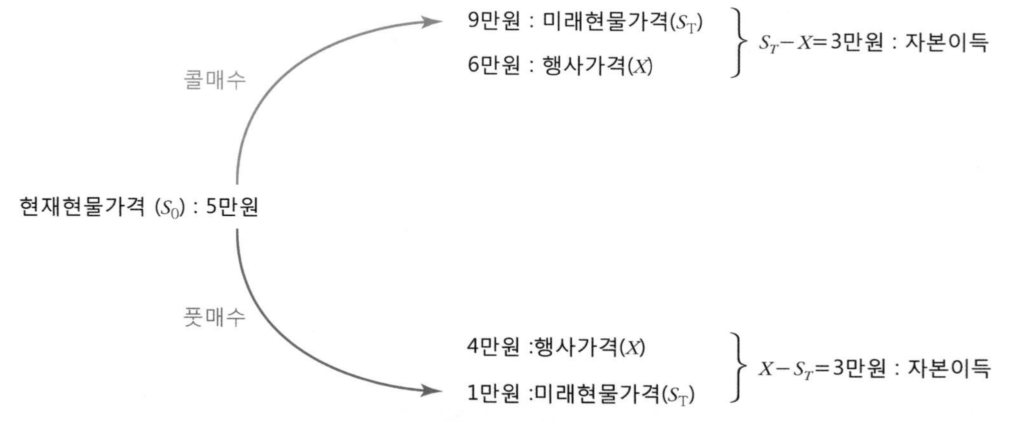

콜매수

9만원 : 미래현물가격(S_T)

6만원 : 행사가격(X)

$\left.\vphantom{\begin{matrix}a\\b\end{matrix}}\right\}$ $S_T - X = 3$만원 : 자본이득

현재현물가격 (S_0) : 5만원

풋매수

4만원 :행사가격(X)

1만원 :미래현물가격(S_T)

$\left.\vphantom{\begin{matrix}a\\b\end{matrix}}\right\}$ $X - S_T = 3$만원 : 자본이득

만약 K주식이 5만 3천원이 된다면 시가보다 비싼 6만원에 매수하여야 하므로 권리를 포기하고 옵션가격 1천원만큼의 손실을 입게 된다. 이처럼 옵션은 A가 권리를 행사해서 이익을 내면 B는 그만큼 손실을 입는 제로섬 게임에 해당한다.

한편, A가 B로부터 현재 5만원인 K주식 1주를 만기일에 4만원(행사가격: X)에 팔 수 있는 권리(풋옵션)를 2천원에 매수하였다고 하자. 만기일에 K주식이 실제로 1만원이 되었다면 A는 권리를 행사하여 시가 1만원짜리 주식을 4만원에 매도할 수 있으므로 자본이득은 3만원($=X-S_T$)이 되고, 비용 2천원을 고려하면 2만 8천원의 순이익을 얻는다.

만약 만기일에 K주식이 7만원이 된다면 시가보다 싼 4만원에 매도하여야 하므로 권리를 포기하고 옵션가격 2천원만큼의 손실을 입게 된다. 이처럼 제로섬 게임에서 A가 이익을 내는 만큼 B는 손실을 입게 된다.

2. 옵션의 분류

옵션은 앞에서 설명한 바와 같이 권리유형에 따라 콜옵션과 풋옵션으로의 구분하는 것 외에도 다양한 기준에 따라 분류할 수 있다.

(1) 유럽형옵션, 미국형옵션

옵션을 언제 권리행사 할 수 있는지, 즉 권리행사일에 따라 만기일에만 권리를 행사할 수 있는 유럽형옵션(european option)과 만기일 이전 어느 시점에서도 권리행사가 가능한 미국형옵션(american option)으로 구분할 수 있다. 현재 한국거래소에 상장되어 있는 KOSPI200옵션, 미니KOSPI200옵션, KOSDAQ150옵션, 주식옵션, 미국달러옵션은 모두 유럽형 옵션에 해당된다.

표 18-1 • 옵션의 분류

분류기준	구 분	내 용
권리유형	콜옵션	기초자산을 살 수 있는 권리
	풋옵션	기초자산을 팔 수 있는 권리
권리행사 시기	미국형 옵션	만기일 이전 어느 시점에서도 권리행사가 가능한 옵션
	유럽형 옵션	만기일에만 권리를 행사할 수 있는 옵션
행사가치 유무	내가격옵션	행사가격 < 기초자산가격　(콜옵션의 경우) 행사가격 > 기초자산가격　(풋옵션의 경우)
	등가격옵션	행사가격 = 기초자산가격　(콜옵션의 경우) 행사가격 = 기초자산가격　(풋옵션의 경우)
	외가격옵션	행사가격 > 기초자산가격　(콜옵션의 경우) 행사가격 < 기초자산가격　(풋옵션의 경우)
기초자산 종류	상품옵션	농산물 (치즈, 밀, 옥수수, 귀리, 대두, 대두박, 돈육, 생우, 목재 등)
		광산물 (금, 은, 동, 알루미늄 등)
		에너지 (에탄올, 난방유, 천연가스, 저유황 경질유, 휘발유, 브렌트유 등)
	금융옵션	주식 (주식옵션* 등)
		주가지수 (KOSPI200옵션*, 미니KOSPI200옵션*, KOSDAQ150 옵션*, S&P100지수옵션, S&P500지수옵션 등)
		금리 (T-bond옵션, T-note옵션, 유로달러옵션 등)
		통화 (미국달러옵션*, 영국파운드옵션, 일본엔옵션 등)
		선물 (10년T-Note선물옵션 등)

*한국거래소에 상장되어 있는 옵션임.

(2) 내가격옵션, 등가격옵션, 외가격옵션

옵션의 행사가치 유무에 따라서 내가격(ITM: in-the-money)옵션, 외가격(OTM: out-of-the-money)옵션, 등가격(ATM: at-the-money)옵션으로 구분한다. 내가격옵션은 현재 현물가격이 행사가격에 비해 콜옵션의 경우 높고 풋옵션의 경우 낮은 옵션 즉, 당장 행사한다면 이익을 낼 수 있는 상태에 있는 옵션을 말한다. 외가격옵션은 현재 현물가격이 행사가격에 비해 콜옵션의 경우 낮고 풋옵션의 경우 높은 옵션 즉, 당장 행사한다면 이익을 낼 수 없는 상태에 있는 옵션을 말한다. 등가격옵션은 현물가격이 행사가격과 같은 옵션을 말한다.

(3) 상품옵션 및 금융옵션

기초자산의 종류에 따라서 상품옵션(commodity option)과 금융옵션(financial option)으로 나눈다. 상품옵션은 기초자산이 농산물, 광산물, 에너지 등의 실물이고, 금융옵션은 기초자산이 금융상품이다. 한국거래소에는 상품옵션이 상장되어 있지 않으며, 금융옵션으로 개별주식옵션, KOSPI200옵션, 미니KOSPI200옵션, KOSDAQ150옵션, 미국달러옵션이 상장되어 있다.

3. KOSPI200옵션의 개요

1997년 7월에 상장된 KOSPI200옵션은 짧은 기간에 세계적인 파생상품으로 성장하였다. KOSPI200옵션은 1계약을 기준으로 거래되며 실체가 없는 KOSPI200이 기초자산이므로 권리를 행사하면 현금으로 정산한다. KOSPI200옵션 도입당시에는 KOSPI200옵션가격(포인트)에 옵션 1계약당 10만원(거래승수)을 곱하여 현금으로 환산하였다. 하지만 금융위원회에서 옵션시장 투기성 감소 및 개인투자자 비중 축소 등을 위한 '장내옵션시장 건전화방안'에 따라 2012년 3월 9일부터 거래단위승수를 10만원에서 50만원으로 인상하였다.

거래단위승수의 상향조정으로 KOSPI200옵션시장이 침체됨에 따라 국내옵션

시장 활성화를 위해 2015년 7월 20일에 KOSPI200을 기초자산으로 하고 1계약금액을 KOSPI200옵션의 1/5(거래승수 50만 → 10만)로 축소한 미니KOSPI200옵션을 상장하였다.

하지만, 침체된 시장이 활성화되지 못함에 따라 2017년 3월 27일에 KOSPI200옵션과 미니KOSPI200옵션의 거래승수를 각각 25만원, 5만원으로 인하하였다. 그리고, 2018년 3월 26일에는 코스닥시장의 활성화 정책의 일환으로 코스닥시장에서의 위험관리를 위하여 KOSDAQ150옵션(거래승수 10,000원)도 상장하였다. 〈표 18-2〉에는 한국거래소에 상장되어 있는 주요 주가지수옵션의 거래명세를 나타내었다.

KOSPI200옵션이 상장되는 결제월은 비분기월 4개 및 분기월 7개(3, 9월 각 1개, 6월 2개, 12월 3개)로 정하고 있다. 예를 들어, 오늘이 5월 1일이라면 올해 5월물, 6월물, 7월물, 8월물, 9월물, 10월물, 12월물, 내년 3월물, 6월물, 12월물, 내후년 12월물이 상장되어 거래된다.

KOSPI200옵션을 최종적으로 거래할 수 있는 날인 최종거래일은 각 결제월의 두 번째 목요일(휴일일 경우는 순차적으로 앞당김)이다. 최종결제일은 최종거래일(T)의 다음 거래일($T+1$)로 정하여 놓고 있으며, 결제방법은 현금결제로 정하고 있다.

한편, 투자자들이 KOSPI200옵션가격을 조정하여 거래를 체결하고자 할 때 KOSPI200옵션가격이 최소한으로 움직일 수 있는 수준을 정해 놓아야 한다. 다시 말하면 투자자가 주문을 제출할 때 표준화된 호가단위(tick), 즉 최소가격변동단위를 따라야 한다. KOSPI200옵션의 호가단위는 KOSPI200옵션가격이 10포인트 이상인 경우에는 0.05포인트 단위이고, KOSPI200옵션가격이 10포인트 미만인 경우에는 0.01포인트 단위로 제시된다.

따라서 KOSPI200옵션가격이 10포인트 이상일 경우 KOSPI200옵션가격이 0.05포인트 움직일 때마다 1계약당 12,500원(=0.05×25만원)의 손익이 발생하게 되고, KOSPI200옵션가격이 10포인트 미만일 경우에는 KOSPI200옵션가격이 0.01포인트 움직일 때마다 1계약당 2,500원(=0.01×25만원)의 손익이 발생하게 된다.

표 18-2 • 한국거래소 주요 주가지수옵션 거래명세

	KOSPI200옵션	미니KOSPI200옵션	KOSDAQ150옵션
기초자산	KOSPI200지수	KOSPI200지수	KOSDAQ150지수
거래단위	KOSPI200옵션가격×25만원(거래승수)	미니KOSPI200옵션가격×5만원(거래승수)	KOSDAQ150옵션가격×1만원(거래승수)
결제월	매월	매월	매월
상장결제월	비분기월 4개 및 분기월 7개(3, 9월 각1개, 6월 2개, 12월 3개)	연속 6개월(분기월 2개, 비분기월 4개)	비분기월물 2개 및 분기월 4개(3, 6, 9, 12월)
가격 표시	프리미엄(포인트)	프리미엄(포인트)	프리미엄(포인트)
호가가격 단위	• 프리미엄 10포인트 미만: 0.01포인트 • 프리미엄 10포인트 이상: 0.05포인트	• 프리미엄 3포인트 미만: 0.01 포인트 • 프리미엄 3포인트 이상~10포인트 미만: 0.02 포인트 • 프리미엄 10포인트 이상: 0.05 포인트	• 프리미엄 50포인트 미만: 0.1포인트 • 프리미엄 50포인트 이상: 0.5포인트
최소가격 변동금액	• 프리미엄 10포인트 미만: 2,500원(25만원×0.01포인트) • 프리미엄 10포인트 이상: 12,500원(25만원×0.05포인트)	• 프리미엄 3포인트 미만: 500원(5만원×0.01포인트) • 프리미엄 3포인트 이상~10포인트 미만: 1,000원(5만원×0.02포인트) • 프리미엄 10포인트 이상: 2,500원(5만원×0.05포인트)	• 프리미엄 50포인트 미만: 1,000원(1만원×0.1포인트) • 프리미엄 50포인트 이상: 5,000원(1만원×0.5포인트)
거래시간	09:00-15:45 (최종거래일 09:00-15:20)	09:00-15:45 (최종거래일 09:00-15:20)	09:00-15:45 (최종거래일 09:00-15:20)
최종거래일	각 결제월의 두 번째 목요일 (공휴일인 경우 순차적으로 앞당김)	각 결제월의 두 번째 목요일 (공휴일인 경우 순차적으로 앞당김)	각 결제월의 두 번째 목요일 (공휴일인 경우 순차적으로 앞당김)
최종결제일	최종거래일의 다음 거래일	최종거래일의 다음 거래일	최종거래일의 다음 거래일
권리행사	최종거래일에만 가능 (유럽형)	최종거래일에만 가능 (유럽형)	최종거래일에만 가능 (유럽형)
결제방법	현금결제	현금결제	현금결제

> **예제** KOSPI200옵션

향후 주가상승이 예상되어 행사가격 260인 콜옵션을 계약당 0.55포인트에 40계약 매수하여 만기일까지 보유하는 경우 다음 물음에 답하시오.

(1) 예상이 적중하여 만기시점의 KOSPI200이 266일 경우의 손익은 얼마인가?

(2) 예상이 빗나가 만기시점의 KOSPI200이 245가 되었을 경우의 손익은 얼마인가?

[답]

(1) $[(266-260)-0.55] \times 25$만원$\times 40$계약$=60,000,000$원: 이익

(2) $[0-0.55] \times 25$만원$\times 40$계약$=-5,500,000$원: 손실

> **예제** KOSPI200옵션

현재 시가총액 50억원어치의 KOSPI200 주식포트폴리오를 보유하고 있는 투자자가 주식시장의 하락을 우려하여 행사가격이 250인 풋옵션을 1.26포인트에 95계약 매수하였다. 만일 만기시점의 KOSPI200이 예상대로 크게 하락하여 227.61이 되었을 경우 순손익을 계산하시오. 단, 오늘 KOSPI200은 253.04이다.

[답]

주식포트폴리오: 50억$\times \dfrac{227.61}{253.04}-50$억$=-502,489,725$원: 손실

풋옵션: $(250-227.61-1.26) \times 25$만원$\times 95$계약$=501,837,500$원: 이익

$\quad \rightarrow \ -502,489,725$원$+501,837,500$원$=-652,225$원: 순손실

02 옵션거래전략

본서의 모든 옵션거래전략은 다음과 같은 수익표로 분석된다. 〈그림 18-2〉의 콜

그림 18-2 · 콜옵션 거래전략 수익표

① 포지션	② 비용	수익		③
		$S_T < X$	$S_T > X$	
콜 매수	+	0	$S_T - X$	④
콜 매도	−	−0	$-(S_T - X)$	
		0	0	

옵션 수익표의 구성을 명확히 이해한 후 단계적으로 분석해 나간다면 다소 복잡한 거래전략이라도 쉽게 이해할 수 있다.

① 포지션: 옵션거래전략에 사용될 포지션을 나타낸다.

② 비용: 비용개념이기 때문에 옵션 매수 시에는 옵션가격의 현금유출을 (+)로, 옵션 매도 시에는 옵션가격의 현금유입을 (−)로 나타낸다.

③ 미래 현물가격이 행사가격보다 클 경우와 작을 경우에 따라 권리행사를 할지 말지에 대한 의사결정이 달라지기 때문에 행사가격 전후의 범위로 구분하여 만기수익을 분석한다.

④ 포지션에 따른 만기수익을 나타낸다. 매도는 매수의 정반대, 즉 옵션매수자의 손익은 옵션매도자의 손익과 정확히 반대이므로 만기수익을 분석할 때 매도포지션이든 매수포지션이든 모두 일단 매수포지션으로 생각하여 의사결정을 한 후에 매도포지션일 경우에는 마이너스(−)부호를 마지막에 붙여서 매수포지션의 반대임을 나타내면 분석이 쉬워진다.

〈그림 18-3〉의 풋옵션 수익표는 만기수익이 콜옵션 수익표와 차이가 있다. 즉, 풋매수의 경우 S_T가 X보다 작을 때 만기수익 $X - S_T$가 발생하고 S_T가 X보다 클 때 만기수익이 0이 된다. 풋매도의 경우 풋매수라고 생각하고 분석한 다음 마지막에 마이너스(−)부호를 붙여 매수의 반대임을 나타내면 분석이 쉬워진다.

그림 18-3 • 풋옵션거래전략 수익표

① 포지션	② 비용	수익		③
		$S_T < X$	$S_T > X$	
풋 매수	+	$X - S_T$	0	④
풋 매도	−	$-(X - S_T)$	-0	
		0	0	

1. 단순거래전략

다른 포지션과 결합되지 않은 채 콜옵션 혹은 풋옵션만을 매수 또는 매도하는 전략을 말한다. 현물가격의 추세를 예상하여 그에 따라 포지션을 취하는 일종의 투기적 거래전략이다.

(1) 콜옵션 매수

콜옵션 매수는 현물가격의 상승이 예상되는 강세시장에 유리한 전략이다. 시장상승이 예상될 경우 현물이나 선물을 사면 시장 상승 시 이익을 볼 수 있지만 하락 시 큰 손실을 볼 수도 있다. 이 경우 콜옵션을 대신 매수하게 되면 시장 상승 시 이익이 무제한적이고 하락 시에는 손실이 프리미엄에 한정된다.

예를 들어, 행사가격(X)이 100인 콜옵션을 20을 주고 매수하였는데 만기 시에 현물가격(S_T)이 80이 되었다고 가정하자. 이처럼 행사가격(X) 100보다 작을 경우에는 콜옵션매수자는 권리행사를 하지 않을 것이다. 왜냐하면 권리행사를 하면 가격이 80인 현물을 100의 가격을 주고 사게 되어 손실이 나기 때문이다.

하지만 만약 만기 시에 현물가격(S_T)이 120으로 행사가격 100보다 클 경우에는 콜옵션매수자는 권리를 행사하여 수익을 얻는다. 왜냐하면 권리를 행사할 경우 가격이 120인 현물을 100을 주고 살 수 있기 때문이다.

따라서 $S_T < X$인 경우에는 권리행사를 하지 않으므로 수익이 0이 되고, $S_T > X$인

표 18-3 • 콜옵션 매수의 수익

포지션	비용	수익	
		$S_T < X$	$S_T > X$
콜 매수($X = 100$)	$C(=20)$	0	$S_T - X$

* 이익 = 수익 − C

경우에는 권리행사를 하여 $20(=120-100=S_T-X)$만큼의 수익을 얻게 된다. 이를 정리한 것이 〈표 18-3〉의 콜옵션 매수의 수익표이다.

〈그림 18-4〉는 콜옵션 매수의 손익구조를 나타낸 것이다. 수익선은 만기 현물가격(S_T)이 행사가격(X) 100 보다 작을 경우에 권리행사를 하지 않기 때문에 수익이 0이 되므로 X축과 동일한 수평선으로 그려진다. 만기 현물가격(S_T)이 행사가격(X) 100 보다 클 경우에는 권리행사를 하여 S_T-X만큼의 수익을 얻게 된다.

$S_T > X$인 경우에는 S_T가 클수록 수익도 점점 커진다. 예를 들어, S_T가 110일 때 수익은 10, S_T가 120일 때 수익은 20, S_T가 130일 때 수익은 30이 된다. 이렇게 구해진 손익을 Y축으로, 현물가격을 X축으로 하여 콜옵션 매수의 손익구조를 그림으로 나타내면 〈그림 18-4〉와 같이 우상향하는 수익선으로 나타난다. 이익(profit)은 수익

그림 18-4 • 콜옵션 매수의 손익구조

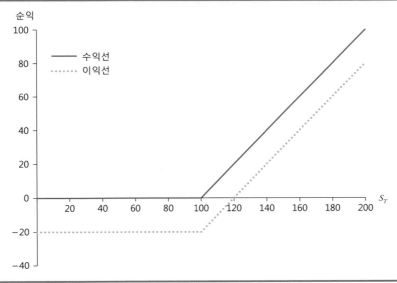

(payoff)에서 비용(cost)을 차감한 것이므로 이익선은 수익선에서 비용인 20을 차감하여 그려준다.

결국 콜옵션 매수의 손익구조를 보면, 현물의 가격이 아무리 떨어져도 손실은 옵션가격 20으로 한정되는 반면, 이익은 현물가격이 올라가면 갈수록 무한대로 상승한다. 이때 행사가격에 옵션가격을 더한 120이 손익분기점이 된다.

(2) 콜옵션 매도

투자자가 현물을 보유하지 않은 상태에서 콜옵션을 매도하는 것을 무방비콜(naked call, uncovered call)이라고 하며 현물가격의 하락이 예상되는 약세시장에서 프리미엄만큼의 한정된 이익을 목표로 하는 전략이다. 옵션매수자와 옵션매도자는 제로섬 게임을 벌인다고 볼 수 있으므로, 옵션매수자의 입장에서 권리행사 유무를 판단하여 수익을 계산한 후 마이너스($-$)부호만 붙여주면 옵션매도자의 손익이 된다.

예를 들어, 행사가격(X)이 100인 콜옵션을 20을 받고 매수하였다면, 콜옵션매수자는 $S_T < X$인 경우에는 권리행사를 하지 않으므로 수익이 0이 된다. 본서에서는 콜옵션매수자의 수익과 구분하기 위하여 이 경우에도 마이너스($-$)부호를 붙여주어 콜옵션매도자의 수익은 -0이라고 표시하기로 한다.

한편, $S_T > X$인 경우에는 콜옵션매수자는 권리행사를 하여 $S_T - X$만큼 수익을 얻게 되므로, 콜옵션매도자의 수익은 $-(S_T - X)$가 된다. 이러한 분석을 〈표 18-5〉의 콜옵션 매도의 수익표에 나타내었다.

〈그림 18-5〉에는 콜옵션 매도의 손익구조를 나타낸 것이다. $S_T < X$일 경우 수익이 -0이므로 수익선은 X축과 동일한 수평선이고, $S_T > X$일 경우에는 $-(S_T - X)$만큼의 수익을 얻게 된다. 예를 들어, S_T가 110일 때 수익은 $-10[= -(110-100)]$, S_T가 120일 때 수익은 $-20[= -(120-100)]$, S_T가 130일 때 수익은 $-30[= -(130-100)]$이 되어 우하향하는 수익선으로 나타난다. 이익선은 수익선에서 비용인 -20을 차감하여 그려주면 된다.[1]

---

1 옵션을 매도했으므로 비용은 옵션가격만큼의 현금유입이 비용이 된다. 따라서 이익＝수익－비용＝수익－(-20)＝수익＋20이 된다.

표 18-4 • 콜옵션 매도의 수익

포지션	비용	수익	
		$S_T < X$	$S_T > X$
콜 매도($X = 100$)	$-C(=-20)$	-0	$-(S_T - X)$

* 이익 = 수익 − (− C)

그림 18-5 • 콜옵션 매도의 손익구조

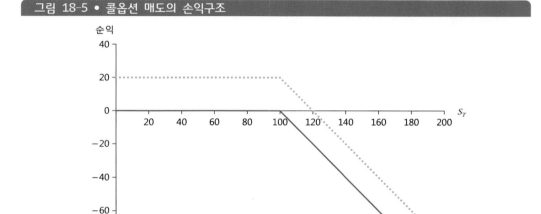

결국, 콜옵션 매도의 손익구조를 보면 현물의 가격이 행사가격 이하로 하락하게 되면 옵션가격 20의 고정된 이익을 얻게 되는 반면 행사가격 이상으로 현물가격이 올라가게 되면 무한대의 손실까지 볼 수 있게 된다. 이때 120이 손익분기점이 되며, 〈그림 18-5〉를 〈그림 18-4〉에 비교하면 제로섬 게임 결과 X축을 기준으로 정확히 서로 대칭이 됨을 알 수 있다.

(3) 풋옵션 매수

풋옵션 매수는 현물가격의 하락이 예상되는 약세시장에 유리한 전략이다. 시장하

표 18-5 • 풋옵션 매수의 수익

포지션	비용	수익	
		$S_T < X$	$S_T > X$
풋 매수($X = 100$)	$P(=20)$	$X - S_T$	0

* 이익 = 수익 $- P$

락이 예상될 경우 현물을 공매하거나 혹은 선물을 매도하면 시장 하락 시 이익을 볼 수 있지만 예상과 달리 시장이 상승하면 큰 손실을 볼 수도 있다. 이 경우 풋옵션을 매수하면 시장 하락 시 이익이 발생하며 상승 시 손실은 프리미엄에 한정된다.

예를 들어, 행사가격(X)이 100인 풋옵션을 20을 주고 매수하였는데 만기 시에 현물가격(S_T)이 80, 즉 $S_T < X$인 경우 권리행사를 하면 수익이 $X - S_T = 100 - 80 = 20$이 된다. 하지만 만기 시에 현물가격(S_T)이 120, 즉 $S_T > X$이면 120짜리를 100에 팔 이유가 없으므로 권리를 행사하지 않아 수익은 0이 된다.

〈그림 18-6〉은 풋옵션 매수의 손익구조를 나타낸 것이다. $S_T < X$인 경우 예를 들어, S_T가 90일 때 수익은 10($= 100 - 90$), S_T가 80일 때 수익은 20($= 100 - 80$), S_T가 0

그림 18-6 • 풋옵션 매수의 손익구조

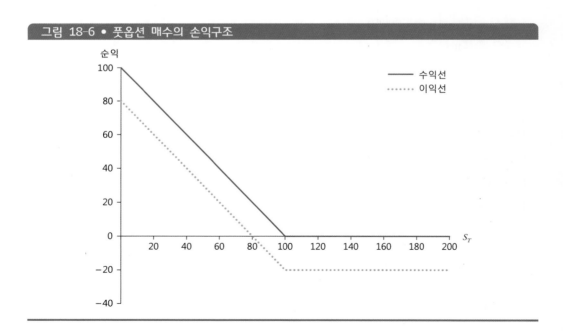

일 때 수익은 최대로 $100(=100-0)$이 된다. 반대로 $S_T > X$이면 수익은 0이 되어 X축과 동일하게 수평인 수익선이 그려진다.

이익선은 수익선에서 풋옵션을 매수한 금액 20을 차감하여 그려주면 된다. 결국, 풋옵션 매수의 손익구조를 보면, 현물의 가격이 하락할수록 이익은 커지게 되는 반면, 현물가격이 올라가면 손실은 옵션가격인 20으로 한정된다. 이때 손익분기점은 행사가격에서 옵션가격을 차감한 80이다.

(4) 풋옵션 매도

풋옵션 매도는 현물가격의 상승이 예상되는 강세시장에서 프리미엄만큼의 한정된 이익을 목표로 하는 전략이다. 풋옵션매도자는 매수자의 요청에 의해 행사가격에 현물을 매수할 의무가 있으므로 시장이 하락할 경우에 큰 손실을 보게 될 위험이 따른다.

풋옵션매도자는 풋옵션매수자와 제로섬 게임을 벌이게 되므로, 풋옵션매도자의 손익은 풋옵션매수자와 정반대가 된다. 따라서 풋옵션매수자의 입장에서 권리행사 유무를 판단하여 수익을 계산한 후 마이너스$(-)$부호만 붙여주면 된다. 〈표 18-6〉은 풋옵션 매도의 수익표이다.

〈그림 18-7〉은 풋옵션 매도의 손익구조를 보여준다. $S_T < X$일 경우 수익은 $-(X-S_T)$가 되고, 예를 들어, S_T가 90일 때 $-10[=-(100-90)]$, S_T가 80일 때 $-20[=-(100-80)]$, S_T가 0일 때 수익은 $-100[=-(100-0)]$이 된다. $S_T > X$일 경우 수익은 0이 되어 X축과 동일한 수평선으로 수익선이 그려진다.

이익선은 수익선에서 비용인 -20을 차감하여 그려주면 된다. 현물가격이 행사가

표 18-6 • 풋옵션 매도의 수익

포지션	비용	수익	
		$S_T < X$	$S_T > X$
풋 매도($X=100$)	$-P(=-20)$	$-(X-S_T)$	-0

* 이익=수익$-(-P)$

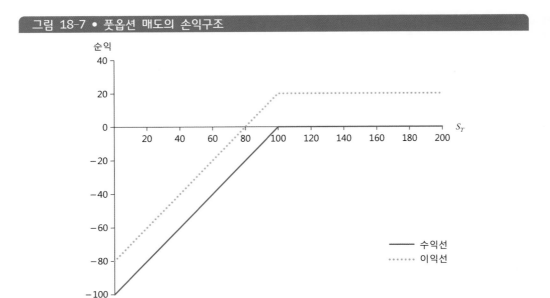

그림 18-7 • 풋옵션 매도의 손익구조

격 이하로 하락할수록 손실폭이 커지며 행사가격 이상으로 상승하면 옵션가격 20의 고정된 이익을 얻게 된다. 손익분기점은 행사가격에서 옵션가격을 차감한 80이 된다.

2. 스프레드거래전략

스프레드거래전략은 동일한 기초자산을 가진 옵션 중에서 행사가격 또는 만기일이 서로 다른 콜(혹은 풋)옵션을 각각 매수 또는 매도하는 전략으로서 두 개 옵션의 가격차이를 스프레드라고 한다. 이 전략은 현물가격이 예상대로 변할 때 이익을 얻고, 가격변화 예상이 빗나갈 경우 손실을 줄이려는 전략이다.

(1) 수직스프레드

특정한 행사가격을 가진 옵션을 매수하고 행사가격이 다른 옵션을 매도하는 전략이다.[2] 콜옵션이나 풋옵션을 이용하여 기초자산의 가격이 상승하는 강세시장에서 이

---

2 옵션시세표에서 행사가격은 수직선상에 표시되기 때문에 행사가격의 차이를 이용하는 스프레드는

익을 올리고자 하는 강세스프레드와 반대로 기초자산의 가격이 하락하는 약세시장에서 이익을 올리고자 하는 약세스프레드가 있다.

1) 콜강세수직스프레드

콜강세수직스프레드는 강세시장에서 이익을 올리기 위해 행사가격이 낮은(X_1) 콜옵션을 매수하고 행사가격이 높은(X_2) 콜옵션을 매도하는 전략이다. 이 전략은 행사가격이 두 개이기 때문에 수익을 분석할 때 구간을 행사가격 전후로 세 구간으로 나누어 분석한다.

〈표 18-7〉에 콜강세수직스프레드의 수익표에 나타내었다. 예를 들어, 행사가격인 낮은($X_1 = 100$) 콜옵션을 25를 주고 매수하고 행사가격이 높은($X_2 = 130$) 콜옵션을 5를 받고 매도하였다고 하자.

먼저 행사가격이 낮은(X_1) 콜옵션 매수의 경우 $S_T < X_1$이면 행사가격(X_1)을 주고 현물을 취득하지 않는다. 따라서 권리행사를 하지 않게 되므로 수익은 0이 된다. $X_1 < S_T < X_2$이면 S_T가 X_1보다 크니까 행사하여 수익이 $S_T - X_1$이 된다. $S_T > X_2$이면 S_T가 여전히 X_1보다 크니까 행사하여 수익이 $S_T - X_1$이 된다.

행사가격이 높은($X_2 = 130$) 콜옵션을 매도하였을 경우는 매수의 경우로 분석하여 마이너스($-$)부호만 붙이면 된다. $S_T < X_1$이면 S_T가 X_1보다 작으니까 당연히 X_2보다 작고 따라서 콜매수의 경우 행사를 안 하여 수익이 0이 된다. $X_1 < S_T < X_2$이면 S_T가

표 18-7 ● 콜강세수직스프레드의 수익

포지션	비용	수익		
		$S_T < X_1$	$X_1 < S_T < X_2$	$S_T > X_2$
콜 매수($X_1 = 100$)	$C_1(=25)$	0	$S_T - X_1$	$S_T - X_1$
콜 매도($X_2 = 130$)	$-C_2(=-5)$	-0	-0	$-(S_T - X_2)$
	20	0	$S_T - X_1$	$X_2 - X_1$

* 이익 = 수익 $-(C_1 - C_2)$

수직스프레드(vertical spread), 가격스프레드(price spread) 혹은 머니스프레드(money spread)로 부른다.

그림 18-8 ● 콜강세수직스프레드의 손익구조

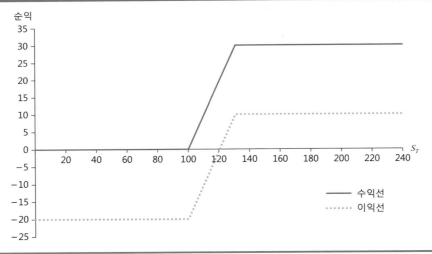

X_2보다 작으니까 콜매수 수익은 0이 된다. $S_T > X_2$이면 콜매수 수익은 $S_T - X_2$가 된다. 콜매수가 아니라 콜매도이므로, 각 구간별로 수익이 -0, -0, $-(S_T - X_2)$가 된다.

〈그림 18-8〉에서 이익은 수익에서 비용을 차감한 것이 되는데, 여기서 순비용은 콜옵션 매수(X_1)할 때 지급한 옵션가격과 콜옵션 매도(X_2)할 때 받은 옵션가격의 합이 된다. 이익선은 수익선에서 순비용인 20을 차감하여 그리면 된다.

콜강세수직스프레드의 손익구조를 보면 손익분기점은 120,[3] 최대이익은 10, 최대 손실은 -20으로 약세장에서는 손실이 한정되고 현물가격이 상승하는 상승장에서 보다 큰 이익을 내게 된다.[4]

2) 풋약세수직스프레드

풋약세수직스프레드는 약세시장에서 이익을 올리기 위해 행사가격이 높은(X_2) 풋옵션을 매수하고 행사가격이 낮은(X_1) 풋옵션을 매도하는 전략이다. 행사가격인 높은

---

3 $S_T - X_1 - 20 = 0$인 S_T가 손익분기점이므로, $S_T - 100 - 20 = 0$에서 $S_T = 120$

4 약세시장에서 이익을 올리기 위해 행사가격이 낮은(X_1) 콜옵션을 매도하고 행사가격이 높은(X_2) 콜옵션을 매수하는 전략인 콜약세수직스프레드의 수익선과 이익선은 콜강세수직스프레드의 손익구조와 정확히 X축을 대칭으로 나타난다.

표 18-8 • 풋약세수직스프레드의 수익

포지션	비용	수익		
		$S_T < X_1$	$X_1 < S_T < X_2$	$S_T > X_2$
풋 매수($X_2 = 130$)	$P_2(=26)$	$X_2 - S_T$	$X_2 - S_T$	0
풋 매도($X_1 = 100$)	$-P_1(=-6)$	$-(X_1 - S_T)$	-0	-0
	20	$X_2 - X_1$	$X_2 - S_T$	0

* 이익 = 수익 − $(P_2 - P_1)$

($X_2 = 130$) 풋옵션을 26을 주고 매수하고 행사가격이 낮은($X_1 = 100$) 풋옵션을 6을 받고 매도하였다고 할 때, 먼저 행사가격이 높은(X_2) 풋옵션 매수의 수익을 분석해보자.

$S_T < X_1$이면 S_T가 X_2보다도 작으니까 행사를 하여 수익이 $X_2 - S_T$가 된다. $X_1 < S_T < X_2$이면 S_T가 X_2보다 여전히 작으니까 행사를 하여 수익이 $X_2 - S_T$가 된다. $S_T > X_2$이면 S_T가 X_2보다 크니까 행사를 안 하며 수익은 0이 된다.

이제, 행사가격이 낮은($X_1 = 100$) 풋옵션을 매도하였을 경우를 분석해보자. $S_T < X_1$이면 S_T가 X_1보다 작으니까 행사를 하여 수익이 $-(X_1 - S_T)$가 된다. $X_1 < S_T < X_2$이면 S_T가 X_1보다 크니까 행사를 안 하며 수익은 -0이 된다. $S_T > X_2$이면 S_T가

그림 18-9 • 풋약세수직스프레드의 손익구조

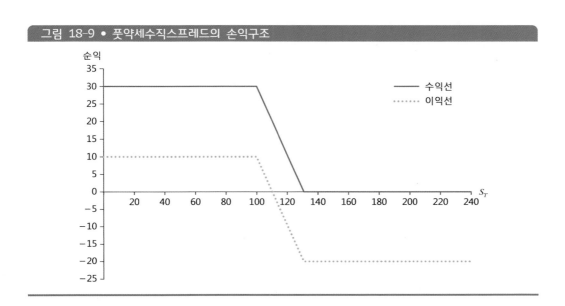

여전히 X_1보다 크니까 행사를 하지 않으며 수익은 -0이 된다.

〈그림 18-9〉는 풋약세수직스프레드의 손익구조를 나타낸 것이다. $S_T < X_1$일 경우 $X_2 - X_1$이므로 $30(= 130 - 100)$이다. 현물가격이 아무리 하락하여도 수익이 30으로 고정되어 수익선은 수평선으로 그려진다. $X_1 < S_T < X_2$일 경우 총수익은 $X_2 - S_T$이다. 만약 S_T가 100이면 수익이 $30(= 130 - 100)$이 되고 점차 현물가격이 상승하여 S_T가 130이 되면 수익은 $0(= 130 - 130)$이 된다. 따라서 이 구간에서는 현물가격이 상승함에 따라 수익이 30부터 0까지 점차 하락하는 우하향선이 된다. $S_T > X_2$이면 행사를 안 하니까 수익은 0이다. 아무리 현물가격이 높아지더라도 이 구간에서는 수익이 발생하지 않는다.

(2) 나비형스프레드

나비형스프레드(butterfly spread)는 시장의 변동성 전망에 기초한 투자전략으로서 예상이 빗나갈 경우 손실의 위험이 한정적인 특징을 갖는다.

1) 콜매수나비형스프레드

콜매수나비형스프레드(long butterfly)는 가장 낮은 행사가격(X_1)과 가장 높은 행사가격(X_3)을 가진 콜옵션을 매수하고 중간의 행사가격(X_2)을 갖는 콜옵션 2개를 매도하여 변동성이 작을 경우 이익을 얻으려는 전략이다. 3개의 행사가격을 이용하기 때

표 18-9 • 콜매수나비형스프레드의 수익

포지션	비용	수익			
		$S_T < X_1$	$X_1 < S_T < X_2$	$X_2 < S_T < X_3$	$S_T > X_3$
콜 매수($X_1 = 100$)	$C_1(= 15)$	0	$S_T - X_1$	$S_T - X_1$	$S_T - X_1$
콜 매수($X_3 = 140$)	$C_3(= 3)$	0	0	0	$S_T - X_3$
2개의 콜 매도 ($X_2 = 120$)	$-2C_2(= -8)$	-0	-0	$-2(S_T - X_2)$	$-2(S_T - X_2)$
	10	0	$S_T - X_1$	$-S_T + 2X_2 - X_1$	$2X_2 - X_1 - X_3$

* 이익 = 수익 $- (C_1 + C_3 - 2C_2)$

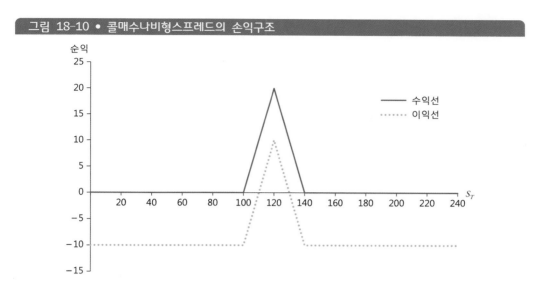

그림 18-10 • 콜매수나비형스프레드의 손익구조

문에 수익구간은 4개의 구간으로 나누어 분석한다.

예를 들어, $X_1 = 100$, $X_2 = 120$, $X_3 = 140$이라고 하자. 가장 낮은 행사가격(X_1)을 갖는 콜옵션은 15의 가격을 주고 매수하였고 가장 높은 행사가격(X_3)을 갖는 옵션은 3의 가격을 주고 매수하였으며 중간의 행사가격(X_2)은 4로 2개를 매도하여 8을 받았다고 하자.

〈표 18-9〉는 수익표를 보면, 가장 낮은 행사가격(X_1)의 콜옵션 매수는 4개의 구간 중 $S_T > X_1$인 구간에서는 행사되어 $S_T - X_1$이 된다. 가장 높은 행사가격(X_3)의 콜옵션 매수는 $S_T > X_3$인 구간에서만 행사되어 $S_T - X_3$가 된다. 중간 행사가격(X_2) 콜옵션 2개 매도는 콜매수자가 $S_T > X_2$인 구간에서만 행사하여 $2(S_T - X_2)$의 수익을 얻으므로 콜매도자는 그만큼 손실을 보아 $-2(S_T - X_2)$가 된다.

〈그림 18-10〉은 콜매수나비형스프레드의 손익구조를 나타낸 것이다. $S_T < X_1$이면 0이므로 수익선은 X축과 동일한 수평선으로 그려진다. $X_1 < S_T < X_2$일 경우 총수익은 $S_T - X_1$이다. 이 구간에서 만약 S_T가 100일 경우에는 수익이 0($= 100 - 100$)이 되고 점차 현물가격이 상승하여 S_T가 120이 되었을 경우 수익은 20($= 120 - 100$)이 된다. 이 구간에서는 현물가격이 상승함에 따라 수익이 0부터 20까지 상승하는 우상향선이 된다.

$X_2 < S_T < X_3$일 경우 총수익은 $-S_T + 2X_2 - X_1$이다. 만약 S_T가 120일 경우에는 수익이 $20(=-120+2\times120-100)$이 되고 점차 현물가격이 상승하여 S_T가 140이 되면 수익은 $0(=-140+2\times120-100)$이 된다. 따라서 이 구간에서는 현물가격이 상승함에 따라 수익이 20부터 0까지 하락하는 우하향선이 된다. $S_T > X_3$일 경우에 총수익은 $2X_2 - X_1 - X_3$이 되어 현물가격의 변동과 관계없이 고정금액 $0(=2\times120-100-140)$이 된다.

이익선은 수익선에서 순비용 10을 차감하여 그린다. 콜매수나비형스프레드의 손익구조의 경우 손익분기점은 110, 130,[5] 최대이익은 10, 최대손실은 -10으로 주가가 110과 130이라는 좁은 구간에서 움직일 때, 즉 변동성이 작을 때 이익을 얻고자 하는 전략이다.[6]

2) 풋매수나비형스프레드

풋옵션을 이용해서도 콜매수나비형스프레드와 동일한 나비형스프레드를 만들 수 있다. 가장 낮은 행사가격(X_1)과 가장 높은 행사가격(X_3)을 가진 풋옵션을 매수하고 중간의 행사가격(X_2)을 가진 풋옵션 2개를 매도하는 풋매수나비형스프레드의 손익구

표 18-10 ● 풋매수나비형스프레드의 수익

포지션	비용	수익			
		$S_T < X_1$	$X_1 < S_T < X_2$	$X_2 < S_T < X_3$	$S_T > X_3$
풋 매수$(X_1=100)$	$P_1(=6)$	$X_1 - S_T$	0	0	0
풋 매수$(X_3=140)$	$P_3(=22)$	$X_3 - S_T$	$X_3 - S_T$	$X_3 - S_T$	0
2개의 풋 매도 $(X_2=120)$	$-2P_2(=-18)$	$-2(X_2-S_T)$	$-2(X_2-S_T)$	-0	-0
	10	$X_1+X_3-2X_2$	$X_3-2X_2+S_T$	X_3-S	0

* 이익 = 수익 $- (P_1 + P_3 - 2P_2)$

---

5 콜매수나비형스프레드의 수익구조를 보면 X축과 만나는 손익분기점이 두 개가 있다. 따라서 $S_T - X_1(=100)-10=0$일 때 $S_T=110$이 손익분기점이고, 또 $-S_T+2X_2(=120)-X_1(=100)-10=0$일 때 $S_T=130$이 손익분기점이다.

6 콜매도나비형스프레드의 수익선과 이익선은 콜매수나비형스프레드의 손익구조와 정확히 X축 대칭이다.

그림 18-11 • 풋매수나비형스프레드의 손익구조

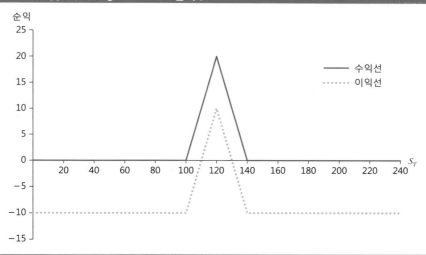

조는 콜매수나비형스프레드의 손익구조와 동일하다. 이 전략 역시 변동성이 작을 경우 이익을 얻으려는 전략이다.

(3) 박스스프레드

박스스프레드(box spread)는 미래의 현물가격에 상관없이 일정한 이익을 올리기 위한 전략이다. 이 전략은 합성선물매수와 합성선물매도의 혼합전략[7]으로 볼 수도 있고, 콜강세수익스프레드와 풋약세수직스프레드의 혼합전략[8]으로 볼 수도 있다.

〈표 18-11〉에서 박스스프레드의 수익은 $X_2 - X_1$로서 미래 현물가격(S_T)의 값이 얼마가 되는지 상관없이 항상 일정하다. 따라서 박스스프레드는 무위험투자전략이라고 볼 수 있으며, 박스스프레드의 이론가격은 $X_2 - X_1$을 무위험이자율로 할인한 현재

---

7 행사가격이 같은(X_1) 콜옵션을 매수하고 풋옵션을 매도하는 합성선물매수와 행사가격이 같은(X_2) 콜옵션을 매도하고 풋옵션을 매수하는 합성선물매도를 동시에 취함으로써 미래에 일정한 이익을 얻을 수 있다.

8 행사가격이 낮은(X_1) 콜옵션을 매수하고 행사가격이 높은(X_2) 콜옵션을 매도하는 콜강세수직스프레드와 행사가격이 높은(X_2) 풋옵션을 매수하고 행사가격이 낮은(X_1) 풋옵션을 매도하는 풋약세수직스프레드를 혼합한 전략이다.

표 18-11 ● 박스스프레드의 수익

포지션		비용	수익		
			$S_T<X_1$	$X_1<S_T<X_2$	$S_T>X_2$
합성선물 매수	콜 매수($X_1=100$)	$C_1(=4)$	0	S_T-X_1	S_T-X_1
	풋 매도($X_1=100$)	$-P_1(=-5)$	$-(X_1-S_T)$	-0	-0
합성선물 매도	콜 매도($X_2=110$)	$-C_2(=-3)$	-0	-0	$-(S_T-X_2)$
	풋 매수($X_2=110$)	$P_2(=6)$	X_2-S_T	X_2-S_T	0
		2	X_2-X_1	X_2-X_1	X_2-X_1

그림 18-12 ● 박스스프레드의 손익구조

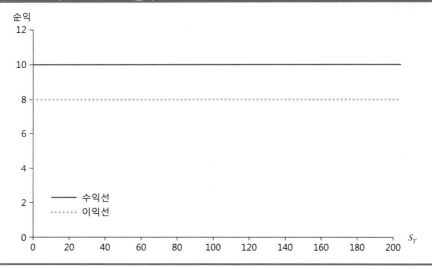

가치가 된다.

$$C_1 - C_2 + P_2 - P_1 = \frac{X_2 - X_1}{(1+r)^T} \tag{18-1}$$

3. 컴비네이션거래전략

컴비네이션거래전략은 동일한 기초자산을 가진 콜옵션과 풋옵션을 동시에 매수하거나 매도하는 전략으로서 가격의 상승이나 하락에 관계없이 가격변동폭에 대한 전망에 기초하여 이익을 얻으려는 전략이다.

(1) 스트래들

매수스트래들(long straddle)은 동일한 행사가격과 동일한 만기일을 가지는 콜옵션과 풋옵션을 동시에 매수하는 전략으로 현물가격이 크게 변동할 것이 예상되지만 변동의 방향은 불확실한 경우 사용한다. 예를 들어, 행사가격이 100으로 동일한 콜옵션과 풋옵션을 각각 10을 주고 매수하였을 경우의 수익은 〈표 18-12〉 매수스트래들의

표 18-12 ● 매수스트래들의 수익

포지션	비용	수익 $S_T < X$	수익 $S_T > X$
콜 매수($X=100$)	$C(=10)$	0	$S_T - X$
풋 매수($X=100$)	$P(=10)$	$X - S_T$	0
	20	$X - S_T$	$S_T - X$

* 이익 = 수익 $-(C+P)$

그림 18-13 ● 매수스트래들의 손익구조

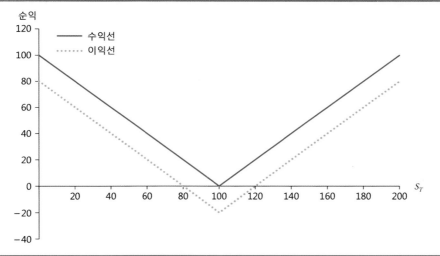

수익표에 나타나 있고 손익구조는 〈그림 18-13〉에 나타나 있다.[9]

매수스트래들의 손익구조는 행사가격을 중심으로 V자 모양으로 나타나기 때문에 가격이 큰 폭으로 하락하거나 큰 폭으로 상승할 경우 수익이 크게 발생하게 된다. 매수스트래들이 가격변동성이 클 경우 수익이 큰 이유는 행사가격이 동일한 콜옵션과 풋옵션을 동시에 매수하였기 때문이다. 만약 가격이 크게 오르면 풋옵션은 포기하고 콜옵션에서 큰 이익을 얻게 되고 가격이 크게 하락하면 콜옵션은 포기하고 풋옵션에서 큰 이익을 얻는다.

(2) 스트랩 및 스트립

콜옵션 1개와 풋옵션 1개를 매수하는 매수스트래들의 경우 큰 폭의 현물가격 상승이나 하락으로 똑같은 양의 이익이 발생하지만, 만일 현물가격이 상승할 가능성이 하락할 가능성보다 더 크면 콜옵션을 더 많이 매수하고 반대로 하락가능성이 상승가능성보다 더 크면 풋옵션을 더 많이 매수하는 것이 유리하다.

1) 매수스트랩

매수스트랩(long strap)은 현물가격이 크게 변동할 것이 예상되며 가격상승가능성이 하락가능성보다 더 클 것으로 예상될 경우 콜옵션 2개, 풋옵션 1개를 매수하는 전

표 18-13 • 매수스트랩의 수익

포지션	비용	수익	
		$S_T < X$	$S_T > X$
2개의 콜 매수($X = 100$)	$2C\,(= 15)$	0	$2(S_T - X)$
풋 매수($X = 100$)	$P\,(= 5)$	$X - S_T$	0
	20	$X - S_T$	$2(S_T - X)$

* 이익 = 수익 − $(2C + P)$

---

9 매도스트래들(short straddle)은 동일한 행사가격과 동일한 만기일을 가지는 콜옵션과 풋옵션을 동시에 매도하는 전략으로 매수스트래들과 X축을 대칭으로 정반대의 손익을 나타낸다. 따라서 시장상황에 대한 예상도 정반대일 때, 즉 현물가격이 안정되어 변동이 별로 없을 경우 사용한다.

그림 18-14 • 매수스트랩의 손익구조

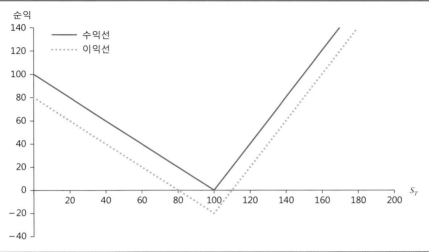

략이다. 예를 들어, 행사가격이 100인 콜옵션을 15를 주고 2개 매수하고 동일한 행사가격을 갖는 풋옵션을 5를 주고 1개 매수하였을 경우의 수익은 〈표 18-13〉 매수스트랩의 수익표에 나타나 있고 손익구조는 〈그림 18-14〉에 나타나 있다.

매수스트랩의 손익구조는 행사가격을 중심으로 V자 모양으로 나타나기는 하지만 행사가격의 오른쪽 수익선의 기울기가 더 급경사를 가지기 때문에 현물가격이 상승할 때의 수익이 현물가격이 하락할 때의 수익보다 더 크게 나타나는 구조를 갖고 있다. 따라서 현물가격의 상승가능성이 하락가능성보다 더 클 것으로 예상될 경우 매수스트래들보다 더 큰 이익을 얻을 수 있다.

2) 매수스트립

매수스트립(long strip)은 현물가격이 크게 변동할 것이 예상되며 가격하락가능성이 상승가능성보다 더 클 것으로 예상될 경우 콜옵션 1개, 풋옵션 2개를 매수하는 전략이다. 예를 들어, 행사가격이 100인 콜옵션을 5를 주고 1개 매수하고 동일한 행사가격을 갖는 풋옵션을 15를 주고 2개 매수하였을 경우의 수익은 〈표 18-14〉 매수스트립의 수익표에 나타나 있고 손익구조는 〈그림 18-15〉에 나타나 있다.

매수스트립의 손익구조는 행사가격을 중심으로 V자 모양으로 나타나기는 하지만 행사가격의 왼쪽 수익선의 기울기가 더 급경사를 가지기 때문에 현물가격이 하락할 때의 수익이 현물가격이 상승할 때의 수익보다 더 크게 나타나는 구조를 갖고 있다. 따라서 현물가격의 하락가능성이 상승가능성보다 더 클 것으로 예상될 경우 매수스트래들보다 더 큰 이익을 얻을 수 있다.

표 18-14 ● 매수스트립의 수익

포지션	비용	수익	
		$S_T < X$	$S_T > X$
콜 매수($X = 100$)	$C(=5)$	0	$S_T - X$
2개의 풋 매수($X = 100$)	$2P(=15)$	$2(X - S_T)$	0
	20	$2(X - S_T)$	$S_T - X$

* 이익 = 수익 − ($C + 2P$)

그림 18-15 ● 매수스트립의 손익구조

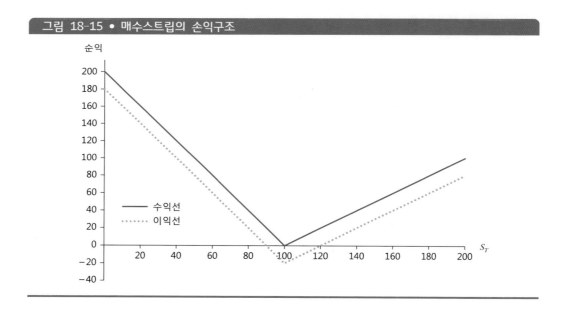

(3) 스트랭글

매수스트래들은 행사가격이 같은 등가격옵션을 이용하지만 매수스트랭글(long

표 18-15 • 매수스트랭글의 수익				
포지션	비용	수익		
		$S_T < X_1$	$X_1 < S_T < X_2$	$S_T > X_2$
콜 매수($X_2 = 130$)	$C(=4)$	0	0	$S_T - X_2$
풋 매수($X_1 = 70$)	$P(=6)$	$X_1 - S_T$	0	0
	10	$X_1 - S_T$	0	$S_T - X_2$

* 이익 = 수익 − (C + P)

strangle)은 행사가격이 높은 콜과 행사가격이 낮은 풋, 즉 외가격옵션을 이용하는 전략이다. 매수스트랭글은 외가격 콜옵션과 외가격 풋옵션을 매수하기 때문에 매수스트래들에 비해 옵션 매수비용은 감소하지만 이익의 가능성도 감소하게 되어 매수스트래들보다 더 보수적인 전략이 된다.

예를 들어, 행사가격이 매우 높은 $(X_2 = 130)$인 콜옵션을 4의 가격을 주고 1개 매수하고 행사가격이 매우 낮은 $(X_1 = 70)$인 풋옵션을 6의 가격을 주고 1개 매수하였을 경우의 수익과 손익구조는 각각 〈표 18-15〉와 〈그림 18-16〉에 나타나 있다. 매수스트랭글의 손익분기점은 $60(70 - ST - 10 = 0 \rightarrow ST = 60)$, $140(ST - 130 - 10 = 0 \rightarrow ST = 140)$

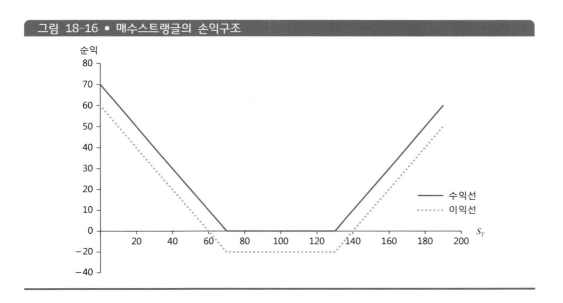

그림 18-16 • 매수스트랭글의 손익구조

이고 최대이익은 무한대, 최대손실은 -10이다.

4. 헷지거래전략

(1) 커버드콜

커버드콜(covered call)은 주식(혹은 주식포트폴리오)을 보유하고 있는 투자자가 향후에 시장이 횡보국면을 유지하거나 하락할 가능성이 있는 경우에 콜옵션을 매도하여 프리미엄을 획득함으로써 자산운용수익률의 향상을 도모하는 전략이다.

이 전략은 강세시장에서 현물매수포지션의 가격상승에 따른 이익의 기회를 일정수준으로 한정하고 대신에 가격하락에 따른 손실의 일정부분을 헷지하게 된다. 즉, 주가상승에서 얻는 무한한 이익가능성을 포기하고 그 대가로 위험을 줄이는 전략으로서 장래가격에 대한 비관적인 투자전망 시 프리미엄 수입을 추구하는 소극적인 전략이다.

실제로 많은 기관투자자들은 주식을 상당량 보유하고 있는 경우가 많은데, 이때 보유주식을 근거로 하여 콜옵션을 매도함으로써 커버드콜을 실행하고 있다. 이 전략은 기본적으로 콜옵션의 가격이 과대평가되었을 때 이를 매도함으로써 차익을 획득할수 있게 된다.

예를 들어, 〈표 18-16〉의 커버드콜 수익표에서 주식포트폴리오를 100을 주고 매수하고 행사가격(X)이 110인 콜옵션을 20을 받고 매도하였다고 하자. 권리행사 시의 주식포트폴리오의 가격은 행사가격(X)과 관계없이 권리행사 시점인 옵션만기시점의 주식포트폴리오 가격 S_T가 된다.

콜옵션 매도의 경우 $S_T < X$인 경우에는 콜매수자가 권리행사를 안 하므로 수익이 -0이다. $S_T > X$인 경우에는 콜매수자가 권리행사를 하므로 콜매도자의 수익은 $-(S_T - X)$가 된다.

손익구조는 〈그림 18-17〉에 나타내었다. 커버드콜의 수익선을 보면, $S_T < X$인 경우는 총수익이 S_T이므로 우상향의 45° 선이 되고 $S_T > X$인 경우에는 X이므로 현물가

표 18-16 • 커버드콜의 수익

포지션	비용	수익	
		$S_T < X$	$S_T > X$
주식포트폴리오 매수	$S(=100)$	S_T	S_T
콜 매도$(X=110)$	$-C(=-20)$	-0	$-(S_T-X)$
	80	S_T	X

* 이익 = 수익 $-(S-C)$

격이 아무리 올라도 수익은 항상 행사가격인 110으로 고정되어 있다. 이익선은 주식 포트폴리오를 매수할 때 지불된 100에서 콜옵션을 매수할 때 받은 20을 차감한 순비용 80을 수익에서 차감하여 도출한다.

커버드콜의 이익선과 현물인 주식포트폴리오의 이익선을 〈그림 18-17〉을 통해

그림 18-17 • 커버드콜의 손익구조

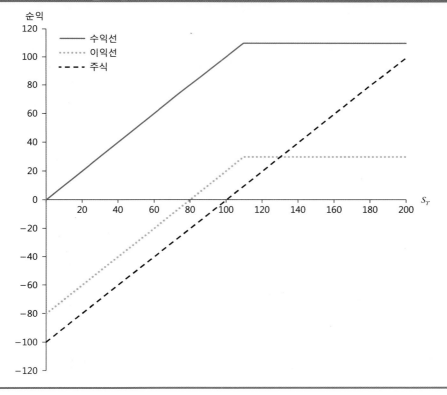

비교해 보자. 주식포트폴리오의 이익선은 주식포트폴리오의 매수가격인 100보다 주가가 하락하면 손실을 보며 주식포트폴리오의 매수가격인 100이 최대손실이 된다. 만약 주가가 100보다 상승한다면 상승한 만큼의 이익이 발생하게 된다.

따라서 주식포트폴리오의 이익선은 우상향하는 선이 된다. 〈그림 18-16〉에서 보듯이 커버드콜은 주식포트폴리오만 보유할 경우 발생할 수 있는 주가상승에 따른 무한한 이익을 포기하는 대신 주가하락 시에 손실을 프리미엄만큼 보전하게 된다.

예제 | **커버드콜**

11월 22일 현재 KOSPI200은 184.24이고 KOSPI200과 연동하는 인덱스 펀드를 보유하고 있는 투자자가 단기적으로 약세시장의 조정을 보일 것으로 예상되어 시장하락의 위험을 헷지하고자 12월물 콜 180.0을 5.90에 매도하는 커버드콜 전략을 사용하였다. 12월 6일에 KOSPI200이 180.60이고 콜 180.0이 3.55일 때 환매할 경우 손익을 계산하시오. 옵션거래 수수료는 약정금액의 1.2%이라고 가정한다.

[답]
헷지 안 한 경우: $180.60 - 184.24 = -3.64$
커버드콜: $(180.60 - 184.24) + (5.90 - 3.55) - 5.90 \times 1.2\% - 3.55 \times 1.2\% = -1.40 > -3.64$

---

(2) 방어적 풋

방어적 풋(protective put)은 주식(주식포트폴리오)을 보유하고 있는 투자자가 향후에 시장이 대폭 하락할 위험이 있는 경우에 풋옵션을 매수함으로써 시장하락 시 발생하는 손실을 줄이려는 방어적 전략이다. 만약 주가가 상승한다면 주식포트폴리오로부터 자본이득을 보고 풋옵션으로부터는 프리미엄만큼의 손실을 보게 된다.

하지만 주가가 하락한다면 주식포트폴리오로부터 자본손실을 보고 풋옵션으로부터는 자본이득을 보게 된다. 따라서 방어적 풋은 상승장보다는 약세장에 초점을 두고 주식투자의 손실을 풋옵션에서 만회하여 손실을 줄이려는 전략이다.

예를 들어, 〈표 18-17〉 방어적 풋의 수익표에서 주식포트폴리오와 행사가격(X)이 100인 풋옵션을 각각 100과 20을 주고 매수하였다고 하자. 권리행사 시의 주식포

표 18-17 ● 방어적 풋의 수익

포지션	비용	수익	
		$S_T < X$	$S_T > X$
주식포트폴리오 매수	$S(=100)$	S_T	S_T
풋 매수($X=100$)	$P(=20)$	$X-S_T$	0
	120	X	S_T

* 이익 = 수익 $-(S+P)$

트폴리오의 가격은 권리행사 시점인 옵션만기시점의 주식포트폴리오 가격인 S_T가 된다. 풋옵션 매수의 경우 $S_T < X$일 때에는 $X-S_T$의 수익을 얻게 되고 $S_T > X$일 때에는 권리행사를 하지 않는다.

따라서 방어적 풋의 수익선을 보면, $S_T < X$인 경우는 총수익이 X로 고정된 수익

그림 18-18 ● 방어적 풋의 손익구조

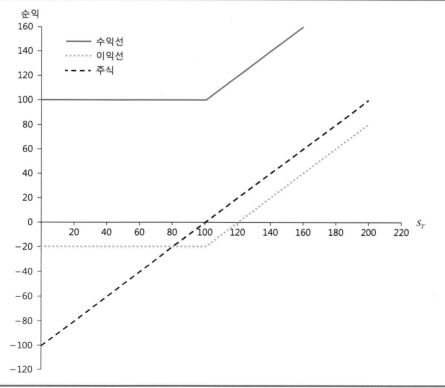

을 얻고 $S_T > X$인 경우에는 총수익이 S_T이므로 우상향의 $45°$ 선이 된다. 이익선은 수익선에서 주식포트폴리오와 풋옵션을 매수한 순비용인 120을 차감하면 된다.

〈그림 18-18〉에는 방어적 풋의 손익구조를 나타내었다. 〈그림 18-18〉에서 보듯이 방어적 풋은 주식포트폴리오만 보유할 경우의 주가하락에 따른 커다란 손실을 풋옵션을 매수함으로써 프리미엄의 손실로 방어할 수 있는 대신 주가상승 시에는 주식포트폴리오만 보유한 경우보다 프리미엄만큼 낮은 이익을 추구하게 된다.

예제 방어적 풋

11월 22일 현재 KOSPI200은 184.24이고 KOSPI200과 연동하는 인덱스 펀드를 보유하고 있는 투자자가 단기적으로 약세시장의 조정을 보일 것으로 예상되어 시장하락의 위험을 헷지하고자 12월물 풋 180.0을 0.78에 매수하는 방어적 풋 전략을 사용하였다. 12월 6일에 KOSPI200이 180.60이고 풋 180.0이 1.34일 때 전매할 경우의 손익을 계산하시오. 옵션거래수수료는 약정금액의 1.2%라고 가정한다.

[답]
헷지 안 한 경우: $180.60 - 184.24 = -3.64$
방어적 풋: $(180.60 - 184.24) + (1.34 - 0.78) - (1.34 + 0.78) \times 1.2\% = -3.11 > -3.64$

---

5. 풋-콜등가정리

동일한 기초자산, 동일한 행사가격, 동일한 만기일을 갖는 풋옵션과 콜옵션 가격 사이에는 일정한 관계식이 성립한다. 이러한 관계식을 풋-콜등가정리(put-call parity theorem)라고 한다. 풋-콜등가정리를 도출하기 위하여 〈표 18-18〉과 같이 전략 1과 전략 2를 생각해 보자. 전략 1은 풋옵션 하나를 매수함과 동시에 현물을 매수하는 것이고, 전략 2는 콜옵션 하나를 매수함과 동시에 행사가격의 현재가치만큼 대출하는 전략이다.

전략 1의 경우, 만기시점의 현물가격(S_T)이 행사가격(X)보다 작을 때는 만기시점에서의 수익은 X이고 만기시점의 현물가격(S_T)이 행사가격(X)보다 클 때는 만기시점

표 18-18 ● 풋-콜등가정리

전략	비용	수익	
		$S_T < X$	$S_T > X$
전략 1: 풋 매수	P	$X - S_T$	0
현물 매수	S	S_T	S_T
	$P + S$	X	S_T
전략 2: 콜 매수	C	0	$S_T - X$
대출	$\dfrac{X}{(1+r)^T}$	X	X
	$C + \dfrac{X}{(1+r)^T}$	X	S_T

에서의 수익은 S_T가 된다. 마찬가지로 전략 2의 경우도 만기시점에서의 수익이 전략 1과 동일하다.

두 전략 모두 동일한 수익을 발생시키므로 차익거래가 일어나지 않으려면 투입되는 비용도 동일해야 한다. 즉, 전략 1의 비용인 풋옵션 매수가격과 현물 매수가격의 합($P+S$)과 전략 2의 비용인 콜옵션 매수 가격과 대출의 합($C+X/(1+r)^T$)이 같아야만 한다. 따라서 다음의 풋옵션과 콜옵션 간의 일정한 관계식인 풋-콜등가정리가 성립한다.

$$P + S = C + \frac{X}{(1+r)^T} \tag{18-2}$$

식(18-2)를 이용하여 풋옵션 1계약 매도하고 콜옵션 1계약 매수하고 $X/(1+r)^T$만큼 대출하여 주식포트폴리오를 합성해 낼 수 있다.

$$\text{합성주식포트폴리오} \quad S = -P + C + \frac{X}{(1+r)^T} \tag{18-3}$$

풋옵션을 합성하기 위해서는 주식포트폴리오 1단위 공매하고 콜옵션 1계약 매수하고 $X/(1+r)^T$만큼 대출하면 된다.

합성풋 $P = -S + C + \dfrac{X}{(1+r)^T}$ (18-4)

콜옵션을 합성하기 위해서는 풋옵션 1계약 매수하고 주식포트폴리오 1단위 매수하고 $X/(1+r)^T$만큼 차입하면 된다.

합성콜 $C = P + S - \dfrac{X}{(1+r)^T}$ (18-5)

무위험채권을 합성하기 위해서는 풋옵션 1계약 매수하고 주식포트폴리오 1단위 매수하고 콜옵션 1계약 매도하면 된다. 이 경우 만기시점(T)에서의 주가변동과 관계없이 투자자의 부는 항상 X로 일정하다는 것을 보여주므로 투자자는 무위험헷지포트폴리오를 구성한 것이 된다.

합성무위험채권 $\dfrac{X}{(1+r)^T} = P + S - C$ (18-6)

예제　**풋-콜등가정리와 차익거래**

현물가격이 80이고 무위험이자율이 10%이며 1년 후에 만기가 되는 콜옵션과 풋옵션의 행사가격은 75이다. 만일 풋옵션 가격이 2이라면 콜옵션 이론가격은 얼마인가? 만일 콜옵션의 실제가격이 18이라면 어떠한 차익거래전략이 이익을 낼 수 있겠는가? 만일 콜옵션의 실제가격이 10이라면 어떠한 차익거래전략으로 이익을 낼 수 있겠는가?

[답]
(1) 풋-콜등가정리를 이용하여 콜옵션의 이론가격을 다음과 같이 구할 수 있다.

$$P + S = C + \frac{X}{(1+r)^T} \;\rightarrow\; C = P + S - \frac{X}{(1+r)^T} = 2 + 80 - \frac{75}{1+0.1} \approx 13.82$$

따라서 콜옵션의 실제가격(18)이 이론가격(13.82)보다 높으므로, 콜옵션이 과대평가
→ 콜옵션 매도, 합성 콜옵션 매수

전략		현금흐름	수 익	
			$S_T < X$	$S_T > X$
콜 매도		18	-0	$-(S_T-75)$
합성콜 매수	현물 매수	-80	S_T	S_T
	풋 매수	-2	$75-S_T$	0
	차입	64	$-64(1+0.1)$	$-64(1+0.1)$
		0	4.6	4.6

(2) 콜옵션 실제가격이 이론가격보다 낮으므로, 즉 $10 < 13.82$이므로 콜옵션이 과소평가
　→ 콜옵션 매수, 합성 콜옵션 매도

전략		현금흐름	수 익	
			$S_T < X$	$S_T > X$
콜매수		-10	0	S_T-75
합성콜 매도	현물 매도	80	$-S_T$	$-S_T$
	풋 매도	2	$-(75-S_T)$	-0
	대출	-72	$72(1+0.1)$	$72(1+0.1)$
		0	4.2	4.2

1. 옵션의 개요

■ 옵션: 계약당사자 간에 미리 정해진 특정일 또는 그 이전에 미리 정한 가격으로 기초자산을 사거나 팔 수 있는 권리 → 권리, 제로섬 게임
- 콜옵션: 살 수 있는 권리가 부여된 옵션
- 풋옵션: 팔 수 있는 권리가 부여된 옵션
- 유럽형옵션: 만기일에만 권리를 행사
- 미국형옵션: 만기일 이전 어느 시점에서도 권리행사가 가능
- 내가격옵션: 콜옵션(행사가격 < 기초자산가격), 풋옵션(행사가격 > 기초자산가격)
- 등가격옵션: 콜옵션(행사가격 = 기초자산가격), 풋옵션(행사가격 = 기초자산가격)
- 외가격옵션: 콜옵션(행사가격 > 기초자산가격), 풋옵션(행사가격 < 기초자산가격)

2. 옵션거래전략

■ 단순거래전략
- 콜옵션 혹은 풋옵션만을 매수 또는 매도하는 전략

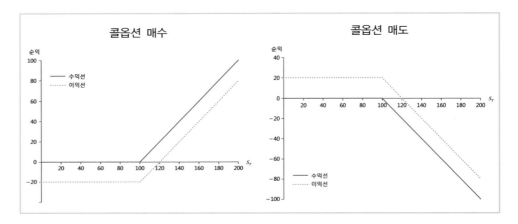

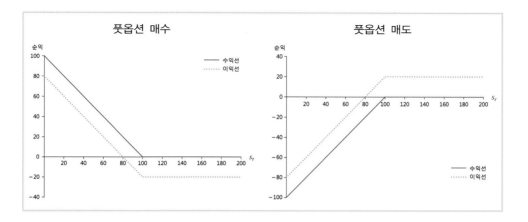

■ 스프레드거래전략

• 동일한 기초자산을 가진 옵션 중에서 행사가격 또는 만기일이 서로 다른 콜(혹은 풋)옵션을 각각 매수 또는 매도하는 전략

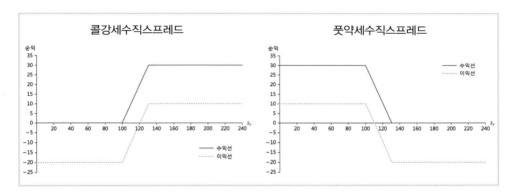

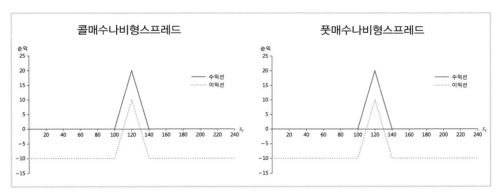

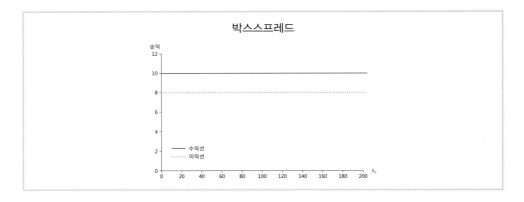

■ 컴비네이션거래전략

• 동일한 기초자산을 가진 콜옵션과 풋옵션을 동시에 매수하거나 매도하는 전략

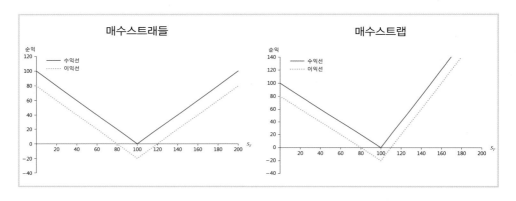

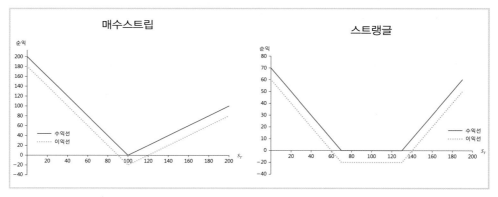

■ 헷지거래전략

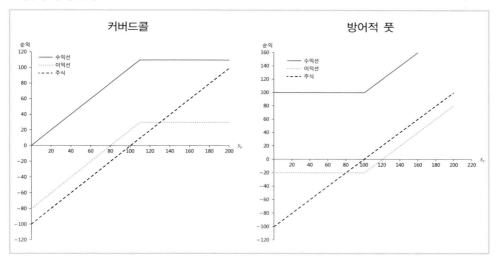

■ 풋-콜등가정리: $P + S = C + \dfrac{X}{(1+r)^T}$

• 합성주식포트폴리오: $S = -P + C + \dfrac{X}{(1+r)^T}$

• 합성풋: $P = -S + C + \dfrac{X}{(1+r)^T}$

• 합성콜: $C = P + S - \dfrac{X}{(1+r)^T}$

• 합성무위험채권: $\dfrac{X}{(1+r)^T} = P + S - C$

연습문제

1. (CFA 수정) 다음의 만기가 같고 행사가격이 다른 콜옵션과 풋옵션을 이용하여 구성한 매수스트래들의 최대손실, 최대이익 및 손익분기주가는 각각 얼마인가? (   )

	콜옵션	풋옵션
가격	5원	4원
행사가격	60원	60원
만기까지의 기간	90일	90일

	최대손실	최대이익	손익분기주가
①	5원	4원	9원
②	4원	무제한	55원, 51원
③	9원	무제한	51원, 69원
④	9원	9원	0원

2. (CFA 수정) 행사가격이 25원인 콜옵션의 가격은 4원이다. 또한 행사가격 40원인 콜옵션의 가격은 2.5원이다. 이 옵션들을 이용하여 콜강세수직스프레드전략을 구성하고자 한다. 만약 주가가 만기에 50원까지 상승하고 옵션이 만기일에 행사된다면 만기 시의 순이익은 얼마인가? (단, 거래비용은 무시한다.) (   )

① 8.5원   ② 13.5원

③ 16.5원   ④ 23.5원

3. (CFA 수정) 행사가격 40원인 풋옵션이 2원에 거래되고 있는 반면, 행사가격이 40원인 콜옵션은 3.5원에 거래되고 있다. 풋옵션 발행자가 부담하게 되는 주당 최대손실과 콜옵션 발행자가 가지게 되는 주당 최대이익은 각각 얼마인가? (   )

① 38원, 3.5원   ② 38원, 36.5원

③ 40원, 3.5원   ④ 40원, 40원

4. (1998 CPA) A회사는 만기가 1년이고, 행사가격이 10,000원인 유럽형콜옵션과 풋옵션을 발행하였다. A회사의 현재주가는 10,000원이며, 액면이 1,000원인 1년 만기 무위험채권의 가격은 900원이다. 현재 콜옵션의 가격이 2,000원이라면 풋옵션의 가격은? (   )

① 1,000원
② 1,500원
③ 2,000원
④ 2,500원
⑤ 3,000원

5. (1999 CPA) 배당을 지급하지 않는 K회사 주식에 대해 투자자는 다음과 같은 정보를 가지고 있다. (거래비용은 없다고 가정한다.)

- 현재주가 = 11,000원
- 유럽형콜옵션 가격(행사가격: 10,500원, 만기까지 남은 기간: 1년) = 1,700원
- 유럽형풋옵션 가격(행사가격: 10,500원, 만기까지 남은 기간: 1년) = 500원
- 무위험이자율 = 5%

현재 상황에서 차익(arbitrage profit)을 얻기 위해 투자자기 취할 수 있는 거래전략으로 바르게 설명한 것은? (   )

① 현물주식 1주를 매수하고, 그 주식에 대한 콜옵션을 1개 매도하며, 풋옵션을 1개 매수하고, 동시에 10,000원을 차입한다.
② 현물주식 1주를 공매하고, 그 주식에 대한 콜옵션을 1개 매수하며, 풋옵션을 1개 매도하고, 동시에 10,000원을 예금한다.
③ 현물주식 1주를 매수하고, 그 주식에 대한 콜옵션을 1개 매수하며, 풋옵션을 1개 매도하고, 동시에 10,000원을 차입한다.
④ 현물주식 1주를 공매하고, 그 주식에 대한 콜옵션을 1개 매도하며, 풋옵션을 1개 매수하고, 동시에 10,000원을 예금한다.
⑤ 이 경우 차익거래기회가 존재하지 않는다.

6. (2002 CPA) 투자주식회사의 옵션운용부에서 근무하는 A부터 E까지 5명의 매니저가 다음과 같은 옵션 거래전략을 구성하였다. 옵션을 발행한 기초자산의 주식가격이 향후 대폭 상승할 경우에 가장 불리한 투자결과를 낳을 것으로 예상되는 매니저는 누구인가? (옵션의 행사가격들은 현재의 주가에 근접하고 있으며 동일한 주식을 기초자산으로 하고 있다고 가정함) (   )

A: 주식을 매수하고 매수한 주식에 대한 콜옵션을 동시에 발행
B: 행사가격이 동일한 콜을 매수하고 동시에 풋을 발행
C: 행사가격이 다른 콜과 풋을 동시에 매수
D: 행사가격이 다른 두 개의 콜 중에서 높은 행사가격을 가진 콜을 매수하고 낮은 행사가격을 가진 콜을 발행
E: 주식을 매수하고 매수한 주식에 대한 풋옵션을 동시에 매수

① A매니저   ② B매니저
③ C매니저   ④ D매니저
⑤ E매니저

7. (2005 CPA) 어느 투자자가 행사가격이 25,000원인 콜옵션을 개당 4,000원에 2개 매수하였고, 행사가격이 40,000원인 콜옵션을 2,500원에 1개 발행하였다. 옵션만기일에 기초주식가격이 50,000원이라고 할 때, 이러한 투자전략의 만기가치와 투자자의 만기손익을 각각 구하라. (단, 옵션의 기초주식과 만기는 동일하며 거래비용은 무시하라) (   )

	투자전략의 만기가치	투자자의 만기손익
①	15,000원	13,500원
②	25,000원	23,500원
③	30,000원	27,000원
④	35,000원	30,000원
⑤	40,000원	34,500원

8. (2009 CPA) 투자자 갑은 3개월 만기 콜옵션 1계약과 3개월 만기 풋옵션 1계약을 이용하여 주가지수옵션에 대한 매도스트랭글(short strangle) 투자전략을 구사하려 한다. 현재 형성된 옵션시세는 다음과 같다. 만기 주가지수가 1,120포인트일 때, 투자자의 만기손익과 최대손익을 구하시오. (   )

> a. 3개월 만기 주가지수 콜옵션 (행사가격=1,100포인트, 콜옵션 프리미엄=35원)
> b. 3개월 만기 주가지수 풋옵션 (행사가격=1,100포인트, 풋옵션 프리미엄=21원)
> c. 3개월 만기 주가지수 콜옵션 (행사가격=1,200포인트, 콜옵션 프리미엄=32원)
> d. 3개월 만기 주가지수 풋옵션 (행사가격=1,200포인트, 풋옵션 프리미엄=27원)

	만기손익	최대손익
①	53	53
②	56	56
③	59	59
④	−60	60
⑤	−62	−62

9. (2010 CPA) 다음 표는 어느 특정일의 KOSPI200옵션 시세표 중 일부이다. 다음의 설명 중 가장 적절하지 않은 것은? (단, 만기 전 배당, 거래비용, 세금은 없다고 가정한다. 1포인트는 10만원이다.) (   )

(단위: 포인트, 계약)

종목	종가	전일대비	고가	저가	거래량	미결제약정수량
KOSPI200	213.44	3.71	213.56	212.09	−	−
콜옵션 3월물 217.5	1.99	0.78	2.17	1.43	597,323	73,427
콜옵션 3월물 215.0	3.05	1.15	3.25	2.31	265,900	63,076
콜옵션 3월물 212.5	4.55	1.70	4.55	3.40	57,825	44,939
콜옵션 3월물 210.5	5.85	1.85	6.15	4.80	34,650	30,597
풋옵션 3월물 215.0	4.55	−2.95	6.10	4.35	24,324	26,032
풋옵션 3월물 212.5	3.30	−2.55	4.85	3.20	39,636	21,824
풋옵션 3월물 210.5	2.40	−2.15	3.50	2.34	253,298	49,416
풋옵션 3월물 207.5	1.73	−1.67	2.60	1.69	329,762	33,767

① 등가격(ATM)에 가장 가까운 종목 중 행사가격이 동일한 콜과 풋옵션의 경우 콜옵션 가격이 풋옵션 가격보다 비싸다.

② 행사가격이 210.5인 풋옵션 10계약을 장 중 최저가에 매수한 후 최고가에 매도하였다면 116만원의 매매차익을 얻었을 것이다.

③ 외가격(OTM)이 심한 종목일수록 거래량이 많았다.

④ 콜옵션의 경우 내가격(ITM)이 심한 종목일수록 청산되지 않고 남아있는 수량이 적었다.

⑤ 풋-콜패리티(put-call parity)를 통한 계산결과, 행사가격이 212.5인 풋옵션은 과소평가되어 있다. 단, (1+무위험수익률)^{잔존기간}은 1.002이다.

10. (2013 CPA) 주가지수를 추종하는 주식포트폴리오의 가치 하락 시 하향손실(downside loss)을 일정 수준으로 한정시키면서 가치 상승 시 상향이익(upside potential)을 얻을 수 있는 포트폴리오 운용전략으로 적절한 항목만을 모두 고르면? (단, 파생상품의 기초자산은 주가지수이다.) (   )

> (가) 주식포트폴리오를 보유한 상태에서 풋옵션을 매수한다.
> (나) 무위험채권에 투자한 상태에서 콜옵션을 매수한다.
> (다) 주식포트폴리오를 보유한 상태에서 선물을 매도하고, 헷지비율을 시장상황에 따라 동적으로 변화시킨다.
> (라) 주식포트폴리오와 무위험채권을 매수하고, 무위험채권의 투자비율을 시장상황에 따라 동적으로 변화시킨다.

① (가), (나)   ② (다), (라)   ③ (가), (나), (다)
④ (나), (다), (라)   ⑤ (가), (나), (다), (라)

11. (2014 CPA) 옵션 투자전략에 관한 설명으로 가장 적절하지 않은 것은? (   )

① 순수포지션(naked position) 전략은 한 가지 상품에만 투자한 경우로 헷지가 되어 있지 않은 전략이다.

② 방어적 풋(protective put) 전략은 기초자산을 보유한 투자자가 향후 자산가격이 하락할 경우를 대비하여 풋옵션을 매수하는 전략이다.

③ 방비콜(covered call) 전략은 기초자산을 보유한 투자자가 향후 자산가격이 하락하거나 상승하지 않을 경우를 대비하여 콜옵션을 매수하는 전략이다.

④ 기초자산을 1개 매수하고 풋옵션을 1개 매수하며 콜옵션을 1개 매도하는 풋-콜패리티(put-call parity) 전략을 이용하면, 만기시점의 기초자산 가격과 관계없이 항상 행사가격만큼 얻게 되어 가격변동위험을 완전히 없앨 수 있다.

⑤ 강세스프레드(bull spread) 전략은 행사가격이 낮은 옵션을 매수하고 행사가격이 높은 옵션을 매도하는 전략으로 기초자산의 가격이 상승할 때 이득을 얻는 전략이다.

12. (2015 CPA) 현재 옵션시장에서는 (주)마바 주식을 기초자산으로 하고 만기가 동일하게 1년씩 남은 콜옵션과 풋옵션이 각각 거래되고 있다. 행사가격이 200,000원인 콜옵션의 가격은 20,000원이고 행사가격이 180,000원인 풋옵션의 가격은 10,000원이며 무위험이자율은 연 10%이다. 무위험이자율로 차입하여, 위의 콜옵션과 풋옵션을 각각 1개씩 매수한 투자자가 만기에 손실을 볼 수 있는 (주)마바 주식가격(P)의 범위로 가장 적절한 것은? (   )

① $P < 147,000$원
② $P < 169,000$원
③ $P > 233,000$원
④ $11,000$원 $< P < 33,000$원
⑤ $147,000$원 $< P < 233,000$원

13. (2016 CPA) 옵션 투자전략에 관한 설명으로 가장 적절하지 않은 것은? (   )

① 방어적 풋(protective put)전략과 커버드콜(covered call)전략은 일종의 헷지(hedge) 전략이다.
② 약세스프레드(bear spread)전략은 행사가격이 낮은 옵션을 매도하고 행사가격이 높은 옵션을 매수하는 전략이다.
③ 박스스프레드(box spread)전략은 콜옵션을 이용한 강세스프레드와 풋옵션을 이용한 약세스프레드를 결합한 전략이다.
④ 스트래들(straddle)매수전략은 만기와 행사가격이 동일한 콜옵션과 풋옵션을 동시에 매수하는 전략이다.
⑤ 스트립(strip)전략은 만기와 행사가격이 동일한 콜옵션을 2개 매수하고 풋옵션을 1개 매수하는 전략이다.

연습문제 해답

1. ③

답

매수스트래들의 최대손실＝5원＋4원＝9원

매수스트래들의 최대이익＝무제한

손익분기주가＝$X - S_T - 9 = 0 \rightarrow 60 - S_T - 9 = 0 \rightarrow S_T = 51$

$\qquad\qquad\qquad S_T - X - 9 = 0 \rightarrow S_T - 60 - 9 = 0 \rightarrow S_T = 69$

2. ②

답 $S_T > X_2$일 때, 만기 시의 수익＝$X_2 - X_1$

∴ 순이익＝40원＋25원＋2.5원－4원＝13.5원

3. ①

4. ①

답

$$P = -S + C + \frac{X}{(1+r)^T} \rightarrow -10,000 + 2,000 + \frac{10,000}{1+0.111} = 1,000$$

여기서, 무위험채권의 현재가격 $900 = \dfrac{1,000}{1+r} \rightarrow r = 0.111$

5. ①

답

$$P + S = C + \frac{X}{(1+r)^T} \rightarrow 500 + 11,000 < 1,700 + \frac{10,500}{1+0.05}$$

→ 풋옵션매수, 현물매수, 콜옵션매도, 차입

6. ④

답

A: 커버드콜　　C: 매수스트랭글　　D: 콜약세수직스프레드　　E: 방어적 풋

7. ⑤

옵션만기일의 기초자산의 가격이 50,000원이므로 옵션은 모두 행사한다. 즉, 매수한 옵션의 만기가치는 $(50,000-25,000) \times 2 = 50,000$원이고, 매도한 옵션의 만기가치는 $(40,000-50,000) \times 1 = -10,000$원이므로 투자전략의 만기가치는 40,000원이다. 투자자는 옵션매수에 $-4,000 \times 2 = -8,000$원을 사용하였고, 옵션매도로 2,500원을 벌어 총 만기손익은 34,500원이 된다.

8. ①

매도스트랭글: 행사가격이 매우 높은 콜옵션 매도하고 행사가격이 매우 낮은 풋옵션 매도

포지션	비용	수익		
		$S_T < X_1$	$X_1 < S_T < X_2$	$S_T > X_2$
콜 매도($X_2 = 1,200$)	$-C(=-32)$	-0	-0	$-(S_T - X_2)$
풋 매도($X_1 = 1,100$)	$-P(=-21)$	$-(X_1 - S_T)$	-0	-0
	-53	$-X_1 + S_T$	0	$-S_T + X_2$

만기의 주가지수가 1,120이므로 X_1과 X_2사이에 있다. 따라서 만기수익은 0이며, 이익은 옵션매도가격인 53원이 된다. 최대손익도 53원이다.

9. ⑤

① KOSPI200의 종가 213.44와 비슷한 행사가격은 212.5이며, 이 경우의 콜옵션가격이 풋옵션가격보다 더 비싸게 나타났다.

② $(3.50 - 2.34)(10계약)(100,000원) = 1,160,000원$(참고로 2017년 3월 27일부터 옵션거래승수는 250,000원이다.)

③ 외가격옵션은 현재 현물가격이 행사가격에 비해 콜옵션의 경우 낮고 풋옵션의 경우 높은 옵션을 말한다. 즉, 당장 행사한다면 이익을 낼 수 없는 상태에 있는 옵션을 일컫는다. 콜옵션의 경우 $S < X$, 풋옵션의 경우 $S > X$인 상태를 의미한다. KOSPI200의 종가 213.44를 기준으로 하여 콜옵션의 경우인 $X = 215$ 혹은 217.5인 경우, 풋옵션의 경우 $X = 210.5$ 혹은 207.5인 경우 거래량이 월등히 많은 것을 확인해 볼 수 있다.

④ 내가격옵션은 현재 현물가격이 행사가격에 비해 콜옵션의 경우 높고 풋옵션의 경우 낮은 옵션을 말한다. 다시 말해서, 당장 행사한다면 이익을 낼 수 있는 상태에 있는 옵션을 일컫는다. 콜옵션의 경우 $S > X$, 풋옵션의 경우 $S < X$인 상태를 의미한다. 자료에서 콜옵션은 $X = 212.5$ 혹은 210.5인 경우로서 미결제약정수량이 적음을 알 수 있다.

⑤ 풋-콜등가정리: $P+S=C+\dfrac{X}{(1+r)^T}$ → $P+213.44=4.55+\dfrac{212.5}{1.002}$ → $P=3.1858$이다. 따라서 행사가격 212.5인 풋옵션의 실제가격 3.30이 이론가격인 3.1858보다 크므로 풋옵션은 과대평가되어 있다.

10. ⑤

답

(가) 방어적 풋 전략: $(P+S)$

(나) $P+S=C+\dfrac{X}{(1+r)^T}$ → 신탁콜 전략: $C+\dfrac{X}{(1+r)^T}$

(다) 동적헷지

(라) 분산투자(위험자산 + 무위험자산)

11. ③

12. ⑤

답

매수스트랭글의 수익

포지션	비용	수익		
		$S_T < X_1$	$X_1 < S_T < X_2$	$S_T > X_2$
콜 매수($X_2=200,000$)	$C(=20,000)$	0	0	S_T-X_2
풋 매수($X_1=180,000$)	$P(=10,000)$	X_1-S_T	0	0
		X_1-S_T	0	S_T-X_2

이익 = 수익 $-(C+P)$이고 차입원금($=$옵션매수비용 30,000원)과 이자 3,000원이 총비용이 된다. 따라서 손익분기점: 이익 $=X_1-S_T-33,000=0$ → $180,000-S_T-33,0000$ → $S_T=147,000$, 이익 $=S_T-X_2-33,000=0$ → $S_T-200,000-33,000=0$ → $S_T=233,000$. 그러므로, 손실범위: 147,000원 $< P <$ 233,000원

13. ⑤

파생상품과 위험관리: 옵션 II

학습개요

본 장에서는 옵션의 균형가격모형에 대해서 학습한다. 기초자산과 옵션을 이용하여 무위험포트폴리오를 만드는 단순한 과정을 통하여 옵션의 가치를 계산하는 이항옵션가격결정모형과 옵션가격결정모형을 최초로 제시한 블랙-숄즈옵션가격결정모형에 대해서 학습한다. 또한 투자의사결정 시 옵션가격결정모형을 적용하여 유연성을 평가함으로써 NPV법보다 현실적인 투자의사결정을 가능하도록 하는 실물옵션에 대해서 학습한다.

학습목표

- 이항옵션가격결정모형
- 블랙-숄즈옵션가격결정모형
- 실물옵션

01 옵션가격결정모형

1973년에 Black과 Scholes[1]는 옵션가치평가를 위한 자신들의 이름을 딴 블랙-숄즈옵션가격결정모형(Black Scholes option pricing model)을 최초로 제시하는 중요한 업적을 남겼다.[2] 하지만 복잡한 수학 및 통계학적 방법론을 이용하여 옵션가격결정원리를 규명하였으며, 일반인이 이해하기에는 어려움이 따르게 되었다.

반면 Cox, Ross, Rubinstein[3]은 기초자산과 옵션을 이용하여 무위험포트폴리오를 만드는 단순한 과정을 통하여 옵션의 가치를 계산하는 방법에 대해 연구한 결과 1979년에 복잡한 수학적 기법을 필요로 하지 않는 이항옵션가격결정모형을 개발하여 발표하였다.

본 절에서는 옵션의 가격결정모형을 이해하기 위해 이항옵션가격결정모형을 먼저 설명하고 블랙-숄즈옵션가격결정모형에 대해서는 수학적인 도출과정은 생략하고 개념적인 내용위주로 설명하기로 한다.

1. 이항옵션가격결정모형(BOPM)

이항옵션가격결정모형(BOPM: binomial option pricing model)은 현물가격이 일정한 비율로 오르거나 내리는 이항분포를 따른다는 가정하에서 Cox, Ross, Rubinstein에 의하여 1979년에 개발된 옵션가격결정모형이다. 이항옵션가격결정모형의 장점은 단순함과 유연성이다.

---

1 Fischer Black and Myron Scholes, "The Pricing of Options and Corporate Liabilities," *Journal of Political Economy* 81, May-June 1973.

2 Robert C. Merton("The Theory of Rational Option Pricing," *Bell Journal of Economics and Management Science* 4(1), 1973.)은 배당이 연속적으로 지급되는 경우를 고려하여 블랙-숄즈옵션가격결정모형을 일반화시킨 머튼모형을 개발하였다. 이러한 파생상품의 가치평가를 위한 공식개발의 공헌을 인정받아 이미 타계한 Black을 제외하고 Scholes와 Merton은 1997년에 노벨경제학상을 수상하였다.

3 John C. Cox, Stephen A Ross, and Mark Rubinstein, "Option Pricing: A Simplified Approach," *Journal of Financial Economics* 7, 1979.

이항옵션가격결정모형은 복잡한 차분방정식(partial differential equation)을 사용하지 않을 뿐 아니라 기초자산의 미래 변동성(volatility)에 대한 정보도 요구하지 않는다. 확률분포(probability distribution)만을 사용하여 매우 단순하게 옵션가격을 도출한다.

또한 블랙-숄즈옵션가격결정모형이 배당을 지급하지 않는 유럽형옵션에만 적용 가능함에 비해 이항옵션가격결정모형은 배당을 지급하는 유럽형옵션과 미국형옵션 등 복잡한 경우의 옵션가치평가가 가능하다. 최근에는 기업의 투자의사결정과 관련한 실물옵션(real option)으로 적용이 가능한 유연성을 갖고 있다.

(1) 이항분포와 정규분포

〈그림 19-1〉과 같이 공을 쏘아서 바구니에 들어가는 핀볼게임을 한다고 하자. 공은 첫 번째 핀을 맞고 왼쪽이나 오른쪽으로 떨어질 것이다. 이때 왼쪽으로 떨어질 가능성(확률)이 50%이고 오른쪽으로 떨어질 가능성(확률)도 50%이다. 이러한 가능성은 공이 아래로 더 떨어지더라도 아래쪽 핀을 맞고 왼쪽과 오른쪽 중 어느 한 쪽으로 떨어질 가능성이 여전히 50%로 동일하다.

그렇다면, 공이 바구니1, 바구니 2, 바구니 3, 바구니 4로 각각 들어갈 가능성은 얼마일까? 〈그림 19-2〉에서 보듯이 바구니 1은 왼쪽으로 3번 떨어지는 한 가지 경우밖에 없으므로 $12.5\%(=(1경우)(0.5)^3(0.5)^0)$이다. 마찬가지로 바구니 4는 오른쪽으로 3번 떨어지는 한 가지 경우 밖에 없으므로 $12.5\%(=(1경우)(0.5)^0(0.5)^3)$이다. 바구니 2는

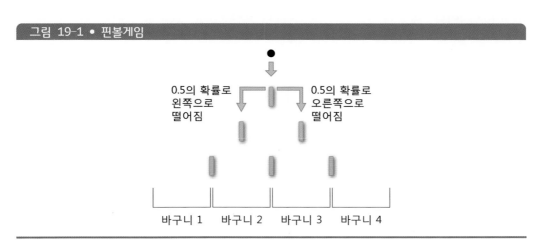

그림 19-1 ● 핀볼게임

0.5의 확률로 왼쪽으로 떨어짐

0.5의 확률로 오른쪽으로 떨어짐

바구니 1   바구니 2   바구니 3   바구니 4

그림 19-2 • 볼이 각 바구니에 들어갈 확률

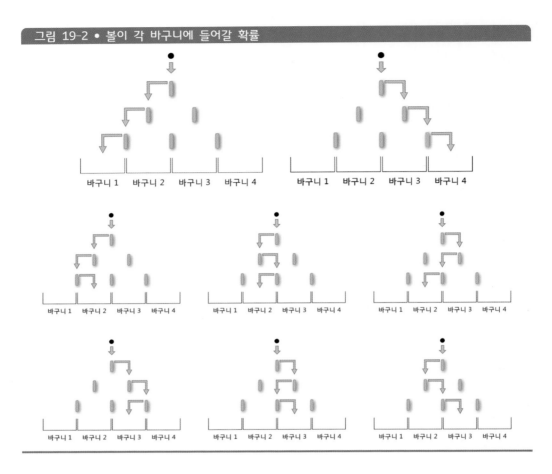

왼쪽으로 2번, 오른쪽으로 1번 떨어지는 경우가 3가지 있으므로 37.5%(=(3경우) $(0.5)^2(0.5)^1$)이다. 바구니 3은 왼쪽으로 1번, 오른쪽으로 2번 떨어지는 경우가 3가지 있으므로 37.5%(=(3경우)$(0.5)^1(0.5)^2$)이다.

이처럼 핀볼게임은 공이 왼쪽 혹은 오른쪽 둘 중의 하나로 떨어지는 이항과정 (binomial process)을 나타내고 있으며 각 바구니에 들어갈 가능성인 이항확률을 보여 주고 있다. 핀볼게임의 핀을 옆으로 눕혀보면 본서에서 설명하는 이항옵션모형의 이항 나무(binomial tree)와 동일하다. 따라서 핀볼의 위치 변화(왼쪽 또는 오른쪽)를 이항모형 에서는 가치(value)나 수익률(returns)의 변화(상승 또는 하락)로 보는 것과 동일하다.

만약, 핀의 세로 열을 많이 하여 무수히 많은 공을 떨어뜨릴 경우 볼은 가운데 바구니 속으로 가장 많이 들어가고 양쪽 바구니 쪽으로 갈수록 적게 들어간다. 이러한 현상은 이항과정(binomial process)을 무한으로 확대하면 최종적으로 정규분포를 이룬다는 것을 의미한다.

(2) 1기간 이항옵션가격결정모형

1) 콜옵션

이항옵션가격결정모형에 대한 이해를 위해 가장 간단한 1기간 이항옵션가격결정모형을 생각해보자. 이 모형에서는 1기간 동안 이항분포에 따라 기초자산인 주가가 일정한 비율로 한 번 오르거나 내릴 수 있다고 가정한다. 1기간 동안 시간이 흐름에 따라 주가가 변동하게 되는데, 이러한 주식가치의 변동은 콜옵션을 매도함으로써 시간이 지나도 가치가 변함이 없도록 만들 수 있다.

즉, 주식매수에 대해서 콜옵션을 매도하는 커버드콜 전략을 이용하여 무위험포트폴리오를 구성할 수 있다. 콜옵션 매수는 기초자산인 주가가 상승할 경우 이익을 보게 되는 전략이므로 콜옵션 매도와 기초자산 매수포지션이 결합(커버드콜)될 경우 중립적인 포지션이 될 수 있다는 것이다.

예를 들어, 현재의 주가 S가 10,000원인데 연말에 30% 상승하거나 10% 하락한다면 연말의 주가는 13,000원이 되거나 9,000원이 될 것이다. 이때 투자자가 커버드콜을 실행할 경우 투자자는 가격이 C이고 행사가격이 11,000원인 콜옵션을 1단위 매도하는 동시에 주식을 N개 매수할 수가 있다.

만약 만기에 주가가 13,000원이 될 경우 옵션을 매도한 투자자는 2,000원[$= -(13,000-11,000)$]의 손실을 보는 반면 C만큼의 프리미엄(옵션가격)을 획득하게 된다. 만기에 주가가 9,000원이 될 경우에는 옵션을 매도한 투자자는 C만큼의 프리미엄만을 획득하게 된다.

결국, 만기 시에 투자자의 포지션은 주식의 가격과 옵션행사에 따른 손익의 합이 되므로 만기 시 주가가 13,000원일 경우에는 $13,000 \times N - 2,000$이 되고 만기 시 주가가 9,000원일 경우에는 $9,000 \times N$이 된다. 그렇다면 커버드콜로 구축한 포지션의 가치를 1기간 동안의 주가의 변동에 관계없이 불변으로 만들 수 있는가? 다시 말하면 콜옵션 1단위 매도에 대해서 주식을 몇 주를 매수해야 가치가 불변인 무위험포트폴리오

그림 19-3 • 콜옵션: 1기간 이항옵션가격결정모형의 무위험포트폴리오의 가치

를 구성할 수 있는가?

이것은 주가가 올랐을 때의 가치 $13,000 \times N - 2,000$과 주가가 내렸을 때의 가치 $9,000 \times N$이 동일하도록 주식을 매수한다면 가능해진다. 즉, $N = 0.5$개의 주식을 사고[4] 콜옵션 1단위를 매도하게 되면 1기간 동안 주가가 어떻게 변동하든지 관계없이 커버드콜의 포지션 가치는 불변이 된다.

이제, 이러한 개념을 일반화 해보자. 먼저 〈그림 19-3〉과 같이 가격이 C인 콜옵션 1단위 매도와 주가가 S인 주식 N주를 매수하여 무위험포트폴리오를 구성한다면 이 포트폴리오의 가치는 $NS - C$가 된다. 시간이 흘러 1기간 후에 주가가 상승하였을 경우에는 무위험포트폴리오의 가치는 $NUS - C_U$가 되고 반대로 주가가 하락하였을 경우에는 무위험포트폴리오의 가치는 $NDS - C_D$가 된다.

여기서 $U = 1 + $ 가격상승률이고, $D = 1 + $ 가격하락률이다. 따라서 주가가 오르면 새로운 주식의 가격은 NUS가 되고 주가가 하락하면 새로운 주가는 NDS가 된다. 마찬가지로 콜옵션의 가격도 시간이 흐름에 따라 변하게 되는데 주가가 상승했을 때의 콜옵션의 가치는 C_U, 주가가 하락했을 때의 콜옵션의 가치는 C_D로 표시한다.

이 포트폴리오가 시간이 지나도 가치가 변함이 없도록 만드는, 즉 주가의 상승 및 하락에 관계없이 1기간 후의 가치가 동일하도록 만드는 주식 수 N은 다음 식을 풀면 된다.

$$V_U = V_D \rightarrow NUS - C_U = NDS - C_D \rightarrow N = \frac{C_U - C_D}{(U - D)S} \tag{19-1}$$

식(19-1)에서 도출된 N을 헷지비율(hedge ratio)이라고 한다.[5] 즉, 무위험포트폴

---

4 $13,000 \times N - 2,000 = 9,000 \times N \rightarrow N = 0.5$

리오를 만들기 위해 콜옵션 1단위를 매도할 때 매수해야 하는 주식 수를 말한다. 그렇다면 무위험포트폴리오의 구성요소인 콜옵션의 가치는 어떻게 구하는가?

주식과 콜옵션을 결합하여 무위험포트폴리오를 구성한 투자자는 아무런 위험도 부담하지 않으므로 시장균형상태에서 무위험포트폴리오의 수익률은 무위험이자율이어야 한다. 따라서 1기간 동안의 무위험이자율을 $R(=1+$무위험이자율$(r))$이라고 한다면 1기간 후의 가치인 V_U나 V_D는 현재 무위험포트폴리오의 가치 V를 무위험이자율 R로 복리계산한 가치와 동일해야 하므로 다음의 관계가 성립해야 한다.

$$VR = V_U(=V_D) \rightarrow (NS-C)R = NUS - C_U(=NDS-C_D) \qquad (19\text{-}2)$$

식(19-2)에 식(19-1)을 대입한 후, C에 대해서 정리하면 콜옵션의 균형가격은 다음과 같이 구할 수 있다.[6]

$$C = \frac{\left(\dfrac{R-D}{U-D}\right)C_U + \left(\dfrac{U-R}{U-D}\right)C_D}{R}$$

$$= \frac{\pi_U C_U + \pi_D C_D}{R} \qquad (19\text{-}3)$$

식(19-3)에서 $\pi_U = (R-D)/(U-D)$는 가격이 상승할 확률을 의미하고 $\pi_D = (U-R)/(U-D) = 1-\pi_U$로 가격이 하락할 확률을 의미한다.[7] 따라서 식(19-3)에 의하면 콜옵션의 가치는 투자자의 위험선호도와 관계없이 무위험포트폴리오에서 도출되므로 위험중립적인 세계에서 기대수익(expected payoff)을 무위험이자율로 할인한 현재가치가 된다.

---

5 $N = \dfrac{C_U - C_D}{(U-D)S} = \dfrac{C_U - C_D}{US - DS} = \dfrac{\partial C}{\partial S} =$ 델타(delta). 즉, 콜옵션가격변동분을 기초자산가격변동분으로 나눈 것으로 기초자산의 가격변화에 따른 콜가격의 변화인 콜옵션의 델타를 의미한다.

6 추적포트폴리오를 이용하여 옵션가격을 도출하는 방법은 APPENDIX 참조.

7 π_U는 위험중립확률(risk neutral probability) 혹은 헷지확률(hedge probability)이라고도 한다.
$\pi_D = 1-\pi_U = 1-(R-D)/(U-D) = (U-D-R+D)/(U-D) = (U-R)/(U-D)$

2) 풋옵션

콜옵션을 이용하여 무위험포트폴리오를 구성하는 것과 마찬가지로 풋옵션을 이용해서도 무위험포트폴리오를 구성할 수 있다. 〈그림 19-4〉처럼 가격이 P인 풋옵션 1단위 매수하고 주가가 S인 주식 N주를 매수하여 무위험포트폴리오 $NS+P$를 구성할 수 있다.

1기간 후에 주가가 상승하였을 경우 무위험포트폴리오의 가치는 $NUS+P_U$가 되고 반대로 주가가 하락하였을 경우 무위험포트폴리오의 가치는 $NDS+P_D$가 된다. P_U는 주가가 상승했을 때의 풋옵션의 가치이고 P_D는 주가가 하락했을 때의 풋옵션의 가치이다.

이 포트폴리오가 시간이 지나도 가치가 변함이 없도록 만드는, 즉 주가의 상승 및 하락에 관계없이 1기간 후의 가치가 동일하도록 만드는 주식수 N은 다음 식을 풀면 된다.

$$V_U=V_D \ \rightarrow \ NUS+P_U=NDS+P_D \ \rightarrow \ N=-\frac{P_U-P_D}{(U-D)S} \tag{19-4}$$

식(19-4)에서 도출된 N은 무위험포트폴리오를 만들기 위해 풋옵션 1단위를 매수할 때 매수해야 하는 주식 수, 즉 헷지비율이다.[8] 이처럼 무위험포트폴리오를 구성하기 위해 풋옵션 1단위 매수에 대해서 몇 주의 주식을 매수해야 하는지를 도출하였다.

풋옵션의 가치도 콜옵션의 경우와 마찬가지로 구할 수 있다. 주식과 풋옵션을 결합한 무위험포트폴리오의 수익률은 시장균형상태에서 무위험이자율이어야 한다. 즉,

---

그림 19-4 • 풋옵션: 1기간 이항옵션가격결정모형의 무위험포트폴리오의 가치

$$V=NS+P \ \big\langle \ \begin{array}{l} V_U=NUS+P_U \\ V_D=NDS+P_D \end{array}$$

---

8 콜옵션의 헷지비율 N은 콜옵션 1단위를 매도할 때 매수해야 하는 주식 수로 양(+)의 값이 나오며, 풋옵션의 헷지비율 N은 풋옵션 1단위를 매수할 때 매수해야 하는 주식 수로 음(−)의 값이 나온다.

1기간 동안의 무위험이자율을 $R(=1+$무위험이자율$)$이라고 한다면 1기간 후의 가치인 V_U나 V_D는 현재 무위험포트폴리오의 가치 V를 무위험이자율 R로 복리계산한 가치와 동일해야 하므로 다음의 관계가 성립해야 한다.

$$VR = V_U(=V_D) \rightarrow (NS+P)R = NUS = P_U(=NDS+P_D) \tag{19-5}$$

식(19-5)에 식(19-4)를 대입한 후, P에 대해서 정리하면 풋옵션의 균형가격은 콜옵션의 균형가격과 동일하게 다음과 같이 구할 수 있다.

$$P = \frac{\left(\dfrac{R-D}{U-D}\right)P_U + \left(\dfrac{U-R}{U-D}\right)P_D}{R}$$

$$= \frac{\pi_U P_U + \pi_D P_D}{R} \tag{19-6}$$

식(19-6)에서 $\pi_U = (R-D)/(U-D)$는 가격이 상승할 확률을 의미하고 $\pi_D = (U-R)/(U-D)$은 가격이 하락할 확률을 의미한다. 따라서 식(19-6)에 의하면 풋옵션의 가치는 투자자의 위험선호도와 관계없이 무위험포트폴리오에서 도출되므로 위험중립적인 세계에서 기대수익을 무위험이자율로 할인한 현재가치가 된다.

(3) 2기간 이항옵션가격결정모형

콜옵션과 풋옵션 모두 1기간 이항옵션가격결정모형을 한 기간 더 확장한 2기간

그림 19-5 • 2기간 이항옵션가격결정모형의 콜옵션 가격

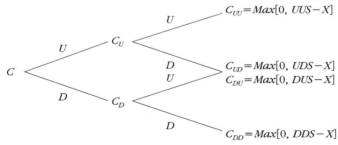

이항옵션가격결정모형도 동일한 논리가 적용된다. 콜옵션의 경우, 〈그림 19-5〉에서처럼 현재의 콜옵션의 가격 C는 1기간 후에 가격이 오르거나 내릴 수 있다. 즉, C_U 혹은 C_D가 된다.

C_U 혹은 C_D에서 다시 1기간 동안 콜옵션의 가격이 오르거나 내릴 수 있다. 따라서 현재부터 2기간 후의 콜옵션의 가격은 2기간 동안 두 번 모두 상승한 가격(C_{UU}), 한 번 상승한 후 하락한 가격(C_{UD}), 한 번 하락한 후 상승한 가격(C_{DU}), 두 번 모두 하락한 가격(C_{DD})이 된다.

이때 콜옵션의 가치는 $Max[0,$ 미래현물가격 $-$ 행사가격$]$이다. 따라서 2기간 후의 콜옵션 가치는 2기간 후의 주가에서 행사가격을 차감한 것이므로 $C_{UU} = Max[0, UUS - X]$, $C_{UD} = Max[0, UDS - X]$, $C_{DU} = Max[0, DUS - X]$, $C_{DD} = Max[0, DDS - X]$이다.

투자자가 알고 싶은 것은 2기간 후의 콜옵션의 가치가 아니라 현재시점의 균형상태에서의 콜옵션 가격이다. 따라서 1기간 이항옵션가격결정모형에서 설명했듯이 옵션의 가치는 위험중립적인 세계에서 기대수익을 무위험이자율로 할인한 현재가치이므로, 2기간 후의 기대수익을 무위험이자율로 2기간 동안 할인한 현재가치가 옵션의 가치가 된다. 우선 1기간 말 시점에서의 콜옵션의 가치인 C_U의 가치와 C_D의 가치는 식(19-3)을 이용하여 다음과 같이 계산할 수 있다.

$$C_U = \frac{\pi_U C_{UU} + \pi_D C_{UD}}{R}, \quad C_D = \frac{\pi_U C_{DU} + \pi_D C_{DD}}{R} \tag{19-7}$$

1기간 말의 가치인 C_U와 C_D를 현재시점의 가치로 계산하기 위하여 식(19-3)에 식(19-7)을 대입하여 정리하면 다음과 같은 2기간 이항옵션가격결정모형이 도출된다.

$$
\begin{aligned}
C &= \frac{\pi_U \left(\dfrac{\pi_U C_{UU} + \pi_D C_{UD}}{R} \right) + \pi_D \left(\dfrac{\pi_U C_{DU} + \pi_D C_{DD}}{R} \right)}{R} \\[2mm]
&= \frac{\pi_U \pi_U C_{UU} + \pi_U \pi_D C_{UD} + \pi_D \pi_U C_{DU} + \pi_D \pi_D C_{DD}}{R^2}
\end{aligned}
\tag{19-8}
$$

이항옵션가격결정모형

주식가격이 40원, 무위험이자율이 5%, 행사가격이 35원이다. 주가는 8% 상승하거나 7.4% 하락할 수 있다. 2기간 이항옵션모형에 의한 콜옵션의 가격을 구하시오.

[답]

$U = 1.08 \quad D = 0.926$

$\pi_U = \dfrac{R - D}{U - D} = \dfrac{1.05 - 0.926}{1.08 - 0.926} = 0.8052$

$\pi_D = 0.1948$

$C_{UU} = Max[0, \ UUS - X] = 11.656$

$C_{UD} = Max[0, \ UDS - X] = 5$

$C_{DU} = Max[0, \ DUS - X] = 5$

$C_{DD} = Max[0, \ DDS - X] = 0$

$C = \dfrac{(0.8052)^2 (11.656) + (0.8052)(0.1948)(5) + (0.1948)(0.8052)(5) + (0.1948)^2 (0)}{(1.05)^2} = 8.2772$

콜옵션과 동일한 논리로 풋옵션도 계산할 수 있다. 〈그림 19-6〉에서처럼 현재의 풋옵션의 가격 P는 1기간 후에 가격이 오르거나 내릴 수 있다. 즉, P_U 혹은 P_D가 된다. P_U 혹은 P_D에서 다시 1기간 동안 풋옵션의 가격이 오르거나 내릴 수 있다. 따라서 현재부터 2기간 후의 풋옵션의 가격은 2기간 동안 두 번 모두 상승한 가격(P_{UU}), 한 번 상승한 후 하락한 가격(P_{UD}), 한 번 하락한 후 상승한 가격(P_{DU}), 두 번 모두 하

그림 19-6 • 2기간 이항옵션가격결정모형의 풋옵션 가격

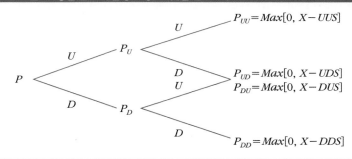

락한 가격(P_{DD})이 된다.

이때, 풋옵션의 가치는 Max[0, 행사가격 − 미래현물가격]이므로 2기간 후의 풋옵션의 가치는 행사가격에서 2기간 후의 주가를 차감한 것이 된다. 따라서 $P_{UU}=$ Max[0, $X-UUS$], $P_{UD}=Max$[0, $X-UDS$], $P_{DU}=Max$[0, $X-DUS$], $P_{DD}=$ Max[0, $X-DDS$]이다.

2기간 콜옵션의 경우와 마찬가지로 2기간 풋옵션의 가격은 2기간 후의 기대수익을 무위험이자율로 2기간 동안 할인한 현재가치이다. 우선 1기간 말 시점에서의 풋옵션의 가치인 P_U의 가치와 P_D의 가치는 식(19-6)을 이용하여 다음과 같이 계산할 수 있다.

$$P_U = \frac{\pi_U P_{UU} + \pi_D P_{UD}}{R}, \quad P_D = \frac{\pi_U P_{DU} + \pi_D P_{DD}}{R} \tag{19-9}$$

1기간 말의 가치인 P_U와 P_D를 현재시점의 가치로 계산하기 위하여 식(19-6)에 식(19-9)를 대입하여 정리하면 다음과 같은 2기간 이항옵션가격결정모형이 도출된다.

$$P = \frac{\pi_U \left(\dfrac{\pi_U P_{UU} + \pi_D P_{UD}}{R} \right) + \pi_D \left(\dfrac{\pi_U P_{DU} + \pi_D P_{DD}}{R} \right)}{R}$$

$$= \frac{\pi_U \pi_U P_{UU} + \pi_U \pi_D P_{UD} + \pi_D \pi_U P_{DU} + \pi_D \pi_D P_{DD}}{R^2} \tag{19-10}$$

(4) n기간 이항옵션가격결정모형

n기간으로 확장시켜 일반화된 이항옵션가격결정모형을 살펴보자. n기간으로 확장하더라도 위험중립적 세계에서 기대되는 현금흐름을 무위험이자율로 할인한 값으로 옵션가격을 구하는 원칙은 계속 유지된다. 그렇다면 n기간에서 주가가 k번 상승하고 $(n-k)$번 하락하는 경우는 몇 경우가 발생하는가?

예를 들어, 〈그림 19-7〉에서 보듯이 2기간에서 주가가 1번 상승하고 1($=2-1$)번 하락하는 경우는 2경우가 있다. 3기간의 경우에서는 주가가 2번 상승하고 1($=3-2$)

〈2기간 이항옵션가격1정모형〉　　　　　　〈3기간 이항옵션가격1정모형〉

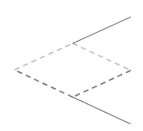

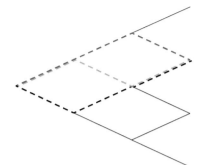

1번 상승, 1번 하락 : 2가지 경우　　　　　2번 상승, 1번 하락 : 3가지 경우

번 하락하는 경우는 모두 3경우가 있다. 이를 일반화하면 n기간에서 주가가 k번 상승하고 $(n-k)$번 하락하는 모든 경우의 수는 $n!/[k!(n-k)!]$개가 된다.[9]

　　따라서 콜옵션과 풋옵션의 가격결정모형을 n기간으로 일반화시켜 수식으로 표현하면 다음과 같다.[10]

$$C = \frac{\displaystyle\sum_{k=0}^{n} \left(\frac{n!}{k!\,(n-k)!}\right) [\pi_U^k \pi_D^{n-k}] \, MAX\,[\,0,\ U^k D^{n-k} S - X\,]}{R^n} \tag{19-11}$$

$$P = \frac{\displaystyle\sum_{k=0}^{n} \left(\frac{n!}{k!\,(n-k)!}\right) [\pi_U^k \pi_D^{n-k}] \, MAX\,[\,0,\ X - U^k D^{n-k} S\,]}{R^n} \tag{19-12}$$

　　만약 2기간($n=2$)에서 콜옵션의 가격을 식(19-11)을 이용하여 구한다면 다음 식

---

9 3기간 이항옵션가격결정모형: 3번 상승하고 0번 하락하는 경우$=\pi_U^3$, 2번 상승하고 1번 하락하는 경우$=3\pi_U^2\pi_D$, 1번 상승하고 2번 하락하는 경우$=3\pi_U\pi_D^2$, 0번 상승하고 3번 하락하는 경우$=\pi_D^3$

$$C = \frac{\pi_U^3 C_{UUU} + 3\pi_U^2 \pi_D C_{UUD} + 3\pi_U \pi_D^2 C_{UDD} + \pi_D^3 C_{DDD}}{R^3}, \quad P = \frac{\pi_U^3 P_{UUU} + 3\pi_U^2 \pi_D P_{UUD} + 3\pi_U \pi_D^2 P_{UDD} + \pi_D^3 P_{DDD}}{R^3}$$

10 n기간 이항옵션가격결정모형에서 Δt시간 동안 현물의 평균수익률이 r, 표준편차가 σ가 되는 로그정규분포를 따른다고 가정할 경우 이항옵션가격결정모형의 투입변수 $U = e^{\sigma\sqrt{\Delta t}}$, $D = \frac{1}{U}$, $\pi_U = \frac{e^{r\Delta t} - D}{U - D}$, $\pi_D = 1 - \pi_U$이다.

이 되고 이것은 2기간 이항옵션가격결정모형에서 구한 식(19-8)과 동일한 식이 된다.[11]

$$C = \frac{\pi_D^2 C_{DD} + 2\pi_U \pi_D C_{UD} + \pi_U^2 C_{UU}}{R^2} \tag{19-13}$$

예제 **이항옵션가격결정모형**

현재 주가가 50원이고 행사가격은 45원이다. 주가는 11% 오르거나 10% 하락한다. 무위험이자율은 10%이고, 10%의 배당이 2기간 후에 지급된다. 3기간 이항옵션가격결정모형을 이용하여 콜옵션가격을 구하시오.

[답]

$U = 1.11$, $D = 0.9$, $\pi_U = \dfrac{R - D}{U - D} = \dfrac{1.1 - 0.9}{1.11 - 0.9} = 0.95$, $\pi_D = 0.05$

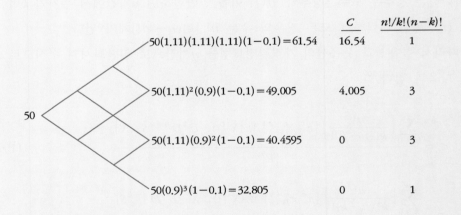

		C	$n!/k!(n-k)!$
$50(1.11)(1.11)(1.11)(1-0.1) = 61.54$		16.54	1
$50(1.11)^2(0.9)(1-0.1) = 49.005$		4.005	3
$50(1.11)(0.9)^2(1-0.1) = 40.4595$		0	3
$50(0.9)^3(1-0.1) = 32.805$		0	1

따라서, $C = \dfrac{(1)(0.95)^3(16.54) + (3)(0.95)^2(0.05)(4.005)}{(1.10)^3} = 15.6384$

---

11 파생상품시장업무규정시행세칙에 의하면 KOSPI200옵션의 이론가격은 $n = 49$로 정하여 이항옵션가격결정모형에 의해 계산하고 있다.

2. 블랙-숄즈옵션가격결정모형(BSOPM)

(1) 블랙-숄즈옵션가격결정모형에 의한 콜옵션 가격

Black과 Scholes는 배당금을 지급하지 않는 주식에 대한 유럽형 콜옵션에 대한 옵션이론가격결정모형(option pricing model)을 최초로 도출하여 실제 시장에서 시장참여자들이 폭넓게 사용할 수 있도록 하였다. 그들은 현물가격이 연속적으로 변화하고,[12] 현물수익률은 로그정규분포(lognormal distribution)[13]를 따르며, 이자율과 주가의 변동성은 옵션잔존기간 동안 고정되어 있다는 가정하에 물리학 열확산식을 응용하여 식(19-14)의 블랙-숄즈옵션가격결정모형을 개발하였다.[14]

$$C = SN(d_1) - Xe^{-rT}N(d_2) \tag{19-14}$$

$$\text{여기서, } d_1 = \frac{\ln\left(\frac{S}{X}\right) + (r + 0.5\sigma^2)T}{\sigma\sqrt{T}}$$

$$d_2 = d_1 - \sigma\sqrt{T}$$

식(19-14)에서 $N(d)$는 평균이 0이고 표준편차가 1인 표준정규분포를 따르는 확률변수의 누적분포함수로서 〈그림 19-8〉에서 보듯이 그림자부분의 면적, 즉 d 이하의 누적확률을 의미한다.

블랙-숄즈옵션가격결정모형에서 d_1과 d_2에 반영되는 $\ln(S/X)$는 기초자산가격과 행사가격 간의 비율이므로 옵션이 현재 내가격 혹은 외가격 상태에 있는지를 나타내는 비율이라고 볼 수 있으므로 $N(d)$는 콜옵션이 내가격으로 만기가 되는 위험조정확률(risk-adjusted probability)로 볼 수 있다. 그리고 $\sigma\sqrt{T}$는 옵션의 잔존기간에 걸친 주가의 변동성으로 옵션의 내가격 혹은 외가격 정도를 조정하는 것이다.

만약 두 개의 $N(d)$가 모두 1에 가깝다고 가정하면 옵션이 행사될 확률이 매우

---

[12] 이항옵션가격결정모형에서는 주가의 변동이 이산적으로 일정한 비율의 상승과 하락으로 움직인다고 가정한 데 비하여, 블랙-숄즈옵션가격결정모형은 주가가 연속적인 랜덤워크(random walk)에 따라 변화한다고 가정한다는 점에서 차이가 있다.

[13] 어떤 변수에 자연로그를 취한 값이 정규분포를 따르면 그 변수는 로그정규분포를 가진다.

[14] 본서에서는 수학적인 도출과정은 생략하고 개념적인 내용위주로 설명한다.

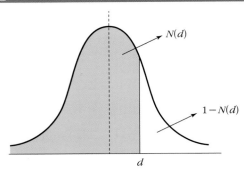

그림 19-8 • 표준정규분포

높고 이때 콜옵션의 가치는 $S-Xe^{-rT}$, 즉 $C=Max[0,\ S-PV(X)]$가 됨을 알 수 있다. 시장의 불안정이 없는 확실한 세계에서 콜옵션의 가치는 $S-PV(X)$가 되지만 현실적으로 시장의 불안정에 대한 위험을 고려하여 위험조정확률로 콜옵션의 가치를 조정한 것으로 설명할 수 있다.

그렇다면 $N(d)$ 중에서 $N(d_1)$은 구체적으로 무엇을 의미하는가? 식(19-14)를 S에 대해 1차미분($\partial C/\partial S$)하면 $N(d_1)$이 된다. 이것은 기초자산인 주가의 변화(∂S)에 대한 콜옵션 가격변화(∂C)인 델타(delta)를 의미한다. 또한 주가가 변동할 때 이에 상응하는 정도의 콜옵션의 가격이 변동하면 가치가 불변인 무위험포트폴리오가 되므로 결국 이 값은 무위험포트폴리오를 구성하기 위하여 매도한 콜옵션 1개당 매수해야 할 주식의 수(N주)인 헷지비율을 의미한다고 볼 수 있다. $N(d_2)$는 만기일의 주가가 행사가격보다 클 가능성인 내가격 상태가 될 확률을 의미하므로 옵션이 행사될 확률을 나타낸다.

따라서 블랙-숄즈옵션가격결정모형에서 콜옵션의 가격은 기초주식의 가격에 헷지비율을 곱한 값에서 행사가격의 현재가치에 옵션이 행사될 확률을 곱한 값만큼을 차감한 것으로 해석할 수 있다.

(2) 블랙-숄즈옵션가격결정모형에 의한 풋옵션 가격

풋옵션의 이론가격은 콜옵션의 이론가격을 산출한 후 풋-콜등가정리에 의해 산

그림 19-9 • 표준정규분포의 누적분포함수

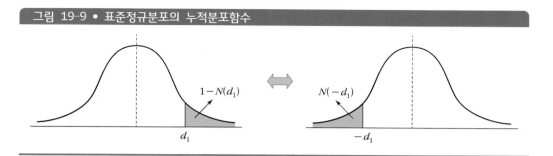

출할 수 있다. 풋-콜등가정리를 풋옵션에 대해서 정리하면 다음과 같다.[15]

$$P = -S + C + Xe^{-rT} \tag{19-15}$$

식(19-15)의 콜옵션에 블랙-숄즈옵션가격결정모형으로 도출된 식(19-14)를 대입하여 정리하면, 식(19-16)의 블랙-숄즈옵션가격결정모형에 의한 풋옵션가격을 도출할 수 있다.

$$P = -S + SN(d_1) - Xe^{-rT}N(d_2) + Xe^{-rT}$$

$$= -S[1 - N(d_1)] + Xe^{-rT}[1 - N(d_2)]$$

$$= -SN(-d_1) + Xe^{-rT}N(-d_2) \tag{19-16}$$

식(19-16)에서 $N(d)$가 평균 0을 중심으로 좌우가 대칭인 점을 이용하면 $[1 - N(d_1)] = N(-d_1)$이고 $[1 - N(d_2)] = N(-d_2)$가 된다.

예제 | **블랙-숄즈옵션가격결정모형**

현재 KOSPI200이 253.19, KOSPI200의 연수익률의 표준편차(σ)는 27.63%, 무위험이 자율이 2.85%이다. 행사가격(X)이 245.50이고 만기까지 3개월 남은 콜옵션과 풋옵션 가격을 블랙-숄즈옵션가격결정모형을 이용하여 구하시오.

---

15 식(19-15)는 블랙-숄즈옵션가격결정모형을 적용하기 위해 연속형으로 풋-콜등가정리를 나타낸 것이고 Chapter18의 식(18-2)는 이산형으로 풋-콜등가정리를 나타낸 것이다.

[답]

$$d_1 = \frac{\ln\left(\frac{S}{X}\right) + (r + 0.5\,\sigma^2)\,T}{\sigma\sqrt{T}} = \frac{\ln\left(\frac{253.19}{245.50}\right) + (0.0285 + 0.5\,(0.2763)^2)\,(0.25)}{0.2763\sqrt{0.25}} = 0.4985$$

부표를 이용하여 보간법으로 누적확률을 구하면,

$$\frac{0.4985 - 0.49}{0.50 - 0.49} = \frac{N(0.4985) - 0.6879}{0.6915 - 0.6879} \rightarrow N(0.4985) = 0.6909$$

보간법으로 구하는 방법 외에 표준정규누적분포값을 구하는 엑셀함수인 〔NORMSDIST〕함수로 구해도 된다. 다음 그림과 같이〔NORMSDIST(0.4985)〕를 입력하면 누적확률이 0.6909로 구해진다.

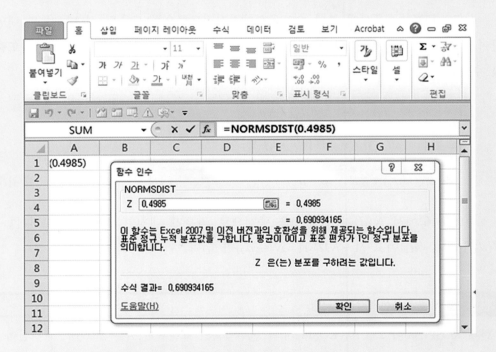

$$d_2 = d_1 - \sigma\sqrt{T} = 0.4985 - (0.2763)\sqrt{0.25} = 0.3604$$

부표를 이용하여 보간법으로 누적확률을 구하면,

$$\frac{0.3604 - 0.36}{0.37 - 0.36} = \frac{N(0.3604) - 0.6406}{0.6443 - 0.6406} \rightarrow N(0.3604) = 0.6407$$

마찬가지로 엑셀함수인 〔NORMSDIST〕함수를 이용하여 다음 그림과 같이 〔NORMSDIST (0.3604)〕를 입력하면 누적확률이 0.6407이 구해진다.

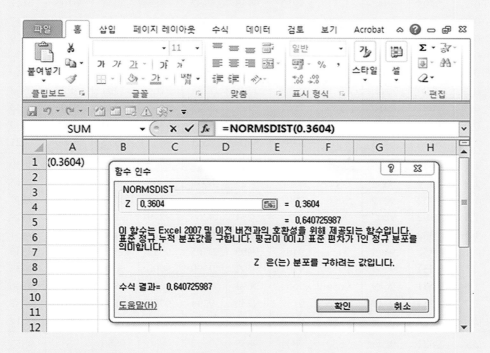

따라서, 콜옵션과 풋옵션은 다음과 같다.

$$C = SN(d_1) - Xe^{-rT}N(d_2)$$

$$= (253.19)(0.6909) - (245.50)e^{-(0.0285)(0.25)}(0.6407) = 18.75$$

$$P = -SN(-d_1) + Xe^{-rT}N(-d_2)$$

$$= (-253.19)(1 - 0.6909) + (245.50)e^{-(0.0285)(0.25)}(1 - 0.6407) = 9.32$$

	.00	.01	.02	.03	.04	.05	.06	.07	.08	.09
0.0	.5000	.5040	.5080	.5120	.5160	.5199	.5239	.5279	.5319	.5359
0.1	.5398	.5438	.5478	.5517	.5557	.5596	.5636	.5675	.5714	.5753
0.2	.5793	.5832	.5871	.5910	.5948	.5987	.6026	.6064	.6103	.6141
0.3	.6179	.6217	.6255	.6293	.6331	.6368	.6406	.6443	.6480	.6517
0.4	.6554	.6591	.6628	.6664	.6700	.6736	.6772	.6808	.6844	.6879
0.5	.6915	.6950	.6985	.7019	7054	7088	.7123	.7157	.7190	.7224
0.6	.7257	.7291	.7324	7357	.7389	.7422	.7454	.7486	.7517	.7549
0.7	.7580	7611	.7642	.7673	.7704	.7734	.7764	.7794	.7823	.7852
0.8	.7881	.7910	.7939	.7967	7995	.8023	.8051	.8078	.8106	.8133
0.9	.8159	.8186	.8212	.8238	.8264	.8289	.8315	.8340	.8365	.8389
1.0	.8413	.8438	.8461	.8485	.8508	.8531	.8554	.8577	.8599	.8621
1.1	.8643	.8665	.8686	.8708	.8729	.8749	.8770	.8790	.8810	.8830
1.2	.8849	.8869	.8888	.8907	.8925	.8944	.8962	.8980	.8997	.9015
1.3	.9032	.9049	.9066	.9082	.9099	.9115	.9131	.9147	.9162	.9177
1.4	.9192	.9207	.9222	.9236	.9251	.9265	.9279	.9292	.9506	.9319
1.5	.9332	.9345	.9357	.9370	.9382	.9394	.9406	.9418	.9429	.9441
1.6	.9452	.9463	.9474	.9484	.9495	.9505	.9515	.9525	.9535	.9545
17	.9554	.9564	.9573	.9582	.9591	.9599	.9608	.9616	.9625	.9633
1.8	.9641	.9649	.9656	.9664	.9671	.9678	.9686	.9693	.9699	.9706
1.9	.9713	.9719	.9726	.9732	.9738	.9744	.9750	.9756	.9761	.9767
2.0	.9772	.9778	.9783	.9788	.9793	.9798	.9803	.9808	.9812	.9817
2.1	.9821	.9826	.9830	.9834	.9838	.9842	.9846	.9850	.9854	.9857
2.2	.9861	.9864	.9868	.9871	.9875	.9878	.9881	.9884	.9887	.9890
2.3	.9893	.9896	.9898	.9901	.9904	.9906	.9909	.9911	.9913	.9916
2.4	.9918	.9920	.9922	.9925	.9927	.9929	.9931	.9932	.9934	.9936
2.5	.9938	.9940	.9941	.9943	.9945	.9946	.9948	.9949	.9951	.9952
2.6	.9953	.9955	.9956	.9957	.9959	.9960	.9961	.9962	.9963	.9964
2.7	.9965	.9966	.9967	.9968	.9969	.9970	.9971	.9972	.9973	.9974
2.8	.9974	.9975	.9976	.9977	.9977	.9978	.9979	.9979	.9980	.9981
2.9	.9981	.9982	.9982	.9983	.9984	.9984	.9985	.9985	.9986	.9986
3.0	.9987	.9987	.9987	.9988	.9988	.9989	.9989	.9989	.9990	.9990
3.1	.9990	.9991	.9991	.9991	.9992	.9992	.9992	.9992	.9993	.9993
3.2	.9993	.9993	.9994	.9994	.9994	.9994	.9994	.9995	.9995	.9995
3.3	.9995	.9995	.9995	.9996	.9996	.9996	.9996	.9996	.9996	.9997
3.4	.9997	.9997	.9997	.9997	.9997	.9997	.9997	.9997	.9997	.9998

02 실물옵션

1. 경영자의 기업투자안 평가

자본예산은 장기적인 투자안을 평가하여 자본을 어디에 투자할지 투자계획을 수립하는 것을 말한다. 기업의 성패를 결정짓는 것은 본질적으로 유형자산에 관한 투자결정이고 투자로부터 얻을 수 있는 양(+)의 순현금흐름을 획득함으로써 주주부 극대화가 이루어진다. 따라서 경영자들은 주주부 극대화의 목적을 달성할 수 있는 NPV의해 투자결정을 해왔다.

NPV는 미래 기대현금흐름의 발생에 대한 불확실성이 없고 투자안의 위험이 투자기간 동안 변하지 않는다는 가정하에서, 투자안으로부터 미래에 들어오는 현금흐름의 현재가치와 지금 당장 투자하는 현금흐름의 현재가치를 합하여 구한다.

$$NPV = PV(현금유입) + PV(현금유출)$$

$$= \frac{C_1}{(1+r)^1} + \frac{C_2}{(1+r)^2} + \cdots + \frac{C_n}{(1+r)^n} - C_0 \qquad (19\text{-}17)$$

예를 들어, 자본비용은 10%일 때 현재 1,000원을 투자하면 1년 후에 800원, 2년 후에 600원, 3년 후에 -200의 현금흐름이 발생하는 투자안이 있다고 하자. 이 투자안의 NPV는 72.88원$(=800/(1+0.1)^1 + 600/(1+0.1)^2 - 200/(1+0.1)^3 - 1,000)$이므로 투자금액에 비해 벌어들이는 금액이 많으므로(NPV>0) 투자안을 채택하게 된다.

이러한 NPV법은 많은 가치평가방법론 중 하나로 단지 어떠한 상황하에서만 유효하게 작동하고 만약 다른 상황에서는 다른 평가방법이 필요하다. 실제로 현실세계에서는 NPV가 0보다 큼에도 불구하고 경영자가 투자를 하지 않는 경우나 NPV가 0보다 작음에도 불구하고 투자의사결정을 내리는 경우가 많다.

예를 들어, 자본비용이 12%인 경우에 체인점을 운용하는 A기업의 경영자는 현재 20,000백만원을 투자하면 향후 4년 동안 $-5,635$백만원, $-3,245$백만원, -527백만원, 36,925백만원의 현금흐름이 들어오는 기존의 체인점과 다른 새로운 형태의 체인점사업인 B투자안에 투자하였다. 경영자는 왜 이 사업에 투자하였을까? 만약 NPV법에 의하면 어떤 투자의사결정을 하였을까? 먼저, 이 투자안의 NPV를 계산해 보자.

$$NPV = \frac{-5,635}{(1+0.12)^1} + \frac{-3,245}{(1+0.12)^2} + \frac{-527}{(1+0.12)^3} + \frac{36,925}{(1+0.12)^4} - 20,000$$

$$= 15,473 - 20,000$$

$$= -4,527백만원$$

B투자안으로부터 들어오는 현금흐름의 현재가치(15,473백만원)가 투자비용(20,000백만원)보다 작기 때문에 NPV법에 의하면 투자안을 기각하게 된다. 하지만 A기업의 경영자는 NPV가 음($-$)임에도 불구하고 실제 경영에서는 다음의 이유로 B투자안에 20,000백만원을 투자하는 경우가 많다.

첫째, B투자안에 대한 투자는 기업차원의 전략적인 투자이다. 더구나 NPV에 의한 분석은 투자안의 진실한 가치(true value)를 나타내지 못한다. NPV는 투자안의 가치평가(value)에 대한 측정치가 아니고 단지, 가치증가(value creation) 또는 가치감소(value destruction)만을 나타내는 측정치일 뿐이다. 따라서 투자안의 가치증가(감소)의 측정인 NPV를 추정하기 전에 투자안 그 자체의 가치를 추정해야만 한다.

둘째, A기업 입장에서 B투자안은 돈 버는(NPV>0)투자안이 아니라 앞으로 시작할 새로운 체인점사업을 평가하기 위한 하나의 시험(test)적인 투자이므로 A기업의 경영자는 단지 B투자안으로부터 얼마나 많은 현금창출을 할 수 있는지를 평가하고자 하였다. 새로운 체인점 형태의 B투자안이 성공하면 A기업은 현재의 모든 체인점을 B투자안과 같은 체인점으로 전환하고 실패하면 B투자안 사업은 철수할 생각이다.

셋째, 실제로 NPV법과 달리 B투자안의 미래 현금흐름의 크기, 발생시기, 위험은 경영자가 미래에 얼마나 유연성(flexibility) 있게 사업을 경영하는가에 따라 달라질 것이므로 B투자안에서 창출되는 현금흐름 뿐만 아니라 B투자안에 의해 창출되는 유연성까지 합쳐서 평가해야 한다.

B투자안의 정태적인, 즉 유연성이 없는 가치는 NPV법에서만 평가되는 15,473백만원이다. B투자안에 투자함으로 인해 창출되는 유연성의 가치는 투자로 인해 배우게

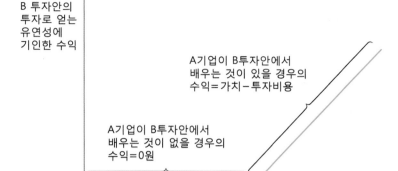

그림 19-10 ● B투자안에 의해 창출되는 유연성 가치의 수익＝콜옵션 수익

B 투자안의
투자로 얻는
유연성에
기인한 수익

A기업이 B투자안에서
배우는 것이 있을 경우의
수익＝가치－투자비용

A기업이 B투자안에서
배우는 것이 없을 경우의
수익＝0원

B투자안의
투자비용

되는 것들 예를 들어, 새로운 체인점사업에 대한 수요 등과 같은 것의 가치이며 이 가치가 크면 클수록 유연성의 가치는 커진다. 따라서 〈그림 19-10〉에서 나타낸 것과 같이 B투자안에 의해 창출되는 유연성 가치의 수익구조는 콜옵션과 같다.

요약하면, 기업 투자안의 진실한 가치는 ① 투자결과 직접적으로 획득하는 증분현금흐름과 ② 투자로 인해 창출되는 유연성의 가치라는 두 부분으로 구성된다. NPV법은 미래 기대현금흐름이 확실하게 발생한다고 보아 미래 의사결정을 조절할 수 없기 때문에 투자결과 직접적으로 획득하는 증분현금흐름에 대한 평가만 하는 유연성이 없는(no-flexibility) 평가방법이다.

투자안의 진실한 가치를 평가하기 위해서는 투자안의 의사결정 시 유연성까지 고려해서 평가해야 하고, 유연성은 기업의 실물자산(real assets)에 대한 옵션이기 때문에 실물옵션(real option)이라고 부른다. 이러한 실물옵션이라는 용어는 1977년에 Stewart Myers가 처음 언급하였다. 그는 전통적인 NPV법은 위험투자안의 불확실성과 위험에서 발생하는 옵션의 가치를 무시한다고 주장하였다. 즉, 기업의 미래성장기회의 바탕이 되는 중요하지만 즉각적인 수익이 발생하지 않는 투자는 NPV법으로 평가할 수 없다고 하였다.

일반적으로 채권투자, 표준화된 시설투자, 비용절감투자와 같이 현금흐름이 지배적인 요인일 때는 NPV법으로 평가하는 것이 적합하다. 하지만, 시장조사비용투자, 연구개발비투자, 유연성이 있는 시설투자, 미래로 연기 가능한 투자, 전략적 투자와 같이 정보가 지배적인 요인일 때는 NPV법이 적합하지 않다.

2. NPV와 BOPM을 이용한 가치평가

NPV 계산을 할 때 위험을 할인율에서 조정하는 위험조정할인율법과 위험을 현금흐름에서 조정하는 확실성등가법을 직관적으로 비교해보자. 예를 들어, 무위험수익률은 4%이고, 현재주가는 10원이다. 1기간 후에 실제로 주가가 상승할 확률 $P_r(U)$는 50%이고 하락할 확률 $P_r(D)$도 50%라고 가정하자. 주가가 상승하는 경우에는 14원 ($U=1.4$)이 되고 하락하는 경우에는 7.1($D=0.71$)원이 된다. 실제확률을 적용하여 위험이 반영된 위험조정할인율을 식(19-18)과 같이 계산할 수 있다.

$$S = \frac{E(CF)}{1 + r_{\text{위험조정}}}$$

$$\rightarrow \frac{1}{1 + r_{\text{위험조정}}} = \frac{S}{E(CF)} = \frac{10}{(0.5)(14) + (0.5)(7.1)}$$

$$\rightarrow 1 + r_{\text{위험조정}} = 1.0571 \tag{19-18}$$

다시 말하면, 실제 상승확률 $P_r(U)=0.5$와 실제 하락확률 $P_r(D)=0.5$를 적용하여 계산한 위험조정할인율 5.71%로 1기간 후의 기대현금흐름 10.55($=(0.5)(14)+$ $(0.5)(7.1)$)를 할인하면 현재주가 10을 구할 수 있다.

하지만 현실에서 주가의 실제 상승확률 $P_r(U)$과 실제 하락확률 $P_r(D)$을 모른다. 따라서 실제확률 대신 위험중립확률 π_U와 $1-\pi_U$를 사용하여 위험이 조정된 현금흐름을 계산한 후, 무위험수익률 r_f로 할인하여 보자. π_U는 $0.475(=(R-D)/(U-D)=$ $(1.04-0.71)/(1.4-0.71))$이고, π_D는 $0.525(=1-\pi_U=1-0.475)$이므로 식(19-19)에 대입하여 현재 주가를 10으로 구할 수 있다.

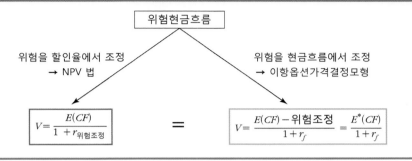

그림 19-11 • 위험현금흐름 평가방법

위험현금흐름

위험을 할인율에서 조정
→ NPV 법

위험을 현금흐름에서 조정
→ 이항옵션가격결정모형

$$V = \frac{E(CF)}{1 + r_{\text{위험조정}}}$$

$=$

$$V = \frac{E(CF) - \text{위험조정}}{1 + r_f} = \frac{E^*(CF)}{1 + r_f}$$

$$S = \frac{E^*(CF)}{1 + r_f} = \frac{(\pi_U)(US) + (1 - \pi_U)(DS)}{R} \tag{19-19}$$

$$= \frac{(0.475)(14) + (0.525)(7.1)}{1.04} = 10$$

이와 같이 위험을 할인율에서 조정하거나 현금흐름에서 조정하거나 동일한 결과를 가진다. 이는 〈그림 19-11〉에서 나타낸 바와 같이 위험을 할인율에서 조정하는 것은 전통적인 현금흐름할인법인 NPV법으로 가치평가를 할 수 있음을 의미하고, 위험을 현금흐름에서 조정하는 것은 이항옵션가격결정모형으로 가치평가를 할 수 있다는 것을 의미한다.

3. 실물옵션을 이용한 가치평가

(1) 이항옵션가격결정모형을 이용한 가치평가

전통적인 투자의사결정인 NPV법은 현재시점에서 당장 투자하거나 투자하지 않는(now or never) 의사결정으로 투자의사결정을 연기하거나 확장 혹은 포기하는 등의 유연성을 무시하고 있고, 새로운 정보나 기술을 획득함으로써 얻어지는 잠재적인 가치를 고려하지 못한다. 따라서 실물옵션으로 가치평가를 하는 것은 유연성을 고려함으로써 보다 현실적인 투자의사결정을 할 수 있다.

만기 시에만 권리행사할 수 있는 유럽형 실물옵션을 예를 들어 살펴보자.[16] 20X1

		글로벌 경제상황	
		호황($P_r = 1/3$)	불황($P_r = 2/3$)
경쟁사의 진입여부	진입 안 함($P_r = 1/2$)	3.0억	1.5억
	진입함($P_r = 1/2$)	1.3억	0.8억

년 초에 자동차를 생산하는 A기업의 경영자는 향후 차세대 무인전기자동차 생산이 10년마다 두 배로 성장할 것으로 예상하고 있다. 경영자는 현재의 내연기관자동차 보다 유지비용이 저렴하여 수익성이 있는 것으로 생각한다. 이에 무인전기자동차의 생산을 위한 사전설계 및 개발비용(R&D비용)을 투자하여 무인전기자동차를 개발하고자 한다. 이 기간은 4년이 소요될 것이고 완제품은 20X5년 초에 생산할 수 있다.

20X5년 초에 무인전기자동차생산의 생산비용은 최소 2억원이 될 것으로 예상된다. 현재 이 투자안의 무위험이자율은 5%이다. 무인자동차의 수요는 글로벌 경제상황과 경쟁사의 시장진입과 관련되기 때문에 A기업은 20X5년 무인전기자동차의 가치를 〈표 19-1〉과 같이 추정하였다.

1) NPV법에 의한 평가

무인전기자동차의 기대가치와 이 투자안의 NPV는 다음과 같이 계산할 수 있다.

$$기대가치(20X5년) = \left(\frac{1}{3}\right)\left(\frac{1}{2}\right)(3) + \left(\frac{2}{3}\right)\left(\frac{1}{2}\right)(1.5) + \left(\frac{1}{3}\right)\left(\frac{1}{2}\right)(1.3) + \left(\frac{2}{3}\right)\left(\frac{1}{2}\right)(0.8)$$

$$= 1.483억원$$

$$NPV(20X1년) = \frac{1.483}{(1+0.05)^4} - \frac{2}{(1+0.05)^4} - 사전설계 및 개발비용(R\&D비용)$$

$$= -0.425억원 - 사전설계 및 개발비용(R\&D비용)$$

따라서 A기업은 사전설계 및 개발비용을 고려하지 않더라도 차세대 무인전기자

---

16 Richard L. Shockley, Jr, *An Applied Course in Real Options Valuation*, Thomson, 2007, pp. 267-283 참조.

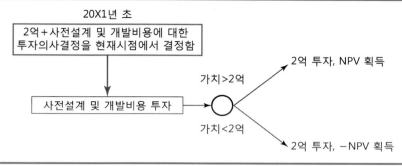

그림 19-12 • NPV법에 의한 투자의사결정시점

20X1년 초

2억+사전설계 및 개발비용에 대한
투자의사결정을 현재시점에서 결정함

사전설계 및 개발비용 투자

가치>2억

2억 투자, NPV 획득

가치<2억

2억 투자, −NPV 획득

동차 사업을 하게 되면 최소한 0.425억원의 가치감소가 있음을 알았다. *NPV*법에 의하면, 〈그림 19-12〉에서 보는 바와 같이 무인전기자동차를 개발하기 위한 사전설계 및 개발비용, 무인전기자동차가 개발된 후의 생산비용 2억원, 그리고 그 이후의 현금흐름을 추정하여 현재시점에서 투자의사결정을 하게 되고, 이때 *NPV*가 음(−)이므로 투자안은 채택하지 말아야 한다.

2) 실물옵션을 이용한 평가

① 실물옵션

A기업의 경영자는 무인전기자동차를 생산하기 위한 현재의 투자비용을 전략적 투자라고 생각하고 있다. 다시 말하면, 현재 무인전기자동차 개발을 시작하지 않으면 경쟁사에 뒤쳐져서 결코 무인전기자동차 시장에서 살아남을 수 없다고 본다. 따라서 *NPV*가 음(−)임에도 불구하고 투자안을 채택할 경우 얼마를 투자하는 것이 적정할까?

만약 지금 사전설계 및 개발비용을 투자하여 무인전기자동차를 개발해 놓으면 무인자전기자동차에 대한 생산능력을 확보함과 동시에 4년 후에 2억원을 투자해서 본격적인 생산여부에 대한 의사결정을 4년 후로 연기(wait)할 수 있다.

이처럼 무인전기자동차를 개발하는데 드는 사전설계 및 개발비용을 투자하여 개발을 완료하여 시장에서 경쟁력을 갖춘 후에, 시장수요에 대한 불확실성이 해소되는 생산시점인 4년 후에 시장상황을 보고 2억을 투자하여 본격적으로 무인전기자동차의

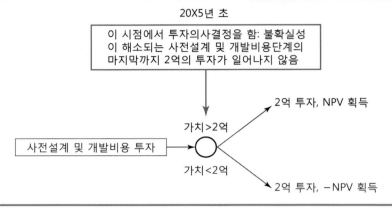

그림 19-13 • 현실적인 투자의사결정시점

20X5년 초

이 시점에서 투자의사결정을 함: 불확실성
이 해소되는 사전설계 및 개발비용단계의
마지막까지 2억의 투자가 일어나지 않음

사전설계 및 개발비용 투자

가치>2억

가치<2억

2억 투자, NPV 획득

2억 투자, −NPV 획득

생산여부에 대한 투자의사결정을 하는 것이 보다 유연성 있는 의사결정이다.

따라서 〈그림 19-13〉에서 보듯이 보다 현실적인 투자의사결정시점은 지금 당장이 아니라 4년 후로 이연되는 시점이다. 이러한 의사결정에 대한 유연성의 가치를 NPV법으로는 반영할 수 없다.

사전설계 및 개발비용을 투자한 후에 만약 무인전기자동차의 가치가 2억원 이상으로 판명되면 A기업은 무인전기자동차를 생산하기 때문에 사전설계 및 개발비용은 2억을 투자하는 콜옵션을 창출한다. 따라서 〈그림 19-14〉에 나타냈듯이 사전설계 및 개발비용의 가치는 옵션프리미엄에 해당되고 사전설계 및 개발비용이 창출하는 콜옵션의 가치보다 사전설계 및 개발비용이 작을 경우 가치를 창출한다.

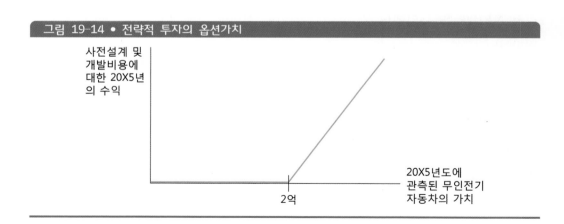

그림 19-14 • 전략적 투자의 옵션가치

사전설계 및
개발비용에
대한 20X5년
의 수익

2억

20X5년도에
관측된 무인전기
자동차의 가치

② 유럽형 실물옵션의 입력변수

실물옵션으로 가치평가를 위한 입력변수를 생각해보자. 무위험이자율은 현재 5% 이고, 무인전기자동차를 생산하기까지의 기간인 4년이 옵션만기(time to maturity)이다. 2억을 투자하여 무인전기자동차를 생산할지 말지를 선택하게 되므로 행사가격은 2억 이다.

기초자산의 가격은 얼마일까? 기초자산은 콜옵션을 행사할 경우 콜옵션매수자(콜옵션보유자)가 권리행사함으로써 항상 얻는 것을 말한다. 만약 20X5년에 콜옵션을 행사, 즉 2억원을 투자할 경우 콜옵션보유자가 얻는 것은 무인전기자동차이다. A기업이 2억원을 사용함으로써 콜옵션을 행사한다면 시장에 팔 수 있는 무인자동차를 가지게 된다. 따라서 현재시점인 20X1년도 시점에서 알려진 완전히 개발된 무인전기자동차 의 가치는 1.220억원($=1.483/(1+0.05)^4$)이고 이를 기초자산의 현재가치로 본다.

다음으로 변동성(volatility)을 계산해 보자. 변동성은 기초자산의 20X1년도 가치 1.220억원이 20X5년도 가치로 얼마나 변화(change)하는지를 추정하면 된다. 이는 로그수익률의 기하평균으로 계산해줄 수 있다. 먼저, 로그수익률의 평균을 다음과 같이 계산한다.

$$\mu_{4년} = \frac{1}{3}\frac{1}{2}\ln\left(\frac{3}{1.220}\right) + \frac{2}{3}\frac{1}{2}\ln\left(\frac{1.5}{1.220}\right) + \frac{1}{3}\frac{1}{2}\ln\left(\frac{1.3}{1.220}\right) + \frac{2}{3}\frac{1}{2}\ln\left(\frac{0.8}{1.220}\right)$$

$$= \frac{1}{6}(0.899) + \frac{1}{3}(0.206) + \frac{1}{6}(0.063) + \frac{1}{3}(-0.422) = 0.088$$

$$\rightarrow \mu_{1년} = \frac{0.088}{4} = 0.022$$

따라서 변동성(표준편차)을 다음과 같이 22.4%로 계산한다.

$$\sigma^2_{4년} = \frac{1}{6}(0.899 - 0.088)^2 + \frac{1}{3}(0.206 - 0.088)^2$$

$$+ \frac{1}{6}(0.063 - 0.088)^2 + \frac{1}{3}(-0.422 - 0.088)^2 = 0.201$$

$$\rightarrow \sigma^2_{1년} = \frac{0.201}{4} = 0.050$$

$$\rightarrow \sigma_{1년} = \sqrt{0.050} = 22.4\%$$

이제, $\Delta t = 1$인 4기간 이항옵션가격결정모형을 적용하기 위해 기초자산의 가격상승률 U와 가격하락률 D, 그리고 위험중립확률 π_U를 구해보자.[17]

$$U = e^{\sigma \sqrt{\Delta t}} = e^{0.224\sqrt{1}} = 1.251$$

$$D = 1/U = 1/1.251 = 0.799$$

$$\pi_U = \frac{e^{r\Delta t} - D}{U - D} = \frac{e^{(0.05)(1)} - 0.799}{1.251 - 0.799} = 0.558$$

$$\pi_D = 1 - \pi_U = 0.442$$

③ 이항옵션가격결정모형을 이용한 기초자산의 가치

〈그림 19-15〉에 이항옵션가격결정모형에 의한 기초자산 가격을 나타내었다. 20X1년 현재 기초자산의 가치는 1,220억원이다. 1기간 후에 $U(=1.251)$만큼 상승하여 1,526억원이 되거나 $D(=0.799)$만큼 하락하여 0,975억원이 된다.

마찬가지로 2기간 후에는 1,526억원에서 $U(=1.251)$만큼 상승하여 1,910억원, D

그림 19-15 • 이항옵션가격결정모형을 이용한 기초자산의 가치

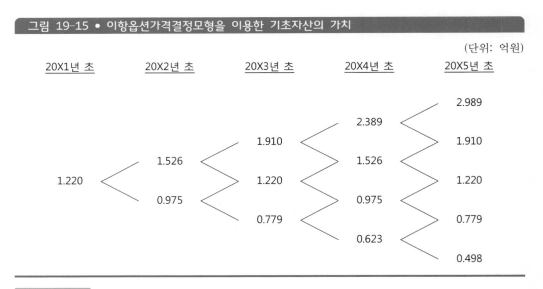

(단위: 억원)

---

17 투자기간 동안 지속적으로 일어나는 실제 의사결정과정을 반영하기 위해 이항옵션가격결정모형의 입력변수를 연속형으로 적용한다.

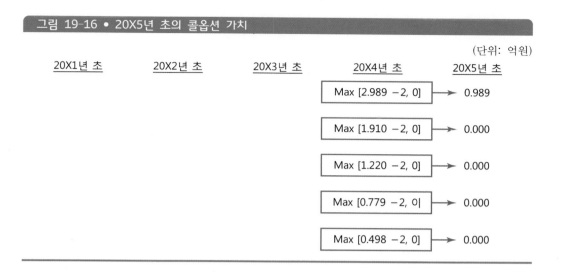

그림 19-16 • 20X5년 초의 콜옵션 가치

(단위: 억원)

20X1년 초	20X2년 초	20X3년 초	20X4년 초	20X5년 초
			Max [2.989 − 2, 0] →	0.989
			Max [1.910 − 2, 0] →	0.000
			Max [1.220 − 2, 0] →	0.000
			Max [0.779 − 2, 0] →	0.000
			Max [0.498 − 2, 0] →	0.000

($=0.799$)만큼 하락(혹은 0.975억원에서 $U(=1.251)$만큼 상승)하여 1.220억원, 0.975억원에서 $D(=0.799)$만큼 하락하여 0.779억원이 된다. 이와 같이 20X5년 초까지 기초자산 가격이 계산된다.

④ 이항옵션가격결정모형을 이용한 콜옵션의 가치

〈그림 19-16〉에는 20X5년 초의 콜옵션 가치를 나타내었다. 이항격자의 마지막 기간의 각 꼭지점의 값은 $0.989(=\text{Max}[2.989-2, \ 0])$, $0(=\text{Max}[1.910-2, \ 0])$, $0(=$

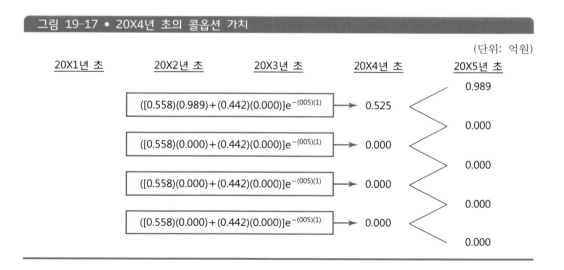

그림 19-17 • 20X4년 초의 콜옵션 가치

(단위: 억원)

20X1년 초	20X2년 초	20X3년 초	20X4년 초	20X5년 초
				0.989
	$([0.558)(0.989)+(0.442)(0.000)]e^{-(005)(1)}$ →		0.525	
				0.000
	$([0.558)(0.000)+(0.442)(0.000)]e^{-(005)(1)}$ →		0.000	
				0.000
	$([0.558)(0.000)+(0.442)(0.000)]e^{-(005)(1)}$ →		0.000	
				0.000
	$([0.558)(0.000)+(0.442)(0.000)]e^{-(005)(1)}$ →		0.000	
				0.000

$\text{Max}[1.220-2,\ 0])$, $0(=\text{Max}[0.779-2,\ 0])$, $0(=\text{Max}[0.498-2,\ 0])$이다.

〈그림 19-17〉은 20X4년 초의 콜옵션 가치를 나타내었다. 20X5년의 콜옵션 가치에서 한 기간 할인한 값이 20X4년의 콜옵션 가치이다. 즉, $[\pi_U C_U + \pi_D C_D]e^{-r\Delta t}$으로 한 기간씩 할인하여 현재시점에서의 콜옵션의 가치를 구한다. 20X4년의 각 꼭지점의 콜옵션 가치는 다음과 같이 계산한다.

$$[(0.558)(0.989)+(0.442)(0.000)]e^{-(0.05)(1)}=0.525억원$$
$$[(0.558)(0.000)+(0.442)(0.000)]e^{-(0.05)(1)}=0.000억원$$
$$[(0.558)(0.000)+(0.442)(0.000)]e^{-(0.05)(1)}=0.000억원$$
$$[(0.558)(0.000)+(0.442)(0.000)]e^{-(0.05)(1)}=0.000억원$$

마찬가지로 20X3년도의 콜옵션 가치는 20X4년도의 콜옵션 가치를 할인한 0.278억원($=[(0.558)(0.525)+(0.442)(0.000)]e^{-(0.05)(1)}$), 0억원($=[(0.558)(0.000)+(0.442)(0.000)]e^{-(0.05)(1)}$), 0억원($=[(0.558)(0.000)+(0.442)(0.000)]e^{-(0.05)(1)}$)이다. 20X2년의 콜옵션 가치는 20X3년도의 콜옵션 가치를 할인한 0.148억원($=[(0.558)(0.278)+(0.442)(0.000)]e^{-(0.05)(1)}$), 0억원($=[(0.558)(0.000)+(0.442)(0.000)]e^{-(0.05)(1)}$)이다. 최종적으로 20X1년도의 콜옵션 가치는 20X2년도의 콜옵션 가치를 할인하여 0.078억원으로 구해진다. 이렇게 구한 옵션의 가치를 〈그림 19-18〉에 나타내었다.

그림 19-18 • 콜옵션 가치

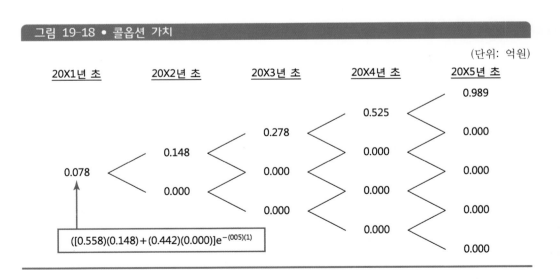

(단위: 억원)

따라서, 이 투자안의 콜옵션 가치는 0.078억원이다. A기업의 경영자의 최적의사결정은 무인전기자동차의 사전설계 및 개발비용을 투자하여 무인전기자동차를 개발한 후에 불확실성이 제거되는 4년 후에 시장상황에 따라 본격적인 생산을 할 수도 있고 보류할 수도 있다.

(2) 블랙-숄즈옵션가격결정모형을 이용한 가치평가

위의 예를 블랙-숄즈옵션가격결정모형을 이용하여 콜옵션의 가치를 계산해보자.

$$d_1 = \frac{\ln\left(\frac{S}{X}\right) + (r + 0.5\,\sigma^2)(T-t)}{\sigma\,\sqrt{T-t}} = \frac{\ln\left(\frac{1.220}{2}\right) + (0.05 + 0.5\,(0.224)^2)(4)}{(0.224)\sqrt{4}} = -0.432$$

$$d_2 = d_1 - \sigma\sqrt{T-t} = -0.4323 - (0.224)\sqrt{4} = -0.880$$

$$N(d_1) = \text{NORMSDIST}(-0.4323) = 0.333: \text{엑셀의 NORMSDIST함수로 계산}$$

$$N(d_2) = \text{NORMSDIST}(-0.8803) = 0.189$$

$$C = SN(d_1) - Xe^{-r(T-t)}N(d_2) = (1.220)(0.333) - 2e^{-0.05 \times 4}(0.819) = 0.096억원$$

이항옵션가격결정모형으로 계산한 콜옵션 가치 0.078억원은 블랙-숄즈옵션가격결정모형을 계산할 경우 콜옵션 가치 0.096억원보다 약 23% 낮다. 이 차이는 이항기간을 늘리면 블랙-숄즈옵션모형으로 계산한 값과 동일해진다.

예를 들면, 0.5년을 1기간으로 하여 4년 동안 총 8기간일 경우의 콜옵션 가치를 이항옵션가격결정모형으로 구해보자. 다음의 입력변수를 사용하여 〈그림 19-19〉에 기초자산의 가격과 〈그림 19-20〉에 콜옵션 가치를 계산하였다. 8기간 이항옵션가격결정모형의 콜옵션 가치는 0.096억원으로 블랙-숄즈옵션가격결정모형으로 계산한 값과 동일함을 알 수 있다.

$$U = e^{\sigma\sqrt{\Delta t}} = e^{0.224\sqrt{0.5}} = 1.172 \qquad D = 1/U = 1/1.172 = 0.854$$

$$\pi_U = \frac{e^{r\Delta t} - D}{U - D} = \frac{e^{(0.05)(0.5)} - 0.854}{1.172 - 0.854} = 0.540 \qquad \pi_D = 1 - \pi_U = 0.460$$

그림 19-19 ● 8기간일 경우 기초자산의 가치

(단위: 억원)

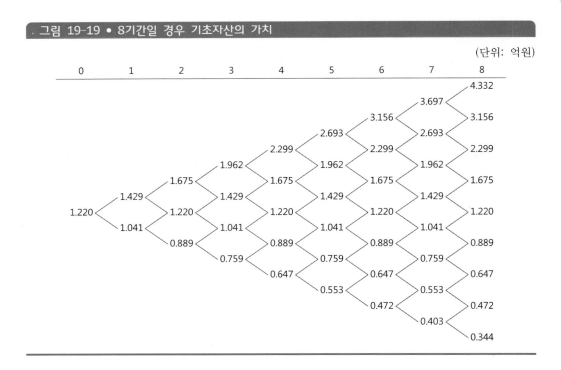

그림 19-20 ● 8기간일 경우 콜옵션 가치

(단위: 억원)

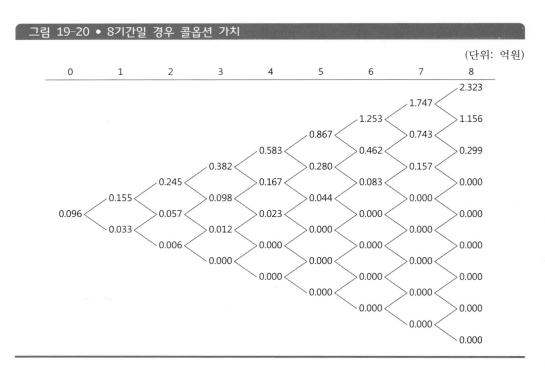

실물옵션: 연기옵션

W기업은 2,500,000원을 투자하여 생수공장을 건설하고자 한다. 생수가 생산되자마자 올해 300,000원 어치가 즉시 팔려 수익이 발생한다. 하지만 내년 이후의 미래 수요에 대해서는 불확실하여 50%의 확률로 매년 400,000원 어치가 영원히 팔리거나 50%의 확률로 매년 200,000원 어치만 영원히 팔린다고 조사되었다. 할인율은 10%하자.

(1) NPV법에 의해 의사결정하시오.

(2) 생수공장 건설을 1년 연기하여 1년 동안 생수의 수요에 대해서 정확한 장기수요 예측을 하였다. 만약 수요가 높다고 예측될 경우 1년 후 시점에서 높은 수요 상태 에서의 NPV를 구하시오. 또 수요가 낮다고 예측될 경우 1년 후 시점에서 낮은 수요 상태에서의 NPV를 구하시오.

(3) 1년 후의 생수공장 건설에 대한 실물옵션(연기옵션)의 가치를 계산하시오.

[답]

(1)

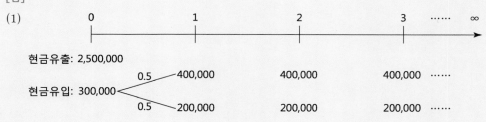

$$NPV_0 = \left(300,000 + (0.5)\frac{400,000}{0.1} + (0.5)\frac{200,000}{0.1}\right) - 2,500,000 = 800,000원$$

→ 생수공장 건설

(2) $$NPV_1(높은 수요) = \left(400,000 + \frac{400,000}{0.1}\right) - 2,500,000 = 1,900,000원$$

$$NPV_1(낮은 수요) = \left(200,000 + \frac{200,000}{0.1}\right) - 2,500,000 = -300,000원$$

(3) 지금 당장 생수공장을 짓게 될 때 벌어들일 수 있는 300,000원은 1년 기다리게 되면 포기해야 한다.

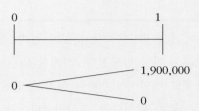

$$NPV_0(1년\ 연기) = \frac{(0.5)(1,900,000) + (0.5)(0)}{1.1} = 863,636원:\ 낮은\ 수요에서의\ 최적\ 의사$$

결정은 300,000원의 손실을 보는 것이 아니라 투자를 안 하는 것이므로 NPV는 0으로 하여 계산한다.

→ 실물옵션(연기옵션: option to wait)의 가치＝지금 투자할 경우 NPV와 연기(wait) 할 경우 NPV의 차이＝863,636－800,000＝63,636원

추적포트폴리오를 이용한 BOPM 도출

1. 콜옵션

콜옵션의 가치를 이항모형으로 추적포트폴리오(tracking portfolio)[18]를 구성하여 구할 수도 있다. 콜옵션을 그대로 복제하는 추적포트폴리오는 B만큼 차입하고 주식(S)을 N주만큼 매수하여 구성한다. 그렇다면, 전략 A의 콜옵션과 동일하기 위해서는 전략 B에서 차입과 주식매수를 얼마나 해야 하는가? 다시 말하면, 콜옵션 매수와 동일하게 만드는 N과 B는 도대체 얼마인가?

그림 A19-1 • 콜옵션의 추적포트폴리오

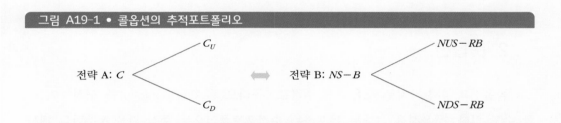

두 전략의 수익을 같게 만드는 N과 B는 다음 식(A19-1)에서 식(A19-2)를 차감하여 구한다.

$$C_U = NUS - RB \tag{A19-1}$$

$$C_D = NDS - RB \tag{A19-2}$$

$$\rightarrow C_U - C_D = N(U-D)S \rightarrow N = \frac{C_U - C_D}{(U-D)S} \tag{A19-3}$$

---

18 헷지포트폴리오(hedge portfolio) 또는 복제포트폴리오(replicating portfolio)라고도 한다.

식(A19-1)을 B에 대해서 정리한 후, 식(A19-3)의 N값을 대입하면 식(A19-4)의 B가 구해진다.

$$B = \frac{1}{R}[NUS - C_U]$$

$$= \frac{1}{R}\left[\frac{DC_U - UC_D}{U - D}\right] \qquad (A19-4)$$

두 전략의 수익이 같으므로 비용도 같아야 전략 A와 전략 B가 동일하게 되므로 식(A19-5)가 된다. 여기에 식(A19-3)과 (A19-4)를 대입하면 현재시점에서의 콜옵션 가격이 도출된다.

$$C = NS - B$$

$$= \frac{\left[\left(\frac{R-D}{U-D}\right)C_U + \left(\frac{U-R}{U-D}\right)C_D\right]}{R} = \frac{\pi_U C_U + \pi_D C_D}{R} \qquad (A19-5)$$

2. 풋옵션

콜옵션과 마찬가지로 풋옵션도 추적포트폴리오(tracking portfolio)를 구성하여 구할 수도 있다. 풋옵션을 그대로 복제하는 추적포트폴리오는 주식(S)을 N주만큼 매도하고 B만큼 대출하여 구성한다. 그렇다면, 전략 C의 풋옵션과 동일하기 위해서는 전략 D에서 주식매도와 대출을 얼마나 해야 하는가? 다시 말하면, 풋옵션 매도와 동일하게 만드는 N과 B는 도대체 얼마인가?

그림 A19-2 • 풋옵션의 추적포트폴리오

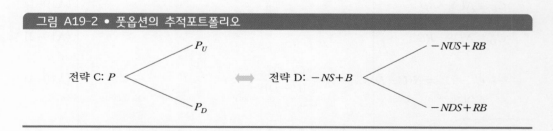

두 전략의 수익을 같게 만드는 N과 B는 다음 식(A19-6)에서 식(A19-7)을 차감하여 구한다.

$$P_U = -NUS + RB \tag{A19-6}$$

$$P_D = -NDS + RB \tag{A19-7}$$

$$\rightarrow P_U - P_D = N(D-U)S \rightarrow N = -\frac{P_U - P_D}{(U-D)S} \tag{A19-8}$$

식(A19-6)을 B에 대해서 정리한 후, 식(A19-8)의 N값을 대입하면, 식(A19-9)의 B가 구해진다.

$$B = \frac{1}{R}[NUS + P_U]$$

$$= \frac{1}{R}\left[\frac{UP_D - DP_U}{U-D}\right] \tag{A19-9}$$

두 전략의 수익이 같으므로 비용도 같아야 전략 C와 전략 D가 동일하게 되므로 식(A19-10)이 된다. 여기에 식(A19-8)과 (A19-9)를 대입하면 현재시점에서의 풋옵션 가격이 도출된다.

$$P = -NS + B$$

$$= \frac{\left[\left(\frac{R-D}{U-D}\right)P_U + \left(\frac{U-R}{U-D}\right)P_D\right]}{R} = \frac{\pi_U P_U + \pi_D P_D}{R} \tag{A19-10}$$

예제 | **(2011 CPA 2차 수정) 추적포트폴리오를 이용한 BOPM**

ABC(주)의 주식은 현재 16,000원에 거래되고 있고 1년 후($t=1$) 주가가 50,000원으로 상승하거나 2,000원으로 하락할 것으로 예상된다. 투자자 A는 이 회사의 주식을 기초자산으로 하고 동일한 만기 및 행사가격을 갖는 한 개의 콜옵션과 한 개의 풋옵션을 동시에 매수하여 구성한 포트폴리오를 보유하고 있다. 두 옵션의 행사가격은 15,000원이며 만기는 1년이고, 무위험이자율은 8%이다.

(1) 이 포트폴리오에 포함된 콜옵션의 가치를 이항모형으로 복제포트폴리오를 구성하여 구하시오.

(2) 콜옵션의 가격과 복제포트폴리오의 가격이 같은지를 검증하시오.

(3) 이 포트폴리오에 포함된 풋옵션의 가치를 (1)과 동일한 방식으로 구하시오.

(4) 풋옵션의 가격과 복제포트폴리오의 가격이 같은지를 검증하시오.

[답]

(1)

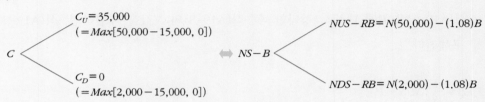

$$N = \frac{C_U - C_D}{(U-D)S} = \frac{35,000 - 0}{50,000 - 2,000} = 0.7292$$

$$B = \frac{1}{R}[NUS - C_U] = \frac{1}{1.08}[(0.7292)(50,000) - 35,000] = 1,352$$

$$\rightarrow C = NS + B = (0.7292)(16,000) - 1,352 = 10,315원$$

(2)

		현재시점의 현금흐름	만기시점의 현금흐름	
			US=50,000	DS=2,000
콜옵션(X=15,000) 매수		?	35,000	0
추적 포트 폴리오	주식(S) 0.7292주 매수	−11,667 (=0.7292×−16,000)	36,460 (=0.7292×50,000)	1,458^{주1)} (=0.7292×2,000)
	차입(B)	1,352	−1,460 (=−1,352×1.08)	−1,460 (=−1,352×1.08)
		−10,315	35,000	0

주1) 단수차이

→ 콜옵션의 수익과 추적포트폴리오의 수익이 동일하므로 추적포트폴리오의 비용과 콜옵션의 비용이 동일해야 한다. 따라서 콜옵션가격 = 10,315원이다.

(3)

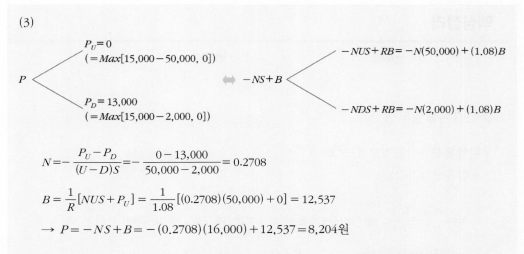

$$N = -\frac{P_U - P_D}{(U-D)S} = -\frac{0 - 13,000}{50,000 - 2,000} = 0.2708$$

$$B = \frac{1}{R}[NUS + P_U] = \frac{1}{1.08}[(0.2708)(50,000) + 0] = 12,537$$

$$\rightarrow P = -NS + B = -(0.2708)(16,000) + 12,537 = 8,204원$$

(4)

		현재시점의 현금흐름	만기시점의 현금흐름	
			US=50,000	DS=2,000
풋옵션(X=15,000) 매수		?	0	13,000
추적 포트 폴리오	주식(S) 0.2708주 공매	4,333 ($=0.2708 \times 16,000$)	$-13,540$ ($=0.2708 \times -50,000$)	-542[주1] ($=0.2708 \times -2,000$)
	대출(B)	$-12,537$	13,540 ($=12,537 \times 1.08$)	13,540 ($=12,534 \times 1.08$)
		$-8,204$	0	13,000

주1) 단수차이

→ 풋옵션의 수익과 추적포트폴리오의 수익이 동일하므로 추적포트폴리오의 비용과 풋옵션의 비용이 동일해야 한다. 따라서 풋옵션가격=8,204원이다.

1. 옵션가격결정모형

- 이항옵션가격결정모형(BOPM)
  - 콜옵션(1기간)

$$N = \frac{C_U - C_D}{(U-D)S} : \text{헷지비율(콜옵션 1단위를 매도할 때 매수해야 하는 주식 수)}$$

$$C = \frac{\pi_U C_U + \pi_D C_D}{R}, \quad \pi_U = \frac{R-D}{U-D}, \quad \pi_D = \frac{U-R}{U-D}$$

- 풋옵션(1기간)

$$N = -\frac{P_U - P_D}{(U-D)S} : \text{헷지비율(풋옵션 1단위를 매수할 때 매수해야 하는 주식 수)}$$

$$P = \frac{\pi_U P_U + \pi_D P_D}{R}, \quad \pi_U = \frac{R-D}{U-D}, \quad \pi_D = \frac{U-R}{U-D}$$

- 추적포트폴리오(복제포트폴리오)
  - 콜옵션복제: $C = NS - B$: $N = \dfrac{C_U - C_D}{(U-D)S}$, $B = \dfrac{1}{R}[NUS - C_U]$

    $$\rightarrow C = \frac{\pi_U C_U + \pi_D C_D}{R}$$

  - 풋옵션복제: $-NS + B$: $N = -\dfrac{P_U - P_D}{(U-D)S}$, $B = \dfrac{1}{R}[NUS + P_U]$

    $$\rightarrow P = \frac{\pi_U P_U + \pi_D P_D}{R}$$

  - 2기간 콜옵션과 풋옵션

    $$C = \frac{\pi_U \pi_U C_{UU} + \pi_U \pi_D C_{UD} + \pi_D \pi_U C_{DU} + \pi_D \pi_D C_{DD}}{R^2}$$

$$P = \frac{\pi_U \pi_U P_{UU} + \pi_U \pi_D P_{UD} + \pi_D \pi_U P_{DU} + \pi_D \pi_D P_{DD}}{R^2}$$

- n기간 콜옵션과 풋옵션

$$C = \frac{\sum_{k=0}^{n} \left(\frac{n!}{k!(n-k)!} \right) [\pi_U^k \pi_D^{n-k}] MAX [0, U^k D^{n-k} S - X]}{R^n}$$

$$P = \frac{\sum_{k=0}^{n} \left(\frac{n!}{k!(n-k)!} \right) [\pi_U^k \pi_D^{n-k}] MAX [0, X - U^k D^{n-k} S]}{R^n}$$

■ 블랙-숄즈옵션가격결정모형(BSOPM)

- $C = SN(d_1) - Xe^{-rT}N(d_2)$

$$d_1 = \frac{\ln\left(\frac{S}{X}\right) + (r + 0.5\sigma^2)T}{\sigma\sqrt{T}}, \quad d_2 = d_1 - \sigma\sqrt{T}$$

$\rightarrow N(d_1)$: 델타(기초자산인 주가의 변화(∂S)에 대한 콜옵션 가격변화(∂C))
헷지비율(매도한 콜옵션 1개당 매수해야 할 주식의 수)

$\rightarrow N(d_2)$: 옵션이 행사될 확률

- $P = -SN(-d_1) + Xe^{-rT}N(-d_2)$

2. 실물옵션

■ 투자안의 진실한 가치＝증분현금흐름＋유연성의 가치
- NPV법: 증분현금흐름에 대한 평가만 하는 유연성이 없는 평가방법
  $\rightarrow$ 현금흐름이 지배적인 요인(채권투자, 표준화된 시설투자, 비용절감투자)일 때 적합
- 실물옵션: 유연성에 대한 평가방법
  $\rightarrow$ 정보가 지배적인 요인(시장조사비용투자, 연구개발비투자, 유연성이 있는 시설투자, 미래로 연기 가능한 투자, 전략적 투자)일 때 적합

1. (2000 CPA) 기초자산의 현재가격이 100원이고, 행사가격이 110원, 잔존기간 1년인 유럽형콜옵션이 있다. 기초자산의 가격은 10원 단위로 변화한다. 만기일의 기초자산 가격의 확률분포가 다음 그림과 같고 무위험이자율이 연 10%라고 할 때, 이 옵션의 현재 이론가격은 얼마인가? (소수점 아래 셋째 자리에서 반올림할 것) (　　)

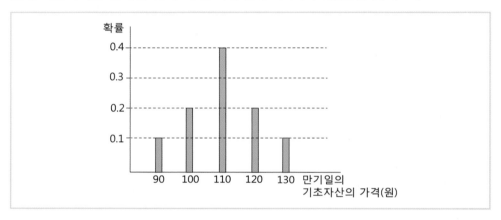

① 0.00   ② 1.82   ③ 2.73

④ 3.64   ⑤ 4.00

2. (2008 CPA) A회사의 주식이 10,000원에 거래되고 있다. 이 주식에 대해 행사가격이 10,000원이며 6개월 후에 만기가 도래하는 콜옵션의 가치는 블랙-숄즈옵션가격결정 모형을 이용해 구한 결과 2,000원이었다. 주가가 10% 올라서 11,000원이 된다면 콜 옵션 가치의 변화에 대해 가장 잘 설명하는 것은 무엇인가? (　　)

① 콜옵션 가치는 1,000원보다 적게 증가하고 콜옵션 가치의 증가율은 10%보다 높다.
② 콜옵션 가치는 1,000원보다 많이 증가하고 콜옵션 가치의 증가율은 10%보다 높다.
③ 콜옵션 가치는 1,000원보다 적게 증가하고 콜옵션 가치의 증가율은 10%보다 낮다.
④ 콜옵션 가치는 1,000원보다 많이 증가하고 콜옵션 가치의 증가율은 10%보다 낮다.
⑤ 콜옵션 가치는 1,000원 증가하고 콜옵션 가치의 증가율은 10%이다.

3. (2009 CPA) (주)한국의 주가가 현재 100만원인데, 1년 후 이 주식의 주가는 120만원 혹은 105만원 중 하나의 값을 갖는다고 가정한다. 이 주식의 주가를 기초자산으로 하고, 만기는 1년이며, 행사가격이 110만원인 콜옵션과 풋옵션이 있다. 기초자산과 옵션을 이용한 차익거래가 발생하지 못하는 옵션가격들을 이항모형을 이용하여 구한 후, 콜옵션과 풋옵션의 가격차이의 절대값을 계산하여라. 1년 무위험이자율은 10%이고 옵션만기까지 배당은 없다. (   )

① 0원   ② 500원   ③ 1,000원
④ 5,000원   ⑤ 10,000원

4. (2013 CPA) 배당을 지급하지 않는 주식을 기초자산으로 하는 선물과 옵션에 관한 다음 설명 중 가장 적절하지 않은 것은? (단, 시장이자율은 양수이다.) (   )

① 다른 모든 조건이 같다고 할 때, 행사가격이 주식가격과 같은 등가격 유럽형 콜옵션의 이론가격은 등가격 유럽형 풋옵션의 이론가격과 같다.
② 선물의 이론가격을 계산할 때 주식의 변동성은 고려할 필요가 없다.
③ 블랙-숄즈-머튼 모형에서 $N(d_1)$은 콜옵션의 델타이다.
④ 블랙-숄즈-머튼 모형에서 $N(d_2)$는 옵션의 만기 시 콜옵션이 내가격(in-the-money)이 될 위험중립확률이다.
⑤ 주식의 가격이 아무리 상승하더라도 미국형 콜옵션을 만기 전에 조기행사하는 것은 합리적인 행위가 아니다.

5. (2013 CPA) 현재 주가는 10,000원이고, 무위험이자율은 연 3%이다. 1년 후 주가는 15,000원으로 상승하거나 7,000원으로 하락할 것으로 예상된다. 이 주식을 기초자산으로 하는 유럽형옵션의 만기는 1년이고 행사가격은 10,000원이며 주식은 배당을 지급하지 않는다. 1기간 이항모형을 이용하는 경우, 주식과 옵션으로 구성된 헷지포트폴리오(hedge portfolio)로 적절한 항목만을 모두 고르면? (단, 주식과 옵션은 소수 단위로 분할하여 거래가 가능하다.) (   )

> (가) 주식 1주 매수, 콜옵션 $\frac{8}{5}$개 매도
>
> (나) 주식 $\frac{5}{8}$주 매도, 콜옵션 1개 매수
>
> (다) 주식 1주 매수, 풋옵션 $\frac{8}{3}$개 매수
>
> (라) 주식 $\frac{3}{8}$주 매도, 풋옵션 1개 매도

① (가), (다)　　　　　② (나), (라)　　　　　③ (가), (나), (다)

④ (가), (나), (라)　　　　　⑤ (가), (나), (다), (라)

6. (2014 CPA) 현재 (주)가나 주식의 가격은 10,000원이고 주가는 1년 후 80%의 확률로 20% 상승하거나 20%의 확률로 40% 하락하는 이항모형을 따른다. (주)가나의 주식을 기초자산으로 하는 만기 1년, 행사가격 9,000원의 유럽형콜옵션이 현재 시장에서 거래되고 있다. 무위험이자율이 연 5%일 때 모든 조건이 이 콜옵션과 동일한 풋옵션의 현재가격에 가장 가까운 것은? (　　)

① 715원　　　　　② 750원　　　　　③ 2,143원

④ 2,250원　　　　　⑤ 3,000원

7. (2016 CPA) (주)가나의 현재주가는 100,000원이다. (주)가나의 주가는 1년 후 120,000원이 될 확률이 70%이고 80,000원이 될 확률이 30%인 이항모형을 따른다. (주)가나의 주식을 기초자산으로 하는 만기 1년, 행사가격 90,000원의 유럽형콜옵션과 풋옵션이 현재 시장에서 거래되고 있다. 무위험이자율이 연 10%일 때 풋옵션의 델타와 콜옵션의 델타로 가장 적절한 것은? (　　)

	풋옵션델타	콜옵션델타
①	-0.25	0.25
②	-0.50	0.50
③	-0.25	0.75
④	-0.50	0.75
⑤	-0.75	0.75

8. (2017 CPA) 1기간 이항모형이 성립하고 무위험이자율이 연 10%라고 가정하자. (주)가나의 주가는 현재 9,500원이며 1년 후에는 60%의 확률로 11,000원이 되거나 40%의 확률로 9,000원이 된다. (주)가나의 주식에 대한 풋옵션(만기 1년, 행사가격 10,000원)의 현재 이론적 가격에 가장 가까운 것은? (　　)

① 350원　　　　　② 325원　　　　　③ 300원

④ 275원　　　　　⑤ 250원

9. (2018 CPA) 블랙-숄즈(1973) 또는 머튼(1973)의 모형을 이용하여 무배당주식옵션의 가치를 평가하려한다. 다음 설명 중 적절한 것은? 단, $N(d_1)$은 유럽형 콜옵션의 델타이고, $d_2 = d_1 - 변동성 \times \sqrt{만기}$ 이다. (　)

① 옵션가격을 계산하기 위해 주식의 현재 가격 및 베타, 행사가격, 이자율 등의 정보가 모두 필요하다.
② $[N(d_1) - 1]$은 유럽형 풋옵션의 델타이다.
③ $N(d_2)$는 만기에 유럽형 풋옵션이 행사될 위험중립확률이다.
④ $N(d_1)$은 유럽형 콜옵션 한 개의 매수 포지션을 동적헷지하기 위해 보유해야 할 주식의 개수이다.
⑤ 이 모형은 옵션만기시점의 주가가 정규분포를 따른다고 가정한다.

10. (2007 CPA) 그 동안 5억원을 들여 조사한 바에 의하면 현재($t=0$) 30억원을 들여 생산시설을 구축하면 미래현금흐름의 1년 후 시점($t=1$)의 현가(PV)는 수요가 많을 경우 40억원이며 수요가 적을 경우 25억원이다. 수요가 많을 확률은 60%이며 수요가 적을 확률은 40%이다. 적절한 할인율은 10%이다. 그런데 생산시설을 구축하고 수요가 확인된 1년 후 20억원을 추가로 투자해 생산시설을 확장할 수 있다고 하자. 이때 미래현금흐름의 1년 후 시점($t=1$)에서의 현가(PV)는 수요가 많을 경우 70억원이며 수요가 적을 경우 35억원이다. 1년 후 생산시설을 대규모시설로 확장할 수 있는 실물옵션(real option)의 현재 시점($t=0$)의 현가(PV)는 근사치로 얼마인가? (　)

① 1.82억원　　② 5.45억원　　③ 6.0억원
④ 6.36억원　　⑤ 10.0억원

11. (2008 CPA) 실물옵션(real option)을 이용한 투자안평가 방법에 대한 다음의 설명 중 가장 적절하지 않은 것은? (　)

① 연기옵션(option to wait)의 행사가격은 투자시점 초기의 비용이다.
② 연기옵션의 가치를 고려한 투자안의 순현재가치가 양의 값을 가지더라도, 지금 투자할 경우의 순현재가치보다 낮을 경우에는 투자를 연기하지 않는 것이 유리하다.
③ 확장옵션(expansion option)의 만기는 후속 투자안이 종료되는 시점이다.
④ 확장옵션에서 기초자산의 현재가격은 후속 투자안을 지금 실행할 경우 유입되는 현금흐름의 현재가치이다.

⑤ 포기옵션(abandonment option)은 투자안 포기에 따른 처분가치를 행사가격으로 하는 풋옵션이다.

12. (2011 CPA) (주)자원은 북태평양에서의 석유시추사업에 지금 당장 참여할 것인지 여부를 결정해야 한다. 사업을 지금 개시하게 되면 당장 100억원을 투자해야 하고 그로 인해 발생하는 미래 현금흐름의 현가(PV)는 100억원이다. 그런데 석유시추사업권을 매입하면 향후 3년까지 1년 단위로 사업개시 시점을 늦출 수 있다. 사업개시 시점을 늦추더라도 미래 현금흐름의 사업개시 시점에서의 현가(PV)는 100억원으로 동일하나 사업개시 시점에서의 투자액은 첫 해에는 95억원, 둘째 해에는 90억원, 셋째 해에는 88억원이다. 할인율은 30%이다. (주)자원이 석유시추사업권을 매입해 얻게 되는 실물옵션(real option), 즉 연기옵션 또는 지연옵션(option to delay 또는 timing option) 가치와 가장 가까운 것은? (   )

① 5.46억원   ② 5.92억원   ③ 10.0억원
④ 12.0억원   ⑤ 15.23억원

연습문제 해답

1. ④

답

$$C = \frac{\pi_U C_U + \pi_D C_D}{R}$$

$$= \frac{(0)(0.1) + (0)(0.2) + (0)(0.4) + (10)(0.2) + (20)(0.1)}{1 + 0.1} = 3.64$$

2. ①

답

블랙-숄즈옵션가격결정모형: $C = SN(d_1) - Xe^{-r(T-t)}N(d_2)$에서 델타 $\partial C/\partial S = N(d_1)$이다. 이 문제는 행사가격과 기초자산의 가격이 같은 등가격옵션이며, 등가격옵션의 델타값은 0.5수준이다. 따라서 $\partial C/\partial S = N(d_1) = 0.5$ → 주식이 1,000원 상승하므로 델타는 $\partial C/1{,}000$원 = 0.5 → $\partial C = 500$원. 따라서 콜옵션의 가치는 500원 변화하고, 콜옵션 가치의 증가율은 (2,500원 − 2,000원)/2,000원 = 25%가 된다.

3. ①

답

주식:

콜옵션:

풋옵션:
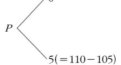

콜옵션의 경우: 콜옵션 1단위 매도와 주식 N주를 매수하여 구성한 무위험포트폴리오의 만기시에 투자자의 포지션은 주식의 가격과 옵션행사에 따른 손익의 합이므로 $120N - 10 = 105N - 0$ → $N = 0.67$

따라서, 1기간 후의 포트폴리오 가치는 현재 무위험포트폴리오의 가치를 무위험이자율로 복리계산한 것과 동일해야 한다. 즉, $VR = V_U(V_D)$ → $(NS - C)R = NUS - C_U(= NDS - C_D)$ → $(0.67 \times 100 - C)(1 + 0.1) = (0.67)(120) - 10$ → $C = 3$

풋옵션의 경우: 풋옵션 1단위 매수와 주식 N주를 매수하여 구성한 무위험포트폴리오의 만

기 시에 투자자의 포지션은 주식의 가격과 옵션행사에 따른 손익의 합이므로 $0+N120=5+105N \to N=0.33$

따라서, 1기간 후의 포트폴리오 가치는 현재 무위험포트폴리오의 가치를 무위험이자율로 복리계산한 것과 동일해야 한다. 즉, $VR=V_U(V_D) \to (NS+P)R=NUS+P_U(=NDS+P_D)$
$\to (0.33 \times 100 + P)(1+0.1)=0.33 \times 120 + 0 \to P=3$
$\therefore C-P=3-3=0$

4. ⑤

5. ⑤

[답]

콜옵션의 헷지비율: 콜옵션 1단위를 매도할 때 매수해야 하는 주식 수

$$N=\frac{C_U-C_D}{(U-D)S} \to N=\frac{5,000-0}{(1.5-0.7)10,000}=\frac{5}{8} 주$$

⇔ 콜옵션 $\frac{8}{5}$개 매도할 때 매수해야 하는 주식 수 1주

풋옵션의 헷지비율: 풋옵션 1단위를 매수할 때 매수해야 하는 주식 수

$$N=\frac{P_U-P_D}{(D-U)S} \to N=\frac{0-3,000}{(0.7-1.5)10,000}=\frac{3}{8} 주$$

⇔ 풋옵션 $\frac{8}{3}$개 매수할 때 매수해야 하는 주식 수 1주

⇔ 풋옵션 $\frac{8}{3}$개 매도할 때 매도해야 하는 주식 수 1주

6. ①

[답]

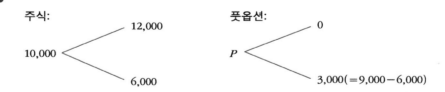

$U=1.2$, $D=0.6$, $\pi_U=\dfrac{R-D}{U-D}=\dfrac{1.05-0.6}{1.2-0.6}=0.75$

$\to P=\dfrac{(0)(0.75)+(3,000)(0.25)}{(1+0.05)}=714$

7. ③

답

주식:	콜옵션:	풋옵션:

주식:
$$100,000 \begin{array}{c} \nearrow \; 120,000 \\ \searrow \; 80,000 \end{array}$$

콜옵션:
$$C \begin{array}{c} \nearrow \; 30,000(=S-X) \\ \searrow \; 0 \end{array}$$

풋옵션:
$$P \begin{array}{c} \nearrow \; 0 \\ \searrow \; 10,000(=X-S) \end{array}$$

$$N = \frac{C_U - C_D}{(U-D)S} = \frac{C_U - C_D}{US - DS} = \frac{\partial C}{\partial S} = \text{델타}(\text{delta}) \rightarrow \frac{30,000 - 0}{120,000 - 80,000} = 0.75$$

$$N = -\frac{P_U - P_D}{(U-D)S} = -\frac{P_U - P_D}{US - DS} = -\frac{\partial P}{\partial S} = \text{델타}(\text{delta}) \rightarrow -\frac{0 - 10,000}{120,000 - 80,000} = -0.25$$

8. ⑤

답

$$9,500U = 11,000 \rightarrow U = 1.1579, \quad 9,500D = 9,000 \rightarrow D = 0.9474$$

$$\pi_U = \frac{R-D}{U-D} = \frac{1.1 - 0.9474}{1.1579 - 0.9474} = 0.7249, \quad \pi_D = 1 - \pi_U = 1 - 0.7249 = 0.2751$$

$$\rightarrow P = \frac{(0)(0.725) + (1,000)(0.2751)}{(1+0.1)} = 250 \text{원}$$

9. ②

답

① 옵션가격을 계산하기 위해 주식의 베타는 필요없다.

③ $N(d_2)$는 만기에 유럽형 콜옵션이 행사될 위험중립확률이고, 만기에 유럽형 풋옵션이 행사될 위험중립확률은 $[1 - N(d_2)]$이다.

④ $N(d_1)$은 유럽형 콜옵션 한 개의 매도 포지션을 동적헷지하기 위해 보유해야 할 주식의 개수이다.

⑤ 이 모형은 옵션만기시점의 주가가 로그정규분포를 따른다고 가정한다.

10. ①

답

(1) NPV법:

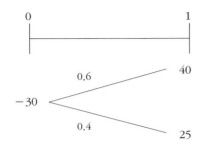

$$\to NPV_0 = \frac{(0.6)(40) + (0.4)(25)}{1.1} - 30 = 0.91$$

(2) 연기 시:

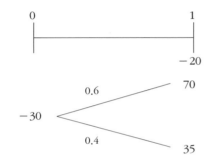

$$\to NPV_0 = \frac{[(0.6)(70) + (0.4)(35) - 20]}{1.1} - 30 = 2.73$$

∴ 연기옵션(실물옵션)의 가치 = 2.73 - 0.91 = 1.82

11. ③

답

③ 현재 사업성이 없는 투자안이라도 사업이 확장될 수 있는 가능성이 있을 수 있기 때문에 투자안을 평가할 때 확장에 대한 옵션을 고려해야 한다. 이러한 확장옵션의 만기는 추가적인(후속) 투자안의 실행일(후속 투자안에 투자하는 시점)이 된다.

12. ②

답

$$NPV(즉시 투자) = 100 - 100 = 0$$

$$NPV(1년 연기) = \frac{100 - 95}{1.3} = 3.85억원$$

$$NPV(2년\ 연기) = \frac{100-90}{(1.3)^2} = 5.92억원$$

$$NPV(3년\ 연기) = \frac{100-88}{(1.3)^3} = 5.46억원$$

→ 연기옵션의 가치가 2년 연기할 때 5.92억원으로 가장 크므로 2년 연기하는 것이 가장 유리하다.

국제재무관리

학습개요

본 장에서는 환율표시방법과 환율의 종류, 환율제도, 현물환시장과 선물환시장에 대해서
설명한다. 또한 환율, 물가, 이자율 간의 관계를 이해하기 위하여 구매력평가이론, 피셔효
과, 국제피셔효과, 이자율평가이론에 대해서 다루고 선물환 및 단기금융시장을 이용한 위
험관리방안에 대해서 학습한다.

학습목표

- 자국통화표시법과 외국통화표시법
- 환율제도
- 현물환시장과 선물환시장
- 구매력평가이론
- 피셔효과
- 국제피셔효과
- 이자율평가이론
- 선물환을 이용한 헷지전략
- 통화선물을 이용한 헷지전략
- 단기금융시장을 이용한 헷지전략

01 환율

1. 환율의 개요

(1) 환율표시방법

우리나라 수입업자가 외국에서 석유 등의 재화를 수입할 때 외국 수출업자가 받을 수 있는 돈으로 줘야 한다. 마찬가지로 외국여행을 할 때도 그 나라 사람들이 사용할 수 있는 돈을 사용해야 한다. 이를 위해서 원화를 주고 다른 나라 돈을 사야 한다. 다른 나라의 돈(외국통화)을 살 때 지불하는 우리나라의 돈(국내통화)은 결국 외국돈의 가격이 된다. 서로 다른 나라 돈 간의 교환비율을 환율(exchange rate)이라고 하며, 환율은 두 나라 통화의 상대적 가치를 나타낸다.

예를 들어, 미국달러에 대한 원화 환율이 1달러당 1,100원이라고 하자. 이는 미국 1달러의 가치가 원화로 1,100원이라는 의미이며, $1 = ₩1,100(= ₩1,100/$1: 국내통화/외국통화)으로 표시한다. 이와 같은 표시방법은 국제적으로 기축통화로서 통용되는 미국달러를 기준으로 외국통화 1단위가 자국통화 몇 단위와 교환될 수 있는지를 나타낸 것으로 자국통화표시법 혹은 직접표시법이라고 한다.

따라서 직접표시법은 외국 돈 하나를 구입할 때 우리 돈을 얼마나 줘야 하는지 알려주는 표시법이 된다. 이는 마치 과자 1봉지 = ₩1,100원이라는 표시와 동일하다. 우리나라를 포함해서 대부분의 나라에서는 외국돈을 물건처럼 취급하여 $1 = ₩1,100, €1 = ₩1,200, ¥100 = ₩1,000 등의 자국통화표시법으로 표시하고 있다.

자국통화표시법과 반대로 1원의 가치가 1/1,100달러라는 뜻으로 ₩1 = $0.00091(= $1/₩1,100: 외국통화/국내통화)와 같이 나타낼 수 있다. 이는 원화 1원이 미국달러 0.00091달러와 교환됨을 의미한다. 쉽게 말해서, 원화 하나 사기 위해서 달러가 얼마나 필요한가를 나타내는 표시방법이다. 이처럼 국내통화 1단위가 외국통화 몇 단위와 교환되는가로 표시하는 방법을 외국통화표시법 혹은 간접표시법이라고 한다.

유로화, 영국파운드화, 호주달러화, 뉴질랜드달러화 등은 외국통화표시법으로 나타내고 있다. 자국통화표시법과 외국통화표시법 중 어느 것이 좋다고 말할 수는 없지만, 현행 국제 금융시장에서 거의 대부분은 미국달러를 기준으로 자국통화표시법으로 표시한다.

자국통화표시법으로 나타낼 경우 달러당 원화금액이 커지면 환율이 상승하고 원화가치가 하락하였다고 말한다. 예를 들어, \$1＝₩1,100이던 것이 \$1＝₩1,200이 되면 1달러를 바꾸는데 1,100원 주던 것을 이제는 1,200원을 줘야 하기 때문에 미국달러의 가치는 올라간 것(환율상승)이고 원화의 가치는 내려간 것(평가절하)이다.

이 경우 원가의 가치가 얼마나 내려간 것일까? 1원의 가치가 $0.00091(=1/1,100)$달러에서 $0.00083(=1/1,200)$달러로 변하였으므로 $9.09\%(=((1/1,100)/(1/1,200)-1)\times100)$만큼 절하됐다고 할 수 있다.

반대로 달러당 원화금액이 작아지면 환율이 하락하고 원화가치가 상승하였다고 말한다. 예를 들어, \$1＝₩1,100이던 것이 \$1＝₩1,000이 되면 1달러를 바꾸는 데 1,100원 주던 것을 이제는 1,000원만 줘도 되기 때문에 미국달러의 가치는 내려간 것(환율하락)이고 원화의 가치는 올라간 것(평가절상)이다. 이 경우는 1원의 가치가 $0.00091(=1/1,100)$달러에서 $0.001(=1/1,000)$달러로 변하였으므로 $9.09\%(=((1/1,100)/(1/1,000)-1)\times100)$만큼 절상됐다고 할 수 있다.

(2) 환율의 종류

실생활에서 환전을 할 때 여러 종류의 환율이 있다. 먼저, 외화매매의 기준이 되는 환율을 매매기준율이라고 한다. 예를 들어, 미국달러화의 매매기준율은 전날 외환시장에서 은행들 간에 거래된 달러와 원화의 평균환율을 의미한다. 매매기준율은 실제로 일반 개인고객이 은행에 가서 적용받는 환율이 아니다. 은행은 매매기준율을 기준으로 조금씩 스프레드를 가감하여 전신환매도율과 전신환매입률, 여행자수표매도율과 여행자수표매입률, 현찰매도율과 현찰매입률을 고시한다. 일반적으로 스프레드는 전신환환율, 여행자수표환율, 현찰환율 순으로 커진다.

매도율은 은행을 기준으로 은행이 일반고객에게 외환을 팔 때 적용하는 환율이고

표 20-1 • K은행 고시 환율 (20XX년 X월 X일)

통화 (통화명)	매매 기준율	송금(전신환)		현찰		여행자수표 매도율	외화수표 매입률
		매도율	매입율	매도율	매입률		
USD (미국 달러)	1,134.50	1,145.20	1,123.80	1,154.35	1,114.65	1,148.11	1,123.80
JPY (일본 100엔)	1,025.12	1,034.85	1,015.39	1,042.54	1,007.70	1,037.42	1,015.39
EUR (유럽연합유로)	1,206.31	1,218.13	1,194.49	1,230.07	1,182.55	1,220.78	1,194.49
GBP (영국 파운드)	1,411.20	1,425.31	1,397.09	1,439.28	1,383.12	1,428.13	1,397.09

매입율은 은행이 일반고객으로부터 외환을 살 때 적용하는 환율이다. 따라서 일반고객이 은행에 가서 미국달러화를 현찰로 살 경우 적용하는 환율은 〈표 20-1〉에서 보면 현찰매도환율이 1,154.35원이므로 1달러를 구매하는 데 1,154.35원을 지불해야 한다는 뜻이다.

실제로 은행들이 고객의 신용도 등에 따라 적용하는 환율을 우대해 주는데 예를 들어, 고객이 현찰로 미국달러를 살 경우 70%의 환율우대를 받는다고 한다면, 이 경우에는 (현찰매도율 − 매매기준율)×우대환율을 적용하여 환전해 주겠다는 의미이다. 따라서 $(1,154.35 - 1,134.50)(0.7) = 13.90$원을 우대받아서 $1,140.45$원$(= 1,154.35 - 13.90)$을 주고 1달러를 환전할 수 있다.

해외여행을 할 경우에는 현찰보다는 여행자수표의 매도율이 낮기 때문에 여행자수표로 환전하는 것이 유리하고 또한 여행자수표는 분실 시에 일정한 절차를 거쳐 재발급 받을 수 있으므로 안정성이 좋다는 장점이 있다.

2. 환율제도

(1) 환율제도의 개요

환율은 각 나라들이 저마다 어떠한 형태의 환율제도를 운영하는지에 따라 영향을 받는다. 환율제도는 고정환율제도와 변동환율제도로 나눠진다. 1970년대 초반까지 세계 각국은 고정환율제도를 유지하였다. 고정환율제도는 각국 돈의 교환비율이 일정하게 정해지는 제도이고, 변동환율제도는 외환시장의 수요와 공급에 의해서 환율이 결정되는 제도이다.

고정환율제도하에서는 환율이 안정되기 때문에 국제거래가 활성화된다는 장점이 있다. 예를 들어, $1 = ₩1,000으로 환율이 고정되어 있다면 일정 기간 동안 환율이 변하지 않기 때문에 수출입 기업이나 여행 및 유학 등으로 외국돈이 필요한 사람들은 환율로 인한 손실 등을 걱정하지 않고 경제활동을 할 수 있다.

하지만 기본적으로 환율은 외환의 수요와 공급에 의해서 결정되는데, 고정되어 있는 환율을 유지하기 위해서는 시장에서의 부족하거나 초과되는 수요나 공급을 정부가 메워야 한다. 예를 들어, 시장에서의 공급이 $100억이고 수요가 $70억일 경우에 정부는 $1 = ₩1,000인 환율을 유지하기 위해 시장에 적극 개입하여 $30억을 매수해야 한다. 반대로 시장에서의 수요가 $100억이고 공급이 $60억일 경우에는 정부가 $40억을 공급해야 한다. 그렇지 않을 경우 초과공급이 있을 때는 환율이 1,000원 밑으로 내려가고 초과수요가 있을 때는 환율이 1,000원 위로 올라갈 것이다.

이러한 정부의 시장개입은 외환보유고가 충분할 경우에는 문제가 없으나 외환보유고가 충분하지 않을 경우에는 외환위기사태가 올 수도 있다. 대표적으로 우리나라가 1997년 말 발생한 금융위기 시에 외환부족으로 인해 IMF에 구제금융을 신청함에 따라 대외신용도의 급격한 하락과 극심한 경기침체를 겪기도 했다. 고정환율제도 하에서는 시장에서 환율이 외환의 수요 및 공급을 반영하지 못한다는 점과 더불어 자국의 사정에 맞는 통화정책을 제대로 시행하지 못하게 된다는 단점이 있다.

이에 비해 변동환율제도는 통화정책을 통해 환율, 물가, 고용안정 등을 추구할 수 있지만 단기적으로 환율의 변동폭이 심화되어 국제거래가 위축되고 외환시장의 효율성이 떨어질 수 있다. 그리고 환율의 급격한 변동은 기본적으로 가치가 떨어질 것으로 예상되는 화폐는 팔고 가치가 올라갈 것으로 예상되는 화폐를 사는 투기자들에 의해 발생하는 경우가 많다.

(2) 금본위제도(고정환율)

금본위제도는 19세기 말부터 20세기 초에 걸쳐 세계 대부분의 주요 국가가 유지한 환율제도로서, 각국은 금을 보유하고 각국의 통화 한 단위와 일정량의 금을 교환하여 주었다. 금본위제가 유지되었던 전 기간 동안 세계경제는 고정환율제도를 유지하였다.[1]

예를 들어, 미국이 100달러당 금 1온스를 교환할 수 있고, 영국은 100파운드당 금 1온스를 교환할 수 있다고 가정해보자. 양국은 달러와 파운드의 교환비율, 즉 환율을 고정시켜 1달러는 1파운드와 교환되어야만 한다. 그렇지 않을 경우 이익을 낼 수 있다.

만약 환율이 1달러당 2파운드라면 100달러를 200파운드로 바꿔서 영국에서 금 2온스를 구입하여 미국으로 금을 가져와서 200달러를 받고 팔면 100달러만큼의 차익거래 이익을 얻을 수 있다. 이와 같이 영국의 금을 미국으로 가져와서 팔면 미국의 통화공급은 증가하고 영국의 통화공급은 감소하게 된다. 금본위제하에서의 금의 국제적 이동은 통화공급을 조절하고 환율을 안정시키는 자동기구로서 역할을 하였다.

(3) 브레튼우즈체제(고정환율)

제2차 세계대전 후 세계경제 및 환율안정을 위한 효율적인 통화제도의 필요성에 의해 1944년 미국 뉴햄프셔주 브레튼우즈(Bretton Woods)에서 개최된 통화금융회의에서 각 나라의 화폐에 대한 금의 비율을 미국달러화를 통해 고정시켰다. 즉, 각국 중앙은행은 미국 중앙은행으로부터 금 1온스에 35달러의 고정된 가격으로 달러와 금을 교환할 수 있게 함으로써 미국 달러화를 기축통화(key currency)로 하는 금환본위제도(gold exchange standard system)를 실시하였다.

또한 이 협정으로 회원국은 자국통화의 평가를 설정하고 환율을 평가의 상하 1% 이내에서 유지시켜야 하는 고정환율제가 실시되었다. 이러한 고정환율제도를 관리하고 세계의 중앙은행 역할을 수행할 수 있는 국제통화기금(IMF: International Monetrary

---

1 「거시경제학」, N. Gregory Mankiw지음/이병락 옮김, p. 378

Fund)과 국제부흥개발은행(IBRD: International Bank for Reconstruction and Development)을 창설하였다.

브레튼우즈 협정은 베트남전쟁 등으로 인한 미국의 국제수지 적자 및 전비조달을 위한 통화량 증발에 의한 물가상승으로 인해 달러가치가 급락하자 일부 국가들이 금태환(달러를 금으로 교환)을 요구하였고, 결국 1971년 8월 닉슨대통령의 금태환 정지선언으로 붕괴되었다.

(4) 킹스턴체제(변동환율)

브레튼우즈체제 붕괴 이후 1971년 말에 미국 워싱턴의 스미소니언 박물관에서 브레튼우즈체제의 모순을 보완하기 위해 미국달러의 가치를 금에 대하여 8.57%(1온스당 $38)로 평가하였으나 근본적으로 브레튼우즈체제의 문제점을 해결하지 못하였으며 결국 킹스턴체제를 도입하는 계기를 만들었다.

킹스턴체제는 1976년 자메이카의 수도 킹스턴에서 각 국간에 합의한 환율제도이다. 킹스턴체제하에서는 달러와 금의 관계가 단절되어 금달러본위를 폐지하고 금 대신 IMF가 창출한 금가치가 보장된 국제준비자산인 SDR(특별인출권) 본위제로의 이행되었다. 또한 IMF회원국은 변동환율제도와 고정환율제도 중 환율제도를 자유롭게 선택할 수 있었다. 그리고 환율의 조작에 목적을 둔 각 국 정부의 외환시장 개입은 허용하지 않으며 환율의 변동성이 심할 때 이를 완화하기 위한 목적으로만 제한적 개입이 가능하도록 하였다.

킹스턴체제 이후 대부분의 나라들은 변동환율제도를 채택하고 있다. 우리나라는 1997년말 외환위기 이후 환율의 변동폭 제한을 폐지하여 완전 자유 변동환율제도를 실시하고 있다.

02 외환시장

1. 현물환시장

외환(foreign exchange)은 외국화폐인 외화(foreign currency)보다 넓은 개념으로 외화뿐만 아니라 외국의 화폐나 외국화폐를 청구할 수 있는 외화표시 예금, 수표 등 외환시장에서 거래대상이 되는 것을 말한다. 외환시장은 거래기간에 따라 현물환(spot)시장과 선물환(forward)시장으로 나뉜다. 현물환거래는 외환거래 계약일(거래당사자간 거래금액, 만기, 계약통화 등 거래조건이 결정되는 날)부터 2영업일 이내에 외환의 인수도와 결제(결제일)가 이루어지는 거래를 말한다.

예를 들어, 10월 2일(월)에 A은행이 B은행으로부터 1억달러를 현물환율 $1＝₩1,100에 거래발생일로부터 2영업일 결제기준으로 매입하기로 하였다고 하자. 그러면 B은행은 2영업일 후인 10월 4일(수)에 A은행에 1억달러 이체하고 A은행으로부터 1,100억원(＝$1억×1,100)을 받으면 현물환거래가 종결된다.

2. 선물환시장

선물환거래는 계약일로부터 통상 2영업일 경과 후 미래의 특정일에 외환의 인수도와 결제가 이루어지는 거래이다. 선물환거래는 현재시점에서 미래의 특정일에 이행할 환율을 미리 약정하고 미래시점에 결제가 이루어지므로 약정된 미래 결제일까지 결제가 이연되는 점이 현물환거래와의 차이다. 선물환거래는 만기시점에 실물의 인수도가 일어나는 일반선물환거래와 만기시점에 실물의 인수도 없이 차액만 정산하는 차액결제선물환(NDF: non-deliverable forward)거래로 나눌 수 있다.

(1) 일반선물환거래

선물환거래는 주로 수출입기업체가 환위험을 헷지하기 위하여 사용한다. 예를 들어, 3개월 후에 수출대금 100만 달러를 받을 예정인 수출회사 A는 3개월 후에 수출대금을 받아서 원화로 전환할 때 현재 환율 1,100원/$보다 환율이 하락하여 환손실을 입는 것이 우려된다고 하자. A는 환손실에 대비하여 현재시점에서 B은행과 3개월 후에 100만 달러를 1,100원/$의 환율로 매도하는 선물환계약을 체결해 놓는다.

3개월 후에 환율이 1,000원/$으로 하락하게 된다면 A는 B은행과 맺어둔 선물환계약을 이행하여 11억원($=$100만$\times$1,100)을 받게 된다. 만약 이러한 선물환 매도계약을 해 놓지 않을 경우 3개월 후에 10억원($=$100만$\times$1,000)만 받게 되므로 선물환 매도계약를 통해 1억원의 환손실을 피할 수 있게 되는 것이다. 하지만 선물환 매도계약을 한 후 3개월 후에 환율이 1,200원/$으로 상승할 경우에도 A는 계약한 환율인 1,100원/$으로 환전하여 11억원을 받게 되므로 이 경우에는 오히려 1억원의 환차손을 보게 된다.

따라서 선물환거래는 현재시점에서 미래 결제일에 적용할 환율을 확정함으로써 유리한 환율변동으로 얻을 수 있는 기회이익을 포기하는 대신 불리한 환율변동으로 얻게 되는 환위험을 회피하게 된다.

(2) 차액결제선물환(NDF)거래

차액결제선물환(Non-Deliverable Forward)시장은 국제화되지 않은 통화가 해외에서 유통되지 않는 가운데 각종 외환규제가 존재할 경우 외환규제를 피하면서 환위험 헷지나 투기적 목적을 이루기 위해 생겨났다. 우리나라에서는 1997년 금융위기를 계기로 원/달러 차액결제선물환시장에 대해서 관심을 갖게 되었다.

차액결제선물환거래란 만기일에 예를 들어, $1=₩1,100과 같이 당초 계약한 약정환율(선물환율)로 달러를 주고받기로 계약을 했지만 실제로는 'Non-Deliverable'이라는 말대로 만기일에 원화와 달러를 서로 배달하지 않고(주고받지 않고) 약정환율과 만기일의 현물환율인 지정환율(fixing rate)의 차액만을 지정통화로 정산하는 거래로서 역외선물환시장이라고도 한다. '역외'라는 말대로 이 시장은 우리나라가 아닌 외국에 개설된 외환시장으로 각종 세금 및 규제를 피할 수 있다. 또한 차액만 결제하기 때문에 일반선물환거래에 비해 결제위험이 작다.

차액결제선물환거래의 만기는 3영업일 이상 가능하지만 주로 1개월물에서 3년물 사이의 정형화된 기간물로 거래가 이루어지며, 건별 거래금액은 제한이 없지만 일반적으로 1백만 달러 단위로 거래한다.

예를 들어, A가 B에게 3개월 후에 1달러에 1,100원/$의 약정환율로 3백만 달러를 매도하는 차액결제선물환거래를 체결하였다고 하자. 만약 3개월 후에 지정환율이 1,200원/$이 되었다면 A는 약정환율과 지정환율의 차이인 $-\$250,000(=(1,100-1,200)\times\$3,000,000\div1,200)$, 즉 250,000달러를 B에게 지급해야 한다. 반대로 3개월 후에 지정환율이 1,000원/$이 되었다면 A는 $\$300,000(=(1,100-1,000)\times\$3,000,000\div1,000)$, 즉 300,000달러를 B로부터 수취한다.

SECTION

03 환율, 물가, 이자율 간의 평형관계

1. 구매력평가이론

(1) 절대적 구매력평가이론

서울에서 밀 한 포대를 사는 값이 뉴욕에서 동일한 밀 한 포대를 사는 값보다 싸다면 서울에서 밀 한 포대를 사서 뉴욕에서 팔면 돈을 번다. 이러한 차익기회를 이용하게 되면 서울의 밀 수요는 증가하여 서울의 밀 가격은 상승하게 되고 뉴욕의 밀 공급은 증가하여 뉴욕의 밀 가격은 하락하게 되어 결국 서울과 뉴욕의 밀 가격은 동일하게 된다는 것이 일물일가의 법칙이다. 다시 말하면, 일물일가의 법칙이란 동일한 물건이 동일한 시기에 다른 장소에서 팔릴 수 없다는 의미로 동일한 상품은 어떤 시장에서도 그 가격이 같아야 한다.

절대적 구매력평가이론(purchasing power parity theorem)은 일물일가의 법칙을 하나의 상품가격뿐만 아니라 전체적인 물가수준에 적용시킨 것으로 환율로 조정한 물가수준은 세계 어디서나 동일한 구매력을 갖는다는 이론이다. 예를 들어, 현재시점에서 국내물가는 100,000원, 해외물가는 100달러라고 하면 환율은 국내물가와 해외물가의 비율인 100,000원/100달러, 즉 \$1 = ₩1,000으로 결정된다.

일반적으로 절대적 구매력평가이론에서 현재 국내물가 P_0, 해외물가 P_0^*, 환율 S_0(예를 들어, ₩1,000/\$)이라고 할 때 국내물가는 해외물가를 환율로 조정한 것과 동일하므로 식(20-1)이 성립한다고 본다. 절대적 구매력평가이론에서 환율은 국내물가와 해외물가의 비율로 계산된다.

$$P_0 = P_0^* \times S_0 \ \rightarrow \ S_T = \frac{P_T}{P_T^*} \tag{20-1}$$

양국 간 환율은 양국 간의 물가상승률의 차이만큼 변동하기 때문에 만약 구매력평가이론이 유지된다면 환율인상이나 환율인하로 인한 환위험손익은 실질적으로 없을 것이다. 예를 들어, 미국에서 빅맥 1개가 1달러이고 한국에서 1,000원이라면 환율은 \$1 = ₩1,000이 된다. 그런데 한국의 경쟁력 약화로 10%의 환율상승(평가절하)이 발생할 경우에는 환율이 \$1 = ₩1,100이 되므로 이때 빅맥 가격이 10% 올라가서 1,100원이 된다면 구매력에는 아무런 변화가 없어 환위험이 없게 된다.

(2) 상대적 구매력평가이론

절대적 구매력평가이론은 국내물가와 해외물가 간의 비율로 환율이 결정된다는 것이다. 이에 비해 상대적 구매력평가이론에서 환율은 두 나라의 물가수준의 변화로 결정된다고 본다. 예를 들어, 국내물가상승률을 π라고 하고 해외물가상승률을 π^*라고 하자. 이때 미래시점(T)에서의 국내물가는 $P_T = P_0(1+\pi)$이고 해외물가는 $P_T^* = P_0^*(1+\pi^*)$이다.

이러한 물가수준의 변화를 식(20-1)의 절대적 구매력평가이론에 적용하면 식(20-2)와 같이 환율의 변화율은 양국의 물가상승률의 차이와 같게 된다. 국내 물가상승률이 해외 물가상승률보다 높으면, 환율이 올라가서 그만큼 국내통화의 가치가 떨어지게 된다.

$$S_T = \frac{P_T}{P_T^*} = \frac{P_0(1+\pi)}{P_0^*(1+\pi^*)} = \frac{P_0}{P_0^*} \times \frac{(1+\pi)}{(1+\pi^*)} = S_0 \times \frac{1+\pi}{1+\pi^*}$$

$$\rightarrow \frac{S_T}{S_0} = \frac{1+\pi}{1+\pi^*}$$

$$\rightarrow \frac{S_T - S_0}{S_0} = \frac{\pi - \pi^*}{1+\pi^*} \approx \pi - \pi^*$$

$$\rightarrow \frac{E(S_T) - S_0}{S_0} \approx \pi - \pi^* \tag{20-2}$$

예제 | **상대적 구매력평가이론**

앞으로 1년 동안 한국의 물가상승률이 8%, 미국의 물가상승률이 3%가 될 것으로 예상한다. 현재 한국의 원화와 미 달러화간의 환율이 ₩1,400/$이라고 할 때 1년 후의 환율은 어떻게 될 것으로 예상할 수 있는가?

[답]

$$\frac{S_T}{S_0} = \frac{1+\pi}{1+\pi^*} \rightarrow \frac{S_T}{1,400} = \frac{1+0.08}{1+0.03} \rightarrow S_T = ₩1,468/\$$$

혹은 $\frac{E(S_T) - S_0}{S_0} \approx \pi - \pi^* \rightarrow 8\% - 3\% = 5\%$ 즉 예상 환율변화율이 5%이므로

$$E(S_T) = 1,400 \times (1+0.05) = ₩1,470/\$$$

2. 이자율과 환율

(1) 피셔효과

피셔효과는 명목이자율(i)이 실질이자율(r)과 향후 예상되는 물가상승률(π)의 합과 같다는 주장이다.[2]

$$1+i = (1+r)(1+\pi) \ \rightarrow \ i \approx r + \pi \tag{20-3}$$

식(20-3)에서 국내 명목이자율 $i = r + \pi$가 되고 해외 명목이자율 $i^* = r^* + \pi^*$가 되므로 두 나라 간의 명목이자율의 차이 $i - i^*$는 식(20-4)와 같이 유도할 수 있다.

$$i - i^* = (r - r^*) + (\pi - \pi^*) \ \rightarrow \ i - i^* = \pi - \pi^* \tag{20-4}$$

식(20-4)에서 장기적으로는 국내와 해외의 실질이자율이 서로 같아지는 경향이 있으므로 $r = r^*$로 놓으면 국내 명목이자율과 해외 명목이자율의 차이 $i - i^*$는 국내 물가상승률과 해외 물가상승률의 차이 $\pi - \pi^*$와 같게 된다는 결과를 얻을 수 있다.

(2) 국제피셔효과

나라 간 자본이동에 대한 통제가 없고 위험중립형 투자자라는 가정하에, 표시통화만 다르고 위험과 만기가 동일한 두 나라의 금융상품 간의 이자율 차이는 두 나라 통화 간의 예상 환율변화율과 같다는 주장이 국제피셔효과이다. 이러한 국제피셔효과는 상대적 구매력평가이론과 피셔효과로부터 도출할 수 있다.

상대적 구매력평가이론으로부터 $(E(S_T) - S_0)/S_0 \approx \pi - \pi^*$가 성립하고 피셔효과로부터 $i - i^* = \pi - \pi^*$가 성립하므로 두 식에서 식(20-5)가 유도된다.

$$\frac{E(S_T) - S_0}{S_0} = i - i^* \tag{20-5}$$

---

2 Chapter 6 참조.

식(20-5)로 나타나는 국제피셔효과의 의미를 살펴보자. 자본의 국제이동에 대한 통제가 없다면 위험중립형 투자자는 기대수익이 높은 곳에 자금을 운용하게 된다. 예를 들어, 환율이 ₩1,000/$이고 한국의 이자율이 9%, 미국의 이자율이 6%라고 하자.

이 경우 한국의 이자율이 미국의 이자율보다 3% 더 높기 때문에 환율이 3% 더 상승하여 ₩1,030/$이 되어야 한다. 만일 국제피셔효과가 성립하지 않는다면 한국에서의 투자이익은 ₩1,000(1 + 0.09) = 1,090원이 되고, 미국에서 투자한 후 원화로 환전하게 될 때 $1(1 + 0.06) × ₩1,000 = 1,060원을 얻게 되어 한국에 투자하는 것이 유리하게 된다.

이처럼 이자율 측면에서 볼 때 원화가 달러화에 비해 3% 높아서 유리한 경우 환율 측면에서는 원화가 달러화에 비해 같은 크기로 불리할 것이 예상되어야 시장이 균형을 이룰 수 있다는 것이 국제피셔효과이다. 환율이 3%만큼 상승(₩1,030/$)하여야 미국에 투자해도 투자이익이 $1(1 + 0.06) × ₩1,030 ≈ 1,090원(근사식이므로 계산결과도 근사값임)이 되어서 한국에 투자하는 것과 같아진다.

국제피셔효과는 이자율효과와 환율효과가 서로 상쇄되지 않으면 시장 불균형이 일어나 자본이 이동할 것이라는 것을 의미하고 있으며, 국제피셔효과가 정확하게 성립하면 환위험은 발생하지 않는다.

예제 | **국제피셔효과**

1년 만기 채권수익률이 한국과 미국에서 각각 7% 및 4%라고 할 때 미국달러와 한국원화 간의 현재 환율이 ₩1,100/$이라면 1년 후의 환율은 어떻게 될 것으로 예상하는가?

[답]

$$\frac{E(S_T) - S_0}{S_0} = i - i^* \rightarrow \frac{E(S_T) - 1,100}{1,100} = 0.07 - 0.04 \rightarrow E(S_T) = ₩1,133/\$$$

3. 이자율평가이론

이자율평가이론(interest rate parity theorem)은 상품거래에서의 일물일가의 법칙을 금융거래에 적용한 것이다. 시장이 효율적인 경우 일물일가의 법칙이 성립해야 하므로 동일한 위험을 가진 금융상품에 대해서 같은 크기의 투자자금을 가지고 국내에 투자한 결과와 해외에 투자한 결과는 같아야 한다.

따라서 자국통화로 자국의 무위험자산에 투자하여 얻는 무위험수익률은 자국통화를 외국통화로 바꾼 뒤 외국의 무위험자산에 투자하여 얻는 수익을 자국통화로 전환하여 얻는 무위험수익률과 같아야 한다.

예를 들어, 다음 두 가지 투자대안을 생각해보자. 현재 환율(₩/$)이 S_0이고 한국의 투자자가 1원을 투자하고자 할 때, ① 국내금융시장에 투자할 경우 1년 후의 원화수입은 한국 이자율이 i라면 ₩$1(1+i)$가 된다.

한편, ② 미국시장에 투자할 경우에는 먼저 현물환 시장에서 1원을 ₩$1(1/S_0)$만큼의 달러화로 전환한 다음, 달러화로 미국시장에 투자하고 1년 후의 수입도 달러화로 받게 된다. 1년 후의 달러화수입은 달러이자율이 i^*라면 ₩$1(1/S_0)(1+i^*)$가 된다.

이때, 투자자는 1년 후의 달러화수입을 확실한 현금흐름으로 고정하기 위하여 현재 시점에서 선물환 계약을 체결하여 1년 후의 환율을 현재의 선물환율로 고정시킨다. 즉, 1년 후의 달러화수입을 원화로 환전할 때 적용하는 환율은 1년 후의 현물환율이 아니라 현재시점의 선물환율 F_0(₩/$)이다. 그러므로 1년 후의 원화수입은 $F_0 \times$ (₩$1)(1/S_0)(1+i^*)$가 된다.

위험이 없는 두 자산에 동일한 투자금액을 투자하여 얻은 만기 시의 수익이 같아야 하므로 이자율평가이론으로 알려진 식(20-6)이 성립한다. 식(20-6)을 다시 정리하면 식(20-7)과 같이 두 나라의 명목이자율 차이는 양국 통화 간의 선물환할증(할인)과 같다는 선물환할증율(할인율)에 대한 균형조건을 얻을 수 있다.

예를 들어, 한국의 이자율이 4%이고, 미국의 이자율이 2%여서 한국의 이자율이 미국의 이자율보다 높게 형성되어 있다면 미국달러선물환율은 현물보다 높게 나타나서 선물환할증 상태가 된다는 의미이다.

$$₩1(1+i) = F_0(₩1)\left(\frac{1}{S_0}\right)(1+i^*)$$

$$\rightarrow \frac{F_0}{S_0} = \frac{1+i}{1+i^*} \tag{20-6}$$

$$\rightarrow \quad \frac{F_0 - S_0}{S_0} = \frac{i - i^*}{1 + i^*}$$

$$\rightarrow \quad \frac{F_0 - S_0}{S_0} \approx i - i^* \tag{20-7}$$

예제 | **이자율평가이론**

현물환율 ₩1,200/\$이다. 한국에서의 1년간 무위험이자율이 8%이고 미국에서의 무위험이자율이 5%라면, 선물환율이 얼마가 되는가?

[답]

$$\frac{F_0}{S_0} = \frac{1 + i}{1 + i^*} \rightarrow \frac{F_0}{1,200} = \frac{1 + 0.08}{1 + 0.05} \rightarrow F_0 = ₩1,234/\$$$

지금까지 다룬 구매력평가이론, 피셔효과, 국제피셔효과, 이자율평가이론 등을 종합하여, 환율, 이자율, 물가간의 평형관계를 정리해보면 〈그림 20-1〉과 같다.

그림 20-1 • 환율, 이자율, 물가 간의 평형관계

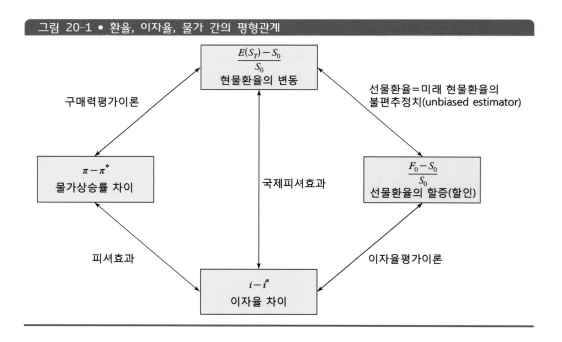

SECTION
04 헷지전략

1. 선물환을 이용한 헷지전략

수출업자의 경우 수출대금결제 시의 환율이 수출계약시점의 환율보다 낮아지면 원화수취액이 감소하게 되어 환차손이 발생하므로 미국달러 선물환계약을 매도해 두면 된다.

예를 들어, 현재시점에서 만기가 3개월인 선물환계약을 ₩900/$에 매도하였다고 하자. 3개월 후에 현물환율이 ₩800/$이라면 수출업자는 $100(₩900 − ₩800) = 10,000원의 이익을 얻는다. 하지만 3개월 후에 현물환율이 ₩1,000/$이라면 $100 (₩900 − ₩1,000) = −10,000원이 되어 10,000원의 손실이 발생하게 된다.

반면, 수입업자의 경우 수입대금결제 시의 환율이 수입계약시점의 환율보다 높아지면 원화지급액이 증가하게 되어 환차손이 발생하므로 미국달러 선물환계약을 매수해 두면 된다. 예를 들어, 현재시점에서 만기가 3개월인 선물환계약을 ₩1,200/$에 매수하였다고 하자. 3개월 후에 현물환율이 ₩1,300/$이라면 수입업자는 $100 (₩1,300 − ₩1,200) = 10,000원의 이익이 발생한다. 하지만 3개월 후에 현물환율이 ₩1,100/$이라면 $100(₩1,100 − ₩1,200) = −10,000원이 되어 10,000원의 손실이 발생한다.

2. 통화선물을 이용한 헷지전략

(1) 통화선물 매도헷지

기초자산이 상승할 경우 선물매수 시에 이익이 나고 반대로 기초자산이 하락할 경우에는 선물매도 시에 이익이 난다. 매도헷지는 현물통화의 환율이 내려갈 경우, 즉 미국달러화의 가치가 하락할 경우에 통화선물 매도를 통하여 손실을 회복하는 전략이다.

예를 들어, 수출업자 *A*가 수출대금으로 1개월 후에 100만달러를 수취하기로 하였다고 하자. *A*는 100만 달러 수취시점에 현재 환율 1,100원/$이 하락하여 환손실을 보는 것이 우려되는 상황이다. 이러한 위험을 헷지하기 위해 *A*는 통화선물시장에서 1,105원/$으로 미국달러선물을 매도하면 된다.

예상대로 1개월 후 결제시점에 현물환율이 하락하여 1,000원/$이 되고 미국달러선물도 990원/$이 될 경우, *A*는 선물계약을 이행하여 115원/$($=1,105/\$-990원/\$$)의 이익을 얻게 되어 현물의 환손실 100원/$($=1,100원/\$-1,000원/\$$)을 회복하게 된다.

예상과 다르게 현물환율이 1개월 후에 1,200원/$으로 상승하고 선물도 1,210원/$으로 올라갈 경우를 생각해보자. 미국달러선물을 매도하지 않았다면 현물에서만 100원/$($=1,200원/\$-1,100원/\$$)의 환이익이 발생하였을 것이다.

하지만 선물을 매도하였는데 미국달러화의 가치가 올라감에 따라 선물가격도 올라가서 선물에서 105원/$($=1,105원/\$-1210원/\$$)의 손실이 발생하게 되어 결국 전체 손익은 -5원/$($=100원/\$-105원/\$$)이 된다. 이와 같이 헷지의 경우 기초자산의 가격이 예상과 반대방향으로 움직이면 헷지를 하지 않을 경우에 비해 기초자산으로부터의 이익이 줄어들 수도 있다.

(2) 통화선물 매수헷지

매수헷지는 현물통화의 환율이 올라갈 경우, 즉 미국달러화의 가치가 상승할 경우에 통화선물 매수를 통하여 손실을 회복하는 전략이다.

예를 들어, 수입업자 *B*가 물품수입대금으로 1개월 후에 100만 달러를 지급하기로 하였다고 하자. 현재 환율은 1,100원/$이고 미국달러선물가격이 1,105원/$이다. *B*는 1개월 후에 100만 달러를 사서 지급해야 하는데 이때 환율이 올라가서 달러화 매입에 더 비싼 가격을 지급하여 손실이 발생하는 것이 우려되기 때문에 미국달러선물을 매수하여 헷지를 하고자 한다.

예상대로 1개월 후에 환율이 만약 1,150원/$으로 상승하고 선물가격이 1,155원/$이 되었을 경우, 현물에서 50원/$($=1,100원/\$-1,150원/\$$)의 손실을 입지만 미국달러

선물에서 50원/$(=1,155원/$−1,105원/$) 이익이 발생하여 위험을 헷지할 수 있게 된다.

예제	미국달러선물 헷지전략

오늘 5월 13일에 한국기업이 미국기업으로부터 $1,000,000어치의 상품을 수입하였고 수입대금은 7개월 후인 12월 10일에 미국달러로 지급하게 된다. 현재 미국달러선물가격과 현물환율은 다음과 같다.

현물환율	1,135.1원/$
미국달러선물 1월물	1,135.80
미국달러선물 2월물	1,135.90
미국달러선물 3월물	1,136.00
미국달러선물 4월물	1,137.40
미국달러선물 5월물	1,138.30
미국달러선물 6월물	1,140.00
미국달러선물 9월물	1,146.60
미국달러선물 12월물	1,153.00

달러선물가격으로부터 향후 미달러화의 가치상승이 예상되므로 미국달러선물 100계약(=1,000,000/10,000) 매수하는 헷지전략이 필요하다. 12월 10일에 12월물 미국달러선물가격이 1,164.20이고 현물환율이 1,147.40원/$이라고 가정하고 헷지전략을 분석하시오.

[답]

5/13	12/10
12월물 100계약을 1,153.00원/$에 매수	12월물 100계약을 1,154.20원/$에 매도 현물 $1,000,000을 1,147.40원/$에 매수

선물로 헷지 안 한 경우: $1,000,000×(1,135.10−1,147.40) = −12,300,000원

선물로 헷지 한 경우: (1,135.10−1,147.40)+(1,164.20−1,153.00)) = −1.1원/$

→ −1.1×$1,000,000 = −1,100,000원: 환차손이 11,200,000원만큼 감소

3. 단기금융시장을 이용한 헷지전략

수출업자의 경우 수출대금결제 시의 환율이 수출계약시점의 환율보다 낮아지면 원화수취액이 감소하게 되어 환차손이 발생하므로 선물환계약을 매도하면 된다는 것을 앞에서 살펴보았다.

이러한 선물환거래를 이용하는 대신, 단기금융시장(money market)에서 수출대금 액만큼의 외화를 미리 차입하여 현물환시장에서 매각하고 자국통화로 전환한 후 이를 국내예치나 채권투자 등으로 운용하다가 만기 시에 수취하는 수출대금으로 차입자금을 상환함으로써 환차손위험을 회피할 수도 있다.

예를 들어, 현물환율은 1,000원/\$, 미국달러의 연이자율은 20%, 원화의 연이자율은 10%일 경우 6개월 선물환율은 이자율평가이론을 적용하여 $F_0/S_0 = (1+i)/(1+i^*)$ → $F_0/1,000 = [1+0.1(6/12)] / [1+0.2(6/12)]$ → $F_0 = 954.55$원/\$이 된다. 6개월 후에 수출대금 100달러를 받을 경우 환율이 예상외로 크게 하락하면 환차손이 발생한다.

이러한 위험에 대한 헷지방법으로 선물환거래를 이용할 수 있고 단기금융시장을 이용할 수 있다. 만약 수출업자가 선물환거래를 이용하여 헷지한다고 할 경우에는 현재 100달러에 대해 선물환계약을 매도해 놓으면, 6개월 후에 수출대금 100달러를 95,455원/\$(=\$100×954.55)으로 고정시킬 수 있다.

한편, 단기금융시장을 이용하여 헷지하는 방법은 다음과 같다. 미국달러의 6개월 이자율이 10%(=20%/2)이므로 현재시점에서 6개월 후에 받는 100달러의 수출대금으로 갚을 수 있도록 \$100/(1.1)을 차입해온다.

차입해온 금액은 원화로 환전(\$90.91×1,000)하여 6개월 동안 국내 단기금융시장에서 5%(=10%/2)로 대여(채권매수)한다. 6개월 후에는 수출대금 100달러를 받아서 차입금의 원리금 100달러를 갚으면 되고, 원화로 환전하여 대여한 금액에 대해서는 원리금 95,455원/\$이 들어오게 된다.

이처럼, 선물환율이 이자율평가이론을 만족시키는 경우(선물환율이 이론치와 같은 경우) 선물환에 의한 헷지와 단기금융시장을 이용한 헷지 결과는 같아지게 된다. 하지만 선물환율이 이자율평가이론을 만족시키지 못하는 경우가 발생하거나, 선물환계약을 매도하기가 어려운 상황이 발생하면, 단기금융시장을 이용하여 달러화가치 하락에

그림 20-2 • 단기금융시장을 이용한 헷지전략

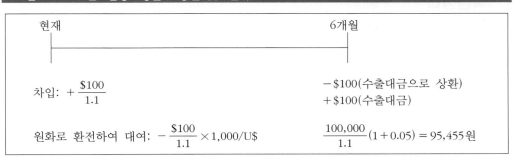

대한 헷지전략을 구사할 수 있다.

핵심정리 Summary

1. 환율의 개요

- 환율
  - 자국통화표시법(직접표시법): 국내통화/외국통화로 표시
    → 외국통화 1단위가 자국통화 몇 단위와 교환될 수 있는지를 표시
  - 외국통화표시법(간접표시법): 외국통화/국내통화로 표시
    → 국내통화 1단위가 외국통화 몇 단위와 교환되는지를 표시

- 환율의 종류
  - 매매기준율: 외화매매의 기준이 되는 환율.
  - 매도율: 은행이 일반고객에게 외환을 팔 때 적용하는 환율
    → 전신환매도율, 여행자수표매도율, 현찰매도율
  - 매입율: 은행이 일반고객으로부터 외환을 살 때 적용하는 환율
    → 전신환매입률, 여행자수표매입률, 현찰매입률

2. 환율제도

- 금본위제도(고정환율): 각국의 통화 한 단위와 일정량의 금을 교환

- 브레튼우즈체제(고정환율): 금 1온스를 35달러로 교환

- 킹스턴체제(변동환율): 금달러본위를 폐지하고 SDR(특별인출권) 본위제로 이행

3. 외환시장

- 현물환시장: 외환거래 계약일부터 2영업일 이내에 외환의 인수도와 결제(결제일)가
  이루어지는 거래

■ 선물환시장: 계약일로부터 통상 2영업일 경과 후 미래의 특정일에 외환의 인수도와
　　　결제가 이루어지는 거래
　• 일반선물환거래
　• 차액결제선물환(NDF)거래: 만기일에 약정환율과 만기일의 현물환율인 지정환율
　　　의 차액만을 지정통화로 정산하는 거래

4. 환율, 물가, 이자율 간의 평형관계

■ 절대적 구매력평가이론: $S_t = \dfrac{P_T}{P_T^*}$
　• 양국 간 환율은 양국 간의 물가상승률의 차이만큼 변동

■ 상대적 구매력평가이론: $\dfrac{E(S_T) - S_0}{S_0} \approx \pi - \pi^*$
　• 환율의 변화율은 양국의 물가상승률의 차이와 동일

■ 피셔효과: $1 + i = (1 + r)(1 + \pi)$
　• 명목이자율은 실질이자율과 물가상승률의 합과 동일

■ 국제피셔효과: $\dfrac{E(S_T) - S_0}{S_0} = i - i^*$
　• 두 나라의 이자율 차이는 두 나라 통화간의 예상 환율변화율과 동일

■ 이자율평가이론: $\dfrac{F_0 - S_0}{S_0} = \dfrac{i - i^*}{1 + i^*}$
　• 두 나라의 명목이자율 차이는 양국 통화간의 선물환할증(할인)과 동일

5. 선물환 및 단기금융시장을 이용한 헷지전략

■ 선물환시장을 이용한 헷지
　• 수출업자: 미국달러 선물환계약을 매도

- 수입업자: 미국달러 선물환계약을 매수

■ 통화선물을 이용한 헷지
  - 매수헷지: 환율상승 시 통화선물 매수를 통하여 손실을 회복하는 전략
  - 매도헷지: 환율하락 시 통화선물 매도를 통하여 손실을 회복하는 전략

■ 단기금융시장을 이용한 헷지
  - 수출대금만큼 외화 차입하여 자국통화로 전환하여 운용
  - 만기 시에 수취하는 수출대금으로 차입자금을 상환

연습문제

1. (1998 CPA) 외환시장과 금리시장에서 거래가 자유롭다고 가정하자. 원화표시와 달러화표시의 1년 만기 무위험할인채권의 가격이 각각 액면의 80%, 90%라 하자. 시장에서 현재 달러당 원화의 환율이 1,500원이라면 달러화에 대한 원화의 만기 1년의 선물환율은 얼마인가? (　　)

   ① 1,333원   ② 1,433원   ③ 1,583원
   ④ 1,633원   ⑤ 1,688원

2. (1999 CPA) 현재 미국 달러화에 대한 원화의 환율이 1달러에 1,240원이고, 미국과 한국의 명목이자율은 각각 연 6%와 연 8%이다. 차익거래기회가 존재하지 않기 위해서는 1년 간 균형선물환율이 얼마로 정해져야 하는가? (소수점 이하는 반올림할 것) (　　)

   ① 1,217원   ② 1,240원   ③ 1,263원
   ④ 1,314원   ⑤ 1,339원

3. (2000 CPA) 환율결정이론에 관한 다음 설명 중 가장 타당하지 않은 것은? (　　)

   ① 피셔효과가 성립하면, 양국 간 명목이자율의 차이는 기대물가상승률의 차이와 같게 된다.
   ② 구매력평가이론(PPP)에 따르면, 양국 통화 간 현물환율의 기대변동률은 양국 간 기대물가상승률의 차이와 같게 된다.
   ③ 양국 통화 간 현물환율의 기대변동률이 양국 간 명목이자율의 차이와 같게 되는 현상을 국제피셔효과라고 한다.
   ④ 이자율평가이론(IRP)에 따르면, 양국 간 실질이자율의 차이는 선도환율의 할증률(혹은 할인율)과 같게 된다.
   ⑤ 이자율평가이론과 국제피셔효과가 성립하면, 선도환율은 미래 현물환율의 불편추정치가 된다.

4. (2001 CPA) 미국 달러와 원화 환율에 대한 90일 만기 선도환율이 현재 국내외환시장과 뉴욕외환시장에서 각각 1,250원/$과 0.00077$/원에 형성되었다고 하자. 두 시장에서 동시에 거래할 수 있는 국내은행의 외환딜러라면 어떤 차익거래를 해야 하는가? ( )

① 한국시장에서 달러매도, 뉴욕시장에서 원화매도 선물환 체결
② 한국시장에서 달러매수, 뉴욕시장에서 원화매도 선물환 체결
③ 한국시장에서 달러매도, 뉴욕시장에서 원화매수 선물환 체결
④ 한국시장에서 달러매수, 뉴욕시장에서 원화매수 선물환 체결
⑤ 차익거래의 기회가 없다.

5. (2004 CPA) 미국에 물품을 수출하고 6개월 후에 대금 1백만 달러를 받기로 한 무역업자가 있다. 이 무역업자가 사용하기에 가장 적절한 환위험 헷지 방법은? ( )

① 6개월 만기의 달러 콜옵션을 매수한다.
② 6개월 만기의 달러 풋옵션을 매도한다.
③ 6개월 만기의 선물환 계약에서 달러 매수포지션을 취한다.
④ 동일한 행사가격의 만기 6개월짜리 달러 콜옵션과 달러 풋옵션을 동시에 매수한다.
⑤ 6개월 만기 달러 대출을 받아 달러를 외환시장에서 매각한다

6. (2005 CPA) (주)한국의 외화자금 수급에 대한 예측에 의하면 1년 후인 2006년 3월에 5억엔 상당의 엔화 수입자금에 대한 결제와 500만불 상당의 달러화 수출자금에 대한 결제가 동시에 이루어진다. 다음과 같은 정보가 주어져 있을 때 (주)한국이 환위험을 헤지(hedge)하기 위하여 택할 수 있는 방법으로 가장 적절한 것은? (단, 수수료는 무시하라) ( )

달러화 이자율:	연 3%
엔화 이자율:	연 1%
엔/달러 현물환율:	¥101.98/$
1년 엔/달러 선물환율:	¥100/$
1년 만기 행사가격 ¥100/$의 달러화 풋옵션:	¥9.86
1년 만기 행사가격 ¥100/$의 달러화 콜옵션:	¥9.84

① 엔/달러 선물시장에서 500만 달러 상당의 달러 선물환을 매입한다.
② 달러 자금 시장에서 1년 후 500만 달러를 상환하기로 하고 달러를 차입하여

엔/달러 현물 시장에서 엔화로 교환한 후 엔화 자금 시장에 1년간 예치한다.

③ 엔/달러 현물시장에서 500만 달러 상당의 달러 현물환을 매입한다.

④ 달러화 풋옵션과 달러화 콜옵션을 동시에 매입한다.

⑤ 달러화 풋옵션을 매도한다.

7. (2007 CPA) 한국의 90일 만기 국채의 만기수익률은 연 5%이며 180일 만기 국채의 만기수익률은 연 6%이다. 미국의 90일 만기 국채의 만기수익률은 연 5%이며 180일 만기 국채의 만기수익률은 연 5.5%이다. 이자율평가설(interest rate parity theory)이 성립한다고 가정하면 다음 중 가장 옳은 것은? (   )

① 현물환율과 90일 선물환율이 동일하다.

② 현물환율과 180일 선물환율이 동일하다.

③ 90일 선물환율과 180일 선물환율이 동일하다.

④ 주어진 정보로는 현물환율과 선물환율의 크기를 비교할 수 없다.

⑤ 한국 국채의 수익률곡선은 우하향 모양을 띠게 된다.

8. (2010 CPA) 동일한 수익구조를 만들어내는 복제포트폴리오의 구성방법 중 옳은 항목만을 모두 모은 것은? (   )

> a. 미달러화선물환매도＝원화채권매수＋현물환매도＋미달러채권매도
> b. 채권매수＝선물매도＋기초자산매수
> c. 주식공매＝채권매도＋콜옵션매도＋풋옵션매수

① a, b, c   ② b, c   ③ a, c

④ c   ⑤ a, b

9. (2011 CPA) (주)대한은 3,300만원의 투자자금을 보유하고 있다. 현재 현물환율은 KRW1,100/US$1이다. 미국의 금리는 연 10%이고 국내의 금리는 연 5%이다. 외환시장에서 선물환율(forward exchange rate)이 이자율평가이론에 의하여 결정된다고 하자. 현시점에서 1년 만기 선물환계약과 함께 미국의 단기금융시장에 총 3,300만원을 투자할 경우 1년 만기 선물환율과 투자회수총액의 조합으로 가장 적절한 것은? (   )

	1년 만기 선물환율 (KRW/US$1)	투자회수총액 (만원)
①	1,025	3,275
②	1,050	3,465

③	1,075	3,585
④	1,100	3,660
⑤	1,125	3,685

10. (2011 CPA) 현재 미국의 $1에 대해서 현물환율은 1,000원이고 1년 만기 선물환율은 1,020원이다. 무위험이자율은 한국에서 연 5%이고 미국에서는 연 2%이다. 무위험이자율로 차입과 대출이 가능하고 거래비용이 없을 때, 차익거래의 방법으로 가장 적절한 것은? (   )

① 선물 매수, 달러 차입, 원화로 환전, 원화 대출
② 선물 매수, 원화 차입, 달러로 환전, 달러 대출
③ 선물 매도, 달러 차입, 원화로 환전, 원화 대출
④ 선물 매도, 원화 차입, 달러로 환전, 달러 대출
⑤ 선물 매도, 원화 차입, 달러로 환전, 원화 대출

11. 현재 ₩1,000/$, 한국통화의 이자율이 8%, 미국통화의 이자율이 5%일 경우 국제피셔효과가 성립한다면 시장균형을 이루기 위해 어떤 조치가 필요하겠는가? (   )

① 환율이 ₩1,030/$으로 변동
② 환율이 ₩970/$으로 변동
③ 한국통화의 이자율 3% 하락
④ 미국통화의 이자율 3% 하락

연습문제 해답

1. ⑤

답

$$0.8 = \frac{1}{1+i} \rightarrow i = 0.25, \quad 0.9 = \frac{1}{1+i^*} \rightarrow i^* = 0.111$$

$$\frac{F_0}{S_0} = \frac{1+i}{1+i^*} \rightarrow F_0 = S_0 \frac{1+i}{1+i^*} \rightarrow 1{,}500\left(\frac{1+0.25}{1+0.111}\right) = 1{,}687.5$$

2. ③

답

$$\frac{F_0}{S_0} = \frac{1+i}{1+i^*} \rightarrow F_0 = S_0 \times \frac{1+i}{1+i^*} \rightarrow (1{,}240)\left(\frac{1+0.08}{1+0.06}\right) = 1{,}263$$

3. ④

4. ④

답

국내시장 ₩1,250 < 뉴욕시장 ₩1,298.7/\$(= 1/0.00077)이므로 국내에서 선물환 1달러를 1,250원으로 매수하고 뉴욕에서 선물환 1,298.7원으로 1달러를 매도하는 차익거래를 하면 48.7원의 차익거래이익을 얻는다.

5. ⑤

6. ②

7. ①

답

① 양국의 90일 만기수익률을 이자율평가이론식에 대입하면, $\dfrac{F_0}{S_0} = \dfrac{1+i}{1+i^*} \rightarrow \dfrac{F_0 - S_0}{S_0} = i - i^*$

$\rightarrow \dfrac{F_0 - S_0}{S_0} = 5\% - 5\% = 0$. 따라서 현물환율이 0은 아니므로 현물환율과 90일 선물환율

은 동일하다.

② 양국의 180일 만기수익률을 이자율평가이론식에 대입하면, $\dfrac{F_0 - S_0}{S_0} = 6\% - 5.5\% = 0.5\%$ 이므로 현물환율과 180일 선물환율은 동일하지 않다.

8. ①

답

a. 이자율평가이론: $\dfrac{F_0}{S_0} = \dfrac{1+i}{1+i^*}$ → $F_0 = S_0 \dfrac{1+i}{1+i^*}$ → 선물환매도 = 현물환매도 + 원화채권매입(원화대출) + 외화채권매도(외화차입)

b. 전략 C(선물매도) = 전략 D(기초자산매도 + 대출(채권매수)) → 대출(채권매수) = 선물매도(전략 C) + 기초자산매수

c. 풋-콜등가정리: $P + S = C + \dfrac{X}{(1+r)^T}$ → $-S = P - C - \dfrac{X}{(1+r)^T}$

9. ②

답

$\dfrac{F_0}{S_0} = \dfrac{1+i}{1+i^*}$ → $F_0 = S_0 \times \dfrac{1+i}{1+i^*}$ → $(1,100)\left(\dfrac{1+0.05}{1+0.1}\right) = 1,050$

투자회수총액 $= \dfrac{3,300만원}{1,100원}(1+0.1)(1,050원) = 3,465만원$

10. ①

답

이자율평가이론: $\dfrac{F_0}{S_0} = \dfrac{1+i}{1+i^*}$ → $F_0 = S_0 \dfrac{1+i}{1+i^*} = (1,000)\dfrac{1+0.05}{1+0.02} - 1,029.41원 >$ 시장의 실제 선물환율(1,020원) ∴ 과소평가 → 선물매수, 선물환매도(= 현물매도, 원화대출, 외환차입)

11. ①

답

$\dfrac{E(S_T) - S_0}{S_0} = i - i^* \rightarrow \dfrac{E(S_T) - 1,000}{1,000} = 0.08 - 0.05 \rightarrow E(S_T) = ₩1,030/\$$

이자요소

부표 1. 현재가치이자요소 $\left(PVIF_{r,n}\right) = \dfrac{1}{(1+r)^n}$

기간	이자율									
	1%	2%	3%	4%	5%	6%	7%	8%	9%	10%
1	.9901	.9804	.9709	.9615	.9524	.9434	.9346	.9259	.9174	.9091
2	.9803	.9612	.9426	.9246	.9070	.8900	.8734	.8573	.8417	.8264
3	.9706	.9423	.9151	.8890	.8638	.8396	.8163	.7938	.7722	.7513
4	.9610	.9238	.8885	.8548	.8227	.7921	.7629	.7350	.7084	.6830
5	.9515	.9057	.8626	.8219	.7835	.7473	.7130	.6806	.6499	.6209
6	.9420	.8880	.8375	.7903	.7462	.7050	.6663	.6302	.5963	.5645
7	.9327	.8706	.8131	.7599	.7107	.6651	.6227	.5835	.5470	.5132
8	.9235	.8535	.7894	.7307	.6768	.6274	.5820	.5403	.5019	.4665
9	.9143	.8368	.7664	.7026	.6446	.5919	.5439	.5002	.4604	.4241
10	.9053	.8203	.7441	.6756	.6139	.5584	.5083	.4632	.4224	.3855
11	.8963	.8043	.7224	.6496	.5847	.5268	.4751	.4289	.3875	.3505
12	.8874	.7885	.7014	.6246	.5568	.4970	.4440	.3971	.3555	.3186
13	.8787	.7730	.6810	.6006	.5303	.4688	.4150	.3677	.3262	.2897
14	.8700	.7579	.6611	.5775	.5051	.4423	.3878	.3405	.2992	.2633
15	.8613	.7430	.6419	.5553	.4810	.4173	.3624	.3152	.2745	.2394
16	.8528	.7284	.6232	.5339	.4581	.3936	.3387	.2919	.2519	.2176
17	.8444	.7142	.6050	.5134	.4363	.3714	.3166	.2703	.2311	.1978
18	.8360	.7002	.5874	.4936	.4155	.3503	.2959	.2502	.2120	.1799
19	.8277	.6864	.5703	.4746	.3957	.3305	.2765	.2317	.1945	.1635
20	.8195	.6730	.5537	.4564	.3769	.3118	.2584	.2145	.1784	.1486
21	.8114	.6598	.5375	.4388	.3589	.2942	.2415	.1987	.1637	.1351
22	.8034	.6468	.5219	.4220	.3418	.2775	.2257	.1839	.1502	.1228
23	.7954	.6342	.5067	.4057	.3256	.2618	.2109	.1703	.1378	.1117
24	.7876	.6217	.4919	.3901	.3101	.2470	.1971	.1577	.1264	.1015
25	.7798	.6095	.4776	.3751	.2953	.2330	.1842	.1460	.1160	.0923
26	.7720	.5976	.4637	.3607	.2812	.2198	.1722	.1352	.1064	.0839
27	.7644	.5859	.4502	.3468	.2678	.2074	.1609	.1252	.0976	.0763
28	.7568	.5744	.4371	.3335	.2551	.1956	.1504	.1159	.0895	.0693
29	.7493	.5631	.4243	.3207	.2429	.1846	.1406	.1073	.0822	.0630
30	.7419	.5521	.4120	.3083	.2314	.1741	.1314	.0994	.0754	.0573
40	.6717	.4529	.3066	.2083	.1420	.0972	.0668	.0460	.0318	.0221
50	.6080	.3715	.2281	.1407	.0872	.0543	.0339	.0213	.0134	.0085
60	.5504	.3048	.1697	.0951	.0535	.0303	.0173	.0099	.0057	.0033

기간	이자율									
	12%	14%	15%	16%	18%	20%	24%	28%	32%	36%
1	.8929	.8772	.8696	.8621	.8475	.8333	.8065	.7813	.7576	.7353
2	.7972	.7695	.7561	.7432	.7182	.6944	.6504	.6104	.5739	.5407
3	.7118	.6750	.6575	.6407	.6086	.5787	.5245	.4768	.4348	.3975
4	.6355	.5921	.5718	.5523	.5158	.4823	.4230	.3725	.3294	.2923
5	.5674	.5194	.4972	.4761	.4371	.4019	.3411	.2910	.2495	.2149
6	.5066	.4556	.4323	.4104	.3704	.3349	.2751	.2274	.1890	.1580
7	.4523	.3996	.3759	.3538	.3139	.2791	.2218	.1776	.1432	.1162
8	.4039	.3506	.3269	.3050	.2660	.2326	.1789	.1388	.1085	.0854
9	.3606	.3075	.2843	.2630	.2255	.1938	.1443	.1084	.0822	.0628
10	.3220	.2697	.2472	.2267	.1911	.1615	.1164	.0847	.0623	.0462
11	.2875	.2366	.2149	.1954	.1619	.1346	.0938	.0662	.0472	.0340
12	.2567	.2076	.1869	.1685	.1372	.1122	.0757	.0517	.0357	.0250
13	.2292	.1812	.1625	.1452	.1163	.0935	.0610	.0404	.0271	.0184
14	.2046	.1597	.1413	.1252	.0985	.0779	.0492	.0316	.0205	.0135
15	.1827	.1401	.1229	.1079	.0835	.0649	.0397	.0247	.0155	.0099
16	.1631	.1229	.1069	.0930	.0708	.0541	.0320	.0193	.0118	.0073
17	.1456	.1078	.0929	.0802	.0600	.0451	.0258	.0150	.0089	.0054
18	.1300	.0946	.0808	.0691	.0508	.0376	.0208	.0118	.0068	.0039
19	.1161	.0829	.0703	.0596	.0431	.0313	.0168	.0092	.0051	.0029
20	.1037	.0728	.0611	.0514	.0365	.0261	.0135	.0072	.0039	.0021
21	.0926	.0638	.0531	.0443	.0309	.0217	.0109	.0056	.0029	.0016
22	.0826	.0560	.0462	.0382	.0262	.0181	.0088	.0044	.0022	.0012
23	.0738	.0491	.0402	.0329	.0222	.0151	.0071	.0034	.0017	.0008
24	.0659	.0431	.0349	.0284	.0188	.0126	.0057	.0027	.0013	.0006
25	.0588	.0378	.0304	.0245	.0160	.0105	.0046	.0021	.0010	.0005
26	.0525	.0331	.0264	.0211	.0135	.0087	.0037	.0016	.0007	.0003
27	.0469	.0291	.0230	.0182	.0115	.0073	.0030	.0013	.0006	.0002
28	.0419	.0255	.0200	.0157	.0097	.0061	.0024	.0010	.0004	.0002
29	.0374	.0224	.0174	.0135	.0082	.0051	.0020	.0008	.0003	.0001
30	.0334	.0196	.0151	.0116	.0070	.0042	.0016	.0006	.0002	.0001
40	.0107	.0053	.0037	.0026	.0013	.0007	.0002	.0001	.0000	.0000
50	.0035	.0014	.0009	.0006	.0003	.0001	.0000	.0000	.0000	.0000
60	.0011	.0004	.0002	.0001	.0000	.0000	.0000	.0000	.0000	.0000

부표 2. 연금의 현재가치이자요소 $\left(PVIFA_{r,n} = \dfrac{1}{r} - \dfrac{1}{r(1+r)^n}\right)$

기간	이자율								
	1%	2%	3%	4%	5%	6%	7%	8%	9%
1	0.9901	0.9804	0.9709	0.9615	0.9524	0.9434	0.9346	0.9259	0.9174
2	1.9704	1.9416	1.9135	1.8861	1.8594	1.8334	1.8080	1.7833	1.7591
3	2.9410	2.8839	2.8286	2.7751	2.7232	2.6730	2.6243	2.5771	2.5313
4	3.9020	3.8077	3.7171	3.6299	3.5460	3.4651	3.3872	3.3121	3.2397
5	4.8534	4.7135	4.5797	4.4518	4.3295	4.2124	4.1002	3.9927	3.8897
6	5.7955	5.6014	5.4172	5.2421	5.0757	4.9173	4.7665	4.6229	4.4859
7	6.7282	6.4720	6.2303	6.0021	5.7864	5.5824	5.3893	5.2064	5.0330
8	7.6517	7.3255	7.0197	6.7327	6.4632	6.2098	5.9713	5.7466	5.5348
9	8.5660	8.1622	7.7861	7.4353	7.1078	6.8017	6.5152	6.2469	5.9952
10	9.4713	8.9826	8.5302	8.1109	7.7217	7.3601	7.0236	6.7101	6.4177
11	10.3676	9.7868	9.2526	8.7605	8.3064	7.8869	7.4987	7.1390	6.8052
12	11.2551	10.5753	9.9540	9.3851	8.8633	8.3838	7.9427	7.5361	7.1607
13	12.1337	11.3484	10.6350	9.9856	9.3936	8.8527	8.3577	7.9038	7.4869
14	13.0037	12.1062	11.2961	10.5631	9.8986	9.2950	8.7455	8.2442	7.7862
15	13.8651	12.8493	11.9379	11.1184	10.3797	9.7122	9.1079	8.5595	8.0607
16	14.7179	13.5777	12.5611	11.6523	10.8378	10.1059	9.4466	8.8514	8.3126
17	15.5623	14.2919	13.1661	12.1657	11.2741	10.4773	9.7632	9.1216	8.5436
18	16.3983	14.9920	13.7535	12.6593	11.6896	10.8276	10.0591	9.3719	8.7556
19	17.2260	15.6785	14.3238	13.1339	12.0853	11.1581	10.3356	9.6036	8.9501
20	18.0456	16.3514	14.8775	13.5903	12.4622	11.4699	10.5940	9.8181	9.1285
21	18.8570	17.0112	15.4150	14.0292	12.8212	11.7641	10.8355	10.0168	9.2922
22	19.6604	17.6580	15.9369	14.4511	13.1630	12.0416	11.0612	10.2007	9.4424
23	20.4558	18.2922	16.4436	14.8568	13.4886	12.3034	11.2722	10.3711	9.5802
24	21.2434	18.9139	16.9355	15.2470	13.7986	12.5504	11.4693	10.5288	9.7066
25	22.0232	19.5235	17.4131	15.6221	14.0939	12.7834	11.6536	10.6748	9.8226
26	22.7952	20.1210	17.8768	15.9828	14.3752	13.0032	11.8258	10.8100	9.9290
27	23.5596	20.7069	18.3270	16.3296	14.6430	13.2105	11.9867	10.9352	10.0266
28	24.3164	21.2813	18.7641	16.6631	14.8981	13.4062	12.1371	11.0511	10.1161
29	25.0658	21.8444	19.1885	16.9837	15.1411	13.5907	12.2777	11.1584	10.1983
30	25.8077	22.3965	19.6004	17.2920	15.3725	13.7648	12.4090	11.2578	10.2737
40	32.8347	27.3555	23.1148	19.7928	17.1591	15.0463	13.3317	11.9246	10.7574
50	39.1961	31.4236	25.7298	21.4822	18.2559	15.7619	13.8007	12.2335	10.9617
60	44.9550	34.7609	27.6756	22.6235	18.9293	16.1614	14.0392	12.3766	11.0480

기간	이자율									
	10%	12%	14%	15%	16%	18%	20%	24%	28%	32%
1	0.9091	0.8929	0.8772	0.8696	0.8621	0.8475	0.8333	0.8065	0.7813	0.7576
2	1.7355	1.6901	1.6467	1.6257	1.6052	1.5656	1.5278	1.4568	1.3916	1.3315
3	2.4869	2.4018	2.3216	2.2832	2.2459	2.1743	2.1065	1.9813	1.8684	1.7663
4	3.1699	3.0373	2.9137	2.8550	2.7982	2.6901	2.5887	2.4043	2.2410	2.0957
5	3.7908	3.6048	3.4331	3.3522	3.2743	3.1272	2.9906	2.7454	2.5320	2.3452
6	4.3553	4.1114	3.8887	3.7845	3.6847	3.4976	3.3255	3.0205	2.7594	2.5342
7	4.8684	4.5638	4.2883	4.1604	4.0386	3.8115	3.6046	3.2423	2.9370	2.6775
8	5.3349	4.9676	4.6389	4.4873	4.3436	4.0776	3.8372	3.4212	3.0758	2.7860
9	5.7590	5.3282	4.9464	4.7716	4.6065	4.3030	4.0310	3.5655	3.1842	2.8681
10	6.1446	5.6502	5.2161	5.0188	4.8332	4.4941	4.1925	3.6819	3.2689	2.9304
11	6.4951	5.9377	5.4527	5.2337	5.0286	4.6560	4.3271	3.7757	3.3351	2.9776
12	6.8137	6.1944	5.6603	5.4206	5.1971	4.7932	4.4392	3.8514	3.3868	3.0133
13	7.1034	6.4235	5.8424	5.5831	5.3423	4.9095	4.5327	3.9124	3.4272	3.0404
14	7.3667	6.6282	6.0021	5.7245	5.4675	5.0081	4.6106	3.9616	3.4587	3.0609
15	7.6061	6.8109	6.1422	5.8474	5.5755	5.0916	4.6755	4.0013	3.4834	3.0764
16	7.8237	6.9740	6.2651	5.9542	5.6685	5.1624	4.7296	4.0333	3.5026	3.0882
17	8.0216	7.1196	6.3729	6.0472	5.7487	5.2223	4.7746	4.0591	3.5177	3.0971
18	8.2014	7.2497	6.4674	6.1280	5.8178	5.2732	4.8122	4.0799	3.5294	3.1039
19	8.3649	7.3658	6.5504	6.1982	5.8775	5.3162	4.8435	4.0967	3.5386	3.1090
20	8.5136	7.4694	6.6231	6.2593	5.9288	5.3527	4.8696	4.1103	3.5458	3.1129
21	8.6487	7.5620	6.6870	6.3125	5.9731	5.3837	4.8913	4.1212	3.5514	3.1158
22	8.7715	7.6446	6.7429	6.3587	6.0113	5.4099	4.9094	4.1300	3.5558	3.1180
23	8.8832	7.7184	6.7921	6.3988	6.0442	5.4321	4.9245	4.1371	3.5592	3.1197
24	8.9847	7.7843	6.8351	6.4338	6.0726	5.4509	4.9371	4.1428	3.5619	3.1210
25	9.0770	7.8431	6.8729	6.4641	6.0971	5.4669	4.9476	4.1474	3.5640	3.1220
26	9.1609	7.8957	6.9061	6.4906	6.1182	5.4804	4.9563	4.1511	3.5656	3.1227
27	9.2372	7.9426	6.9352	6.5135	6.1364	5.4919	4.9636	4.1542	3.5669	3.1233
28	9.3066	7.9844	6.9607	6.5335	6.1520	5.5016	4.9697	4.1566	3.5679	3.1237
29	9.3696	8.0218	6.9830	6.5509	6.1656	5.5098	4.9747	4.1585	3.5687	3.1240
30	9.4269	8.0552	7.0027	6.5660	6.1772	5.5168	4.9789	4.1601	3.5693	3.1242
40	9.7791	8.2438	7.1050	6.6418	6.2335	5.5482	4.9966	4.1659	3.5712	3.1250
50	9.9148	8.3045	7.1327	6.6605	6.2463	5.5541	4.9995	4.1666	3.5714	3.1250
60	9.9672	8.3240	7.1401	6.6651	6.2492	5.5553	4.9999	4.1667	3.5714	3.1250

부표 3. 미래가치이자요소 $(PVIF_{r,n}) = (1+r)^n$

기간	이자율									
	1%	2%	3%	4%	5%	6%	7%	8%	9%	10%
1	1.0100	1.0200	1.0300	1.0400	1.0500	1.0600	1.0700	1.0800	1.0900	1.1000
2	1.0201	1.0404	1.0609	1.0816	1.1025	1.1236	1.1449	1.1664	1.1881	1.2100
3	1.0303	1.0612	1.0927	1.1249	1.1576	1.1910	1.2250	1.2597	1.2950	1.3310
4	1.0406	1.0824	1.1255	1.1699	1.2155	1.2625	1.3108	1.3605	1.4116	1.4641
5	1.0510	1.1041	1.1593	1.2167	1.2763	1.3382	1.4026	1.4693	1.5386	1.6105
6	1.0615	1.1262	1.1941	1.2653	1.3401	1.4185	1.5007	1.5869	1.6771	1.7716
7	1.0721	1.1487	1.2299	1.3159	1.4071	1.5036	1.6058	1.7138	1.8280	1.9487
8	1.0829	1.1717	1.2668	1.3686	1.4775	1.5938	1.7182	1.8509	1.9926	2.1436
9	1.0937	1.1951	1.3048	1.4233	1.5513	1.6895	1.8385	1.9990	2.1719	2.3579
10	1.1046	1.2190	1.3439	1.4802	1.6289	1.7908	1.9672	2.1589	2.3674	2.5937
11	1.1157	1.2434	1.3842	1.5395	1.7103	1.8983	2.1049	2.3316	2.5804	2.8531
12	1.1268	1.2682	1.4258	1.6010	1.7959	2.0122	2.2522	2.5182	2.8127	3.1384
13	1.1381	1.2936	1.4685	1.6651	1.8856	2.1329	2.4098	2.7196	3.0658	3.4523
14	1.1495	1.3195	1.5126	1.7317	1.9799	2.2609	2.5785	2.9372	3.3417	3.7975
15	1.1610	1.3459	1.5580	1.8009	2.0789	2.3966	2.7590	3.1722	3.6425	4.1772
16	1.1726	1.3728	1.6047	1.8730	2.1829	2.5404	2.9522	3.4259	3.9703	4.5950
17	1.1843	1.4002	1.6528	1.9479	2.2920	2.6928	3.1588	3.7000	4.3276	5.0545
18	1.1961	1.4282	1.7024	2.0258	2.4066	2.8543	3.3799	3.9960	4.7171	5.5599
19	1.2081	1.4568	1.7535	2.1068	2.5270	3.0256	3.6165	4.3157	5.1417	6.1159
20	1.2202	1.4859	1.8061	2.1911	2.6533	3.2071	3.8697	4.6610	5.6044	6.7275
21	1.2324	1.5157	1.8603	2.2788	2.7860	3.3996	4.1406	5.0338	6.1088	7.4002
22	1.2447	1.5460	1.9161	2.3699	2.9253	3.6035	4.4304	5.4365	6.6586	8.1403
23	1.2572	1.5769	1.9736	2.4647	3.0715	3.8197	4.7405	5.8715	7.2579	8.9543
24	1.2697	1.6084	2.0328	2.5633	3.2251	4.0489	5.0724	6.3412	7.9111	9.8497
25	1.2824	1.6406	2.0938	2.6658	3.3864	4.2919	5.4274	6.8485	8.6231	10.835
26	1.2953	1.6734	2.1566	2.7725	3.5557	4.5494	5.8074	7.3964	9.3992	11.918
27	1.3082	1.7069	2.2213	2.8834	3.7335	4.8223	6.2139	7.9881	10.245	13.110
28	1.3213	1.7410	2.2879	2.9987	3.9201	5.1117	6.6488	8.6271	11.167	14.421
29	1.3345	1.7758	2.3566	3.1187	4.1161	5.4184	7.1143	9.3173	12.172	15.863
30	1.3478	1.8114	2.4273	3.2434	4.3219	5.7435	7.6123	10.063	13.268	17.449
40	1.4889	2.2080	3.2620	4.8010	7.0400	10.286	14.974	21.725	31.409	45.259
50	1.6446	2.6916	4.3839	7.1067	11.467	18.420	29.457	46.902	74.358	117.39
60	1.8167	3.2810	5.8916	10.520	18.679	32.988	57.946	101.26	176.03	304.48

기간	이자율									
	12%	14%	15%	16%	18%	20%	24%	28%	32%	36%
1	1.1200	1.1400	1.1500	1.1600	1.1800	1.2000	1.2400	1.2800	1.3200	1.3600
2	1.2544	1.2996	1.3225	1.3456	1.3924	1.4400	1.5376	1.6384	1.7424	1.8496
3	1.4049	1.4815	1.5209	1.5609	1.6430	1.7280	1.9066	2.0972	2.3000	2.5155
4	1.5735	1.6890	1.7490	1.8106	1.9388	2.0736	2.3642	2.6844	3.0360	3.4210
5	1.7623	1.9254	2.0114	2.1003	2.2878	2.4883	2.9316	3.4360	4.0075	4.6526
6	1.9738	2.1950	2.3131	2.4364	2.6996	2.9860	3.6352	4.3980	5.2899	6.3275
7	2.2107	2.5023	2.6600	2.8262	3.1855	3.5832	4.5077	5.6295	6.9826	8.6054
8	2.4760	2.8526	3.0590	3.2784	3.7589	4.2998	5.5895	7.2058	9.2170	11.703
9	2.7731	3.2519	3.5179	3.8030	4.4355	5.1598	6.9310	9.2234	12.166	15.917
10	3.1058	3.7072	4.0456	4.4114	5.2338	6.1917	8.5944	11.806	16.060	21.647
11	3.4785	4.2262	4.6524	5.1173	6.1759	7.4301	10.657	15.112	21.199	29.439
12	3.8960	4.8179	5.3503	5.9360	7.2876	8.9161	13.215	19.343	27.983	40.037
13	4.3635	5.4924	6.1528	6.8858	8.5994	10.699	16.386	24.759	36.937	54.451
14	4.8871	6.2613	7.0757	7.9875	10.147	12.839	20.319	31.691	48.757	74.053
15	5.4736	7.1379	8.1371	9.2655	11.974	15.407	25.196	40.565	64.359	100.71
16	6.1304	8.1372	9.3576	10.748	14.129	18.488	31.243	51.923	84.954	136.97
17	6.8660	9.2765	10.761	12.468	16.672	22.186	38.741	66.461	112.14	186.28
18	7.6900	10.575	12.375	14.463	19.673	26.623	48.039	85.071	148.02	253.34
19	8.6128	12.056	14.232	16.777	23.214	31.948	59.568	108.89	195.39	344.54
20	9.6463	13.743	16.367	19.461	27.393	38.338	73.864	139.38	257.92	468.57
21	10.804	15.668	18.822	22.574	32.324	46.005	91.592	178.41	340.45	637.26
22	12.100	17.861	21.645	26.186	38.142	55.206	113.57	228.36	449.39	866.67
23	13.552	20.362	24.891	30.376	45.008	66.247	140.83	292.30	593.20	1178.7
24	15.179	23.212	28.625	35.236	53.109	79.497	174.63	374.14	783.02	1603.0
25	17.000	26.462	32.919	40.874	62.669	95.396	216.54	478.90	1033.6	2180.1
26	19.040	30.167	37.857	47.414	73.949	114.48	268.51	613.00	1364.3	2964.9
27	21.325	34.390	43.535	55.000	87.260	137.37	332.95	784.64	1800.9	4032.3
28	23.884	39.204	50.066	63.800	102.97	164.84	412.86	1004.3	2377.2	5483.9
29	26.750	44.693	57.575	74.009	121.50	197.81	511.95	1285.6	3137.9	7458.1
30	29.960	50.950	66.212	85.850	143.37	237.38	634.82	1645.5	4142.1	10143.
40	93.051	188.88	267.86	378.72	750.38	1469.8	5455.9.	19427.	66521.	*
50	289.00	700.23	1083.7	1670.7	3927.4	9100.4	46890.	*	*	*
60	897.60	2595.9	4384.0	7370.2	20555.	56348.	*	*	*	*

* *FVIF* > 99,999

부표 4. 연금의 미래가치이자요소 $(PVIFA_{r,n}) = \dfrac{(1+r)^n}{r} - \dfrac{1}{r}$

기간	이자율									
	1%	2%	3%	4%	5%	6%	7%	8%	9%	10%
1	1.0000	1.0000	1.0000	1.0000	1.0000	1.0000	1.0000	1.0000	1.0000	1.0000
2	2.0100	2.0200	2.0300	2.0400	2.0500	2.0600	2.0700	2.0800	2.0900	2.1000
3	3.0301	3.0604	3.0909	3.1216	3.1525	3.1836	3.2149	3.2464	3.2781	3.3100
4	4.0604	4.1216	4.1836	4.2465	4.3101	4.3746	4.4399	4.5061	4.5731	4.6410
5	5.1010	5.2040	5.3091	5.4163	5.5256	5.6371	5.7507	5.8666	5.9847	6.1051
6	6.1520	6.3081	6.4684	6.6330	6.8019	6.9753	7.1533	7.3359	7.5233	7.7156
7	7.2135	7.4343	7.6625	7.8983	8.1420	8.3938	8.6540	8.9228	9.2004	9.4872
8	8.2857	8.5830	8.8923	9.2142	9.5491	9.8975	10.260	10.637	11.028	11.436
9	9.3685	9.7546	10.159	10.583	11.027	11.491	11.978	12.488	13.021	13.579
10	10.462	10.950	11.464	12.006	12.578	13.181	13.816	14.487	15.193	15.937
11	11.567	12.169	12.808	13.486	14.207	14.972	15.784	16.645	17.560	18.531
12	12.683	13.412	14.192	15.026	15.917	16.870	17.888	18.977	20.141	21.384
13	13.809	14.680	15.618	16.627	17.713	18.882	20.141	21.495	22.953	24.523
14	14.947	15.974	17.086	18.292	19.599	21.015	22.550	24.215	26.019	27.975
15	16.097	17.293	18.599	20.024	21.579	23.276	25.129	27.152	29.361	31.772
16	17.258	18.639	20.157	21.825	23.657	25.673	27.888	30.324	33.003	35.950
17	18.430	20.012	21.762	23.698	25.840	28.213	30.840	33.750	36.974	40.545
18	19.615	21.412	23.414	25.645	28.132	30.906	33.999	37.450	41.301	45.599
19	20.811	22.841	25.117	27.671	30.539	33.760	37.379	41.446	46.018	51.159
20	22.019	24.297	26.870	29.778	33.066	36.786	40.995	45.762	51.160	57.275
21	23.239	25.783	28.676	31.969	35.719	39.993	44.865	50.423	56.765	64.002
22	24.472	27.299	30.537	34.248	38.505	43.392	49.006	55.457	62.873	71.403
23	25.716	28.845	32.453	36.618	41.430	46.996	53.436	60.893	69.532	79.543
24	26.973	30.422	34.426	39.083	44.502	50.816	58.177	66.765	76.790	88.497
25	28.243	32.030	36.459	41.646	47.727	54.865	63.249	73.106	84.701	98.347
26	29.526	33.671	38.553	44.312	51.113	59.156	68.676	79.954	93.324	109.18
27	30.821	35.344	40.710	47.084	54.669	63.706	74.484	87.351	102.72	121.10
28	32.129	37.051	42.931	49.968	58.403	68.528	80.698	95.339	112.97	134.21
29	33.450	38.792	45.219	52.966	62.323	73.640	87.347	103.97	124.14	148.63
30	34.785	40.568	47.575	56.085	66.439	79.058	94.461	113.28	136.31	164.49
40	48.886	60.402	75.401	95.026	120.80	154.76	199.64	259.06	337.88	442.59
50	64.463	84.579	112.80	152.67	209.35	290.34	406.53	573.77	815.08	1163.9
60	81.670	114.05	163.05	237.99	353.58	533.13	813.52	1253.2	1944.8	3034.8

기간	이자율									
	12%	14%	15%	16%	18%	20%	24%	28%	32%	36%
1	1.0000	1.0000	1.0000	1.0000	1.0000	1.0000	1.0000	1.0000	1.0000	1.0000
2	2.1200	2.1400	2.1500	2.1600	2.1800	2.2000	2.2400	2.2800	2.3200	2.3600
3	3.3744	3.4396	3.4725	3.5056	3.5724	3.6400	3.7776	3.9184	4.0624	4.2096
4	4.7793	4.9211	4.9934	5.0665	5.2154	5.3680	5.6842	6.0156	6.3624	6.7251
5	6.3528	6.6101	6.7424	6.8771	7.1542	7.4416	8.0484	8.6999	9.3983	10.146
6	8.1152	8.5355	8.7537	8.9775	9.4420	9.9299	10.980	12.136	13.406	14.799
7	10.089	10.730	11.067	11.414	12.142	12.916	14.615	16.534	18.696	21.126
8	12.300	13.233	13.727	14.240	15.327	16.499	19.123	22.163	25.678	29.732
9	14.776	16.085	16.786	17.519	19.086	20.799	24.712	29.369	34.895	41.435
10	17.549	19.337	20.304	21.321	23.521	25.959	31.643	38.593	47.062	57.352
11	20.655	23.045	24.349	25.733	28.755	32.150	40.238	50.398	63.122	78.998
12	24.133	27.271	29.002	30.850	34.931	39.581	50.895	65.510	84.320	108.44
13	28.029	32.089	34.352	36.786	42.219	48.497	64.110	84.853	112.30	148.47
14	32.393	37.581	40.505	43.672	50.818	59.196	80.496	109.61	149.24	202.93
15	37.280	43.842	47.580	51.660	60.965	72.035	100.82	141.30	198.00	276.98
16	42.753	50.980	55.717	60.925	72.939	87.442	126.01	181.87	262.36	377.69
17	48.884	59.118	65.075	71.673	87.068	105.93	157.25	233.79	347.31	514.66
18	55.750	68.394	75.836	84.141	103.74	128.12	195.99	300.25	459.45	700.94
19	63.440	78.969	88.212	98.603	123.41	154.74	244.03	385.32	607.47	954.28
20	72.052	91.025	102.44	115.38	146.63	186.69	303.60	494.21	802.86	1298.8
21	81.699	104.77	118.81	134.84	174.02	225.03	377.46	633.59	1060.8	1767.4
22	92.503	120.44	137.63	157.41	206.34	271.03	469.06	812.00	1401.2	2404.7
23	104.60	138.30	159.28	183.60	244.49	326.24	582.63	1040.4	1850.6	3271.3
24	118.16	158.66	184.17	213.98	289.49	392.48	723.46	1332.7	2443.8	4450.0
25	133.33	181.87	212.79	249.21	342.60	471.98	898.09	1706.8	3226.8	6053.0
26	150.33	208.33	245.71	290.09	405.27	567.38	1114.6	2185.7	4260.4	8233.1
27	169.37	238.50	283.57	337.50	479.22	681.85	1383.1	2798.7	5624.8	11198.
28	190.70	272.89	327.10	392.50	566.48	819.22	1716.1	3583.3	7425.7	15230.
29	214.58	312.09	377.17	456.30	669.45	984.07	2129.0	4587.7	9802.9	20714.
30	241.33	356.79	434.75	530.31	790.95	1181.9	2640.9	5873.2	12941.	28172.
40	767.09	1342.0	1779.1	2360.8	4163.2	7343.9	22729.	69377.	*	*
50	2400.0	4994.5	7217.7	10436.	21813.	45497.	*	*	*	*
60	7471.6	18535.	29220.	48058.	*	*	*	*	*	*

* *FVIFA* > 99,999

찾아보기

저자 약력

이재하

서울대학교 공과대학 전자공학과 공학사
서울대학교 대학원 전자공학과 공학석사
인디애나대학교 경영대학 경영학석사
인디애나대학교 대학원 경영학박사
인디애나대학교 조교수
오클라호마대학교 석좌교수
한국파생상품학회 회장 / 한국재무관리학회 부회장
한국재무학회 상임이사 / 한국증권학회 이사
한국금융학회 이사 / 한국경영학회 이사
교보생명 사외이사 겸 리스크관리위원회 위원장
한국거래소 지수운영위원회 위원장
금융위원회·예금보험공사·자산관리공사 자산매각심의위원회 위원
공인회계사 출제위원
국민연금 연구심의위원회 위원
사학연금 자산운용 자문위원
대교문화재단 이사
교보증권 사외이사 겸 위험관리위원회 위원장
Journal of Financial Research Associate Editor
FMA Best Paper Award in Futures and Options on Futures
AIMR Graham and Dodd Scroll Award
한국재무관리학회 최우수 논문상
현 성균관대학교 SKK GSB 원장 및 교수

주요논문

How Markets Process Information: News Releases and Volatility

Volatility in Wheat Spot and Futures Markets, 1950-1993: Government Farm Programs, Seasonality, and Causality

Who Trades Futures and How: Evidence from the Heating Oil Futures Market

The Short-Run Dynamics of the Price Adjustment to New Information

The Creation and Resolution of Market Uncertainty: The Impact of Information Releases on Implied Volatility

The Intraday Ex Post and Ex Ante Profitability of Index Arbitrage

A Transactions Data Analysis of Arbitrage between Index Options and Index Futures

Intraday Volatility in Interest Rate and Foreign Exchange Spot and Futures Markets

Time Varying Term Premium in T-Bill Futures Rate and the Expectations Hypothesis

The Impact of Macroeconomic News on Financial Markets

Intraday Volatility in Interest Rate and Foreign Exchange Markets: ARCH, Announcement, and Seasonality Effects

KOSPI200 선물과 옵션간의 일중 사전적 차익거래 수익성 및 선종결전략

KOSPI200 선물을 이용한 헤지전략 등 Journal of Finance, Journal of Financial and Quantitative Analysis, Journal of Business, Journal of Futures Markets, 증권학회지, 선물연구, 재무관리연구 외 다수.

한덕희

성균관대학교 경상대학 회계학과 경영학사
성균관대학교 일반대학원 경영학과 경영학석사
성균관대학교 일반대학원 경영학과 경영학박사
인디애나대학교 Visiting Scholar
한국금융공학회 상임이사
한국재무관리학회 상임이사
한국기업경영학회 이사
한국전문경영인학회 이사
한국파생상품학회 이사
국민연금연구원 부연구위원
부산시 시정연구위원회 금융산업분과위원회 위원
부산시 출자·출연기관 경영평가단 평가위원
김해시 도시재생위원회 위원
한국주택금융공사 자금운용성과평가위원회 평가위원
부산문화재단 기본재산운용관리위원회 위원
한국문화정보원 기술평가위원
중소기업기술정보진흥원 중소기업기술개발 지원사업 평가위원
5급국가공무원 민간경력자 면접시험과제 출제위원
국가직 5급공채 면접시험과제 선정위원
2016년 / 2018년 / 2019년 Marquis Who's Who 등재
동아대학교 사회과학대학 부학장
동아대학교 금융학과 학과장
현 동아대학교 금융학과 교수

주요논문

국채선물을 이용한 헤지전략
국채선물을 이용한 차익거래전략
KOSPI200 옵션시장에서의 박스스프레드 차익거래 수익성
1980-2004년 동안의 증시부양정책 및 증시규제정책의 실효성
KOSPI200 현물 및 옵션시장에서의 수익률과 거래량간의 선도-지연관계
차익거래 수익성 분석을 통한 스타지수선물 및 현물시장 효율성
2006-2010년 동안의 중국 금융정책이 한·중 주식시장에 미친 영향
한·중 주식시장과 선물시장간의 연관성 분석
공적연금 확대과정에서 연금소득보장과 복지재정과의 상호관계
부동산정책, 부동산시장, 주식시장간의 인과성 연구
부동산정책 발표에 대한 주식시장의 반응에 관한 연구
국채현·선물시장에서의 장·단기 가격발견효율성 분석
통화현·선물시장간의 정보전달 분석
사회책임투자의 가격예시에 관한 연구 등 금융공학연구, 기업경영연구, 산업경제연구, 선물연구, 증권학회지,
    재무관리연구 외 다수.

핵심재무관리

초판발행   2020년 3월 10일

지은이   이재하·한덕희
펴낸이   안종만·안상준

편 집   전채린
기획/마케팅   조성호
표지디자인   조아라
제 작   우인도·고철민

펴낸곳   (주)**박영사**
              서울특별시 종로구 새문안로3길 36, 1601
              등록 1959. 3. 11. 제300-1959-1호(倫)

전 화   02)733-6771
f a x   02)736-4818
e-mail   pys@pybook.co.kr
homepage   www.pybook.co.kr
ISBN   979-11-303-0920-0   93320

정 가   39,000원